總策畫　林慶彰　劉楚華

主　編　翟志成

慶祝錢穆先生八十歲專號

景印香港

新亞研究所

新亞學報

第一至三十卷

第二一冊・第十一卷

景印香港新亞研究所《新亞學報》（第一至三十卷）

總策畫　林慶彰　劉楚華

主　編　翟志成

編輯委員　卜永堅　李金強　李學銘
吳　明　何冠環　何廣棪
張宏生　張　健　黃敏浩
劉楚華　鄭宗義　譚景輝

編輯顧問　王汎森　白先勇　杜維明
李明輝　何漢威　柯嘉豪（John H. Kieschnick）
科大衛（David Faure）
信廣來　洪長泰　梁元生
張玉法　張洪年　陳永發
陳　來　陳祖武　黃一農

景印香港新亞研究所《新亞學報》（第一至三十卷）

黃進興　廖伯源　羅志田

饒宗頤

執行編輯　李啟文　張晏瑞

（以上依姓名筆劃排序）

景印香港新亞研究所《新亞學報》第二一冊

第十一卷　目　次

新亞學報第十一卷

慶祝錢穆先生八十歲專號

新亞研究所

錢賓四先生近照

賓四先生，業匯漢宋，理究天人。昌言勵史，固曠世而難儔，艮止達生，不知老之將至。發紫陽之精蘊，振絕學於東南。道廣則荷任者多，德充則和豫彌至。茲値　先生大耋之辰，謹薦與物爲春之頌。集文成袟，比時義於九如，播芳無涯，被教澤于八表。

新亞學報編輯委員會同人謹識

本學報由美國哈佛燕京學社贈資印行特此誌謝

新亞研究所

（上册）目　錄

（下册）目　錄

新亞學報編輯畧例

（一）本刊宗旨專重研究中國學術，只登載有關中國歷史、文學、哲學、教育、社會、民族、藝術、宗教、禮俗等各項研究性的論文爲限。

（二）本刊由新亞研究所主持編纂，外稿亦所歡迎。

（三）本刊年出兩期，以每年二月八月爲發行期。

（四）本刊文稿每篇以五萬字爲限；其篇幅過長者，當另出專刊。

（五）本刊所載各稿，其版權及翻譯權，均歸本研究所。

成實論之辨「假」、「實」、「空」、「有」，與中論之異同

唐君毅

一、成實論之辨假實空有

訶梨跋摩之成實論，由鳩摩羅什晚年譯出，其書之成，在印度後于大乘般若宗之龍樹、提婆。譯出後，梁陳時學者，多視爲大乘。梁之三大法師，智藏、僧旻法雲，皆講成論，稱成論大乘師；當時成論之學，亦佛學之一顯學。然吉藏則彈此三大法師之說，幷判成論爲小乘，智顗更以成論所標三假四忘之義，幷爲大乘佛學所已有。自此以降，爲大乘佛學之法相、華嚴、天台、禪宗之大師，相繼輩出。高僧傳，續高僧傳所記僧導、道亮、洪偃、智脫等，爲成實論所著之義疏，玄義等，皆不見今存之正續藏之中。而近人之論佛學，以吾之疏陋，亦未見有述及成論者。然吾觀中國佛學，由僧肇至智顗之發展，則正經成論師及吉藏之學，而後致。若離此成論之學，則由僧肇至吉藏之佛學之思想之發展，不得而明；即周顒之三宗之論，亦不得其解。若自純哲學義理說，則成論之說與龍樹之中論之辨假實空有之說，極相近，而又大不同。亦各有其長短得失。吉藏本中論以彈成論，亦不必盡是。此須本玄思玄辯，一加疏抉。下文擬先自僧肇之論所未及之義，而爲成論所及者說起，再及於成實論與中論辯假實空有之異同得失所在。

茲所謂僧肇之論之所未及之敎義，而爲成論所及者，可說在僧肇對「物」（或實有）之所以爲「物」（或實有）

之理解，尙欠分析。如僧肇物不遷論言即物之動而觀其靜，不眞空論言「即物順通」，即見「萬物之自虛，不假虛而虛物」。此中于物之所以爲物，即尙未嘗有分析之說明。又此即物之動而觀其靜，而順通之，亦尙可說只是主觀之心境中事。僧肇乃由物之「可順通」，以言其「無」；並由其「性之莫易」，以言其「有」。此「無」，乃依吾人之可「順通之」而說。此「有」，乃依吾人「不能易之」而說。其義雖甚精，然于「物」未分析，則于種種不同之「有」「無」義，亦未能有進一步判別。如其于「有」只有初步之俗有、假有與眞有、實有，以言出世間之眞諦，世間之俗諦之別。而于種種俗假之有、種種眞實之有、及種種之無，與眞俗二諦，未嘗進一步加以判別。再如鳩摩羅什譯維摩詰經，言種種世間出世間之二諦與不二法門，僧肇隨文作注，亦未總攝之，而深析此二諦之義。又僧肇不眞空論言「物無當名之實，名無得物之功」，以謂物名爲假號；而對此假名與實之義，亦未深析。然在印度部派佛學中，則于種種之假實之有無，早有種種之討論。據瑜伽師地論六十五謂「若諸法不待所餘，不依所餘，施設自相，應知略說是實有相。若有諸法，待于所餘，依于所餘，施設自相，應知假有相，非實物有，謂以色等諸蘊想事，爲待爲依，施設有我及有情等」。此假非今之邏輯中之眞假之假。此假乃假藉義、憑待義。假法即假藉憑待其他種種法爲條件，而後有之法。反是之實法，則爲非假藉憑待其他法爲條件而自有，亦爲假法之所依待憑藉以有者。此蓋爲印度所傳佛學中判假實之共同標準。依此標準，以論某類法爲假或實，又有種種分歧之說。如一切有部則分析種種之實有，並爲之立種種之名。于三世法中，蘊、界、處三科法，如五蘊、十二界、十二處之法，皆謂爲有其名，即實有其法。他部之說，則恆縮減此實有之範圍。歐陽竟無先生早年之唯識抉擇談，嘗總述之。其言畧同法藏華嚴一乘敎義分齊章之說五敎十宗之前五宗，謂「大衆部則于三世法中，唯說現在法，及無爲法有；說假部于現在法中，又分別界處是假，惟蘊是實；說出世部于現在實蘊中，更分別世俗是假，勝義是實；一說部于勝義世俗蘊，現在蘊法是實，界處是假；說假部及經量部別派之成實論，皆同此計。而以界處是實，蘊是其假者，則俱舍論作此計。界爲因義、種子義」，可見其說之多。今此所論之成實論，其所自出之經量部，原屬上座部。此上座部，亦一切有部所自出，而其論界處皆假，則又近大衆部之說假部。是見此成實論正爲能會通上座大衆二大部派之學者也。

茲按成實論書，乃先以其所謂實有，破其所謂假有，而謂之爲空，此爲人空。更言此實有者之亦空，以言法空。故人之只知有世俗之假有與實法之有者，乃世俗諦；知其空者，方爲第一義諦。此即已同時對吾人所謂物之有之不同義，空之不同義，及「世俗諦」「第一義諦」之義，有一辨析之功；而不同于僧肇諸論無此辨析之功者。是即見成實論乃能連繫于印度佛學之問題，亦連繫于人類之哲學思想中，一應有之問題，而生之思想者也。

按在吾人通常言物之有之中，首爲種種實體性之物，如瓶桌等實物、自我及他人或其他衆生之個體之有；次爲種種色、聲、香、味等色法，心理活動之受、想、行、識之有；三爲物之關係之有，如因果關係之有，物之數量關係，所在時空之關係之有。此種種有之義不同，爲常識所能辨，亦西方哲學印度哲學所喜加以分析者。然在中國文字，則皆只以物字、有字概之，即可忽其中之種種問題。在印度佛學中，釋迦即言無我，而我與人及衆生之生命，皆只爲色心等五蘊之和合。後之犢子部言我爲一不可說之實有，而人稱之爲附佛法之外道。部派佛學中之說一切有部，亦不以「我」爲實有，而以三世三科之法爲實有，即過、現、未之色心諸蘊，與其自生之因或界，其生之「處」，以及因果關係、過、現、未之時間等本身，皆實有；其中亦包括以一切色法之物所自生之地、水、火、風四大、或四大種爲實有。然成實論則既主無我，不以過去未來之法爲實有，而以過去之事能爲因，而生現在之果者，其因已滅而非實有。然亦不礙此中有因果關係可說。至于一般所謂實體性之人物、與四大，吾人視爲諸心色之法所自生、所自在之處者，亦不視爲實有，而視之爲假名有。其書卷二即詳論過去、未來之法爲假名有，卷三詳論四大之爲假名有，皆非實有。此所謂「假名」之有，乃謂其有只依名想而立。此「名」是指語言文字，亦指吾人之語言文字所表之意想或概念。凡人依經驗，更由意想或概念之構造，而成之實體之物之有，皆是假有。據云在梵文中假名，原爲取因施設之義。取即是受，由根和境相對，而有所見聞覺知，皆謂之受。以受爲因之施設，即爲取因施設。（呂澂三論宗現代佛學五卷四月號）今按此「受」正無異今所謂經驗。凡依經驗中之色等蘊，而憑意想或概念所構造成之有，即依于此受爲因，而施設之假名有，而不同于吾人于此所謂實體之色聲等之經驗之有之爲實有者也。然吾人之經驗如五蘊之爲實有者，亦只是世諦或俗諦中之實有。若在第一諦，即此假名有，與此實有，又皆當空。此則依于吾人現有之一切經驗之本身，當更求轉化滅度而說。故第一諦之空、有二義，一爲破假名，一爲破五陰（即五蘊）。（成實論卷十四破意識品，）然吾意其論之有哲學意味，而最足補僧肇之言之不足者，則要在其卷十三辨假名相品之一部。

茲按成實論卷十三假名相品，問曰：「何知瓶等物假名故有，非眞實」？此即問何以吾人一般所謂實體物之個體人物之非眞實有爲假名有，其意義如何？其下文之答，今代分爲六項，並畧加說明。（一）爲假名中示相，眞實中無示，如言此色是瓶色，不得言色色。此即以假名有乃可以一實辭所表之性質或相貌說之者，實有則不能如此說。如人可說瓶是紅的，但不能說「紅的」是紅的。（二）假名有者能具他法，如燈，「以色具能照，觸具能燒」，實法不如是，如一識不異識。……故知「有具」是「假名有」。此即謂能具實法者，是假名有。只如其自己以爲一法者，是實法。如吾人可說瓶具有色，燈具有色。瓶燈是假名有，色是實有。（三）「因異法成，名假名有，如因色等成瓶，實法不因異成。如受不因異法成」。此即謂綜合異法而成者，皆假名有。如瓶由色、形、瓶之堅等法，綜合構成。而受，如苦，此苦之爲苦，不由異法合成，則爲實有。此外又如色法中之紅等爲五蘊之色法，亦不由異法合成，而爲實有。（四）「假名多有所能。如燈能照能燒，實法不見如是。如受不能亦受亦識」。此即謂假名有者，有多種作用，如燒有照燒二用，實有之作用，則只如其自己，如受便是受，不具識之作用。（五）假名有之名字，依于其所構成之成份；而實有者之名字，不依于諸實有者所合以構成之物。如車之名字依輪、軸等立。而色等名字，如紅黃之色之名，不依由紅、黃之色與其他形、觸等合成之物而立。（六）假名有者，所依以構成之成份中，無此假名有者之名。如輪、軸等是成車因緣，是中無車名字。然則車因緣中無車法，因此成車，故知車是假名。實有則無此情形。而對一實有與其所由構成之成份，遂可用同一之名。如紅色所由構成之成份，亦以紅名之。

茲先綜上所說，則成實論所謂假名有，正是吾人一般所視爲實有之實體性的個體物。而其所謂實有者，則是于一般所謂個體物之所見之性、相、作用等，而爲個體物之成份者。然依釋迦說法，即謂此個體物爲非實有，而唯此物之性相作用如色、受、想、行、識等爲實有。此義在小乘之一切有部之主無「我」者，亦同此義。成實論之謂此一般所謂實有者爲假名有，此爲世諦。諦者，誠諦義，即眞實義。此即謂順世間說，亦可說爲一種世間之眞實有。但其「有」唯依于人之本經驗之意想構造，更爲之造名，而形成。則爲假名有。在此點上，其論與西哲休謨一流思想，唯謂經驗中色、聲、香、味與心之知覺、記憶等活動，爲實有，物之實體，乃意想所構造而成之說，初無分別。然人既構成此物之實體觀念，則可以其所由構成之性質、作用等說之，並說此實體具有此性質、作用等，故有上列第一第二與第四之義。然此實體等，實由綜合不同之性質、作用等異法構成，其名亦依此異法而後構成，而此異法中，初無此名。此即第三第五第六之義也。

至于成實論之下文，則是本上所說，而謂吾人之再以語言或論說，了解假名有與實有者，其知識之方式、言說之方式亦不同。此中「如以色等名，得說色等，以瓶等名，不得說瓶等」。即當連屬于下一節文，加以理解；不能如譯文之單獨列爲一項。今于下節之文，亦代分爲九項，亦分別畧加說明：

（一）有假名中，心動不定，「如人見馬，或言見馬尾，或言見馬身，或言見馬皮，或言見馬毛……。」此即謂吾人說馬之一實體或假名時，吾人心之所見所知者，可爲此實體之任何一方面或一部份。故吾人之所知所見者不確定。然人在知「實法中，心定不動，不得言我見色，亦見聲等」。此即謂見某色便是某色，其經驗確定不移。不同于說見馬爲實體時，吾人之經驗可只是見馬尾或馬身等也。

（二）「可知等中不可說，亦名是有，是爲假名，如瓶等。……色等不名「可知等中不可說」。此亦當連下文「色等法自相可說，瓶等自相不可說；或有說，假名相，是相在餘處，不在假名中」，加以理解。此即謂對爲實體之假名有，吾人雖知其有；吾人所知之相，則不在其自身中說；此便不同于實有者之有自相，此自相即在其自身所在之處。如瓶之爲實體之物，即假名有，于瓶吾人雖自謂知其有，然吾人所知于瓶之相，如其色，乃表現于瓶之外之他處，而不在吾人所視爲瓶自身所在之處。然如色爲實有，有其自相，其自相；應即在其自身所在之處，而不在其外或餘處。此則如西方哲學之以物體之自身，人雖知其有，然其相狀，則爲其自身之表現之現象，此乃其現于他物之相，而不在其物之自身者。然對此物之自身，吾人雖知其有，然吾人又實除物表現之相外，于物之自身之相，實無所知。故西方哲學恆謂物之自身之自相不可知，亦不可說。此即同于成實論言瓶之自身爲「不知中之不可說」，或其「自相不可說」之旨也。此下文更舉「智者身、口、意、能起善業。身、口、意、起不善業爲不智者」爲例。此身、口、意、所起之善業、不善業，可知、亦可說。但視智者或不智者爲一實體之人，此實體人之自身，若離其所表現之善業不善業，則不可說其有一自相。

（三）說此假名之實體所表現之現象或相，雖在餘處，亦復不一。如于一假名之實體之人，或說其色相，或說其受相，說其想相、行相。于假名之實體爲一者，有多相可說。此則由于假名之實體，原由綜合多性相，所意構而成，故亦具此多性相之故。然在實法「如色等相，則不在餘處，亦無多相」。此即謂說色等相，如說紅色之相，即在紅上說，紅只是以一紅爲相，無多種相。如人謂紅中雜有藍，此藍亦只是一藍。藍自相是藍，仍無多相。不同于吾人之說瓶之表現爲紅又爲堅之有多相，乃自其自身之表現，說其自身有多相。

（四）「謂法爲一切使使，是假名有。實法不爲使使，以諸使使人故」。此即謂假名有如個體人，爲被決定者，被諸使所使者。如人爲諸心理活動之所使，而實法，如某活動即某活動，某色即某色，不爲他活動他色所使。」以上四者，乃說假名有與實有作認知對象言之別。以下五者，則說其認知歷程之異。

（五）人乃先于實有有知，如先見色，乃依邪相分別，方更言我見瓶。此乃後有，亦不如實，以實未見瓶故。

（六）于假名有，人可生疑，色等中不生疑。如人于瓶之色可生疑；于實見某色，不疑其爲聲。至于如聞說色空，而復見色則生疑，問其爲有爲無。則此是依另一因緣，而于色之義生疑。非于色疑其爲聲之疑也。

（七）于一實體之物，得生多識，而由多入所攝。多入即多種感官。如由視觸諸官，以知瓶之有。實法如色，則只生一眼識，亦只爲一眼官所攝。

（八）若無自體而能有作：是假名有，又所有分別是怨親、未去、斷壞等燒爛等，所有作事，罪福等業，皆是假名有，非實法有。此數語可合爲一。即謂有一實體之人或物，視之爲一作者，對之生怨親分別，而以其能作一事，以生起他事，皆假名有。此即謂：有實體或實事能爲因而生果之能，亦是假名有。實法則各如其爲一實法。如色只是色，見只是見，一事即一事。其中無「生果之能」可說，亦不能稱爲一作者。此乃謂因無生果之能，藏于此因中，爲作者，亦同西哲休謨之所論。可依同一思路理解。

（九）假名有相待而成，故有彼此輕重、長短、大小、師徒、父子及貴賤等。實法無所待而成，色不待餘物，以更成聲等。此即謂凡吾人言某物有，更將其與他物相比較，乃以想見其相待相對之差別關係。對此差別關係之有，皆是假于他物之有，以成其有，亦依于吾人之兼意想他物之有，方知其有，而成其有之名。故其有亦皆是假名有。唯不待意念之及于此關係，而直就其自身而言之有，方爲實法有。

依此上之九義，則于假名有與實法有之不同，人可確切把握。至對于此二種有之關係，則成論于此更謂于此二種有，如定說爲一，則當破，以是二有故。如定說爲異，亦當破，因離實有無假名有故。但亦非「不可說色等法之實有」，亦非「不可說此一異之當破」；更不可「一往說無」。此則見于後諸品之文。要之，此假名有與實法有，乃皆可說爲有者也。

將上所述成論之言「人于假名有者，其知不確定」，「人于此心動不定」，又「于假名有者，恆視之爲被決定、被使者，亦其內容不定者」，再「人依于實有者生邪想分別，方謂我見一假名有者」；「于假名有，人又恆有疑，更依之生怨親來去，斷壞燒爛等想，比較輕重、長短、貴賤等念」，總而觀之，即是說人之只往念彼假名有者，便使吾人之心不能定于一實法之有，以如一實法之有，而知一實法之有。故于此假名有者，成實論雖謂爲世俗有，乃世俗之人依種種之實有，及其意想構造，而自然形成之有。然眞修道者，則必須不同于世俗之人視之實有。而須視之爲假名有，更知其所依者，在實有之色受想行諸法，而由世俗之假名心，進至知實法之心。當其進至知實法之心時，則亦當空此世俗之假名心。故在其立假名品謂，當以智先滅此假名心。然此品又更言滅法心、滅空心。所謂滅法心者，即此品之以「空智」滅「法」，假名相品中所謂以「空」破「實法有」。此則爲更進一層之義。至于滅空心，則又是更進一層之義也。

在成實論破名相品中，言不假空破，是假名有。即謂人之執有實體之人物，或有作者，因中有生果之能等，只須以實法破。此即謂人物等只是依五蘊之實法，意想所構造而成之假名有，便可不以假名之爲實有，而破此假名有。在此處，成實論之立場，與一切有部等以實法破人之執正相同。此即賴知實法之有，以成無我之行。故此品更言「隨無我行處，是實法有」。成實論之所以名爲成實，蓋即由其破假名有，原依于先見此實法之有之故也。

然成實論之進一層之義，更言以「空」破「實法有」，又言「隨空行處，是假名有」。此蓋謂人之所以能隨空行，不依于其知實法之有；而由于其知假名有者，只是假名有，而非實；即依此非實之知，以隨空行，而更空其現有之五蘊之實。此現有之五蘊之所以當空者，以佛之四諦教，原以見滅諦，而滅吾人苦集，方爲得道者。吾人現有之五蘊，固只是苦集也。此義則詳于成實論中卷十四滅法心品。在此品中謂，「行者不見五陰（即上文之五蘊），但見五陰滅」。又謂「若見五陰，不名爲空，以陰不空故。如是空智，則不具足……見色等無常……但未是淸淨，是人于後見五陰滅，是觀乃淨」。又言「若壞衆生，是假名空，若破壞色，是名法空。……是故若人觀色等法空，是名見第一義空。因諸法說作者不可得，是假名空。……若遮某老死，是破假名；遮此老死，則破五陰。……此空非但是衆生空，亦有法空。……當知第一義，故諸行皆無，但以世諦故有諸行」。此皆明言空假名，空作者、或實體之人我，衆生之執，只是空假名心。必更空現有之五蘊諸法，得淸淨，方爲空法心，故言諸五蘊等行，亦是世諦。此則見此成實論中之世諦，實包括假名有，與五蘊諸行之二者也。

至于十四卷論緣涅槃是否空心，則答案是：人不只當有空法之心，亦當空此空法之心，合此「空假名心」、「空法心」、而又「空心」，是爲滅三心。此即成實論言滅諦之宗趣。至于此下言如何修道，以證此滅諦，則今不擬述。讀者可自觀之。

二、成實論與不空假名、空假名、及假名空

由吾人上來所分析成實論假名相品之內容，即見其辨假實，較他書爲詳盡。其言世諦與第一諦，于世諦中

更分假名有與實有法，分假名心與法心，于第一義諦中，言空假名心與空法心，更至于言空心；此乃處處于有與空，皆以二義辨析。即較僧肇之言，未能分析空有爲之二義者有進。其後之成論之盛，亦當由其所言之有此更進之義。成論于世諦言有，于第一義諦言空。「第一義諦故說無，世諦故說有，不墮見中。如是有無二言皆通……定說無，是則爲過；若定說有，是名不及。故經中說應捨二邊，捨二邊，行于中道」。（成實論十一）「若說第一義故無，則智者不勝；若說世諦故有，則凡有不諍。又佛法名清淨中道。第一義諦故非常；世諦有，故非斷」。則此成實之言中道，與大乘般若經似無別。其卷十四破因果品之言，與般若宗中論等書之破因果之方式論證，亦幾全同。故齊梁人以成論爲大乘。周顒爲三宗論，謂當時言空者，或主「不空假名」，或主「空假名」，或主「假名空」，綜論當時言空諸家義。湯用彤先生言前二宗疑出成論之意。此中之不空假名，爲鼠嘍栗義。吉藏大乘玄論云：「不空假名者，但無性實而假，世諦不可全無，如鼠嘍栗」。吉藏二諦解云：「明色無定性，非色都無，如鼠嘍栗，中肉盡，栗猶有皮殼，形容宛然，故言栗空」。至于空假名宗則稱爲案苽義。吉藏二諦解云。「謂世諦舉體不可得。若作假有觀，舉體世諦；作無觀之，舉體是眞諦。如水中案苽，手舉苽令體出，是世諦；手案苽，令體沒，是眞諦」。吉藏中論疏又言：「空假名者，一切諸法衆緣所成，是故有體；析緣求之，都不可得，名爲眞諦。……苽沈爲眞，苽浮當俗。假名空有」。至于所謂假名空者，則吉藏中論疏謂：「假名空者，假名宛然，即是空。尋周氏假名空，原出僧肇不眞空論」云云。

今按此周顒三宗之論，原文已佚。其所指之說之詳，已不能考。然若如湯先生之謂前二宗皆出成實，則不空假名宗，蓋是依成實論之在世諦中實法有而說。空假名宗則蓋自第一義之空而說。此二義在成實論，互不相違；則二宗當是各得成實論之一端。然成實之世諦中，原包括假名有、與實有法如色等五蘊等之二種。故其言空，除「空假名有」之「空」以外，更有「空實法有」之「空」。成實論並未謂此實法有、即是假名有。此乃當注意者。今如統言世諦之有，如色等皆爲假名有，則明與成實論之所謂假名有之義不合。此色等，正乃成實論所謂一義之實有法也。故成實于言「空假名心」之後，更有「空此實有法」之「空法心」。在此空法心中，唯重在見此實法之空。若謂此成實之實法亦是假名，而成實之旨爲空假名，便當是空兩種之假名。而其後一種之空假名，乃專即因緣生之實法有而空之。此豈不類似周氏所言第三宗之假名空？如周氏之假名空，即僧肇之即有即空，于因緣宛然而見空。則當更問；此因緣是否指由苦集而至滅度之因緣？若是，則由此因緣以至滅度之空，即成實之義。則當說成實兼有三宗義。若其只是泛指人所觀之有或因緣法，而當下體之爲空，則成實論無此義。當更問：如何人可即當下之因緣而體之爲空？今若依僧肇之「即物順通」，以體之爲空，則此中有不及成實義者，亦可有超過成實義者。大約吉藏是循此第三宗假名空之具此僧肇義，而超過成實義者措思，故贊成此第三宗假名空之說。所謂超過成實義者，則以成實論唯以由假名心空，至實法心空，及至心空，以轉化吾人之苦集，而使之滅；以言空。便仍是偏重由世諦之有，進至第一義之空。尚未至于直接即此當下之苦集之因緣生有上觀空，或即有觀空，于世諦中見第一義諦，于假名見空也。而吉藏之異于成實，則蓋在由空而空空，即可還至即有觀空，以合于周顒第三宗假名空之旨，亦還至僧肇之旨。然此亦非謂成實之旨，無進于僧肇之旨之謂。依吾人之意觀之，成實之分析世諦之有，爲假名有與實有二種，空亦有二種，明有進于僧肇之論。而中論于世俗諦之有此二種，未加分析說，亦不及成實。吾觀當時之二諦之辨，亦以此「假名」之一名之義之不確定，而產生種種混淆之論。今須一加疏抉，然後可更知中國之成實論師及吉藏之言二諦等義，對般若宗之貢獻之果何所在也。

三、中論與成實論之異同

按除成實論言假名外，中論言「因緣所生法，我說即是空，亦爲是假名，亦是中道義」。此所謂假，初皆只是假借依待義。凡事物之假借依待其他事物而生者，其名皆假名，亦皆不能自爲實有，亦無自性；于是執之爲實有、或有自性之執，皆當空。此所執之實有或自性，亦空。此乃成實論、與中論、或大乘般若宗義之所同。因緣所生之一切法，皆假借依待因緣而生，則名之爲有，亦即是假名有，或其有是一假名，非眞實有，亦即只是世諦之言說或世俗諦上之有。諦即言說中之眞實。世俗諦，即在世俗言說中，以其有爲眞實。然此並非眞正之眞實，亦即非眞諦或第一義諦之眞實也。中論依此分二諦。並言實體性之我物，爲世俗諦有，蓋以其亦因緣生。此亦如成實論之以之爲世俗諦有。然成實論于實體性之我物、與五蘊之法，分爲二層，先說前者爲假名有而當空，更于五蘊之法中，謂過去、未來者非實，再在現在之五蘊之法中，分苦集與滅道之法，而更以「滅道之法」，空「苦集之法」，更言「空空」，便成一次第之空有之歷程。則中論，未嘗如此說。中論乃將實體性之我物與過、現、未之五諦法，直下加以平觀，皆視爲世俗諦中假名有，更于四諦法亦平觀，而「用此中之『滅道之法』以空『苦集之法』，苦集既空，而更無所空，故其自身之能空亦空，而直下歸于畢竟空」，以言此空亦是假名，而亦當空。是爲第一義之眞諦。是見中論無成論所說之次第的空有歷程，而只言世俗諦與第一義之眞諦。在上引之四句，今之學者皆謂據梵文，此假名與空，皆所以直指此因緣所生法。依此義則因緣生法爲假名有，亦即爲空，亦依其爲假名有而爲空。非如天台學者之謂空亦爲假名。唯吾意則以爲依義理言，亦非必不可以此空亦是假名，否則中論言空亦空之文，亦不可解。此後詳。但今即據梵文謂中論之「假名」與「空」，初乃直指因緣生法，以觀中論之旨，此所謂爲假名有者，亦當有二義：一是假借依待因緣而生之法，如實體性之我物或五蘊等法，是假名。一是此生之自身，或因緣與法間之關係之自身，是假名。故中論亦言不生。如生是假名，則由因緣「生」一法爲果後，此因緣自身之「滅」之自身，亦是假名。以至言因緣與其所生之果間之關係，其爲一、爲異，爲常、爲斷，爲來、爲去等，皆是假名。由是而此整個之因緣關係或因果關係，皆是假名有，而在第一義之眞諦上當空者。然此空，亦是依待假借此在因緣關係中之事物而說，故其自身亦是假名。于是此空亦當空，乃不著有，亦不著空，是爲中道。此蓋即此中論之四句之旨也。

如吾上文之解不誤，則中論之言空義，與成實論之不同，而可說爲其特色所在者，首在其言實體性之我物與五蘊法之空，乃平等觀實體性之我物與五蘊法；並由其相依待，以見其皆爲假名，亦互相破斥，而見其自性空。故中論乃一方以實體性之作者、染者、去者、我、有情、衆生爲假名而無實；一方又謂構成此實體性之人物之性相作用之屬五蘊法者，亦爲假名而無實。如其破去來品，言離「去」無「去者」，亦言離「去者」無「去」法。破染與染者品及破作與作者品，言離染與作業，無「染者」「作者」；亦言離「染者」「作者」，無「染」法「作」法。破六情品，言無自實之「見者」「聞者」，亦言無自爲實之「見」法「聞」法。破五陰品言離「色等因」，無「色」等；亦言離「色」等，無「色等因」。此皆是以實體性之「作者」「去者」之依待「作」「去」之法，以破「作者」「去者」之實；更以「作」「去」之法，亦依待「作者」「去者」，以破此「去」法「作」法之自身之實。合以成其互斥互破。此即不同于成實論之只以「作」「去」等五蘊法破實體性之人物，而不以實體性之人物，破此五蘊法者也。此乃由中論于「實體」與「爲實體之相用」之「五蘊法」之觀念，乃平等的觀其相依待之因緣關係，方能使之互斥互破；而見其皆不能自爲實有、自具自性，而在第一義之眞諦上爲空。由此而中論所更進之一義，即謂依此因緣關係，而說之生滅、一異、常斷、來去等，一切吾人今所謂抽象的思想範疇，其本身亦無實在性，而非實有，其自性亦在第一義之眞諦上爲空，而連于此生滅、一異、常斷、來去等種種人所用之思想範疇，如時間之過、現、未、空間、生、壯、老、有與無、合與異、然與（爲主辭之實體或受者）可然（爲賓辭之屬性或受）等，在中論，亦皆自其依因緣關係中之生滅、一異等而立，以見其皆無自身之實在性，而非實有，在第一義之眞諦上爲空者。由此等等皆空，則所謂因緣關係，或因緣與其果間之「生」的關係之自身，亦非實有。而此生即不生，而非生，亦爲空。故曰：「因緣所生法，我說即是空」。則以修道爲因緣以去苦集，而證寂滅之涅槃，自其亦爲因緣所生法言，亦是假名，亦是空。故中論言涅槃亦是空。涅槃爲空一般之苦集之法，原已是空，即已無異言此空當空，或此空亦是假名，而當空。故「因緣所生法，我說即是空」之義中，已涵空是假名，空亦空之義。然此非謂人不當由修道爲因緣，以空一般之苦集之法。而是謂人空一般苦集之法，而證其空之後，更當知其亦依因緣有，即非能實有一自性，亦不當執此空實有一自性。執之即空成有，而非空。故必空此空，而不見此空，唯當證一般若集之法之空，或涅槃境，而亦不見有或執有此涅槃境。由此而凡人所見爲有、所執爲有者，由一般之實體性之人物、五蘊之法、抽象之思想範疇，如用以說因緣關係之生滅、一異、常斷等，以及因緣與其果間之「生」之關係之本身，以至涅槃之境；皆無一能自爲一實有，亦無一可執之、見之、以自爲一實有；而見之執之爲實有之見之執，亦無不當空。唯于此一切，加以空盡，而此空亦自空，方爲證空，證第一義之眞諦，或證涅槃境之實事。此原是大般若經言「畢竟無其法，有入有出、有生有滅、有斷有常、有一有異、有來有去，而可得者」，「一切法如幻如化，涅槃與勝涅槃者，亦如幻如化」之旨（大般若經卷三十，功德較量品），亦中論以及百論、十二門論、大智度論之旨。然其所以有進于成實論者，則吾仍不謂其在能言空亦空，而唯在其能「用因緣依待義，以使實體性之人我，與爲其「相」與「用」之五蘊法，互斥雙破」；及言「人用以說因緣關係之一切抽象的思想範疇，不能自爲實有而當空，而于因緣之生法處，見不生」之兩點之上。而尤重要者，則爲此中之第二點，乃最爲三論宗之思辨之特色之所在，而爲前所未有者也。

四、中論之破生滅等範疇之哲學意義

此生滅、一異、常斷、來去、時空等吾人之思想之範疇，原爲吾人用之以形成對諸由因緣所生法或事物之知識者。吾人之思想，若不沿此諸範疇而進行，則吾人對因緣所生法或事物之知識，不能形成。故此諸範疇，若只視爲吾人之思想運行之所經過之軌道或形式，則初無害，亦人之所不能免。世間既有此生滅、一異等名，亦必各有其所表之義。般若宗之言空者，亦必承認等世有此等假名，此等名之各有所表之義，可用之以說諸因緣所生之法或事物，爲吾人用此諸名時，其思想之運行之所經過，而爲人可由反省，而知及者。中論等之于因緣所生法，更言我說即是空，言不生、不滅、不一、不異等，亦應非否認此等假名亦有其所表之義之謂。則其所說爲空者，果爲何物？此必爲人之沿此等名義之知，而更增加之情見與執見。如吾人知一物生而有，更于其上生一貪得心，而欲有此有，更謂其有爲常有，即爲于其生而有之上，所增加之一情見或執見。復次，人于一物滅而無之後，生一喪失心，更謂其一無即永無，亦爲于其滅而無之上，增加一情見或執見。于此，人如不于物之生滅上，增加情見或執見，則其生已而滅，即見其生不自有其生，而不生，不生則無可滅，而不滅。生滅如是，一異、常斷、因果等思想範疇，在吾人思想運用中之情形亦如是。故若純在此諸範疇更迭運用之主觀方面，看此諸範疇，乃旋顯旋隱，亦初可不被執者。然當其被運用，而連于物時，則可依于人心着于客觀外在之物，而此諸範疇，亦如着于客觀外在之物。如人之情欲得某物，則欲有某物之有；更謂某物之有其「有」，有其「生」，而此「有」此「生」，即成物之屬性。反之，滅無亦可視爲物之屬性。而說物爲一爲異、爲常爲斷時，此等等亦皆可視爲屬于客觀外在之物之屬性。人之思想更可進而綜合世間萬物而思之，遂可于世間萬物之全體，或說之爲一大有、大存在，或說之爲一大虛空；或謂之爲一元，或謂之爲多元；或謂之爲始終恆常，或謂之爲前後間斷；或謂之爲能自爲因，以生果者，或謂之爲另一物如上帝梵天之果。此即成種種偏執之客觀的宇宙論，或形上學之哲學。此類之哲學，雖皆由綜宇宙萬物之思而得。然其偏執一端，則初當是自吾人之情見之偏向一端而始。此類之哲學，亦終將更加重人之情見之偏向，以使人對其所偏向之物，起種種貪欲，與得失之心。如謂世間爲一大實有者，而能自爲因者，則使人貪住此世間，以在此世間之我之此身心爲我，其所有之世間物，爲我所有。其謂世間爲虛無，或爲其他世間外之上帝梵天之果者，則使人于世間感空虛，而別求此世間外之上帝梵天，而執之爲我，以貪求上帝梵天所有者，得爲我所有。此在印度他派之思想中，固有此種種視世間爲自有，或梵天所創生等不同之論，更有于世間或主一元或主多元或主常或主斷之種種說。人之凡有一思想範疇，可普遍應用于所謂客觀外在之物者，人皆莫不可于其被思想所運用之時，更將其黏附于物，而客觀化、外在化之，爲一切物之普遍的屬性，以成一哲學上之宇宙觀，而形成人之一大偏執或情見，遂使人更不易自其偏執與情見相連而生之貪欲與得失之心中解脫。此即大乘般若宗之所以必破：「一切依此諸範疇之客觀外在化，而謂實有物生、實有物滅，實有一異或常斷或因果」之執見，而一一由其在眞理上實不可如此建立，加以辯斥之故也。

依上說，此種于世間主一元或多元，謂世界爲自有、或謂有超越之神爲其因之哲學，乃原自人之有貪欲等情，並將其思想範疇，黏附于物，而客觀化之所成之見。合情與見，即名情見。在西方哲學中固多有此類之哲學。在西方哲學自康德起，方知此等等範疇皆只爲人之思想之形式，而內在于人之思想中，不可加以客觀外在化，而用之以搆造一形上學或宇宙論者。如用之以搆造形上學，則謂世界之物爲有衆多之單元爲不可分之論，與謂物一直可分而無此單元之論，互相對反。謂世界爲自因而有自由之論，與謂世界爲被前因所決定，而爲必然之論相對反。謂世界有始有邊之論，與謂世界如無始無邊之論亦相對反。凡相對反之論之中之一，皆可立，亦皆不可必立。黑格耳更有此一切普遍範疇皆不離人之思想，隨思想之運行而展現，以論西方之哲學家所提出之一切範疇，皆思想之循正、反、合之序，而由簡至繁，以次第運用者。故吾人亦可由反省此思想之如何依正、反、合之序，而次第運用，以對之作一系統的展示。此爲西方哲學對範疇論之一空前之一大成就。後之承黑格耳之範疇論，而能更進一根本義者，則吾不得不推英哲柏拉得來。柏氏之進于黑氏者，要在言人如將其思想範疇，無論一多、常斷、本體、屬性、因果、時空等，以客觀外在地論述實在，而成一形上學，皆無不歸于與實在相矛盾，而亦導致哲學思想之自相矛盾。人欲超越此思想與實在之矛盾，即必超越哲學思想之自身，而必歸于哲學之自殺。由柏氏之哲學，吾人可見般若三論宗之義與西方哲學之發展，相通之契機。吾人亦可說：人如亦循柏氏之思想道路而進行，即可斷定一切將人之思想範疇客觀外在化，而成之形上學或宇宙論，無論如何複雜精微，皆必不免于見此論與實在之矛盾，而必歸于此論之自殺。

然以印度思想之流與此上所說西哲思想之流相較，又有同有異。如依康德說，則此諸思想範疇只爲思想之運用之形式，而內在于思想之運用中，以形成一般之知識者。此可成一系統之知識論。黑格耳之以各思想範疇，可依其簡繁，以次第展現于思想運用之歷程中，並加以系統化之說明，則可成一形上學。般若宗則未嘗爲此二事。然康黑二氏之論，亦與般若宗義，無相違處。又此諸範疇不能在思想之外，自附屬于客觀外在之物而存在，亦正爲康德黑格耳所共許。康德黑格耳之言一般之知識之形式，必待範疇之運用，而對此諸範疇，可由反省而知之，並對之求有一系統化的說明，其功已至大。後人之補充，亦不能不循其途以前進。無論前進至何處，亦與般若宗義，無相違處。人如欲以般若宗義破康德黑格耳之範疇論，而視同一般客觀的形上學中之範疇論，則破非所破，亦不能破也。

康德之言思想知識中之範疇，乃具普遍性、具必然性者。此乃謂此諸範疇，必可用于世界之理解，以成人之思想知識，因而在人之理性中，關于此人之自我與其外之世界，以及上帝之諸理念，亦皆人心之所必有，而不能去者。黑格耳更謂人之思想中所展示之絕對理性，即此一切範疇理念所組成之一絕對系統。二人之說，又似皆如以人心爲此諸範疇理念之所亘塞。是則非般若宗之所許。依般若宗義，當謂人之形成其對世間事物之思想知識，固須用範疇理念。然此只是世俗諦中事。人心自有超知識之一境。在超知識之境中，則一切知識中之範疇理念，亦必須超越。依康德義，人之理解理性中之範疇理念之運用，乃唯對經驗直覺中之現象事物而運用。若無此所直覺之現象，則無此範疇理念之運用，亦無其出現之事。則其存在之地位，亦只在人之心靈與現象事物之發生主客關係處。故其運用與出現，雖根于心靈之自動；然此心靈之自動之所依，則只在心靈與事物之發生主客關係。若離此主客關係，則範疇理念，即將爲此心靈所自加以收捲。此收捲，非捲而藏之于心，而仍亘塞于內，乃一收捲而更不復存在。此則在佛學中之法相唯識宗與般若宗，皆同此見。法相唯識宗承小乘佛學中之世友品類足論、世親俱舍論等，言不相應行法，並以生、住、老、無常、流轉、定異、時、方、數、和合、不和合等抽象範疇爲不相應行法，唯依于心境之主客之分，而繫存于此主客之分位上。若心境無主客之分，則亦無此不相應行法之可說。在大乘般若宗，則亦以此生、滅、一、異等範疇，乃依色心等實法而有之假名。在世俗諦中，雖當說其有，然如將此生、滅、一、異等客觀外在化爲色心等實法之所有，而執之爲一客觀之實在，則當更如理而思，以見其原無實、非實，而其實爲空者。此空即爲第一義之眞諦或眞理。然亦必人先執之爲客觀實在，然後人能如理而思，見其更非實、而爲空。此人之執之爲客觀實在，亦由人之恆欲循諸範疇之普遍性，而思世間一切物而致。此人之恆欲循範疇之普遍性，而思世間一切物，初亦所以引出人之心思，以使之得無所不運者。今再去除由此範疇之着于物而成之種種執見，則此心思即化成一遍照之智慧。故此人心思之範疇之着于物之執，固當破，然亦宜先經此執而後破之。人如先無執，亦須試思此執是如何如何，而更破之，以有助于此遍照之智慧之出現。由此以觀中國傳統哲學中，缺乏由此範疇之客觀外在化所成之客觀的形上學，固見中國人心智之清明。善能養此清明之心智，亦可直接形成一遍照之智慧，而不必先經種種待破之哲學執見，而更一一破之，以助成此遍照之智慧之出現。然自學術思想之內容而觀，則中國傳統哲學之缺此種種待破之哲學執見，亦未有如般若宗之一一破之之思想，仍當說是中國傳統思想之一缺點。魏晉時有此般若宗思想之輸入，更有三論之譯出，使人知：人固有種種待破之哲學執見之形成，如在印度思想之所表現，亦有能破之之般若思想，而吉藏等即有三論宗之立，則又不能不說爲中國思想之一大發展也。

五、關係與關係項之宛然有而實際空義

此三論宗之破種種哲學執見，乃破吾人對世間事物之執見。依佛家義，世間事物皆可說爲因緣生法，故亦即有關于因緣生法之執見。此中之一根本執見，即是吾人將此「因緣生」，作一思想範疇，而連于爲因或爲緣之物，謂其物爲能生其果之物，而謂此因緣之法與其果之法間，客觀的實有此「生」之執。由此而人或執實有過去因能生現在果，而現果生時，過去因滅。又或執現在因能生未來果，未來果生時，現在因滅。于是執實有此過、現、未與生、滅。生而不滅爲「常」，常而自同爲「一」。滅即不生爲「斷」，斷而前後不同爲「異」。向于滅爲「往」，向于生爲「來」。由此而人亦更可執實有此常、斷、一、異、來、去等。然在中論，對此諸執，則一一皆加以破斥，謂無此所謂生滅、常斷、一異、來去，而主「不生不滅、不常不斷、不一不異、不

來不去」，合成八不。此八不之義，要不外言此生滅、斷常、一異、來去之非客觀外在地實有，以明因緣與果間，非實有此生。故曰「因緣所生法，我說即是空」。而由此因緣與其所生之法之爲果者之間，無實有之生，以言不生。不生則無可滅，而言不滅。不生不滅，自亦無斷常、一異、與來去。此即中論第一章破因緣品所言之全書宗旨也。

此中論如何破因緣與所生果間之實有此生？此豈不與因緣所生法之自語相違？既言有因緣所生法，如何又可說此生非實有？此則當知說生，可只是自宛然有之現象上說。此在世俗諦固可說，亦當說。然當知此自宛然有之現象說，初乃自爲因緣之法與果之法間，有一生之關係說。然此生之關係，若落到實際去看，則不能稱爲一實有。其所以不能稱爲一實有者，可說在此關係，乃兩頭掛帶者。故落到實際去看，在此中任一頭中，皆不能見此關係之存于其中。無論就爲因緣之實法自身看，或爲其果者之實法自身看，皆不能見此關係之存于其中。然又不能謂法可不待因緣而生。此即破因緣品「諸法不自生，亦不從他生，不共不無因，是故說無生」一偈之所從出。創法相唯識宗之世親之佛性論，亦破自生、他生、共生、無因緣生。蓋亦承認此中論之義者也。

此所謂諸法不自生，即謂就諸法自身看，無「自己爲因又爲果」之因果關係之謂。所謂不從他生，即由「他之爲因者之自身看，其中無此果之自身」之謂。「不共」是「既非自生、亦非他生」，亦非自他合生之謂。「不無因」，即自此法非不待因緣而生，或一法非無因緣之謂。然合此四句所表者，只是爲果之法之自身，不生其自己，爲因之法之自身中，亦無其果，與爲因緣者之不無；却不見「此因緣之法與果之法間之一關係」之爲一客觀的實有。

此一關係之不能爲一客觀的實有。西哲柏拉得來嘗有種種之辨論。今依吾人之意說，則關係乃吾人思想由一關係項至另一關係項，所經之道路。關係爲思想所經，則非思想所可停下，而住于其中者。思想不能停下而住于其中，則思想亦不能置定之爲一實在。如置定之爲一實在，則成另一關係項，而待另一「關係」，加以連繫。關係如不成另一關係項，則只爲思想由一關係項至另一關係項之所經。既經之而不能住之，即必不能被置定爲實在。既經之，而思想達于另一關係項，則思想可停于此關係項，而可說此另一關係項爲實。然關係既被經，亦即被超越，而人即只見所達之關係項，而不見此關係。然若無此關係爲所經所超越，人又不能由一關係項達另一關係項。故關係不能說無。然此無礙上說之不能視爲實有。此在一切關係中，無不如此。在因果關係中亦然。在因果關係中，從因項看，只此因項；經其間關係至果，此關係被經被超越，亦即不被見爲實；而自所達之果上看，亦只見此果項。然不由因更經此關係，又不能達此果。故又不能說無此因果關係或無因，由是而此因果關係之有，即爲有而非實者。不實即空實。此即一宛然有而實際空，或眞空而俗有者矣。至于此中之任一關係項，因其乃關係于其他關係項者，亦復不能自爲一實在或實有。而皆在其「關係于他關係者」之意義上，超越其自身之實。而吾人在思其關係于他關係項之意義時，亦必忘其自身之實，超越其自身爲實之想，故亦同爲宛然有而實際空。此外于常斷、一異、來去等，皆可作諸法之關係看。作關係看，則皆只爲思想所經、所超越，而皆爲在兩頭之關係項中，不能見其實者。即皆只爲宛然有而實際空者。此外任何其他抽象思想範疇，如時、空、一、異、常、斷等，如作爲綜合諸現象或諸法者看，皆是連結諸現象諸法，而有成就此諸法諸現象之關係之用者，亦皆屬于一諸法諸現象所合成之整個的大因緣網，或大因緣關係中之諸關係，而其皆爲宛然有而實際空，即無不同。而凡關係項，亦皆在其「關係于他關係項」之意義上，亦同爲宛然有而實際空。如上所說。故一切世間之關係法與關係項之法，皆宛然有而實際空，而世間之法皆爲關係項或關係，故世間之法，皆是宛然有而實際空。此宛然有是世俗諦，實際空是眞諦，在中論成實論皆名第一義諦。中論之總述本論宗旨，則在觀法品第十八，及觀四諦品第二十四。觀法品言「以得一切法空無我慧，名爲入，析求諸法實性，皆入第一義平等一相，所謂無相爲實相，更說非實等」。觀二諦品則明二諦義以說四諦義，謂「以有空義故，一切法得成」，又言「衆因緣生法，我說即是空，亦爲是假名，亦是中道義」。待衆緣而有，即空義；故言空而不著空，空亦空。由此而言四聖諦之所以得成，亦以苦集無定性，而有空義，人乃可由修道之行，成其滅度，故空義不可破，但亦不可執。執空則當更空此空，以證空，如前所說。此即中論之歸趣。讀者可觀原書，今不贅述。

六、中論言性空與成實論僧肇言空之異同

由上所言便知中論之旨，要在說種種一般所謂抽象思想範疇，如有無、一異、因果、時空等之不可執爲實有，而破斥其實有，以更說世間一切法皆宛然有，而實際空；或世俗諦有，第一義諦空；以成其二諦義。此其言二諦義，與成實論、僧肇主假名空、法相唯識宗吉藏所言者之同異如何，亦可進而加畧論。其與成實論之同者，在同歸于言空。然成實論要在先言過去未來之法，非現有而爲空，更謂由色心諸實法所意構之「實體性之我，或人與物」之有，爲世俗諦中之假名有，在第一義諦空；更由吾人現有之苦集等實法，可依修道而滅，以

捨染取淨，言此現有之苦集等法，在第一義諦亦空。然于此由集而苦之因果關係，由修道而滅吾人現有之集以去苦之因果關係，則成實論未言其非有而空。故于過去對現在，現在對未來之因果關係，成論亦未視爲非有而空。成論雖謂過去已無，然亦承認人能于現在憶過去。此現在之所以能憶過去，亦當說爲一過去對現在之因果關係也。然在中論，則要在破此視因果關係與過現未三時爲實有之說，亦兼破以空間及一異、來去、有無等其他等種種關係或抽象範疇爲實有之說，是爲其書之大部論辯之所在。而于實體性之我及人與物等執，則唯于破作者染者，破本住等處，畧及其義，而未嘗詳論。此則明不同于成實論之所重者，「在破此實體性之我與人物之執着，而于諸抽象之範疇之視爲實有之執，未能如是一一加以破斥者。」如以對時間觀念而論，成論只謂過未無，而現在則有。中論破時品，則言過、現、未三時，皆相待而有，而皆不能自爲一實有，亦不能以因果關係，說三時。如不能說因過去，而有現在未來。此即大進于成實。其所以不許因過去，而有現在未來者，乃自過去中不能有現在未來立論。此亦如其破因之生果，自因中不能有果之論。人如視爲因之事物自爲一客觀實有，人即恆不免視其關係于一後繼之果，爲此客觀實有之一屬性、一內容，而謂因中有此生果之能，更或謂因中有果。此固當破。而人以過去時爲現在未來時之因者，亦即可謂此現在未來時，由過去時中生出，而先在過去時中有。此亦當破也。然中論破時品，又實許現在時，未來時與過去時之相依相待之關係。故一方破過去時中，有現在未來時，以爲現在未來時之因之說；又謂：「現在未來時，非不依待過去時而有」；而此依待義，亦即一因緣義。故破時品，又破「不因過去時，而有現在未來時」之說。此即如其在因果問題，既破因中有果以生果之說，又破無因之說。其破因過去時有現在未來時，在不以「過去自爲一實有，而現在未來由之出」。其破因能生果，在不以「因自爲一實有，而果由之出」。其破現在未來不因過去時，則在「破現在未來之自爲一實有、不依待過去之說」。其破果無因之說，亦在「破果自爲一實有，不依待因之說」。故此過、現、未各自爲一實有，因與果之各自爲一實有，皆中論之所破。而過現未與因果之相依待，初非其所破。此相依待即是一因緣關係。然此關係不可執爲實有。此則依于吾人前說凡關係，皆爲一關係項所通過，所超越，以至于其他關係項者說。如「因」通過其與「果」之關係，而至于果，「過去」通過與「現在」「未來」之關係，而至于「現在」「未來」。既由因至于果，于果觀果，果中無因，即不見其與因之關係，而見此關係非實有。既由過去至于現在，現在中無過去，亦不見其與過去之關係，而見此關係亦非實有。「關係」在人之思想進程中，永只爲人之思想之所通過，而非其所留駐，亦即永非此思想所能置定爲一實有者。如要將此關係化爲實有，只有先留駐其思想于一關係項，而執定一關係項，自爲一實有，以一主辭表之；更將其關係于另一關係項之事，視爲其屬性。若然，則必導至上所說因生果，而因有此生果之屬性，而因中有果之論，或過去中有現在未來之論。然此說必破。因吾人如往思一關係項之「關係于另一關係項」，則吾人之思想，亦正不能留駐于此關係項，而執定之爲實有者。則此關係項之實有，亦當破，如前所說。故人無將此關係化爲實有之道，而更有將此關係項之實有，亦皆加以破斥之道。故因果關係與因果之關係項，非實有而性空，時間關係與過去、現在、未來之視爲時間之關係項者，皆非實有，而性空。于是凡關係與在關係中之一切法爲其關係項者，皆非實有，而其性亦無不空矣。

此中論所言由因果等關係之與關係項，非實有而性空，以言一切法之性無不空之論，明爲成實論之所無。

成實論言苦、集、滅、道之因果關係，明尚未有此性空義。言過去、未來無而現在有，亦不知過現未之相依待，而皆性空義。說相依待，則現在未來自依待過去，過去未來亦依待現在，過去現在亦依待未來。不能說無此依待。由此以說其無自性而性空，則不只過去未來性空，現在亦性空。遂當說三世皆爲相依待之假有，而性空爲其眞實義，是爲眞空。此心能觀此三世相依待之假有，而知其性空或眞空，則此心兼居此三世之上，而非留駐于現在之中。便亦不執此現在爲實有。心知三世皆性空，則心居三世之上；亦即居時間之上層。心知因果關係之性空，心亦居因果關係之上層。依此心，以觀一般因果關係以至苦、集、滅、道之因果關係，此心亦居在其上層，以平觀苦、集、滅、道；而非只順一般之苦集經修道，以至于其最後之滅，以由苦集之現在至于道滅之現在。此乃中論之義，確切進于成實之論之處。而中論之義，亦正對人之修道，有大方便者也。

欲說此中論之義對人之修道所以有大方便，當先畧說此中論所破之因中有果與無因之說，及過去中有現在未來、與現在未來不依過去之說，正爲常人在生活中恒不自覺的採取之見，而一般修道者亦恒不能免者。常人在生活中備足某因時，亦恒想望其果，而如在因中，幻見有果，由因之實以執其果之亦實。如人于得錢財時，若見由錢財得之歡樂，皆在錢財中是也。常人在生活中，又恒以其過去中即有現在未來。如其在過去得意，即以爲前途光明無窮，過去失意，則前途全是黑暗是也。人之幻想未來者，又恒望未來之與過去全然不同，或未來之從天而降，若無因而至。此在人之修道之心情中，亦兩者皆有。如人見世間種種心色諸法之集結可爲苦因。人即視若此無窮苦在世間中，而對世只求厭離，即成小乘法。又人在修道以求涅槃果時，亦可視此果如已在此因中，而于未得謂得，未證謂證，生大我慢。此皆由無意間謂因中有果論之所致，亦意謂過去或現在中有未來之所致也。反之，人如幻想：不修道而忽然得渡，則又由意謂果不待因，未來不依現在與過去之所致也。至于人之能正信此因緣關係而修道者，一般亦只能于自求出離于苦集二諦之外之修道之事中，修道以證滅；而不能于觀苦集二諦中修道。此則以其修道之事，亦只爲苦集滅道之因果串係中之後二事之故也。然今設人能如中論之知因果與時間之過現未相依待而有，而又非實有而性空，則此心可當下超于因果與時間之過現未之上，而平觀因果與過現未；于因果關係可不作因能生果，因中有果之想，亦不作過去現在有未來之想。則其見世間中之集只是集，由之而起之果如苦，既尙未生起，則此集中無此苦等；並能見此集之自身，雖以因果關係而連于其苦，而其性則空。此性空是其當體性空。本此以觀一切苦，一切苦亦當體性空。更本此以觀吾人之修道之事，亦性空。證性空之謂寂滅，此寂滅亦性空。若苦集滅道之法皆當體性空，則于苦集滅道之法之當體，皆可證寂滅；不須說由一般之苦集出離，而更修道，方證寂滅；亦不須說苦、集是世間事，滅、道是出世間事。而當說即此世間之苦集之當體，而證其性空，便是出世間事。此世間之苦集之法，即以性空爲其法性，以空相爲其實相。一切苦集滅道之法，同此性空之法性，同此空相之實相。則苦集之世間非所厭離，滅道之出世間非所欣慕。而無此厭離欣慕，亦正所以成其觀性空證性空，亦即是修道而得滅度之事。由此而人于四諦之看法，即不以其中之爲因者，眞能生果，而有其果，則集中無所生之苦，道中亦無所生之滅。平觀四諦諸法，皆同此性空之法性，同此空相爲實相，而不見其因果之次第相生。故吉藏言般若宗之言空爲體法眞空，不同成實之空之爲析法空。析法空者，乃將一切法析散，而一一除去，以觀其空，如成實之將假名有之我與人物之實體，自其由心色等法所構成，而觀其空，即爲將法析散除去，以觀其空。而成實之言修道以次第去除吾人之苦集，以至滅諦之空，亦即次第析法以至空也。然依中論，則于苦集滅道諸法，可不見其因果之次第相生，而可直下加以平觀，以一一即其法，而觀其當體同此性空爲法性，空相爲實相。故人體其法，即同時體其性空爲法性、空相爲實相、而爲體法眞空也。

若吾人知中論之義，于四諦諸法，歸于當體見其空，而此亦即般若經義，則吾人可說僧肇之言「即物之自虛，不假虛而虛物」，正契于般若經中論之旨。于此即法當體見其空之法，如說之爲假名有，則周顒之言假名空宗之旨，亦正契于般若三論及僧肇之旨。然中論等之言諸法之性空爲法性，或空相爲實相，要由「對因果、一異、時空等不可執爲實有，或其實有之性不可得」之一一思辨或觀照中得來。此原有其所對治之佛家之小乘與外道之種種對因果等之執見。而僧肇之論，則唯契于其最後之歸趣。想周顒所謂假名空之義，亦只是契此最後之歸趣。故皆無中論等書之詳密之論也。

此中論之言一切世間因緣所生法，或有因果關係之法，其實有之性空，乃自第一義諦或眞諦說。至說此世間之因緣生法，非無因而生，亦非無，則爲世俗諦。中論明二諦，即兼此二者。至在世俗諦中，人之依種種因緣生法之集聚，而意構一我或人物之實體，而謂其有，亦屬中論之世俗諦。故在世俗諦中，亦許人說有我、有衆生等。然世俗諦中之因緣生法，如色、受、想、行等，則與我或人物之被視爲有實體性者，則大不相同。言此實體性之我或人物之空，與言因緣所生之心色等法之性空，及言因果等關係之自身不可執爲實有而性空，亦皆不同。此實體性之我物等，可說純由意構，更加以一名，而人即更以其名之常，而意想其名之所指之常而執之者。對緣此意構而成之執，亦宜先將此所執之我或人物之實體，再分析其所由構成之色心等實法，加以破除，如吾人成實論言假名空之義之所說。至人之執此心色諸法之自身爲實，則當依其無常必待因緣而生，即非自生以自爲實，而破其實。至于人之執因果時間等關係爲實，則當依此「關係必依待爲關係項之心色諸法，而吾人之由一關係項通過此關係以至另一關係者，此關係即必在思想上被超越而不見」，以破其實，而言其性空，或「若自爲實必產生思想上之矛盾」，以言其非實而爲空。此中之三種執不同，破之之道，與所顯之空亦不同。故中論于世俗諦皆許其有，于第一義諦皆說其空，則欠分別。則成實論之分假名空與法空，于義又較長。然成實論之言法空，非即法當體見空，如上所說，則于義又較短也。

七、附論：法相唯識宗對假實空有之分別說，與般若宗之說之不相違

在佛學對假有實有，及世俗諦第一義諦或勝義諦，更能加以分別說者，乃法相唯識宗之流之承部派佛學之辨假有、實有而生之論，及以五法、三性分辨一切法之論。此則較爲繁密。人對其名相生疏，更不易發生興趣。然其問題，實與成實中論所辨者無殊，亦初不相衝突。如瑜伽師地論，除有分辨假實之標準，前文已引及外，其第一百卷又分假有爲六種，即聚集假有、因假有、果假有、所行假有、分位假有、觀待假有。瑜伽論之聚集假有，即依五蘊等法之聚集而假立之實體性之人物。所行假有，即指過去之行，而非現有之實者。因假有者，謂未來世可生法，而名爲因。果假有者，謂未來世當有果，而名爲果。此三者之所以爲假有者，以過去、未來之法，原非實法，故依之而立之有，皆爲假有。此皆不出成實論言假有之旨。分位假有，謂諸心不相應行，如生等。觀待假有，即相對之有，如相對于諸色而假立之無色之虛空。對此後二者之假有，成實論未論其

何以非實有。然在中論，則破一切以之爲實有之論。而此二類之假有，則皆可名之爲一「關係性之有」者也。

觀後文自明。無著顯揚聖教論卷十八謂「心不相應行皆是假有；假有之性，略有六種。謂若事能起六種言論：…：一屬主相應言論，二遠離彼此言論，三衆共施設言論，四衆法聚集言論，五不遍一切言論，六非常言論」。所謂能起屬主相應言論者，即「如說生時，此誰之生？觀所屬主，起此言論。所謂色之生，受想行識之生。非說色時，此誰之色，觀所屬主，起此言論。如生如是，住、異、無常等，心不相應行。類如其所應，盡當知。是名屬主相應言論。若事能起如是言論，當知此是假（有）相」。此即謂凡須屬一實法，如「色」爲主辭，而加施于其上之賓辭，如生、滅等，皆是假借依待此實法而說，而其自身無獨立之實在性，而爲假有者。故後文謂可說有「色」生，但不能說「生」能生。所謂遠離彼此言論者，謂諸言論，非以此顯此，亦非以彼顯彼，此說名爲遠離彼此言論」。其下文謂以此顯此、以彼顯彼之言論，乃指其中有一實相者，如地之「堅」，眼之「識」等。至于遠離彼此言論，則「一向于假相處起，如舍之門……軍之車……百之十等」。此即謂其中之「舍」「門」「軍」「車」「百」「十」，皆是經意想或概念之構造而成之假有也。所謂衆所施設之言論，則指衆人依其現識所取之事相，而加施于其上之言論。下文未舉例。當知顯揚論只是謂假有之「性」有六種。此乃謂假有恒是衆人共依種種相而施設，如今所謂約定俗成。此便是假有之一種「性質」。則上所謂「生」「滅」「舍」「軍」等，亦皆可說爲衆共施設，亦皆可以爲例也。至于所謂衆法聚集言論，則謂「是于衆多和合、安立自體言論，如于內色受想行識說我等言論」。此即謂假有恒由依衆實法，所意想構造而成。此亦不只可以「我」爲例，亦可以「軍」「舍」等爲例。所謂「不遍一切言論者，謂諸言論，有處隨轉，有處退還。如于舍，舍言唯隨舍轉，于村亭等，即便退還」。此乃謂由意構所成之法，如「舍」，于舍可用，于異類之村亭，便不可用，以言假有之性。至于其所謂非常言論，則是自事物之破壞轉變等，以見意構所成之法之名言，由可用而成不可用，其下文之例是：如瓶壞已，便不可用「瓶」說之，而當說爲「瓦」。如飲食在身中，變爲糞穢，便不可用「飲食」說之，而當說爲「糞穢」……。此二者皆就意想所構成之概念名言，如瓶瓦等，可用可捨，以言其非能自爲實在，而另說出爲假有者之二性質。故此顯揚論所說者，只是假有之性質有六種，非謂假有自身有六種。就假有自身說，顯揚論亦只擧出二種，一則爲意構之實體性之人物，如「瓶」「軍」「舍」「我」等，二則如「生」「滅」「無常」等抽象的「關係性之有」而已。

但在法相唯識宗之對諸法之假實空有作分類，更有其所謂五法三性之說。爲其所特提出，而非沿襲部派佛學而來者。

在此宗所宗之經論中，楞伽經即分五法：名、相、分別、正智、眞如。依瑜伽師地論卷七十二釋此五法依何義說爲有或無？依何義說爲假有或實有？依何義說爲世俗有或勝義有？五法之相互關係如何？其說亦繁。粗畧言之，則凡「名」之義，專指由人之意構而成之實體性之我或人物者，則是全不實。解深密經、瑜伽師地論、成唯識論，皆視凡「名」之義之指實體性之我等者，純爲遍計所執性，或屬無體隨情假。（唯攝大乘論又謂此名亦爲依因緣生，而屬依他起性。唯其義則只屬偏計。此與辨中邊論之籠統言名屬遍計者，又畧異。至于顯揚聖教論之謂遍計非五事攝，則蓋謂此五法中所謂名，亦爲依他起，遍計在此五法外者。）至于楞伽經中所謂相，則初是指因緣生之色心諸法，而實有相可分別者。此分別相之「分別」、或「依分別相，而計有實體性之我」之虛妄分別或徧計分別，其自身自是心法，亦應爲因緣生。故皆屬依他起性。至于正智，則爲：知名之全不實，知：一切相與心之分別等一切法，與依分別起之一切活動，爲因緣生法，「無主宰，無有作者，無有受者；無自作用，不得自在；從因而生，托衆緣轉；本來無有，有已散滅，唯法所潤，墮在相續」（瑜伽師地論五十六卷）知：此主宰作者等自性空，而對一切法之眞實，如實知，或知一切法之眞如者。此智所知之諸法眞如，爲三性中之圓成實性。

此唯識法相宗之遍計依他圓成之三性之說，原由次第演成。據云在親勝火辨難陀之唯識古學，于遍計依他合名虛妄分別，辨中邊論首言虛妄分別有，亦合遍計依他爲一名。（一九六一年現代佛學呂澂記唯識今古學）此則無大異于二諦之說。至三性之說既成，法相唯識宗依二諦辨一切法，亦有世俗與勝義諦之分。而由瑜伽師地論至辨中邊論、攝大乘論、成唯識論，至窺基法苑義林章（卷二二諦義），其說不斷有所改進增益。可見其說亦次第發展而成。按在瑜伽師地論卷三十六眞實品，有世間極成眞實、道理極成眞實、煩惱障淨所行眞實、所知障淨所行眞實之分。又卷六十四言三種世俗，一世間世俗，二道理世俗，三證得世俗。「世間世俗，所謂安立宅舍瓶盆，……又復安立我有情等。」此即瑜伽師地論之世間極成眞實。亦即成實論所謂名有。「道理世俗，所謂安立蘊、處、界等」，即眞實品道理極成眞實，亦即成實論所謂心色等實法。「證得世俗，所謂安立預流果」。此即指在世間之修道之法，可由之以引至眞實品所謂煩惱障淨、所知障淨所極成之眞實者。煩惱障淨，賴于破我等實有執；所知障淨，賴于破所知之心色法之實有執。下文更言「有勝義世俗，即勝義諦。由此諦義，不可安立，內所證故」。此即煩惱障所知障淨時，心所內證者之諸法眞如。辨中邊論辨眞實品，于世俗諦中有三世俗：一假世俗、二行世俗、三顯了世俗。勝義諦中有一義勝義，謂眞如勝智之境，二得勝義，謂涅槃，三正行勝義，謂聖道。成唯識論卷九言：世俗有假世俗、行世俗、顯了世俗。述記五十二言假世俗者，實無體性，唯有其名，可名世俗。此即如實體性之我與人物。行世俗，即心色諸行。顯了世俗即于世俗修證，以顯了眞實。此與辨中邊論之三世俗相當。然又言勝義則有四：一世間勝義，謂蘊處界。二道理勝義，謂苦等四諦。此與辨中邊論之正行勝義相當。三證得勝義，謂二空眞如。此與辨中邊論之義勝義相當。四勝義勝義，謂一眞法界，此與辨中邊論之得勝義相當。

然窺基法苑義林章，及說無垢稱經疏卷一，更變世諦爲四：一世間世俗諦，依情名假，說爲世俗，如實我法、瓶、盆等是，此即辨中邊論之假世俗。二道理世俗諦，即立蘊處界等法。「名爲道理，事相顯相，差別易知，名爲世俗。」此即辨中邊論之行世俗，而對前者爲勝義者，故亦在勝義諦中，爲世間勝義。三證得世俗諦，又名方便安立諦，以佛之方便安立斷證修之苦集滅道，施設染淨因果差別，令其趣入。此即相當于辨中邊論之顯了世俗，而相當于唯識論之世間勝義中，所謂道理勝義者也。四勝義世俗諦，謂二空眞如。即空我而得之眞如，空法而得之眞如也。是離諸相，而爲聖智所覺，故云勝義。以假相安立，體非離言，（假名之義）故名世俗」。此相當于勝義中第三證一得勝義。而勝義中之四勝義勝義，即一眞法界，則世俗中境無與之相當者。觀此成唯識論與義林章，分世俗諦與勝義諦共爲五諦，後者對前者即爲勝義。此五諦即有名無實之世間世俗或假世俗。此即一般所執之實體性之我與人物等。二、蘊、處、界等行之因緣生者，即由因緣生之心色等實法。三、用以修證之四諦。四、所證得之諸法眞如。五、聖智所內證之一眞法界。如以三性配之，則假世俗屬遍計所執，道理世俗為依他起，而兼染淨者，證得世俗或道理勝義為淨分依他起。眞如及一眞法界，屬圓成實。

此法相唯識宗窺基之辨析世俗諦與勝義諦之種種，共成五諦，較中論之只有世俗諦，第一義諦二者，成實論之辨假實、空有而分之為三者，實較為完備整齊，而見一次第。而對蘊處界心色諸法，與其種子之由因緣而生者，則特為法相唯識宗所重，並恒說之為實，而非假者。然法相唯識宗，亦未嘗不謂依此緣生之實法之「聚集相續分位」而立者，為假法。故于此因緣生法上，說其有一異、常斷、時空之法，皆非實法，而屬于其所謂心不相應行法。此當為五諦外之一諦。合此六者，乃可括一切法而無遺。不相應行法，即依心色等他法，而假立之分位假法。依心色分位假立，即假心色之某方面，而應用建立于其上之謂。謂之為心不相應者，即以此諸法皆為抽象而具普遍的關係性之範疇，依此心之緣之，以思其所可能應用之範圍，恆溢出于「正與心相應而心所知之心色之實法」之範圍，即與心「不相應」。謂之為行法，當是自其為心所運用，與此運用俱行而言。唯說其是不相應而假立之法，則亦非無（註）。然般若宗則自其為假立，而說其無自身之實性，或其自身之實性空，亦必證知其為空，然後能得菩提涅槃。然唯識宗之謂其為有，亦非謂在證諸法實性眞如，而至涅槃境界時，仍有此心不相應行法。此心之依不相應行法以思，而使其心溢出其所知之實法外，固亦唯是在此心與所知之實法，有能所之對待，而未達如如之境時所有者。瑜伽師地論卷七十五言勝義諦五相：一、離名言相，二、無二（無能所之二）相，三、超過尋思所行相，四、超過諸法一異相，五、徧一切一味相。此為後之唯識法相宗經論所共說。依此五義，以觀證眞如之勝義諦時，亦固無「在此能所之對待中之不相應行法」之可說，而必見其法之實性空也。則法相唯識之義與般若之義，在此點上仍不能相衝突。然唯識宗必假立因果等，以說明心色諸法之生滅，而有之一套大理論，則畢竟在般若宗之系統之外，亦別有其切實成就人之捨染取淨之修道歷程之價值，而非般若宗所有者。然般若宗之必言因緣生法，其實性空，而以其性空爲第一義諦，並于「一切因緣生法與由人之心識爲因緣而妄執之實體性之我等」，「心色等五蘊之法」、與「生滅一異有無等思想範疇」……，皆統在一世俗諦中，而謂其皆不能自爲實有而有自性，同此以自性空爲性；亦另有一化歸簡易，以達高明之價值。此則二宗之義，不相衝突，而又可並行而不悖之故也。

瀛涯敦煌韻輯拾補

潘重規

癸丑之春，手寫瀛涯敦煌韻輯新編甫印成，即以一册郵贈日本京都小川環樹教授。時上田正氏所撰切韻殘卷諸本補正方付印中，小川教授亟以余書畀之勘校。上田氏爰採余書正其訛缺，惟所撰已付印，追改無從，乃為切韻殘卷諸本補正正誤一文，刊於文獻センター通信中，而於自序補加說明。是歲暑假，余訪列寧格勒東方院歸，得讀上田氏惠贈新著，則所收巴黎倫敦所藏敦煌切韻外，尚有列寧格勒所藏ДХ一四六六及ДХ一三七二+ДХ三七〇三二種。適余行篋中亦錄有東方院切韻數紙，取與相校，則余所錄DX一二六七，上田氏未收。DX一三七二，上田氏抄脫頗多。方欲寫定所錄以補其缺，又以其秋膺巴黎第三大學講席之聘，匆遽未果。既莅法都，課餘時復披覽國家圖書館所藏敦煌卷子，往歲聞伯希和氏所齎，入館藏後，均重加裝褫。其舊卷剝落碎片，亦裹置囊中，什襲珍藏。詢之東方寫本部主任悉妮女士，知已裝褫就緒，自伯二〇二三至伯五五八八，凡三千餘卷之碎片，雖寸紙隻字，皆保存弗敢失，蓋其慎也。余因發願盡觀之，竭五日之力而畢。凡所掇拾，類轉帖、賬單、殘札之屬，枯燥乏味，如唉粗糠。然一言片語，可供採擇者，咸隨手札記，以備遺忘。尤可貴者，其伯三六九六碎片之十二、十三，適足補韻輯新編之缺，披沙揀金，其此之謂歟？開歲返港，綜法、蘇所得，手寫成卷，題曰瀛涯敦煌韻輯拾補云。甲寅二月朔日婺源潘重規記於九龍又一村丹桂路寓居。

伯三六九六碎片之十二

有片紙標題「切韻序　陸法言」一行。又斷紙有切韻三行，其第三行恰與瀛涯敦煌韻輯新編第五九一頁新抄P三六九六一之首行銜接，首行鳥名二字，即斷紙第三行末字鷫字之注。

以椿橦〻踏跔

二訟徐用反僮反五罿　憧口来輴車陷陣撞舩只十四

溶水皃滽水名庸墉垣獛似牛有肉鎔鑄鏞大鐘鄘國名傭賃〻鱅

伯三六九六碎片之十三

斷紙，且反面各存切韻四斷行下半截。正面與新編第五八八頁末四行相吻合，反面與新編第五八九頁首四行相吻合。

正面

魚類鰓才反四槵檯〻

敱育所治殰殺羊出胎能獸名年来反一

（4）

DX一二六七

正面

反面

以真受福 春 昌脣反一 脣 食倫反三 漘 水際 蒓

倫 等 論 又盧昆反 䑳 船 輪 崘

壺 狐 瓳 ~甗 餬 寄食 瑚 頶

醐 醍~ 䴴 粘或作黏 弧 乎 湖 弧

罛 細網船上 泒 水名在鴈門 酤 觚 酒器

水名在高密 徒 度都

1 𨻳 𡂺𦼮陵縣名在交阯 𡂺𦼮字洛于反 僂〻傴 褸〻襤 簍 □ 取 文庾反 縷〻絲主反六加

反面

1 𨻳 𡂺𦼮陵縣名在交阯 𡂺𦼮字洛朱反 僂〻傴 褸〻襤 簍 小筐 嶁 岣嶁衡□名 漊 雨漊〻也一曰汝南謂飲酒習之不醉為漊出說文

DX一四六

殘缺 僅存中段 小韻朱點

1 樔 孔曰

2 謨 謀也又也 □ [墓] □ 又音 □无出 [無]

3 坂 又姓符洪之先其家池中蒲生長五丈成謂之蒱 蒱〻机□ [樗蒱]

4 □ 三德其色中和 類皆從戶古反 瓳 瓳〻甒多體 [圖] 餬 寄食又糜也或作餰 瑚 璉〻 湖 江□

5 [鶘] 鶘 仙猿身白出說文加 孤 孤〻子漢複姓乙速孤〻古胡反廿一加六 菰 蔣〻 姑 舅姑亦

漢書越王巫祠在雲陽亦小兒病鬼名沽水在高密柧加丶棱鐴鏤丶加菰

[屠]煞也裂也割也亦姓又音除瘏病塗塗也路也行也亦[姓風俗]通云漢有諫議大夫塗禪

[酴]酴啚思度圖釋名曰圖度也盡其度也又謀也計也從啚啚難意也廜丶曰蘇草庵通俗□屋平曰廜□

[拏]妻拏笯鳥籠呼喚也又姓云丶鳥嗇十加六荒膴無骨腊又音無憮大葫大蒜□□□

□先吳丶越又姓本自太伯之後始封於吳因以命氏[後][ ]國子孫家於魯衛之閒今望在濮陽

□魚名加[娪]美女出埤蒼加鋘鋙鋘山名出金色赤如火[作]刀可切玉出越絕書加租積也□也則[胡]

蘆竹蘆葦之未秀者亦蘆菔菜名亦虜姓[後]魏書莫蘆氏後改為蘆氏

[舟]後轤布縷𦉜瓪也又作此𤮐籀文瀘水亦州名在蜀加瓐玉名加爐

木也滿也懼也望柰[姑]反四加一穌息也舒也悅也死而更生也蘇廜蘇𤻲廜酒𤻲元日

其助氣故都反十五加六洿水不流又作汙杇塗墁丶莫寒反丶字嗚呼丶鴮鸅丶

16 □加滏鹽滏旋流疊俱反加又蝸蚷蝸蠋蟲也大如指白色加悪々由也加安逋

17 桔瘁也出說文加鹿蹠也大也物不精也倉胡反三加一麤行路遠字統云警防麃也麤之姓相背而食處

18 鄐々田拖也又國也凡也大也又姓出吳興當孤反四加一篰竹名闍闉闍城上重門又市遮反阤

19 □也出也加

20 麡々狼戲名似麡又子兮反蠐々螬齋好皃癠病加齏韭出說文加黎衆也又姓

21 □鵹為飲蠡[illegible]亭名在上黨廲々廔綺窻加藜々名藘加萊莉

22 斐文章相錯加齋說文云炊餔疾加霋說文云霽謂之霋加低々昂俛也垂也丁奚反十四

23 禔加隄或作堤加岻山名加陀纂文云人姓加[illegible]趆說文云趍

DX一三七二＋DX三七〇三

小韻朱點　韻目數字朱書

正面

□詹反三　高皃

□反□矆大視也縛反二許玃弓弦□

玃大後山居縛反四加一說文云是穀從又者是大母猴亦矍從

□□□□也二同矍案說文隹欲逸走從又持之矍〻也一曰視遽皃

躩丘縛反一案說文足躩如也新加

廿八鐸大鈴也徒落反七加一剫治木𢝱忖踱

度量也又徒故反襗褻衣頊顱也出文莫慕各反九加冥也從日在茻〻莫朗反莽

惟〻鄚縣澗名在河膜內寞寂〻鏌〻鋣□〻索

瘼病嗼寂也落盧各反十七加一草曰苓木曰落也笎□烙〻[illegible]糸

也古作雒珞瓔□酪乳〻樂喜也又五五敎二反覺轢淩〻也又音歷答□硌石砳

駝駞〻皠大白駱馬色也一曰白馬黑髦尾⿰革各生革⿰各刂去木節鮥魚名又五格反

⿰鼠各鼠名⿱雨各雨⿱雨各出說文託他各反六加一袥開衣領大橐□□□□□□作橐又橐並減

魠魚名籊竹〻柝擊也或作山欜侘寄也蘀草木落□□詩曰十月殞蘀

作則落反又則邏反三柞木糳精細米錯倉各反三加一說文金塗也厝□□也亦作

屬⿰魚⿱⺮日魚名⿺辶⿱⺮日說文從□作□又云交道各古落反說文異也從口久者有行而止相□之意閣□亦举

反面

格樹枝胳腋〻恪苦各反一說文從客也愕驚也五各反□□文作咢鄂□名在武昌諤

□鍔劒□崿峯鶚鳥名萼花噩歲在酉曰昨噩鰐魚□□

反又烏故反三蝁地名堊白土諾奴各反一⿰革頁面大貝匹各反□濼陂〻或作□粕糟

膊割肉 轉車軌 [illegible] 泊止也傍各反四 亳國名 箔簾 薄厚一曰口口

臛羹〻可各反又大酷反四 鄗縣名漢光武改名高邑 壑丘〻說文云無土亦得一本作壑 蠚螫也口文口若

聲與口作作蓋二同 索蘇各反又所戟反二 [illegible]〻摸 涸下各反四 洛洛澤水名 鶴口口口

說文作鶴 貉〻狐說文作貈又從口口聲也 昨在各九反 酢酬〻也說文作此醋字 莋縣名在越巂

怍慙也說文作詐慙語也義略同 鑿鑿 柞木名 怍 山 笮 竹

博補各反八加一說文從十尃聲 髆〻胷[illegible]

白嚛字子入反 搏手擊 襮衣領一〻本作襮 口大鍾 簙口戲也 霍

郭反四作靃 霩雲消皃文雨止雲散皃 矐驚視 藿豆葉也又香草菜說文作口

郭〻古博反說文作此𩫏 椁棺〻也說文作椁應從口

此𩫏 臒烏郭反三 [illegible]味薄 蠖蚇〻

14 鑊 鼎、 爙 熱 鄺 [illegible]也苦口反二加一

15 廿九 職 之翼反說文從身記也微 織 作、 軄

16 直 除力反一 力 良直反四 朸 縣名在平原

17 耳力反七 飭 牢審 渞 水名 趄 行聲 □

18 □ □ 鳥□ 涉 竹力反二 稙 □□

19 鄎 新鄎縣□南也 瘜 病肉

大英博物院藏 S. 5540 敦煌大册之曲子詞

長安詞、山花子及其他

饒宗頤

一、長安詞全文校釋

列寧格勒藏敦煌資料列 L. 1369 號之4標題曰「長安詞」，蘇聯出版敦煌目錄第一冊著錄。「无長地闕」（按應是天長地闊，原誤「天」爲「无」，又誤「闊」爲「闕」。）訖「不達關山」句。（P. 253），此詞又收入敦煌讚文（註一）一書中，只存三首，其中一首僅剩二句又六字，至「不達關山」句，以下殘缺八字，鈔於佛讚之內，在入山讚及五台山讚文之後。（圖版二）

1966年，作者在倫敦大英博物院檢讀敦煌殘卷，見 S. 5540 號蝴蝶裝巨冊，共三葉，其中一葉乃由兩葉倒貼，紙面塗滿泥土，無法掀開。第一葉前書杜正倫百行章一卷並序，第二葉雜書燕子賦一段，過葉見「白馬馳經即自林」句，蓋即L.長安詞第二首之末句。第三葉首寫山花二字，又寫山花子詞共四行；末句殘缺，後雜書音訓二行。（圖版一）作者撰敦煌曲導言時，校錄 L. 之長安詞，嘗畧記 S. 5540中出現「白馬馳經」一句，未及細考。

一九七二年春間，在北美耶魯大學研究院，H. Veteh小姐從法京函告，彼于英京得大英博物院Mr. Howard

(1)

Nelson之助，已將S. 5540大冊，洗去泥汚，原文即長安詞四首，文字間與L.頗有出入，承鈔示一份，擬據以補足L. 1369之缺文，惟尚有若干處，不能確定。嗣得Nelson君將原葉影本郵示，大喜過望。玆參酌二本，將此詞重新整理，因敦煌曲全書已出版，無法改動。因另草成是篇。原詞錄於下，以蘇京殘葉參校之。

天長地闊要難分，中國衆生不可聞。
長安帝德承恩報，萬國歸投拜聖君。」
漢家法用禮術心，四方取則五花吟。
文章𨕖（經）洛如流水，白馬馳（馱）經即自林。」
故來行命（噞？）遠尋求，誰謂明君名暫留。
張（將）身不達關山苦，學問何須度百秋。」
隨（誰）知此地却懷還，雨下占（沾）衣不覺斑。
願身四（死）作終花（化）鬼，來生得見五臺山。

校文

① L.闊字不明，似從門從次，但非「闕」字。唐大曆才子盧綸有天長地久詞（樂府詩集卷82）。天長地闊與天長地久，取義相同。

② 帝「德」，L.作「得」，借「得」爲「德」，敦煌卷習見。

③ 歸「投」，L.作「頭」，借「頭」爲「投」。王維詩：「萬國衣冠拜冕旒」（和賈舍人早朝大明宮），

句法相似。

④ S.作「漢家化用令章新」此從L.。

⑤ L.作「取即五葷吟。」「即」爲「則」形訛。葷字不識，或爲「華」字俗書。

⑥ L.作「文章徑（即經）洛如留水」，借留爲流，S. 正作流水。又 S. 作「文章世洿（疑借爲誇）」大異。

⑦ 駞借爲馱，S. L. 皆誤書「經」字作「綖」，L. 又誤馱爲「駊」。

⑧ L.作「故來行命」，末一字不識，疑是崘或吟字，不敢遽定。S.作「將朱遠尋求」，不可解。又尋字 L.作髣。

⑨「誰謂」二字從 L. 而 S. 作隨雨，乃音訛。名暫留亦從 L.。S.「名」字作「不」。

⑩ S. 張身疑讀作「將身」，L. 作眕身，或即修身耶?

⑪「關山」以下，L. 全缺，今據 S. 補文。

⑫「占」字，S. 占旁甚明顯，水旁少二點。

⑬ S.「却」及「臺」兩處皆有√號，知原文有倒誤，今據改正。

畧釋

漢家者，漢書元帝紀：「宣帝謂漢家自有制度，本以霸王道雜之。」禮術心者，史記李斯傳：「法脩術明，而天下亂者，未之聞也。」禮與術爲二事。禮爲王而術爲霸，漢家之法，雜禮與術而爲心，言兼用王霸也。

五花吟者，左思魏都賦云：「冒六英五莖。」唐元結補樂歌五莖一章八句，序云：「五莖，顓頊氏之樂歌也，其義蓋稱顓頊得五德之根莖。」（元次山文集卷一）漢書禮樂志：「顓頊作六莖，帝嚳作五英。……五英，英華茂也；六莖，及根莖也。」太平御覽引樂緯注：「道有英華，故曰五英。」白虎通禮樂篇：「帝嚳曰五英者，言能調和五聲，以養萬物，調其英華也。」此作五英，以爲帝嚳樂名，英與花同義，故五花亦即五英。S.云五花吟，乃借用帝嚳樂名。（五莖、五花亦爲道家術語所借用。雲笈七籤注云：「含義五莖，色如桃華。」鮑照芙蓉賦：「冠五花于仙阜」，與此無關。）

「文章經洛如流水」一句，頗費解。按洛指洛陽，白馬寺在焉，佛法傳入自此始。水經穀水注云：「穀水又南逕白馬寺東。昔漢明帝……以白馬爲寺名。……金光流照，法輪東轉，創自此矣。」「如流水」者，史記管仲傳：「下令如流水之原。」此句言釋典文章東經洛陽，自白馬寺馱經以後，即如流水之行，遍於天下。S.作世誇如流水，於義亦通。「自林」二字不易解。疑林即取自梵語之 Vāna，佛教聖地多以林名，如竹林（Veṇu-vāna）、雙林（Pari-nirvāna）、祇林（Jeta-vāna）、杖林（即 Yaṭṭhi-vāna，大唐西域記作洩瑟知林，在摩竭陀國。）不勝枚舉。「白馬馱經即自林」，豈謂白馬寺取經，即得自天竺聖地之衆林耶。穀水注云：「發使天竺，寫致經像，始以榆欓盛經，白馬負圖，表之中夏，故以白馬爲寺名。」白馬馱經說即本此。欓爲木名，見王念孫廣雅疏證釋木。

L.卷長安詞鈔於五臺山讚文之後，詞之末句云「來生得見五臺山」，五臺於唐時爲佛教之麥加(Mecca)，中外僧徒皆往朝聖，故此詞於五臺深致嚮往之誠。詞中有「長安帝德承恩報」句，題作「長安詞」殆以此歟！

二、山花子——兼論雲南白族民間曲本之山花體

S.5540 冊子又錄山花子一詞。句式爲 7773，雙疊，押仄韻，其辭如下：

去年春日長相對。今年春日千山外。落花流水東西路，難期會。 西江水竭南山碎 。憶得終日心無退。當時只合同携手，悔悔悔。（註二）

情意纏綣，敦煌所見曲子之佳構也。悔字下有二點，然後加圈，可能爲疊用三字句式，如 P. 3836＋3137 冊「知他心在（牥）阿誰邊。天天天。因何用以偏。」之例。悔悔悔與天天天句法正同。悔與對、外、會、碎、退正協韻。可惜無他本可以勘校。

五代和凝始有山花子二首，見花間集卷六，爲7773雙疊句式，與此相同，惟押平韻。歷代詩餘卷一百一三引耆舊續聞記南唐元宗李璟手書山花子二闋，以賜金陵妓王感化，即世所傳誦之「菡萏香銷翠葉殘」二首也。尊前集以首調名浣溪沙，梅苑名添字浣溪沙，樂府雅詞作攤破浣溪沙。詞律稱：攤破浣溪沙又名山花子。任二北云：「可能在初期，山花子即專指此仄韻而言；後來始平仄不分，成爲攤破浣溪沙之普通別名。」

雲南民間曲子，有所謂山花體者，句式爲7775，但押仄韻，與敦煌曲山花子之協仄相同。大理喜洲聖源寺大殿右側牆上嵌有明楊黼之山花碑，即以山花詞調寫成，共二十首聯章，大體每首七言三句，五言一句。原文夾注爲喜洲楊燦所加，記其所用白族方音，茲舉其首段二章示例如下：

「詞記山花，咏蒼洱境。

蒼洱境鏘翫不飽。（境鏘，地方也。）造化工（註三）迹不阿物。（阿，一也、阿物，一般也。）南北金鎖把天關，鎮青龍白虎。山浸河處河鏡傾，河浸山處山嶺繞，屏面西瀉（瀉也。）十八溪，補蒼洱九曲……」

此處雜用白族土話入詞中，（杜乙簡云：「不飽」從白語讀 bĕnbuen，「阿物」讀 hauv。見其所著白文質疑。）餘則漢字漢讀。（註四）

楊黼自云「詞記山花」，當是參用山花子詞調，不取雙疊，而末句添字作五言，乃易7773爲7775句式，可謂爲山花子之變格。

又據石鍾滇西訪碑記，成化十七年楊壽碑，背面有詞一首，題曰「山花一韻。」所詠乃段氏開國神話。考五代會要三〇南詔蠻云：

郭崇韜平蜀之後，得王衍昔獲俘數十，以天子（指唐後莊宗）命令使人入其部。……續有轉牒，稱督爽大長和國宰相布燮等上大皇帝舅奏疏一封……差人轉送黎州。其紙厚硬……有督爽陀酋……等所署。有彩牋一軸，轉韻詩一章，章三韻，共十聯，有類擊筑詞。（冊府九八〇，同。但作「詩三章，章三韻」）

徐嘉瑞謂：「詩三韻即七七七五之山花碑詩體，楊壽碑山花一韻共二聯，至第三聯即轉韵，此種詩體甚爲通俗，有類彈詞，故云類擊筑詞也。」又云：「至今大理民間流行之白文唱本，仍用山花體七七七五。劍川所流行之鴻雁帶書，亦爲七七七五，其歷史甚長，幾近千年。此類七七七五之山花體曲文，每遇本主廟聖節，正月七月爲多，則一夫登台，坐而唱曲，一人旁坐以三弦伴奏」（註五）。白族民間文學，明時甚爲發達。（註六）此種曲本，大抵以七七七五爲句式。兩楊碑所謂「詞記山花」及「山花一韻」，蓋自山花子詞調變化而出，故有是稱；其慣用仄韻，尤有合于敦煌之山花子體製。白族之山花體，則取山花子單叠而爲聯章者。

五代會要所記之轉韻詩一章三韻共十聯，依徐氏說即山花體，此事在後唐同光三年（925）。敦煌曲子，爲同光時書寫者，不一而足，其時已習以山花子爲聯章，南詔文人開始爲詞，獨有取於此調，加以推演，遂成爲一特殊之詞體，亦猶五更轉、百歲詩後來之踵事增華。詞調與地方民間文學關涉之深，有如此者。因論山花子一詞，故記之以供談助云。

註：

①蘇聯科學院亞洲人民研究所東方古代文獻叢書第十五種，1963年莫斯科印。承孟列夫教授寄贈，謹謝。

②敦煌曲P.105誤寫「碎」字爲「醉」，應勘正。

王重民1950年修訂本敦煌曲子詞集及任二北校錄，均不注意「悔」字下有二點。

③全篇見文物，1961年第8期，冶秋大理訪古記，「工」字據徐嘉瑞大理古代文化史P.408白文學章，冶秋原文作「若迹」，疑「若」字或筆誤。

④杜氏此文，收入雲南白族的起源和形成論文集，1957年印。

楊黼事蹟詳明史隱逸傳及李仁甫撰存誠道人傳。

⑤見大理古代文化史中白文學章。

⑥大理俗文學之發達，如大理圖書館所藏佛經背面，時有巫師手寫曲子，若湘妃怨之類，見文物冶秋文插圖8、9、10。楊愼貶滇，嘗住大理斑山之寫韻樓，淸桂馥題該處楊升庵像，有句云：「傷心形影寄邊垂，閒教蠻婆唱鼓詞。」（未谷集卷四）可見大理民間文學，沐升庵之化者多矣。

圖版一A

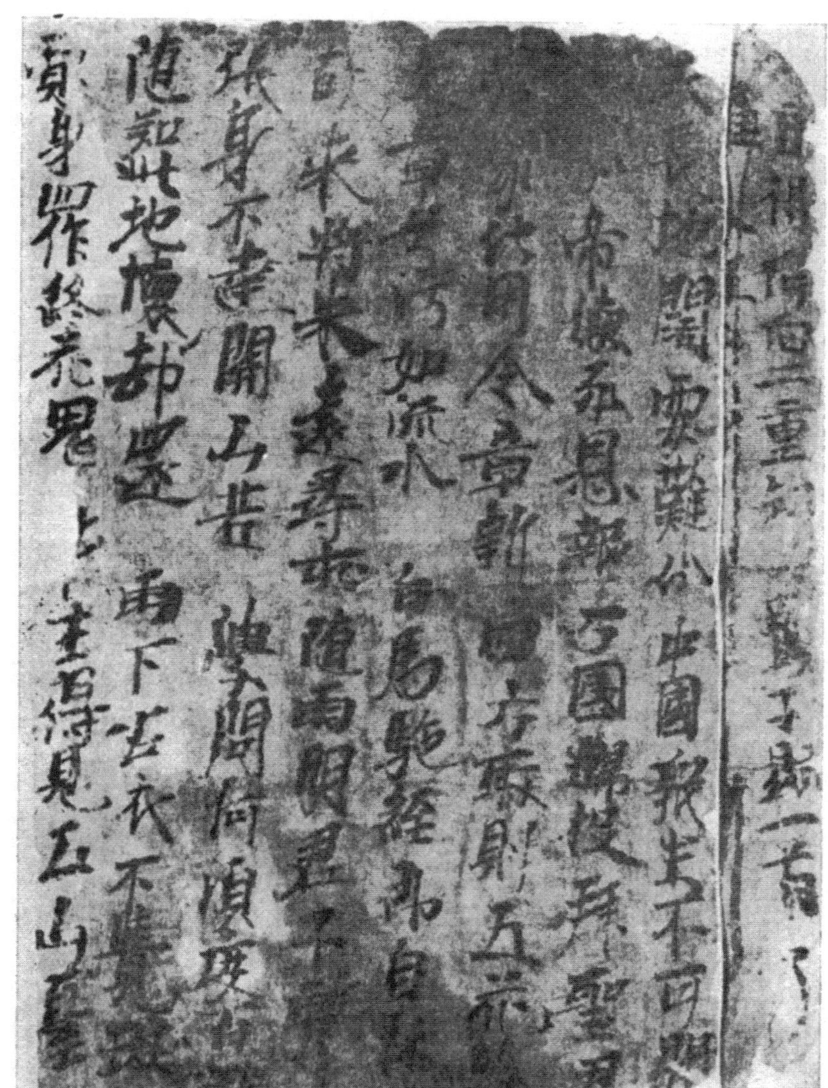

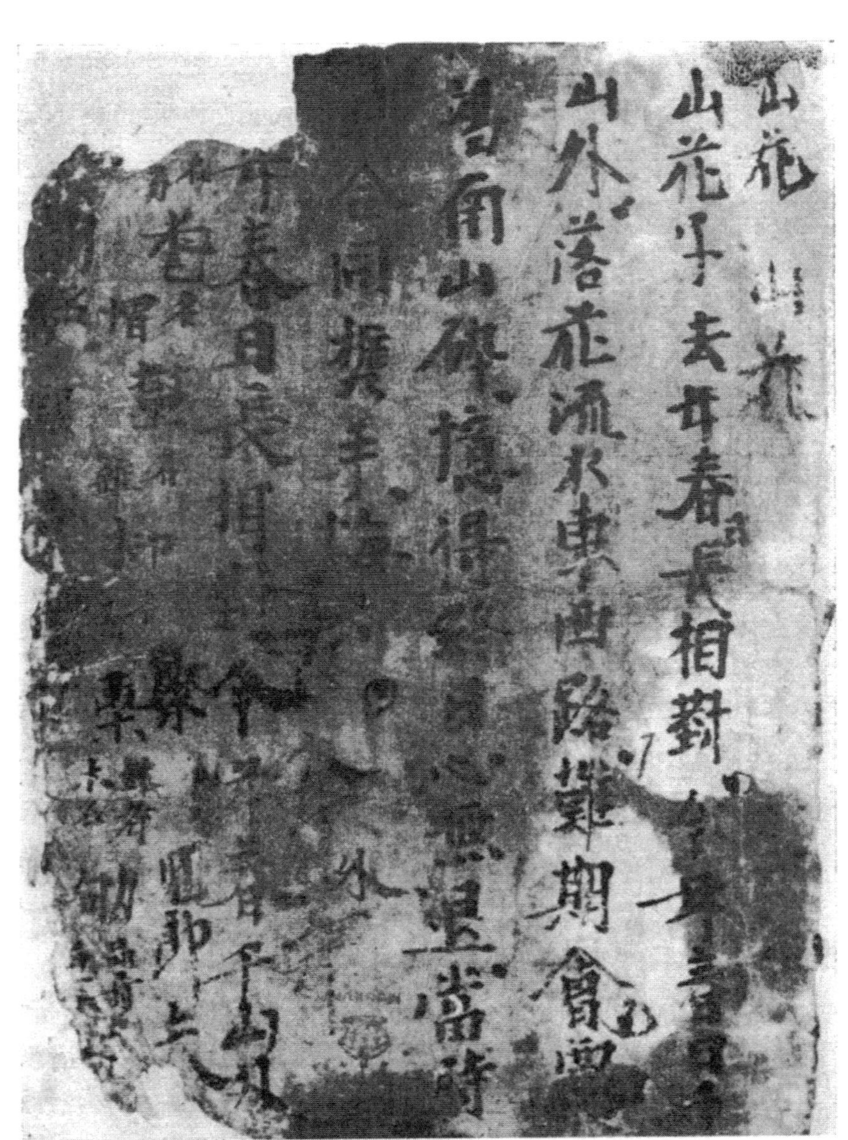

圖版一B

A 二版圖

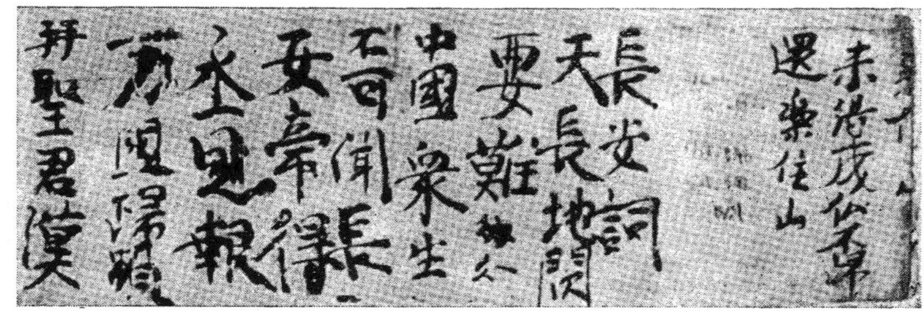

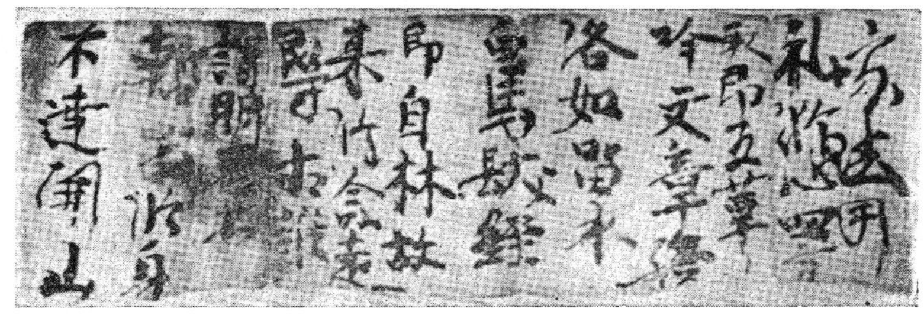

B 二版圖

明清時代雲南的銀課與銀產額

全漢昇

一

明朝（1368－1644）政府於洪武八年（1375）開始發行「大明寶鈔」，禁止民間以銀作貨幣來交易。但不久以後，寶鈔的發行額越來越多，價值越來越低落，從而失去信用，人民在市場上交易時都爭着用銀而不用鈔。自明正統元年（1436）政府在長江以南交通不便地區徵收田賦，由米、麥改爲金花銀，同時正式准許市場交易用銀①以後，直至民國二十四年（1935）廢除銀本位，改發法幣爲止，中國實行銀本位的貨幣制度，前後約共五百年左右。

自明中葉以後，銀在中國各地所以能夠越來越普遍的作爲貨幣來流通，原因當然有種種的不同。就銀的供應方面來說，作者曾經撰文指出，西班牙人以美洲爲根據地，於一五六五年開始佔領菲律賓後，來往於美、菲之間的大帆船，每年自美運菲的大量白銀，大部分都通過貿易關係，由中國商人賺回本國。②復次，葡萄牙人於十五六世紀間經非洲好望角航海東來，于嘉靖三十六年（1557）佔據澳門，於是派遣商船在澳門與日本長崎之間來往貿易，自長崎輸出大量銀子（光是在一五九九至一六三七年間，共運出五千八百萬兩），而這些銀子多經由澳門流入中國。③到了十八世紀，其他西方國家來華貿易的商船，也載運鉅額白銀前來購買茶、絲等物。④這許多外國銀子的長期輸入，當然是明、清兩代中國銀流通量增加的重要因索。除此以外，中國國內銀礦的蘊藏雖然並不怎樣豐富，但自明至清（1644–1911）國內銀礦長期間的採煉，對于本國銀供應量的增加，事實上也有多少幫助。而在中國各地的銀礦生產中，雲南銀礦更是長期佔有特別重要的地位。本文擬研究明、清兩代雲南銀礦生產情況，以說明爲什麼自十五世紀後銀能夠長期在中國作爲貨幣之用這個問題。

二

雲南銀礦採煉的歷史，可說相當悠久。在漢代，朱提縣（故治在今雲南昭通縣）「山出銀」；律高縣（故治在今雲南陸良縣東）「東南盢町山出銀」；賁古縣（故治在今雲南建水縣東南）「西羊山出銀」。⑤到了唐代，雲南爲蒙氏南詔所據；由五代至宋，爲段氏大理國所據。及元憲宗三年（1253）十二月，雲南重新歸入中國版圖，故自元代起雲南的天然資源便逐漸開發；而在各種資源中，雲南的銀礦也加以開採。在元世祖至元二十七年（1290）五月，「尙書省遣人行視雲南銀洞，獲銀四千四十八兩。奏立銀場官，秩從七品。」⑥元代雲南採煉銀礦的地方，爲威楚（今雲南楚雄縣），大理、金齒（今保山縣）、臨安（故治在今建水縣）及元江。⑦當日各地銀礦採煉所得，提出百分之三十作爲銀課（銀礦礦產稅）繳納給政府。根據第一表，我們可知在元天曆元年（1328）各省銀課收入總額中，雲南銀課多至36,784.3兩，佔百分之四七·四，位居第一，故可以推知當日雲南銀礦的年產額，高達122,614（＋）兩，將近要佔全國總產額的一半左右。

第一表　元天曆元年（1328）銀課收入

地　　點	銀課（單位：兩）	佔總額的百分比
腹　裏	75	0.01（－）
江浙省	5,789.2	7（＋）
江西省	23,103.5	30（－）
湖廣省	11,809	15（－）
雲南省	36,784.3	47.4（＋）
全國總額	77,561	100

資料來源：「元史」（「百衲」本）卷九四，頁七下，「食貨志」。⑧又參攷「續文獻通攷」卷二三，頁二三；「雲南通志稿」卷七三，頁一一，「銀廠」。

雖然元代雲南的銀礦產額，在全國產銀各省中，已經躍居第一位，到了明朝初葉，尤其是在永樂（1403–24）、宣德（1426–35）年間，雲南的銀礦生產，却似乎沒有浙江、福建那麽重要。明代政府徵收的銀課，也約佔銀礦產額百分之三十。⑨在永樂、宣德年間，浙江每年銀課由八萬七千餘兩至九萬四千餘兩，福建由三萬二千餘兩至四萬兩多點。在永樂年間，兩省銀課每年約佔全國總額百分之五一・六，及宣德年間約佔百分之四二・八。但自此以後，浙、閩的銀課便激劇下降，⑩而雲南銀課却特別增多起來。

在景泰二年（1451）前後，「雲南產銀，民間用銀貿易，視內地三倍；隸在官者免役納銀，亦三之，納者不爲病。」⑪因爲銀礦生產比較豐富，雲南每年銀課收入，在十五世紀中葉後，遠在產銀各省之上；根據第二表，我們可知天順二年（1458）及四年（1460），雲南每年銀課都佔全國總額的百分之五十以上。其後，經過長時期的採煉，到了崇禎十年（1637）左右，宋應星在談論到當日全國銀礦生產的情形時說：「合八省〔浙江、福建、江西、湖廣、貴州、四川、河南、陝西〕所生，不敵雲南之半。」⑫由此可見，除却明初數十年以外，在明朝中葉至末葉將近兩個世紀的期間內，雲南在全國銀礦生產中都佔有非常重要的地位。

第二表　明天順二年（1458）及四年（1460）銀課收入

地點	天順二年（1458）		天順四年（1460）	
	銀課（單位：兩）	佔總額的百分比	銀課（單位：兩）	佔總額的百分比
浙江	21,250	20.8	38,930	21.2
福建	15,120	14.8	28,250	15.4
雲南	52,380	51.4	102,380	55.9
四川	13,250（＋）	13.0	13,517	7.4
總額	102,000（＋）	100.0	183,077	100.0

資料來源：「明英宗實錄」（中央研究院歷史語言研究所校印本）卷二九〇，頁二，「天順二年四月

壬戌」；卷三一四，頁一下，「天順四年四月己酉」；「明憲宗實錄」（史語所校印本）卷四〇，頁七下，「成化三年三月辛巳」。又參攷「明史」卷八一，頁一一至一二，「食貨志」；王鴻緒「明史稿」（文海出版社影印本）志六四，頁七，「食貨志」；「續文獻通攷」卷二三，頁三三。

把第二表中列舉的各省銀課數字加以比較，我們可以看出，雲南在十五世紀中葉後已經是全國銀產量最大的一省。復次，我們又可根據有關記載，把雲南歷年銀課收入，及其在全國總額中所佔的百分比，列表如下。表中關於全國銀課總額的詳細數字，均見於「明實錄」，在拙著「明代的銀課與銀產額」一文中已經列表整理出來，茲從畧。

第三表　明代雲南銀課及其在全國總額中的百分比

年　代	雲南銀課（兩）	在全國總額中的百分比	根　據
天順二年（1458）	52,380	51.4	見第二表。如依據「明英宗實錄」卷二九八，頁八，天順二年銀課總額爲74,457兩。由此計算，是年雲南銀課佔全國總額百分之七〇・四。
天順三年（1459）	52,300(＋)	51.0	「明憲宗實錄」卷二二八，頁八，「成化十八年六月辛酉」。
天順四年（1460）	102,380	55.9	見第二表。如依據「明英宗實錄」卷三二三，頁八，天順四年銀課爲146,341兩。由此計算，是年雲南銀課佔全國總額百分之七〇。

天順六年（1462）	102,380		「明憲宗實錄」卷二二八，頁八。但據「明英宗實錄」卷三四七，頁八，天順六年全國銀課只有58,698兩，疑是年雲南銀課數字，只是銀課年額，而不是實徵數。
成化三年（1467）	52,300（＋）	75.5	「明憲宗實錄」卷二二八，頁八。
成化九年（1473）	26,100（＋）	50	同上；「明憲宗實錄」卷二四七，頁二，「成化十九年十二月戊辰」。
成化十八年(1482)	102,380		同書卷二四〇，頁三下至四，「成化十九年五月壬子」。但據同書卷二三五，頁一三，成化十八年全國銀課只有49,080兩，疑是年雲南銀課數字，只是銀課年額，而不是實徵數。
成化十九年(1483)	102,300（＋）		同書卷二四七，頁一下至二，「成化十九年十二月戊辰」。但據同書卷二四七，頁一〇，是年全國銀課只有91,021兩，疑雲南銀課只是銀課年額，而不是實徵數。
成化二十年(1484)	72,380	80.5	同書卷二四八，頁三下，「成化二十年正月己亥」，內言「減雲南歲辦銀課三萬兩」。
弘治元年（1488）	52,380	64.4	「明孝宗實錄」（史語所校印本）卷一七，頁七下，「弘治元年八月丙辰」，內言「減雲南銀礦歲課二萬兩」。
弘治十七年(1504)	31,900（＋）	100	同書卷二一八，頁一，「弘治十七年十一月丁亥」。
萬曆八年（1580）	5－60,000		王士性「廣志繹」卷一，頁五。

根據第三表，可知自天順二年（1458）後的一百二十餘年中，雲南每年銀課收入，多時超過十萬兩，少時爲二萬餘兩，在全國銀課總額中每年約佔百分之五十以上，有時竟達百分之一百。因爲銀課來自銀礦生產，由此我們可以推知，雲南在明代銀礦生產中所佔地位的重要。

在元代已經開始採煉的雲南銀礦地區，大部分到了明代仍然繼續開採。上述元代產銀的楚雄府（威楚）、大理府、永昌軍民府(金齒，治今保山縣)及臨安府，在「明史」「地理志」中都有銀礦生產的記載。⑬由於自元至明長期的開採，有些銀礦到了成化（1465—87）年間，已經發現「礦脈微細」，⑭「年久礦微，額恒不足」，⑮或「礦洞愈深，中有積水，礦夫採取愈難，因而致斃者不可勝數。」⑯可是，到了崇禎十年(1637)，宋應星仍然說：「凡雲南銀礦，楚雄、永昌、大理爲最盛，曲靖、姚安次之，鎮沅又次之。」⑰可見在雲南中、西部，以大理爲中心，東至楚雄，西至永昌，大約因爲銀礦儲藏量比較豐富，雖然經過自元代至明季的長期開採，並沒有因此而表現出耗竭的現象。這顯然是雲南銀礦生產能夠在全國產額中長期佔有重要地位的原因。

根據上述銀課的數字，我們又可以判斷，明代銀礦生產的規模已經相當的大，因此要使用大量資本與勞力才能進行生產。萬曆（1573—1620）中葉左右，王士性在談論雲南銀礦時，說每一礦峒約需「千百金」（約銀千百兩）才能從事開採工作。⑱至於開礦所需的勞力，大約因爲明代雲南人口比較稀少，⑲往往利用軍士、⑳囚犯㉑來充當礦夫。這主要是十五世紀的情形；其後到了正德（1506—21）年間，又有許多「四方流移」在雲南採煉銀礦。㉒換句話說，到了十六世紀，因爲雲南銀礦對於勞力需求較大，就業機會較多，故吸收不少外省無業游民前來工作。

三

經過元、明兩代長時期採煉以後，到了清朝初葉，雲南若干銀礦或因礦脈衰微而封閉，或因糧食及燃料價格昂貴、成本過高而不宜開採。換句話說，當日雲南銀礦生產已經出現成本遞增、報酬遞減的現象。㉓爲着要挽救銀礦生產的危機，滿清政府必須設法鼓勵人民繼續投資採煉，因此有減輕他們租稅負担的必要。

滿清政府於康熙二十年（1681）平三藩之亂，翌年，即「康熙二十一年，定雲南省屬銀礦招民開採，官收四分，給民六分。」㉔大約因爲這「官收四分」（即按產額徵收百分之四十）的礦產稅率太重，引不起人民投資的興趣，故雲南總督蔡毓榮建議，對銀礦課稅，只按產額徵收百分之二十。㉕可是，事實上，就當日雲南的情勢來說，蔡氏建議的稅率仍嫌過高，故政府只按照銀礦產額徵稅百分之十五，稱爲「課銀」。㉖這種課銀，相當於明代的「銀課」，不過後者的稅率高達百分之三十，約爲前者的兩倍那麽重。

和明代比較起來，清代雲南銀礦的礦產稅既然減半徵收，因爲利之所在，自然要引起人民投資開採的興趣。清代雲南銀礦採冶的場所，稱爲「銀廠」。㉗在康熙（1662—1722）中葉後，「廠分既多，不耕而食者約有十萬餘人，日糜穀二千餘石，年銷八十餘萬石。」㉘這些一共僱有十萬餘人的銀廠，「皆招商採辦，礦旺則開，竭則閉，徵課視出產之多寡，歲無定數。」㉙不過，「會典」這幾句話只是就長時期來說的，事實上在不太長的期間內，當日雲南各銀礦繳納給政府的課銀是有一定數額的，故稱爲「額課銀」。現在根據有關記載，把清代雲南各銀廠每年繳納的額課銀，分別列表如下：

第四表　清康熙（1662—1722）後期至乾隆（1736—95）前期雲南銀廠每年額課銀數

地　　點	銀廠名稱	額課銀（両）	附　　記
開　化　府	馬臘底銀廠	706.86	
麗江府（中甸廳）	古學銀廠	568.5363	
雲　南　府	興隆銀廠	3,132.605(＋)	
永　昌　府	募迺銀廠	300	
楚雄府（南安州）	石羊銀廠	22,390.32	遇閏加銀29両。
同　　上	馬龍銀廠	698.52(＋)	
同　　上	土革喇銀廠	60.84(＋)	
楚雄府（楚雄縣）	永盛銀廠	3,375.96	
鶴　慶　府	蒲草塘銀廠	421.817(＋)	遇閏加銀24.3両。
大理府（鄧川州）	沙澗銀廠	1,302.67	遇閏加銀106.334両。
臨安府（建水縣）	黃泥坡銀廠	661.101	

臨安府	箇舊銀廠	36,613.78	遇閏加銀38兩。
臨安府（新平縣）	方丈銀廠	68.08	遇閏加銀4.074兩。
永昌府	茂隆銀廠		收課多寡無定額。
	合計	70,311.0893（＋）	

資料來源：欽定「大清會典事例」卷二四三，頁一至三，「金銀礦課」。

註：根據「續雲南通志稿」卷四三，頁二五至二六，「食貨志」，我們可知，表中石羊銀廠的額課銀，爲康熙四十四年（1705）繳納的數額；馬龍、土革喇、永盛及箇舊銀廠的額課銀，爲康熙四十六年（1707）繳納的數額；古學銀廠的額課銀，爲乾隆十七年（1752）繳納的數額。故我們可以推知，表中所列雲南各銀廠的額課銀，約爲康熙後期至乾隆前期每年繳納的數額。

第五表　嘉慶十六年（1811）至道光廿五年（1845）雲南銀廠每年額課銀數

地點	銀廠名稱	位置	採掘開始年代	額課銀(兩)	附記
臨安府	摸黑廠	在建水縣猛梭寨	乾隆七年(1742)	51(＋)	每銀一兩，抽課一錢五分。下同。
	箇舊廠	在蒙自縣南近越南界	康熙四十六年(1707)	2,306(＋)	
東川府	棉華地廠	在巧家西北金沙江外，接四川界	乾隆五十九年(1794)	5,106(十)	
	金牛廠	在會澤縣西南	乾隆六十年(1795)	289(十)	

昭通府	樂馬廠 金沙廠 銅廠坡廠	在魯甸廳西南八十里 在永善西南，近金沙江 在鎮雄州西三百餘里	乾隆七年(1742) 乾隆七年(1742) 乾隆五十九年(1794)	6,353(+) 1,199(+) 1,119(+)	
麗江府	廻龍廠 安南廠(即古學舊廠)	在麗江府西，近滄浪江 在中甸廳東南	乾隆四十一年(1776) 乾隆十六年(1751)	3,894(+) 2,522(+)	
永昌府	三道溝廠	在永平縣境	乾隆七年(1742)	40	開採硃砂，每百斤抽課十斤，照市價變。
順寧府	湧金廠(即立思基舊廠)	在順寧縣西南	隆乾四十六年(1707)	560	
楚雄府	永盛廠	在楚雄九臺山南	康熙四十六年(1707)	217(+)	每礦三桶抽課一桶，煎煉䏝色定值，變價起解。
	土革喇廠	在碍嘉州判東	康熙四十四年(1705)	20(+)	每銀一兩，抽課一錢八分。
	石羊廠	在碍嘉州判西	康熙二十四年(1685)	5(+)	每銀一兩，抽正課二錢。又鈾渣煎煉，每銀一兩抽課一錢。
	馬龍廠	在南安西南竹園塘	康熙四十六年(1707)	516(+)	每礦一石抽課二斗二升，礦土十箕抽課二箕二合，煎煉䏝分定值，變價起解。
	十五廠合計			24,114.3	嘉慶十六年(1811)定年額課銀數。

資料來源：吳其濬纂「雲南礦廠工器圖畧」(一作「滇南礦廠圖畧」，何年刊本不詳，哈佛大學中日文圖書館藏)，頁一五至二〇，「銀廠」第二。此書蒙王業鍵先生自哈佛大學影印寄來，特此誌謝！

註：（一）書中說：「以上十五廠，嘉慶十六年定年額課銀二萬四千一百一十四兩三錢。」而本書編纂者吳其濬于道光二十三至二十五年（1843—45）任雲南巡撫。故上述十五廠每年繳納課銀二萬四千餘兩的時間，約由嘉慶十六年（1811）至道光二十五年（1845）。

（二）書中在列舉上述十五廠課銀之後，緊跟着說，大理府白羊廠（乾隆三十八年開）、元江州太和廠（嘉慶十七年開）、及東川府角麟廠，「三廠年解課銀五、六百兩，無定額；」順寧府悉宜廠（乾隆四十八年開），「歲課銀八百兩，閏加六十六兩餘；」此外又有七個子廠，即永北廳東昇廠（道光十一年開）、東川府鑛山廠（嘉慶二十四年開）、元江州白達母廠（道光十二年開）、鎮沅州興隆廠（道光十七年試開）、鶴慶州白馬廠（嘉慶二十年試開）、文山縣興裕廠（道光二十一年試開），及南安州鴻興廠（道光二十四年試開），「以上七廠，儘收儘解，抵補各廠缺額。」

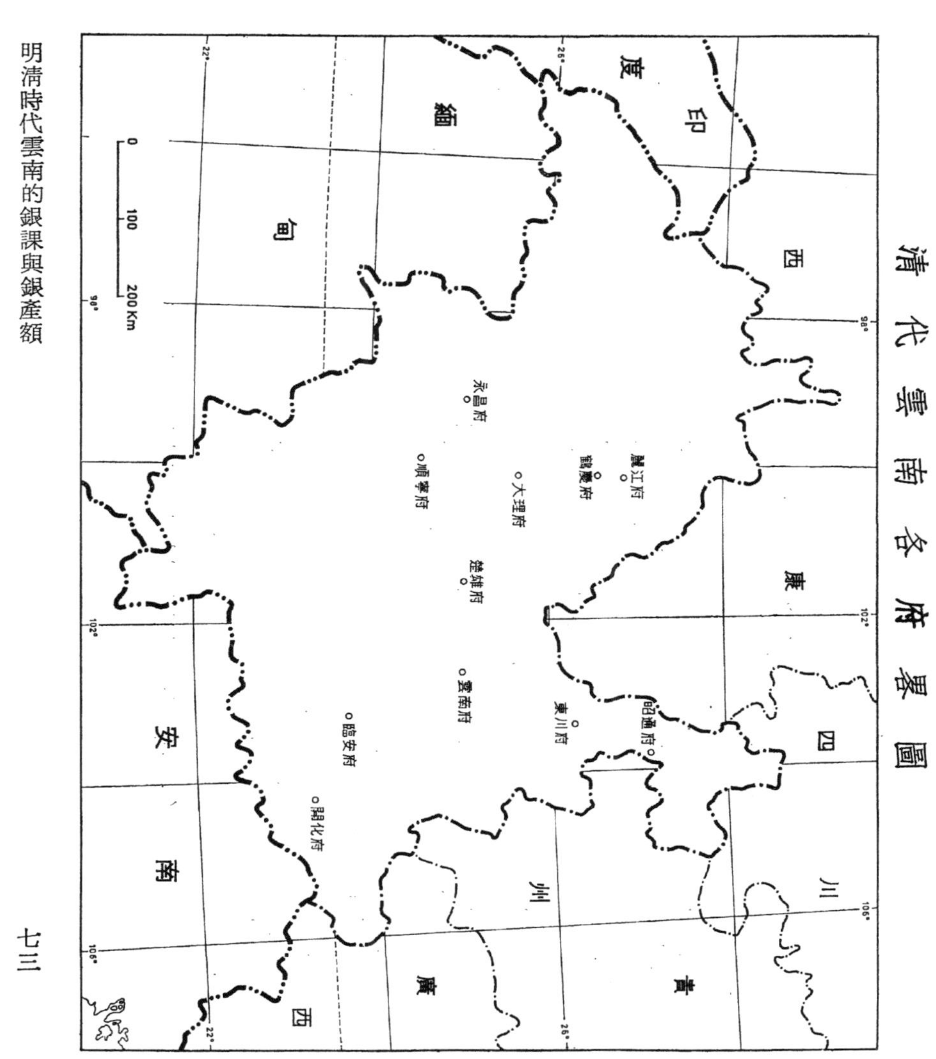
清代雲南各府畧圖
印度
緬甸
西康
四川
貴州
廣西
安南
永昌府
麗江府
鶴慶府
大理府
順寧府
楚雄府
雲南府
東川府
昭通府
臨安府
開化府
0 100 200 Km

第六表　清代雲南各銀廠每年額課銀增減的趨勢（兩）

地　點	銀廠名稱	道光（1821—50）以前	道光九年（1829）	咸豐四年（1854）
臨安府	摸黑廠		51.113	51.113
	箇舊廠	康熙四十六年(1707) 36,613.78	2,306.142	2,306.142
東川府	棉華地廠		5,106.359	5,106.359
	金牛廠		289.814	289.814
昭通府	樂馬廠	乾隆七年(1742) 42,531.755	4,673.851	6,353.524
	金沙廠	乾隆七年(1742) 5,000(＋)	686.973	1,199.632
	銅廠坡廠		1,119.398	1,119.398
麗江府	迴龍廠	乾隆四十一年(1776) 840	3,401.229	3,894.859
	安南廠（即古學舊廠）	乾隆十七年(1752) 568.5363	1,262.31	2,522(＋)
永昌府	三道溝廠		4.879	4.879
順寧府	湧金廠		298.198	560.863
	悉宜廠	乾隆四十八年(1783) 800	800	433.334
楚雄府	永盛廠	康熙四十六年(1707) 3,375.96	217.332	217.332
	土革喇廠	康熙四十六年(1707) 60.84(＋)	20.462	20.462
	石羊廠	康熙二十四年(1685) 27.44		
		康熙四十四年(1705) 22,393.32	5.546	5.546
	馬龍廠	康熙四十六年(1707) 698.52(＋)	516.134	516.134
大理府	白羊廠		382.43	
合計			21,142.17	24,600.391(＋)

資料來源：「續雲南通志稿」卷四三，頁一五至一九，「食貨志」。

看完以上三表之後，對於清代雲南歷年課銀的數額，或銀礦生產的情況，現在擬提出幾點，分別解釋或討論一下：

（1）第四表所列雲南銀廠每年額課銀數，來自「欽定大清會典事例」，但後者並沒有清楚註明年代。我們雖然根據「續雲南通志稿」的記載，說大約在康熙（1662—1722）後期至乾隆（1736—95）前期，各銀廠依照這種定額來繳納課銀，但事實上有時銀產量並沒有達到預定目標，以致不能足額。例如雍正五年（1727）閏三月二十六日，雲貴總督鄂爾泰奏：「查雍正三年〔1725，雲南〕各銀廠缺額銀共一萬三千五百餘兩零。今核算雍正四年〔1726〕分各銀廠應完額課銀六萬六千四百餘兩零，內據報收過銀六萬一千四百餘兩，較之雍正三年分少缺銀八千四百九十餘兩」。㉚因此，雖然表中若干銀廠的額課銀，爲康熙四十四年（1705）或四十六年（1707）繳納的數額，但在康熙四十七、八年（1708—09），雲南每年課銀總額不過二萬七、八千兩，其後到了乾隆初年（1736）左右才增加至七萬兩。㉛

（2）把第四、第六兩表比較一下，我們可以發現，雖然雲南北部昭通府的樂馬銀廠，於乾隆七年(1742)繳納課銀多至四萬二千餘兩，但在根據「欽定大清會典事例」作成的第四表中却沒有記載。復次，「欽定大清會典事例」於記述各廠課銀之後說：「永昌府屬茂隆銀廠，收課多寡無定額。」可是，事實上，茂隆廠有時產額甚至超過樂馬廠，㉜故課銀亦相當的多。㉝因此，在某些年份，雲南課銀總額可能遠在七萬兩之上。

（3）根據以上三表，再加上其他記載，我們可以知道，清代雲南銀廠每年繳納的課銀總額，在十八世紀上半有時多至七萬兩左右，及十九世紀激劇下降，以每年二萬餘兩的時候爲多。現在把歷年數字列表如下。

第七表　清代雲南每年課銀總額

年代	課銀總額（兩）	根據
康熙四十七八年(1708—09)	27,000—28,000	「皇朝經世文編」卷五二,頁三八至三九,倪蛻「復當事論廠務書」。
雍正三年(1725)	52,900(＋)	「雍正硃批諭旨」第九函第二册「鄂爾泰」頁五七。
雍正四年(1726)	61,400(＋)	同上。按課額原爲66,400(＋)兩。
約康熙(1662—1722)後期至乾隆(1736—95) 前期	70,311(＋)	第四表。
約乾隆初年(1736)	70,000	倪蛻前引文。
嘉慶十六年(1811)	26,550(＋)(十六廠)	林則徐「雲貴奏稿」卷九，頁一六，「查勘廠礦情形試行開採摺」。
	24,114.3(十五廠)	第五表。
嘉慶十七年(1812)	62,589.95(二十二廠)	「欽定大清會典事例」卷二四三，頁三，「戶部雜賦」。
嘉慶十九年(1814)及以後	24,114(＋)(十五廠)	林則徐前引文。
嘉慶二十二年(1817)	24,114(＋)(十五廠)	「續雲南通志稿」卷四三，頁二五，「食貨志」。
道光九年(1829)	21,142(＋)(十七廠)	第六表。
咸豐四年(1854)	24,600(＋)(十六廠)	第六表。

註：「清史稿」志九九，頁四五六，「食貨志」說：「道光初年〔1821〕……其時歲入有常，不輕言利。惟雲南之南安石羊、臨安箇舊銀廠，歲課銀五萬八千餘兩，其餘……銀礦歲至數千兩而止。」如依此計算，

道光初年雲南課銀總額約多至六萬餘兩。但「清史稿」顯然有誤，因爲石羊銀廠於康熙四十四年（1705）的額課銀爲22,393.32兩，箇舊銀廠於康熙四十六年（1707）的額課銀爲36,613.78兩，合起來共五萬八千餘兩，是康熙(1662—1722)後期的事，到了道光初年事實上已經減少許多了。參考第六表。

（4）約十五世紀後半，或明中葉左右，雲南每年銀課總額，多時超過十萬兩，其後到了乾隆初年(1736)下降爲七萬兩，數額要較明代爲少。 但明代政府按銀礦產額徵收百分之三十作爲銀課， 清代則只徵百分之十五；由此計算，清中葉左右雲南銀礦每年產額約爲四十六萬餘兩，顯然要較明中葉的三十四萬餘兩爲多。

（5）自十三世紀以來長期成爲中國銀礦主要產區的雲南，於十五世紀後半每年多時繳納銀課在十萬兩以上，及十八世紀前半每年多時繳納七萬兩左右，在全國銀課總額中自然佔有重要的地位；但和約畧同時的世界重要銀礦產區比較起來，却相差很遠。例如在十六、七世紀間每年產銀約佔世界總額百分之六十多點的秘魯，十六世紀中葉西班牙王室在那裏按產量徵收五分之一的銀課，每年超過一百萬兩銀子。㉞

（6）明季出產最旺盛的銀礦，依照上引宋應星「天工開物」的記載，位於以大理爲中心，東至楚雄，西至永昌的雲南中、西部地區。可是，到了康熙（1662—1722）、乾隆（1736—95）之間，如第四、第六兩表所示，在雲南各地銀廠繳納的課銀中，只有楚雄府的石羊銀廠年納二萬二千餘兩，仍然相當重要；除此以外，每年繳納課銀最多的銀廠，爲雲南北部昭通府的樂馬銀廠、南部臨安府近越南界的箇舊銀廠、及西部永昌府近緬甸界的茂隆銀廠。這一事實告訴我們：在明代生產最豐富的雲南中、西部銀礦，經過長期的開採，到了清朝中葉已經漸漸耗竭，故銀礦採煉地區，向北推廣至全省最北邊的昭通府，向南及向西伸展至靠近安南（越南）、緬甸邊界的地方。

（7）不特如此，清朝中葉採煉銀礦的人士，並不以在雲南邊境開採為滿足，而且向外擴展，挾同他們的熟練技術和經驗，在緬甸、安南開採蘊藏豐富的銀礦。㉟緬甸的大山廠，在乾隆（1736—95）中葉左右，經常有四萬名中國人（以江西、湖廣人為多）在那裏採煉銀礦，每人每年平均獲利三、四十兩，故每年約有一百餘萬兩銀子輸入內地。㊱復次，緬甸「又有波龍者產銀，江西、湖廣及雲南大理、永昌人出邊商販者甚衆，且屯聚波龍，以開銀礦為生，常不下數萬人」。㊲安南的宋星廠（一作送星廠），也有許多中國人前往開採，以廣東人為多。在乾隆中葉及其後，由於利之所在，他們常因爭挖礦砂而互相鬬毆。㊳大約因為礦藏豐富，在道光（1821—50）中葉，他們每年約得紋銀二百萬兩，運返中國。㊴安南靠近雲南的地方，又有都竜廠，在雍正（1723—35）初葉也有中國人前往開採銀礦。㊵

四

雲南銀礦的開採，由十三世紀至十九世紀，約延續六百餘年之久。雖然中國銀礦蘊藏不夠豐富，產量也不算多，但雲南銀礦能夠長期採煉而不怎樣耗竭，在全國各省銀礦生產中當然要佔有重要的地位。

在道光二十二年（1842），魏源曾經對中國流通白銀的來源加以研究，他說：「銀之出於開採者十之三四，而來自番舶者十之六七」。㊶假如魏源的估計並沒有和事實距離太遠的話，在當日全國流通的大量白銀中會經提供百分之三、四十的各省銀礦，雲南銀礦顯然是其中最重要的一個。因此，明、清時代中國各地市場上之所以能夠普遍用銀作貨幣來流通，把賦、役折算爲銀來繳納給政府的一條鞭法之所以能夠實行，除外國銀子的流入㊷外，雲南銀礦的長期採煉，應該也是其中一個因素——雖然這個因素並沒有外國銀子的流入那麽重要。

十餘年前，作者曾經發表「美洲白銀與十八世紀中國物價革命的關係」一文，認爲美洲白銀的長期大量輸入中國，是乾隆（1736—95）時代物價劇烈波動的一個主要原因。但康熙、乾隆之際，雲南靠近安南、緬甸的地方，既然有箇舊、茂隆等豐富銀礦的開發，而北部昭通府的樂馬銀廠又復大量產銀，對於乾隆時代銀流通量的增加應該也有多少關係。不特如此，在乾隆中葉前後，我國採礦業者，又紛紛前往雲南邊外的安南、緬甸採煉銀礦，每年自那裏把鉅額銀子運回本國，當然也要影响國內白銀流通的增加。其後到了道光（1821—50）中葉，當因爲雅片走私進口而白銀流出，以致銀價昂貴㊸的時候，我國人光是因爲在安南開採宋星銀礦，每年便輸入紋銀二百萬兩，這對於當日因銀貴而使人民生活蒙受的不良影响，是否曾經發揮或多或少的緩和作用，也是值得我們注意的。

一九七三年四月廿二日初稿。
一九七四年三月三十日增訂畢。

［附記］本文在付印前荷蒙陳正祥敎授斧正，文中地圖又蒙幫助繪製，謹此致謝！

附註：

①拙著「宋明間白銀購買力的變動及其原因」，「新亞學報」（香港九龍一九六七）第八卷第一期，頁一七一至一七七。

②拙著「明季中國與菲律賓間的貿易」，香港中文大學「中國文化研究所學報」（香港九龍，一九六八）第一卷，頁二七至四九；「明清間美洲白銀的輸入中國」，同上刊物（一九六九）第二卷第一期，頁五九至七九。

③拙著「明代中葉後澳門的海外貿易」，「中國文化研究所學報」（一九七三）第五卷第一期。

④拙著「美洲白銀與十八世紀中國物價革命的關係」，中央研究院「歷史語言研究所集刊」第二十八本（台北，民國五十六年），頁五一七至五五〇。

⑤「漢書」（「百衲」本）卷二七，頁三七下，「地理志」。律高、貢古屬益州郡，朱提屬犍爲郡。食貨志下，「朱提銀重八兩爲一流，直一千五百八十，他銀一流直千，是爲銀貨。」

⑥「元史」（「百衲」本）卷一六，頁五下至六，「世祖紀」；「續文獻通攷」（光緒十三年，浙江書局刋本）卷二三，頁一九；阮元等主修「雲南通志稿」（道光十五年刋）卷七三，頁一〇至一一，「銀廠」。

⑦「元史」卷九四，頁一下，食貨志；王文韶修「續雲南通志稿」（文海出版社影印本）卷四八頁一七，及卷五八頁一下至二，「食貨志」。

⑧「元史」「食貨志」原文說：「天歷元年歲課之數……銀課：腹裏，一錠二十五兩；江浙省，一百一十五錠三十九兩二錢；江西省，四百六十二錠三兩五錢；湖廣省，二百三十六錠九兩；雲南省，七百三十五錠三十四兩三錢。」按文中說的銀課，是按照銀礦產額徵收百分之三十的銀兩。「元史」卷九四，頁三下，「食貨志」說：「……在湖廣者，至元二十三年，韶州路曲江縣銀場，聽民煽煉，每年輸銀三千兩。在河南者，延祐三年，李允直包羅山縣銀場，課銀三定〔錠〕；四

年，李珪等包霍丘縣豹子崖銀洞，課銀三十錠。其所得礦，大抵以十分之三輸官。此銀課之興革可攷者然也。」因爲每錠等於五十兩，故在第一表中把銀課由錠數折算爲兩數。

⑨拙著「明代的銀課與銀產額」，「新亞書院學術年刊」（香港九龍，民國五十六年）第九期，頁二五七至二五九。

⑩梁方仲「明代銀礦攷」，中央研究院社會科學研究所「中國社會經濟史集刊」（昆明，民國二十八年）第六卷第一期，頁一一〇至一一一。

⑪「明史」（「百衲」本）卷一六八，頁八下，「陳文傳」。又王士性「廣志繹」（有萬曆二十五年序）卷一五，頁一九說：「採礦事惟滇爲善，滇中礦硐自國初開採至今，以代賦稅之缺，未嘗輟也。……是他省之礦，所謂走兎在野，人競逐之；滇中之礦，所謂積兎在市，過者不顧也。」

⑫宋應星「天工開物」（崇禎十年刋；台北市，民國四四年重印）卷下，頁三三〇至三三一，「銀」。

⑬「明史」卷四六「地理志」說：「〔臨安府〕蒙自……西南有西溪二，出銀礦。……納樓茶甸長官司……北有羚羊洞，產銀礦。」（頁四下至五）又說：「〔楚雄府〕廣通……東有臥象山，東南有臥獅山，俱產銀礦。……南安州東有健林蒼山，又西南有表羅山，俱產銀。」（頁七下）又說：「〔大理府〕鄧川州……東有豪猪洞，一名銀坑。」（頁一〇）又說：「〔永昌軍民府〕騰越州……西北有明光山，有銀礦。」（頁一三）又「明武宗實錄」（史語所校印本）卷一一三，頁三下至四，載正德九年（1514）六月乙卯，「雲南瀾滄衞軍丁周達奏：雲南銀礦，如大理之新興、北崖，洱海〔在大理以東〕之寶泉，楚雄之南安、廣運，臨安之判山，……皆可採辦，以益國課。……詔……令如先年崔安例採辦，且以鎭守太監梁裕等管理。」

⑭「明憲宗實錄」卷一〇五，頁一下，「成化八年六月己巳」。

⑮同書卷二二八，頁八，「成化十八年六月辛酉」。

⑯同書卷二四七，頁一下至二，「成化十九年十二月戊辰」。又同書卷一一四，頁三下，載成化九年（1473）三月壬寅，「巡按雲南監察御史胡涇等奏：雲南所屬楚雄、大理、洱海、臨安等衛軍，全充礦夫，……采辦之初，洞淺礦多，課［銀課］額易完。……今洞深利少，而軍夫多以瘴毒死，煎辦不足，……」由此可知，到了成化年間，有些銀礦經過長期開採後，坑洞越挖越深，已經發生水患及通氣設備等問題。

⑰「天工開物」卷下，頁三三一，「銀」。

⑱「廣志繹」卷五，頁一九說：「滇中凡土皆生礦苗，其未成峒者，細民自挖掘之，一日僅足衣食一日之用，於法無禁。其成峒者，某處出礦苗，其硐頭領之，陳之官而準［准］焉，則視硐大小，召義夫若干人。義夫者，即採礦之人，惟硐頭約束者也。擇某日入採。其先未成硐，則一切工作公私用度之費，皆硐頭任之。硐大，或用至千百金者。」

⑲據「明史」卷四六，頁一下，「地理志」，雲南人口在洪武二十六年（1393）只有259,270口，在弘治四年（1491）只有125,955口（以上兩數大約不包括少數民族人口在內），在萬曆六年爲1,476,692口。（參攷Ping-ti Ho, *Studies on the Population of China*, 1368—1953, Cambridge, Mass., 1959, pp. 9,258.）這和清代雲南人口由二百餘萬至七百餘萬（見拙著「中國經濟史論叢」，新亞研究所，一九七二，頁六〇〇、六一二至六一七。）的情形比較起來，可說少得很多。

⑳「明宣宗實錄」（史語所校印本）卷二八，頁九，載宣德二年（1427）五月「壬戌，雲南都司奏：［大理］新興等場煎辦銀課，其礦初以大理等衛軍士充之。」又上引「明憲宗實錄」卷一一四，頁三下，「成化九年三月壬寅」，說「雲南所屬楚雄、大理、洱海、臨安等衛軍，全充礦夫，……」又同書卷二二八，頁八，載成化十八年（1482）六月辛酉，「巡撫雲南右副都御史吳誠奏：雲南楚雄等七衛銀課，……官司撥摘［「校勘記」作摘撥］軍餘，以爲礦夫，月追人銀一兩二錢，通

計一年該銀十有四兩四錢。……」按明代正式軍役，由特定的軍戶担任。每一軍戶出正軍一名。每一正軍携帶戶下餘丁一名，在營生理，佐助正軍，供給軍裝。這個供給正軍的餘丁名曰「軍餘」，或通稱曰「餘丁」。參攷王毓銓「明代的軍屯」，北京中華書局，一九六五，頁五二；拙著「明代的銀課與銀產額」，頁二六五至二六六。

㉑李東陽等撰「大明會典」（東南書報社本）卷三七，頁二一下，「金銀諸課」說：「〔天順〕四年〔1460〕，奏准雲南都、布、按三司，及衛、所、府、州、縣，凡雜犯死罪，並徒流罪囚，審無力者，俱發新興等場充礦夫，採辦銀課。」（參考「續雲南通志稿」卷四八，頁一七，「食貨志」。）又張萱「西園聞見錄」（哈佛燕京學社印本）卷九二，頁三〇至三一說：「陳公察曰、臣初留神思永，虛心博訪銀場利害，……雲南銀場，……採空之夫，中間亦有逸賊逋囚，亡命無賴，……」按陳察於正德（1506—21）中葉後，巡按雲南。見「明史」卷二〇三，頁二〇下，「陳察傳」。

㉒「明武宗實錄」卷八七，頁八下，載正德七年（1512）五月癸亥，「鎮守太監張倫又奏：雲南……各〔銀〕場夫役，又皆四方流移，仰給於此。一旦封閉，恐生他變。……」

㉓「續雲南通志稿」卷一七八，頁一〇至一一，「藝文志」，載蔡毓榮（康熙二十一年，官雲南總督）「籌滇十疏」說：「一、礦硐宜開也。滇雖僻遠，地產五金。……一經開空，或以礦脈衰微，旋作旋輟，則工本半歸烏有。……今除〔滇省〕全書開載，蒙自、楚雄、南安、新平之銀、錫等廠，……無庸置議外，查……尋甸之歪沖，建水之黃毛嶺、判山，廣通之廣運，南安之戈孟、石羊，趙州之觀音山，雲南之梁王山，鶴慶之玉絲，順寧之遮賴，俱有銀廠；鶴慶之南北衙、金沙江，則有金銀廠。或封閉有年，或逆〔指吳三桂〕占既開，尋復荒廢。目今固米珠薪桂，用力爲艱，然有此自然之利，而終棄之，良可惜也！」按粮食、燃料費用的開支，要構成銀礦生產成本的主要部分。（參攷拙著「明代的銀課與銀產額」，頁二五七至二五九。）在康熙二十年（1681）平定三藩後，雲南既然米貴，自然要影響工資水準的上升；這樣一

來，再加上燃料價格的昂貴，銀礦生產成本當然要遞增了。何況當礦脈衰微的時候，優良的礦脈開採完了，較劣的礦脈也得採掘；同時，如果越挖越深，則離地面越遠，其產品的運費越要增加？

㉔「續雲南通志稿」卷四三，頁二二，「食貨志」；「欽定大清會典事例」（台灣中文書局影印光緒二十五年刻本）卷二四三，頁三，「金銀礦課」。

㉕上引蔡毓榮「籌滇十疏」。

㉖「欽定大清會典事例」卷二三五，頁五，「金銀礦課」，載乾隆七年（1742），「又題准：雲南省金鷄廠，每出銀一兩，抽正課一錢五分，……」又林則徐「林文忠公政書」（光緒十一年刊本）丙集，「雲貴奏稿」卷九，「查勘礦廠情形試行開採摺」（道光二十九年，1849）說：「兄查滇省……課銀章程，本係一五抽收，民間採得十萬兩之銀，納課者僅一萬五千兩，可謂歛從其薄，於民誠有大益。」（頁一八）又說：「查雲南各屬……歷辦章程，迤東各廠硐戶賣礦，按所得礦價，每百兩官抽銀十五兩，謂之生課；迤西各廠硐戶賣礦，不納課，惟按煎成銀數，每百兩抽銀十二、三兩不等，謂之熟課。皆批解造報之正欵，必不可少。」（頁二三）由此可知，在雲南西部地區，按煎成銀數所納的課銀，更低於百分之十五。

㉗賀長齡輯「皇朝經世文編」（國風出版社影印本）卷五二，頁三八，載倪蛻「復當事論廠務書」（約乾隆元年）說：「凡採取五金之處，古俱曰冶場，今音訛曰廠。……今天下之廠，於雲南爲最多。……今請言銀廠。」

㉘同上。

㉙「欽定大清會典」（台灣中文書局影印本）卷二二，頁一。

㉚「雍正硃批諭旨」（台北市文源書局影印本）第九函第二冊「鄂爾泰」頁五七（第五本頁二六五一）。又同書第一函第二冊「楊名時」頁二至三（第一本頁一〇七）說：「雍正元年［1723］七月初六日，雲南巡撫楊名時謹奏：……查銀廠缺

課，每年約至二、三萬兩。……」又頁三四至三五（第一本頁一二三至一二四）載雍正五年（1727）六月十七日，楊名時奏：「〔雲南〕銀、銅二廠，臣自康熙六十年〔1721〕正月到巡撫任後，見銀廠自五十八、九年〔1719—20〕約各缺額課三萬數千餘兩，……自雍正元年，……糧道張允隨歷年管理廠務，調劑得宜，力除廠弊，銀廠缺課漸少。……」

㉛「皇朝經世文編」卷五二，頁三八至三九，載倪蛻「復當事論廠務書」（約乾隆元年）說：「至康熙二十一年〔1682〕，滇省蕩平，〔銀〕廠遂旺盛，嗜利之徒、游手之輩，具呈地方官，查明無碍，即准開採。……及康熙四十七、八年〔1708—09〕，貝制軍始報課二萬七、八千兩，至今二十餘年，陸續增至七萬兩。」

㉜「續雲南通志稿」卷四三，頁二〇，「食貨志」，載檀萃「茂隆廠記」說：「茂隆之出，由吳尚賢家貧走廠，抵徼外之葫蘆國，其酋長大山王蜂筑信任之，以開茂隆廠，大贏，銀出不訾，過於內地之樂馬廠。二廠東西競爽，故滇富盛，民樂而官康。尚賢志漸張，……大吏……恐其回廠生變，拘而餓死之。〔按事在乾隆十八年。〕廠遂散。……論者以銀幣之濟中國者，首則滇之各廠，……滇昔盛時，外有茂隆，內有樂馬，歲出銀不訾。自尚賢死，茂隆遂爲夷人所據，而樂馬亦漸衰。於是銀貴錢賤，官民坐受其累。」（又見於「皇朝經世文編」卷五二，頁三五，檀萃「廠記」。）又頁二四載檀萃「滇海虞衡志」說：「中國銀幣盡出於滇……昔滇銀盛時，內則昭通之樂馬，外則永昌之茂隆，歲出銀不訾。故南中富足，且利及天下。」按茂隆銀廠約於乾隆（1736—95）初葉開始採煉，其後繼續開採至嘉慶五年（1800），才因爲「開採年久，硐老山空，礦砂無出」，而加以封閉。參攷「欽定大清會典事例」卷二四三，頁一四，「戶部雜賦」；「清朝續文獻通攷」（商務印書館本）卷四三，攷七九七四，「征榷攷」十五，「坑冶」；「續雲南通志稿」卷四三，頁二〇，「食貨志」。

㉝例如「乾隆東華續錄」（台北縣文海出版社本）卷七，頁二六下，載乾隆十一年（1746）六月「甲午，議政王大臣議覆：前據雲南總督張允隨奏，滇省永順〔永昌？〕東南徼外，有蠻名卡瓦，其地茂隆山廠，因內地民人吳尚賢赴彼開採礦砂大

旺，該酋長願照內地廠例抽課作貢，計每歲應解銀一萬一千餘兩，爲數過多，可否減半抽收等語。……該督……稱：『滇省山多田少，民鮮恒產。惟地產五金，不但滇民以爲生計，即江、廣、黔各省民人亦多來滇開採，食力謀生，安靜無事，夷人亦樂享其利。……民人或遇貲耗，欲歸無計，不得不覓礦謀生。今在彼打礶開礦，及走廠貿易者，不下二三萬人。……今生蠻卡瓦葫蘆酋長……獻納，實出誠悃。……請……准其減半報納，仍將所收以一半解納，一半賞給該酋長。』應如該督所請辦理。從之。」（又見於「高宗純皇帝實錄」卷二六九，頁三〇下至三二，「乾隆十一年六月甲午」。）又參攷「清史稿」（香港文學研究社本），列傳三一五，頁一六五六，「緬甸傳」。大約因爲茂隆銀礦位於永昌府滇、緬交界處，爲生蠻卡瓦葫蘆酋長所統治，故課銀特准減半繳納。

㉞拙著「明代的銀課與銀產額」，頁二六〇至二六一；「明季中國與菲律賓間的貿易」，頁三〇。

㉟趙翼「簷曝雜記」（櫻山文庫本）卷四，頁一三，「緬甸安南出銀」說：「銀本出內地。……今內地諸山有銀礦處，俱取盡，故採至滇徼。……滇邊外則有緬屬之大山廠，粵西邊外則有安南之宋星廠，銀礦皆極旺。而彼地人不習烹鍊法，故聽中國人往採，彼特設官收稅而已。」（又見於趙翼「粵滇遊記」，「小方壺輿地叢鈔」第七帙；魏源「聖武記」，「四部備要」本，卷一四，頁四六，「軍儲」第三篇補注。）按趙翼於乾隆三十一至三十四年（1766—69）任廣西鎮安府知府。

㊱上引「簷曝雜記」緊跟着說：「大山廠多江西、湖廣人，……大山自與緬甸交兵〔事在乾隆三十三、四年，見同書卷三，頁九，「緬甸之役」。〕後，廠丁已散，無復往採者。明〔瑞〕將軍曾過其地。老廠、新廠兩處民居遺址各長數里，皆舊時江、楚人所居。採銀歲常有四萬人，人歲獲利三、四十金，則歲有一百餘萬，賫回內地。當緬酋攻廠時，各廠丁曾馳稟滇督，謂只須遣兵三千來助聲勢，則廠丁四萬自能禦敵。時滇督恐啓封疆釁，遂不果。」（又見於「聖武記」卷一四，頁四六。）按明瑞於乾隆三十二年（1767）以雲貴總督兼兵部尚書，經略軍務；翌年，與緬甸戰，兵敗，自縊死。參攷「清

史稿」列傳一一四，頁一一九五，「明瑞傳」。

㊲「清史稿」列傳三一五，頁一六五六，「緬甸傳」。又周裕「從征緬甸日記」（成於乾隆三十四年；「明清史料彙編」初集，文海出版社本。）頁五下說：「……波竜廠〔波龍廠〕有銀礦，往時內地貧民至彼採礦者以萬計，商賈雲集，比屋列肆，儼一大鎮。自邊地不寧，商民盡散，山麓下敗址頹垣，彌望皆是，可慨也！」又參考「聖武記」卷六，頁二〇下，「乾隆征緬甸記」上。

㊳「史料旬刊」（北平故宮博物院文獻館，民國二十年）第二十二期，天七九七，李侍堯（兩廣總督）摺說：「緣安南一帶山場多產五金，送星銀廠礦砂旺盛，夷民不諳採煉，向爲內地人開窑。張德裕先於乾隆二十六年〔1761〕間自籍〔廣東長樂縣〕起程前往彼處傭工，繼充客長。乾隆三十年〔1765〕二月內，有張任富等，與張南特等爭窑礦砂，糾同張德裕幫毆，致死古老二、古質禹二命。經該國鎮目差拿，張任富等逃回被獲，審擬治罪。張德裕仍潛匿安南。乾隆三十七年〔1772〕張德裕復回廠內，與張萬福、鍾上欽……合本開礦，分管槽口。古以湯與李喬恩另在一處合夥開窑，相距約二里，古以湯兼充該廠客長。乾隆三十九年〔1774〕九月內，古、李兩姓工丁窑穿張萬福、鍾上欽槽口，互相爭論，張德裕投報古以湯處斷。古以湯並不分清界址，就窑穿處所掛綫爲界。張德裕不服，起意商同張萬福等，於十月初四日帶同廠內工丁，前往爭鬧。古以湯亦率同李喬恩並工丁赴阻，彼此口角而散。十二月二十九日，兩造率衆持械相毆，夷官禁阻不依，均各受傷。……」又「簷曝雜記」卷四，頁一三下，「緬甸安南出銀」說：「宋星廠距余所守鎮安郡僅六日程。鎮安土民，……一肩挑針、線、鞋、布諸物往，輒倍獲而歸。其所得銀皆製鐲貫於手，以便携帶，故鎮郡多鐲銀。而其大夥多由太平府之龍州出口，時有相殺事。恃人衆，則擇最旺之山踞之。別有糾夥更衆者，則又來奪，古〔故？〕以是攻剽無寧歲。安南第主收稅，不問相殺事也。有一黃姓者，廣東嘉應州人，在廠滋事，由安南國王牒解廣督。余訊以所得幾何，而在外國滋事如

此？渠對云：利實不貲。礦旺處，晝山僅六尺，只許直進，不許旁及。先索傚直六百金，始聽採。即有人立以六百金傚之，其利可知也。」又參考「聖武記」卷一四，頁四六，「軍儲」第三篇補注。

㊴「大南實錄」正編第二紀卷二〇二，頁二三，載明命二十年（清道光十九年，1839）五月，「遣辦理戶部潘清簡往太原，開採送星銀礦。初帝［阮聖祖］覽清國「京抄」，見清直隸總督琦善言，我國［安南］送星銀礦極旺，而僅徵商稅，聽清人採取，歲得紋銀二百萬兩，暗齎以歸，因派御史阮文振就處勘驗。振奏言：此礦銀氣稍旺，試採之，則用工亦易。……乃命清簡帶同侍衛驛往礦所，撥省庫錢四五千緡，雇多人，併與礦夫等採辦。」

㊵「雍正硃批諭旨」第十四函第三冊「高其倬」，頁八二至八三（第八本頁四七七一至四七七二）說：「雍正二年［1724］十一月十六日，雲貴總督臣高其倬謹奏，爲奏聞事：竊查雲南開化府，與交趾都竜廠接壤。……因都竜廠廣產銀、銅，內地及外夷俱往打礦，貨物易消，貿易者亦多。……」又參攷同上，頁三四（第八本頁四七四七），雍正二年二月十八日高其倬奏摺。

㊶「聖武記」卷一四，頁三三，「軍儲篇」一。

㊷拙著「明清間美洲白銀的輸入中國」。

㊸拙著「中國經濟史論叢」，頁五九六至五九七。

宋代三省長官置廢之研究

金中樞

目　次

（1）

宋代三省長官廢置之研究

（一）前 言

所謂三省長官，即門下侍中、中書令、尚書令。此隋唐所定制，乃宰相職也。①唐書百官志云：「其後以太宗嘗爲尚書令，臣下避不敢居其職，由是僕射爲尚書省長官，與侍中、中書令號爲宰相。其品位既崇，不欲輕以授人，故常以他官居宰相職，而假以他名」②謂「唐世宰相，名尤不正」者，（仝上）此也。「今以新唐書宰相表考之，前後多至四十餘名。」③「自中葉以降，他官之同平章事者，獨預機務，而中書令、侍中、僕射，遂僅存虛名。」④「同平章事」，即「同中書門下平章事」之簡稱，故歷代職官表云：「五季承唐舊制，以同中書門下平章事爲宰相。」⑤宋興，亦承唐舊，「所謂同平章事者，……中世以後，則獨爲眞宰相之官，至宋元豐以前皆然。」⑥惟自元豐起，終宋世，仍有五次變更，合宋初爲六個進程。茲將其名號變遷，及與其有關員額，一併列表如次：

（表一）、宋宰輔名號變遷表

時期	長官
宋初（自西元九六一年起）	同中書門下平章事 參知政事（副相）
元豐（西一〇八二）以後	門下侍中 中書令（不除人） 尚書左僕射 尚書右僕射 門下侍郎 中書侍郎 尚書左丞 尚書右丞
政和（西一一一二）以後	左輔 右弼（不除人） 太宰 少宰 門下侍郎 中書侍郎 尚書左丞 尚書右丞
靖康（西一一二六）以後	門下侍中 中書令（不除人） 尚書左僕射 尚書右僕射 門下侍郎 中書侍郎 尚書左丞 尚書右丞
建炎（西一一二九）以後	尚書左僕射、同中書門下平章事 尚書右僕射、同中書門下平章事 參知政事
乾道（西一一七二）以後	左丞相 右丞相 參知政事
備攷	費袞梁谿漫志卷一宰輔沿革云：「國初宰相，凡三員，皆帶職，……皆平章事，……至嘉祐時，始只兩相。元豐改官制，宰相始不帶職，而左僕射兼門下侍郎，右僕射兼中書侍郎，……又置左右丞，以行參知政事之職。政和初，改左右僕射為太少宰。靖康，復改太少宰為左右僕射。建炎初，以左右僕射並同中書門下平章事，改門下侍郎、中書侍郎為參知政事，而廢左右丞。至乾道末，始改僕射為左右丞相，蓋用漢制云。（知不足齋本頁二一—三）

右表係依據史實製訂，其材料出處當隨見下文，備考所引費說，特先證明其大要焉。則歷代職官表卷三云：「謹案，宋宰相官名前後凡五變，同平章事一也，左、右僕射二也，太宰、少宰三也，復為左、右僕射四也，左、右丞相五也。」（頁六四）是其於四變與五變之間，尚遺類似宋初之建炎一變，即「尚書左、右僕射同中書門下平章事」是也。自建炎三年（西一一二九）起，至乾道八年（西一一七二）止，凡四十四年，為期匪短，不可忽視，謂五變誤矣。後人本其說者，尤誤。⑦準是，不惟復宋世宰相名號變遷之本來面目，特見其時三省長官置廢之梗概矣。然而失此眞相者，非但後人，即當代亦所在難免。如右表於宋初係以同中書門下平章事為宰相，而文獻通考則誤說嘗眞拜多人為侍中，或以他官兼領中書、尚書二令，後世懾其權威，直信不疑；元豐以後，三省長官置而不除，以尚書省左、右僕射分兼門下、中書兩省職，而石林燕語則誤為「三省互兼」，近人據其說而參以西方觀點，遂謂其更破壞三權分立之制，致門下省成為贅疣；建炎以後，殆復宋初之舊，而續通考則誤說不置門下省，近人竟改為廢門下省。輾轉相沿，錯誤益甚。今先就其著者畧為發覆，其他隨文揭擧，並按右表進程，一一考論如次：

（二）宋初承舊制——以同中書門下平章事為宰相，充當三省長官，其原有三省長官之名號，則作加官、贈官、階官之用。

宋史職官志本通考職官考，一如前云：「宋承唐制，以同平章事為眞相之任。」⑧然而在趙宋得國之初，其君臣於此種理念均甚模糊。宋李燾續資治通鑑長編（以下簡稱長編）卷五云：

太祖乾德二年春正月庚寅，以樞密使趙普為門下侍郎、平章事，集賢院大學士、宣徽北院使、判二司上黨李崇矩爲檢校太尉（案宋史宰相表作檢校太保）充樞密使。上既除普及崇矩，乃無宰相署敕。上時在資政殿，普因入奏其事。上曰：「卿但進敕，朕爲卿署字，可乎？」普曰：「此有司所行，非帝王事也。」乃問翰林學士，講求故實。陶穀建議，以爲自古輔相未嘗虛位，惟唐太和中甘露事後數日無宰相，時左僕射令狐楚等奉行制書，今尚書亦南省長官，可以署敕。竇儀曰：「穀所陳非承平令典，不足援據，今皇弟開封尹、同平章事，即宰相之任也。」上從儀言。（台世界書局本頁二——三）

持平言之，二說均是。就經變言，陶言其經，竇言其變。就源流言，陶言其源，竇言其流。新書宰相表序嘗明言之：「唐因隋舊，以三省長官爲宰相，已而又以他官參議，而稱號不一，出於臨時，最後乃有同品平章之名，然其爲職業則一也。」（卷六一）自是以後，一以同平章事任眞宰相。又司馬光乞合兩省爲一劄子云：「唐……置政事堂，……開元中，張說奏改……爲中書門下，自是相承，至于國朝，莫之能改。」⑨宋既設「中書門下」，而固有之中書省、門下省遂降居次要地位。宋會要職官一三省篇云：

中書門下在朝堂西，榜曰「中書」，印文行敕曰「中書門下」。……又有中書省、門下省者，存其名，列皇城外，兩廡官舍各數楹。中書省但掌冊文覆奏考帳；門下省主乘輿八寶、朝會位版、流外較考、諸司附奏挾名而已。中書令、侍中不任職。（台世界書局輯本頁二三三八）

「既政事自中書門下出，則平章事固中書門下之長官也。」⑩換言之，平章事，即中書門下平章事。一結其他官銜於其上，則曰同中書門下平章事，簡稱同平章事。宋會要「三省」同條：「同平章事是爲宰相之職，……以丞郎以上至三師爲之。」（二三三七）具言之，「尚書、中書令，侍中，丞郎以上帶同平章事；並爲宰相。

」（同上二三三八）一云：「中書令、侍中及丞郎以上至三師同中書門下平章事，並爲正宰相。」（同上二三六三）此仍沿「唐中葉以後，雖左、右僕射，不兼平章事，皆不爲宰相」⑪之舊制發展。知制誥祖無擇言：「自門下、中書與尚書號三省，其長官皆宰相之任，莫有高焉者也。」⑫「二員以上，即分日知印。」⑬其下則復設判省事。宋會要職官二「門下省」云：「國朝初，循唐制，以中書門下平章事爲宰相之職，復用兩制以上官一員判門下省事。」又云：「門下省判省事一人，以給事中充。」（二三七二）同書職官三「中書省」云：「中書省判省事一人，以舍人充。」（二三九八）職官四「尚書省」云：「尚書都省判省事一人，以諸司三品以上充。」（二四三八）故通考卷五十職官考云：「三省則俱爲政本之地，無所不統，長官則宰相，所謂中書門下同平章事是也。」（考四五八）而原有三省長官之名號，則作加官、贈官、階官之用矣。

就其作加官言，先論侍中，通考卷五〇職官考云：

宋制，侍中掌佐天子議大政，審中外出納之事，……以秩高罕除，自建隆至熙寧眞拜侍中纔五人，雖有他官兼領，而實不任其事。（考四五七）

此謂「以秩高罕除」，誠唐以來之舊習，於宋言之，確有不當。考其說，實本宋舊史與筆記，今存會要與容齋隨筆均載及之。⑭然隨筆云：「見任宰相帶持中者才五人，范魯公質、趙韓公普、丁普公謂、馮魏公拯、韓魏公琦。」則「帶」者乃兼帶之意，⑮與通考此謂「眞拜」，頗不相侔。茲據宋史宰輔表及長編、會要諸書加以考詳，製表如次，以爲比較。

(表二)宰相加兼侍中考證表

姓名	時間	原銜	加銜	考證
范質	太祖建隆元年(西九六〇)二月乙亥	守司徒、兼門下侍郎、同中書門下平章事、昭文館大學士	加「兼侍中」	此本宋史卷二一〇宰輔表。同書卷二四九本傳本東都事畧卷一八本傳同此說，作「加兼侍中」，而兩書本紀均作「兼侍中」，(前者見卷一，後者見卷二)長編卷一同條又作「加侍中」，「考宋制兼與爲乃實授之詞，守則資格未及而暫加之詞，」(長編同卷頁七——八注)疑長編、本紀誤。
趙普	太宗太平興國六年(西九八一)九月辛亥	太子、太保	爲「司徒、兼侍中」	此據長編卷二二。宋史卷二五六本傳作「拜司徒、兼侍中。」其宰輔表作「守司徒、兼侍中。」事畧卷三太宗紀亦同此說，特其卷二六本傳作「拜司徒、侍中，」蓋「侍中」上脫一「兼」字。

	端拱元年（西九八八）二月庚子	山南東道節度使、兼侍中	爲「太保、兼侍中」	此據長編卷二九。十朝綱要卷二及事畧卷三太宗紀均同此作「爲太保、兼侍中」。事畧卷二六、宋史卷二五六兩本傳作「拜太保、兼侍中」，拜者除也，與爲無異。然宋史宰輔表仍作「加太保、兼侍中」。特宋史卷五太宗紀作「守太保、兼侍中」，守者不及也，普社稷臣，必不至此，蓋誤。又事畧本紀作丙申日，獨與此引諸書不同，亦誤。
丁謂	乾興元年（西一〇二二）二月丙寅	左僕射、太子少師、同平章事	加「司徒、兼侍中」	此據宋史宰輔表。長編於前銜作「宰臣」，餘同。（卷九八，頁五）隆平集卷四、事畧卷四九各本傳均作「進司徒、兼侍中」。惟宋史卷二八三本傳作「進司徒、兼侍郎」，其「郎」字，當誤。
馮拯	仝右	右僕射兼中書侍郎、太子少傅	加「司徒、兼侍中」	此據宋史宰輔表。長編卷頁同右。隆平集卷四、事畧卷四九、宋史卷二八五各本傳均作「遷司空、兼侍中」。特事畧本傳作「右僕射」，誤。

韓琦	治平四年（西一〇六四）正月戊辰	尚書右僕射、同平章事、魏國公	加「守司空、兼侍中」	此據宋史宰輔表；但原表作兼侍郎。考事畧卷四九本傳：「英宗崩，韓琦奉詔立神宗，拜司空、兼侍中，爲英宗山陵使。」宋史卷三一二本傳所言畧同，知其誤，今改正之。

（表三）樞密使加兼侍中考證表

姓名	時間	原銜	加銜	考證
曹彬	太宗太平興國四年（西九七九）十月乙亥	樞密使、同平章事	加「兼侍中」	原銜據長編卷一七開寶九年十月庚申條文（頁一三），隆平集卷九、事畧卷二七、宋史卷二五八各本傳均載及之。加銜據長編卷二〇，宋史卷四本紀同此作「兼侍中」，但事畧、宋史本傳作「加兼侍中」，則宰輔表作「加侍中」，誤。
曹利用	眞宗乾興元年（西一〇二二）二月丙寅	樞密使	加「左僕射並兼侍中」	此據長編卷九八（頁五）。隆平集卷一〇、事畧卷五〇、宋史卷二九〇各本傳所言同。宰輔表僅作「加兼侍中」。
張耆	仁宗明道元年（西一〇三二）	樞密使	加「兼侍中」	此據宰輔表。隆平集卷一〇：「天聖三年，……充樞密使，……明道元年，進右僕射、兼侍中。」事畧卷五〇本傳所言畧同。又長編卷一一二：

	十一月癸未			「明道二年夏四月己未，樞密使、昭德節度使、右僕射、檢校太師、兼侍中張耆罷為左僕射、檢校太師、兼侍中、護國軍節度使、判許州，尋改陳州」。（頁九）宰輔表同畧。則長編卷一一一於此作「樞密使張耆改為昭德節度使、兼侍中」，其「改為」二字顯然誤植。宋史卷二九〇本傳於此作「左僕射」云云，亦誤。
王貽永	仁宗皇祐元年（西一〇四九）八月壬戌	樞密使、檢校太師、同平章事	加「兼侍中」	此據宰輔表。宋史卷一六四本傳亦作「進樞密院使，久之，拜同中書門下平章事，遂加兼侍中。」但長編卷一六七同條作「樞密使、保寧節度使、同平章事王貽永兼侍中。」（頁四）
賈昌朝	仁宗嘉祐元年（西一〇五六）十一月辛巳	山南東道節度使、兼侍中、判大名府	樞密使、兼侍中	此據長編卷一八四本條（頁七）及同卷十二月壬戌條。（頁一五）壬戌條云：「樞密使賈昌朝辭兼侍中，從之。」則其除樞密使時必係兼侍中，無疑。事畧卷六五、宋史卷二八五各本傳亦畧載

文彥博	英宗治平二年（西一〇六五）七月庚辰	淮南節度使、兼侍中	樞密使、兼侍中	其事。觀宰輔表所言尤明。此據宰輔表及長編卷二〇五同條（頁一六），並參考長編卷二四四所謂：「熙寧六年四月己亥樞密使、劍南西川節度使、守司空、兼侍中文彥博罷使、授守司徒、兼侍中、河南節度使、判河陽，從所乞也。」（頁一三）則知其於樞密使任內仍係兼侍中。宰輔表於己亥條之記載畧同，明係罷免，而入「執政進拜加官」欄，誤矣。又宋史卷三一三本傳本事畧卷六七本傳於前條作「除侍中」云云，於後條作「拜司空」云云，均誤。

觀右表，即知諸宰相均係加「兼侍中」，或兼侍中。矧加兼不止五人，尚有除而未受者如名宰相王旦與富弼。宋史宰輔表記王子明事云：「天禧元年（西一〇一七）五月戊申，加太尉、兼侍中；……七月丁巳，以玉淸昭應宮使免。」（卷二一〇）長編卷八九及卷九十同條於此言之尤詳，其他紀傳亦有記載，惟措辭畧不同耳。如長編卷八九作「授太尉、兼侍中」，（頁二〇——二一）事畧本傳作「拜太尉、兼侍中」，（卷四〇）同書卷四及宋史卷八眞宗紀均作「爲太尉、兼侍中」，而宋史本傳（卷二八二）所言，猶與表同，可見王氏加兼侍中，委

係不虛，至其何以辭而不受，而寧領玉親昭應宮使？據長編卷八九同條云：「以名位太重，憂畏不自安，……制授太尉、兼侍中，……聞命愈恐。」且婉轉時間，竟達兩月有餘。此固史表所以誤爲眞除實受，而其微意，亦不難概見。觀下節述司馬光累請除文彥博侍中、中書令而卒未遂，意尤顯然。則所謂「以秩高罕除」，豈其然乎？此其一。

至若富彥國，據續資治通鑑長編紀事本末（以下簡稱長編本末）卷六三云：「神宗熙寧二年二月己亥，……除守司空、兼侍中、昭文館大學士，……弼既辭不受，……上乃……命以左僕射兼門下侍郎、平章事。」⑯續宋編年通鑑亦云：「弼初入相，即除司空、兼侍中，弼固辭得免，及罷，不復加恩，蓋上意不樂其去故也。」（仝上注）徐乾學通鑑後編同續鑑之說，並云：「王安石專權自恣，弼度不能爭，移病入中書，久遂辭位。」（同上）此即說：倘富氏自初即受命，則加「兼侍中」必矣。此其二。

又隆平集卷二云：「宋興，以平章事爲宰相，以參知政事、樞密使、副、知院、同知院、簽書院事，並爲執政官。」此合宰相，通稱宰執。通考卷五八宰相兼樞密使條：「樞密使帶相印爲樞相。」職官分紀卷十二樞密使條：「國朝以樞密院與中書對持文武二柄，號爲二府，禮遇畧同。」⑰甚者樞密使敘班，猶似有在宰相上者。⑱則樞密使加「兼侍中」，或兼侍中，亦自然而然之事。通考所謂「他官兼領」，此其一也。乃其三。

其尤要者，厥爲丁、馮兩宰相與樞密使曹利用所加「兼侍中」係同一時間，顯見宰相兼帶一若樞密然，「而實不任其事。」會要職官一引兩朝國史志亦明云：「侍中雖常除，亦罕預政事。」（二三三七）「仁宗、英宗曰兩朝」，⑲則前此太祖、太宗、眞宗三朝，不待言也。此其四。

基此四點，知隨筆原文所言近是，通考之說不盡然矣。顧就加「兼侍中」或兼「侍中」言，非徒宰相，樞密亦然，抑「兼」固非正拜或「兼銜」之謂，故統稱加官。

其次，論中書令。此據通考職官考謂「中書令」云：

宋制，掌佐天子議大政，授所行命令而宣之，……國朝未嘗眞拜，以他官兼領者不與政事，然止曹佾，餘皆贈官。（卷五一，考四六四）

按「贈官」，宋史卷一七〇有「皇族及臣僚薨卒贈官之法」，非生除也。此謂「他官」，即會要所謂「親王、樞密、節度使」之類，其「兼領者謂之使相」。⑳通考職官三亦云：「親王、樞密使、留守、節度使兼中書令、侍中、同平章事者，謂之使相。」（考四五一）長編卷一七又云：「凡以檢校官兼中書令、侍中、同平章事者，並謂之使相。」㉑是使相，即親王、樞密使、留守、節度使、檢校官兼中書令、侍中、同平章事」之謂。使相既如是之多，則此謂「兼領者……止曹佾，餘皆贈官，」殊誤。觀洪氏容齋三筆卷一二言「兼中書令」，可首得其證焉。其說曰：

國朝創業之初，尙仍舊貫，於是吳越國王錢俶、天雄節度符彥卿、雄武王景、武寧郭從義、保大武行德、成德郭崇、昭義李筠、淮南李重進、永興李洪義、鳳翔王彥超、定難李彝興、荊南高保融、武平周行逢、武寧王晏、武勝侯章、歸義曹元忠十五人，同時兼中書令。」太宗朝，唯除石守信，而趙普以故相拜。眞宗但以處親王。嘉祐末，除宗室東平王允弼、襄陽王允良。元豐中，除曹佾，與允弼、允良相去十七八年，爵秩固存，沈括筆談謂有司以佾新命，言自來不曾有活中書令請俸則例，蓋妄也。

然通考亦徵引此說，豈其明知故犯？蓋所以待後人考詳耳。竊嘗思之，凡事必有是非，理無二致，倘欲明其底蘊，非加考證不爲功。茲爲便於考證及明其是非起見，特據史實製兼中書令考證表如次：

（表四）親王、節度使、檢校太師、留守加兼中書令考證表

朝代	職位及姓名	考證
太	鳳翔節度使符彥卿	宋史卷二五一本傳：「彥卿，陳州宛邱人。……後唐宣武軍節度……、兼中書令。……漢……乾祐中，加兼中書令。周祖即位，以彥卿爲大名尹、天雄節度使，……世宗拜彥卿太傅，改封魏王，恭帝即位，加守太尉，太祖即位，加守太師，……開寶二年六月，移鳳翔節度。」事畧卷一九本傳所言甚簡，但亦云「兼中書令」。長編卷一太祖建隆元年春正月丁巳條有「天雄節度使、守太尉、兼中書令、魏王、宛邱符彥卿上表」云云，（見頁六）其卷一六並云：「開寶八年夏六月辛酉，前鳳翔節度使、太師、兼中書令、魏王符彥卿卒。」（頁一〇）是彥卿於五代後唐以來，即嘗以天雄、宣武等節度使加「兼中書令」，至宋，移鎮鳳翔。則會儀制一一言「使相追贈」（二〇二六）及禮四一言喪禮於「輟朝、使相」（一四〇二）條均作「中書令」，誤。

武勝節度使錢俶

長編卷一：「太祖建隆元年春二月己卯，以天下兵馬都元帥吳越國王錢俶爲天下兵馬大元帥。」（頁八）長編本末卷四「收復吳越」篇本此說，所言同。（頁一六七）又長編卷二四：「太宗太平興國八年十二月丁亥，淮海國王錢俶三上表乞解兵馬大元帥、國王、尙書、中書令、太師、開府儀同三司等官，詔止罷元帥，餘不許。」（頁二一一）長編本末於此脫「中書」二字。（頁一七八）隆平集卷十二本傳亦云：「俶……爲太師、中書令者四十年，任元帥者三十年，近世處富貴者，未有其比。」事畧卷二四本傳據集，惟謂「任元帥者二十年」，餘同。似俶嘗爲中書令。然考長編卷二九：「端拱元年八月戊寅，武勝節度使、太師、尙書令、兼中書令、鄧王錢俶卒，上爲輟視朝七日，……葬洛陽，俶任太師、尙書令、兼中書令四十年，爲元帥三十五年，……富貴……之盛，近代無比。」（頁二九）本末於此作六月戊寅，（見同卷，頁一七九——一八〇）視隆平集本傳謂「俶……端拱元年八月二十四日薨」，與長編合，知其誤，但本文同。（見卷四，頁一七九——一八〇）返觀前詔太平興國八年（西九八三）罷元帥，去端拱元年（西九八八）俶卒，正五年耳，後說誠是。再證之會要禮四一「喪禮」、「輟朝」、「諸國奉使」條亦作「武勝軍節度使、太師、尙書令、兼中書令錢俶。」（頁一四〇四）是俶雖係吳越國王，然於宋實以武勝軍節度使續任其「兼中書令」等職。

鳳翔節度使王景	宋史卷二五二本傳：「……周祖微時與景善，及即位，加兼侍中，俄以……爲護國軍節度。歲餘，遷鎭鳳翔。……世宗即位，加兼中書令。……宋初，加守太保，封太原郡王。建隆二年春，……復以爲鳳翔節度。四年，卒。」事畧卷一九本傳所言畧同。長編卷二云：「建隆二年春三月辛亥，以雄武節度使、守太保、兼中書令、太原郡王王景爲鳳翔節度使。」（頁四）會要儀制一一「使相追贈」亦有「鳳翔節度使、守太保、兼中書令、太原郡王王景」云云，（頁二○二五）是景於後周以來，即以護國等節度加「兼中書令」，至宋，移鎭鳳翔。則會要禮四一言「喪禮」、「輟朝」於「使相」條作「中書令」，及隆平集卷一七荆罕儒傳附景傳作「加中書令」，均誤。
安遠節度使王晏	宋史卷二五二本傳：「……周祖以晏家彭城，授武寧軍節度，俾榮其鄉里。……世宗即位，加兼中書令。……太祖即位，……改安遠節度。」（三三一四—五）考會要儀制一○「勳臣封贈」所言畧同。（二○○九）又長編卷五乾德二年二月壬戌條：「先是安遠節度使、兼中書令王晏爲太子太師致仕」云云，（頁五）會要職官七七「致仕」篇所言亦畧同。（四一四六）是晏自周即以武寧節度使加「兼中書令」，至宋，移鎭安遠。
安遠節度使武	事畧卷一九本傳：「行德太原楡次人，……周廣順初，加兼侍中，改鎭忠武、……兼中書令。……世宗征淮，行德坐失律，左遷右衞大將軍。尋授保大軍節度，封宋國公。國初，改封韓，

行德	再鎮忠武，移安遠。」（三四二）十朝綱要一：「建隆元年，復以安州爲安遠軍。」（頁一〇）知行德移安遠，在「乾德二年冬」，（宋史卷二五二本傳）右列王晏致仕後。考長編卷一〇開寶二年冬十月己亥條所謂「前安遠節度使、兼中書令檢次武行德」云云，（頁一五）會要職官三八之一同年九月亦載其說。是行德自周世以忠武、保大等節度使、「兼中書令」，及宋，移鎮安遠。則宋史卷二五二本傳及會要儀制一〇「勳臣封贈」謂：「武行德，……宋初，加中書令，」（二〇〇九）均誤。
武寧節度使郭從義	事畧卷一九本傳：「……周初，加侍中，移鎮許州，改鎮天平。世宗北征，以從義副符彥卿，……還京師，加兼中書令，又改鎮武寧。」（三四四）宋史卷二五二本傳所言畧同，但謂宋初，加守中書令。」
定難節度使李彝興	宋史卷四八五本傳：「初爲行軍司馬。清泰二年，加定難軍節度使。晉初，加同平章事。……漢初，加兼侍中。周初，加中書令。顯德初，封西平王。世宗即位，加太保。恭帝初，加太傅。宋初，加太尉。」（五七九三）事畧卷一二七附錄所言畧同，並約之曰：「彝興，當五代之際，爲中書令」云。會要禮四一「輟朝」「使相」條亦作「中書令」（一四〇二）然考長編卷一：「建隆元年春三月，是月定難節度使、守太尉、兼中書令李彝興言」云云，（頁九）長編本末同其說。（見卷五親征河南，頁一八一）又長編卷八乾德五年九月庚子：「夏州言，節度使、守太尉、

	兼中書令、西平王李彝興卒，贈太師，追封夏王。」（頁九）會要儀制一三「外臣」條以其事所附年月雖誤，第亦作「兼中書令」。（二〇五二）是彝興自周世以來，實以定難節度使加「兼中書令」，固不嘗加中書令，更無論爲中書令也；宋史本傳、事畧附錄及會要輟朝所載，均誤。
武勝軍節度使侯章	宋史卷二五二本傳：「……周……廣順……三年，授鄧州節度。……世宗即位，加兼中書令，……再爲武勝軍節度。」（三三一九）
荊南節度使高保融	宋史卷四八三世家：「荊南高保融，……漢初……荊南節度……周廣順初，加兼中書令；……顯德初，進封南平王；世宗即位，加守中書令；……恭帝即位，加守太保；宋初，守太傅。」（五七七八）考長編卷一：「建隆元年八月，荊南節度使、守太傅、兼中書令、南平眞懿王高保融寢疾。」（頁一九）長編本末據其說，畧同。（見卷一「收復荊南」，頁八七）又十朝綱要一同年九月戊申：「荊南節度使、太傅、兼中書令、南平王高保融卒。」是宋僅承認保融以荊南節度使加「兼中書令」。
平盧節度使李重進	事畧卷二二本傳：「重進……漢周之際，累遷……節度使。……世宗即位，……加同平章事，……加侍中。……恭帝嗣位，徙鎮淮南。太祖即位，加中書令。」（三八五）宋史卷四八四本傳所言畧同，亦云：「太祖即位，……；加重進中書令。」（五七九一）然考之十朝綱要一：「建

	隆元年秋九月戊申，以淮南節度使、兼中書令李重進爲平盧節度。」（一五）長編卷一同條及其前後，言之甚詳，要亦謂：「淮南節度使、兼中書令滄人李重進，……徙……爲平盧節度使。」（頁二〇）本末據長編之說，同。（見親征揚州）又大詔令集卷二〇三建隆元年九月癸亥削奪李重進官爵，亦作「兼中書令」。是重進自周世鎮淮南，加「兼中書令」，及宋，徙爲平盧節度；二傳謂「加中書令」，誤。
平盧節度使郭崇	事畧卷二一本傳：「……崇仕周爲陳州節度使、同平章事，……加侍中，移鎮成德。……國初，加兼中書令。」（三七六）宋史卷二五五本傳所言畧同，並謂：「李重進爲平盧節度，重進叛，改命崇。」（三三四〇）證之會要儀制一一「使相追贈」：「平盧軍節度使、兼中書令郭崇」云云，（二〇二六）是崇自後周鎮成德，及宋，加「兼中書令」，移平盧。
昭義節度使李筠	事畧卷二二本傳：「筠，幷州太原人……廣順初，拜義成軍節度使，歷鎮彰德、昭義。顯德初，加同平章事，……加侍中。……宋興，加兼中書令。」（三八一）宋史卷四八四本傳所言畧同。（五七八八）證之長編卷一：「太祖建隆元年夏四月，昭義節度使、兼中書令太原李筠」云云。（頁一〇）是筠自後周節度昭義，至宋，加「兼中書令」。則宋大詔令集卷二〇三建隆元年五月甲辰「削奪李筠官爵」詔作「中書令」，誤。
永興節	宋史卷二五二本傳：「……周……顯德……六年夏，遷京兆尹、永興軍節度。……宋初，加兼

度使李洪義	中書令。」（三三一七）宋會要禮四一「喪禮」「輟朝」「使相」篇（一四〇二）及儀制一一「使相追贈」篇均作「兼中書令」。（二〇二六）是洪義加「兼中書令」，無疑。
鳳翔節度使王彥超	宋史卷二五五本傳：「彥超大名臨清人，……周……顯德……六年夏，……移鎮鳳翔。……宋初，……加兼中書令。」（三三四五）考長編卷二：「建隆元年春三月癸亥，上……幸作坊宴，射，酒酣，顧前鳳翔節度使、兼中書令臨清王彥超曰」云云，（頁四）是彥超於宋實以鳳翔節度使加「兼中書令」，知事畧卷一九本傳作「加中書令」，誤。
武安節度使周行逢	事畧卷二四本傳：「……周……顯德中，……授行逢武平節度使。……國初，加兼中書令。」考長編卷三：「建隆三年九月甲申，武安節度使、兼中書令周行逢病革。」（頁一〇）長編本末卷一所言畧同。（收復湖南，頁八一）會要制儀一一「使相追贈」亦作「兼中書令」。（二〇二五）是行逢於宋實以節度武平加「兼中書令」，尋移武安。
歸義軍節度使曹元忠	通考卷三三五「四裔」考「沙州」：「沙州本漢燉煌故地，唐天寶末，陷於西戎，大中五年，張義潮以州歸順，詔建沙州爲歸義軍，以義潮爲節度使，領河沙甘肅伊西等州觀察營田處置使。義潮入朝，以從子惟深領州事。至朱梁時，張氏之後絕，州人推長史曹義金爲帥。義金卒，子元忠嗣，周顯德二年來貢，授本軍節度、檢校太尉、同中書門下平章事，鑄印賜之，宋建隆三年，加兼中書令。」（考二六三二）宋史卷四九〇外國傳言沙州，本此說，同。（五八五九）

考長編卷三：「太祖建隆三年春正月丙子，加曹元忠兼中書令。」（頁一）會要蕃夷四「瓜沙二州」於此言之尤詳，其要亦謂：「太祖建隆三年正月制，……曹元忠可依前檢校太傅、兼中書令，充歸義軍節度使。……」（七七六七）是元忠於宋實以節度歸義加「兼中書令」。

皇弟光義

事畧卷三本紀：「太宗，……乾德二年，拜中書令。」（九〇）宋史卷一太祖紀又云：「乾德二年六月己丑，以光義爲中書令。」（七七） 考長編卷五同條則云：「以皇弟開封尹、同平章事光義兼中書令。」（頁九）十朝綱要卷二亦云：「太宗……初名匡義，建隆元年，改名光義，……二年七月，加同中書門下平章事，乾德二年六月，加兼中書名。」（三九）會要亦輯其說，同。（一六）宋史卷四太宗紀更明云：「太祖即位，……帝……加同平章事，行開封尹，再加兼中書令。……」是太宗實僅加「兼中書令」，不嘗拜中書令或爲中書令，宋史太祖紀及事畧本紀均誤。

檢校太師孟昶

長編卷六：「太祖乾德三年六月甲辰，以孟昶爲開府儀同三司、檢校太師、兼中書令、秦國公。」（頁一〇） 長編本末卷二本此，同。（見頁一一〇）宋史卷四七九西蜀孟氏世家及事畧卷二三本傳所言均同。（見頁五七四二） 會要儀制一三「僞國主」「追贈」亦云：「檢校太師、兼中書令、秦國公孟昶，乾道（疑爲乾德）三年七月贈尚書令、楚王。」（二〇五一）是昶實以檢校太師爲「兼中書令」，甚明。則事畧卷二與宋史卷二太祖紀及會要禮四一「喪禮」、「輟朝」、諸

太	祖
天平節度使石守信	

國奉使」（一四〇四）以及十朝綱要卷一（見頁二四）同條均刪作「以孟昶爲中書令、秦國公」，蓋不明加官義法及「中書令」與「兼中書令」之區別致誤。特宋大詔令集卷二二五同條孟昶除官制謂：「可特授開府儀同三司、檢校太師、上柱國、秦國公，……仍給見任上鎮節度使奉祿，」而不列「中書令」或「兼中書令」事，是又不合上述使相原則。抑考「給見任上鎮節度使俸祿」，會要職官五七、俸祿五首載及之，可見其地位固甚重要。又按會要同卷俸祿四云：「節度使四百千」，原注云：「使相及親王爲節度使同」（頁三），而「三師三公百二十千」，檢校太師當尤少，何其除官如此？而給俸祿如彼？此不可信一。其次，則又與宋史卷一六九職官志、「元豐寄祿格，以階易官」表所謂「新官，開府儀同三司；舊官，使相—謂節度使兼侍中、中書令或同平章事」之說不合。若以馬貴與通考按三朝國史職官志叙元豐寄祿新格謂：「竊疑開府儀同三司，特專以易三省長官—尚書令、中書令、侍中，」（考五七五）比擬觀之，尤見其不相倫。此不可信二。疑大詔令集除官制亦誤。

宋史卷二五〇本傳：「……守信……事周，……累遷……義成軍節度。太祖即位，……改領歸德，……移鎮鄆州。……開寶六年秋，加……兼侍中。太平興國初，加兼中書令。二年，拜中書令、行河南尹、充西京留守。……四年，從征范陽，督前軍失律，責授崇信軍節度、兼中書令。」（三二九五—六）宋史卷八五地理志：「東平府，東平郡，天平軍節度，本鄆州。」故

	事畧卷一九本傳作「移鎮天平」。考長編卷一八：「太平興國二年冬十一月己亥，以天平節度使、兼中書令石守信罷節度使爲守中書令、西京留守；」（頁二〇）及卷二〇：「太平興國四年秋八月，……守中書令、西京留守石守信，從征范陽，督前軍失律，壬子，責授崇信節度使、兼中書令。」（頁一五）知史傳作「拜中書令」，誤。事畧本傳作「加中書令」，亦誤。又會要儀制一〇「勳臣封贈」以「責授崇信軍節度使、兼中書令」事，繫于開寶中，（頁一〇）也誤。宋史本傳又云：「太平興國……七年，徙鎮陳州，復守中書令。」同志：「淮寧府，輔，淮陽郡，鎮安軍節度，本陳州。」（頁二二）所以宋史卷四太宗紀云：「雍熙元年（西九八四）六月己丑，鎮安軍節度使、守中書令石守信薨。」會要儀制一一「使相追贈」亦云：「鎮安軍節度使、守中書令、衞國公石守信，太平興國九年（西九八四）六月，贈尙書令。」（二〇二五）是守信以節度天平、「兼中書令」始，而以節度鎮安、「守中書令」終。
西京留守趙普	事畧卷二六本傳：「普……以疾求致仕，太宗不得已，以爲西京留守、河南尹，加中書令。」（四三八）然宋史卷二五六本傳則作「兼中書令」。（三三五八）考長編卷三一：「太宗淳化元年春正月，……太保、兼侍中趙普……疾篤，三上表致政，上不得已，戊子，以普爲西京留守、兼中書令。」（頁一）十朝綱要二同條亦云：「趙普罷爲河南尹、守太保、兼中書令。」（六九）宋史宰輔表所言亦同。（卷二一〇同條）證之宋大詔令集卷六五同日制文亦作「兼中書令

」，（頁四）及會要職官一：「太宗淳化三年，以西京留守、太保、兼中書令爲太師」（二三三四）之說，是普以西京留守加「兼中書令」，事畧本傳誤。

魏王廷美	事畧卷一五魏王廷美世家：「太宗即位，加中書令、開封尹、封齊王」。（二七六）宋史卷二四四本傳據此說。（三二二九）宋會要帝系一「太子諸王」於魏王廷美，所言亦同。（二六）考長編卷一七：「開寶九年冬十月庚申，以皇弟永興節度使、兼侍中廷美爲開封尹、兼中書令、封齊王。」（頁一三）宋史卷四太宗紀同條亦畧如是說。再證諸宋大詔令集卷二六太平興國七年三月乙巳制：「皇弟開府儀同三司、檢校太師、兼中書令、行開封尹秦王廷美，……可特依前檢校太師、兼中書令、行河南尹、西京留守。」（二二八——九）是廷美爲「兼中書令」，事畧世家、宋史本傳及會要帝系謂「加中書令」，非是。
安遠軍節度使錢惟濬	事畧卷二四本傳：「……俶封淮海國王。惟濬徙鎮淮南，改鎮山南東道，又鎮安州，封蕭國公，俶薨，有詔起復，加中書令，卒，追封汾王。」（四一〇）但宋史卷四八〇吳越錢氏世家作「加兼中書令」。（五七五七）考會要儀制一一「使相追贈」：「安遠軍節度使、兼中書令蕭國公錢惟濬，淳化二年二月，追封邠王；」（二〇二五）及禮四一「喪禮」「輟朝」「使相」條亦作「兼中書令」。（一四〇二）是宋史世家所言是，事畧本傳誤。
陳王	事畧卷一五世家：「昭成太子元僖，……進封許王，加中書令。」（二八六）宋史卷二四五昭

宗　真

元僖　成太子元僖傳同此說。（三二四五）會要帝系二「昭成太子元僖」條以此事繫之端拱元年四月。但同卷又謂：「端拱元年二月，陳王元僖，進封許王。」（四六）長編本末卷九亦繫之二月（二一一）。長編卷二九（頁二）、宋史卷五太宗紀並繫之是月庚子，然均不言及加中書令事。

楚王元佐　事畧卷一五世家：「漢王元佐，……復封楚王，眞宗……西祀，拜太尉、中書令。」（二八四—五）宋史卷二四五本傳則作「遷太尉、兼中書令。」（三二四三）考會要帝系一太子諸王篇：「漢王元佐，……進封楚王，……大中祥符……四年四月，加守太尉、兼中書令。」（二九）長編卷七五同月甲子條：「楚王元佐爲太尉……兼中書令。」（頁一二）是元佐實加「兼中書令」，事畧誤。

商王元份　事畧卷一五世家：「眞宗即位，加中書令。」（二八六）宋史卷二四五本傳所言同。考會要帝系一商王元份條：「眞宗即位，改永興、鳳翔節度、檢校太尉、兼中書令、封雍王。」案長編脫此條，本末補其事於太宗至道三年夏四月癸卯，亦謂：「皇弟越王元份爲永興、鳳翔節度使，進封雍王，……兼中書令。」（卷九，頁二二八）是元份嘗爲「兼中書令」，二傳誤。

兗王元傑　宋會要帝系一「越王元傑」：「眞宗即位，改武寧泰寧節度、檢校太尉、兼中書令，改封兗王。」（二九）長編本末以其事繫於右載越王元份同條，亦作「兼中書令」。宋史卷二四五越文惠王元傑傳所言亦同。（三二四六）是元傑實爲「兼中書令」，事畧卷一五越王元傑世家作「授（中）書令」（二八九），非是。

定難節度使趙德明	宋史卷四八五夏國傳：「德明……奉表歸順，……乃授特進、檢校太師、兼待中，……充定難節度。……大中祥符元年，……東封，又遣使來獻，禮成，加兼中書令。」（五七九七） 考長編卷一一一：「明道元年冬十一月癸未，定難節度使、守太傅、尚書令、兼中書令、西平王趙德明封夏王。」（頁一五） 會要儀制一三外臣追贈條亦作「尚書令、兼中書令」。（二〇五二） 則長編卷七五：「大中祥符四年夏四月甲子，定難節度使趙德明守中書令；」（頁一二） 而事畧、宋史眞宗紀又均不載其事，疑誤。
相王元偓	長編卷七五：「眞宗大中祥符四年夏四月甲子，……寧王元偓爲成德、安國節度使，進封相王，……兼中書令。㉒宋大詔令集卷二六大中祥符八年十一月辛酉加兼尚書令制亦作「安國等軍節度、觀察、處置等使、開府儀同三司、守太尉、兼中書令、眞定尹、上柱國相王元偓」。則會要帝系一「鎭王元偓」條（頁三〇） 及宋史卷二四五本傳均作「加中書令」，誤。
舒王元偁	會要帝系一「楚王元偁」：「景德二年十一月，……改封舒王；大中祥符四年四月，改鎭南寧國軍節度加兼中書令。」（三〇） 長編卷七五以其事繫于右列楚王元佐、相王元偓甲子同條，所言同。事畧卷一五、宋史卷二四五各本傳均同。準此益證右列「相王元偓」表所引會要、宋史謂其加中書令，誤。
榮王	會要帝系一「周王元儼」：「大中祥符二年正月，……封榮王。……五年十一月，加檢校太尉

元儼 。七年十二月，加兼中書令。」（三〇）長編以加「兼中書令」事繫之同月辛酉。（卷八三，頁一七）宋史卷二四五本傳作「眞宗……祀太淸宮，加兼中書令。」（頁一三）及觀宋大詔令集卷二六大中祥符八年十一月辛酉封彭王制：「……可依前檢校太尉、兼中書令。」則事畧卷一五周王元儼世家作「加中書令」，誤。又長編卷九八：「眞宗乾興元年二月丙寅，涇王元儼，加太尉、中書令、兼尙書令。……」（頁五）考事畧本傳：「……尋……封涇王，仁宗即位，拜太尉、尙書令、兼中書令。……」宋史本傳同。大詔令集同卷、乾興元年二月、仁宗即位、「皇叔涇王元儼守太尉、尙書令、移兩鎭、進封定王、加恩、賜贊拜不名制亦作：「尙書令、兼中書令。」知其誤。會要同條於此僅謂：「加守太尉、尙書令，……」近是；但作三月，亦誤。

英宗

（皇子）壽春郡王受益 長編卷八九：「眞宗天禧元年春二月戊寅，壽春郡王受益兼中書令。」（頁五）宋大詔令集卷二六天禧二年二月丁卯封昇王制可參考。

東平郡王允弼 會要帝系一之三四：「英宗即位，改護國軍、兼中書令，封東平郡王。」帝系一之五七及帝系三之五均載其事。

襄陽郡 會要帝系一之三五：「英宗即位，進兼中書令，改封襄陽郡王。」帝系一之五七及帝系三之五

宗		王允良	亦均載其事。
神宗	護國軍節度使	曹佾	宋史卷一六神宗紀：「元豐三年春三月己丑，以慈聖光獻皇后弟昭德軍節度使曹佾爲司徒、兼中書令，改護國軍節度使。」事畧卷一一九本傳則作：「景靈宮使、兼侍中，拜護國軍節度使、守司徒、兼中書令。」（一二四三） 準此二條，知長編卷三〇三云：「景靈宮使、昭德節度使、兼侍中曹佾爲護國軍節度使、守司徒、兼中書令，」（頁六） 是矣。惟作乙丑（初二）日，觀其前後作戊子（二十五日）、庚寅（二十七日） 日與此引本紀作「己丑」（二十六日），知其誤。

觀諸右表，除仁英之際除允弼、允良二親王如洪氏所言，及神宗朝除護國節度使曹佾畧如洪氏、馬氏所言外，餘則出入頗多。蓋洪氏自謂宋初同時兼中書令者十五人，按原載姓名實係十六人，如今考得十八人，其中經舊除而爲宋所承認者十人，新加除者八人。太宗朝除石守信及趙普而外，又有魏王廷美、陳王元僖及錢惟濬三人。眞宗朝不惟除親王，並有夏國主趙德明。若以前後合計，十之六七以節度使兼領，其次親王，檢校太師、留守各僅一人，其「出入如二府儀」，㉓惟曹佾一人而已。

又當辨者，即上引洪氏言：「沈括筆談謂有司以佾新命，言自來不曾有活中書令請俸則例，蓋妄也。」考長編卷三〇三：「上以慈聖光獻，……且欲以佾爲正中書令。呂公著言：『正中書令，自宋興以來，未嘗除人，況不帶節度使，即宰相也，非所以寵外戚。』上曰：『此誠闊典，第不如是，不足以稱厚恩爾。』公著固爭，乃以爲節度史、兼中書令。」（頁六） 是宋興以來不嘗有活中書令及曹佾不嘗爲中書令之證。至其請俸則例，今檢視會要職官五七俸祿篇，實不嘗見，返觀上表引會要同篇首載「孟昶給見任上鎭節度使俸祿」，筆談之說，未可厚非。

「出入如二府儀」之曹氏旣如此，呂氏之言又如此，則表中陳王元僖加「中書令」，郭從義、石守信加「守中書令」，似不可能。若就全表三十四人通盤觀察，以地位論，此三人者，並非無與比倫；以數目論，係三十一比三，不及十分之一，謂特與優異，似亦不可能。特守信乃開國元勳，「論曰：石守信而下，皆顯德舊臣，太祖開懷信任，獲其忠力，一日以黃袍之喩，使自解其兵柄，」（宋史卷二五〇）蓋守信首先響應，其進官有加，此或其理據也。且其表所本，係長編、會要，非陳王、郭從義兩表所據史傳可比。惟其一人，亦難置信。溯自唐中世以來，「率由平章事遷兼侍中，繼兼中書令，又遷守中書令；」（同前三筆） 然「守則資格未及而暫加之詞」，㉔其異於「兼中書令」者幾希。抑觀眞宗「天書封祀」，「享昊天上帝於圜臺，宰相王旦攝中書令，「封金玉匱」，㉕而不稱中書令，亦可爲此作旁證。由是言之，中書令爵秩雖存，固未正式任命耳。

質言之，中書令一官，於元豐改制前，嘗由節度使、親王、留守、檢校太師兼帶，僅爲加官，故云「兼中書令」。

又次，論尚書令。據會要職官四言尚書省云：「今（令） 、正一品，掌佐天子議大政， 奉所出命令而行之。……國朝以來未嘗除，惟親王元佐、元儼以使相兼領，不與政。」（頁四——五）按親王元佐加尚書令，在眞宗大中祥符七年（西一〇一四）十二月辛酉，時爲楚王。㉖元儼加尚書令，在乾與元年（西一〇二二）二月丙寅，時爲涇王。㉗然元佐、元儼而外，又有「相王元偓加兼尚書令」，時在二王之間，即大中祥符八年（西一〇一五）十一月辛酉，此長編與宋大詔令集均有記載；㉘歲餘，且「加尚書令」。㉙及觀上節加兼中書令考證表，又知武勝軍節度使、前吳越國王錢俶與定難節度使、夏王趙德明均嘗加尚書令，是會要職官誤。而後來通考、宋史諸書本其說者，亦誤。㉚即其時洪氏隨筆所謂「尚書令又最貴，除宗王外不以假人」之說，（同注一）亦不盡然。此吾人所當注意者也。要之，皆爲「加官」而已。

就其作「贈官」言，以尚書令論，據洪氏隨筆同條云：「趙韓公、韓魏公，始贈眞令，韓公官止司徒，及贈尚書令，乃詔自今更不加贈，蓋不欲以三師之官贅其稱也。」考之史乘，贈眞令，不始于趙韓公，上述石守信，乃其權輿。會要儀制一一「使相追贈」云：「鎭國軍節度使、守中書令、衞國公石守信，太平興國九年（西九八四）六月，贈尚書令。」事畧卷一九及宋史卷二五〇各本傳均有記載。趙韓公贈令，則晚此八年。會要儀制一三「追贈雜錄」云：「太宗淳化三年（西九九二）七月十八日，太師魏國公趙普薨，贈尚書令，…以新龍相仍用宰相例，是後王旦、馮拯皆如例。」㉛然考其贈令事，則又與王魏公同列入儀制一一「三公追贈」條。（二〇二五）原條記王魏公事云：「太尉王旦，天禧元年九月，贈太師、尚書令，」固非眞令也。馮魏公拯時爲武勝軍節度使、兼侍中，只「贈太師、中書令」，雖列入「使相追贈」，（同上）第非尚書令也。惟韓魏公「特贈尚書令」。長編卷二六五熙寧八年（西一〇七五）六月戊午條載其事云：「初執政進呈琦贈官，王珪曰：『呂夷簡贈太師、中書令，』王安石曰：『琦受遺立先帝，非夷簡比，謂宜特贈，』乃贈尚書令。」㉜故宋史本傳特截錄韓琦特贈尚書令制云：「三省長官，惟尚書令爲尤重。」㉝「後又詔雖當追策，不復更加師保，蓋貴之也。」（本傳）與洪說合。特本傳謂：「贈者必兼他官，至琦乃單贈，」則誤矣。

尚書令貴重如此，所贈大臣又如是之少，其主要原因，即如制云：「非功德卓越，不以假人」也。（同注㉜）故其所用以追贈者，首在親宗王，次在外戚。至於侍中、中書令，用以追贈宰相有之，追贈三公有之，追贈使相有之，追贈東宮官有之，追贈尚書丞郎有之，追贈僞國主亦有之，要以追贈宗室、外戚、武臣爲最多。此實關追贈制度，非本文所能詳及，遇有必要，當另文撰述。今會要帝系一至帝系三及儀制一一至一三均具載以上贈官事，可資參考。此亦史家取重舍輕之常例也。

再就其爲階官言，據會要職官四言尚書省云：「本省官，自令、僕至諸司郎中、員外郎，止爲官名，以敘位祿，本司職守，皆不與焉。元豐改制，官名則因其舊，而職守固不侔矣。」（二四三八）同書職官二言門下省，及職官三言中書省，僅錄元豐以後文字，前此蓋脫載焉。然即此亦足證三省長官，在元豐以前，嘗爲有名無實之階官矣。此拙著北宋舉官制度研究（上）緒言及其註六與夫上篇四舉京朝官——階官，亦可爲此參考。再觀會要職官五七：「宋朝俸料，宰相、樞密使三百千，」而「樞密使帶使相者四百千；」前表引同書論孟昶事亦云：「節度使四百千」，而「使相及親王爲節度使同」。所謂使相，即上述「親王、樞密使、留守、節度使、檢校官兼中書令、侍中、同平章事，」是也。由是言之，可見其階之高，莫與比焉。

若究其所以爲階官、贈官、加官之用，蓋自有其作用在焉。試舉例以明之。長編卷一七（永樂大典卷一萬二千三百八）云：

太祖開寶九年春二月寅戌，以宣徽南院使、義成節度使曹彬爲樞密使、領忠武節度使，……賞江南之功也。彬歸自江南，詔閤門進牓子，云：「奉敕差往江南勾當公事，回。」時人嘉其不伐。始彬之行，上許彬以使相爲賞，及還，語彬曰：「今方隅尚有未服者，汝爲使相，品位極矣，肯復力戰耶？且徐之，更爲我取太原。」因密賜錢五十萬。……上愛惜爵位，不妄與人類此。（頁四）

如上所述，凡爲使相者，必帶三省長官之虛名。換言之，此謂「愛惜爵位，不妄與人，」即三省長官不眞除之要因也。此與上述「其品位既崇，不欲輕以授人，」及上引韓琦贈官制所謂「非功德卓越，不以假人」之意，如出一轍。詢其目的，固爲取太原，實則其用人政策自如此。原注引林德頌之言曰：「曹彬之平江南，吝一使相而不授，非食言也，慮其品位之極而不吾用也。」此種措施之效果，據宋史全文呂中云：「國初平江之功至大，然寧賜以數千萬錢，而勒一使相，蓋品位已極，則他日有功，何以處之，此終太祖之世，而無叛將也。」（原注）然此在趙宋得國之初，固無可厚非，若就建立制度言，則爲害大矣！蓋三省長官，係政府首長，今作加官、贈官、階官之用，使不得預朝政，官制之名實大淆，自此啓也。而其時朝中大臣，習焉不察，視爲當然。如前表所云，眞宗初崩，並除三宰執兼侍中、以輔政，「王曾謂丁謂曰：『自中書令至諫議大夫、平章事，其任一也，樞密珥貂可耳，今主幼母后臨朝，君執魁柄，而以數十年曠位之官，一旦除授，得無公議乎？』謂不聽。」㉞王氏身爲大臣，不考訂前代制度之得失，竟謂「得無公議乎？」吾實不知其所謂「公議」何在？豈所謂「臣事君以忠」，而懼人臣有丕、炎之心乎？此在王室或有此種心理，是後司馬光累請眞除文彥博爲侍中、中書令，然均未遂，可爲此一註脚。而三省長官之正名，惟有待於元豐矣。

（三）元豐改制——置三省長官，不除人，以尚書省左、右僕射兼主門下、中書兩省職。

史稱：「自眞宗、仁宗以來，議者多以正名爲請，……然朝論異同，未遑釐正。神宗即位，慨然欲更其制。熙寧末，始命館閣校唐六典。元豐三年，……肇新官制。」㉟新官制之規定：門下省，凡官十有一，首侍中，次侍郎；中書省，凡官十有一，首令，次侍郎；尚書省，官九，首令，次左右僕射、丞；及「拜……侍中、中書、尚書令，則用冊」之說，㊱是三省長官，應當設置。顧就事實考之，則不然。宋史卷一六一職官志云：「神宗新官制，於三省置侍中、中書令、尚書令，以官高不除人，而以尚書令之貳——左右僕射爲宰相，左僕射兼門下侍郎，以行侍中之職，右僕射兼中書侍郎，以行中書令之職。」（頁七）故宋徐度云：「元豐官制，雖以侍中、中書令、尚書令爲三省長官，然未有爲之者。」㊲是則三省長官之置而不除，已昭然若揭，不待言也。然其影響所及，破壞三省分權制度，則當畧加說明。緣近人薩孟武氏論述宋代中央政制，以爲「這樣，三權分立之制更見破壞，而門下省成爲贅疣。」㊳考其說前者似是，而後者全非。究其所持理由，其前者本「同取旨」之說，後者據葉石林的「似是而非」之論。蓋同取旨，正破壞三省分權之制。司馬光等乞合兩省爲一劄子云：「……必有此事，乃置此官。不必一依唐之六典，分中書爲三省，令中書取旨，門下覆省，尚書施行。……欲乞依舊令中書門下通同職業，以都堂爲政事堂，每有政事、差除及臺諫官章奏已有聖旨，三省同進呈外，其餘並令中書門下官同商議簽書施行，……一如舊日中書門下故事。……如此，則政事歸一。」㊴此非破壞三省分權之制而何？惟「朝廷未遑施行」。㊵然哲宗初即位，尚書左丞呂公著曾奏：「……今來陛下始初聽政，理須責成輔弼，……伏望……明降指揮，應三省事合進呈取旨者，並令三省執政官同上奏稟，退就本省各舉官制施行。」㊶後遂詔：應三省合取旨事，及臺諫章奏，並同進呈施行。」（同上）於是三省分權之制，遂破壞矣。第觀呂氏同奏云：「……先帝修定官制，凡除授臣僚及興革廢置，先中書省取旨，次門下省審覆，次尚書省施行，每省各爲一班。雖有三省同上進呈者，蓋亦鮮矣。」此正說明「分進呈」之法。呂氏一如司馬氏，反對分進呈，其言如此，尤足爲證。茲依「分進呈」法，用吾國現有法比況析之，中書省中書令，近似總統府秘書長，門下省侍中，近似立法院院長，尚書省尚書令，近似行政院院長，每省各爲一班，即由各該長官率其副貳執政人員奏決應取旨、應審覆、應施行之事宜，惟其如此，始能達到眞正分權。而薩氏不之考，乃以之比擬西方三權分立，當我國司法權尚未獨立時，未免牽强附會。即如葉氏說：「官制行，始用六典，別尚書、門下、中書爲三省，各以其省長官爲宰相。左僕射兼門下侍郎，行侍中之職，右僕射兼中書侍郎，行中書令之職，而別置侍郎以佐之，則三省互相兼矣。」㊷此官制明說分兼，而葉氏偏謂互兼，其不審如是！茲繪左圖以明之：

（附圖）尚書省左右僕射分兼門下中書兩省職關係圖

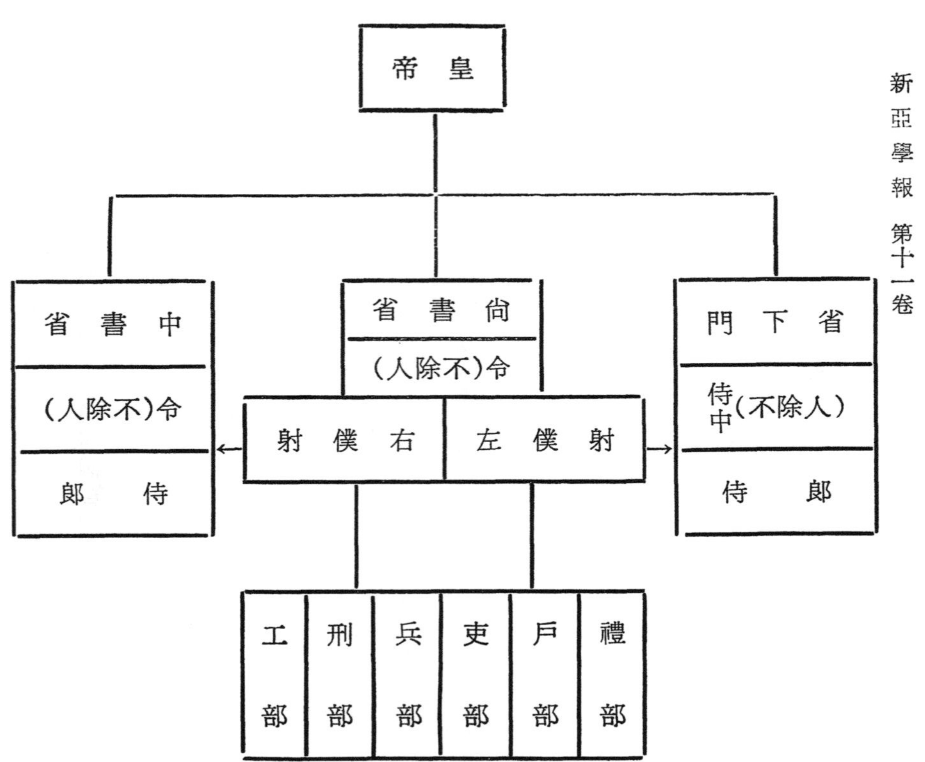
皇帝
中書省
令(不除人)
侍郎
尚書省
令(不除人)
右僕射
左僕射
門下省
侍中(不除人)
侍郎
工部
刑部
兵部
吏部
戶部
禮部

葉氏又云：「然左右僕射既爲宰相，則凡命令進擬，未有不由之出者，而左僕射又爲之長，則出命令之職，自己身行，尙何省而覆之乎？」（同注四二） 然歷代職官表則云：「元豐之制，令三省各釐其務，則取旨之職獨轉歸中書，他省仍屬具員，其參預機密者，止中書一相而已，」㊸其說固容有再商榷，然足證葉說之非。至葉氏謂：「方其進對，執政無不同，則所謂門下侍郞者亦預聞之矣，故批旨皆曰三省同奉聖旨。」（同注㊷） 此正上述取得同取旨權力以後事，非復分權之制矣。其下所言，率此類也。故云：葉氏之說，乃似是而非之論。是則門下省何贅疣之有？「致堂胡氏曰：自漢以來，……不拘一相之文，至唐而法意尤密，……其大綱，則俾中書出令，門下審駁，……而尙書受成，……當貞觀之時，君明臣忠，……不數年，坐致太平，其集材並用之效如此。……若棄數百年成規，合三省爲一，以一相專之，……是中書門下之名存，而基命駁正之實亡矣！」㊹是則又確證三省分權之良善，與夫同取旨之不當。而馬貴與仍偏重後者及「後省留黃繳駁」之法，而謂：「按溫公所言，以三省同取旨爲是，蓋主於合也。致堂所言，以三省各振職爲是，蓋主於分也。其旨似異。」（同上） 然以厥後政治上所呈現之弊病，及西方政制發展之趨勢，比較衡量，特見分權爲是。而當日分權之破壞，即在其不眞除三省長官，使不能各振其職，尤以尙書省缺令爲然。

究其所以致此，據長編卷三二七云：

初上欲倣唐六典修改官制， 王珪、蔡確力贊之。官制以中書造命，行無法式事；門下審覆， 行有法式事；尙書省奉行。三省分班奏事，各行其職令，而政柄盡歸中書。確先說珪曰：「公久在相位，必拜中書令。」故珪不疑。一日，確因奏事罷，留身、密言：「三省長官位高，恐不須設，只以左僕射兼門下侍郎，右僕射兼中書侍郎，各主兩省事可也。」上以爲然。已而確果獨專政柄，凡除吏珪皆不與聞。（頁七）長編本末卷八〇「改官制」據此說，所言同。宋史卷四七一蔡確傳亦據此說，並參考其前後文字而損益之，所言亦畧同。是三省長官之不能眞除，其咎有四：（一）舊制之影響，（二）蔡氏之陰謀，（三）王氏之昏庸，（四）神宗之首肯。其後呂公著爲尚書左丞，嘗明言之：「自元豐五年（西一〇八二）改官制，政柄皆歸中書省，王珪以左相在門下，拱手不復校，王安禮每憤懣不平，欲正其事，而力不能也。」所謂「力不能」，蓋即因上述四種因素。然深究之，實另有因素在焉。長編同卷云：

三省並建政事，自以大事出門下，其次出中書，又其次出尚書，皆以黃牒付外，衆以爲當然。王安禮初不預官制事，乃爲上言曰：「政畏多門，要當歸於一，特所經歷異耳，今也別而爲三，則本末不相見，是何異秦齊二王敎與詔敕雜行，安所適從，臣以謂事無巨細，宜於中書，奉於門下，至尚書行之，則盡善矣。」詔從之。（頁七——八）

此謂「秦齊二王敎與詔敕雜行」，乃前代事，㊺可置不論。然安禮以此破壞三省分權之初衷，爲害最大，負咎最深，倘能依此立制，大事經門下省審覆，其次由中書省取旨，再次由尚書省執行，此不惟與上述比况現今行政制度更爲接近，且當時非除三省長官各振其職不可。安禮既進言破制於先，自無能「正其事」於後，此可謂「因中之因」也，特於此言之，以明眞相。

茲再按上述四因素，加以分析。上述第一點，所謂「舊制之影響」，即始謂「官高不除人」，而爲蔡氏之護符，以遂其謀，是也。其下三點，錯綜複雜，爲方便行文起見，茲綜合論如次：馬貴與通考卷五〇云：「元豐官制之行，王珪爲首相，蔡確爲次相，確奏乞以首相兼門下侍郎，次相兼中書侍郎，其實以唐制有中書造命之說，於是奏事取旨皆次相，而首相並不得預，蓋陰傾珪而奪之權。」(考四五六)又云：「神宗必欲復唐三省之職，而蔡確以有中書造命之說，己爲次相，兼中書侍郎，王珪爲首相，兼門下侍郎，實欲陰擠珪於門下，使不得與造命取旨之事，苟以便其專政之私，而不復顧體統名稱之不順也。」(考四五八) 此一再重述其事，蓋以當時不眞除三省長官，歸咎於蔡氏一人。第就三省長官職權分析，則不盡然。蓋制謂「法式」，猶言「法度」也，此觀管子形勢解及史記秦始皇紀所言「法式」可知。則制謂：「中書造命，行無法式事，」即中書省制定法度之意。「門下審覆，行有法式事，」即門下省審查法度之意。「尚書省奉行」，即尚書省奉行法度之意。考神宗正史職官志：「門下省受天下之成事，凡中書省、樞密院所被旨，尚書省所上有法式事，皆奏覆審駁之；……中書省掌承天子之詔旨，及中外取旨之事；……尚書省掌行天子之命令，及受付中外之事。」㊻其意正復相同。况當時嘗明詔：「自今事不以大小，並中書省取旨，門下省覆奏，尚書省施行，三省同得旨事，更不帶三省字行出。」此元豐五年(西一〇八二)六月乙卯事也㊼。「是日輔臣有言中書省獨取旨，事體太重。上曰：三省體均，中書省揆而議之，門下省審而覆之，尚書省承而行之，苟有不當，自可論奏，不當緣此，以亂體統也。」(同上)而中書省內部並規定：「令宣之，侍郎奉之，舍人行之。書其所得旨爲底，大事則奏禀，其底曰畫黃，小事則擬進，其底曰錄黃。凡事干興革增損、而非法式所載者，論定而上之，諸司傳宣特旨，承報審覆，然後行下。」㊽此在在說明「行政權力」之分配，與上述三省分權，完全一致。既如是，則「三省分班奏事，各行其職令」，乃理所當然，而不得謂爲「政柄盡歸中書」。况後來珪亦取得同議之權，長編卷三二七同卷云：「

後累月，珪乃言：臣備位宰相，不與聞進退百官，請尚書省官及諸道帥臣，許臣同議。上許之。」（頁七）則蔡氏何能獨專政柄？抑王氏以左相在門下，執審覆之權，而「拱手不復校」，是何言歟？古人云：「有官守者，不得其職則去。」（孟子公孫丑）王氏不此之圖，坐失其職，視「溫公爲門下侍郎，……又以審覆駁正爲己任，」（同注㊹）其疚心爲何如！通考卷五〇云：「按神宗之初行官制也，嘗諭輔臣，欲取新舊人兩用之。又曰：『御史大夫，非司馬光不可。』蔡確進曰：『國是方定，願少遲之。』王珪亦助確，乃已。蓋臺諫之長，上意必欲取負天下重名如溫公者居之，尤非小人之便，故遂終不除人也。」（考四五九）宋史王珪本傳亦載其說，而責之尤嚴。故論曰：「珪容身固位於勢，何所輕重，而陰忌正人，以濟其患失之謀，鄙夫！可與事君也與哉？」（卷三一二）此除說明珪之心迹不良，對虛置三省長官，與有責任以外，抑亦爲三省長官所以不能眞除之一旁證也。總之，蔡王二氏，各遂其私，於三省長官之不能眞除，負咎最大。

當然，神宗自己，亦不能例外。蓋神宗君也，蔡氏臣也，爲君者有所是正，爲臣者「孰敢不正」。尚書太甲曰：「視遠爲明」。周書謚法解曰：「譖訴不行曰明」。神宗果能明之，不徒蔡氏無從爲說，即安禮亦難遂其言焉。又如前所述，元豐改官制，「自眞仁以來，議者多以正名爲請，」今既改之，當自其爲首者正名始。矧其時京朝已復散官爲階官，以爲寄祿之格，本官各還其職，悉改爲正官，㊿何不可除之有？此於當代均有此種看法，(51)非後人爲然。故三省長官之未能眞除，神宗實不能辭其咎。

神宗所以如此，自其表面視之，一如前述，所謂「官高不除」。但就事實觀察，蓋亦另有其因素。史書累言：「震主之威」。(52)精明如神宗，必慮及之。前引韓琦贈尚書令制，已明言及，所謂「非功德卓越，不以假人。」加贈愼重如此，何況眞除？故祭氏一言，正中下懷。此在「雄才大畧」之神宗當時，尙難看出，及其去世以後，其情形頓然呈現。長編卷三六八云：

哲宗元祐元年閏二月庚寅，司馬光言：「……竊見文彥博……自仁宗以來，出將入相，功效顯著，天下之所共知也。……臣初除門下侍郎，……曾奏乞召彥博置之百僚之首，以鎭安四海。尋蒙陛下遣梁惟簡宣諭：「以彥博名位已重，又得人心，今天子幼冲，恐其有震主之威，……難爲復起。」……竊惟彥博一書生耳，年逼桑榆，富貴已極，夫復何求，非有兵權死黨可畏懼也，……何難制之。有震主之威，竊恐防慮太過也。若依今官制用之爲相，以太師、兼侍中、行左僕射，亦有何不可？……願急用之。……若以已除臣左僕射，難以無故以他人易之，則臣欲露表舉彥博自代。乞御批依臣所奏，……施行。不聽。（頁五—六）

同書卷三七四又云：

太皇太后以御劄付光曰：「……今韓縝乞罷，欲如卿前奏，除彥博太師、兼侍中、行右僕射事，與卿協力贊善。……時三月庚辰也。先奏：彥博勳、德、爵、齒，遠在臣前，……若以彥博行尙書左僕射，臣守右僕射，則事體俱正。……太皇太后卒不聽。（頁一——二）

此說容齋四筆卷七亦載及之，並謂司馬光「以名體未正，不敢居其上。」（文潞公平章重事）此其明證也。所當辨者，温公所請授與文潞公者，仍是兼侍中，而非正侍中。兼侍中前已除授多人，何疑之有？蓋前期宰相，係「同中書門下平章事」，兼侍中不過加官。此則三省長官即宰相，一兼侍中，則正其職。況前引官制明云：「左僕射兼門下侍郎，以行侍中之職。右僕射兼中書侍郎，以行中書令之職。」倘許以兼侍中行左僕射事，的正其職也；許以兼侍中行右僕射事，則兩不相倫。當時官制又規定：「凡高一品以上者爲行」，[53]以文潞公之尊，兼侍中行左僕射事爲首相，更名正言順矣。偶一差池，則分庭抗禮，而主上幼沖，更無可如何。此皇太后所以許其兼侍中行右僕射事，而堅不許行左僕射事也。

而最感詫異者，乃當時言責之臣，亦乘機反對。御史中丞劉摯言：「……三省長官，……無所不總，……殆恐非八十年餘年老臣之聰明筋力所能宜也。……望……召彥博以本官朝朔望，遇有軍國大事，詢以籌策。……」[54]右正言王覿奏：「……召文彥博……以中書長官處之，……煩以機務，則不惟禮義之薄，而或致政事微壅。……望采前世故事，……以太師任職，……問以大政。」[55]（給事中） 范純仁奏：「乞以文彥博爲師臣，備顧問，可以尊朝廷，服四裔。」（左正言） 朱光庭劄子：「乞尊禮爲帝師，勿勞以宰相職事。」[56]觀四子之言，雖不盡與宮中沆瀣一氣，但足沮三省長官之眞除。劉摯又云：「不親於權，以進强君道；不疲於職，以修養老境。」（同注五四） 一言之間，而兩論立，尊君禮臣，各不得罪。此縱橫策士之術，尤其害事。溫公不得已，乃上奏云：「以范純仁、朱光庭等上言，文彥博不當煩以宰相職事，」「若以正太師、平章軍國重事，……亦足以尊大臣、優老臣矣。」（同注[56]） 時彥博爲「河東節度使、守太師、開府儀同三司致仕」，[57]故原注云：「彥博今以節度使、守太師，猶是使相，若解節去守，則爲正太師，位冠百僚，在宰相上。」（同注[56]） 然卒授「太師、平章軍國重事」。（同注[60]） 此却掃編謂爲「用呂許公故事」，考之他書，非是。[58]宋史卷三一三文彥博本傳不云乎：「元祐初，司馬光薦彥博宿德元老，宜起以自輔，宣仁后將用爲三省長官，而言事者以爲不可，乃命平章軍國重事。」洪氏隨筆卷一二論「元豐官制」亦云：「元祐初，起文潞公於既老，議處以侍中、中書令，爲言者所攻，乃改平章軍國重事，自後習以爲制，不復除此等官，以爲前無故事。」由是觀之，可知言者罔顧國家大體，拘泥小節，其影響爲何如矣！「若謂諫說之難」，59當時環境已迥非昔比，况宣仁后已自許在先，祇須稍加提倡或附和，其事不難實現。即有困難，亦當傾力之所及而後已。古人云：「有言責者，不得其言則去，」（孟子公孫丑）即其意焉。今言者不惟不務此，且適得其反。是故三省長官之不能眞除，言者尤不能辭其咎。

三省長官之不能眞除，是三省本身不能維持各自體統。而平章軍國重事一除，則在宰相上復添一貴官。此例一開，影響尤大。李邦彥爲左丞云：「元祐初，起文彥博平章軍國重事，已非故事。繼呂公著司空、平章軍國事，紹聖臣僚論列，以謂當時大臣，陰與公著爲地，除去重事，名曰下彥博一等，而實兼三省之權，事無輕重，無不與之，侵紊先烈，莫大於此。」60是後政和改制，即乘此風矣！

（四）政和改制及其以後——改侍中、中書令爲左輔、右弼，不除人；改左右僕射爲太少宰，仍兼兩省職；尚書令廢而復置，亦不除人。

政和初，徽宗在位，蔡京當政，遂再行改制。史稱：

> 政和二年九月二十九日，詔以太師、太傅、太保爲三公，少師、少傅、少保爲三孤，以左輔、右弼、太宰、少宰易侍中、中書令、左右僕射之名；舊以太尉、司徒、司空爲三公及尚書置令並罷。61

所以如此改之，蓋倣周官之制。62「緣司徒、司空周六卿之官，非三公之任；……太尉秦官，居主兵之任，亦非三公；……尚書省令，太宗皇帝曾任，　今宰相之官已多，不須置。」　此原詔之說63，即所以「並罷」之理也。「然是時說者，以謂爲令者唐太宗也，熙寧未嘗任此，蓋時相蔡京不學之過。」64又此謂「三孤」，亦稱三少。蔡絛云：「孤之爲名不雅，因以爲三少焉。」（同注62）至其何以以公少與令僕並改？一言以蔽之，陰與蔡京爲地也。原詔稱：「三公即爲宰相，合不帶太宰、少宰、左輔、右弼之任。三少特進以下，即帶太宰等官，稱治省事。」（同注63）比況言之，前者相當於元豐改制前的「同中書門下平章事」，後者僅爲其判省事之官。所不同者，現在彼等地位均較過去爲高，惟以一相專職，不似過去「兩相則三參，三相則兩參」之局面矣。65所以原詔又云：「三公新官，……不必備，惟其人，爲眞相之任。」蔡絛國史後補官制釋之云：「三公……當時爲官，……非前……制特爲官稱，……乃職任也，故以三公兼領三省事。三省事，宰相未嘗不兼領，但不若今制以三公別總三省事爲官長矣。」（同注62）於是蔡京以三公太師之尊，獨居眞相之任，恨不得如漢之王莽，所謂「三公言事 稱敢言之，羣吏毋得與公同名。」（前漢九九上本傳）絛不云乎：「時魯公既爲太師，乃號公相，蓋以三公而下兼相任者。」（同注62）李邦彥嘗明言之：「政和初，蔡京自杭州還朝，何執中已任左僕射，難以去之，遂改令僕之名，冠以公相之號，總領三省，廢尚書令，自治令廳，從此尚書遂無長官，其侵紊又過公著矣。」（同注60）竊所謂政和改制，乘自元祐風氣者，此也。其改制之結果，一如李心傳云：「蔡京以太師總領三省，號公相，乃廢尚書令，改侍中、中書令爲左輔右弼，亦虛而不除，改左右僕射爲太宰、少宰，仍兼兩省侍郎。」66京之地位如是之高，眞可謂「權侔人主」，而「震逼人主」矣。孔安國注周官：「三公之官，不必備員，惟其人有德乃處之。」記曰：「三公無官，言有其人，然後充之，舜之於堯、伊尹之於湯、周公召公之於周是也。」67蔡氏無思及此，徒師其名，進且反其道而行，其不學無術甚矣！

「蔡京致仕，王黼奏改公相廳爲都廳，既遷太傅，則自領三省，不避其鈐制人主，抑塞士大夫，」（同注60）

其爲害不讓於蔡氏矣。

然「京……舞智御人，故屢罷屢起。」[68]至宣和七年（西一一二五）四月庚申（十九日），京五度致仕，[69]不旬日，方(二十七日戊辰)下詔云：

坐而論道於燕閒者，三公之事。作而相與推行者，宰輔丞弼之職。今居三公論道之位，而總領三省衆務，使宰輔丞弼，殆成備員，殊失所以紹述憲章之意。可於尙書省復置尙書令，虛而不除。三公止係階官，更不總領三省。若曰佐王論道，經緯國事，則三公其任焉。三省並依元豐成憲，毋復侵紊。

此錄自會要職官一，（頁二三五〇）而東都事畧卷一一徽宗紀悉載之，長編拾補卷四九本事畧，（頁八）宋史卷二二徽宗紀亦記其要，可見復置尙書令，雖謂「虛而不除」，益顯其重要性矣。若覩會要原詔及其下文，則知其本上引李邦彥之說。李氏並肯定：「不復以元豐爲法，蓋蔡京唱之，王黼因之，……特出於……自營專權之私。」（同注[60]）宋史卷一六一職官志亦云：「蔡京當國，率意自用，……元豐之制……大壞。……及宣和末，王黼用事，……請設局以修官制格目爲正名，亦何補？」即此謂「三省並依元豐成憲」，其正式復其官名，亦有待於靖康矣。

（五）靖康復元豐舊制

職是之故，遂於靖康中（西一一二六），詔復元豐官名。十朝綱要卷一九曰：

靖康元年十一月庚寅，詔三省長官名悉依元豐舊制，改太宰、少宰復爲尙書左、右僕射。（頁一一）

長編拾補卷五七：「惟東都事畧繫此於閏十一月壬辰，而他書悉與綱要同。」（頁一一）按十一月壬戌朔，（朔閏表）今會要作二十九日，係庚寅，綱要之說是矣。然其不言改左輔右弼復爲侍中、中書令，殆以其與尚書令同爲「虛而不除」之空名，及去歲詔文有「三省並依成憲」之說耳，故宋史卷二三徽宗紀同條僅謂：「詔三省長官悉依元豐舊制。」

（六）建炎復宋初舊制

越二年，殆又恢復宋初舊制。宋會要職官一云：

（高宗）建炎三年四月十三日，尚書右僕射兼中書侍郎呂頤浩等言：被旨將元祐中司馬光等建請併省奏狀，……參詳，……委可遵行，……三省舊尚書左僕射，今欲尚書左僕射、同中書門下平章事；尚書右僕射，今欲尚書右僕射、同中書門下平章事；門下、……中書侍郎，今欲並爲參知政事；尚書左、……右丞，今欲減罷。從之。（二三五三）

通考卷四九宰相篇所言同此。（考四五一）宋史卷二五高宗紀同日庚申詔：「尚書左右僕射並帶同中書門下平章事，改門下、中書侍郎爲參知政事，省尚書左右丞，」（頁一四）與此說亦相合。趙雲崧廿二史劄記於此特言明：「左右僕射並加同中書門下平章事。」⑩考三朝北盟會編卷一二八同月六日癸丑：「尚書右僕射朱勝非罷，……呂頤浩爲尚書右僕射、同中書門下平章事。」（頁七）此其繫日，係本朱呂二氏之罷官除官時間，與此作十三日庚申不符，然言所除之官，與此說脗合。則會要同卷及建炎以來繫年要錄卷二二同條均謂：「尚書右僕射兼中書侍郎呂頤浩改同中書門下平章事，」誤矣。要錄又謂：「尚書左右僕射並同中書門下平章事。」歷代職官表引其說，又改爲「尚書左右僕射並爲同中書門下平章事。」二說言簡而意不核，與此謂不甚相符。然諸書均不言及三省長官事，是三省長官已實際不存在，蓋爲尚書左、右僕射、同中書門下平章事所取代矣。所以如此，據上引要錄同條云：

自元豐改官制，肇（肇）三省，凡軍國事，中書揆而議之，門下審而覆之，尚書承而行之，三省皆不置長官，以左右僕射兼兩省侍郎。二相既分班進呈，自是首相不復與朝廷議論。宣仁后垂簾，大臣覺其不便，始請三省合班奏事，分省治事，歷紹聖至崇寧，皆不能改。議者謂門下相見，既同進呈公事，則不應自駁已行之命，是東省之職可廢也。及是，帝納頤浩等言，始合三省爲一，如祖宗之故。（四七四——五，並見建炎以來朝野雜記甲集卷十「丞相」。）

此謂「如祖宗之故」，蓋「宋人喜言祖宗，祖謂太祖，宗謂太宗，」[71]即恢復宋初之舊制也。是舊制之恢復，乃因二相分班進呈，致首相不復與朝廷議論所使然。所以二相分班，則即因三省長官虛而不除，特尚書省缺令，不能鼎立所造成。而此謂「大臣覺其不便，始請三省合班奏事，分省治事，」即指上述呂公著而言。呂氏時爲大臣，不乘機謀置三省長官，而專求「合進呈取旨」之權，舍本逐末，同司馬光等「併省奏狀」，即上引「乞合兩省爲一劄子」，求「同取旨」之權，爲此立下張本，使折返唐中世以來「同中書門下平章事」之舊行程，即所謂「合三省爲一」，如祖宗之故。」故曰：「東省之職可廢」也。按東省之職，右引朝野雜記作「審省之職」，通考卷四九宰相篇本其說，（考四五一）主要指侍中之職掌而言，續文獻通考著者不察，於卷五二職官考竟云：「宋南渡後，不置門下省；」近人本其說，遂謂：「宋南渡以降，即廢門下省」，[72]殊誤。而宋史卷一六一職官志又因謂：「中書門下省併爲一，」考會要職官一「中書門下後省」篇有「中書門下兩省已併爲中書門下省」之說，[73]蓋即宋初所謂「中書門下」也。不然，何以在此後半月，又陸續「初定兩省吏額」和「初定尚書省吏額」？[74]即如朝野類要卷二言「三省」謂：「……紹興十五年，中書門下併而爲一，俱謂之制敕院，」（知不足齋本頁一—二） 亦不言廢門下省。然三省分權之制，自此而終。乾道以後，去三省長官之虛名，又乘此風矣！

（三）乾道改制——改尚書左右僕射、同中書門下平章事爲左右丞相，充三省長官之位，去侍中、中書令、尚書令之名號。

史稱：「孝宗……聰明英毅，卓然爲南渡諸帝之稱首，」[75]即位之初，即銳意恢復，當欲有所作爲也。然攘外必先安內，政事重於軍事，今三省長官，爲政府行政首領，名既不正，自難責實，欲復國力之强，必自正名始，周必大玉堂雜記云：

乾道七年十二月辛酉，有旨：「僕射之名不正，欲採周漢舊制改左右丞相，令有司討論。」必大時爲禮部侍郎兼權直學士院，……皆當與聞。會衆議不齊，……遷延至明年正月戊寅，謹條具歷代宰相官稱，申尚書省。禁中即聞之。明日，遣中使……來問緩故，必大以實奏。二月癸卯，得御筆云：「尚書左右僕射，可依漢制改左右丞相。」學士院降詔，登時具草封入，乙巳付外施行。（卷中，學津本頁一）

觀此，足證孝宗改制之切。考玉海卷一二一孝宗乾道八年二月六日（乙巳）詔：「以僕臣而長百僚，朕所不取，且丞相者、道揆之任也，三省者、法守所自出也，捨其大而舉其細，豈責實之義乎？其改尚書左右僕射、同中書門下平章事爲左右丞相。」（頁四七） 宋史卷三四孝宗紀所載，言簡而意同，均與此說合。

其制既更，當即眞除。原記載孝宗親劄云：

> 比來一二大臣，同心輔政，夙夜匪懈，漸革苟且之風，以副綜覈之意，深可嘉尚，……虞允文可特進、左丞相，梁克家可正奉大夫、右丞相。

此宋史本紀繫于同月辛亥，虞、梁二本傳均載之，[76]當不虛也。惟當時「虞公獨相，梁爲參政，聞班列中但謂改易相名，及雙制出，愕然！」[77]蓋「祖宗時，命相多以舊官，其後往往遷秩，近歲勑局修三省法，乃著令轉三官」（同上）耳。

此不免因人易制，故曰：「茲豈當立法乎」？（同上）

尋即詔易三省長官名號。宋史卷三四孝宗紀云：

> 乾道八年春三月戊子，詔省侍中、中書令、尚書令員，以左、右丞相充其位。

玉海同卷作二十日，同。其所載詔文尤明云：「侍中、中書、尚書令，設而不除，可並刪去。」宋史職官志本通考，亦云：「詳定敕令所言，近承詔旨，改左、右僕射爲左、右丞相，令刪去侍中、中書、尚書令，以左右丞相充。」[78]則容齋三筆卷一二作：「乾道中，詔於錄黃及告命內除去侍中、中書令，遂廢此官，」（兼中書令）不及尚書令，非以其久不除，故畧而不書，則誤矣。通考同條又載詔旨云：「緣舊左右僕射，非三省長官，故爲從一品。今左右丞相係充侍中、中書、尚書令之位，即合爲正一品。」是左右丞相，雖謂取代三省長官，其實不脫宋初以來以同平章事爲宰相或尚書省左右僕射、太少宰兼門下中書兩省職之窠臼。「自孝宗乾道定制以後，遂終宋世不復更革云。」[79]

雖然，奈何宰相之上，又置貴官。通考卷四九云：「自宋元祐以後，文潞公、呂申公相繼以平章軍國重事序宰臣上，而宰相之上復有貴官自此始。然……文、呂以碩德老臣爲之宜也，自此例一開，於是蔡京、王黼相繼以太師總知三省事，……以至於韓侂胄、賈似道擅權專政之久者，皆欲效之，蓋卑宰相而不屑爲，而必求加於相，以自附於文、呂。」（考四五二） 文、呂、蔡、王之事，前此已述及之。茲再就韓、賈之擅權專政，畧加考詳，以觀乾道改制以後之成效。宋史卷四七四韓氏本傳云：「侂胄平章國政，……凡所欲爲，宰執惕息，不敢爲異，（陳）自强至印空名勅箚授之，惟所欲用，三省不預知也。」又云：「侂胄用事十四年，威行宮省，權震寓內。……顏棫草制，，言其得聖之清。易祓撰答詔，以元聖褒之。四方投書獻頌者，謂伊、霍、旦、奭不足以儗其勳，有稱爲我王者。……有司籍其家，多乘輿服御之飾，其僭紊極矣！」同卷賈氏本傳云：「似道……除太師平章軍國重事，……吏抱文書就第署，大小朝政，一切決於館客廖瑩中、堂吏翁應龍，宰執充位、署紙尾而已。」可見二氏之擅權專政，比之蔡京、王黼之流，有過之而無不及。時李心傳著建炎以來朝野雜記，於此又有比較性和具體性之批評。其說曰：「平章軍國事，開禧元年（西一二〇五）初置以命韓侂胄，……繫銜比申公省同字，則其體尤尊，比潞公省重字，則其所與者廣。」「其後邊事起，……尚書省印亦納於其第，宰相僅比參知政事，不復知印矣。」[80]宋史卷一六一職官志損益其說，其意同。並謂：「其後賈似道專權，竊位日久，尊寵日隆，位皆在丞相上。」趙雲崧廿二史箚記又本史志之說曰：「開禧元年，韓侂胄爲丞相，……加平章軍國事，……陳自强爲右丞相，請以侂胄序班丞相之上，於是平章軍國事，乃又超越丞相矣。其後賈似道亦爲之。德祐中（西一二七五）王爚進平章軍國重事，陳宜中爲左丞相，留夢炎爲右丞相，是又於兩相之上，特設此官，蓋沿侂胄似道之班位，而又稍變其制也。」（同注[72]）實則紀表均明載，爚進平章軍國重事前，其朝參已「詔如文彥博故事」。[81]是乾道改置左、右丞相，而有時並未能實操三省長官之權，雖非形同虛設，蓋亦宛如政、宣時代之太、少宰矣。厥後雖復本彥博故事，特設貴官以待爚，然宋史爚傳稱：「爚……進平章軍國重事，……值國勢危亡之際，天下所屬望也，而卒與宜中不協而去云。」（卷四一八）可見制隨人變，最能害事。

（八）後語

綜觀上述，知宋之政制，自始至終，名設三省，實則其長官未嘗眞除。宰相之名，先後六變。相位無定員，因人而異。居其職者，專爭「取旨」之權，忽視「審覆」之責，重人事而輕法制，卒致權姦誤國，以迄于亡，而植此下六百年不復之基。與西方由中古黑暗逐步變爲現代國家，推行三權分立，適成一對比。使元豐改制，果能如其初議，眞除三省長官，達到眞正分權：「大事出門下，其次出中書，又其次出尚書；」（見前引）或「中書主取旨，門下主審覆，尚書主施行。」（見前述）則上述元豐以後文、呂「平章」之措施，或不致出現，即當時相制當亦不會如此紛更矣。

註：

①：參閱宋洪邁容齋隨筆卷一二「三省長官」及唐書卷四六百官志與卷六一宰相表序。

②：卷四六，藝文本（據殿本）頁二。

③：清永瑢等歷代職官表卷三，叢書集成本頁五五。

④：仝右，頁五〇—五一。

⑤：仝右，頁五七。

⑥：文獻通考卷四九，國學基本叢書本考四五二。

⑦：周道濟著宋代宰相名稱與其實權之研究，即本其說。（大陸雜誌史學叢書第一輯第五册宋遼金史研究論集，頁六—七）

⑧：宋史卷一六一，藝文本頁七。通考見卷四九，考四五一。

⑨：見温國文正司馬公文集，四部叢刊本第十二册、卷五五、頁三。

⑩：宋徐度語，見所著却掃編卷中，叢書集成本頁一〇四。

⑪：仝右，頁一〇三。

⑫：宋會要職官三中書省英宗治平二年三月十四日條，頁二三九八。

⑬：宋會要職官一中書門下省篇，頁二三六三；並見同卷三省篇，頁二三三七。

⑭：會要見職官二，頁二三七三。容齋隨筆見卷一二「三省長官」條。

⑮：拙著北宋舉官制度（上）一二舉館閣可參考，見新亞學報第九卷第一期。

⑯：文海本頁二〇二四，續資治通鑑長編拾補卷四引富公行狀所言畧同。（見頁二一）

⑰：四庫全書珍本頁二。

⑱：「國朝故事，敘班以宰相爲首，親王次之，使相又次之，樞密使雖檢校三師、兼侍中、尙書、中書令，猶班宰相下。」（長編卷一〇三，頁一八）「乾興中，王曾由次相爲會靈觀使，（曹）利用由樞密使領景靈宮，時重宮觀使，詔利用班曾上，議者非之。未幾，曾進昭文館大學士、玉淸昭應宮使，將告謝，而利用猶欲班曾上，閤門不敢裁，帝與太后坐承明殿久之，遣押班趣班，閤門惶懼，莫知所出，曾抗聲目吏曰：但奏宰臣王曾等告謝，班既定，而利用快快不平，帝使同列慰曉之，仍詔宰臣、樞密使序班如故事，而利用益驕，尙居次相張知白上。」（宋史卷二九〇曹利用傳）然觀東都事畧卷五〇曹利用傳：「利用爲樞密使、兼侍中，乃令利用班曾上。」宋史卷三一三文彥博傳亦云：「熙寧二年，相陳升之，詔……升之位彥博下，以稱遇賢之意。彥博曰：『國朝樞密使無位宰相上者，獨曹利用嘗在王曾、張知白上，臣忝知禮義，不敢效利用所爲，以紊朝著。』固辭，乃止。」似曹利用確嘗以樞密使班宰相王曾上。

⑲：容齋三筆卷四「九朝國史」。

⑳：職官三，頁二四〇〇。

㉑：長編卷一七，頁四，通考卷四九職官考（考四五一）、宋史卷一六一職官志（頁八）本此說，同。檢校官可參閱通考六四（考五八二）及宋史卷一六九。（頁三四）

㉒：頁一二，按原注相王原作襄王，經考證改正。考會要帝系一鎭王元偓條：「大中祥符四年，進封相王。」（二九—三〇）大詔令集卷二六大中祥符八年十一月辛酉皇弟元偓兼尙書令加恩制亦作相王，改正是。

㉓：長編卷三〇三，頁六。

㉔：長編卷一，頁七注。

㉕：長編卷七〇眞宗大中祥符元年十月辛亥條，頁一〇—一一；並見長編本末卷一七天書同條，（頁四九五）及宋史紀事本末卷二二「天書封祀」。

㉖：長編卷八三，頁一七。

㉗：長編卷九八，頁五。

㉘：長編見卷八五，頁一八。大詔令集同注㉒。則會要帝系一「鎭王元偓」條作「加兼書令」，（三〇）誤。

㉙：長編卷八九：「眞宗天禧元年二月戊寅，相王元偓加尚書令、兼中書令……」會要亦載及之。（仝右）

㉚：通考見卷五一，考四七〇。見宋史卷一六一，頁二二。

㉛：頁二〇五二，長編卷三三作乙巳日。（頁四—五）原注：「按神道碑普以七月十四日卒，十四日乙巳也，己酉十八日，上始聞訃耳。」會要作十八日贈令，是。

㉜：頁二六。韓琦特贈尚書令制見大詔令集卷二二〇，但未繫年月日。考宋史卷一五本紀：「熙寧八年六月戊午，太師魏國公韓琦薨，」與長編合。則會要儀制一一作「永興軍節度、司徒、兼侍中、魏國公韓琦，熙寧八年八月贈尚書令，」其「八月」，誤。

㉝：卷三一二，大詔令集所載原制作「三省之官，惟尚書令爲尤重，……」（仝右）

㉞：長編卷九八眞宗乾興元年二月丙寅條。（頁五）

㉟：宋史卷一六一職官制，頁三。

㊱：詳見會要職官二之二—三、職官三之三—五、職官四之一—五，並見通考卷五〇（考四五五）、五一（考四六三，考四六八—九）。

㊲：卻掃編卷上，頁三二。

㊳：見所撰中國歷代中央政制，四，載中國政治思想與制度史論集，現代知識叢書本頁二六。

㊴：溫國文正公文集卷五五，四部叢刊本頁三—五。

㊵：玉海卷一二一，頁四六。並云：元祐四年司馬康進其父遺藁乞合中書門下兩省爲一。又云：「按光集蓋與呂公著、韓維、張璪同具奏。」

㊶：會要職官一，二三四〇—一。

㊷：宋葉夢得石林燕語卷三，叢書集成本頁二五—二六。

㊸：同注三，頁六二。

㊹：通考卷五〇，考四五六。

㊺：即唐李綱論時事表所謂「武德五年以後，……皇太子及秦齊二敎共詔勑并行，唯計日之先後，州郡之職無所的從，授官分責，任意所欲，不復論功伐，」（全唐文一三三）是也。

㊻：會要職官二之二，職官三之三，職官四之四引。

㊼：長編卷三二七，頁七。並見長編本末卷八〇改官制同條。（二五六七）會要作五日，同。（見職官一，二三四〇）

㊽：會要職官三之三。

㊾：通考卷五〇，考四五九。

㊿：參閱拙著北宋舉官制度（上）緒言，見新亞學報第九卷第一期。

(51)：參閱容齋隨筆一二「元豐官制」。

52：史記卷九二淮陰侯傳：「勢在人臣之位，而有震主之威，竊爲足下危之；」漢書卷六八霍光傳：「威震主者不畜，霍氏之禍，萌於驂乘；」晉書卷四七傅咸傳：「楊駿有震主之威；」皆其例。

53：長編卷三一八元豐四年十月庚辰詔。（頁一三）長編本末卷八〇改官制同條亦載之。（二五五九）

54：長編卷三七四哲宗元祐元年夏四月己丑條，頁一—二。

55：長編卷三七五元祐元年四月乙巳條，頁二一—二二。

56：長編卷三七六元祐元年四月乙卯條，頁二四—二五。

57：長編卷三七七元祐元年五月丁己朔條，頁一。

58：宋史宰輔表慶曆二年：「九月丙子，呂夷簡改兼樞密使。是年冬，夷簡以疾授司空、平章軍國重事，固辭。」三年：「三月戊子，呂夷簡自司空平章軍國重事以疾授司徒、監修史國，與議軍國大事……四月甲子，司徒呂夷簡，罷與議軍國大事。」（卷二一一，頁六）考長編卷一三七載慶曆二年九月事作丙午，（頁七）是月辛丑朔，（見二十史朔閏表）知表作丙子誤。其卷一三八載是年冬事畧同，但注云：「此據本傳。按朔曆……又不載拜司空平章重事……會要……慶曆三年正月制：宰臣呂夷簡進司空平章軍國重事……所稱正月，與本傳不同，當考。」（頁二五）此已然懷疑授「平章軍國重事」事。其卷一三九戊子條亦僅云：「罷相，爲司徒、兼修國史，軍國大事與中書樞密院同議。」（頁一）復考今存宋史卷三一一本傳所言畧同長編正文。但今存會要職官一又祗謂：「仁宗慶曆三年三月，詔宰臣呂夷簡，每有軍國大事，與中書門下、樞密院同議以聞；以夷簡宿疾在告，故有是命；夷簡懇請罷預議軍國大事，從之。」（二三六六）證之宋朝大詔令集卷五四慶曆二年九月呂夷簡罷判密院、除兼樞密使制，及慶曆三年三月戊子呂夷簡守司空加恩軍國大事與中書門下密院同儀制，」（台正中書局影印海虞瞿氏鈔本初版頁一—二）均不及「平章軍國重事」；再證之長編卷一四〇：「慶曆三年夏四月……呂夷簡雖罷相，猶以司徒豫議軍國大事，上寵遇之不衰，於是諫官蔡襄疏言：『夷簡被病以來，兩府大臣，累至夷簡家諮事，……今以疾歸，尚貪權勢，不能力辭，或聞乞只令政府一兩人至家，商議大事，足驗夷簡退而不止之心也，伏乞特罷商量軍國大事，庶使兩府大臣專當責任，無所推避，』甲子，夷簡請罷豫軍國大事，從之，」（頁一—十）亦不及「平章軍國重事」，顯見表誤。並見上引今存會要，既謂三月，而內包三月戊子及於四月甲子，及大詔令集以司徒作守司空之誤。由是言之，卻掃編謂：「元祐初，……文潞公（文彥博）用呂許公(呂夷簡)故事，以本官同平章軍國重事，」（卷上，頁三二—三三）當亦誤矣。

⑲：見容齋隨筆卷一三。

⑳：會要職官一徽宗宣和七年四月二十七日條後。（頁二三五〇—一）長編卷四一〇元祐三年五月己酉，頁九，可參閱。

㉑：會要職官一之三一，又「三孤」原作「王孤」，茲本長編本末改正。（見卷一二五，官制。）

㉒：本長編本末卷一二五原注引蔡絛國史後補官制之說，頁三七七五—六。

㉓：同右政和二年九月癸未詔，頁三七七五。

㉔：通考卷五一，考四七〇。宋史卷一六一職官志本此說，同。（見頁二二）容齋隨筆卷一二：「政和初，蔡京改侍中、中書令爲左輔右弼，而不置尚書令，以爲太宗皇帝曾任此官，殊不知乃唐之太宗爲之，故郭子儀不敢拜，非本朝也。」（三省長官）長編本末原注亦言及之。（三七七五—六）

㉕：徐度卻掃編卷上，叢書集成本頁一一。

㉖：建炎以來朝野雜記甲集卷一〇官制一，丞相，函海本頁五三一三—四。

㉗：分見尚書周書周官第二二及漢書卷一九百官公卿表。

⑱：宋史卷四七二蔡京傳。

⑲：參閱拙著宋代幾種社會福利制度叁，七，頁三一。（新亞學術年刊第十期）

⑳：卷二六「宋宰相屢改官名」。

㉑：金毓黼宋遼金史第二章，二，商務本頁一五。

㉒：所引續通考見浙江書局本頁二〇。近人之說，見周道濟先生著宋代宰相名稱與其實權之研究（大陸雜誌史學叢書第一輯第五冊宋遼金史研究論集，頁一〇）

㉓：史志見頁二〇，謂爲建炎三年指揮，然本紀不載；會要見二三六九頁高宗紹興元年四月二十七日詔，自其「已」字衡量，再觀本節所考，具言之，即以所引繫年要錄卷二二建炎三年四月十三日庚申條及左列丙子條與史志對讀，知所謂「中書門下省併爲一」，即本諸庚申故事也。

㉔：建炎以來繫年要錄卷二二：「建炎三年夏四月丙子，初定兩省吏額，自錄事至守當官分五等，凡二百三十八人。中書省六分，門下省四分。其分房十有四，大凡大房外，又有制敕庫及班簿、章奏、知雜、催驅、開折、賞功等房，而刑房分上下。諸吏守闕者百五十人，其餘爲正額。丁丑，初定尚書省吏額，自都事而下，凡二百二十四。其間守闕如兩省之數。分房十，自吏、戶、工、刑之外，有監印、奏鈔、知雜、開折等房，及制敕庫，後有增催驅三省、催驅六曹、御使、刑、封樁、戶、營田、工等房，通舊爲十有五。

㉕：宋史卷三五孝宗紀贊。

㉖：紀見卷三四，二傳分見卷三八三及三八四。

㉗：即玉堂雜記卷中，頁二。

⑱：通考卷四九，考四五一；宋史卷一六一，頁七一八。

⑲：歷代職官表卷三，頁六四。

⑳：乙集卷一五官制一，平章軍國事，頁六一九九—六二〇一。

㉑：宋史卷四七瀛國公紀德祐元年四月丙辰及同書卷二一四宰輔表同條。

論釋門正統對紀傳體裁的運用

曹仕邦

引言

釋門正統（以下簡稱「正統」）八卷，是現存最早一部以紀傳體修撰的佛教史①，由天台宗僧人宗鑑於南宋理宗嘉熙元年（一二三七）撰成②。著書目的，跟稍後由同一宗派的僧人志磐所撰的佛祖統紀（以下簡稱「統紀」）一樣，想借修史爲教爭的手段；將天台宗誇張成爲佛祖直傳下來的正統，以圖打擊當時盛行的禪宗。仕邦於一九六九年曾爲文討論過統紀對紀傳體裁的運用，文已刊布③，當時曾指出正統「在體製組織方面遠不如統紀之能反映紀傳體的性能」④，只因其時保存正統一書的卍字續藏經迻台灣影印再版的關係而暫時未能在香港讀到，故無法一併論及⑤。現在卍字續藏經已再版流布，故仕邦覺得很有責任再爲文研究正統一書，以交代六年前說過的話。

仕邦所以認爲正統不如統紀，因爲紀傳體本來是不適宜於撰寫宗教史的；假使對這種體裁的原則運用不當，則無從達成其褒本門而貶異宗底目的，正統正犯上述的毛病，它不特未能達致預期的目標，反之，由於對紀傳體的原則運用不當，竟將本宗置於一個看來也非佛教正統的尷尬地位，方之統紀，它無疑是一部失敗的作品。

本來一部失敗的作品，是沒有爲文討論的價值的，但若深究正統對紀傳體裁在運用上何以失敗？却發現作者宗鑑並非不懂得紀傳體的原則，反之，他對這些原則的了解程度不在統紀的作者志磐之下，鑑公所以運用失敗，主要由於他當時未能如統紀那樣找到調和「體裁」與「內容」之間的不協調之處底方法；而達成「楚材晉用」的目的，再加上他過份默守成規，不敢通變，以致自陷歧途。因此，本書是有被研究價值的。

復次，本書的失敗，既然並非由於濫用紀傳體裁，它的失敗蓋由於客觀因素加上作者心理的影響而導致，則我們可以從這部失敗作品的反面，去了解「紀傳體」這一傳統史書的性能，尤其著者宗鑑默守成規，更循此可上溯這一體裁的基本原則，從而對中國傳統史學方法加深了解，較之對紀傳體裁運用成功的統紀，或更能揭露更多有關這種體裁的實際功能。何況，統紀還是以它爲藍本修改而成，溯本窮源，宗鑑草創之勞更應該深入探討。

由於本文的性質與任務畧同前撰有關統紀一文，故撰寫體裁亦與前者相倣；主要將繁瑣的考據工作都放在注文中進行，使正文儘量簡潔。况且，這種模擬日本桑原鷺藏博士撰蒲壽庚考一書的體裁是個以簡馭繁的好辦法，仕邦使用時既感到得心應手，覺得應該予以提倡和推廣。同時，它的使用對仕邦而言， 是具有紀念意義的，因爲初用這種體裁撰寫「統紀」一文時，曾受到人爲的無理阻撓，仕邦當時處絕對劣勢而敢剛柔並濟地抗爭，多少是受到 賓四師平日不畏强權的精神所感召。今值吾 師八十大壽，以這一體裁撰文爲 賓四師祝嘏，是最有意義的！

一、本　紀

釋門正統卷首有宗鑑自序，申明全書的作意，畧云：

編年者，先聖之舊章也，王有德，官有守，能使列國遵行，赴告策書，天下如一家，而舊章舉矣。自五嶽氣分，王制尚存，同盟歲聘，從政者嚴於諸侯之事，故法雖不昭明，而行事可覆。聖筆約以備之，微顯志晦，懲惡勸善之體猶在。釋氏巖居穴處，身屈者名愈高，位下者道愈肅，四海萬里，孤雲身特，烏論所謂編年者。若門戶頹圮，稱戎侮我，其用遷、固法，其有不獲已者。法雖遷、固，而微顯志晦；懲惡勸善，未嘗不竊取舊章，此正統之作也。本紀以嚴創制。世家以顯守成。志詳所行之法，以崇能行之侶。諸傳派別川流。載記嶽立而山峙，以耕以戰。誰主誰賓，而能事異矣。宗鑑學淺識暗，狂婁之罪，亦自知之，道重身微，利害奚卹。

讀宗鑑自言，知道他並非不明白宗教史無從達成本紀的編年史任務，而所以仍倣司馬遷、班固之以紀傳體修史，完全是爲了天台宗遭遇了「稱戎侮我」的敵手，故不特利用紀傳體的特性來申明本宗屬佛教「正統」之所在，並且强調自己之所爲是上祧夫子修春秋那種「懲惡勸善」底褒貶精神。春秋不僅是史記和漢書的根源⑥，而且它的褒貶思想更啓迪了律學沙門修撰僧史的動機；而開中國佛教也有史學的傳統⑦。但宗鑑在這裏提出春秋爲「先聖之舊章」，其目的除了强調他所修的佛教史是正宗的史書外，更帶有强調春秋在書法上暗示「正統」的微旨⑧與他本人著書動機相同之意。兩宋春秋學發達⑨，宗鑑深受「尊王攘夷」思想的影響，絕不爲奇。因此，雖然明知本書中的「本紀」無法編年也提出「本紀以嚴創制」的原則，而替佛陀和龍樹菩薩立本紀（見本文附錄），因爲「本紀」的作用在於標示「正統」之所在⑩。

然而，僅替佛陀和龍樹立本紀，而將佛陀至龍樹間的十三位被尊爲「天台祖師」的前賢⑪附於「釋迦牟尼世尊本紀」，又將龍樹以後的十位祖師，附於「龍樹菩薩本紀」⑫，却是宗鑑之失。因爲「本紀」中而有「附本紀」，如魏書卷四世祖太武帝本紀之附恭宗景穆帝本紀；是由於那位恭宗拓跋晃未那位而卒，身後由其子文成帝追尊爲帝，故魏收附他的事蹟於其父太武帝本紀中。現在鑑公這一措施，無異謂佛陀與龍樹之間，並無直接傳承，故那十三位祖師不應入本紀了。但釋迦本紀畧云：

> 鶴林旣往，大迦葉以頭陀苦行第一，堪行住持法藏，爲傳法初祖（中畧）馬鳴法付毗羅，毗羅造無我論，論所行處邪見消滅，法付龍樹。

據此則分明視佛陀以至龍樹是正統相承的。又龍樹本紀畧云：

> （龍）樹之入滅，法付提婆（中畧）鶴勒夜那付師子，師子値惡王名檀彌羅，破塔壞寺，殺害衆生，劍斬師子，血變爲乳，金口祖承，齊此而止。

也分明視龍樹至師子是正統相承的傳法。因此，可說宗鑑在方法上犯了錯誤。

鑑公所以有此失是不難理解的，因爲上述自釋尊以迄師子的天台宗付法次序跟六祖壇經付囑品所載的禪宗付法系統大同小異⑬，皆兩宗在中國成立後，分別牽引相同的教門先聖作爲本宗的遠祖而已。例如薩婆多部師資傳所記十誦律派宗師，也是從迦葉、阿難算起⑭，不見得佛教當初在西竺時便已有如此嚴密的統緒。這點修史的鑑公本人是明白的，他爲了標示本宗正統相承於佛陀的地位，也爲了突出本宗尊爲初祖的龍樹底地位，故特別爲兩人立本紀；而將强認作本宗祖師的佛門先聖都僅予附見。不知如此一來，反而失掉了「本紀」標示正統的作用，故志磐爲補救此失，將佛陀以後；自迦葉以迄師子（其中包括龍樹在內）立一「西天二十四祖本紀」以繼釋迦牟尼佛本紀之後⑮，强烈地標榜了「正統相承」的關係！

此外，統紀在釋迦牟尼佛本紀中闡述了天台宗獨特發明的「五時八教」底義理⑯，很技巧地塑造了這套理論「確由佛陀創立」的印象，而正統的釋迦牟尼世尊本紀中却未有片言提及這一本宗的基本教理，無疑是宗鑑的另一失着。也許鑑公明知這套理論非出佛陀，西竺更無五時說法之事⑰，故未在本紀中提及吧！

二、世家

前爲文論佛祖統紀，知道志磐利用「世家」來叙述天台宗中土每一代祖師的師弟們的事蹟⑱，而正統中的「世家」，却是紀述本宗的中國祖師底部份。宗鑑何以將此土祖師退稱「世家」？正統卷一世家序畧云：

原夫世家之作，其猶周詩之有國風乎？齊、鄭之令不逮於邶、鄘、荆、揚之化罔沾於幽、冀，則與天下爲一家，中國爲一人之雅固已不同，然二南爲正首，七月居變極，亦何妨檜、曹並列而曰某國某國也。

去聖逾遠，世變日下，學路詭雜，亦在乎學者自擇而已。挹流尋源，聞香討根，撰北齊、南嶽世家。

上面的話，是以詩經爲喻；說明何以將中國祖師列入「世家」之故。原來詩經分爲國風、小雅、大雅、頌四部份，據傳統的說法，雅和頌是周王朝的詩，國風却是各諸侯國民間的歌謠，所收十五國之風以周南、召南（即所謂二南）居首，而以檜風、曹風、豳風（七月即豳風的第一首詩）居最末。宗鑑以雅比喻「本紀」，而以國風比喻「世家」，所謂「何妨檜、曹並列」者，意謂中土諸祖不夠分量，難與西竺的佛陀和龍樹等量齊觀，故列入世家，一如檜、曹兩國的詩雖在國風的最末也算詩經的一部份；跟雅扯上了關係⑲，因爲世家有「輔拂股肱之臣配焉，忠信行道，以奉主上」⑳的意義。

宗鑑何以作上述一番謙卑委婉的解釋？因爲龍樹與天台宗根本沒有直接淵源，不過這一派僧徒奉他爲始祖而已，鑑公也在龍樹本紀中已說明師子被殺後早已「金口祖承，齊此而止」。但天台宗與龍樹既無直接關係而又已扯上關係，故鑑公利用了史記爲立「世家」者若非帝王的宗實、世子也起碼屬某朝代的功臣這一舊規㉑，將本宗的中國祖師列入世家。這跟淸代洪秀全借耶穌教起義抗滿人統治；奉上帝耶和華爲天父，耶穌基督爲天兄，而自稱天父的次子㉒底心理大致相同。

雖然鑑公以世家來標示「世變日下，學路詭雜」的情況下；天台宗仍是踵承於佛陀的「世子（起碼也是『功臣』）」，以別於書中爲立「載記」的其他佛教宗派（後見），但如此一來，反而自行暴露了本宗也不過是佛教的一支（頂多自己覺得與別不同而已）。何況「世家」在宋以後的紀傳體史書中是割據勢力的雅稱㉓，則雖力爭「正統」，反而失去了立足點，故統紀將中土祖師也一律立爲本紀；强調「正統相承」的意義㉔，以救其失。

至於中土每一代祖師的師弟們底事迹，宗鑑的處理方式與「本紀」相同，即將他們都附在每一代祖師的「世家」之內。而統紀則將這些師弟們的生平都爲立世家，如此一來，更襯託出書中「本紀」的正統地位，這也是志磐在方法上較進步的地方。

然而正統的「世家」有兩點值得注意，其一，世家始於北齊慧文，次爲南嶽慧思，再次爲智者，而於天台教主智者靈慧大師世家之前立一小序，畧云：

嗚呼，子孫談祖父之德，是爲難也。然碩德鉅業，昌言盛心，豈鄰人所能知，非其子誰記之？是以用攢聚諸文，撰教主世家。

是宗鑑公開承認智者大師乃天台宗的眞正創始人，而統紀反未敢如此。

其二，這部份終於卷二中興教觀法智大師世家，其小序略云：

原夫寶雲出二弟子，解行略同，而惟四明（即法智知禮）得稱中興祖師者，弘護之功深也。天上無雙月，人間祇一僧，撰第二記主法智世家。

認爲法智以後無有「記主」，爲後來統紀的「本紀」止於法智知禮㉕之所本。

三、諸　志

正統的「志」放在「列傳」之前，與統紀異，同時僅有八志，較統紀少一，今依次述之如下：

（一）身土志，其小序略云：

無始以來，有物混成，橫無畔岸，擾擾乎其中者，咸迷茲性德，如醉如夢，尙無出世三乘之法，況一佛乎？荊溪云：必有一人，最初先覺，遂以斯道，轉覺後覺，相續不已，覺者滋多，乃十方三世諸佛。欲窮佛理，身土爲先，非土何以顯身，非身何以示玅。釋迦旣爾，他佛可知，撰身土志。

讀此知本志有意說明混沌初開以至佛法產生的發展經過，而强調「土地」與「人」兩因素對宗教存在重要性，故其內容所述，爲佛教所謂「應身、法身、報身」等問題及天宮、地獄、世界、刼波、諸佛等等，相當於統紀的三世出興志和世界名體志，只不過未能如名體志之附有地圖和圖畫㉖。

（二）弟子志，本志所述，是釋迦示寂以後佛教自天竺以至中土的發展，由於這些發展都是佛陀的「弟子」們努力的結果，故有此稱。

本志畧似魏書釋老志，以「紀事本末」方式叙事，頗見棼亂，故統紀改編爲法運通塞志，以「編年」方式處置，而條理顯然。

本志中有一相當於「傳法表」的直綫圖表，標示傳法先後之序，組織與佛祖世繫表相同，且此表之末，亦同樣有「或有功法門；或章藻相涉而未詳承稟者四十四人」㉗，知道紀傳體史書之使用直綫圖表，並非如前論統紀一文所稱以志磐之書爲最早㉘。

然而，「表」乃紀傳體的基本組織之一，司馬遷創始這體裁時便於史記立有十表，則宗鑑何必附表於志中？可見鑑公對所使用的體裁底功能未充分掌握。以管見推之，大抵自史、漢以後的紀傳體史書都沒有「表」的一項，直到歐陽修撰新唐書，纔恢復了「表」㉙，由於「表」的使用已間斷了二百多年㉚，一時未能完全掌握運用，故宗鑑雖倣歐陽而有此失。雖然，台灣通史一書中的二十四種「志」中一共有附表九十七份之多，但這也許由於其書撰於近代，比較注意統計數字的關係㉛，並非緣於受正統的影響。

（三）塔廟志，本志申明塔與廟的建立對宗教發展的重要性，自印度的阿育王時代講到中國，畧同於統紀的法門光顯志㉜。

（四）護法志，本志專載有關弘法的文章和言論，其中有甚多帝王卿相與僧侶對答之辭，畧同於統紀的名文光教志㉝。

（五）利生志，小序稱「不殺多端，救生尤顯」，又正文的首句稱：

放生之說，儒釋皆談，世論諄諄其文山積，今且載王狀元（十朋），淨樂居士（張掄）二公詩文于左，自淺階深。求佛壽者，先寓目焉。

然後始載放生事跡，畧同於統紀淨土立敎志中的往生禽魚傳㉞。

（六）順俗志，卷首小序畧云：

生，現世親修及子孫追導，各有條目可舉。醫方萬品，對病爲良，佛法多門，投機稱妙。方便慈悲，隨順種種俗諦，於不分中强立分別，令像末衆

所謂「順俗」，指爲了方便弘法，對於某些雖不屬於天台宗敎理的宗教實踐方式，也隨順俗緣而予以贊同之謂。本志所述，主要是「現世親修」和「子孫追導」兩點。「現世親修」者，指念佛修淨土法門，這是天台宗自三祖慧思、四祖智顗以來便實行的一種修持㉟，而中興台宗的十七祖知禮，更昌言本宗的「觀佛三昧正訣」非人人能行而「獨於念佛之法，無問僧俗，皆足取一生之證」㊱，故本志秉承自身傳統，於前半部完全敘述念佛修持的饒益，其最主要的理論爲：

運經像末，人根轉鈍，則雖欲脫苦，未由已也。如來大慈大悲，懸鑑及此，所以諸大乘經偏讚彌陀，令其橫截娑婆，往生安養，雖九品因果，差降不同，然皆獲不退轉菩提。

鑑公的理論，可謂跟十七祖之言先後輝映㊲。本志這一部份，相當於統紀的淨土立敎志㊳，可注意者，正統書中並無所謂「淨土載記」，而將淨土宗的問題放在這部份論述，足見宗鑑當時仍未將淨土宗視作獨立的宗派㊴。

至於所謂「子孫追導」，是借盂蘭盆經所述的目蓮行孝故事，鼓吹建置盂蘭盆法會；以至三元燈會和各種齋會，其理論爲：

（契）嵩明教云，親者形生之大本，人道之大恩。

故曰：聖人之善，以孝爲端。故目蓮託救母爲施，釋迦垂報恩之法，令自恣作于蘭盆，藉彼勝德，拔我慈恩。

何以宗鑑認爲「行孝」是「順俗」的行爲？其實佛家經典也鼓吹孝道的啊㊵！却原來自東晋、劉宋以降，佛教一直跟統治者爭論沙門應否向帝王公卿敬禮的問題，僧徒自以爲地位超然，不應「拜俗」，故連父母也不必行禮㊶，這一鬥爭後來澈底失敗，沙門上書給帝王甚至要自稱曰「臣」㊷。現在宗鑑有此論調，多少代表着僧伽對此一鬥爭失敗後不甘心的流露。

由於本志後半部述建齋設醮的饒益，故又與統紀的法門光顯志部份相似㊸。

（七）興衰志，小序畧云：

用之則行，舍之則藏，此以「時」爲興衰者也。其生也榮，其死也哀，此以「人」爲興衰者也。

序言自「時」與「人」看佛教的興衰，與統紀的法運通塞志用意相同，而且也是一部自爲起訖的編年史㊹。

然而統紀的通塞志自佛祖入寂講起，正統的興衰志却從漢明帝永平七年（六四）夢金人一事講起，純粹講中國本身佛教的興衰。也許鑑公受到較早釋祖琇撰隆興佛教編年通論的影響㊺，但多少透露他本人的自卑心理，認爲跟禪宗爭正統是中國本土的佛教問題，無關西竺之事，故未溯源於佛陀。這是宗鑑不若志磐大手筆的地方，因爲若不連上天竺的教史，則「正統」無從算起。

此外，興衰志不若通塞志之處還有兩點，第一，通塞志述南北朝歷史時南、北分別編年，以顯中國分裂時期佛教在不同環境之下發展的差異㊻，而正統則僅依南朝編年。第二，通塞志於正文之下，附有考異以說明史料去取之故㊼，正統則完全沒有。

因此，正統雖先於統紀立「編年史」的部份，但在這類著作中無顯著地位，不若統紀通塞志之受人注意㊽。

（八）斥僞志，小序畧云：

春秋之法，其責於夷狄者常恕，而於中國流於夷狄者責之常嚴，豈不以眞者易見，而似者難明，城狐社鼠，止惡防非，撰斥僞志。

鑑公之論，是針對外教僞託佛教面貌來活動，故對「似者難明」深惡痛絕㊾，志中所斥之異教計有末尼（摩尼教）、火祆教、白蓮教、白雲宗等，畧似統紀歷代會要志中述及異教的部份㊿。而統紀不立本志，改將異教歷史放在會要志中，而會要志是兼述釋門本身典故的(51)，大抵志磐不願誇張這些異教的威脅性，遂故意使用「附帶提及」的手段低貶它們，較之正統是高明多了。

還有一層，統紀的會要志兼述儒、道典故，因爲它是「會要」，故述及二者也無損於體例。但正統既以「斥僞」命篇，則不便觸犯孔、老，雖然道教摭取佛教內容以立宗(52)，儒家的理學也多少採納佛學理論與制度(53)，可是仲尼、老君之教在兩宋都極有勢力(54)，宗鑑即使明知其如此也未敢招惹他們，故只好找摩尼教等被政府對付的異教[55]，來加以貶「斥」了。

四、列　傳

統紀對「列傳」的安排，是「大傳」在「雜傳」之前，而正統則反是。首先是荷負扶持傳，其小序畧云：

> 楚狄斂中國而齊桓霸，叔帶危宗周而晉文興。會昌籍沒，五代分崩，不有大士起而救之，則中興正派不可待而授也。障狂瀾，弭酷燄，功豈淺哉！

這是專爲唐代會昌毀佛以迄五代離亂期間維持並發揚天台宗義理的僧人們的傳記，計正傳三人，附見四人。小序既稱倘使沒有這些僧人的努力「則中興正派不可待而授也」，但何以又不稱傳中人物爲祖師？原來天台宗的所謂「祖師」的傳承，在以前是淆混不清的，例如本傳中的皓端依十祖玄燭；玄燭却是「未詳承嗣」的天台僧人[56]。後來法智中興台教，確定了自佛陀至知禮的傳承體系，而傳中諸僧却屬於非法智系統的所謂「前山外派」[57]，於是只好算作中興以前「荷負扶持」天台宗的功臣[58]了。

繼之爲本支輝映傳，小序畧云：

> 周過其曆，享天祿者八百年，號魯衞晉功實多焉。故傳云：文武成康之封建母弟以藩屛周。法智之中興也，（崇）矩如克家之子，淨覺骨鯁之臣，而慈雲皆以眞子養之，凡所著述，若記若鈔，或序或刋，惟恐其道一日不行於天下，則用心視彼（指法智知禮）爲本而自視爲支，撰慈雲懺主列傳。

本傳其實乃慈雲遵式一人的傳記，而附以弟子五人。所謂「本支輝映」，緣於遵式與知禮同學於十六祖寶雲，而知禮中興台教而成正統祖師，故慈雲只好被視作與「本」宗相「輝映」的一「支」。其所以稱爲「輝映」，本書慈雲懺主傳畧云：

在昔慈雲、法智，同學寶雲，各樹宗風，化行南死（原文如此），更相照映，克于一家。而法智宗傳，方今委弊，分肌析體，壞爛不收，中下之材，固難扶救。切聆慈雲法道，淳正之風，簡易之旨，綿緜尚存。斯由代不乏賢，謹守不失，留爲邦家植福之地。

讀此，知道鑑公感慨於被尊爲正統的法智派在他著書時已衰落，而自己又「中下之材，固難扶救」，反視慈雲派則依然「謹守不失」，故將希望轉寄於該派，許爲「留爲邦家植福之地」。這跟志磐態度不同，因爲磐公的統紀是帶有排斥慈雲派之意[59]。至於小序中提及的祟矩和淨覺，分別見於後面提到的中興一世傳和扣擊宗途傳。

接着是扣擊宗途傳。其小序畧云：

陶唐於變，巢許不臣，周武會朝，夷齊異識。反經合道，蓋有激揚，未若皂白之不相爲用也。既非隘路叛出之比，必其用心有所在矣。

傳中所收人物，皆所謂「後山外派」而統紀置之雜傳的天台僧徒[60]，所謂「扣擊宗途」，即持論與法智所倡之「正統」義理相異之謂[61]，這些人在正統派眼中無疑是叛逆，但宗鑑仍以古之聖王如唐堯、周發尚有反對者爲說，替這些持論與法智有別的人辯護，故陳援菴先生認爲鑑公對「山外」有恕詞[62]。

按，借巧立傳名以寓褒貶之意，首倡於歐陽脩五代史記[63]，近讀友人陳學霖博士元好問與中州集一文[64]，知道元遺山對集中小傳亦借傳目以寓此意[65]，今宗鑑此舉，無疑也是受時代史學風氣的影響。

復次，上三傳皆在正統派諸傳之前，因為「荷負扶持」之人既在法智之前，「本支輝映」則與法智同時，「扣擊宗途」雖本法智弟子㊱，但其行為已屬法智派的敵人，故先為標示。跟着，便是由「中興一世」以至「七世」的被認為獲得法智眞傳的僧人們底傳記㊲。由於草創伊始，故立立傳遠較統紀為少㊳。

中興七世傳之後，是護法內傳與外傳，所謂「內傳」，其小序畧云：

南嶽云：法付法臣，法王無事。我子孫勇猛精進，擐甲胄愾，讎敵責敵，任工著述，皆法臣也。今錄其言行可攷，世代難明者于傳。

據此知道這相當於統紀的未詳承嗣傳，但所謂「世代難明」，其實內中不乏傳授可稽的台宗人物㊴，不過宗鑑當時未弄清楚他們的淵源而已。

至於所謂「護法」，其範圍甚廣，對抗禪宗固然是護法，弘揚台教當然也是護法，僅修止觀、誦法華亦屬護法，甚而修淨土竟也算護法㊵。由其最後一項，更證鑑公時天台宗與淨土宗無嚴格分別！

至於所謂「外傳」，其小序畧云：

干櫓禦侮，此將帥之勞也。異派朝宗，此扶持之力也。揄揚褒沸，此游談之助也，名曰護法外傳。

據此，知傳中人物都是曾替天台宗出過力的外宗僧俗㊶，共十四人。而其中的傳大士與僧稠，統紀置之未詳承嗣傳；義天，見統紀卷十四慈辯法嗣傳，由是知正統對延攬外人進入本宗，尚存猶豫之心，而統紀則儘量牽引本門以外之人，以增台宗聲勢。

五、載記

「載記」之名雖首次出現於後漢書班固傳，而正式使用此名作爲紀傳體史書結構一部份的，以晉書爲最早。「載記」的作用據仕邦所考，是史書作者利用它來判別某些民族或團體屬於「非我族類」⑫。正統中之所謂「載記」，是紀述天台以外的中國佛教宗派史底部份。本來宗派雖然不同，但終究是佛教的分枝，以判別「非我族類」的「載記」爲名，似覺不倫，然而古代史書，往往喜歡將外族描寫成跟漢族同出一源，史記、魏書、晉書都有相似作風⑬，是以宗鑑倣晉書以「載記」稱佛家外宗，仍是講得通的！

首先是禪宗相涉載記，爲禪門高僧菩提達磨、慧可、慧能⑭、懷海、玄覺六人立傳。

其次是賢首相涉載記，爲華嚴宗高僧法順、法藏、澄觀、宗密、子璿、淨源、義和七人立傳。

再其次是慈恩相涉載記，爲法相宗大師玄奘、窺基二人立傳。

這三載記都稱爲「相涉」，而其原因，鑑公在每一載記的小序中都語意含糊，及讀其一脈相承的統紀，始明其故。據志磐書卷二九諸宗立教志，稱禪宗「直指人心，見性成佛」是套自天台宗的「觀心之妙旨」⑮，法相宗有「三時說法」之說，與天台宗的「五時說法」相衝突⑯，華嚴宗則「妄談止觀」⑰，而且其祖師澄觀是天台宗的叛徒⑱，換言之，他們都干「涉」了天台宗，因此以「相涉」稱之。

跟着是律宗相關載記，爲四分律宗⑲高僧道宣、元照兩人立傳。此所以稱爲「相關」，是緣於天台宗看重四分律的原故⑳。

最後是密宗思復載記，爲此宗高僧金剛智、不空、無畏、一行四人立傳。此所以稱爲「思復」，原來天台宗奉爲初祖的龍樹菩薩本來善於術變醫方[81]，三祖慧思又求長生治丹藥[82]，行事皆有密教意味，而密宗至宗鑑時已「陵遲」；故鑑公「懷憤歎息」[83]，而「思」有以「復」之，因此替密宗大師立傳，這也看出天台宗思想的一面。其實密宗跟淨土宗一樣，雖然非有形宗派一如台、禪二宗的存在形式，但其學說及實踐普遍爲釋門接受，至今仍流傳未衰[84]，故鑑公不必「思」而密宗已「復」。

「載記」在中國史學的「正統」觀念中是個惡名[85]，宗鑑以此名稱呼佛門外宗，究竟予人「閱牆」之感，故志磐改以「立教志」述異宗歷史，用「明升暗降」方式貶斥[86]，手段較之高明多了！

結語

從上面所考，知道就爭「佛教正統」方面言，宗鑑所著是一部失敗的作品，然而從其失敗之處，使我們對紀傳體判別正閏的作用，加深認識。

第一，本紀是「正統」所在的標記，治史的人莫不知之，而立爲本紀的帝王必須「正統相承」於前代也立爲本紀的帝王[87]，而這一「相承」要有事實根據；雖然所謂「事實」完全看修史者如何解釋[88]，志磐能看破這一點，故撰統紀時將佛陀與天台宗四十一位祖師都立爲本紀以標示正統。宗鑑則雖屬僧侶，但他受儒家思想影響很深[89]，又抱着過份客觀的態度修史[90]，於是除了佛祖和龍樹，其他的天台宗祖師都不敢立本紀，因爲他明知佛祖與龍樹之間固然沒有直接的傳承關係，中土諸祖跟龍樹更無傳承關係，於是佛陀與龍樹以後的西天諸祖，都分別繫於兩本紀中，而中土祖師，皆退稱「世家」，以爭取相當於俗世皇家的「世子」底地位，但卻未想到「世子」是指未能纘統的皇裔，則天台中土諸祖，仍未取得佛教正統的地位。這是鑑公過份默守成規之失，是以志磐責備他「良渚（即宗鑑）有名位顛錯之謬」[91]，但從好的方面看，宗鑑卻未有歪曲或以己意改造歷史！一方面自比「世子」，另一方面卻貶稱其他佛門宗派爲「載記」，這是利用了紀傳體史書對「閏位」的排斥性，故意做晋書而予他宗以惡名，卻忽畧了其他佛教宗派的義理跟天台宗並非迥然相異，不能拿五胡與漢族文化的不同來相比附的！

至於列傳方面，正統也顯出了強調正閏之別的性能。通常紀傳體的列傳分爲大傳與類傳（或稱雜傳），能入大傳的人物其歷史地位較高[92]。天台宗自北宋法智知禮中興教門而取得正統之後，其他非法智派的台宗僧人便失去正統地位，宗鑑爲法智派立中興一世至七世列傳，相當於大傳，法智派以外的本宗僧人，雖在法智以前或同時，亦僅取得類傳地位，如荷負扶持傳、本支輝映傳、護法內傳等是，至於反對法智的台宗人物與替本宗出過力的教外僧俗，當然列入類傳，就是所謂扣擊宗途傳和護法外傳。然而由於草創伊始，宗鑑往往弄不清楚立傳諸人的授受淵源，有本屬正統派而列入非正統，有屬本宗而放在「外傳」，故志磐所責「名位有顛錯之謬」一語也部份指列傳中人物分類的不當！

正統的八志，內容大致與統紀的九志相同，可看出後者源出前者，尤其編年史放在「志」中，下開統紀的先河。可惜宗鑑對史表的運用未能把握，以致把「傳法表」放在弟子志中，而不知紀傳體的「表」是要獨立的，故統紀據之改立獨立的佛祖世繫表，達成其書具有本紀、世家、列傳、表、志全部結構的紀傳體典型。然而統紀的表、志在列傳之後，正統諸志則在列傳、載記之前，這點倒把握了紀傳體組織的傳統排列方式，因為廿五史中除了魏書以外，其他有表、志的正史莫不表、志在列傳之前。志磐把諸志放在最後，前已考知他為了表示諸志的內容不盡關台宗歷史93，宗鑑則除了篤守傳統原則外，更可能認為天台宗既上祧佛陀，則佛教的一切典章制度自然屬於天台宗所有（故本書自序有「志詳所行之法」一語），無所謂內外之別，就這一點而言，宗鑑作這措施倒爭得了正統！

正統和統紀都是南宋季世的作品，其撰寫目的，都是借修史為手段跟禪宗爭正統。天台宗何以這麼晚纔攘臂而爭？原來天台宗一向以今浙江省境內的天台山為本部，而南宋背海立國，定都臨安（今杭州），兩浙成了畿內94，禪宗本來已勢傾天下，隨政治形勢的轉變，南宋境內的禪門自然以兩浙為發展重心，舉個例說，婦孺皆耳熟能詳的濟公故事，即以杭州為背景95，從顛僧神話的流傳，可反映禪宗之盛。職是之故，天台宗自然感覺到根基所在受人脅迫（故正統序中有「稱戎侮我」之語），故終而「擐甲冑愾」以「干櫓禦侮」（正統護法內傳、外傳序）。天台宗亟亟借修史爭正統而禪宗從未這樣做96，也顯示了前者處於劣勢。前讀陳寅恪先生為陳援菴先生明季滇黔佛教考一書所作的序文，中有云：「宗教與政治雖不同物，而不能無所關涉」，現考知天台宗兩部史書之作蓋緣於隨政治形勢轉變而引起教爭的結果，更見寅恪先生所言為的論！

正閏之爭雖在政治方面有時也不免無是非之可言，何況宗教派系間的爭嫡庶？然而由於天台宗使用紀傳體修撰佛教史，不特揭開了宗教史籍體裁的新頁，同時也解決了歷來僧傳或傳燈錄無法兼載釋門典章制度的問題，故仕邦認為正統與統紀的體裁，應稍予修訂以為今後撰寫宗教史之用。固然，現在已不必顧到正閏問題而立「本紀」或「世家」，但表、志、列傳還是用得着。日本的佛教史籍元亨釋書⑰，前已考知其體裁據統紀修改⑱，這部書分爲傳記、年表、志三部份⑲，便是修訂體裁而成功的例子，頗值得借鏡。

後記：本文着手於一九七一年，當年本校因更改學年起訖關係，休假半年，教員可申請自費研究假期，仕邦因將此文要旨與當時校長黃麗松教授談及，黃校長頗感興趣，認爲漸趨隱晦的中國傳統史學方法應予表揚，慨然批准四個月赴香港收集資料。但由於公務而遲了一個月動身，於是滯留期間先往新嘉坡大學與佛教居士林閱讀並抄撫部份史料（因本校最近纔購入大正藏，並蒙廣洽法師惠贈卍字續藏），是以本文資料非僅在一地蒐集，然赴港時酬酢難免，返星洲後又因課務而往往靈感不繼，更因一九七二年遭車禍受傷，被迫不能依原定計劃在暑假動筆，是以拖延至今，方始殺青。幸好是自費研究，未用公帑半文，故也不受時間限制。文既完稿，謹附此致謝黃麗松校長的鼓勵，並謝謝新大圖書館代館長王佐夫人，居士林林長陳賜曲、弘法潘慧安兩居士，香港新亞圖書館周銳、岳騫兩先生和中華佛教圖書館寶燈法師等各位惠賜的種種方便。

一九七四年於南洋大學

註　釋

①：**最早一部紀傳體的佛教史**　釋門正統卷七護法內傳中的吳克己傳畧云：

吳克己，號鎧菴，命與時違，遁于左溪。（宋寧宗）嘉定七年（一二一四）十一月十五日終於在所。晚年編釋門正統，曰紀運、曰列傳、曰總論，未就倫理，今茲所集，資彼爲多。宗鑑不沒其實，於其高論，必標「鎧菴曰」字，以冠之。

據此，則第一部紀傳體的佛教史，實由居士吳克己著筆，宗鑑著書也不過據其舊稿增補；並沿用舊名（參陳援菴先生中國佛教史籍概論頁一四一，科學出版社本）而已，故僅能謂鑑公所撰是現存最早的一部紀傳體佛教史。據佛祖統紀卷一七，吳克己是北峯宗印法嗣，那麽，最早借修史爲教爭手段的人，仍出天台宗本門之內。

②：**釋門正統成書的年代**　正統卷八有宗鑑的後序，畧云：

紹定癸巳（即六年，公元一二三三），刊釋門正統畢。

紹定乃南宋理宗年號，故知其書成於是年。又本書卷首有釋門正統序，畧云：

皇宋嘉熙改元三月十日，沙門宗鑑序。

嘉熙亦宋理宗年號，據宋史卷四二本紀，理宗在公元一二三七年改元嘉熙（參陳援菴先生二十史朔閏表頁一四五，古籍出版社一九五六年版），知序寫於刊定的四年後。

③：見拙作論佛祖統紀對紀傳體裁的運用一文，刊新亞學報九卷一期。

④：見前註引文的第三註。

⑤：同前註。

⑹：**史、漢的淵源**　史記和漢書源出春秋，固然史通卷二列傳篇已講得很明白，漢書藝文志置太史公百三十篇的「春秋家」，更早已明顯地表示史記與春秋屬同類典籍。

史、漢以降的紀傳體作者底春秋學修養　史、漢而後，紀傳體的作者們多數是懂得春秋學的。如三國志的作者陳壽，晉書卷八二本傳稱他「師事譙周」，而三國志卷四二譙周傳稱周「精研六經」，當然包括了「春秋」之學。

又如後漢書的作者范曄，宋書卷六九本傳稱他：

車騎將軍泰少子也，博涉經史。

同書卷六〇范泰傳畧云：

父寧，豫章太守。

晉書卷七五范汪傳附范寧傳畧云：

初寧以春秋穀梁氏未有善釋，遂沉思積年，爲之集解，其義精審，爲世所重。

則范氏家學可知。

再如北齊書作者李百藥，舊唐書卷七二本傳稱他七歲時已知引左氏傳及杜預注言事（文繁不錄）。

又新唐書與五代史記作者歐陽脩的春秋學修養，讀劉子健先生歐陽修的治學與從政一書（新亞研究所出版）第一節歐陽的經學及 Ou-Yang Hsiu 一書（史丹福大學出版）第七章 Classicist可知，歐陽的五代史記爲發揮春秋褒貶書法的作品，更是治史之人所熟知。甚至跟歐陽脩合作撰新唐書的宋祁，宋史卷二八四本傳稱：

景祐中詔求直言，祁奏人主不斷，是名亂。春秋書殞霜不殺菽，天威暫廢，不能殺小草，猶人主不斷不能制臣下。

也是一位能以春秋經義言事的人。

至於未有機會寫出一部紀傳體史書的史通作者劉知幾，他能道出史、漢源出春秋也是基於本身的春秋學修養。史通卷十自敘畧云：

嘗聞家君爲諸兄講春秋左氏傳，每廢書而聽，因竊歎曰：若使書皆如此，吾不復怠矣。先君奇其意，於是始授以左氏，于時年甫十有二矣。

是子玄的史學基礎自幼年即由左傳啓發。

以上所舉寥寥數條，不過畧明「春秋學」與中國史學的直接傳承關係，限於篇幅，未便作更詳細引證。

⑦：**中國佛教史學源出褒貶的思想** 關於這問題，請參拙作(一)中國佛教史傳與目錄源出律學沙門之探討一文上篇頁四三〇——三三，刊新亞學報六卷一期，香港。(二)畧論中國律學沙門編著僧人傳記與佛經目錄的動機一文，刊貝葉第六期，新嘉坡。前一篇論文共十六萬餘言，分三期在同一學報刊出，一九七〇年蒙澳洲國立大學「南亞洲與佛學研究系（Dept. of Southern Asia and Buddhist Studies）」系主任 **J. W. de Jong** 教授爲撰書評推介（刊於 **T'oung Pao Vol. LVI. Livr 4-5 1970.** 的頁三一四——二二），謹附此致謝厚愛。後一篇則爲了方便一般不慣唸考據文字的讀者而簡化前者的短文。

⑧：**春秋暗示正統的技巧** 春秋公羊傳隱公第一畧云：

元年春，王正月。元年者何？君之始年也，王者孰謂，謂文王也。曷爲先言王而後言正月，王正月也。

何休公羊傳解詁於此段下解云：

以上繫於王，知王者受（授），布政施教所制月也。

公羊傳隱公第一繼云：

何言乎王正月，大一統也。

解詁曰：

　統者始也，夫王者始受命改制布政施教於天下，自公侯至於庶人，自山川草木昆蟲，莫不一一繫於正月，故云政教始也。

杜預春秋經傳集解於「元年，王正月」句下解云：

　隱公之始年，周王之正月也。

自上所引，知道春秋雖屬魯國的編年史，但開卷即申明「正月」爲周天子頒佈的月份，這就是暗示正統在周室的技巧。

⑨：見友人陳君慶新宋儒春秋尊王要義的發微與其政治思想一文，刊新亞學報十卷一期上冊。又參牟潤孫師兩宋春秋學之主流一文，刊大陸雜誌第五卷四、五期

⑩：**本紀對標示「正統」的作用**　關於這個問題，拙作論佛祖統紀對紀傳體裁的運用一文的結語中已作過交代，現在更補充一下：

（一）後漢書給皇后也立本紀，劉知幾在史通卷二本紀篇中譏爲「未達紀傳之情」，然而范曄在所著卷十上后紀的卷首小序中有所申明，畧云：

　東京皇統屢絕，權歸女主，外立者四帝，臨朝者六后，莫不定策帷幕，委事父兄，貪孩童以久其政，抑賢明以專其威。故考列行跡，以爲皇后本紀。

蓋東漢自和帝以迄廢帝弘農王，都是幼主繼位而太后臨朝的（參廿二史劄記卷四東漢諸帝多不永年條，及友人李君學銘撰；刊於新亞學報九卷二期的從東漢政權實質論其時帝室婚姻嗣續與外戚升降之關係一文），換言之，名義上的元首是皇帝，而實際上的統治者却是太后，故東漢的皇后也應有「正統」的地位，因此，雖然無法編年；也爲立「本紀」以標示其權

威。

（二）連雅堂先生撰台灣通史，有些人稱之爲以紀傳體修成的「地方志」。而這部書的凡例稱：「此書畧倣龍門（司馬遷）之法，曰紀、曰志、曰傳。」其「本紀」分開闢紀、建國紀、經營紀、獨立紀，因爲台灣一地曾受荷蘭人統治，後爲鄭成功祖孫三代據地抗清，及收入滿清帝國版圖後，復於清末自行獨立建國以抗日本的接收，故雅堂先生特立四紀於卷首，以表示台灣有自己的「正統」。其自序畧云：

台灣固無史也，荷人啓之，鄭氏作之，清代營之，開物成務，以立我丕基。夫史者民族之精神，然則台灣無史，豈非台人之痛歟！遂以十稔之間，撰成台灣通史，起自隋代，終於割讓。

就是這種意願的流露。

（三）民五十年，台灣國防研究院編纂了一部清史，書中將南明抗清和辛亥革命的過程立二十一補編，附於清代史事之後。在補編中，編者方豪神父等替明末的弘光、隆武、永曆三帝立本紀。此舉雖然絕對不合史法，拙著論「載記」在紀傳體史書中的作用一文（刊中國學人第四期）已予指出，但這部清史的叙例說明「以中華民國修史」，故「別立紀以尊勝朝，而勵興復」，則撇開中國傳統史學方法的原則不談，這一措施是別具深意的。

從上面三個例子，可以看出「本紀」是如何的被利用作標示「正統」所在的工具。

皇帝事跡入列傳的特例　「本紀」既然乃標示正統所在的工具，但亦有既已擁有正式的「皇帝」尊號而史書將其人生平放在「列傳」中叙述的例子，分別見於兩唐書、遼史、元史和明史，據史傳所述，這些「皇帝」都是身後追謚的，其原因大致可分爲：

（一）父皇賜此尊號給早死的太子，如唐代的孝敬皇帝李弘，是父親高宗賜號（舊唐書卷八十、新唐書卷八一本傳）。

（二）兄弟因讓國之恩或其他緣故而贈此尊號，如唐代的讓皇帝李憲，是弟弟玄宗所追謚；奉天皇帝李琮，是弟弟肅宗所追册（分別見舊唐書卷九五、一〇七，新唐書卷八一、八二本傳）。

（三）因政治鬥爭失敗或蒙冤，爲本朝當世或後世帝王追尊以作安撫其家人的手段，如唐代承天皇帝李倓，是父親肅宗所追謚（舊唐書卷一一六，新唐書卷八二本傳）。遼國的義宗耶律倍，是遼世宗所追謚，章肅皇帝耶律李胡，是遼興宗所追謚，順宗耶律濬，是遼天祚帝所追謚（均見遼史卷七二本傳）。元代的裕宗眞金，是元成宗所追謚（元史卷一一五本傳）。

（四）託兒子爲帝之福而得此尊號，如元代的睿宗拖雷，是兒子憲宗所追謚，顯宗甘麻剌，是兒子泰定帝所追謚，順宗答剌麻八剌，是兒子武宗所追謚（均見元史卷一一五本傳）。明代的興宗朱標，是兒子建文帝所追謚，睿宗朱祐杬，是兒子世宗所追謚（均見明史卷一一五本傳）。明睿宗且獲得將生平修成實錄並保存至今（參吳晗先生記明實錄一文，收在三聯書店一九五七年版的讀史劄記一書中）。

這些「皇帝」既未即眞治國，又生平未有總攬政治的權力以爲後禩受禪稱帝預先舖路一若曹操之於曹魏，司馬懿、師、昭父子之於兩晉，高歡、澄父子之於北齊，宇文泰之於北周，所以他們雖在身後擁有「皇帝」的虛銜，史書也不能爲立本紀。這是一項反比例，足以進一步說明「本紀」標示正統的作用。

新元史對追尊諸帝的處理方式　柯劭忞先生修新元史，對前述元代的追尊諸帝在書中一律以本名標目，如卷一〇八至一一〇拖雷傳，卷一一三皇太子眞金傳附甘麻剌傳、答剌麻八剌傳，而在傳文中始明誌他們所得的尊號。柯先生作這措施，以管見測之，大抵由於下列兩個原因：

第一，元代追尊諸帝中的睿宗拖雷、裕宗眞金雖然都如明睿宗之有實錄（見金毓黻先生中國史學史頁九八，但誤眞金爲「順宗」，台灣國史研究室編印），但這些元代實錄今已散佚無存（金氏書中有提及），既然柯先生不能見到元實錄，自然不願將這些「皇帝」以謚號標目，而且，稱「皇帝」而事蹟入列傳，讀來礙眼。

第二，這些追尊之帝的名位是不穩定的，元史卷一一五顯宗列傳畧云：

> 也孫帖木兒以嗣晉王即皇帝位（即泰定帝），追尊曰光聖仁孝皇帝，廟號顯宗。文帝即位，乃毀其廟室。

明史卷一一五興宗孝康皇帝傳畧云：

> 建文元年（一三九九）追尊爲孝康皇帝，廟號興宗。燕王即帝位，復稱懿文皇太子。

既然時移勢易便在本朝代中有廟室被毀或降稱太子的事，故不若直呼其名，更爲傳眞。仕邦頗贊成柯先生的處理。

⑪：**天台宗所傳佛陀至龍樹的付法次序**　這十三位天台宗祖師，依次爲大迦葉、阿難、商那和修、摩田地（統紀作末田地尊者）、毱多、提多迦、彌遮加、佛陀難提（統紀作難提尊者）、佛陀蜜多（統紀作蜜多尊者）、脇比丘、富那奢（統紀作富夜奢）、馬鳴、毗羅（統紀作摩羅）。

⑫：**天台宗所傳龍樹以後的付法次序**　這十位天台祖師，依次爲提婆、羅睺羅、僧佉難提、僧佉耶舍、鳩摩羅䭾、闍夜那（統紀作闍夜那多）、槃䭾、摩奴羅、鶴夜那、師子。

⑬：**六祖壇經所載的傳法次序**　壇經付囑品所載的次序，謂釋迦文佛首傳摩訶迦葉尊者、第二阿難尊者、第三商那和修尊者、第四優婆毱多尊者、第五提多迦尊者、第六彌遮迦尊者、第七婆須蜜多尊者、第八佛䭾難提尊者、第九伏䭾蜜多尊者、第十脇尊者、第十一富夜那奢尊者、第十二馬鳴大士、第十三迦毘摩羅尊者、第十四龍樹大士、第十五迦那提婆尊者、第十六羅睺羅多尊者、第十七僧迦難提尊者、第十八伽耶舍多尊者、第十九鳩摩羅多尊者、第二十闍耶多尊者、第二一婆修盤頭尊者、第二二摩拏羅尊者、第二三鶴勒那尊者、第二四師子尊者（下畧）。與天台宗所不同者，爲第四代非摩田地，而於第七代補入正統與統紀所無的婆須蜜多。

⑭：參拙著中國佛教史傳與目錄源出律學沙門之探討上篇頁四二四，刊新亞學報六卷一期。

⑮：參註三引拙文頁一七九。

⑯：同前註引拙文頁一二六。

⑰：**五時說法的來源**　治佛教史的人都知道所謂「五時說法」是天台宗的智者大師所創，並非佛陀當初眞的在五個不同時期對不同程度的聽衆講不同的經，陳寅恪先生斥此爲「絕無歷史事實之根據」（見大乘義章書後一文，刊史語所集刊一本二分，參胡適之先生中國中古思想小史一書手稿本頁一百，胡適之紀念館民五十八年版）。而此說來源，湯錫予和任繼愈兩先生都說由涅槃經而來（見漢魏兩晉南北朝佛教史中華書局本下冊頁八三四，及漢——唐佛教思想論集三聯書店本頁八八），但兩都均未指出此說源出該經何品？仕邦淺陋，未能另自其他佛學著述中遇到提及這點的，因親檢曇無讖譯大般涅槃經，發現其卷二五光明遍照高貴德王菩薩品第十之五畧云：

善男子，何因緣故我於昔尼連河邊告魔波旬，我今未有多智弟子，故不得入涅槃者，我時欲爲五比丘等於波羅㮈轉法輪故。

次復欲爲五比丘等，所謂耶奢、富那、毘摩羅闍、憍梵、波提須波睺；

次復欲爲耶加長者等五十人；

次復欲爲摩伽陀國頻婆沙羅王等無量人天；

次復欲爲那提迦葉、伽耶迦葉兄弟三人及五百比丘；

次復欲爲舍利弗、目犍連等二百五十比丘轉妙法輪。

是故我告魔波旬不般涅槃。

經所言轉法輪（即說法）剛好是五次，也許這正是智者大師創「五時」之說的根據，謹抄摭以供大家參攷。

⑱：參註三引拙文頁一二六——七。

⑲：此處蒙屈翼鵬（萬里）先生共事南洋大學時予以指點。參屈代著詩經釋義一書的叙論（中華文化出版事業委員會民四八年版）。

⑳：**關於世家的定義**　正文所引，見史記卷一三〇太史公自序。但這一定義不足以解釋太史公書中所有世家被編置的原因（曾與王叔岷先生談及，先生亦有同感），故仕邦前為文論佛祖統紀，於其註二四中寧可暫採張舜徽先生之說（參新亞學報九卷一期頁一四二——三）。

㉑：**關於史記中的「世家」**　史記中為立「世家」的，僅周、漢兩朝，其中如吳太伯世家、魯周公世家、衛康叔世家等是周朝宗室；齊太公世家、燕召公世家等是周朝的功臣，宋微子世家、楚世家等也起碼是臣服於周的諸侯。又齊悼惠王世家、梁孝王世家、五宗世家等是漢朝的宗室；蕭相國世家、留侯世家等是漢的功臣。然而，有一部份的漢室功臣，太史公却將其事蹟放在「列傳」，其始仕邦以為史記著筆時凡已失爵者入列傳，如淮陰侯韓信、吳王劉濞等既以「謀反」被誅而雖功臣或宗室而事蹟入列傳，又如樊酈藤灌列傳中所述四位功臣的後代至漢武帝時已次第因罪國除，故置列傳。但留侯世家稱：「留侯不疑，孝文帝五年，坐不敬，國除。」是武帝以前，亦有國已除而事蹟仍入「世家」的。是以史遷「世家」的定義為何？仍待進一步的探討。

㉒：**記載洪秀全自稱上帝次子的文獻**　洪秀全之自稱為上帝次子，是研究太平天國史的學人們所熟知的事，現在謹據中國

史學會主編；神州國光社出版的太平天國一書所收的文獻摭錄一二，以見其如何的誇張和强調。太平天國Ⅰ，頁五九至六十天命詔書畧云：

天王詔曰，辛開（辛亥）三月十四日，天父諭衆小曰：衆小，爾認得爾主上眞麼？我差爾主上下凡作天王，地（他）出一言是天命。辛開三月十八日，天兄救世主耶穌諭衆小曰：衆小弟要守天條，倘教導之後，尚有臨陣退縮者，爾莫怪我高兄發令誅爾也。

太平天國Ⅱ，頁四三三有天父在茶地詩，畧云：

天父下凡又幾年，天兄護降苦同先，耶穌爲爾救世主，天父生（洪秀）全爲爾主，何不盡忠妄修前。

同書頁五一一有天王長次兄親目親耳共證福音書（又名福音敬錄）畧云：

蒙天父賜「天王大道君王全」七字，遂將闖尚高天妖魔逐一誅落地獄矣。主（洪秀全）今日自證，那時戰妖，爺在哥後，哥在朕後，三子爺親統兩傍天將天兵趕逐妖魔。

同書頁七六一有天王手批，畧云：

上帝最惱是偶像，爺像不准世人望，基督暨朕爺親生，因在父懷故見上。前朕親見爺聖顏，父子兄弟無惝恍。

這些文獻，現在讀來不免感到肉麻，但就當時的政治需要，也不免大喊「爺哥」來召喚向心力，因爲太平天國是藉宗教以威嚇其徒衆，而迫其服從的（參羅爾綱先生太平天國史稿卷七宗教志頁八一，開明書店一九五一年版）。

仕邦所以認爲宗鑑與洪秀全的心理大致相同者，因爲洪秀全借耶穌教起義，故其醒世文（太平天國Ⅱ，頁五〇三）將聖經所述洪水故事、出埃及故事、耶穌殉道故事稱爲「天父三次發大怒」的結果，而「迨至妖胡（滿淸）竊天國」，引起「天父復又發大怒，差生眞主（指洪秀全）定乾坤」，非將宗教故事與他的起義連結起來，不足以見太平軍革命的神聖。而聖經稱耶穌爲上帝獨生子，早成定讞，故洪氏只好退稱「次子」，而尊耶穌爲「兄」！同樣，宗鑑欲鼓吹天台宗是佛教的正統，但佛陀與龍樹之間，本來已非屬直接傳承（故鑑公將佛陀至龍樹間的天台「諸祖」附於釋迦本紀，而不敢堂堂正正地立諸祖的本紀），而天台宗的中國祖師，又跟龍樹絕無淵源（本書龍樹本紀也坦言師子被殺之後早已「金口祖承，齊此而止」），故宗鑑不敢妄加攀附，而謹慎地將本宗此土祖師們的事迹退稱「世家」。

㉓：**割據勢力之稱爲「世家」**　北宋歐陽脩著五代史記，將紀述十國歷史的部份稱爲「世家」（卷六一——七十）。歐公此舉，可能緣於不滿舊五代史將十國政權中某些如楚馬氏、吳越錢氏、南平高氏等立世襲列傳（輯本卷一三三），而另將吳楊氏、南唐李氏、閩王氏、南漢劉氏、北漢劉氏、前蜀王氏、後蜀孟氏等立爲僭僞列傳（輯本卷一三四——六），是以平等對待，因諸國均有土地與人民，一如春秋戰國時代的齊、楚諸國，故依史記舊規爲立「世家」。降至元脫脫監修宋史，其卷四七八至四八三將南唐、西蜀、吳越、南漢、北漢、荊南（即南平）等諸國立爲「世家列傳」（其他不爲立傳的，緣於吳、楚、閩爲南唐所滅，前蜀爲後唐所滅，與宋無涉，故僅傳被宋所併的諸國）。雖然宋史此舉被張立志先生譏爲「畫虎不成」（見正史概論頁一一八，商務民五三年台一版），但它是因五代史記之舊；而稱割據勢力爲「世家」，是知「世家」就這方面言是雅稱！

㉔：見註三引拙文第一節。

㉕：參前註。

㉖：參前註引拙文頁一二九至一三〇。

㉗：參前註引拙文頁一二八。但統紀的直綫圖表有「〇」號標示法智以後由何人纘統，而正統的表中却無此標記。

㉘：參前註引拙文同頁。

㉙：見日知錄卷二六作史不立表志條，參前註引拙文頁一四七至一四八。

㉚：同前註。

㉛：**台灣通史諸志中所附的表** 台灣通史據連雅堂先生自序稱撰於日本大正七年（一九一九），其書有志二十四，其中卷五疆域志、卷十典禮志、十二刑法志、卷十四外交志、卷十六城池志、卷二二風俗志、卷二六工藝志、卷二八虞衡志都沒有附表。此外各志的附表（有「S」號者是數字統計表）分配如下：

卷六職官志：有（一）鄭氏中央職官表。（二）鄭氏台灣職官表。（三）清代職官表。（四）民主國職官表。

卷七戶役志：有（一）清代台灣戶口表一、二「S」。（二）清代徵收丁稅表一、二、三「S」。（三）清代番餉表一、二「S」。

卷八田賦志：有（一）荷蘭王田租率表「S」。（二）鄭氏官田租率表「S」。（三）鄭氏文武官田租率表「S」。（四）鄭氏田園徵賦表「S」。（五）清代民田租率表一、二、三、四、五「S」。（六）清代屯田租率表「S」。（七）清代番大租率表「S」。（八）阿里山番租率表「S」。（九）清代田園甲數表「S」。（十）清代田園徵賦表「S」。

卷九度支志：有台灣、鳳山、諸羅、彰化、淡水、澎湖、噶瑪蘭等地的「歲入表」與「歲出表」共十四表（皆「S」）。此外有：（一）台灣文官養廉表「S」。（二）台灣武官養廉表「S」。（三）台灣武官俸薪表「S」。（四）台灣兵餉支給表「S」。（五）噶瑪蘭營兵餉表「S」。（六）台灣勇營月餉表「S」。（七）建省後歲入總表「S」。

卷十一教育志：有（一）台灣儒學表。（二）台灣書院表（二者皆紀事簡表）。

卷十三軍備志：有（一）鄭氏武官表。（二）鄭氏各將軍表（述任期，略似新唐書宰相表）。（三）鄭氏陸軍各鎮表。（四）鄭氏水師各鎮表。（五）鄭氏台灣及各島守將表。（六）清代台灣水陸營制表。（七）清代台灣水陸汛防表。（八）台東勇營駐防表。（九）南北屯弁分給埔地表。（十）南北屯丁分給埔地表［S］。（十一）鳳山縣轄隘寮沿革表。（十二）淡水廳轄隘寮沿革表。（十三）噶瑪蘭廳轄隘寮沿革表。（十四）鄭氏澎湖礮台表。（十五）清代台灣礮台表。

卷十五撫墾志：有（一）鄭氏各鎮屯田表。（二）台灣撫墾局管轄表。（三）台灣撫墾局局制表。

卷十七關征志：有（一）鄭氏徵收雜稅表。（二）清代陸餉徵收表［S］。（三）清代水餉徵收表［S］。（四）台灣海關徵收稅鈔表［S］。（五）台灣海關徵收船鈔表［S］。

卷十八榷賣志：有（一）台灣阿片進口表［S］。（二）台灣徵收阿片釐金表［S］。

卷十九郵傳志：有（一）前山道里表。（二）後山道里表。（三）前山至後山道里表一、二、三、四。（四）中路道里表。

卷二十糧運志：有（一）鹿耳門應運兵眷米穀表［S］。（二）鹿港應運兵眷米穀表［S］。（三）八里坌應運只眷米穀表［S］。（四）台灣官倉表。（五）台灣社倉表。（六）台灣番社倉表。

卷二一鄉治志：有（一）台灣善堂表。（二）台灣義塚表。

卷二二宗教志：有台灣廟宇表。

卷二四藝文志：有三表（其實都是書目而已，不應稱「表」）。

卷二五商務志：有（一）各國立約通商表(屬於簡單的紀事年表)。（二）台灣外國貿易表［S］。（三）台灣糖出產表［S］。（四）台灣產糖推算表［S］。（五）台灣糖出口表［S］。

卷二七農業志：有台灣各屬坡圳表。

仕邦所以不憚費詞把台灣通史各表的名稱全部抄錄，蓋欲指出：（一）像如許衆多的史表，是過去紀傳體史書所從未出現過的。（二）全部九十七表(若減去藝文志的三表，實得九十四表)中，有五十七表是統計表，可見近代的紀傳體作者，已强烈地認識到經濟的重要性。（三）從上述史表，知道連雅堂先生希望他的讀者（尤其台灣的同鄉讀者）清楚地知道台灣一地的政治、軍事、文化諸情況；政費、軍費的預算數字和當地的地利能提供多少經濟力量以應付之。舉個例說，糖業在今日仍屬當地的主要經濟支柱之一，據民五九年出版的中華民國年鑑（中華民國年鑑社編印、正中書局發行），其第七章台灣地區第五節經濟資源畧云：

甘蔗在經濟上一向佔非常重要地位，目前（蔗園）面積已高達九五・〇二八公噸左右，產糖九二〇・〇〇〇餘公噸。

同書第五十四章有五十八年度國營事業主要產品之產銷量表（在頁三九五），共列出八項產品，而「砂糖」佔首位，並誌實際產量爲四七・七四，實際銷量爲六一・八七（單位萬噸計），又同書第五十八章有輸出貨品表（在頁四二二），共列出十六項，而「糖及糖製品」在第六位，並記民五九年度(一九七〇)輸出值爲四三・四（單位以百萬美元計），上三事可證明糖業的重要。而雅堂先生在當時不但已在書中立糖的「出產表」和「出口表」，更特立「產糖推算表」以作平準預算的參攷，謀事可謂深遠。

據連氏哲嗣震東先生撰連雅堂先生家傳（附於中華叢書委員會出版的台灣通史之後），稱：「趙次珊先生長淸史館，延先生入館共事，因得盡閱館中所藏有關台灣建省檔案」云。仕邦初以爲雅堂先生獲得檔案中的統計資料，不忍割愛，故立如許衆多的史表，後來想到連氏著書於軍閥內爭的動盪時代，儘量保存史料以防散佚是非常有見地的措施。

㉜：參註三引拙文頁一三〇。

㉝：同前註。

㉞：同前註引拙文頁一五八，又頁一六二——三。

㉟：同前註引拙文頁一六一。

㊱：同前註引拙文頁一六〇。

㊲：正統卷二海智世家不載知禮鼓勵修淨土之言，似乎是宗鑑的一失，幸而有統紀將禮公言論保存（參前註）。

㊳：同註三三。

㊴：**宗鑑不視淨土爲一宗派**　正統對本宗以外的佛教宗派，均爲立「載記」，但偏偏沒有「淨土載記」（見本文附錄），假如說宗鑑認爲念佛修淨土是本宗基本理論的話，何以稱這種修持方式爲「順俗」？足見他並不承認修淨土是本宗的教義。大抵所謂「淨土宗」其實不若天台宗或禪宗那樣屬於一種組織嚴密的宗派，故鑑公當時未以宗派視之，而僅認爲它是一種社會上流行的修持方式而已。直到後來志磐撰統紀，纔視之爲有形宗派而替它立一「淨土立教志」。然而由於「志」中爲立小傳的「往生高僧」中有許多是天台宗的祖師或先賢（參註三引拙文頁一二九、又頁一六〇至一六一），更暴露了淨土宗與天台宗的不易截然分別。

㊵：**佛教的鼓吹行孝**　法苑珠林卷六一至六二爲忠孝篇，其引證部引用了末羅王經、阿含經、六度集經等；同篇太子部引報恩經，又同篇睒子部引睒子經；業固部引雜寶藏經。同書同卷爲不孝篇，其五逆部引大智度論、涅槃經、未生怨經、雜寶藏

經、百緣經，同篇婦逆部與棄父部皆引雜寶藏經，可見佛家重視「忠孝」與「忤逆」這兩類儒家所大力論論的倫理問題（參拙作書目答問編次寓義之一例一文頁一三、註五，刊新亞書院學術年刊第九期）。

近讀者陳觀勝先生 "Filial Piety in Chinese Baddhism" 一文（刊哈佛亞細亞學報卷二八，一九六八年），其結語中指出佛家勵孝尚有追求來生善報的用意，不似儒家僅論此生的人倫關係。但緣於彼此有這一共通的倫理觀念，故佛教雖在許多方面與中國文化牴牾，却仍能爲華人迅速接受云。

㊶：**僧徒不拜本生父母的理論**　唐初釋彥悰編纂集沙門不應拜俗等事一書，其總論畧云：

釋彥悰曰：夫沙門不拜俗者何？今三寶一體，敬僧如佛，王者所重，敬爲國賓，今僧爲王之胤，王者受佛付囑，重道尊師，則弗臣矣。豈使絕塵之伍，拜累君親，閑放之流，俯同名教。

同書卷六有襄州禪居寺僧崇拔上請僧尼父母同君上不受出家男女拜表，畧云：

沙門崇拔言：道俗憲章，形心異革，形則不拜君父，用顯出家之儀；心則敬通三大，以遵資養之重恩。勅令僧不拜君王，而今拜其父母，斯則隆於敬愛之禮，闕於經典之教，僧寶存而見輕！

同書同卷有京邑老人程士顒等上請出家子女不拜親表，畧云：

臣言：臣聞近（龍朔二年，公元六六三）奉明詔，令僧跪拜父母，斯則崇揚孝始，布範敬源。但佛有成教，出家不拜其親，欲使道俗殊津，出處兩異。

據上所引，知道不獨僧徒據教義認爲不應對本生父母跪拜，連居士們也曾唱出同樣論調。

㊷：**僧徒向帝王自稱曰「臣」的較早記載**　就仕邦所見僧人在文獻上自稱曰「臣」的，最早爲南唐釋恒安撰續貞元釋教錄一書的序文，其次是北宋釋贊寧撰宋高僧傳所附的進書表。

㊸：同註三二。

㊹：參註三引拙文頁一二五。

㊺：**正統與隆興佛教編年通論的關係**　釋祖琇在南宋孝宗之代撰隆興佛教編年通論（以下簡稱「隆興通論」）二十九卷，書成較正統約早六十九年（按，宋孝宗隆興元年爲公元一一六四，正統則撰於公元一二三三），而隆興通論與正統的興衰志均始於漢明帝永平七年夢金人一事，故知宗鑑多少受祖琇的影响。然而興衰志並非完全襲用祖琇書的內容，例如支讖於漢末譯經詳情，隆興通論卷一記之甚畧，而正統興衰志記這件事較詳細；又該志所載道教祖師張道陵行事，隆興通論不載。反過來說，祖琇書卷一對牟子理惑論幾乎全部引用，而興衰志則隻字未及。可見宗鑑對興衰志是另外下過一番工夫的。

㊻：同前註三引拙文頁一三八。

㊼：同前註引拙文頁一四〇——一。

㊽：同前註引拙文頁一二六。

㊾：**依託佛教面貌而活動的異教**　正統所斥的諸異教，多少總借用一點佛教的東西，現在分別論之如下：

白雲宗　白雲宗是最似天台宗的異教，正統卷四斥僞志畧云：

所謂白雲者，大觀（宋徽宗年號）間西京寶應寺僧清覺，稱魯聖之裔，來居杭之白雲菴，立四果、十地，以分大小兩乘，造論數篇，傳於流俗，從者之曰白雲和尚，名其徒曰白雲菜，亦曰十地菜。然論四果則昧於開權顯實，論十地則不知通、別、圓義，雖欲對破禪宗，奈教觀無歸，反成魔說。

據此，知道這一異教完全借用佛教理論開宗，而其理論却太像天台教義，因其論「十地」牽涉了台宗「四教義」中的「通」

「別」、「圓」三義（參智者大師撰四教義卷一，在大正藏第四十六卷），具有威脅性，故鑑公斥之。

近讀孫克寬先生白雲宗一文（刊大陸雜誌第三十五卷六期），對此宗在元代豪橫勢大的情形有所論列，可惜對其教起源僅引丁福保佛學大辭典所引正統，而不能直接尋檢卍字續藏中的正統原書。

摩尼教　此外，摩尼教也套用了不少佛家名相，如敦煌石窟發現而收在大正藏五十四卷外教部的摩尼教經典：其摩尼下部讚（在頁一二七〇）有「一切諸佛花間出」、「我今蒙開佛性眼」和「諸善業者解脫門」等句。同書同卷讚夷數(耶穌)文（在頁一二七一）有「我今復本眞如心」、「更勿輪迴生死苦」之句。又同書同卷老子化胡經第十卷（在頁一二六七）有「我在舍衛時，約勑瞿曇身」之句。以上所引，摩尼教經典充滿了佛家名相如「佛性」、「善業」、「解脫」、「眞如」、「輪迴」、「舍衛（城）」、「瞿曇」等等。又同書同卷摩尼光佛法儀畧，更稱：

按彼波斯婆昆長曆，自開闢初有十二辰，掌分年代。至第十一辰名納管代，二百七十年，釋迦出現。至第十二辰名摩謝管代，五百二十七年，摩尼光佛誕蘇隣國跋帝王宮，金薩健種夫人滿艷所生也。觀佛三昧海經云：摩尼光佛出現世時，常施光明以作佛事。

可見這一宗教不僅套用了許多釋門名相（也許這緣於摩尼教本來混有佛教成份之故），而且淆混歷史，硬把釋迦牟尼跟老子、摩尼光佛等扯上先後關係，無怪鑑公鳴鼓而攻之了。

謹案：就仕邦所見能令讀者對宋代摩尼教的發展較易獲得一個概念的，首推陳援菴先生撰摩尼教入中國考一文（刊國學季刊一卷二號）的第十二至十四章。至於牟潤孫師的宋代之摩尼教一文（刊輔仁學誌卷一、二合期），也搜羅了一點稍補充前者的史料，但全文無個人見解。

白蓮教　跟着講到白蓮教，據斥僞志稱：

紹興初，吳郡延祥院沙門弟子元會學于北禪梵法主會下，依倣天台，出圓融四土圖，念佛五聲，勸男女同修淨業，稱白蓮導師，其徒號白蓮菜。有論於有司者，加以事魔之罪。

據此，知道白蓮教其始也依倣天台宗，故爲鑑公所斥。而其時尚未與摩尼教合流（按，「加以事魔之罪」也許正是促使兩教日後合流的濫觴），一如後來元、明之世屢次起事的面貌（參吳晗先生明教與大明帝國一文，收在讀史劄記一書中，三聯書店版）。

火祆教　至於火祆教，據陳援菴先生火祆敎入中國考一文(刊國學季刊一卷一號)，知道火祆教與摩尼教雖同出波斯國（今伊朗），而彼此判然有別，不過宗鑑正統與志磐統紀都循贊寧僧史畧之說，混火祆、大秦（景教）與末尼（即摩尼教）三教爲一（見其文第十一節），其實這一宗教在中國僅有來華胡人信奉，其教既不譯經又不傳教（見其文第九節）。如此，若就純正的火祆教而言，其被斥可謂殃及池魚，因爲它既無華人信奉，自然威脅不了中華佛教。

大秦景教　但若因宗鑑誤會火祆教即大秦景教而加以攻擊的話，則別有說。因爲敦煌石窟所發現的景教經典，其中不無借用佛家名相之處，如收在大正藏卷五十四外教部的波斯教殘經（此經與景教有關，可參其卷首的羅振玉氏跋文）中有云：

十二相樹初萌顯現，於其樹間每常開敷無上寶花，一一花間化佛無量，展轉相生，化無量身（頁一二八四）。

之語，這裡提到「佛」。同書同卷景教三威蒙度讚畧云：

敬禮妙身父皇阿羅訶，應身皇子彌施訶，證身盧訶寧俱沙，已上三身同歸一體（頁一二八六）。

這是講耶穌教之所謂「三位一體（Trinity）」，而用上佛家名相「應身」一詞。又同書同卷序聽迷詩所經畧云：

爾時彌師訶（即彌塞亞）說天尊序娑法（即耶和華）云：諸佛及平章天阿羅漢(即天使)，誰見天尊？在衆生無人得見天尊，爲此天尊顏容似風，何人能得見風？人常作惡，及教他人惡，此人不受天尊教，突墜惡道，命屬閻羅王（頁一二八六——七）。

這裏講的是世人不能見到上帝（可參註二二所引的天王手批），而文中不但提到「諸佛」和「阿羅漢」，還提到佛教所稱管理地獄的「閻羅王（Yama）」。

不特此也，據同書同卷大秦景教流行中國碑頌，稱景教在唐代曾有過：

法流十道，寺滿百城。

之盛，而且：

釋子用牲，騰口於東周（指唐的東都洛陽），下士大笑，訕謗於西鎬（指唐的西京長安）。有若僧首羅含、大德及烈，並物外高僧，共振玄綱，俱維絕紐。

據此知道他們跟佛教是有過衝突的。碑文既稱景教的教士爲「僧」，而且景教碑的碑陰所列六十三人名，除了「老宿耶俱摩」外，其餘人名均冠以「僧」字，如「僧靈寶」、「僧內澄」、「僧明一」和「僧守一」等，其教士稱呼全同釋子，無怪宗鑑要著文斥其僞了。

異教模擬佛教所引起的誤解 近讀王治心先生撰中國宗教思想史大綱一書（中華書局民二九年再版），其書講到景教部份，固已指出景教竭力摹倣佛教（見其書頁一二七）；但當王先生引用舊唐書卷九五讓皇帝憲傳所述：

開元二十八年冬，憲寢疾，上令中使送醫及珍膳，相望於路，僧崇一療憲稍瘳，上大悅，特賜緋袍魚袋以賞異崇一。

之時，却直覺地認爲崇一是「景（教）僧」，並且說：

崇一這個名字，含着「崇奉一神」的意思，可知不是佛僧而是景僧，而且上所賜的緋袍魚袋，又不是佛僧穿帶的東西，杜環行記有「大秦善醫眼及痢，或未病先見，或開腦出蟲」，可見當時傳教士中，有精通醫術的人，藉醫以傳教，是歷來常有的事（見其書頁一二九）。

王治心先生視崇一爲景教僧的理由爲：

（一）名字取義爲「崇奉一神」。

（二）緋袍魚袋非佛僧所用。

（三）大秦人善醫。

其實這三點都很難作爲崇一是景僧的證據，因爲第一，從名字取義而言，不錯景教碑中有「僧明一」、「僧守一」等，如前所引，但佛教僧人名下一字作「一」者也不少，陳援菴先生釋氏疑年錄列出有十四人（見其書通檢頁一，中華書局一九六四年版），其所列之中有馬祖道一，是禪宗大祖師，這法號固然可解作「道在一神」。又景德傳燈錄卷五有嵩山宗一禪師，同書卷十八又有玄沙宗一大師，他們的法號更可解釋爲「宗奉一神」。嘉泰普燈錄卷五有法眞守一禪師，五燈會元卷十有興教惟一禪師，這兩僧的法號何嘗不可解作「篤守一神」和「惟有一神」？故不能望文生義，從「崇一」二字硬聯想到「只有一位眞神」方面去！

第二，緋袍魚袋據舊唐書卷四五輿服志畧云：

（太宗）貞觀四年（六三〇）又置二品已上服紫，五品已下服緋。（高宗）咸亨三年（六七二）五月，五品已上賜新魚袋，（武后）天授元年（六九〇）改內外所佩魚並作龜。久視元年（七〇〇）十月，職事三品已上龜袋用金飾，四品用銀飾。（中宗）神龍元年（七〇五）二月，內外官五品已上依舊佩魚袋。至（玄宗）開元九年（七二一），自後恩制賜賞，緋紫例兼魚袋。

據輿服志所載，緋袍和魚袋是唐代官員辨別等級的朝服之一（胡三省稱魚袋的用途是應徵召時的憑據，出內必合之，以防召之詐。見通鑑卷二〇四則天后天授元年十月壬申條的注文），當然非佛僧所用。但唐代帝王頗喜歡以爵位，朝服頒賜沙門，故僧史畧卷下有賜僧紫衣條和封授官秩條；統紀卷五二歷代會要志有沙門封爵條以記之。舊唐書卷一八三武承嗣傳附薛懷義傳畧云：

（薛懷義）因得召見，恩遇日深，則天欲隱其迹，便於出入禁中，乃度爲僧，自是與大德僧法明等在內道場念誦。懷義與法明等造大雲經，陳符命言，懷義與法明等九人並封縣公，賜紫袈裟、銀龜袋。

是開元以前，已有賜僧徒龜袋（相當於魚袋）的。至於沙門之賜紫衣，自武曌以後不知凡幾（見僧史畧賜僧紫衣條），與服志稱紫袍三品已上，緋袍五品已下，則崇一所得不過五品而已。據此知雖獲緋袍魚袋，不能因非沙門所用，便足以證明崇一是景僧。

第三，說到醫學方面，大秦人善醫，印度人何嘗不善醫；華僧更何嘗不善醫？隋書卷三四經籍志子部所載西域傳來醫書九種，宋史卷二〇七藝文志子部復有四種（均從畧不舉）。而華僧所著醫書，見於隋志者有：

釋僧洪寒食散對療一卷。釋智斌解寒食散方二卷。釋慧義寒食解雜論七卷。沙門行矩諸藥異名八卷。釋量鸞療百病雜丸方三卷、論氣療方一卷。釋僧匡鍼灸經一卷。

見於舊唐書卷四七經籍志、新唐書卷五九藝文志者有：

釋行智諸藥異名十卷。釋鸞調氣方一卷（可能即量鸞論氣療方）。釋僧深集方三十卷。

見於宋史藝文志者有：

僧智宣發背論一卷。僧文宥必効方三卷。

上述是從著述方面見華僧的注意醫學，至於僧史所載善醫藥的僧徒，高僧傳有于法開、于道邃（卷四）、竺法曠（卷五）。

魏書釋老志有師賢。續高僧傳有那提三藏（卷五）、量鸞（卷七）、道岳（卷十五）、童進（卷三五）、智凱（卷四十）。宋高僧傳有智廣（卷二七）。則不能以「善醫」一事，便證明崇一是景僧。

更有進者，贊寧僧史畧卷下賜僧紫衣條畧云：

玄宗友愛頗至，以寧王疾，遣中使尚藥，馳騖旁午，唯僧崇憲醫效，帝悅，賜緋袍魚袋（本註：賜緋魚袋，唯憲一人），又開元二十年九月中，波斯王遣大德僧及烈至唐（下畧）。

本條所記寧王病爲僧治愈事，與前引舊唐書讓皇帝傳所述是同一件事（讓皇帝生前封寧王），而稱僧爲「崇憲」。贊寧先記此事，然後纔記八年前即開元二十年景僧及烈來華之事，若崇一（或崇憲）是景僧，治病又在八年之後，贊寧記事應該先後倒置，可見寧公並不認爲治病之僧是景教的教士！僧史畧是北宋初年的書，距唐代猶近，尚能知道一些當時消息。

據上面所考，仕邦認爲王治心先生所述無疑是出於誤解，而誤解的原因，蓋景教與佛教的教士都稱「僧」，於是王先生便從「崇一」二字憑空推想，而作出上面的講法！

僧名爲「崇一」抑「崇憲」？　上述爲「皇帝」治病之僧，其法號舊唐書稱之爲「崇一」，僧史畧却稱之爲「崇憲」，哪一個對？

按舊唐書撰於五代，僧史畧成於北宋初，就時代先後言，前者去唐近。雖然較早史料不見得不會出錯，然從贊寧是宋太宗委任的僧錄（見小畜集卷二〇左街僧錄通惠大師文集序），且僧史畧亦太宗太平興國初奉勅撰（見其書自序）去看的話，則應考慮贊寧避諱的可能性。

宋太宗初名匡乂，後爲太祖改賜光義（宋史卷四太宗本紀），「一」與「乂」及「義」皆一聲之轉。陳援菴先生史諱舉例一書（科學出版社一九五八年版）頁一三指出唐代劉知幾的「幾」字與唐玄宗名李隆基的「基」字同音，劉氏遂以其字「子玄」行世。以此爲例，贊寧著筆時敬避「一」字的字音，而以意義相倣的字代替，大有可能，此即史諱舉例之所謂「避諱改字」（見第一章第三節）的方法。

然而「一」與「憲」不可直接至訓，據經籍纂詁卷九三「四質」，指出「一」字義有「少之極」、「數之始」、「猶『皆』」等。同書卷七三「十四願」卻說明「憲」的字義有「法」、「教令」、「法則」、「標表」、「博聞多能」、「興盛」等，看不出彼此有互訓的關係。

不過若使用間接的訓詁方法，這兩個字是可以找到相通的地方。孝經卷一開宗明義章畧云：

甫刑云：一人有慶，兆民賴之。

邢昺注：一人，天子也，天子行孝，兆人皆賴其善。

據此，「一人」可以用作「天子」的代名詞，因他是天下的第一人。

周禮秋官司寇第五之布憲畧云：

布憲掌憲邦之刑禁，正月之吉，執旌節以宣布于四方。

鄭玄注：司寇正月布刑于天下，正歲表縣（懸）其書。

據此，知「憲」指正月懸掛（表縣）出法令使人民知之，既然其事實行於正月，正月是一年的開始，它跟「一」字的「數之始」的字義相近。又穆天子傳卷六畧云：

天子出憲。

郭璞注：憲，命。

郭璞認爲「憲」即「命令」，係天子所出，則「憲」字亦可與「天子」發生聯繫。

由上所引，知道「憲」可以代替「一」用，因爲據孝經，「一」指天子，是天下第「一」人，是「數之始」，其字音剛好也跟「光義」或「匡乂」的末一字音稍同。「憲」據周禮是「表懸」，指正月將法令懸掛出來，正月是一年之始，也是「數之始」，並且「憲」有「博聞多能」與「興盛」之義，兩者都是討好皇帝的好字眼。因此，仕邦認爲贊寧稱僧曰「崇憲」，是有意避太宗諱而改字，故僧名原本應是「崇一」！據北宋時所修的新唐書卷八一讓皇帝憲傳，書「僧崇一療之，少損」，更證明僧名爲「崇一」！

新唐書不避「一」字而僧史畧避之，何以故？史諱舉例卷八歷朝諱例所舉的「宋太宗諱例」中，並無諱「一」的例子，大抵「一」字是個最通用的字，避不勝避，而且並非直接犯諱，故宋代對太宗僅諱「光」、「義」等字。但贊寧能獲太宗寵信是頗用過些手段的（參陳援菴先生中國佛教史籍概論頁四三，中華書局一九六二年版），他著書在太宗住世之日，而且書奉勅撰，爲了討好君主，因「一」音近「義」而故意避諱給皇帝看以求寵，以贊寧的生平行事（參前面引陳援菴先生書），實不足爲奇。至於新唐書的修撰在宋仁宗世，已無討好死人的必要，故直書僧名而不諱！

㊿：參註三引拙文頁一三一。

51：同前註。

52：**道教之借用佛教內容**　關於這個問題，最先較有系統地揭露的，似乎是元代釋祥邁所著至元辯僞錄一書（也許有更早的專書，一時未暇細查）。至於近代學人對這方面的研究，仕邦所見有(一)湯錫予先生讀太平經書所見（今收在往日雜稿一書中，中華書局一九六二年版），主要考出這最早的道教經書是摭取佛教四十二章經的內容寫成。（二）陳寅恪先生崔浩與寇謙之一文（刊嶺南學報十一卷一期，一九五〇年十二月出版），主要考出寇謙之將佛家十誦律以製討道家戒規。（三）日本吉岡義豐氏撰道教と佛教一書（日本學術振興會刊行，昭和三十四年二月出版），這是厚厚的鉅著，主要論及老子化胡說的演變，密宗對道教的影響等。仕邦不是研究道教的人，故在此僅能畧舉所知，敬祈高明賜正。至於傅勤家先生的中國道教史（商務民二六年版）則對這方面似乎交代得太簡單和籠統。

⑤③：儒家理學的吸收佛教內容　據　賓四師於所著中國思想史（現代國民基本知識叢書本）中稱「宋明儒沿接禪宗，吸納融化佛學上對心性研析的一切意見與成就來擴大儒家」（頁一二五），又於所著國史大綱（商務民四二年台二版）指中宋初學者借讀於寺廟，故書院制度亦模倣寺廟規制（頁五六七）。這種讀書寺院的風氣，是承唐代而來的，參嚴師歸田唐人習業山林寺院之風尚一文（收在唐史研究叢稿中，新亞研究所民五八年版）。

⑤④：道教在兩宋的勢力　道教由於所尊奉的始祖爲李聃，與唐帝室同姓，故在唐代極受尊重而大大發展，降至宋代，其勢未衰，北宋初釋贊寧撰宋高僧傳，於其護法篇中亟亟唱言佛、道二教和同，也緣於看出道教勢力的根深蒂固（參拙作中國佛教史傳與目錄源出律學沙門之探討一文下篇頁一四四——五，刊新亞學報七卷二期）。而道教在宋眞宗在位時代，更由於「祠祿制度」的創設而成爲官式宗教(見友人梁君天錫撰宋代之祠祿制度一文，刊大陸雜誌二九卷二期)。其後宋徽宗寵信道士林靈素，老氏之勢更張，佛教且被排抑（參陳援菴先生通鑑胡注表微一書的釋老篇，中華書局一九六二年版，又參友人金君中樞撰論北宋末年之崇尚道教一文，刊新亞學報七卷二期、八卷一期）。降至南宋，由於宋高宗謀達成政治團結，利用舊有的祠祿制度來養活退任官僚，把統治階級的份子全部維繫住（參上引梁君天錫文，及劉子健先生背海立國與半壁山河的長期穩定一文頁八，刊中國學人第四期），道教由於祠祿制度的繼續而仍屬官式宗教，故其勢力仍未衰。元人入侵中國，即曾拉攏在龍虎山上的第三十六代道教天師張宗演（見上引陳援菴先生書的同篇）。這都足以說明宗鑑不能或不敢惹道教的原因。

兩宋儒學的勢力　這個小題目其實是不必設立的，儒學在宋由於科舉制度而大盛，加上理學的發展，故宋史要分立「道學」與「儒林」兩列傳來紀述孔門人物，是人所共知的歷史事實。不過由於已論及宗鑑不敢開罪道教，故順便也提一下儒家。宗鑑當然不敢觸犯這韓愈排佛以來釋門大敵。

兩宋儒學地理分佈的一些問題 欲了解儒學在趙宋的普遍性發達，從其地理分佈加以說明是最方便的方法，某君撰兩宋學風之地理分佈一文（刊新亞學報一卷一期）是有意作此貢獻的。可惜的是，某君僅「根據宋元學案和宋史上的學者文人」（見其文頁三三三）加以統計，未能博採地方志等有關史料，於是照其統計，認為南方的廣東、廣西等地不出人物（見其文頁三四一）。跟着，某君在元代書院的地理分佈一文（刊新亞學報二卷一期）頁三六一更唱言「宋代的廣東無學術可言」。這是正確的歷史事實嗎？

據冼玉清教授廣東文獻叢論一書（香港中華書局一九六五年版）指出廣東第一部科學著作，是東漢章帝時番禺人楊孚所著的異物志（其書頁一至三）。友人龐君聖偉撰論三國時代之大族一文（刊新亞學報六卷一期）頁一九七至一九八指出鄭康成的經學在漢末三國之際已隨着避難士人傳入交州（今兩廣與越南北部）。是東漢至三國，廣東已有學術。降至唐宋，我粤何嘗沒有學術表現？唐代文章功業皆十分昭著的張九齡是廣東曲江人（舊唐書卷九九、新唐書卷一二六本傳），北宋名臣而且「以文學稱鄉里」又曾奉命與王洙「幷校司馬遷、范曄二史書」的余靖也是廣東曲江人（宋史卷三二〇本傳），假若這些不算人物，不算學術表現，如何纔算？

仕邦更試從成文出版社於民五五年出版的中國方志叢書和南洋大學圖書館所藏的其他單本方志抽查，發現許多廣東府縣的官學都創立於宋代，如廣州的府學創於宋仁宗嘉祐（原文誤作「嘉歷」）中（叢書廣州府志卷六六建置畧），潮州的府學創於宋眞宗咸平以前（叢書潮州府志卷二四學校），嘉應州的學宮創於宋孝宗乾道九年以前（叢書嘉應州志卷一六學校），瓊州的府學創於宋仁宗慶歷四年（瓊州府志卷七學校，此不在方志叢書中），是廣、潮、客、瓊四屬在宋代已有官學。再從縣級方面看，新會的縣學始於宋仁宗慶歷四年（叢書新會縣志卷三建置畧），番禺的縣學始於宋理宗淳祐四年（叢書番禺縣志卷十六建置畧），興寧的學宮建於宋寧宗嘉定間（叢書興寧縣志卷七學校），揭陽的縣學始於宋高宗紹興十年（揭陽縣志卷二建置志，重印揭陽縣志董事會一九六九年出版）。以上所舉，皆足以說明宋代廣東非無教育（至於叢書中其他有關粵省各府縣的方志，無暇再一一細查），也就不可能沒有學術，某君能統計元代書院的地理分佈，爲什麽不統計宋代書院的地理分佈？

也許某君會認爲仕邦所舉皆府縣的官學，不算書院，但中國方志叢書中的韶州府志卷十八建置畧稱：

　　相江書院，舊在府東，宋（孝宗）乾道庚寅（即六年，公元一一七〇）知州周舜元建，祀濂溪先生周敦頤。

這不是宋代廣東也有書院的證據嗎？其實，某君早已自相矛盾，因爲他在元代書院之地理分佈一文頁三六一高唱「宋代的廣東無學術可言」，這一驚人論調之後，跟着却在同文頁三六二（緊接的後一頁）中說：

　　宋代最著名的如梁觀國（字賓卿，番禺人）曾與胡寅往返論學，可見湘學在南宋時已傳到廣東。

既然承認湘學在南宋已傳到廣東，那麽前一頁的「無學術可言」豈非自打咀吧？同時，既承認南宋時廣東有學人，則更推翻了自己論兩宋學風之地理分佈一文中用以證明廣東不出人物的統計！

55：參註四九。

56：見正統卷三弟子志，統紀卷二四佛祖世繫表，參後註。

57：參陳援菴先生中國佛教史籍概論中華書局本頁一二八。

58：**傳中諸僧的「荷負扶持」之功**　諸僧對天台宗的「荷負扶持」，如正統卷五志遠傳畧云：

　　志遠，依荷澤禪師，慕天台一宗，境觀十乘，該通妙理，會昌四（八四四）示寂。

同書同卷皓端傳畧云：

　　皓端，詣金華法雲師學名數一支，幷法華經，（吳越）錢武肅王名（命？）就羅漢寺爲衆演法，時台宗有玄燭師者，學者號爲第十祖，復依之，遂悟一心三觀之學。

同書同卷晤恩傳畧云：

晤恩，投破山興福寺受訓，聞天台三觀六即之說，深符其意。漢（應作晉）開運中遂造錢塘慈光恩師之席。先是一家教典，經會昌毁廢，文義殘缺，師尋繹十妙始終，研竅五重旨趣，與人言，不問賢愚，悉示一乘圓義。

同書同卷智圓傳畧云：

智圓，聞源清師傳智者三觀之法于奉先，遂負笈造焉。會清去世，嘗歎天台宗教自荆溪沒後，其微言墜地者多矣，於是留意撰述，且有扶持之志。以（宋）乾興元年（一〇二二）二月十七日自作祭文及挽詞三章，十九日入寂。

據上引，知他們都是唐會昌以後至宋初努力弘揚台教的功臣。

(59)：參註三引拙文的註二，在該文頁一四三——四。

(60)：參前註及註五七。

(61)：**「扣擊宗途」的例子** 如正統卷五仁嶽傳畧云：

仁嶽聞法智最明天台教觀，徑往依止。法智器之，凡十餘年，悉其蘊奧，深悟向之所學，皆非知見超達，遂與法智背馳，往復詰難，如十諫、雪謗之類，是其尤者。造天竺慈雲，攝以法裔，曰：吾道不孤矣。慈雲門人從者大半。

像這樣先依法智，而後來當完全了解法智所倡義理之後，却著論與法智詰難，就是「扣擊宗途」。仁嶽後來更改投慈雲，在法智派眼中無疑是叛徒，故統紀斥爲「背宗破祖」（見其書「通例」）。

(62)：同註五七。

(63)：參張守節先生正史概論一書（商務民五三年台一版）頁一一二，劉子健先生 Ou-Yang HSIU 一書（史丹福大學出版）

頁一〇九。

⑭：刊饒宗頤教授南遊贈言集，一九七〇年出版。

⑮：見前註引文頁三三。

⑯：參註六一。

⑰：參本文所附正統目次。

⑱：**正統與統紀立傳數目**　正統全書僅八卷，而統紀共五十四卷，二者之替台宗人物立傳，自然以後者較多。今謹各爲製一表以見：

(一)正統全書天台宗人物立傳統計表

編名	天台宗人物	正傳	附傳	所屬卷數
本紀	釋迦牟尼佛	1	13	卷一
	龍樹菩薩	1	10	卷一
世家	北齊、南嶽	2	5	卷一
	智者	1	0	卷一
	章安	1	9	卷二
	法華、天宮、左溪	3	3	卷二
	荆溪	1	4	卷二
	道邃、廣脩、物外、元琇、清竦、義寂、義通	7	2	卷二
	法智	1	0	卷二
列傳	荷負扶持	4	4	卷五
	本支輝映	1	5	卷五
	扣擊宗途	2	2	卷五
	中興一世	9(註)	0	卷六
	中興二世	10	0	卷六
	中興三世	13	0	卷六
	中興四世	15	0	卷七
	中興五世	7	0	卷七
	中興六世	2	0	卷七
	中興七世	1	0	卷七
	護法內傳	16	0	卷七
合計		98	57	

[註]其中「道因傳」目存傳缺。

（二）統紀全書天台宗人物立傳統計表

篇　名	天　台　宗　人　物	目　有	實　存	所屬卷數
本　紀	佛與四十一祖	42	42	卷1－8
世　家	南岳旁出	19	12	卷 9
	智者旁出	66	37	卷 9
	章安旁出	7	5	卷10
	天宮旁出	1	1	卷10
	左溪旁出	28	6	卷10
	荊溪旁出	22	5	卷10
	興道旁出	1	1	卷10
	至行旁出	5	0	卷10
	正定旁出	4	0	卷10
	妙說旁出	6	0	卷10
	高論旁出	20	6	卷10
	淨光旁出	20	6	卷10
	寶雲旁出	7	3	卷10
諸師列傳	天竺式法嗣	29	20	卷11
	興國法嗣	2	1	卷11
	錢塘法嗣	2	0	卷11
	知禮法嗣	25	22	卷12
	廣智法嗣	10	7	卷13
	神照法嗣	9	4	卷13
	南屏法嗣	9	2	卷13
	三學法嗣	1	1	卷13
	浮石法嗣	5	1	卷13

篇　名	天　台　宗　人　物	目　有	實　存	所屬卷數
	廣慈法嗣	7	3	卷13
	神智法嗣	3	2	卷14
	扶忠法嗣	2	1	卷14
	超果湛法嗣	1	0	卷14
	法眞法嗣	3	1	卷14
	神悟法嗣	7	4	卷14
	樝菴法嗣	2	0	卷14
	慈辯法嗣	12	7	卷14
	羣峯法嗣	1	0	卷14
	南屏文法嗣	1	1	卷14
	超果賢法嗣	4	1	卷14
	景雲法嗣	2	1	卷14
	明智法嗣	7	6	卷15
	草堂法嗣	1	1	卷15
	安國法嗣	3	3	卷15
	白蓮法嗣	1	0	卷15
	北禪法嗣	5	1	卷15
	擇瑛法嗣	1	1	卷15
	壽安法嗣	1	0	卷15
	車溪法嗣	3	2	卷15
	齊玉法嗣	9	3	卷15
	圓覺法嗣	4	2	卷15
	普明法嗣	2	1	卷15
	天竺法嗣	5	0	卷15
	法雲法嗣	1	0	卷15

篇　名	天　台　宗　人　物	目　有	實　存	所屬卷數
	佛智法嗣	1	0	卷15
	佛照法嗣	2	0	卷15
	梵慈法嗣	2	2	卷15
	憲章法嗣	1	0	卷15
	清辯法嗣	2	1	卷15
	息菴法嗣	2	1	卷16
	智涌法嗣	9	5	卷16
	眞教法嗣	1	1	卷16
	超果法嗣	1	1	卷16
	通照法嗣	1	0	卷16
	竹菴法嗣	3	1	卷16
	牧菴法嗣	7	1	卷16
	祥符法嗣	1	1	卷16
	清修法嗣	2	2	卷16
	澄覺法嗣	1	1	卷16
	假名法嗣	1	0	卷16
	法照法嗣	4	1	卷16
	圓照法嗣	1	1	卷16
	東靈法嗣	1	1	卷16
	淨社法嗣	7	0	卷17
	圓辯法嗣	2	5	卷17
	覺雲法嗣	2	1	卷17
	證悟法嗣	1	1	卷17
	北峯法嗣	16	3	卷17
	能仁法嗣	1	0	卷17

篇名	天台宗人物	目有	實存	所屬卷數
	車溪榮法嗣	1	0	卷17
	慈雲法嗣	2	1	卷17
	覺安法嗣	3	0	卷17
	能仁法嗣	2	1	卷17
	楊尖法嗣	2	1	卷17
	休菴法嗣	1	1	卷18
	明月法嗣	1	1	卷18
	月堂法嗣	6	4	卷18
	一菴法嗣	3	0	卷18
	止菴法嗣	3	0	
	慧光法嗣	8	0	卷18
	佛光法嗣	23	0	卷18
	桐州法嗣	2	0	卷18
	剡元法嗣	1	0	卷18
	蒙泉法嗣	3	0	卷18
	梅峯法嗣	2	0	卷18
	鑑堂法嗣	6	0	卷18
	總菴法嗣	1	0	卷18
	果菴法嗣	1	0	卷18
	南巖法嗣	1	0	卷18
	谿菴法嗣	1	0	卷19
	閑林法嗣	1	0	卷19
	逸堂法嗣	8	0	卷19
	相庭法嗣	14	1	卷19
	悅菴法嗣	7	0	卷19

篇　名	天　台　宗　人　物	目　有	實　存	所屬卷數
	石澗法嗣	1	0	卷19
	嘯巖法嗣	7	0	卷20
	法明法嗣	2	0	卷20
	同菴法嗣	13	0	卷20
	石坡法嗣	1	0	卷20
諸師雜傳	仁嶽等	16	11	卷21
未詳承嗣傳	傅大士等	43	20	卷22
合　計		635	294	

據上兩表統計，知道正統的正、附傳數合計爲一五四（因道因傳目存數缺故），而統紀目存傳數爲六三五；實有傳數爲二九四，實有傳記較之前者多一四〇。若統紀諸列傳全部保存，則多於正統四八一。

(69)：**傳中授受可稽的人物**　如行滿，是荊溪祖師的弟子，見統紀卷十荊溪旁出世家，思淨是擇瑛弟子，吳克己是北峯宗印法嗣，均見同書卷十五、十七諸師列傳，子昉是仁岳弟子，見同書卷二一諸師雜傳，是這些人到志磐著書時已弄清楚他們的傳授系統。至於本傳中的飛錫、楚金、元頴和智琰，則統紀仍置之未詳承嗣傳。

(70)：**「護法」的各種面貌**　宗鑑之所謂「護法」，有指對抗禪宗的，如本書卷七子昉傳畧云：

嵩明教作定祖圖、正宗記，以付法藏傳熒惑天下，斥爲可焚，專據達磨多羅禪經，附智炬寶林傳。師（子昉）援經質論，作「祖說」以救付法藏（傳）。嵩度禪經有窒礙，輒云傳寫有誤，依傍僧祐出三藏記集記律宗名字而作「解誣」，師亦出「止訛」以折之。

有指弘揚天台宗的，如同書同卷元頴傳畧云：

元頴，大觀中傳台道，政和癸巳（三年，公元一一一三）建智者院，秉筆於慈雲閣，始「正像統紀」，終「教藏目錄」，計百卷。

又同書同卷楊傑傳畧云：

楊傑，深妙三觀旨趣，高麗義天表乞參觀中國禪講，朝以公接伴，至台之白蓮，執弟子禮，禮智者，誓傳教觀於東國（高麗）。

有指修止觀、誦法華者，如同書同卷恒景傳畧云：

恒景以貞觀二十二年（六四八）追智者遺蹤，修止觀。

同書同卷飛錫傳畧云：

飛錫，後與楚金研究敎觀。

同書同卷楚金傳畧云：

楚金，血書法華（經）、菩薩戒、寫法華（經）千部。

同書同卷智琰傳畧云：

智琰，誦法華三千部，講逾十年，講法華，淨名皆三十徧。

也竟有指僅修淨土法門的，如同書同卷鍾離松傳畧云：

鍾離松，因兄木訥首座，知自性彌陀，唯心安養。遂結念佛，月再一集。

同書同卷江公望傳畧云：

江公望，述念佛方便文，率諸寓公及解行僧，建發菩提心會。

至於吳克己首倡借修史以隆天台正統（見註一），更應在本卷之列了。

⑺：如傳中所述曇鸞乃淨土學的大師，其學與天台宗同調，又贊寧是律學大德而曾受具天台，都算得上跟天台宗有關。

⑿：見拙作論「載記」在紀傳體史書中的作用一文，刊中國學人第四期。

⒀：**史書所載五胡與漢族同出一源**　晉書卷一〇一載記序畧云：

古者帝王，乃生奇類，淳維伯禹之苗裔，豈異族哉！反首衣皮，飱羯飲湩而震驚中域，其來自遠，天未悔禍，種落彌繁。

該序將五胡都說成屬於古代中國帝王所生的「奇類」，並非「異族」，其實此說唐修晉書以前經已有之，現在謹依五胡次序而述之：

（一）匈奴　史記卷一一〇匈奴列傳畧云：

匈奴，其先夏后氏之苗裔也，曰淳維，唐虞以上有山戎、獫狁、葷粥。

索隱：張晏曰：淳維以殷時奔北邊，又樂彥括地譜云：夏桀無道，湯放之鳴條三年而死，其子獯粥妻桀之衆妾，避居北野，隨畜移徙，其言夏后氏之苗裔，或當然也。

晉書卷一〇一劉元海載記（前趙）畧云（參魏書卷九五匈奴劉聰傳）：

劉元海，新興匈奴人，冒頓之後也。

同書卷一二九沮渠蒙遜載記（北涼）畧云（參魏書卷九九、宋書卷九八沮渠蒙遜傳）：

沮渠蒙遜，臨松盧水胡人也，其先世爲匈奴左沮渠，遂以官爲氏。

同書卷一三〇赫連勃勃載記（夏）畧云（參魏書卷九五鐵弗劉虎傳）畧云：

赫連勃勃，匈奴右賢王去卑之後，劉元海之族也。

按：唐長孺先生魏晉雜胡考一文（見魏晉南北朝史論叢一書，三聯書店一九五七年版）認爲前趙劉氏乃屠各族，北涼沮渠氏乃盧水胡，均非純正的匈奴人。

（二）羯　晉書卷一〇四石勒載記（後趙）畧云（參魏書卷九五石勒傳）：

石勒，上黨武鄉羯人也，其先匈奴別部羌渠之冑。

按：前引唐氏魏晉雜胡考認爲後趙石氏似出於中亞細亞的西域胡，非匈奴種。

（三）氐　晉書卷一一二苻洪載記（前秦）畧云（參魏書卷九五苻健傳）：

苻洪，畧陽臨渭氐人也，其先蓋有扈氏之苗裔也，世爲西戎酋長。

同書卷一二二呂光載記（後涼）畧云（參魏書卷九五呂光傳）：

呂光，畧陽氐人也。

史記卷二夏本統畧云：

啓遂天子之位，是爲夏后帝啓，有扈氏不服，啓伐之，大戰於甘。

索隱：地理志曰，扶風鄠縣是扈國

則有扈氏本亦中國境內一部族。

晉書卷一二〇李特載記（後蜀）畧云（參魏書卷九六賨李雄傳）：

李特，巴宕渠人，其先廩君之苗裔也。魏武帝尅漢中，特祖將五百餘家歸之，魏武拜爲將軍，遷於畧陽北土，復號之爲巴氐。

按：李特一族因祖先遷居畧陽，染受了氐族的風習，故稱「巴氐」，而非「巴」與「氐」是同族，這點繆鉞先生於「巴蜀文化初論」商榷一文（收在讀史存稿一書中，三聯書店一九六三年版）已予指出，又陳寅恪先生魏書司馬叡傳江東民族條釋證及推論一文（刊史語所集刊十一本，一九四二年出版）亦將李特歸入巴族。據晉書載這一族出於「廩君」，則李氏乃十六國君主中唯一與漢族古帝王沾不上關係者。廩君乃巴蜀古蠻王名，陳氏文中有引述，而繆氏更認爲乃蠻族名。

近讀某君兩漢迄五代入居中國之蕃人氏族研究一書，其頁二九四仍稱李特一族是「氐」人。按此書出版於民五十六年（一九六七），不特在陳寅恪先生一文發表的二十六年後，而且也在繆鉞先生的書已刊布的四年之後，竟然仍不知別人的發現！陳文刊布甚早，容或一時忽畧，而繆書對某君的研究而言則近期出版啊！

倘使某君所論包括中國西南少數民族，則論及李特一族猶可說，而讀其書目錄，臚列者盡皆北邊民族（印度、伊朗亦在內），且其緒言稱：「入居之蕃人，本居幕北之野」，也說明以原居漠北者爲限，則李特一支，例應剔除。其實就算未接觸過陳、繆二氏的著作，只要翻翻華陽國志卷九李特雄期壽勢志和魏書卷九六賨李雄傳，也應知道李特是「賨人」，不應屬於蕃胡之類。再退一步說，就算未見常璩、魏修之書，而僅讀過晉書，也應從苻洪載記與李特載記所載苻、李二人祖上來源不同，而對李特是否「氐人」發生懷疑啊！

若以賨人李氏同化於氐族（故一般籠統地將李特算作五胡之一）而應論及的話，則鮮卑化的漢人北齊高氏帝族（參 賓四師國史大綱商務民四二年台二版頁二〇九，周一良先生撰、收在魏晉南北朝史論集一書中華書局一九六三年版的「北朝的民族問題與民族政策」一文頁一二五），也應列入蕃人氐族中了！

（四）羌　晉書卷一一六姚弋仲載記（後秦）畧云（參魏書卷九五姚萇傳）。

姚弋仲，南安赤亭羌人也。其先有虞氏之苗裔，禹封舜少子于西戎，世爲羌酋。

（五）鮮卑　魏書卷一序紀畧云：

昔黃帝有子二十五人，或內列諸華，或外分荒服，昌意少子受封北國，有大鮮卑山，因以爲號。

晉書卷一〇八慕容廆載記（前燕）畧云（參魏書卷九五慕容廆傳）：

慕容廆，昌黎棘城鮮卑人也。其先有熊氏（即黃帝）之苗裔，世居北夷。

同書卷一〇九慕容皝載記畧云：

慕容皝，廆第三子也。

同書卷一二三慕容垂載記（後燕）畧云：

慕容垂，皝第五子也。

同書卷一二七慕容德載記（南燕）畧云：

慕容德，皝少子也。

同書卷一二五乞伏國仁載記（西秦）畧云（參魏書卷九九乞伏國仁傳）：

乞伏國仁，隴西鮮卑人也。

同書卷一二六禿髮烏孤載記（南涼）畧云（參魏書卷九九禿髮烏孤傳）：

禿髮烏孤，河西鮮卑人也。

據上面所引，五胡竟然分別與中國古代帝王攀上了關係，如匈奴出於夏禹之後，羌出於虞舜之後，鮮卑出於黃帝之後，氐比較差一點，只攀上了夏啓同時的有扈氏。

上述「同源說」來源的推測 究竟五胡是否眞個中國上古帝王的苗裔？除了匈奴出自夏后氏最先見諸史記，今無法知太史公所據爲何而外，其他諸說都是有問題的。

今先言鮮卑族，最先替鮮卑立傳的，是三國志卷三十，其次是後漢書卷一二〇，而不特兩書「鮮卑傳」未言這民族出於黃帝，甚而三國志裴注引魏書，也未言鮮卑出於有熊氏，直到魏收魏書，纔首見此說，可見這是鮮卑漢化以後揑造出來的，宋書卷九五索虜傳畧云：

索頭虜，姓託跋氏，其先漢將李陵之後也。

宋書稱拓跋氏乃李陵之後，李陵既然是漢降於匈奴的將領，當然屬於黃帝子孫。大抵宋書所記，乃北魏初期揑造自身有漢族血緣的一種宣傳，而前引魏書所載，則屬於此說進一步演變的結果，而下開晋書稱鮮卑人乃有熊氏苗裔的說法。仕邦所以認爲此說出於揑造者，還有一個旁證，就是晉書不言匈奴劉氏出於夏禹，僅稱出於冒頓，這因爲史記已有匈奴出夏后氏的成說，故不必再強調，而同書言及慕容氏之處首先說鮮卑人乃有熊氏之後，却因爲魏書之說有問題，不敢視爲成說，故自行強調一下。其次講到羌族，最先替羌族立傳的，是後漢書卷一一七西羌傳，其次是魏書卷九五姚萇傳，兩者都沒有說羌族出於有虞氏，只是後漢書西羌傳畧云：

西羌之本，出自三苗羌姓之別也，及舜流四凶，徙之三危，河關之西南羌地是也。

大抵由於這「舜流四凶」之說，終演變而爲晉書稱該族出於虞舜之後吧！

再者，說到氐族，最先給氐族立傳的，是魏書卷九五苻健傳、呂光傳和卷一〇一氐傳，而三者都沒有提及這一民族出自有扈氏，直到晉書纔有此說。

那麼晉書所亟稱「古者帝王，乃生奇類」是否修書的史臣們揑造的呢？管見以爲應該是五胡統治黃河流域時作此自我吹噓，以爭取被統治的漢人歸心。晉書卷一三〇赫連勃勃載記畧云：

（勃勃）下書曰：朕之皇祖，自北遷於幽朔，姓改姒氏，音殊中國，故從母氏爲劉，子而從母之姓非禮也，朕將以義易之，帝王者繫天爲子，是爲徽赫，實與天連，今改姓曰赫連氏。

這「改姓詔」中有一語可注意，即勃勃祖先入居中國後改姓「姒」氏，而史記卷二夏本紀稱「太史公曰：禹爲姒姓」，分明這支入居的匈奴人套用了史記稱匈奴乃夏后氏之苗裔的成說。加上前所考知鮮卑出於黃帝；羌族出於虞舜的來源，可推見五胡極可能曾經作過一番這樣的自我吹噓。而這些說法，非常符合唐太宗重修晉書的政治要求，尤其鮮卑乃黃帝子孫一說，對疑有鮮卑血統的李世民（見唐代政治史述論稿一書和李唐氏族之推測、李唐氏族之推測後記、三論李唐氏族問題等三篇論文，均收在陳寅恪先生論集一書中，中央研究院歷史語言研究所民六十年出版）而言，是最合心意的，因此諸說均被收容於晉書之中：五胡都成了漢族聖王的後裔，也啓迪了宗鑑著書排斥天台以外佛教宗派的靈感！

唐太宗的兩面手法　陳寅恪先生在李唐氏族之推測一文已指出唐太宗重修晉書是爲了竄入他的家族出於西涼李氏的一段文字，仕邦於論「載記」在紀傳體史書中的作用一文更踵接寅恪先生的探討，推知晉書之立「載記」是爲了分別十六國的君主中哪些人非西涼李氏——也就是唐太宗自己——的族類，現在找出唐太宗著書同時也暗示五胡皆中國聖王之後，豈非與前說矛盾？其實，這沒有所謂「矛盾」的問題，因爲太宗雖然極力强調自己乃隴西漢人望族李氏之後，但他的身世在當時不會不爲人所知，如僧人法琳便曾冒着「生亦言，死亦言」的決心，當面指出他「棄北代而認隴西」，把太宗登時氣得「大怒豎目」（見釋彥悰撰唐護法沙門法琳別傳卷下），加上他的太子承乾極其胡化的生活（見新唐書卷八十常山愍王承乾傳），更使時人知道帝族的來歷。故太宗一方面要在晉書李士業傳中竄入自己祖先出於西涼李氏的文字，另一方面却又在各載記中强調五胡乃中國聖王苗裔，企圖藉此冲淡胡漢的界綫。這樣，他便守住了對自己有利的兩條精神防綫。陳援菴先生嘗謂唐太宗的「帝者操縱天下之術，無施不可也」（見大唐西域記撰人辯機一文的餘論，刊史語所集刊二本一分），觀此信焉！

(74)：**正統與舊唐書對慧能歷史地位的不同看法**　正統在禪宗載記中先傳達摩，繼傳慧可，接着給慧能立傳，大抵宗鑑認爲禪宗至能公以後始顯達，所以初祖、二祖之後即接上六祖，這種看法跟近人研究所得很相同。然而舊唐書卷一九一方伎傳，却將慧能事迹附於神秀傳中，換言之，禪家六祖在舊唐書作者們的眼中，其歷史地位不似後人心目中那麼高。究其原因，第一，能、秀二公分別弘法於南北，故有「南能北秀」之稱，舊唐書神秀傳稱秀公作書邀慧能入京，而能「竟不度嶺而死」，則能公畢生影響力僅及南方。至於他所傳的禪家五宗漸次崛起；終而取得本宗的正統地位，是中唐以迄五代之際漸進的發展。第二，神秀的影響力於唐世既在北方，他的弘法活動又在京師，而舊唐書成於五代時的後晉，修纂人劉昫都是生活於北方文化區域的人，在他們眼中，神秀的歷史地位自然超過慧能，也反映出禪家南宗在後晉時仍未取得壓倒性的優勢，而爲北方人所信服。至於正統則撰於南宋的季世，其時禪家南宗已大盛，且令天台宗深感威脅（見本文結語），宗鑑的看法自又不同了。

(75)：參註三引拙文頁一五八。

(76)：參前註引拙文頁一五九。

(77)：同前註。

(78)：見本書卷八賢首相涉載記的小序，參陳援菴先生中國佛教史籍概論中華書局本頁一二八。

(79)：四分律派如何於唐中宗以後成爲中國唯一的「律宗」，參拙作傳說與史實關係一例證——盧山歸宗寺中諸傳說所透露之中國律宗消長史一文，刊南洋大學學報第六期。

(80)：**天台宗看重四分律**　本書律宗相關載記的元照載記畧云：

元照與擇瑛從寶閣神悟謙，謙曰：近世律學中微，亡失者衆，汝（指元照）當爲時宗匠。蓋明法華以弘四分（律），吾道不在茲乎？

按，神悟處謙是天台宗高僧，正統卷六中興二世傳、統紀卷十三諸師列傳有傳，謙公言論如此，知台宗是遵守四分律的。此一作風，延至現代依然，如天台宗四十四祖倓虛大師，嘗於民二五、二六年間接連敦請慈舟、弘一兩位律師到他老人家主持的青島湛山寺弘揚四分律（見倓老所著影塵囘憶錄第二十一章，香港華南佛學院出版）。

(81)：**龍樹菩薩的術變醫方技能**　據鳩摩羅什譯的龍樹菩薩傳（在大正藏卷五十、史傳部二），稱龍樹未爲僧前「圖緯秘讖及諸道術無不悉綜」，並述他曾與同學三人施隱身術入王宮行淫；又出家後化爲六牙白象，以鼻絞拔婆羅門事，可見這位菩薩行事頗有密教氣味。隋書卷三四經籍志子部醫方類有：「龍樹菩薩藥方四卷。龍樹菩薩和香法二卷。龍樹菩薩養性方一卷。」

又大方廣佛華嚴經隨疏演義抄卷十三載玄奘遊印度時，有龍樹派宗師令奘公服藥求長生之說，皆證龍樹亦有醫方之術。雖然陳寅恪先生於南嶽大師立誓願文跋一文（今收在陳寅恪先生論集）中指出「印度佛教末流襲取婆羅門教長生養性之說，託之龍樹菩薩」，但此類依託龍樹的學說在天台宗僧侶心目中，是深信不疑的，故三祖南嶽慧思已深受影響。

㊷：參前註。

㊸：皆見本書密宗思復載記的小序。

㊹：**淨土宗與密宗的流傳**　馮承鈞先生歷代求法翻經錄一書的叙言（見商務民五一年台一版頁一至二）畧云：

佛教與中國關係綦密，尤以淨土 Amidisme ，眞言 Tantrisme 二宗爲甚，南北朝以來，社會中不少信仰多由此二宗輸入。淨土以祈禱念誦爲主，眞言以神咒手印爲歸，自此二宗輸入中國後，除菩提達摩 Bodhidharma 之禪 Dhyana 宗尙能保其勢力外，其餘皆成爲歷史的宗派，與社會幾斷絕關係。

馮先生所言未免過甚其辭（如天台宗的存在即非歷史陳迹），而淨土、眞言（即密教）二宗之被普遍接受的原因，蓋淨土倡念佛往生極樂世界，爲信徒提供天堂所在；密宗以神咒手印治病消災破地獄，爲信徒減除對邪惡災難與幽途的恐懼之故。

㊺：**「載記」屬惡名的例證**　「載記」是個惡名，仕邦於論「載記」在紀傳體史書中的作用一文（刊中國學人第四期）中已有所交代，現在再作些補充：

（一）南宋鄭樵撰通志，這是一部紀傳體的通史，其卷一八六至一九三爲「載記」，將五胡十六國的歷史一律都放在這部份去叙述。鄭漁仲所以稍改晋書舊規，以管見窺之，第一，晋書載記序已說明前涼、西涼與其他十四國同樣是割據勢力，而這兩者立爲「列傳」；完全是唐太宗別有用心(參上列拙文所考)。漁仲著書已在宋世，自不必做唐太宗的獨尊張、李，故劃一地稱這些割據政權的歷史爲「載記」。第二，南宋時代一直受强敵金國的威脅，金人曾扶植劉豫在河南建立僞齊政權，僞齊爲金人助戰，不特成爲宋高宗政權的軍事威脅，同時劉豫招誘人才，也威脅了宋廷的政治團結（參劉子健先生背海立國與半壁山河的長期穩定一文，刊中國學人第四期），鄭漁仲正是宋高宗時的人，他沿用「載記」之名以述十六國歷史，多少是借古諷今地譏貶金國與僞齊，因爲「載記」既指「非我族類」（如拙文所考），又原指晉代黃河流域的割據政權，而金人既是女眞族，勢力剛好也在河北。另一方面，鄭氏不僅將前涼張軌、西涼李暠和原不在十六國之列的魏冉閔等漢人割據者都稱爲「載記」（見其書卷一八六、一八七、一九三），甚而後於東晉時代的後梁蕭詧——西魏所扶植的傀儡政權——也放在「載記」部份（在其書一九三）中去敘述，這不是帶有貶斥僞齊劉氏這在河南的漢奸政權底用意嗎？

鄭樵書在撰寫論載記一文時被忽畧而未有言及，今謹借此提出補論。

（二）明楊愼撰滇載記一卷，述南詔、大理二國的歷史。這是脫離紀傳體而獨立的「載記」，楊愼使用此名，大抵因南詔、大理均非漢族所建的國度（見舊唐書卷一九七南詔蠻傳、新唐書卷二二二南蠻傳及宋史卷四八八大理傳，參人民出版社所刊范文瀾先生撰中國通史簡編修訂本第三編第二册頁五二六——五四四），楊氏以漢人立場修史，故不免帶有「非我族類」的偏見，而以「載記」命篇。

（三）淸周濟將晉代歷史寫成晉畧十册六十六卷，書中對「十六國」歷史的處理方式爲：除了前涼張氏因始終未嘗建元和一直使用「晉涼州刺史」名義；故爲立「八張列傳」外，其他十五國不論胡漢政權，一律爲立「國傳」。周氏此舉，一方面可能像鄭樵一樣，不滿晉書立「載記」以貶諸國而獨尊李暠，故把西涼李氏也放在「國傳」之中。另一方面，由於淸代對胡漢問題特別敏感（因此有許多「文字獄」），周濟著書爲十五國別起傳名，更可能緣於「載記」二字連上種族問題，會觸犯滿淸統治者的大忌，故不敢沿用，換言之，這因「載記」是惡名之故。

也許有人會提出四庫全書的史部有「載記類」，認爲淸人不忌此名，但四庫提要卷六六畧云：

五馬南浮，中原雲擾，偏方割據，其事蹟亦不容泯滅。案後漢書班固傳稱撰平林、新市、公孫述事爲載記，又晉書附敘十六國，亦云載記，是實立手中朝以敘列國之名。

提要以「五馬南浮」代替「五胡南下」，又稱載記是「稱乎中朝以敘列國之名」，極力避免提到胡漢問題，證明「載記」是敏感字眼，四庫館臣所以使用，大抵爲了方便分類。但雖官家能用；而周氏以私人修史，便對此不能不有所考慮，正如俗諺所謂「州官放火」與「百姓點燈」的問題，此時此地，何嘗便毫無顧忌？

（四）梁啓超先生國史研究六篇一書（中華書局民卅六年版的後四篇，其標題爲：

（三）太古及三代載記

（四）紀夏殷王業

（五）春秋載記

（六）戰國載記

除了有關夏、殷二代的一篇外，其他的都稱「載記」。要了解梁任公先生何以有此特別的命名，應先注意任公先生所處的時代背景！

我們都知道辛亥革命推翻了滿清政權之後，中國隨即陷入軍閥割據的混亂局面中，民初時代雖然有過幾任「總統」，但都有名無實，甚而有些本身便是軍閥之一，這對梁任公先生而言，是非常痛心的，據友人張朋園先生梁啓超與淸季革命一書（中央研究院近代史研究所專刊第十一種）的結論指出梁氏反對武力革命的理由爲：帝國主義者將趁革命軍起事而瓜分中國（頁三二七），他的希望中國完整統一，顯而易見！故他在其書第四篇紀夏殷王業中申言：

華夏民族之統一，開之者黃帝，而成之者大禹也。堯舜時代，猶未脫部落之舊，君位承繼之制未確定，自禹崩啓嗣，君主制成，國基奠矣。

任公先生認爲大禹以前的太古三代，中國未算眞正統一，言下之意，蓋暗示當時革命以後的中國未算眞正統一；以「堯舜時代，猶未脫部落之舊」來譏諷軍閥們的割據横行。他又在同書第五篇春秋載記中申言：

世運尊大同，治法貴統一。春秋分立百數十國，其强盛者尚十數，日尋干戈，二百餘年，宜若與大一統之義絕相反也。殊不知非經此階段，則後此一統之象決無自而成。

他說統一之局先須經分立相砍的階段，正透露出他自己渴望軍閥混戰之局終有結束之日而中國步入統一的心聲！太古三代的中國未算正式統一；春秋戰國時代列國相砍更非統一，任公先生都加上「載記」二字，而夏殷達成統一，題目便截然不同，而且用上「本紀」的「紀」字，則「載記」在任公先生心目中屬於惡名而非嘉名，觀此自明。雖然任公先生已脫離紀傳體史書中那種「非我族類」的觀念，但仍未脫後漢書班固傳稱班氏以「載記」稱呼平林、新市、公孫述等武裝割據勢力的原始觀念！

⑧⑥：參註三引拙文頁一三三所考。

⑧⑦：參前註引拙文的註四二（在該文頁一五四——一五七）。

⑧⑧：參前註引拙文的同註（在該文頁一五七——一五八）。

⑧⑨：**宗鑑受儒家思想的影響**　正統卷八補遺中的法素傳畧云：

唐取王世充、（法）素在洛圍，有鎔金像，餘米作糜賑餓事，險譎不書。

按，在被圍的城中設法賑餓，有何不妥？何以視爲「險譎」，而不加詳述？原來佛教重視佛像，故又有「像教」之稱，今法素鎔金製的佛像易米賑飢，雖是權宜之計，但在宗教立場言，卻犯了不敬！按，論語卷四述而篇有云：

子不語，怪、力、亂、神。

而法素所爲，正犯了對宗教不敬的「亂」，故宗鑑不肯詳述其事，這證明了鑑公的儒家思想很深。

(90)：**宗鑑修史的客觀態度**　正統卷八後序畧云：

紹定癸巳（即六年，公元一二三三），刊釋門正統畢，或示以玉泉開山智者禪師實錄，蓋張南軒所撰者，所載與（國清）百錄等頗異，輒錄爲後序，備檢討者。

按，國清百錄是智者大師最基本的史料（參註三引拙文的註十二）現在宗鑑看到與百錄相異的記載，將其大要綴錄於後序中以「備檢討」，可見態度客觀。

(91)：見統紀通例中的叙古製。

(92)：例如吳晗先生判別錢謙益的歷史地位不若其徒瞿式耜，便是據瞿氏能佔明史「大傳的最後一位」（見社會賢達錢牧齋一文，收在讀史劄記，中華書局一九五七年版）。

(93)：參註三引拙文頁一二八、又頁一四九至一五一。

(94)：見劉子健先生背海立國與半壁山河的長期穩定一文，刊中國學人第四期。

(95)：**濟公故事的流傳**　關於南宋顚僧道濟故事的起源與流傳；與乎第一部有關濟公小說「錢塘湖隱濟顚道濟禪師語錄」（按，今收在卍字續藏經第二篇第二十六套）跟清代所撰三種濟公傳的關係等，請參日本澤田瑞穗氏撰濟顚醉菩提について一文（刊天理大學學報第三十一輯，昭和三十五年）。

至於濟公有無其人？蔣瑞藻先生小說考證的續編卷五認爲濟公無其人，孔另境先生中國小說史料一書提及濟公的部份全據蔣氏書，魯迅先生中國小說史畧不談濟公，李輝英先生在中國小說史竟認爲「其實我們倒也不在乎南宋有否濟公其人」（香港東亞書局一九七〇年版頁二四八）。實則，澤田氏文中已承認濟公實有其人。不特此也，清釋性統編集的續燈正統卷六將濟顚書記列入大鑑（慧能）下第十七世的杭州靈隱（寺）瞎堂慧遠禪師法嗣，且陳援菴先生釋氏疑年錄一書（中華書局一九六四年版）頁二八二亦有考道濟的卒年（上兩事澤田氏文中未有提及）。

本註所論，曾與友人周仁華博士研討，謹附此致謝其所提若干意見。

⑯：**禪宗因爭「正統」而修撰的史書**　陳援菴先生清初僧諍記一書（中華書局一九六二年版）頁一一稱「至明兩宗（禪宗的臨濟、曹洞二宗）並微，晚而復振，撰燈錄者紛起」，這衆多燈錄，都多數是爲了爭「正統」而修撰的，如收在卍字續藏經乙篇第十二套明釋通容撰五燈嚴統廿五卷，同書第十七套清釋性統編集續燈正統四十二卷，同書第十八套清釋際源、釋了貞撰正源畧集十六卷，同書第十九套明釋如巹撰禪宗正脈十卷，同書同套清釋果性撰佛祖正傳古今捷錄一卷，同書第二十套清紀蔭編纂宗統編年三十二卷等，都屬此類。但這些史書所爭之「正統」，均禪宗內部爭嫡庶問題，例如五燈嚴統之作，是緣於禪家臨濟宗要打擊曹洞宗（見清初僧諍記卷一濟洞之爭），並非禪宗跟佛家外宗爭正統。台宗標榜正統而禪家未嘗理會，反映了禪宗勢力已達壓倒性之龐大，故無需理會，而禪宗內部派系批門之烈，如陳援菴先生僧諍記所考不特有上述的濟、洞之諍，且曹洞宗內部也有所謂「五代叠出」的大諍（見卷一第三節五燈全書諍），這是勢力澎漲之後必有的後果，方之其他社團黨派，莫不如是。

⑰：收在日本佛敎全書一〇一册，前撰統紀一文時在香港未能讀到，南來後纔在新嘉坡大學圖書館中找到它。

⑱：參註三引拙文頁一三四、又頁一七七至一七八。

⑲：**元亨釋書的組織**　元亨釋書共三十卷，其組織如下：第一部份爲傳記（卷一至十九），分爲傳智、慧解、淨禪、感進、忍行、明戒、檀興、方應、力遊、雜願（內再分：古德、王臣、士庶、尼女、神仙、靈恠六類）十科。第二部份爲年表（卷二

十至二六），稱爲「資治表」，大抵因資治通鑑乃編年史的代表性鉅著，其書傳入日本後，日人使以「資治」二字代表「編年」。第三部份爲諸志（卷二七至三十），分爲學修、受度、諸宗、會儀、職封、寺像、音藝（內再分：經師、聲明、唱導、念佛四類）、拾異、黜爭九志。

附錄：釋門正統目次

弟子志　卷三
塔廟志　卷三
護法志　卷三
利生志　卷四
順俗志　卷四
興衰志　卷四
斥僞志　卷四

列傳：

荷負扶持傳　卷五
本支輝映傳　卷五
扣擊宗途傳　卷五
中興一世傳　卷六
中興二世傳　卷六
中興三世傳　卷六
中興四世十五傳　卷七
中興五世五傳　卷七
中興六世二傳　卷七

載記：

唐代河湟青海地區交通軍鎮圖考

嚴耕望

目次

引言

河湟地區爲中國中古時代西通羌渾、西域，西南通吐蕃、天竺之交通樞紐，諸凡使臣之往還，軍事之進退，與夫僧徒商侶之進出，多取途於此。其地自西漢後期已有經營，置金城、西海郡。北朝周武帝極力拓展西疆，隋世承之，逐滅吐谷渾，自洮水以西且末以東，河、湟、青海地區盡入版圖。唐世，吐蕃强盛，取據青海西南吐谷渾故地，河、湟、洮水、青海間遂爲唐蕃兵爭之疆埸。唐置隴右節度使鎮鄯州（今樂都縣）；統軍多至二十有餘，兵額十有餘萬，屯田積穀，爲常備之計。復左翼劍南，右翼河西、安西諸節度爲犄角，自西北迄劍南，戰線綿延逾萬里，爲大孤形以制之，而隴右、河、湟實爲主戰場，兵爭之中心。蓋此地區不但爲大孤形陣線之中段，且有黃河及其支源槽谷穿貫其間，地勢平坦①，行軍爲易，不若河西、安西有崑崙祁連之阻，劍南西疆有橫斷山脈之限也。况地近長安，僅千數百里，蕃人恃强淩逼，固宜取途於此矣。故置軍綿密，戰爭頻仍，史不絕書。及安、史之亂，邊防軍悉數內撤，自隴以西，東西數千里之地陷屬蕃境，北宋雖曾一度經營，然時暫，終棄，故唐、宋史家記述疏落，河曲、湟源、青海地區之名都重鎮更多渺焉莫曉，致今日讀史，於當時形勢，戰畧運用，乃至使臣僧侶之行經，商業貿易之市埸，皆矇然莫解。此篇以交通路線爲經，軍鎮建置爲緯，廣羅唐世史料詩文雜著，凡涉此一命題者悉力徵考，辨其經途，明其地望，總期當時軍事進退，使臣往還，商貿出入，宗教傳播，皆得按圖指證，俾讀史者不再如入晨霧，不辨蹊徑；至於解詩、正史，補唐宋志書之奪文，糾明清志書之誤失，猶餘事也。然研考之功，精無涯涘，如有同好，盼惠商榷。

一九七二年三月十四日

（一）主要交通路線概況

唐代長安西北至涼州有南北兩驛道。南道踰隴坂，西經秦、渭至臨州（今臨洮縣），又折北經蘭州至涼州，通西域，已詳另考。自此驛道上之臨州臨洮軍向西行，出河州鳳林關，又西北至鄯州，又北微東經涼州及甘州。此爲通涼甘至西域之另一道，唐初道宣稱爲通西域之中道，中唐詩文，亦頗及之；然鄯州至涼州道，究非主線。

道宣釋迦方志卷上，「往印度者，……大唐往年使者有三道。……其東道者，從河州西北度大河上漫天嶺，減四百里至鄯州。」下述西南經吐蕃至北天竺。又云：「其中道者從鄯州東川行百餘里，又北出六百餘里至涼州。」下文述西經甘肅等州及咀末、瞿薩呾那國（即于闐）至天竺諸國。是中道即由河州經鄯州至涼州、甘州也。復考張籍涼州詞（全唐詩六函六册籍集五）云：

「鳳林關裏水東流，白草黃榆六十秋，邊將皆承主恩澤，無人解道取涼州！」

是鳳林關爲通涼州之一道也。按鳳林關在河州北，今永靖縣西，黃河南岸，詳後文。就大形勢言，殆與道宣之中道畧相當。

復考沈亞之對賢良方正直言極諫策（全唐文七三四）自稱「嘗仕於邊」，習邊事，因提出規復河隴舊壤之軍略云：

「西戎（吐蕃）今當逾河拒北虜……誠能因此時詔寧、隴、邠、涇及南梁皆會兵計事，……邠、寧軍北固崆峒，守蕭關；涇原軍西遮木硤關；鳳翔軍逾隴，出上邽，因臨洮取鳳林南關；南梁軍道鳳，逾黃花，因狄道，會隴西；……各以輕騎入河、蘭，撫喻其遺人，飛聲流勢，延而益西，則故道盡可得也。」

此所策第三路軍之鳳翔即鳳翔府（今縣），上邽即秦州（今天水縣），臨洮即臨州（今臨洮縣），是由臨洮西至河州鳳林關，約即與張籍所詠一道之東段爲一綫矣。武經總要一八下邊防西蕃地界河州條云：「自州北百里過鳳州【林】關，渡黃河，百四十里至鄯州龍支縣，又百六十里至鄯州。此即河州鳳林關西北出鄯州之較具體行程矣。

隋煬帝大業五年西巡事，實爲中古史上最大一次西北行軍，所取路線雖經河州至鄯州，然取道臨津關（今循化縣地區），非鳳林關，又西北出大斗拔谷（今扁都口）直至甘州，不經涼州，故爲西北出之另一道。

隋書煬帝紀述其行程云：

「（大業）五年……三月己巳，車駕西巡河右。……乙亥，幸扶風舊宅。夏四月己亥，大獵於隴西。……乙巳次狄道。……癸亥出臨津關，渡黃河至西平，陳兵講武。五月乙亥，上大獵於拔延山，長圍周亙二千里。庚辰，入長寧谷。壬午，度星嶺。甲申，宴羣臣於金山之上。景戌，梁浩亹，御馬度而橋壞，（通鑑，「數日橋成乃行。」）……。六月，……癸卯，經大斗拔谷，山路隘險，魚貫而出，風霰晦冥，與從官相失，士卒凍死者大半，（通鑑書此事於七月車駕東還時，考異云從畧記。）景平，次張掖。」

按扶風郡即岐州，售置鳳翔府，今鳳翔縣；隴西郡即渭州，今隴西縣西南；狄道縣即唐之臨州臨洮軍，今臨洮縣；臨津關當在河州西北，鳳林關以西，黃河上；西平郡即鄯州，今樂都縣；長寧谷即長寧水河谷，今北川水；浩亹即今大通河；大斗拔谷即今扁都口；張掖郡即甘州，今張掖縣。此諸地名有須考證者，並詳後文。則煬帝大軍所行，乃唐代長安通涼州之南線驛道，至狄道蓋直西經河州，於臨津渡河，臨津關在鳳林關之西蓋百十里，故與前述鳳林關道似非一道。至鄯州西北經大斗拔谷直至甘州，更不經涼州矣。

唐末吐蕃內亂，其落門川（今甘谷縣西）鎮將論恐熱西攻鄯州節度使尙婢婢，又西北擄掠肅瓜等州，則與煬帝西征之路線畧相當矣。

新二一六下吐蕃傳下述唐末論恐熱叛吐蕃，與尙婢婢挐兵事云：

「會昌二年……別將尙恐熱（通鑑作論恐熱），爲落門川討擊使，……約三部得萬騎，擊鄯州節度使尙婢婢。畧地至渭州，與宰相尙與思羅戰薄寒山，思羅敗走松州。……恐熱自號宰相，以兵二十萬擊婢婢……至鎮西軍，大軍雷電……恐熱惡之，按軍不進。婢婢……治書約驢，恐熱大喜，……退營大夏川。婢婢遣將……擊恐熱於河州之南，……恐熱單騎而逃。……明年，恐熱復攻鄯州，婢婢分兵五道拒守，恐熱保東谷山，堅壁不出，……旬日，恐熱走薄寒山，募散卒……得數千人，復戰鶻鷄山，再戰南谷，皆大敗。……大中三年，婢婢屯兵河源，（通鑑二四八大中三年「二月，吐蕃論恐熱軍于河州，尚婢婢軍于河源軍。」）聞恐熱謀渡河，急擊之，爲恐熱所敗，婢婢統銳兵扼橋，亦不勝，焚橋而還，（通鑑作「歸鄯州。」）恐熱間出鷄項嶺關（通鑑二四九作鷄項關），馮硤爲梁，攻婢婢，至白土嶺，敗其將尚鐸羅榻藏（通鑑作「婢婢遣其將尚鐸羅榻藏据臨蕃軍以拒之，不利。」）進戰氂牛硤，婢婢……大將磨離罷子……急擊恐熱，一戰而死。婢婢糧盡，引衆趨甘州西境，……恐熱大略鄯廓瓜肅伊西等州。（通鑑作「婢婢留拓跋懷光守鄯州，帥部落三千餘人就水草於甘州西。恐熱聞婢婢棄鄯州，自將輕騎五千追之，至瓜州。聞懷光守鄯州，遂大掠河西鄯廓等八州，……五千里間，赤地殆盡。」）（退）保渭州……奉表歸唐……求河渭節度使，帝不許。……於是復趨落門川……久雨糧絕，恐熱還奔廓州。」

按通鑑書此事，與新傳互有詳畧，已就涉及行軍地名有詳於新傳者附注括弧中。茲再就各地名以次簡釋如下：

落門川　胡注：「在渭州隴西縣東南，漢來歙破隗純於落門，即此。」按其地在今甘谷縣西四十里，渭水南岸，詳唐代長安西通涼州兩道釋程考。

薄寒山　胡氏未注。紀要五九鞏昌府隴西縣，「薄寒山在府西南。」即今隴西縣西南也。此雖以意言之，無實證。然考呂温代都監使奏吐蕃事宜狀（全唐文六二七）云：「前月十四日至清水縣西，吐蕃舍人郭至崇來迎，……臣以二十一日到薄寒山，西去蕃帥帳幕二十餘里停止。」温奉使在貞元末年。此爲薄寒山當大道之明證。再觀新傳及通鑑此段書事，此地既當近渭州至河州道上，又當近渭州至松州道上，當即在渭州地區。謂州，在今隴西縣。

鎮西軍　開元二十六年置，在州西一百八十里，約今循化縣地，詳下文第二節。

大夏川　詳下文第二節。

東谷　胡注：「九域志，河洲東南一十五里有東谷堡，宋熙寧七年置。」

河源軍　胡注「在鄯州東。」按通典一七二，「河源軍在西平郡西百二十里。」元和志三九鄯州目，同。是在州西，胡氏以意測之，誤。

白土嶺、鷄項關　胡注：「水經注，左南津西六十里有白土城，城西北有白土川水。其地在河州鳳林縣西。（今按此爲故縣。）以此推之，鷄項關亦在河州界。」詳下文第三節。

綜上觀之，論恐熱駐秦渭間渭水南測之落門川，其西攻鄯州節度使尚婢婢之往返路線，乃由落門基地西行，經渭州及薄寒山，又西經狄道、大夏兩縣，與婢婢相持於河州地區，後婢婢糧盡，西北走甘州，恐熱乃尾追，由河州，向西北經河源軍及甘、肅、瓜等州，沿途大掠，此正相當於煬帝所行之路線也。

此皆鄯州西北出之道也。由鄯州向西南行青海黃河間，至赤嶺，又西出于闐，西南至吐蕃。則道宣所謂東道矣。此蓋爲河鄯西出之最主要交通線，故北魏宋雲西行，隋及唐初互市與用兵，多由此道。

道宣釋迦方志上云：

「自漢至唐，往印度者，其道衆多，……且依大唐往年使者，則有三道。……其東道者，從河州西北度大河，上曼天嶺，減四百里至鄯州。又西減百里至鄯城鎮，古州地也。又西南減百里至故承風戍，是隋互市地也。又西減二百里至青海，海中有小山，海周七百餘里，海西南至吐谷渾衙帳，又西南至國界名白蘭羌，北界至積魚城，西北至多彌國，又西南至蘇毘國，又西南至敢國，又南少東至吐蕃國。……。」

宋雲行紀云：

「雲與惠生俱使西域也。神龜六年（西元五一八）十一月冬……初發京師，西行四十日至赤嶺，即國之西疆也，皇魏關防正在於此。……發赤嶺，西行二十三日，渡流沙至吐谷渾國。路中甚寒，多饒風雪，飛沙走礫，舉目皆滿；惟吐谷渾城左右煖於餘處。……從吐谷渾西行三千五百里至鄯善城，……從鄯善西行一千六百四十里至左末城（即且末）……（以下經末城，捍麼城，于闐國，出葱嶺。）」

按此兩事，吐谷渾城以東，所行大體爲一道，由鄯州西南行青海東南岸也。此點及其他各點皆詳後文。而鄯州直西行青海北岸，經魚海軍至吐谷渾都伏俟城，亦通西域與吐蕃。此殆西漢循湟水至龍夷城之故道也；唐世利用，似不如西北、西南兩道之盛。

杜翁秦州雜詠云：「鳳林戈未息，魚海路常難。」即指此道，詳後文第三節B條。

此其主道之大畧也，故河湟地區亦爲通西域之一重要道路，諸凡使臣、僧侶、胡商來往於中國與西域之間者，即往往取道於此。

北朝後期宋雲西行，取道河湟，前文已引。又續高僧傳二闍那崛多傳，「犍陀羅國人也……遊方弘法，……路由迦臂施國……便踰大雪山……至猒怛國……又經過渴羅槃陀及于闐等國，……又達吐谷渾國，便至鄯州。于時西魏後元年也。……以周明帝武成年初届長安」。是取道于闐、吐渾、鄯州至長安，與宋雲所行爲一道。倫敦藏石室卷子S.4654號僧景導贈悟眞詩云：「何〔河〕湟舊邑新道復，天竹〔竺〕名僧漢地來。」② 亦見中古時代，河湟爲僧侶來往西域之重要孔道。至於軍事外交，當取此途自不待言。道宣述唐初使臣出西域三道，且以河鄯爲基點，從可知矣。通鑑一八一，大業五年逐吐谷渾「置西海、河源、鄯善、且末等郡。……命劉權鎭河源郡、積石鎭，大開屯田，扞禦吐谷渾，以通西域之路。」又二一九，至德二載正月，「上聞安西北庭及拔汗那、大食諸國兵至涼、鄯。」云云。皆見河湟爲通西域之一樞紐也。十餘年前西寧出土銀幣七十餘枚，經夏鼐審定爲波斯薩珊王朝時期（西元四五九—四八三）之銀幣，此又胡商來華貿易取道西平鄯州之明證也。③

（二） 臨州河州西通鄯州河源軍道

賈躭皇華四達記云：「自長安至鄯州約一千七百餘里。」即指臨洮河州道而言；今存唐宋志書，云一千九百餘里者，蓋就取蘭州道而言也。

賈躭記云一千七百餘里，見通鑑二〇二永隆元年條考異引。然今存唐宋志書所記里數如下：

通典一七四：鄯州去西京一九九三里，去東京二七四九里。寰宇記一五一，與通典全同。

元和志三九：鄯州東南至上都一九〇〇里，至東都二七六〇里。

舊志：鄯州在京師西一九一三里，至東都二五四〇里。

按長安、洛陽間，唐宋志書，通常云八百五六十里。元和志此條，兩數字極相應。通典、寰宇記所記去兩都里數之差僅七五六里，舊志所記兩數之差僅六二七里，皆太少，是本書即不相應合。大抵一九九三里蓋一九一三里之譌，然舊志至東都之里數，仍不能與至京師之里數相契合。

今再檢唐宋志書，鄯、河間，鄯、蘭間及河、蘭兩州東行之里距如次：

通典：河州北至鄯州三〇〇里，東南去西京一四七五里，共一七七五里。

蘭州西至鄯州四九〇里，東南至西京一四四五里，共一九三四里。

元和志：河州西北至鄯州三〇〇里，東南至上都一四六〇里，（去東都二三二〇里，正契合。）共一七六〇里。

蘭州西北至鄯州四〇〇里，東南去上都一四六〇里，（實一四八〇，詳長安涼州道考）共一八六〇里（實一八八〇里）。

寰宇記：河州東南至長安一四六〇里，西北至鄯州龍支縣一八六里。按龍支縣在鄯州南一三五里，（元和志作一二五里），則河州至鄯州三二一里（或三一一里），即鄯州經河州至長安一七八一里，（或一七七一里）。

蘭州東南至長安一四六〇里，西至鄯州四〇五里，共一八六五里。

舊志：河州在京師西一四一五里，蘭州在京師西一四四五里。

綜合此諸記載，鄯州東南取河州路至長安皆一千七百餘里，鄯州東取蘭州路至長安大抵一千九百里上下，最少一千八百五十里。則賈躭說一千七百餘里者，即指取河州道而言；元和志及舊志作一千九百里或稍多者，殆取蘭州路而言也。至於通典、寰宇記作一千九百九十三里者，與同書同條至洛陽里數即不相應，疑「九十三」殆「一十三」之譌歟？

其行程，由臨州臨洮軍（今臨洮縣，舊狄道縣）渡洮水，西北行七十八里至大夏縣（約今甯定縣），在大夏川（今三岔河）北岸。又西北五十五里至東谷。又十五里至河州治所枹罕縣（今臨夏縣），在離水（今大夏河）北岸。有可藍關。

通典一七四，河州「東南到金城郡狄道縣一百四十八里。」狄道縣即置臨州臨洮軍時之治所也，見元和志三九卷末。

河州治枹罕縣　河水注二，「灕水又東逕枹罕縣故城南。」即此地，則縣在水北，即今臨夏縣治。新志，河州治所枹罕縣，「有可藍關。」不知是否在州城附近。

大夏川、大夏縣　元和志三九河州，大夏縣「西北至州七十里。」「大夏山水經縣南，去縣十步。」寰宇記一五四，亦云縣在州東南七十里。就方向言，當在道上。前引新吐蕃傳及通鑑，論恐熱由渭州擊鄯州節度使尙婢婢，退營大夏川。即爲當道之證。復考呂温代孔侍郎蕃中賀順宗登極表（全唐文六二五）云：「今月十七日自別館回至河州大夏川，即以十二日進發。」又新二一六下吐蕃傳，劉元鼎使還，「虜元帥尙塔藏館客大夏川，集東方節度諸將百餘，置盟策台上，偏曉之，且戒各保境，毋相犯。」此尤當大道之明證矣。水經注二河水注，述大夏水、大夏縣甚詳。董祐誠曰：「今三岔河自河州東南合廝山關大馬家灘火石界內三派合，東北流逕狄道州（今臨洮縣）西北，又東北入洮水，當即大夏川也。」一統志蘭州府卷山川目亦以三岔河當之，是也。大夏縣在河州東南七十里，則在臨州狄道縣西或西此七十八里也，度其地當在今甯定縣。

河州北行經鳳林故縣（盖州北三十五里之鳳林山北），約百里至鳳林關，北臨黃河，東拒灕口，西瞻積石，形勢緊要，爲六典所記開元七下關之一。又北渡黃河鳳林津，盖越曼天嶺，約八十六里至龍支縣（今永靖、民和兩縣間古鄯邑）。積石山在龍支西南，枹罕西北，兩山如削，黃河中流，即所謂小積石；曼天嶺蓋其東北餘脈也。龍支又西北一百三十五里至鄯州治所湟水縣（今樂都縣）。州東六十里湟水峽道，今名老雅峽，在道上，故唐人摩崖題刻甚多。

唐之鄯州，一統志西寧府卷以爲在碾伯縣，即今樂都縣，是也，檢元和志、水經注自明。紀要六四，以爲在西寧衛，即今西寧縣，誤矣。

前引釋迦方志上，唐往印度有三道。「其東道者，從河州西北度大河，上曼天嶺，減四百里至鄯州，又西減百里至鄯城鎮，古州地也。」是由河州渡河越曼天嶺至鄯州爲大道。又檢通典一七四云：

河州西北到西平郡（即鄯州）臨〔龍〕支縣一百八十六里。

鄯州東南到安西〔鄉〕郡（即河州）鳳林縣故城二百八十里。

寰宇記一五四、一五一錄此兩條，字皆不誤。又武經總要前集一八下云：

河州「自州北百里過鳳州〔林〕關，渡黃河百四十里至鄯州龍支縣。」

據此諸條所記，河州經鳳林故縣，鳳林關，龍支縣，至鄯州，亦爲一通道無疑。殆即釋迦方志所記之曼天嶺道也。龍支西南爲積石山，此嶺殆即積石山之東北餘脈耳。度其地當在龍支縣南。下文再論鳳林、龍支等地名：

鳳林縣及鳳林故城　按通典河州目有鳳林縣；而上引鄯州目云東南至鳳林縣故城，明故城非即唐世之鳳林縣。茲分別論其地望如次：

元和志三九河州，「鳳林縣東南至州八十里。」而寰宇記一五四，鳳林縣在州西南八十里。方向不同。元和志考證：「南宜作北。洪亮吉云，故城在河州西南，樂史亦云西南。此誤。」一統志蘭州府卷古蹟目，鳳林故城條（即唐縣），引元和志，逕作東北至州八十里。余始以東南爲正。然元和志云：「離水西去縣二百步。」若作東南至州八十里，似不能解。且志又云：「石門山在縣東北二十八里，山高險絕，對岸若門，即臯蘭山門也。漢武帝元符〔狩〕三年霍去病出隴西至臯蘭，即此也。」按此段述事本自水經注二河水注；注云是山去離水不遠，在枹罕縣之西。然則唐代鳳林縣固當在河州之西離水附近也。約計今地當在臨夏縣西南大夏河北岸之韓家集地區（見申報館圖）。

然元和志河州郭下枹罕縣，「鳳林山在縣北三十五里。」則河州之北固有鳳林之名。又述鳳林沿革云：「後魏大統十二年，刺史楊寬於河南鳳林川置鳳林縣，因以爲名。」檢水經注二，述河水東經唐述山、野亭口，乃續云「河水又東歷鳳林北，鳳林山名也。……秦州記曰，枹罕原北名鳳林川，川中則黃河東流也。河又東與離水合。」則唐代以前，河州枹罕之北已有鳳林山名，唐述山（即今小積石山，麥積山）之東，至離水（今大夏河）入河口之間稱爲鳳林川，亦即鳳林山北之一段黃河也。是後魏所置之鳳林縣本在河州之北，鳳林山北之河南地區，地望與唐縣不同。此即通典所謂鳳林縣故城也。其地在河州之北數十里。通典云鄯州東南至此二百八十里者，殆自北朝以來，即爲通道也。

龍支縣　元和志三九鄯州屬有龍支縣，茲錄其可徵地望者如次：

「北至州一百二十五里。（一統志西寧府卷古蹟目引元和志作一百三十五里。）……後魏初於此置金城縣，廢帝二年改名龍支縣，西南有龍支谷，因取爲名。」

「積石山在縣西九十八里，南與河州枹罕縣分界。」「黃河在縣西南六十里。」

又檢寰宇記一五一鄯州，龍支縣在州南一百三十五里，云「取縣西龍支堆爲名。」「積石山在縣南」。（通典亦云，積石山在龍支縣南。）又云：「唐述窟在縣西龍支谷，彼人亦罕有至者，……又謂鬼爲唐述，故指此山爲唐述窟。窟高四十丈。」按唐述山、唐述窟即在鳳林川西，在離水入河處之西不甚遠，水經注二河水注載之極詳。此積石山即小積石山，與唐述山實一地區，亦即今麥積山，其地在今永靖縣西三十公里上下。④據寰宇記，窟所即龍支谷，縣因此受名也。然則，綜觀上列史料可知龍支縣在鄯州東南一百三十五里，在今麥積山東北約九十至一百里，黃河之北約六十里以上，下文論鳳林關北至龍支縣約八十六里，亦畧合。畧推今地，當在永靖西北民和東南兩縣間地區。此文已論定。再檢吳景敖西陲史地研究（一一頁）云：「龍支城故址，西寗新志載其地在碾伯縣南百七十里之龍支谷中。碾伯，今樂都。……龍支谷，甘肅陸地測量局二十萬分一實測圖作鸞枝溝。所謂龍支城當即鸞枝溝發源處之古鄯邑，今爲民和縣境；河州至西寗之商旅仍多取道於斯。」蓋是也，今圖永靖至民和通西寧汽車道，正經此處。此城在唐前有名史冊，唐中葉以後沒于吐蕃，號爲宗哥城，詳紀要六四西寧鎮目。

老鴉峽　張維隴右金石錄二，老雅峽石刻「在樂都縣東，今存。按此刻在道側石壁，存字甚多，有『從郭子儀者九人』七字明晰可辨。」又引宣統甘肅通志，「老雅峽古石刻在碾伯縣東六十里峽內，有大石平面，下臨湟水，上倚官道。石面字甚多，爲開元時所鐫，但細小模糊多不能辨。」則此峽道當即龍支至鄯州大道所經也。

鳳林關　六典六刑部司門郎中條，下關七，河州鳳林關爲其一。知此關甚重要。又舊一九六下吐蕃傳，大曆二年「十一月，和蕃使（銜略）薛景仙自吐蕃使還，……奏云，贊普請以鳳林關爲界。」新二一六下吐蕃傳，高駢收鳳林關。亦皆見此關爲要害地。故唐世文人常詠述之。如杜翁秦州雜詩云：「鳳林戈未息，魚海路常難。」及前引張籍涼州詞、沈亞之對賢良方正策，皆見此關當通吐蕃及通涼州之要道。故唐宋志書多載此關。如通典一七四、河州鳳林縣「有鳳林關。」新志，鳳林縣「北有鳳林關。」寰宇記一五四河州鳳林縣，「鳳林關在黃河側。」據此諸志書記載，關當在鳳林縣北，濱臨黃河。是當在今循化縣地區。然前引武經總要前集云，河州「北鄯州三百里。自州北百里過鳳州（林）關，渡黃河，百四十里至鄯州龍支縣。又百六十里至鄯州。則關當在河州之北百里，北渡河通龍支，非鳳林縣之北也。若在鳳林縣之北，則在龍支西南甚遠，不相及矣。且今永靖縣西黃河津渡，唐名鳳林津，詳下文，尤關在州北之極佳旁證。復檢元和志及寰宇記，唐代鳳林縣乃天寶元年由安鄉縣改名，而鳳林關至遲開元末已有之。（六典爲開元版籍。）是此關蓋在河州北三十五里之鳳林山之北，亦即北朝以來鳳林縣之北，即北朝以來龍支至河州之道上，非唐代鳳林新縣之北也。通典以下志書，因縣書關，不知關已不在唐鳳林縣境矣。龍支至河州一百八十六里，而關南至河州一百里，則由關至龍支約八十六里也。

復考法苑珠林三九伽藍篇第三六云：

「晉初，河州唐述谷寺者，在今河州西北五十里。度鳳林津，登長夷嶺，南望名積石山，即禹貢導河之極地也。……南行二十里得其谷焉，鑿山構室……南有石門濱于河上，鐫石文曰晉太始年之所立也，寺東谷中有一天寺，……名爲唐述。」

則今永靖縣西黃河津渡，唐世即名鳳林津，亦爲鳳林關在此之旁證。然則鳳林之名本在積石之東、河州之北至黃河地區，有鳳林山、鳳林川、鳳林關、鳳林津，北朝於此立縣，亦以受名。唐世縣廢，其後移名於河州之西，但不害關津仍在河州之北也。

積石山　元和志三九河州枹罕縣，「積石山一名唐述山，今名小積石山，在縣西北七十里。」又鄯州龍支縣，「積石山在縣西九十八里，南與河州枹罕縣分界。」寰宇記枹罕縣條同，而龍支縣條作縣南，方向較正。紀要六〇河州目，積石山「州西北七十里，兩山如削，黃河中流。」乾隆西寧府新志四，積石山「故龍支縣南境，兩山夾峙，多巨斧痕，河出其中。」並能得其形勢。度曼天嶺地望，當是此山之東北餘脈也。又唐述山石窟保存北朝至唐宋彫刻藝術極豐富，詳炳靈寺石窟（文化部社會文化事業管理局編印），及調查炳靈寺石窟的新收穫（文物一九六三年第一〇期）。

又由河州向西微南循離水（今大夏河）而上八十里至鳳林縣（約今韓家集地區）北境，又折而西北行一百里至鹽泉城（今循化縣）在河左岸，開元二十六年築，兼置鎭西軍，統兵一萬三千人。隋煬帝西征吐谷渾，取道臨津關，蓋即臨津故城（蓋今循化縣），疑即此道也。

鎭西軍　會要七八：「鎭西軍置在河州，開元二十六年八月置。」不知在州境抑在州城。通典一七二州郡序目下，隴右節度所統有鎭西軍在「安鄉郡（即河州）城內，臣亡父先臣希望開元二十六年置，管兵萬三千人，馬三百匹。」元和志三九鄯州目，開元二十一年置隴右節度使。所統鎭西軍，「河州城內，開元二十六年杜希望置，管兵一萬二千人，馬三百匹。」是與通典同。然元和志同卷河州目云：「鎭西軍在州西一百八十里，開元三年哥舒翰于索恭川置。」此「開元」以下奪「二十六年杜希望置……」若干字，詳天成軍條。檢新書地志，河州「西百八十里鎭西軍，開元二十六年置。」與元和志河州目合。考舊一九六上吐蕃傳：「（開元）二十六年……七月，希望（時爲隴右節度使）又從鄯州發兵奪吐蕃河橋，於河左築鹽泉城……因於鹽泉城置鎭西軍。」通鑑二一四開元二十六年七月條，同。新書吐蕃傳亦畧同。按此軍以開元二十六年置，主其事者爲隴右節度使杜希望，此無異說。通典稱此軍置在河州城內，佑爲希望之子，所記應最可信。然與兩傳及通鑑所記當時情事不相應。且前引新吐蕃傳及通鑑，會昌間，論恐熱引兵擊鄯州節使尙婢婢，兵至鎭西軍。若軍即在河州城，例應稱河州，似可證州軍不在一地。⑤疑此軍始置在河州城，不久即移至河州西一百八十里之鹽泉城，在河南岸，河上有橋。故杜佑云然，乃從其朔，元和志鄯州目遂照錄之耳。至河州目乃記鎭西軍之經制在州西一百八十里也。此亦爲黃河一渡口，可北至鄯州也。

又按前考唐代鳳林縣在河州西八十里離水上，約今韓家集地區。據水經注二所記，此地似亦當要道。疑河州至鎮西軍一百八十里者，當經此路，則鎮西軍當在縣西北約百里也。度其地望，約當在今循化縣地區。吐蕃曾建河橋於此處，杜希望由鄯州來攻取之爲軍，此亦通鄯州之道也。故唐末論恐熱來攻鄯州節度使尚婢婢，即屯兵於此。今觀申報館地圖，有大道自臨夏縣西南至韓家集地區，折西北至循化，殆即中古時代之故道耳。

臨津關　煬帝以大業五年西征，由狄道出臨津關，渡黃河至西平，詳前引煬帝紀及通鑑。西平即鄯州。檢水經注二河水注云：

「河水又東逕石城南。……又東北逕黃河城南，西北去西平二百一十七里。河水又東北逕廣違城北……又東逕邯川城南，……河水又東，臨津溪水注之。水自南山北逕臨津城西，而北流注于河。河水又東逕臨津城北，白土城南。十三州志曰……白土城，城在大河之北，爲緣河濟渡之處。……河水又東，左會白土川水……河水又東北會兩川，右合二水。……河北有層山，山甚靈秀，……名之爲唐述山。」

按煬帝所渡之臨津關必是大津渡處。此注引十三州志，白土、臨津兩城夾河處正爲津渡之要，其即煬帝所經殆無疑。故胡氏注通鑑已引酈注臨津城爲說。檢王氏引董祐誠今釋，石城當在西寧縣直南，南臨河水。黃河城當在西寧縣東南巴燕廳（今化隆縣）西境，臨津城當在循化廳西北土司境，白土城當近巴燕廳治。楊氏水經注圖所繪畧同。亦置臨津城於循化之北偏西，近黃河南岸。前人如此擬定，大體可信。檢今日地圖，循化在黃河南岸，蓋民國已移近河岸也。則酈注之臨津城當即在今循化地區，煬帝所出之臨津關殆即其地。

由軍城又北蓋經白土嶺、白土故城（今化隆地區）亦至鄯州。其行程不詳。

前考鎮西軍，引吐蕃傳，杜希望由鄯州攻取吐蕃河橋，置鹽泉城、鎮西軍。是鄯州至鎮西有通道，惟行程不詳；所可知者，當經白土城，詳後第三節。觀申報館地圖，今循化北經化隆至樂都正有大道可通，殆即承中古時代之古道歟！

又由蘭州西循黃河南岸經廣武梁（湟水入河處之東）赤岸橋（今大夏河口至洮水口之間，黃河南岸），亦出鳳林關經龍支縣至鄯州，全程四百餘里。呂温、劉元鼎先後出使吐蕃，其去程皆取此道，但回程則皆取道河州大夏川也。

通典一七四，蘭州「西至西平郡（鄯州）四百九十里。」元和志三九，蘭州「西北至鄯州四百里。」（鄯州目，「東至蘭州二百二十里。」二百必譌。）寰宇記一五一，蘭州「西至鄯州四百五里 。」三書所記蘭鄯間里程不相應，大略蓋四百餘里也。

考新二一六下吐蕃傳述劉元鼎西使事云：

「元鼎踰成紀、武川，抵河廣武梁，故時城郭未隳。蘭州地皆秔稻，桃李榆柳岑蔚，戶皆唐人，見使者麾蓋，夾道觀。至龍支城……過石堡城。」

是元鼎去程取道蘭州，經廣武梁、龍支縣也。按蘭州有廣武縣，在州西北境，蓋其南境黃河有梁，故名之歟？河水注二：「湟水又東流注于金城河，即積石之黃河也。……河水又東逕石城南，謂之石城津，闞駰曰在金城之西北矣。河水又東南逕金城縣故城北。」則湟水口至蘭州間黃河上，古有石城津，不知即此廣武梁否？

元鼎去程雖取道蘭州經廣武梁；然前考大夏川，引新二一六下吐蕃傳，「元鼎還，虜元帥尚塔藏館客大夏川」云云。則回程取河州大夏川道也。

又呂溫於貞元末西使吐蕃，今就其詩文可考來回行程者，錄列於次：

代都監使奏吐蕃事宜狀：「前月十四日至清水縣西，吐蕃舍人郭至崇來迎。……臣以二十一日到薄寒山，西去蕃帥二十餘里。」（全唐文六二七）

臨洮送袁七書記歸朝（全唐詩六函四册温集二）（度此詩意，係出使時所作。）

題河州赤岸橋：「左南橋上見河州，遺老相依赤岸頭。」（同上）

經河源軍漢村作（同上）。

代孔侍郎蕃中賀順宗登極表：「今月七日自別館回至河州大夏川，即以十二日進發。」（全唐文六二五）。

按薄寒山在渭州地區，大夏川在臨洮西，今寧定縣地區，皆已詳前考。清水縣在今清水縣西十五里，臨洮即臨州，在今臨洮縣、舊狄道縣，並詳長安西通涼州兩道考。河源軍在鄯州西鄯城縣，詳下文第三節。所未知者惟赤岸橋。考舊五五薛舉傳，起兵金城，「隋將皇甫綰屯兵一萬在枹罕，舉選精騎二千人襲之，與綰軍遇於赤岸，……隋軍潰，遂陷枹罕。」是赤岸在蘭河道上。又檢水經注二河水注：「灕水

（今大夏河）……北流注于河。……河水又逕左南城南。十三州志曰，石城西一百四十里有左南城者也。津亦取名焉。大河又東逕赤岸北，即河夾岸也。秦州記曰，枹罕有河夾岸，岸廣四十丈。義熙中，乞佛于此河上飛橋，橋高五十丈，三年乃就。河水又東，洮水注之。」是赤岸橋爲自古名橋，地在灕水、洮水入黃河兩口之間。觀呂温詩文，其出使行程，乃出大震關，經清水縣，薄寒山（在渭州），臨洮軍，折北經蘭州，折西經赤岸橋，又西經鄯州河源軍也。然其回程則經大夏川，是必取道河州，不經蘭州矣。温西行，既取道蘭州經赤岸橋，自不會繞道河州，然赤岸橋已接近漓水口，去湟水入河之口已甚遠，而與鳳林關極相近，然則温之西出，非循湟水河谷而上，乃實當經鳳林關西行也。再參之劉元鼎由蘭州廣武梁、經龍支縣，可推知温之行程，當由赤岸橋西行出鳳林關，再渡河至龍支縣，經鄯州河源軍也。由臨洮西赴鄯州，無論取道蘭州抑取道河州，皆經鳳林關，此鳳林關所以爲要津也。

鄯州治湟水縣（今樂都縣），南臨湟水，爲盛唐時代河湟地區軍事交通之中心。開元二年置隴右節度使以鎮之，統鄯、秦、河、渭、蘭、臨、武、洮、岷、廓、疊、宕十二州，臨洮、河源、白水、安人、振威、威戎、莫門、寧塞、積石、鎮西十軍，綏和、合川、平夷三守捉，管兵七萬五千人，以備吐蕃。臨洮軍本在臨州，開元中葉移就鄯州城，管兵一萬五千人。其餘諸軍、守捉，分屯鄯、廓、河、洮諸州境。天寶末增置八九軍，所統益廣。

通鑑二一一，開元二年十二月「甲子，置隴右節度使，須嗣（胡注，須當作領，嗣字衍。）鄯、奉（胡注，當作秦）、河、渭、蘭、臨、武、洮、岷、郭（胡注，當作廓）、疊、宕十二州，以隴右防禦副使郭知運爲之。」而會要七八節度使目隴右節度使條，「開元元年十二月鄯州都督楊矩除隴右節度。自此始有節度之號。」差前一年。疑通鑑爲正，蓋二年吐蕃大擧入寇，唐軍擊敗之，故有此建置也。又會要同目朔方節度使條，「開元元年十月六日勅，朔方行軍大總管宜准諸道例，改爲朔方節度使。」則前條云「自此始有節度之號」亦誤。至於元和志三九鄯州目云，開元二十一年始置隴右節度使，更誤無疑。

通典一七二州郡序目下：（括弧中爲本注。志即元和志。）

「隴右節度使（理西平郡，管兵七萬五千人，馬萬六百匹，衣賜二百五十萬〔志，萬上有「一」字，蓋衍〕匹段。）以備西戎。統：

臨洮軍（開元中移就節度衙，管兵萬五千人，〔志作五萬五千，誤。〕馬八千四百匹。）

河源軍（西平郡西百二十里。儀鳳二年李乙夫〔志作郎將李乙支〕置，管兵萬四千人，馬六百五十匹。〔志「十」下有「三」字〕）

白水軍（西平郡西北二百三十里，開元五年郭知運置，管兵四千人，馬五百匹。）

安人軍（西平郡星宿川西，〔志作「河源軍西一百二十里星宿川」〕，開元七年〔志有「郭知運」三字〕置，管兵萬人，馬三百五十匹。）

振威軍（西平郡西三百里，開元中信安王禕置，兵千人。）〔元和志同，舊地志有「馬五百匹」四字。〕

威戎軍（西平郡西北三百十里〔志作西三百五十里〕，臣亡父先臣希望開元二十六年置，管兵千人馬五十匹。）

綏和守捉（西平郡西二百三十里，〔志作西南二百五十里〕，開元二年郭知運置，管兵千人。〔此下，志有「今分

爲五百人」一句。」〕

合川郡界守捉〔志無界字〕（西平縣南百八十里，貞觀中侯君集置，管兵千人。〔此下，志有「合川郡今疊州」一句」〕）

莫門軍（臨洮郡城內，儀鳳二年置，管兵五千五百人，馬二百匹。）

寧塞軍（寧塞郡城內，管兵五百人，馬五十匹。）

積石軍（寧塞西百八十里，儀鳳二年置，管兵七千人，馬一百匹。）

鎮西軍（安鄉郡城內，臣亡父先臣希望開元二十六年置，管兵萬三千人〔志三作二〕，馬三百匹。）

平夷守捉（安鄉郡城西南四十餘里，開元二年郭知運置，管兵三千人。）

此即盛唐時代隴右節度使統兵馬之大畧。新唐書兵志云：

「鎮西、天成、振威、安人、綏戎、河源、白水、天威、榆林、臨洮、莫門、神策、寧邊、威勝、金天、武寧、曜武、積石軍十八，平夷、綏和、合川守捉三，曰隴右道。」

較通典元和志多出八軍。大抵皆天寶末年置，然有脫有重，詳後文。

又按元和志三九卷末臨州，「天寶初割蘭州狄道縣……置臨州。郭舊有臨洮軍，久視元年置。」是臨洮軍本在狄道，故上引通典、元和志，臨洮軍本注云：「開元中移就節度衙」也。會要七八，「臨洮軍，置在狄道縣，開元七年移洮州縣，就此軍焉。」此謂洮州之名本在臨潭，開元七年移洮州之名於狄道，以就軍名也。檢元和志洮州目云：「貞觀……移洮州治此，（謂治臨潭。）……開元十七年廢入岷州，二十年於臨潭又置臨州。二十七年又改爲洮州。」則會要「七年」疑當作「十七年」，此年移洮州之名於狄道以就軍，則臨洮軍之移鄯州當在此以後。

鄯州向北微東行，渡浩亹河（今大通河）經昌松縣（今古浪縣西）凡五百八十里至涼州治所姑藏縣（今武威縣）。昌松境有洪源谷或當在此道中。

通典一七四，涼州武威郡「南至西平郡浩亹河二百六十里。」鄯州西平郡「北至武威郡昌松縣南界一百四十二里。」寰宇記一五二有此兩條，而涼州目又云「正南微西至鄯州五百八十里。」元和志三九，鄯州「東北至涼州五百里。」涼州目失記通鄯州道。按道宣釋迦方志上，記唐初使臣出西域三道，「其中道者，從鄯州東川行百餘里，又北出六百餘里至涼州。」當即通典以下所記之道，惟里程較迂，今姑從寰宇記作五百八十里。

觀通典、寰宇記，此道當經昌松縣，縣在今古浪縣西，詳長安涼州道驛程考。復考舊一九六上吐蕃傳：「贊婆率所部……來降，則天……授贊婆輔國大將軍，……仍令領其部兵於洪源谷討擊，尋卒。……久視元年，吐蕃又遣其將趨莽布支寇涼州，圍逼昌松縣，隴右諸軍州大使唐休璟與莽布支戰于洪源谷。」通鑑二〇六、二〇七，分書于聖曆二年及久視元年。胡注：「洪源谷在涼州昌松縣界。」蓋是。當在此道中歟！

鄯州又西循湟水行一百二十里至鄯城鎮（今西寧縣），北臨湟水，西枕土樓山。地當唐、蕃交通之衝途，儀鳳二年置縣，兼置河源軍，統兵一萬四千人，爲隴右境內之第二大軍，或且以節度使兼充使職。

元和志三九鄯州，「鄯城縣，東至州一百二十里。儀鳳二年分湟水縣置，北枕湟水，西即土樓山。」寰宇記一五一，方位里距同。元和志又於湟水縣記云：「土樓山在縣西百三十里，下有土樓神祠。」此蓋未分湟水縣置鄯城縣時地志之舊文，元和志照錄於湟水縣目耳。前引道宣釋迦方志上，述唐初使臣出西域三道，其東道從河州西北行減四百里至鄯州，又西減百里至鄯城鎮，古州城也。」則置縣前本爲鄯城鎮，當大道也。

河源軍建置時代及統兵馬數，詳前引通典及元和志。又通典、元和志皆云，河源軍在州西一百二十里，就方位里距言，當即在鄯城縣；故新志即云鄯城縣有河源軍。而會要七八：「河源軍在鄯州西南。」方向小異，似不在鄯城縣矣。考顏眞卿臧懷恪碑（全唐文三四二）云：「後充河源軍、兼隴右節度副大使、關西兵馬使……開元十二年（畧）二月二十有六日薨於鄯城之官舍。」則河源軍在鄯城縣必矣，會要方位小誤。

舊一〇九黑齒常之傳：「高宗……擢常之爲（河源軍）大使，……常之以河源軍正當賊衝，欲加兵鎮守，恐有運轉之費，遂遠置烽戍七十餘所，度開營田五千餘頃，歲收百餘萬石。」又張說涼州都督郭知運碑（全唐文二二七）云：拜「持節隴右諸州節度大使兼鄯州都督、河源軍使，鎮西陲。」按此時尙未移臨洮軍於鄯州，故由節度使兼充此使職也。又通鑑二〇五萬歲通天元年考異引御史台記，「論欽陵必欲得四鎮及益州通市乃和親，朝廷不許。制書至河源，……監察御史張彥先時按河源積石諸軍。」此亦河源軍當吐蕃道之一强證。

（三） 鄯城河源軍之輻射交通線

鄯城河源軍直西循湟水而上，行青海北岸，至吐谷渾都伏俟城（青海西北岸鐵卜卡古城）。鄯城西北行至甘州，接涼州通西域之驛道。鄯城西南行黃河、青海間，爲入吐谷渾及吐蕃之孔道，吐渾又西至且末、于闐，吐蕃西南至印度。此皆爲唐通西域之輔線。今先就隋唐疆域內之行程考論如次：

（A）鄯城河源軍西北循長寧川（今北川河）而上，經長寧橋、長寧故亭（約今西寧西北四五十里，今有長寧堡），入長寧峽谷。道中有犛牛峽者，在鄯城北約五十里上下，疑長寧峽之異名歟？又北至安人軍（蓋今大通縣地區），去鄯城約一百二十里，開元七年置，管兵萬人。又西北度入星宿川，越星嶺。又北渡浩亹川（今大通河），西北入大雪山脈至大斗拔谷（今扁都口，亦可能爲白崖口），去安人軍約三百九十里。谷在雪山北陂，南去主胍約五十里。地高谷隘，形勢險峻，爲南北交通重地，煬帝西征，行軍鄯甘間，往來皆經此谷，夏秋雨雪嚴寒，損失慘重。開元十六年置大斗軍，管兵七千五百人以鎭之，殆在谷東北近處。由谷東至涼州約三百餘里，北至甘州東南一百二十里之刪丹（今山丹縣）二百里，皆接長安通西域之大驛道。

長寧及星嶺諸地　前引隋書煬帝紀及通鑑，述煬帝西征吐渾事云，大業五年四月癸亥出臨津關，渡黃河，至西平郡。五月庚辰入長寧谷，壬午度星嶺，甲申宴羣臣於金山之上，丙戌梁浩亹，御馬渡而橋壞，癸卯經大斗拔谷。西平郡即鄯州。考水經注二河水注云：

「湟水又東，長寧川水注之。水出松山，東南流……養女川水注之。水發養女北山……逕養女山，謂之養女川。闞駰曰，長寧亭北有養女嶺，即浩亹山，西平之北山也。亂流出峽，南逕長寧亭東。城有東西門，東北隅有金城，在西平（按此古西平，在今西寧縣地區）西北四十里。十三州志曰，六十里，遠矣。……長寧水又東南流，注于湟水。湟水又東，牛心川水注之，水出西南遠山……東北入湟水。湟水又東逕西平城北。」

此注述長寧川水甚詳。王氏合校引董祐誠說，即今北川河，楊氏水經注圖從之。就形勢言，此無可疑。則煬帝行程自湟水河谷折北入長寧川河谷也。酈注長寧亭在西平故城西北四十里。按舊唐志云，漢西平郡故城在鄯城縣西。則鄯城西北至長寧亭稍踰四十里也。長寧橋，見舊書吐蕃傳，引詳下文安人軍條。煬帝由長寧谷至浩亹川，中經星嶺。據上引水經注，長寧水北之山嶺惟有養女山、養女嶺，亦名浩亹山。酈注下文又云：「閤門河即浩亹河也。……閤門河又東逕養女北山。」是此山在浩亹河與長寧川之間，且有浩亹之名。楊氏水經注圖置於今大通縣東北，地望甚合。疑星嶺即酈注之養女嶺耶？

大斗拔谷、大斗軍　隋書煬帝紀述大業五年西征吐谷渾事，續云：

「五月……壬午，度星嶺。……丙戌，梁浩亹，……橋壞。……六月……癸卯，經大斗拔谷，山路險隘，魚貫而出，風霰晦冥，與從官相失，士卒凍死者大半。丙午，次張掖。」

檢通鑑，亦云五月丙戌至浩亹川，六月丙午至張掖；但不書出經大斗拔谷，而於回程書經此谷云：「七月……車駕東還，經大斗拔谷」云云，述其狼狽情形較隋書爲詳。考異曰：「帝紀在六月癸卯。按西邊地雖寒，不容六月大雪，凍死人畜，今從（大業）畧記。畧記作達十拔谷，今從帝紀。」按大斗拔谷在隋唐時代爲極重要且有名之交通要隘。煬帝此事又見隋書二四食貨志及卷七〇楊玄感傳。玄感傳云：「從征吐谷渾，還至大斗拔谷。時從官狼狽……」云云，是謂回程也。下引元和志亦云回程經此。而食貨志云：「其年，帝親征吐谷渾，破之於湟水，慕容佛允……西奔青海。帝……遇天霖雨，經大斗拔谷，士卒死者十二三焉，馬驢十八九。於是置河源郡、積石鎮，又於西域之地置鄯善、且末等郡。」似又在出征前。復考隋書八四西突厥傳云：

「帝將西狩，六（五？）年遣侍御史韋節召處羅，令與車駕會於大升拔谷。其國人不從。」

則帝之去程乃出此谷無疑，隋煬帝往還皆經此谷。遇雪狼狽則當在回程時耳。則隋紀書癸卯經大斗拔谷，丙午至張掖，固無可疑。且帝紀書日程不應有疑，則由谷至張掖郡不過三日耳。下文考知谷北至甘州三百二十里，正當三日程，亦其證。

唐世亦屢見此谷道之重要。如通鑑一九四貞觀八九年紀云：

「八年……十一月……丁亥，吐谷渾寇涼州。己丑，下詔大舉討吐谷渾。……十二月辛丑，以（李）靖爲西海道行軍大總管，節度諸軍……擊吐谷渾。……九年……七月……上遣使勞諸將於大斗拔谷。」（勞於大斗拔谷，參看舊一〇九契苾何力傳。）

又新二一五下西突厥傳云：

「吐烏過拔闕可汗與李軌運和。……俄……擊軌，兵不勝，走達斗拔谷，與吐谷渾輔車，（通鑑一八五武德元年條「輔車」作「相表裏」，意同。）爲軌所滅。」

又樊衡河西破蕃賊露布（全唐文三五一），河西節度使出兵擊吐蕃於青海之北，亦出此谷，詳後威戎軍條引。

凡此諸條，皆見大斗拔谷當河西隴右南北交通之要，故會軍、出軍、勞軍皆於此谷也。「大」有作「達」乃同音異寫，「斗」有作「升」「十」乃形有譌歧耳。

至其地望，元和志四〇甘州刪丹縣：「大斗枝（拔）谷在縣南二百里。大業五年，煬帝躬率將士出西平郡討吐蕃。還此谷，會大霖雨」云云。記方位里距甚明。按刪丹在甘州東南一百二十里，則大斗拔谷在甘州之南微東三百二十里也。元和志既明記大斗拔谷在刪丹縣南二百里。後人推擬今地，以爲在今扁都口。如甘肅通志六大斗拔谷條，「一統志云即今扁都口也。」然檢一統志甘州府卷實無此文。惟關隘目所記張掖縣及山丹縣南境山口甚多。而扁都山口似最爲交通要道。其安番山口條記之云：

「扁都兒山口在山丹縣南一百里。西陲今畧，扁都口，明時凡涼甘往來於青海西寧者，率皆由此而行。路雖踰山，實爲捷徑。白石崖口在山丹縣東南二百里，皆蕃夷出入之路。」

檢國防研究院地圖，白崖口在山丹縣南微東，爲山丹河東源所經，扁都口在縣正南，（東經一〇一度，北緯三八度稍北。）而在白崖口之西南，爲山丹河西源所經。就其與白崖口之相對方位言，白崖既去山丹二百里，則扁都北去縣亦當爲二百里左右，就今圖測之，至少二百里。一統志「一百里」當爲「二百里」之形譌。此二口皆有爲古大斗拔谷之可能。明清南北交通既皆取扁都口，今人吳景敖西陲史地研究頁四六列舉西北古今隘道有云：「由甘州東南出炒麵莊子、亹源通往西寧之扁都口隘路，此即白彥虎西上之路線。」國防院圖亦繪有由甘州經扁都口通亹源西寧之汽車道。蓋扁都口道較白崖口爲大，隋唐之大斗拔谷殆眞今之扁都口歟？然亦不能完全排除有在今白崖口之可能也。⑥

又元和志四〇涼州目，置河西節度使，所統有大斗軍，在「涼州西二百里。本是赤水軍守捉，開元十六年改爲大斗軍，因大斗拔谷爲名也。管兵七千五百人，馬二千四百匹。」新志涼州目有大斗軍條，與此同，惟省兵馬數。而舊地志，「大斗軍在涼州西二百餘里，管兵七千五百人，馬四千四百匹。」有「餘」字。按此谷既爲軍事重地，理宜有軍戍鎭守，此軍既以大斗名，縱不即在谷中，而在谷之東或東北，但去谷當亦不甚遠。涼州、刪丹、大斗拔谷三地畧呈直角三角形。由涼州西北至甘州五百里，即涼州西北至刪丹縣三百八十里。今刪丹南至大斗拔谷二百里，則大斗拔谷東至涼州必三百里以上，決不止二百里。通鑑二一五天寶元年胡注：「大斗軍在涼州西二百餘里，甘肅二州界。」有餘字，與舊志同。事實上當有三百餘里，作二百誤。胡注云「甘肅二州界」亦非三百里以上不可也。

大雪山　通典一七四，甘州「南至雪山以南吐谷渾界二百三十里。」元和志四〇，甘州「南至大雪山二百三十里。」寰宇記一五二，與通典同，惟作大雪山，又作三百三十里。是大雪山當在大斗拔谷之西北。而隋書煬帝紀，大業五年煬帝西征，五月壬午度星嶺，甲申宴羣臣於金山之上，景戌梁浩亹，吐谷渾主保覆袁川。帝分命諸將南屯金山，北屯雪山，東屯琵琶峽，西屯泥嶺。是金山在浩亹川之南，雪山在浩亹之北，而在大斗拔谷之南也。又武經總要一八下，大斗軍「雪山在軍南五十里。」前論此軍當在涼州西三百里，去大斗拔谷不遠，是谷之東南山脈亦曰大雪山，然則隋唐時代甘涼與鄯州青海大抵以大雪山山脈分界，大斗拔谷在此山脈中而偏北，南去雪山主脈蓋五十里左右耳。

犛牛峽　詳下文(C)條。

安人軍　見通典、元和志，所記甚詳，見前引。通典云在「西平郡星宿川西。」元和志云：「河源軍西一百二十里星宿川。」新志亦云：「星宿川西有安人軍。」而會要七八，「安人軍置在星宿川，鄯州西北界。開元七年三月置。」檢新志鄯城縣條述鄯城河源軍西一百二十里有白水軍，又西南六十里有定戎城，又南至石堡城，乃西南至吐蕃之道；不及安人軍。蓋安人軍所在地之星宿川不在鄯城之西或西南，而在西北，會要最正確也。復考舊一九六上吐蕃傳云：

「(開元)二十九年……六月，吐蕃四十萬攻承風堡，至河源軍，西入長寧橋，至安仁軍渾崖峯。」(新二一六上吐蕃傳同。)

按通典一七四鄯州目，「西南到寧塞郡廣城〔威〕縣故承風吐谷渾界三百一十三里。」⑦是吐蕃此次進兵，由廓州承風堡，北向至鄯城縣，再西北入長寧川，至安人軍也。然則安人軍當在長寧川水之中游，所謂河源軍西一百二十里者，實西北一百二十里也。檢一統志西寧府卷沿革目，大通縣「在府(今西寧縣)北一百二十里。」此實西北。乾隆西寧府志卷三，大通衞「在府西北一百二十里」，是也。然則唐之安人軍約即在今大通縣矣。且唐宋志書云此軍在星宿川，亦可能與星嶺有關，參之前文，殆即酈注之養女川。養女川即長寧川之北源，約今大通縣東北地區，已詳前論，地望亦極合。

又按乾隆西寧府志卷三，大通衞「西北至扁都口大石碑甘州張掖縣界三百九十里。」即安人軍至大斗拔谷約三百九十里也。綜計由鄯州西北到甘州約近一千里，紀要六四西寧鎮，云「甘州衛東南一千三百五十里」，失之太多。

（B）由鄯城河源軍向西循湟水河谷而上，六十里至臨蕃城（約當今鎮海堡），中葉以後，吐蕃置臨蕃軍。又西六十里至綏戎城（約今湟源縣），開元五年置白水軍，管兵四千人。又西六十里至魏晉北朝之臨羌新縣，在湟水之北，（今海晏縣或稍東至湟源縣間），蓋即唐世之新城，開元二十六年置威戎軍，管兵千人。由軍北行，通大斗拔谷；由軍西行經漢臨羌舊縣（今海晏縣或稍西）三百一十里至漢龍夷故城（青海北，約今朵旦寺地區或其東剛察地區），吐蕃魚海軍當在此故城地區。魚海西北踰雪山通建康軍（今高台縣西南），魚海西南循青海岸至伏俟城。

臨蕃城、臨蕃軍及綏戎城、白水軍皆詳下文C及D。漢書地理志，金城郡臨羌縣「西北至塞外，有西王母石室、僊海、鹽池。北則湟水所出。……王莽曰監羌。」是漢志記載湟水之源在僊海之北，已甚正確。河水注二記湟水所出云：

「湟水出塞外，……東南流逕龍夷城，故西零之地也。十三州志曰，城在臨羌新縣西三百一十里。王莽納西零之獻以爲西海郡，治此城。湟水又東南逕卑禾羌海北，有鹽池。闞駰曰，縣西有卑禾羌海者也。世謂之青海，東去西平二百五十里。（按此指海之最東角去西平而言。）湟水東流逕湟中城北，故小月氏之地也。……湟水又東逕赤城北，而東入經〔綏？〕戎峽口，右合羌水。水出西南山下，逕護羌城東，故護羌校尉治。又東北逕臨羌城西，東北流注于湟。湟水又東逕臨羌縣故城北，（董祐誠曰，臨羌城、臨羌縣故城即指兩漢臨羌縣而言。是也。）漢武帝元封元年，以封孫都爲侯國，王莽之監羌也，謂之綏戎城，非也。湟水又東，盧溪水注之，……湟水又東逕臨羌新縣故城南，闞駰曰，臨羌新縣在郡西百八十里（董祐誠曰郡指西平郡），湟水逕城南也。……湟水又東，右合溜溪伏溜石杜蠡四川東北流注之。左會臨羌溪水，水發新縣西北，東南流……入湟水（即今圖鎮海堡處，有水由西北來注湟水。）湟水又東，長寧川水（今北川水）注之。……湟水又東，牛心川水（今南川水）注之。……湟水又東逕西平城北……又東逕土樓南……」

按此段述湟水發源至西平郡所經甚詳。即湟水發源青海之北，東南流經漢西海郡治所龍夷城，又東逕湟中城北，赤城北，入經〔綏〕戎峽口，又東逕臨羌縣故城北，城有綏戎城之目，酈氏以爲非。又東逕臨羌新縣故城南，又東逕西平城北，在土樓之西。闞駰云，西平城西至臨羌新縣故城一百八十里，又西三百一十里至龍夷城。是則由西平郡城循湟水河谷而西無疑爲一通道，即由西平郡西一百八十里至臨羌新縣故城（蓋魏晉以下所置），在水北，又西經漢代臨羌舊縣故城，在水南，又西經經〔綏〕戎峽至湟中城，在水南，又西至龍夷城。龍夷東至臨羌新縣三百一十里，又一百八十里至西平郡也。按漢書六九趙充國傳，上屯田奏云：

「分屯要害處，……治湟陿以西道橋七十所，令可至鮮水左右。」

又上屯田十二利云：

「至春省甲士卒循河湟漕穀至臨羌以眎羌虜，……五也。以閒暇時下所伐材，繕治郵亭充入金城，六也。……治湟陿中道橋令可至鮮水，以制西域，信威千里，從枕上過師（言其易）十一也。」

按鮮水即青海⑧，此無異說，是即由金城（今蘭州）循河湟西經湟陜之道，西漢已有經營，故王莽得西海地，遂置西海郡，設治於湟水上源之龍夷城也。

龍夷城之今地，前人說者甚歧，一統志青海厄魯特卷古蹟目，漢西海郡在青海東。隋西海郡在青海西，即吐渾國都伏俟城。董祐誠以爲「當在今青海南、河水北折轉東蒙古游牧之地。」（河水注二合校引。）楊守敬從之，（水經注圖。）吳景敖以爲漢郡亦在伏俟城（西陲史地研究頁四。）周振鶴云西海郡在今湟源一帶，龍夷城則即上廓密之古城。（青海頁六六）黃盛璋方永吐谷渾故都伏俟城發現記云：「龍夷城今已確定爲海晏。」不知何據？按青海南之說最弱，蓋僅據河水注河水逕郡南推之。其實酈注謂河水逕郡南，非逕城南也。且酈注明云「湟水流逕龍夷城」，是此城靠近湟水上源，明在海北或東北，決不在海南。就闞駰所記里距推之，臨羌新縣在西平郡城西一百八十里，即在唐鄯州西約三百里。而元和志三九，鄯州「西至青海三百七十里。」寰宇記一五一，同。是新縣當在今海晏縣（舊名三角城），或稍東至湟源縣（舊丹噶爾）間。龍夷城當在今海晏縣西至少兩百里，約今朶旦寺地區，或其東剛察地區，亦不得遠至伏俟城也。故黃說較爲近似。吳景敖以龍夷城即在伏俟城，固未碻，然謂自西寧經湟源海晏緣海北爲漢通道，並舉「海晏附近亭燧舊跡甚密」爲證，是也。

下迄隋世，隋書六一宇文述傳云，吐谷渾爲鐵勒所敗，遣使求救，「帝令述以兵屯西平之臨羌城，撫納降附。」臨羌當即酈注之臨羌新縣故城或兩漢臨羌故城也。北朝末期，吐谷渾都伏俟城（今青海西北布哈河口附近之鐵卜卡古城，詳第六節），隋收吐渾地於此置西海郡，則臨羌當有道至伏俟，是必緣海北岸，經漢龍夷故城也。

唐代此道雖無顯例可證其通行，然元和志三九蘭州目云：

「（漢）昭帝……金城郡……平帝元始四年金城塞外羌獻魚鹽之地內屬，……以爲西海郡，理龍夷城，即今河源軍西一百八十里威戎城是也。」

按唐鄯城河源軍在土樓山東；酈注西平城在土樓山之西，即在唐河源軍西不遠，則此威戎城當即臨羌新縣，非龍夷城甚明。唐既於臨羌新城置軍，且下文考證，軍西通青海北魚海軍，是此古道，唐世仍通行也。

威戎軍　會要七八「威戎軍在鄯州界，開元二十六年五月杜希望收吐蕃新城置此軍。」前引通典一七二，隴右節度使所統有威戎軍，「西平郡西北三百十里，臣亡父先臣希望，開元二十六年置，管兵千人，馬五十匹。」元和志三九鄯州目，作「州西三百五十里。」餘同。新志，鄯州「西北三百五十里有威戎軍。」通鑑二一五天寶元年胡注從之。復考通鑑二一四開元二十六年，「鄯州都督知隴右留後杜希望攻吐蕃新城拔之，以其地爲威戎軍。」考異曰，「舊傳作威武軍，今從實錄。」胡注：「鄯州星宿川西北三百五十里有威戎軍。」衍「星宿川」三字。是則此軍在州西或西北三百五十里。又按會要及通鑑皆云此軍地本名新城，而舊志開元二十六年書此事作新羅城，衍羅字。

綜上諸證，是開元二十六年所置威戎軍在新城，方位在鄯州西或西北，里距一作三百一十里，一作三百五十里。前引元和志蘭州目，威戎城在河源軍西一百八十里，即在鄯州西三百里，並論此城即在魏晉北朝之臨羌新縣，地在湟水之北，是在鄯州之西微北。新縣固可有新城之目，然則威戎城當即威戎軍城無疑。地在鄯州之西微北三百里，與前引各書三百一十，三百五十之數亦相當。而一統志西寧府卷沿革目，大通縣條，「開元中嘗置威戎軍於此。」今按大通縣東南至西寧縣一百二十里，至樂都縣（即至唐之鄯州）不過二百四十里，乃唐安人軍所在，蓋後人誤安人軍爲威戎軍耳。

威戎軍北至大斗，西至魚海軍　杜翁秦州雜詩之一九（杜詩詳注卷七）云：

「鳳林戈未息，魚海路常難。」

按鳳林自指鳳林關，魚海則所指不詳。考新五玄宗紀，天寶元年十二月「庚子，河西節度使王倕克吐蕃漁海、遊奕軍。」通鑑二一五，同。復考樊衡河西破蕃賊露布（全唐文三五二）云：

「河西節度經畧使（畧）判武威郡事赤水軍使（畧）臣某……破蕃賊露布事。……蠢茲吐蕃……誘我石堡之城，踐我蕃禾之麥。……臣……以今月初六日戒嚴，引高牙而出，十二月會於大斗之南，擇精騎五千……遣都知兵馬使（畧）安波主帥之，……臣自以馬步三千於大斗、建康、三水、張掖等五大賊路爲應接。……波主等將辭，臣戒之曰，……爾須自大斗南山來入，取建康西路而歸。……若不尅於敵，……汝則有大刑；雖尅於敵，故道而還，汝亦有大刑。……諸將……進不顧身。十二日至於新城南，吐蕃已燒盡野草，……十五日至青海北界。……十六日，進至魚海軍……斬魚海軍大使，……生擒魚海軍副使，……生擒遊奕副使，……斬首三千級，生俘千餘人，牛馬羊駝八萬餘頭，……凡七八日間，約三百餘陣，至合河之北……。」

按此文即衡爲王倕所作者。倕由河西出兵，十二月會於大斗拔谷，是月十二日軍至新城，十五日至青海北界，十六日進至魚海軍，大破之，虜獲甚豐。又進至合河，當取建康軍而歸也。則此新城在大斗以南去青海北之魚海軍三四日行。露布後段提到哥舒翰參與此役。 考舊一〇四哥舒翰傳，天寶初，「之河西，初事節度使王倕，倕攻新城，使翰經畧三軍，無不震慴。後節度使王忠嗣……以爲大斗軍副使，嘗使翰討吐蕃于新城。」亦證新城爲大斗谷南之要地，大斗至新城必一通道無疑。又據露布，魚海軍當爲青海北之一重地。新一三六李光弼傳附李國臣傳，「以折衝從收魚海五城。」 殆亦此軍。軍在青海之北，前考新城威戎軍在今湟源之西至海晏間，是在青海東北，然則魚海軍在新城之西三四日程也。且據露布，河西軍自大斗拔谷南出，取建康西路而歸。建康軍在今高臺縣南境⑨，在大斗西北四百里以上。蓋河西軍自大斗南至新城，折西至青海北，破其魚海軍城，然後折西北取建康道而歸也。而所謂「至合河之北」者，合河蓋今布哈河歟？然則魚海在新城之西更無疑矣。地在海北，則新城威戎軍西通魚海軍一道正當即隋以前西平郡通青海北龍夷城之故道也。杜翁此詩殆即指此道而言。度其地西南去伏俟城已不遠，蓋即循海岸至伏俟城也。其由魚海西北至建康，蓋亦一軍道耳。⑩

(C)由鄯城河源軍西六十里之臨蕃城東南經白土嶺至鎮西軍，蓋間道也。疑接承風嶺通廓州鎮西軍道。

通鑑二四九大中四年紀云：

「吐蕃論恐熱遣僧莽羅藺眞將兵於雞項關（新傳作雞頂嶺關）南造橋，以擊尙婢婢軍於白土嶺。婢婢遣其將尙鐸羅榻藏將兵據臨蕃軍以拒之，不利。復遣磨離羆子、燭盧鞏力將兵據犛牛峽以拒之。鞏力請按兵拒險勿與戰……罷子不從。聳力……稱疾，歸鄯州。罷子逆戰，敗死。婢婢糧乏，留拓跋懷光守鄯州，帥部落三千餘人，就水草於甘州西。」

按此時婢婢守鄯州，恐熱據河州以攻婢婢。鷄項關當近黃河，白土嶺當在河北，又北有臨蕃軍、犛牛峽，皆恐熱此次行軍所經也。

先論白土嶺　按水經注二河水注：「河水又東逕臨津城北，白土城南。十三州志云，左南津西六十里有白土城，城在大河之北而爲緣河濟渡之處，魏涼州刺史郭淮破羌遮塞于白土，即此處。」王先謙引董祐誠曰：「三國志，正始九年，叛羌屯河關白土故城，則漢末已有城矣。……當近今巴燕戎格廳治。」此城與臨津城對岸，通鑑此條恐熱進軍之白土嶺當即此城故地。則與鎮西軍相近，或稍北耳。

次論臨蕃軍，新唐志，鄯州鄯城縣，「西六十里有臨蕃城。」此臨蕃軍殆其地。畧測今地，當在今圖鎮海堡地區。一統志西寧府卷關隘目，「鎮海營在西寧縣西五十里，西去石峽邊牆二十里，明嘉靖十三年築城。」蓋因唐代故地耳。檢元和志三九鄯州鄯城縣「東至州一百二十里。」「北枕湟水。」是此次恐熱進攻，似由白土向西北繞道鄯城，非直攻鄯州也。又考通鑑二四八，大中三年二月，「恐熱軍于河州，尚婢婢軍于河源軍。婢婢諸將欲擊恐熱，……婢婢知其必敗，據河橋以待之。諸將果敗。婢婢收餘衆焚橋，歸鄯州。」按河源軍在鄯州西一百二十里之鄯城縣，已詳前文。胡注謂軍在鄯州東，乃就鄯河二州相對方位以意測之，對於當時用兵形勢，實不瞭解，故致誤耳。實則大中三年，婢婢進軍路綫，蓋由鄯城河源軍南渡河橋與恐熱戰於河南也。其行程與明年恐熱行軍路線恰相反，然取道則一。是恐熱此次行軍雖經白土嶺，但不直北攻鄯州，而由白土向西北繞道臨蕃軍城再折東取河源軍，蓋此河源軍爲婢婢重要根據地。婢婢兵敗西北走甘州，恐熱尾追至瓜州，乃聞懷光守鄯州而廻軍耳。

至於犛牛峽　恐熱本意在取河源軍、鄯州城，既攻下臨蕃軍，再戰於此峽，是此峽當在臨蕃、鄯城、鄯州道上。然此次恐熱並未取鄯州，婢婢於犛牛峽兵敗，即西北退走甘州，恐熱亦尾追至瓜州，然則此峽似應在臨蕃地區，或鄯城以西或以北，不在鄯城以東也。考宋史八七地理志，西寧州，「北至宣威城五十里。」「宣威城舊名犛牛城，崇寧三年改今名。」則鄯城縣北有犛牛城，蓋即因峽受名耳。是此峽當爲長寧川之一峽，當鄯城河源軍北出安人軍之道也。乾隆西寧府新志五云，犛牛峽在碾伯縣南白土嶺北。蓋亦承胡注，不明當日用兵路綫，而以意測之耳。然同志四又云：「翠山在（西寧）縣西八十里西石峽外。湟中諸山類皆童阜，此山延至日月山，蒼翠可愛，……多旄牛。」旄牛殆即犛牛，則此山自臨蕃向西連接日月山，山中多犛牛，地去長寧川水下游亦不遠，宜此區有犛牛峽之名也。

（D）由鄯城河源軍向西，先行湟水（B）道，六十里至臨蕃城，又六十里至白水澗、綏戎城，置白水軍，蓋亦名綏戎軍。於此離開湟水道，折西南行六十里至定戎城，後置定戎軍。又南渡澗七里至石堡城（約今哈喇庫圖城附近之石城山），三面險絕，一徑可上，易守難攻，開元十七年置振武軍，管兵千人，一作振威軍，蓋誤。二十九年沒吐蕃，稱爲鐵仞城。天寶八載復克之，更名神武軍，蓋後更名天威軍。貞元末，赤嶺東有紇壁驛，當在以上一段行程中，疑爲吐蕃所置。

新書地理志鄯州鄯城縣條云：

「儀鳳三年置。有土樓山，有河源軍。西六十里有臨蕃城，又西六十里有白水軍、綏戎城，又西南六十里有定戎城，又南隔澗七里有天威軍。軍故石堡城，開元十七年置，初曰振武軍，二十九年沒吐蕃，天寶八年克之，更名。又二十里至赤嶺。」

此段史料記載方位里距詳明。武經總要前集一八下鄯州目云：「自州西北一百二十里至河源軍，又百二十里至白水軍，又八十里至定戎軍，又七十里至石堡城。」與新志大同稍畧，亦小異，今全從新志。觀此方向，先向西，轉西南，正與今圖入藏之汽車道同。綏戎城白水軍則約當今湟源縣地區。茲就此所見城軍地名畧加銓次：

白水軍、綏戎城　前引通典，白水軍在西平郡西北二百三十里，開元五年郭知運置，管兵四千人，馬五百匹。元和志全同。方位里距與新志合。考通鑑二〇三，永淳元年，「吐蕃入寇河源軍，軍使婁師德將兵擊之於白水澗。」胡注：「白水澗有白水軍。」就地望而言，胡注指軍在白水澗，當可信。又通鑑二一四，開元二十七年八月「壬午，吐蕃寇白草、安人等軍，隴右節度使蕭炅擊破之。」胡注：「白草軍在蔚茹水之西。……蔚茹水在原州蕭關縣，此時吐蕃兵不能至，疑白草軍當作白水軍。」今按此事亦見舊一九六上吐蕃傳，亦皆作「寇白草安人等軍。」然舊傳下文云：「白水軍守捉使高東于拒守連旬，俄而賊退，蕭炅遣偏將掩其後，擊破之。」則胡注所見極碻。此兩事皆見白水當軍道之要。　又據新志，白水軍即在綏戎城。而通典一七四，鄯州「西至綏戎硤舊吐谷渾界十里。」寰宇記一五一，同，作「綏州戎峽」，衍州字。按鄯州西一百二十里有鄯城縣，此云十里，必有奪文無疑。疑綏戎硤，殆即綏戎城所在耳。新書五〇兵志，隴右道有綏戎白水兩軍，檢元和志及新地志，鄯、廓、河、蘭、洮諸州皆不記綏戎軍，疑兵志之綏戎軍即綏戎城白水軍之重出歟？

定戎城、定戎軍　新志，定戎城在石堡城北，隔澗七里；而武經總要作定戎軍。按通鑑二一九至德元載紀，書此年吐蕃所陷唐之軍城有定戎軍，不作城；蓋後升爲軍也。

石堡城及其軍名　此軍城，新志記之已詳如上引。會要七八云：

「振武軍置在鄯州鄯城縣西界吐蕃鐵仞城，亦名石堡城。開元十七年信安王禕拔之置，四月改爲振武軍。二十九年十二月六日，蓋嘉運不能守，遂陷吐蕃。天寶八載六月，哥舒翰又拔之。閏六月三日，改爲神武軍。」

此所記尤詳。但最後稱爲神武軍，非天威軍。考舊玄宗紀，天寶八載六月，「隴右節度使哥舒翰攻吐蕃石堡城，拔之。閏月己丑，改石堡城爲神武軍。」通鑑二一六，天寶八載閏六月「乙丑以石堡城爲神武軍。」舊一九六上吐蕃傳、新二一六上吐蕃傳亦皆云哥舒翰拔石堡城爲神武軍。此皆與會要合。惟新書兵志作天威軍，與新地志同。蓋先名神武，終改爲天威耳。　又按此軍原名振武軍，會要與新志具名相同。檢舊書吐蕃傳、開元十七年，信安王禕「拔其石堡城，……於石堡城置振武軍。」舊七六吳王恪傳附禕傳，同。通鑑二一三，亦同。舊紀，開元二十九年十二月，吐蕃攻陷「振武軍、石堡城，蓋嘉運不能守。」新二一六上吐蕃傳亦同。六典五兵部目，隴右所統七軍，亦有振武軍，正是二十餘年版籍也。而通此軍自開元十七年置，至二十九年沒蕃，凡十餘年，極爲朝廷所重視，故不惜重大犧牲收復之。而通典、元和志及舊地志皆不見其名，但皆有振威軍。通典、元和志云在鄯州「西三百里，開元中信安王禕置，管兵千人。」舊志云：「振威軍在鄯州西三百里，管兵千人，馬五百匹。」此與新地志河州有振威軍非一地。據上引新地志，振威武軍在鄯州西南三百零七里，里距畧同，方位亦畧合，又皆爲開元中信安王禕所置，疑即一軍，「威」乃「武」之形譌耳。

石堡城至爲險絕，故吐蕃稱爲鐵仞城。玄宗久欲取之而不拔。通鑑二一六天寶八載六月，「上命隴右節度使哥舒翰帥隴右、河西（畧）、朔方、河東兵，凡六萬三千，攻吐蕃石堡城。其城三面險絕，惟一徑可上，吐蕃但以數百人守之，多貯糧食，積檑木及石，唐兵前後屢攻之，不能克。翰進攻……拔之，……唐士卒死者數萬，果如王忠嗣之言。」按王忠嗣對玄宗，「石堡險固，……非殺數萬人不能克。」因此得罪，見卷二一五天寶六載紀。足見此城之險，故吐蕃以鐵仞名之。通鑑二一三開元十七年，書信安王禕收復石堡城置振武軍。胡注引宋白曰：「石堡城在龍支縣西。四面懸崖數千仞，石路盤屈，長三四里。西至赤嶺三十里。」形勢益見。乾隆西寧府新志四山川目，「石城山西南去（西寧）縣二〔一？〕百八十里，即石堡城，崖壁峭立，三面險絕，惟一徑可上。」吳景敖西陲史地研究（頁一一），石堡城，「故址在西甯西南八十公里哈喇庫圖城附近之石城山。」按一統志西寧府卷關隘目，「哈拉庫圖爾營，在西寧縣西一百五十里，城周二百二十八丈，本朝乾隆四年築。其地倚日月山，爲商旅要區。」府志及吳氏所指，殆畧近之。

紇壁驛　舊一四九張薦傳，貞元二十年，吐蕃贊普死，薦充入吐蕃弔祭使。「涉蕃界二千餘里，至赤嶺東被病，殆於紇壁驛。」按赤嶺以東河湟地區此時皆陷屬吐蕃，疑此驛亦吐蕃所置。新志鄯州鄯城路條，記西至吐蕃牙帳之通道，赤嶺以東，中國境內沿途置城軍，赤嶺以西，吐蕃境內，則驛名甚多，是吐蕃舊已置驛，蓋後來侵得赤嶺以東土地仍沿途置驛，紇壁是其一耳。

又二三十里至赤嶺，北接大山，南連小雪山，蓋即今日月山隘道（在哈拉庫圖南），山係赤砂岩構成，海拔三千八百公尺，爲青海黃河分水嶺。北魏盛時西疆屆赤嶺，亦爲盛唐時代唐蕃分界嶺，開元間互市於此，置唐蕃分界碑。

赤嶺始見於宋雲行紀云：「初發京師，西行四十日至赤嶺，即國之西疆也，皇魏關防正在於此。」時在北魏明帝神龜元年（西元五一八），恰在李唐開國前一百年。唐世此赤嶺屢見史册，即就通鑑所書，有四條如次：

儀鳳三年，「因命（婁師德）使于吐蕃，吐蕃將論贊婆迎之赤嶺。」（卷二〇二）

開元十九年「秋九月辛未，吐蕃遣其相論尚它硉入見，請於赤嶺爲互市，許之。」（卷二一三）

開元二十一年「二月丁酉，金城公主請立碑于赤嶺，以分唐與吐蕃之境，許之。」（同上）

開元二十六年六月辛丑，以蕭炅爲河西節度使，杜希望爲隴右節度使，王昱爲劍南節度使，「分道經略吐蕃，仍毀所立赤嶺碑。」（卷二一四）

此四條皆見赤嶺爲唐蕃之界，互市於此，立碑於此。會要九七吐蕃目及舊紀（開元二十二年）、舊一九六上吐蕃傳、舊一一二李暠傳以及册府元龜九八一，所記立碑時間有參差。大抵立碑時機之醞釀，起於十七年吐蕃復遣使來朝，雙方使臣來往協商，二十一年二月金城公主請以九月一日立碑，而事實上至二十二年六月始完事，僅四年而碑拔。

新志云，石堡城「又西二十里至赤嶺，其西吐蕃，有開元中分界碑。自振武經尉遲川，苦拔海，王孝傑米柵，九十里至莫離驛。」下述通吐蕃都城驛距甚詳。新二一六下吐蕃傳，長慶中，劉元鼎使吐蕃，紀其行程云：「過石堡城，崖壁峭豎，道回屈，虜曰鐵仞城。右行數十里，土石皆赤，虜曰赤嶺，而信安王褘、張守珪所定封石皆仆，獨虜所立石猶存，赤嶺距長安三千里而贏，蓋隴右故地也。」又通鑑二〇二儀鳳三年紀胡注引宋白曰：「石堡城西三十里有山，土石皆赤，北接大山，南連小雪山，號曰赤嶺，去長安三千五百里。自鄯州鄯城縣西行二百里至赤嶺。」觀此三條，具見赤嶺形勢，並明大道所經。吳景敖西陲史地研究（頁一一）云：「所謂赤嶺，此固為人所公認之日月山隘路。山係赤砂岩構成，海拔三千八百公尺，為青海內陸灌域及河湟流域之分水嶺。……旅客於晴朗之日，自西寧驅車登嶺，固不難西眺烟波浩瀚之青海也。」按周振鶴青海云，山在哈拉庫圖之南。

鄯州至赤嶺三百二十餘里，即唐蕃通使之主要路線，如呂温、劉元鼎皆取此道，詩篇史文，俱足徵知。

新志鄯州鄯城縣條，記鄯城西南至吐蕃大道所經之軍城館驛甚詳，至五百餘字，自為通使之主道無疑。呂温、劉元鼎出使皆取道蘭州至鄯州，回程皆取道河州大夏川，已詳前考。元鼎經石堡城與赤嶺，亦已見上引。呂温有河源軍漢村作（全唐詩六函四冊温集二）。又有道州月歎（同前）云：「別館月，犁牛冰河金山雪。」檢新志記鄯城通吐蕃道，云：「經犛牛河度藤橋。」計自赤嶺至此河約一千五百里。則呂温所行，經河源軍，亦經犛牛河，即必經赤嶺也。

(E)由鄯城河源軍向南微西行，蓋畧循牛心川水(今南川河)而上，約百里至承風嶺（約今貴德峽稍南或即千戶莊），隋置承風戍，爲羌夷來華互市處。由承風西行約二百里，至青海東南隅海岸吐谷渾舊都樹敦城（約今察汗城至喀爾喀南右翼旗間東經一〇一度地區）蓋亦中經赤嶺。此爲隋及唐初鄯州通吐渾西域之主道，宋雲所行可能即此道也。

道宣釋迦方志上云往印度有三道，其東道云：

「其東道者，從河州西北度大河上曼天嶺，減四百里至鄯州，又減百里至鄯城鎮，古州地也。又西南減百里至故承風戍，是隋互市地也。又西減二百里至青海……海西南至吐谷渾衙帳。」

是隋及唐初由鄯州西經鄯城，折西南至承風戍，轉西至青海西南吐渾牙帳，爲一大道也。此條見承風戍爲隋世羌夷互市處。考册府元龜九九九云：

「唐高祖武德八年，吐谷渾欵承風戍，各請互市，並許之。」

是唐初亦承隋制，與邊疆民族互市於此也。舊五七李安遠傳，「使於吐谷渾，與敦和好，於是吐谷渾主伏允請與中國互市，安遠之功也。」時在武德間。新八八同傳，畧同。云「邊埸利之」。當即册府所書者。云「各」云「並」，非僅吐渾一族矣，蓋此地區邊外諸族皆來互市於此，足見承風戍在商業交通上之重要性。

復考通鑑二〇二儀鳳三年紀云：

「李敬玄將兵十八萬，與吐蕃將論欽陵戰於青海之上，兵敗，……狼狽還走，頓于承風嶺，阻泥溝自固。……乃收餘衆還鄯州。」（兩書吐蕃傳及新一〇六李敬玄傳述之尤詳。）

是敬玄退軍，全遵此道也。又舊一九六上吐蕃傳云：

「開元……二十九年……六月，吐蕃四十萬攻承風堡，至河源軍，西入長寧橋至安仁〔人〕軍渾崖峯。……十二月，吐蕃又襲石堡城，節度使蓋嘉運不能守。」（新二一六上吐蕃傳，同。）

此次吐蕃入侵路線蓋亦由青海來攻承風至河源軍，北達安人軍也。此二事皆可與釋迦方志相互證，且明承風爲一軍事交通之要地。

承風嶺、牛心川　至於承風地望，釋迦方志云在鄯城西南減百里。以同條鄯州至鄯城百里例之，此亦當在百里上下，未必不及百里。考水經注二云：「湟水又東，長寧川注之。湟水又東，牛心川水注之。水出西南遠山，東北流逕牛心堆東，又北逕西平亭西，東北入湟水。湟水又東逕西平城北。」董祐誠曰：牛心川水即今西寧城西之南川水。此無疑者。今西寧西南通貴德之汽車道，即循南川水而行，唐世鄯城通積石軍爲一道，詳下文，殆即今道之前身也。釋迦方志所述由鄯城至承風戍之方向與此牛心川水之方向全同，蓋亦即今之汽車道耳。考舊紀貞觀九年閏四月癸巳，大總管李靖、侯君集、李大亮、任城王道宗破吐谷渾於牛心堆。五月乙未，又破之於烏海。通鑑一九四貞觀九年紀，畧同。當亦即循此道而行軍耳。乾隆西寧府新志四，「貴德峽，在西寧縣南八十里，兩山相對，水出其間，赴貴德所之孔道也。」此峽當即南川水之一峽，則隋唐承風嶺戍蓋在此峽之南。檢國防研究院地圖，可能即湟中縣西南之千戶莊地區。

以上所考承風地望乃以釋迦方志爲依據，由承風東北經鄯城再東至鄯州不過二百里也。然通典一四七鄯州目云：

「西南到寧塞郡（即廓州）廣城〔威〕縣故承風（嶺）吐谷渾界三百一十三里，西北到木昆山舊吐谷渾界一百九十五里。」

通鑑二〇二儀鳳三年紀胡注引通典同，惟廣城作廣威，是也。是鄯州西南至承風戍逾三百里，與釋迦方志不同。而寰宇記一五一鄯州目云：

「西南至廓州（即寧塞郡）廣威縣故承風吐谷渾界一百九十五里。」（文海影印本無「故承風」三字。）

此與釋迦方志頗相合。似通典爲誤。今按寰宇記各州四至八到，例據通典移錄。即就鄯州目而言，南北東西及東南、東北皆抄通典，一字不異，惟此條西南與通典異，又無通典次條西北到木昆山事。比而觀之。寰宇記「吐谷渾界」下顯脫「三百一十三里。西北到木昆山舊吐谷渾界」十七字，此無可疑者。然此脫文已久，或寰宇記編纂時即已脫抄。通鑑一九四貞觀八年紀胡注引宋白曰：「鄯州西南至廓州廣城縣故承風嶺吐谷渾界一百九十五里。」蓋即據寰宇記轉錄之耳。至文海所據影印之原本又脫「故承風」三字矣。然則通典云鄯州「西南至廣威縣故承風嶺三百一十三里」，非有譌文。而與釋迦方志所記實有不同也。意者杜佑與道宣所記實爲兩道，非同一道，道宣所記爲鄯州西取鄯城道；杜佑所記乃南取廓州道，由鄯州西南至廓州二百里上下，再折向西北百餘里乃至承風嶺也，以其爲華夷界限，故記之。

樹敦城及經赤嶺　北朝末期至唐代前期，樹敦城屢見史冊，茲先列舉如次：

周書二八史寧傳：爲涼州刺史。「時突厥木汗可汗假道涼州，將襲吐渾。太祖令寧率騎隨之。……木汗……令俱會於青海。寧謂木汗曰，樹敦、賀眞二城是吐渾巢穴，今若拔其本根，餘種自然離散。……木汗從之，即分爲兩軍。木汗從北道向賀眞，寧趨樹敦。……寧……踰山履險，遂至樹敦。敦是渾之舊都，多諸珍藏，而渾主先已奔賀眞，留其征南王及數千人固守，寧進兵攻之……遂得入，生獲其征南王……木汗亦破賀眞，……寧還軍於青海，與木汗會。」通鑑一六六梁太平元年，書此事，畧同。胡注：「樹惇在曼頭山之北。」

隋書八三吐谷渾傳：「開皇初……遣上柱國元諧率步騎數萬擊之，賀悉發國中兵自曼頭至於樹敦，甲騎不絕，其所署河西總管定城王鍾利房及其太子可博汗前後來拒戰，諧頻擊破之。」同書四〇元諧傳：「鍾利房率騎三千渡河連接黨項，諧率兵出鄯州趣青海，邀其歸路……相遇於豐利山……諧擊走之，賊駐兵青海，遣其太子可博汗以勁騎五萬來掩官軍，諧逆擊敗之。」通鑑一七五陳太建十三年，書此事。胡注：「豐利山在青海東。」

廣記二五五李敬玄條引朝野僉載：「中書令李敬玄爲元帥，討吐蕃，至樹敦城，聞劉尚書沒蕃，……狼狽而走。」按此即上文所引通鑑儀鳳三年李敬玄敗於青海之上、退屯承風嶺還軍鄯州事。考異引朝野僉載脫一「討」字，便不能通解。

觀此三事，樹敦城爲吐渾舊都，自爲一要地，當在青海之東或東南。據朝野僉載及李敬玄兩傳以及通鑑記敬玄由樹敦城退屯承風嶺還軍鄯州事，則此城必在青海東南，當承風嶺西出青海南岸之道也。檢元和志三九，廓州，「西至吐蕃界樹郭城三百二十里。」就方向里距言之，此樹郭城正相當前考樹敦城之位置，可斷「郭」爲「敦」之形譌無疑。前引通典，鄯州西南至承風戍三百一十三里。按此道經廓州，廓州東北至鄯州約爲二百里上下，則廓州西至承風約一百一二十里也。然則承風西至樹敦城約二百里也。前引釋迦方志，承風戍西至青海二百里，則樹敦城當即在青海東南海岸。檢視國防研究院地圖，約當在今察汗城至喀爾喀南右翼旗間，約東經一〇一度地區。而就地望形勢論之，此道由承風嶺西至樹敦城當中經石堡城赤嶺地區。且承風戍爲隋唐與西夷互市處，則此道在當時當爲主道，白水澗定戎城一道縱亦早經通行，殆不如承風嶺道之重要。故疑宋雲西行經赤嶺，可能即行此道，非白水澗定戎城道也。且釋迦方志作者爲僧人道宣，其所記正當爲僧人西去所行者，更增加宋雲西行亦取道承風至赤嶺之可能性。又宋史八七地理志西寧州「南至清平砦五十七里。」清平砦「西至赤嶺鐵喉子一百二十里。」殆亦即此道歟？

（四） 廓州河曲道

鄯州西南行約二百里至廓州，河州西北行三百九十里，蓋中經鎮西軍亦至廓州。州治化隆縣，玄宗更名廣威縣，南臨黃河（蓋東經一〇二度地區），城內置寧塞軍，統兵五百人。

通典一七四，廓州治廣威縣，「後魏石城縣，開元初改焉。」元和志三九，廓州治化城縣，「本後魏石城縣也，廢帝二年因境內有化隆谷，改名化隆縣。……先天元年改爲化城縣。」寰宇記一五五，與元和志同，但續云：「天寶初改為廣威縣。」今姑書玄宗改名。廓州又名寧塞郡，故軍名寧塞，及兵馬數，皆詳前鄯州統軍條。

元和志云：「黃河在縣南八十步」，是廓州廣威縣在黃河北岸，此無可疑者。至其正確地望，唐宋志書所記頗異。茲分列次如：

通典一七四河、鄯、廓三州目所記廓州四至云：

東或東南至河州三九〇里。

北至鄯州一八〇里。（寰宇記同）

東至鄯州龍支縣二九〇里。（寰宇記同）

東北至鄯州龍支縣三九四里。（寰宇記作三九〇里）

西北至鄯州鄯城縣二八〇里。（寰宇記同）

元和志三九河、鄯、廓三州目，記廓州四至云：

東至河州三九〇里

西至吐蕃樹敦城三二〇里

東北至鄯州二四〇里

寰宇記一五一鄯州、一五四河州、一五五廓州所記里距多與通典相同。惟無廓州至河州里數。而云：

東南至河州鳳林縣二八〇里。

玆分析此諸條里程。若就通典、寰宇記言之，廓州正北至鄯州一百八十里。西北至鄯城縣二百八十里。檢視地圖，則州治當在今化隆縣南循化縣稍西黃河北岸之甘都堂上下。然廓州東或東南至河州三百九十里，（寰宇記廓州至河州鳳林縣二八〇。按鳳林縣東至河州八十里，則亦作三百六十里。）東或東北至鄯州龍支縣二百九十里或三百九十里，則廓州治所又當在循化縣西甘都堂之西甚遠。故通典、寰宇記所記頗自相抵觸。若就元和志論之，東北至鄯州二百四十里，東至河州三百九十里，則當在東經一〇二度以西、貴德縣以東，約當阿什貢上下。如此則東南至河州三百九十里，東至龍支縣二百九十里，皆無不合。然元和志明云積石軍在澆河故城，水經注明云澆河城東北至西平郡（今西寧）二百二十里，即在貴德縣治附近。而廓州又在軍城之東一百八十里或一百五六十里，則州治決不能西至阿什貢，故今姑置於東經一〇二度附近，即國防研究院地圖峽羣寺地區。

寧塞軍　通典一七二，隴右節度使統軍有寧塞軍，「寧塞郡城內，管兵五百人，馬五十匹。」元和志三九鄯州目，同。而新書地志，廓州「西有寧邊軍，本寧塞軍。」兵志亦僅有寧邊，無寧塞。按寧邊軍在積石軍西黃河外，哥舒翰置，新書誤混爲一地也。

廓州向西行黃河北岸，離岸折北凡約一百一二十里至承風嶺，接鄯城河源軍經承風通赤嶺、樹敦城道。前引通典，鄯州西南至廓州廣威縣承風嶺故吐谷渾界三百一十三里。此道當經廓州。按廓州在鄯州西南二百里上下，則廓州西至承風嶺當在一百一二十里上下也。觀地圖，當循黃河北岸行，再折西至承風嶺也。宋史八七地理志云：

西寧州「南至清平砦五十七里。」清平砦「東至廓州綏平堡界三十五里，西至赤嶺鐵喉子一百二十里。」

廓州「南至黃河不及里，北至膚公城界十五里。膚公城舊名結囉城，……王厚云，結囉城至廓州約三十餘里。……北至綏平堡界二十五里。綏平堡……西至清平砦界二十里，南至膚公城界二十里。」

據此，則廓州北至膚公城三十餘里，又北五十里至綏平堡，折西五十五里至清平砦，砦北至西寧州五十七里，砦西至鐵堠子一百二十里，再西則至赤嶺。此殆即唐世廓州西北通赤嶺之道也。

又廓州向西行黃河北岸，循岸折西南，凡一百八十里至靜邊鎮（近今貴德縣治）。故承風嶺西南至鎮亦爲一通道。又由廓州西行三十里至達化縣，又一百二三十里，亦至鎮，盖行黃河之南也。靜邊鎮本古澆河城，貞觀中置鎮，儀鳳二年升置積石軍，統兵七千人。其他西臨大涸，北枕黃河，形勢險阻，故置重兵爲廓州前衛。天寶十三載，哥舒翰又於軍西黃河北岸置寧邊軍爲犄角，重其地也。

通典一七二州郡序目，隴右節度使統軍有積石軍，在寧塞（廓州）西百八十里，儀鳳二年置，管兵七千人，馬一百匹。」元和志鄯州目，全同。而元和志廓州目，最後云：「積石軍在州西南一百五十里，儀鳳二年置，西臨大涸，北枕黃河，即隋澆河郡所理。」云軍州相距一百五十里，差少三十里。檢通典一七四廓州目，「西至積石軍一百八十里」，「西南積石軍百六十一里。」寰宇記一五五，同。又元和志云，積石軍本隋澆河郡理。檢通典一七四廓州達化縣條云：「澆河城即晉時吐谷渾王阿豺所築，在縣西一百三十里。」舊地志四〇廓州目，澆河城在達化縣西一百二十里。寰宇記一五五廓州達化縣條云：「

澆河城亦謂之故廓城，在縣西一百二十里。故老傳云，趙充國所築。或云吐谷渾舊城，晋永寧（中）拜吐谷渾王阿豺爲安西將軍澆河公，即理此城也。」據元和志三九廓州目，達化縣在州西三十里。寰宇記一五五，同。澆河城在達化縣西一百二三十里，即在廓州西一百五六十里也。下文擬定積石軍、故澆河城近今貴德縣治。按廓州西至積石間之黃河正向北弓出，盖行河北則迂，行河南則捷，故有二三十里之差歟？

由廓州西行黃河北岸，至黃河向北弓出處，折北則至承風嶺，折西南則至靜邊鎮、積石軍，故知承風南行至河岸，又循河岸至積石軍爲一通道也。下文引哥舒翰傳，由河源軍出兵至積石軍，正即經承風嶺道矣。

河水注二：「河水又東逕澆河故城北，有二城東西角倚，東北去西平二百二十里。」董祐誠曰：「澆河城在今西寧縣西南，近今貴德廳治。」按乾隆西寧府新志三，貴德所「在府南二百二十里。」一統志西寧府卷關隘目，「貴德營在府南二百二十里，元至元中置貴德州。」前人說者皆謂澆河城近今貴德縣治，盖畧得之。河水注云，濟川水「北逕澆河城西南，北流注于河」者，殆即今圖所記發源於貴德南境之龍玉池至貴德縣治入河之水也。元和志所謂「西臨大澗」者，即臨此濟川水歟？

會要七八，「積石軍置在廓州達化縣西界，本吐谷渾地，貞觀三年吐谷渾叛，置靜邊鎮，儀鳳二年置軍額。」武經總要前集一八下，同。新地志亦云達化縣「西有積石軍，本靜邊鎮，儀鳳二年爲軍。」則置軍前本爲靜邊鎮。

元和志又云：「寧邊軍在積石軍西，黃河北。……天寶十三年哥舒翰奏置。」新書兵志有此軍。而新地志云，廓州「西有寧邊軍，本寧塞軍，……天寶十三載置。」以寧邊本寧塞，誤也。按水經注所記，澆河本有東西二城，東西犄角，哥舒翰蓋亦襲師舊制耳。

積石軍既阻澗枕河，東通廓州，分達河、鄯，復北通鄯城，出大斗，達甘、涼，西南至九曲，西走青海南大非川，兼以土地肥良，麥產豐盛，蓋古大小榆谷之地，故久爲黃河上源軍事交通中心之名城。城有七級浮圖，蓋亦西疆一佛教中心也。

舊一〇四哥舒翰傳：「天寶六載，擢（略）充隴右節度副使（略）河源軍使。先是，吐蕃每至麥熟時即率部衆至積石軍獲取之，共呼爲吐蕃麥莊，前後無能拒之者。至是翰使王難得、楊景暉等潛引兵至積石軍設伏以待之，吐蕃以五千騎至，翰於城中率驍勇馳擊，殺之略盡。」足見鄯城河源軍西南至積石軍爲一通道。又據此，積石地區，麥產豐盛。蓋即漢代大小榆谷地區，詳下九曲條引水經注。

高適有同呂判官從哥舒大夫破洪濟城廻登積石軍多福寺七級浮圖詩（全唐詩三函十册適集二）。七級浮圖可登臨者，全國爲數不多，此邊區軍城竟有之，足見爲一方佛教中心。

又通典一九〇邊防六吐蕃目云：

「萬歲通天、……二年，吐蕃大論欽陵遣使請和。武太后遣（銜略）郭元振往至野狐河，與陵遇。陵曰：……若陵有謀漢之懷，有伺隙之意，則甘涼右地，既于積石，此道綿細，幾二千里，其廣者不過二三百里，狹者纔百里，陵若遣兵出張掖，或出玉門，使大國春不遑種，秋無所獲，五六歲中，或可斷漢右界矣。」（新吐蕃傳採此條，有脫誤。）

據此可知南自九曲、積石，北經鄯城出大斗至甘涼，幾二千里，蓋爲一槽型走廊地帶，宜唐蕃用兵常來往於此道也。論欽陵雖云不由此道入寇甘涼，實則正爲蕃人常採取之進兵路線。如新二一六吐蕃傳云：「開元十四年……（吐蕃大將）悉諾邏兵入大斗拔谷，遂攻甘州火鄉聚，王君㚟勒兵……不戰，會大雪，吐蕃……乃踰積石軍趨西道以歸，君㚟豫遣諜出塞燒草皆盡，悉諾邏頓大非川，無所牧，馬死過半，君㚟……窮躡出青海西，方冰合，師即乘而度。于時虜已踰大非川，留輜重疲弱濱海，君㚟縱兵俘以旋。」（舊一〇三王君㚟傳及舊吐蕃傳與通鑑二一三開元十五年，畧同。）此次吐蕃兵入大斗拔谷至甘州，又由甘州退軍經積石軍至大非川正即論欽陵所言之道；又如前引舊吐蕃傳，開元二十九年，蕃兵四十萬攻承風堡，至河源軍入長寧橋安人軍，亦其例也。

積石又西八十里至宛肅城（約今共和縣），一作宛秀城，天寶十三載，哥舒翰收九曲地，分其西北境置澆河郡於此城，並置宛秀軍，一作威勝軍。

元和志三九廓州，「威勝軍在積石軍西八十里宛肅城。天寶十三年哥舒翰奏置。」會要七八，「宛秀軍，同前年（天寶十三載七月十七日）分九曲置澆河郡，內置軍焉，以藏奉忠爲太守，充軍使。」宛秀即宛肅。新書地志，廓州「宛秀城有威勝軍。」新一三五哥舒翰傳：「收黃河九曲，……築神策宛秀二軍。」是其證。蓋就地名之爲宛秀軍，又美名爲威勝軍也。據會要，且置郡，本亦河曲之地也。

又西南六十里至洪濟橋，北周置洪濟鎭。（約今共和縣西南數十里。）天寶十三年哥舒翰置金天軍。又西南約一百五十里，至黃河九曲最西處，亦河源唐土之最西疆也。

元和志三九廓州，「金天軍在積石軍西南一百四十里洪濟橋。」新書地志，同；惟作廓州西一百四十里，誤。通典一七四廓州達化縣，「澆河城……在縣西一百三十里。又有洪濟鎮，後周武帝逐吐谷渾，築，在縣西二百七十里。」是亦去積石軍一百四十里也。必與洪濟橋同地。通鑑二一五，天寶二年四月「丁亥，皇甫惟明引軍出西平，擊吐蕃，行千餘里，攻洪濟城破之。」是當由鄯州經積石至洪濟也。舊書吐蕃傳，劉元鼎使吐蕃，述河源云，「黃河上流在洪濟橋西南二千餘里」。新傳，同。蓋此橋爲唐代盛時河上最西之建築，故唐使記河源以此橋爲計程之始也。

積石西南蓋皆河曲九曲之地，而盧懷愼等奏稱吐蕃過河築獨山九曲兩軍、去積石三百里者，蓋就吐蕃置軍之核心區而言。檢視地圖，積石西南三百里，亦正黃河向西弓出之最西處也。詳下文。

黃河發源巴顏喀喇山脈之北，東流經大積石山之南，繞山折而西北流於積石山之北，至北緯三五·五度處又折而東北流，至共和縣始正東流。共和以西，河流曲折，故古有九曲、河曲之目。河東之地本屬唐境，水甘草良宜屯牧。睿宗景雲中，吐蕃賂楊矩請獲九曲之地爲公主湯沐邑，遂造橋河上，蓋即駱駝橋；置獨山、九曲兩軍及洪濟、大莫門等城。旋復叛唐。天寶十二載，哥舒翰收復九曲地，明年分其地置澆河、洮陽二郡，並增置八軍。除前述寧邊、威勝、金天三軍外，另五軍：曰武寧，在洪濟橋東南八十里百谷城（約今察哈諾門汗旗左近）；曰曜武，在廓州南二百里黑峽川（蓋今魯倉寺，隆務寺地區）；曰天成，曰振威，在河州西；曰神策，與洮陽郡同治，在洮州西。然不旋踵，安史亂起，郡軍皆陷。

舊一九六上吐蕃傳云：

「睿宗即位，……時楊矩爲鄯州都督，吐蕃遣使厚遺之，因請河西九曲之地，以爲金城公主湯沐之所，矩遂奏與之。吐蕃既得九曲，其地肥良，（新傳作「水甘草良」。）堪頓兵畜牧，又與唐境接近，自是復叛。」（會要九七，同。）

盧懷愼請毀河橋奏（全唐文二七五）云：

「頃者吐蕃以河爲界。神龍年中，降公主，吐蕃遂過河築城，置獨山、九曲兩軍，去積石三百里，又於河上造橋。吐蕃今既叛我，此橋即應毀拆，橋既見毀，城自然拔。」

新書吐蕃傳及通鑑皆有此兩條。盧懷愼等奏請毀橋在開元二年十月戊辰，詔從之。去積石三百里，（通鑑亦作三百里，新傳「三」作「二」。）當在洪濟橋西一百五十里之譜，則吐蕃所建橋似另一橋，非洪濟橋也。然九曲係指大幅土地而言，即獨山九曲兩軍亦必不在一點，所謂三百里者，蓋就九曲中心地帶而言，即黃河向西弓出之最頂處去積石軍約三百里也。今檢地圖，正相合。又據盧懷愼等奏章，唐蕃本以河爲界。唐境九曲之地當在河東，不應云河西。舊傳此條云「河西九曲」，會要全同；惟新書中宗紀景龍四年，「三月，以河源九曲予吐蕃。」會要九七另條云：「天寶中，連事西討，進收黃河九曲。」作河源是也。

開元二年唐廷雖決議毀橋拔城，然實不能守，茲就兩書及通鑑舉證如次：

通鑑二一三，開元十六年七月，隴右節度使張忠亮追擊吐蕃，「拔其大莫門城……焚其駱駝橋而還。

」胡注：「大莫門城在九曲。」（兩傳畧同。）

通鑑二一五，天寶二年四月，「皇甫惟明引軍出西平擊吐蕃，行千餘里，攻洪濟城，破之。」（新紀畧同。）

通鑑二一六、二一七，天寶十二載五月，「隴右節度使哥舒翰擊吐蕃，拔洪濟、大漠門等城，悉收九曲部落。」十三載，「七月癸丑，哥舒翰奏，於所開九曲之地置洮陽、澆河二郡及神策軍，以臨洮太守成如璆兼洮陽太守，充神策軍使。」

新一三五哥舒翰傳：「爲隴右節度，……攻破吐蕃洪濟、大莫門等城，收黃河九曲，以其地置洮陽郡，築神策、宛秀二軍。」新二一六上吐蕃傳畧同。又云「實天寶十二載。於是置神策軍於臨洮西，澆河郡於積石西，及宛秀軍，以實河曲。」

是則大莫門城及洪濟城皆即九曲地，駱駝橋蓋亦在九曲，疑即所謂「造橋河上」者。自開元初至天寶末，時得時失，至天寶十二載，哥舒翰收復九曲，分置澆河、洮陽二郡外，又置八軍，分佈廓河洮三州，皆見元和志。就中廓州五軍，除上文所列寧邊、威勝、金天三軍外，有武寧軍在洪濟橋東南八十里百谷城，新志作百合城。通鑑二一九至德元載，吐蕃陷唐軍城有百谷城，則新志誤也。另三軍詳下文河州洮州西行路線。觀翰增置軍郡情形，蓋至是唐始大規模經營此地區，然不久安史亂起矣。

通鑑二一〇景雲元年，書吐蕃請河西九曲之地。胡注：「九曲者去積石軍三百里，……蓋即漢大小榆谷之地。」紀要六四榆谷條承其說。按河曲及大小榆谷，爲羌人根據地，見後漢書一一七西羌傳。水經注二河水注約述其事，兼具地望，茲引列如次：

「河水……發于西塞之外，出于積石之山。……河水屈向東北流，逕析支之地，是爲河曲矣。應劭曰，禹貢，析支屬雍州，在河關之西，東去河關（在河州西）千餘里，羌人所居，謂之河曲羌也。……河水自河曲又東逕西海郡南，……王莽……諷羌獻西海之地，置西海郡而築五縣焉，周海亭燧相望。……河水又東逕允川，而歷大榆小榆谷北，羌迷唐鍾存所居也。永元五年，貫友……攻迷唐……收其熟麥數萬斛，于逢留河上築城以盛麥，且作大船，于河峽作橋渡兵，迷唐遂遠依河曲。永元九年，迷唐復與鍾存東寇而還。十年，謁者王信耿譚西擊迷唐降之，詔聽還大小榆谷。迷唐謂漢造河橋，兵來無時，故地不可居，復叛居河曲。……隃麋相曹鳳上言，建武以來，西戎數犯法，常從燒當種起……以其居大小榆谷，土地肥美，又近塞內，與諸種相傍，南得鍾存以廣其衆，北阻大河，因以爲固，又有西海魚鹽之利，緣山濱河，以廣田畜，故能彊大，常雄諸種。今黨援沮壞，親屬離叛，……宜及此時……規固二榆，廣設屯田，隔塞羌胡交關之路。……上拜鳳爲金城西部都尉，遂開屯田二十七部，列屯夾河與建威相首尾。……案段國沙州記，吐谷渾于河上作橋，謂之河厲，長百五十步，兩岸纍石作基陛，節節相次，大木從橫更鎭壓兩邊俱平，相去三丈，並大材以板橫次之，施鉤欄甚嚴飾，橋在清水川東也。」

據此所述，漢世河曲即唐之河曲，在黃河繞過大積石山後西北行又折東北行之地也，而大小榆谷則在河曲之東頗遠，故云河水由河曲東逕西海郡南，再歷大小榆谷北。胡注以大小榆谷釋河曲，顯誤。董祐誠曰：「河曲之中，爲和碩特前頭旗、南左翼中旗、南右翼中旗、土爾扈特南前旗及察漢諾們罕喇嘛遊牧處，即析支地也。」是矣。大抵即今同德、共和間地。又曰：大小榆谷當在今貴德廳西。」乾隆西寧府新志四，「大小榆谷在（西寧）縣西南二百里。」是謂在貴德也，皆略近之。榆谷地宜麥，與唐世積石產麥亦相合。

（五） 河岷西境之軍道 附交通不明諸軍鎮

河州西南四十餘里有平夷守捉城，開元二年郭知運置，統兵三千人，蓋在州治西南至鳳林縣道上。平夷守捉城見通典及元和志與兩書地理志，詳前引。就方向言，可能在河州西南至鳳林縣道上。

天寶十三載，哥舒翰於河州西八十里索恭川置天成軍，又取吐蕃雕窠城置振威軍，在天成西百餘里。（約今夏河、同仁地區。）蓋與同時所置之曜武軍、武寧軍相接應。

元和志三九河州目云：

「鎮西軍在州西一百八十里，開元三年哥舒翰於索恭川置。

振威軍在天成軍西百餘里，天寶十三年九月哥舒翰攻吐蕃雕窠城置。」

按此處第二條云振威軍在天成軍西，而不記天成軍所在。此已可疑。按新書兵志實有天成軍，通鑑二一九至德元載，吐蕃陷唐軍城亦有天成軍。檢新唐書地理志河州目云：

「西百八十里有鎮西軍，開元二十六年置。西八十里索恭川有天成軍，西百餘里雕窠城有振威軍，皆天寶十三載置。」

比觀兩志，可知元和志顯有問題。復檢元和志三九鄯州目述隴右節度使統軍有鎮西軍云：

「鎮西軍，河州城內。開元二十六年杜希望置，管兵一萬二千人，馬三百匹。」

是本書同一卷中前後不符。檢通典一七二州郡序目下，述隴右節度使統軍，與元和志鄯州目所記年份置者全同，云「亡父先臣希望」，是即杜佑之父也。又會要七八節度使目亦云「開元二十六年八月置」，惟無置者姓名。又考舊一九六上吐蕃傳：「（開元）二十六年…七月，希望又從鄯州發兵奪吐蕃河橋，於河左築鹽泉城……因於鹽泉城置鎮西軍。」新書吐蕃傳及通鑑二一四開元二十六年條，亦同。則此軍以開元二十六年置無疑。且舊一〇四哥舒翰傳，翰年四十，遭父喪客居京師，爲長安尉，後「仗劍之河西，初事節度使王倕，……後節度使王忠嗣補爲衙將。……天寶六載，擢授（畧）隴西節度副使（畧）河源軍使。」其後代王忠嗣爲隴右節度使。新傳畧同。考通鑑二一五，天寶元年十二月「庚子，河西節度使王倕奏破吐蕃漁海及遊奕等軍。」舊一〇三王忠嗣傳，天寶五載爲「西平太守、判武威郡事、充河西隴右節度使。」則哥舒翰發跡甚遲，其赴河西爲衙將，不能早過開元末，至天寶五六年始當大任。元和志河州目，此條云開元三年哥舒翰置鎮西軍，自屬有誤，無疑。元和志河州目此條雖誤，然實考之，非原書之誤，乃傳刻奪譌。何者？按新志以天成軍、振威軍皆天寶十三載置。又新志廓州目，有寧邊、威勝、金天、武寧、曜武五軍，「皆天寶十三載置。」洮州目「有神策軍，天寶十三載置。」檢元和志三九廓州、洮州亦有此六軍，其建置情形如下：

廓州目，積石軍後書云：

「甯邊軍在積石軍西黃河北。

威勝軍在積石軍西八十里宛肅城。

金天軍在積石軍西南一百四十里洪濟橋。

武甯軍在洪濟橋東南八十里百谷城。

曜武軍在州南二百里黑峽川。

右甯邊等五軍並天寶十三年哥舒翰奏置。」

洮州目云：

「神策軍在州西八十里，天寶十三年哥舒翰置，在洮河南岸。」

是天寶十三載，哥舒翰置軍甚多，就元和志河州、廓州、洮州三目書事觀之，每軍皆書明方位里距及所在城川，其年份一律作「天寶十三年」不作「十三載」。然則元和志河州目鎮西軍條「開元」二字下、「三年」二字上，當脫「二十六年杜希望於鹽泉城置。天成軍在州西八十里天寶十」二十餘字。唐長孺唐書兵志箋正卷二，雖已看出元和志河州目此條有誤，然逕改「鎮西軍」爲「天成軍」，此更誤矣。

又渭州西南二百五十四里至岷州治所溢樂縣（今岷縣），開元間置八驛。

此詳唐代岷山雲嶺地區交通圖考（刊香港中文大學中國文化研究所學報第二卷第一期。）

岷州西行四五十里，至野狐峽（今岷縣西二十五公里之野狐橋），兩岸崇山對峙，怒濤奔騰，勢成天險。

通鑑一九四，貞觀九年，「下詔大舉討吐谷渾」，以李靖爲大總管，節度五將，「岷州都督李道彥爲赤水道行軍總管。」是其一，靖與黨項拓跋赤辭盟，使爲鄉導。「赤水道行軍總管李道彥行至濶水，見赤辭無備，襲之，……於是羣羌怨怒，屯野狐峽，道彥不得進，赤辭擊之，道彥大敗，退保松州。」又通典一九〇吐蕃目，「萬歲通天……二年，吐蕃大論欽陵遣使請和，武太后遣（銜略）郭元振往至野狐河，與陵遇。」按野狐峽、野狐河當是一地。西陲史地研究頁一七云，「野狐河即今野狐橋至清水溝口一段洮河之別稱。」「野狐橋崇山隔河對峙，怒濤奔騰，一橋架空，勢成天險。」地在岷縣西二十五公里，洮水南岸，過橋至水北，又十公里至臨潭縣。按李道彥以岷州都督爲赤水道行軍總管，赤水在九曲之西，青海之南，則道彥行軍路綫正當循洮水河谷而上，由岷州西經洮州至九曲赤水地區也。道彥在濶水敗盟，蓋退軍回岷州途中經野狐峽，爲黨項所要擊。又按岷洮西南通松州亦爲一道⑪，故道彥兵敗不能回岷州，而退入松州也。

又西至美相縣（近今臨潭縣）**東去岷州蓋一百零五里。又西三十五里至安西府，又四十里至洮州治所臨潭縣，東北兩面並枕洮水**（今舊洮州城南，洮水南岸。）**儀鳳二年於城內置莫門軍，統兵五千五百人。**

元和志三九，岷州、洮州，東西距一百八十里。通典及寰宇記皆作一百七十六里。今取大數。又元和志，洮州臨潭縣在郭下，「其城東北面並枕洮水。」舊說，唐洮州臨潭縣在今臨潭西七十里之舊洮州城。西陲史地研究頁一七：「洮州舊城北一公里爲唐洮州治所舊址。」然此城在洮水北，唐州城當在此舊洮州城之南洮水南岸也。舊說未可信。（除非洮水河牀今已南移。）元和志又有美相縣，西至州七十五里

（寰宇記作七十里）；安西府，貞觀十三年置，在州東四十里；當皆在岷洮間道上。

洮州城置莫門軍，時代統兵數並見通典、元和志及兩書地理志，詳前鄯州置隴右節度使條。

洮州西南越嶺一百八十里至疊州，南通成都。

此詳唐代岷山雪嶺地區交通圖考。

洮州北行三百一十里至河州，蓋中經鳳林縣。

通典一七四洮州目，北至安鄉郡、東北到安鄉郡皆三百一十七里，寰宇記一五四，同。元和志作三百里。視形勢，參今日地圖，當中經鳳林縣也。

洮州西一百八十里有廣恩鎮，西北一百八十里有千旭戍。

廣恩鎮見元和志；新志云州西一百六十里。

通典一七四，洮州「西北到戎旭界一百八十里。」寰宇記一五四作「西北到千旭戍界一百八十里。」疑戎旭蓋有脫譌。

天寶十二載，哥舒翰收吐蕃黃河九曲，明年分其地東南境，置洮陽郡及神策軍於磨禪川。郡在洮水之北，軍在洮水之南，（約今西倉、新寺地區。）東去洮州二百餘里，西去黃河三百餘里。

會要七八，「神策軍，天寶十三載七月十七日，隴右節度哥舒翰以前年收黃河九曲，請分其地置洮陽郡，內置軍焉，以成如璆爲太守、充神策軍使，去臨洮軍（軍當作郡）二百餘里。」通鑑二二一上元元年，「初哥舒翰破吐蕃於臨洮西關磨環川，於其地置神策軍。」胡注引會要，末句作「去臨洮郡二百里。」

謂東至洮州臨洮郡二百餘里也。而元和志三九洮州，「神策軍在州西八十里，天寶十三年，哥舒翰置，在洮河南岸。」新地志洮州目云：「西八十里磨禪川有神策軍，天寶十三載置。」疑「八十里」上皆脫「百」字，或「二百」字。又按元和志云洮州西去黃河六百里；寰宇記一五四，同。則洮陽郡西去黃河三百餘里也。

此岷洮道西通洮陽神策軍，又西至黃河九曲吐蕃大莫門城，是亦西通吐蕃之一道也。

前引通鑑，貞觀九年，岷州都督李道彥爲赤水道行軍總管伐吐谷渾，赤水在九曲西，即洮水河谷西行爲一路線也。又前考九曲，引新哥舒翰傳，「攻破吐蕃洪濟大莫門等城，收黃河九曲。」通鑑二一六，同，莫作漠。其地在九曲地區。而洮州城內所置莫門軍，通鑑二一五天寶元載條亦作漠門軍。則洮州莫門軍與吐蕃所置大莫門城在命名意義上似有相當之關係，蓋洮州至吐蕃大莫門地區實一通道也。

考舊一九六上吐蕃傳云：

「明年（開元十六年）……隴右節度使（畧）張忠亮引兵至青海西南渴波谷，與吐蕃接戰，大破之。俄而積石莫門兩軍兵馬總至，與忠亮合勢追討，破其大莫門城……又焚其駱駝橋而還。」

按舊九九蕭嵩傳書此事亦云渴波谷在青海西南。大莫門城既在九曲地區，駱駝橋當亦相近，或即所謂「造橋河上」者，張忠亮此次用兵，先敗吐蕃於青海西南之渴波谷，乃東南與積石莫門兩軍合勢追擊，破其河曲地區之大莫門城與駱駝橋也。積石軍在黃河上，西南行即至九曲大莫門城；莫門軍在洮州，蓋即循洮河而上亦至九曲大莫門城也，此尤洮州西通河曲之強證⑫。西陲史地研究頁四，指今同德以下黃河河道爲赤水。又云：「赤水東南另有捷徑通拉加寺（即同德），東經和碩特前首旗，度拉力關，東下古札川，以接洮州舊城，或東北出夏河以通臨夏。凡由柴達木盆地逕走洮河、大夏河及嘉陵江、岷江諸流域者，多直出此道。」按唐之赤水，未必即指黃河此段，但唐代由岷洮經洮陽神策軍至九曲，蓋大體畧循此道殆不誤。

以上考唐代河湟地區之交通路線，隴右節度使所統此地區之軍城守捉，多在道上。玆另有數軍戍守捉未及繫列者，附錄如次：

榆林軍，在蘭州，睿宗時見置。

新書五〇兵志，隴右節度所統有榆林軍。又新書地志，蘭州有榆林軍。蓋在州城。唐長孺兵志箋正二：「按張說之集卷十八廣州都督甄公（道一）碑：拜蘭州刺史兼榆林、臨洮等軍大使。道一卒在開元五年，據會要，先天二年，道一已爲幽州節度使，碑作河北諸軍州大使，當是一事；……其爲蘭州刺史又在前。則睿宗時已有榆林軍，且置蘭州。觀六典不載，蓋已廢罷，兵志不當收入。」

制勝軍，地望無考。

通鑑二一九至德元載紀，「吐蕃陷威戎、神威、定戎、宣威、制勝、金天、天成等軍。」惟制勝軍地望無考。

合川守捉城，在鄯州南一百八十里，貞觀中，侯君集置，管兵千人。

此見通典一七二州郡序目，及元和志三九鄯州目，引詳前鄯州隴右節度使統軍條。通典作「合川郡界守捉」，元和志無「界」字，而最後有「合川郡今疊州」一句。舊地志，則作合川守捉，無「郡」字，在鄯州南里數兵數皆同。新書兵志、地志及通鑑二一五天寶元年紀亦皆無「郡」字。按疊州合川郡，在洮州西南一百八十里白龍江上游，在鄯州南約八百里。各書皆云在鄯州南一百八十里，則決不能遠在合川郡，疑作合川守捉爲正，通典誤加郡字，元和志爲之作解，更誤。

綏和守捉城，在鄯州西二百三十里，開元二年郭知運置，管兵千人。

此見通典一七二州郡序目。元和志三九鄯州目，畧同，惟「西二百三十里」作「西南二百五十里」，又最後有「今分爲五百人」一句。舊志及新志亦皆作西南二百五十里。通鑑二一五天寶元年紀胡注，同。

宣威守捉城，在廓州南二百九里或二百九十里。後升爲軍。

通典一七四廓州目，「南至宣威守捉使二百九里。」寰宇記一五五廓州目作「東至」，字譌。又寰宇記一本作「二百九十里」，未知孰是，疑有「十」爲正。按通鑑二一九至德元載紀，書是年吐蕃陷唐軍城，有宣威軍，不作城，蓋後升爲軍也。

新安夷騎在廓州北八十里。

元和志三九廓州，「北至新安夷騎八十里。」疑有譌字，但他處不見，無可校勘。

黃沙戍在廓州達化縣東六十里。

此見元和志三九廓州目。新志亦云達化「東有黃沙戍。」

（六） 赤嶺西南青海河源道

赤嶺向西南有西及西南兩道。（A）西道經樹敦城，行青海南岸，經曼頭城至伏俟城，城在青海湖西十五里，**爲吐渾**夸呂所都。（今鐵卜卡古城，在布哈河下游支源茱濟河〔切吉河〕之沖積扇上。）青海湖周圍七百里，海中小山**名龍駒島**，哥舒翰收其地，置應龍城、神威軍。由伏俟城及曼頭城又西經吐渾故都伏羅川（今柴達木河流域巴隆**地區**），復分爲南北兩道，北道西至于闐，南道西南至吐蕃。北朝宋雲西行道及唐初道宣所記唐使出西域之東**道**，皆即此道也。惟伏羅川以西，一西取于闐，一南取吐蕃耳。

道宣釋迦方志上述唐初往印度使者有三道，其一道即由河、鄯至承風嶺者。其述承風以西所經云：「至故承風戍……又西減二百里至青海。海中有小山，海周七百餘里。海西南至吐谷渾衙帳。又西南至國界名白蘭羌，北界至積魚城，西北至多彌國，又西南至蘇毗國，又西南至敢國，又南稍東至吐蕃國。」（以下述到北印度尼波羅國，行程不錄。）

又唐建國前一百年（魏神龜元年，西元五一八年）宋雲行紀記赤嶺以西行程云：⑬

「發赤嶺西行二十三日，渡流沙，至吐谷渾國，路中甚寒，多饒風雪，飛沙走礫，舉目皆滿，惟吐谷渾城左右暖於餘處。……從吐谷渾西行三千五百里至鄯善城，（今羅布泊南三百里，似即婼羌縣治Churklik）……今城（主）是吐谷渾第二息寧西將軍，總部落三千以禦西胡。從鄯善西行一千六百四十里至左末城。……從左末城西行一千二百七十五里至末城，……從末城西行二十二里至捍麼城，……從捍麼城西行八百七十八里至于闐國（今和闐縣治西七哩Yotkan村在玉瓏哈什河、哈喇哈什河之間）」（此西行程不錄）道宣所記即由承風嶺西行經赤嶺至樹敦城，再行青海南岸經吐谷渾衙帳　，向西南經白蘭、吐蕃至印度也。宋雲所記，由赤嶺西行，渡流沙，至吐谷渾城，又西經鄯善城、左末城、于闐國至印度也。⑭其赤嶺至吐谷渾衙帳一段，行程蓋相同，其西則宋雲正西趨于闐，道宣所記則西南趨吐蕃，是不同。吐渾城以西所經，今姑不論，僅就赤嶺至吐渾城續論如次：

吐谷渾城　宋雲所經吐谷渾國，沙畹釋之云：「當時之吐谷渾可汗爲伏連籌。其名至五二四年尙見中國史書（通鑑綱目）著錄， 其子夸呂初見中國史書之時在五四〇年（資治通鑑）。夸呂立，始自號爲可汗，居伏俟城，在青海西十五里。（北史卷九六。）假定伏連籌亦都伏俟，宋雲所記之吐谷渾城應在今布喀音噶爾沿岸尋之。」是沙畹謂此吐谷渾城即伏俟城，當在今布喀音喀爾地區。黃盛璋等吐谷渾故都伏俟城發現記，從沙畹說，以爲宋雲道宣先後所記吐谷渾衙帳皆即伏俟城，在青海西十五里布哈河下游之支流菜濟河冲積扇上，今名鐵卜卡古城。（文刊考古一九六二年第八期。）然文後附錄青海省文物管理委員會關于鐵卜卡古城的來信畧云：

「青海湖西之鐵卜卡古城，早經有人考證它是吐谷渾故都伏俟城。如靳玄生青海歷代城塞遺址云，『隋西海郡本吐谷渾伏俟城，在青海西南隅，距海十五里，布哈河繞于北，切吉河環于南，依山面水，形勢雄險，城周二三里，墻垣還沒有十分倒塌……。』（載西北論衡六卷一期）……黃方二同志把伏俟城……假定爲吐谷渾王伏連籌所建，……可能會使鐵卜卡古城就是伏俟城的論點不能成立。理由一，從赤嶺

（今日月山）到鐵卜卡故城步行七八日可到，絕對要不了二十三日；二，途中不經過流沙；三，青海湖周圍均很冷，鐵卜卡附近尤甚。以上三點都與宋雲行紀的記載甚不吻合。我們認爲沙畹假定伏連籌都伏俟城證據不足，伏俟城應爲吐谷渾王夸呂所建。魏書、北史吐谷渾傳，記載較正確。……至於宋雲西行經過的吐谷渾城應爲伏羅川。黃方二同志曾引釋迦方志『海西南至吐谷渾衙帳』。並肯定此衙帳即伏俟城無疑。我們認爲尚待商榷。吐谷渾是游牧民族，逐水草而居，春夏秋冬時有變動，……所謂吐谷渾衙帳，遷徙不常，不一定設在伏俟城內。且唐時吐蕃尼波羅道在越赤嶺後繞青海湖南岸向南而走，不會繞青海西之伏俟城。根據釋迦方志所記吐谷渾衙帳的方位里距，當在今茶卡湖以南草原，和伏俟城無關。」

按伏俟城在海西十五里，即今布哈河、切吉河下游入海處小型冲積扇上之鐵卜卡古城，上引諸家及西陲史地研究（頁三）皆主此說，大抵無問題。城有內外兩層，詳黃文。然觀青海文委會此信，宋雲行紀之吐谷渾城決非近在青海西僅十五里之伏俟城。今就此城東至赤嶺二十三日程，西至鄯善三千五百里，鄯善西至于闐三千七百里以上，比例觀之，此城應在東經九六度左右，諾木洪、霍魯遜湖或稍東西地區。

青海文委會云應爲伏羅川。按魏書一〇一吐谷渾傳云：

「太延二年……慕利延立。……世祖征涼州，慕利延懼，遂率其部人西遁沙漠。……宣諭之，乃還。……世祖……詔晉王伏羅……討之，……慕利延走白蘭。……後復……討之於白蘭，慕利延遂入于闐國殺其王，……南征罽賓……七年遂還舊土。慕利延死，樹洛干子拾寅立，始邑於伏羅川。……高宗時，定陽侯曹安表，拾寅今保白蘭，多有金銀牛馬，若擊之，可以大獲。拾寅走南山，諸軍濟河追之，……乃引還。……顯祖復詔……討拾寅，至曼頭山，拾寅來逆戰，……敗之。……太和五年，拾寅死，子度易侯立，……死，子伏連籌立。……伏連籌死，子夸呂立，始自號爲可汗，居伏俟城，在青海西十五里。」

據此，拾寅邑於伏羅川即在白蘭境，西走可至于闐，東走經曼頭山可至黃河（蓋河曲地區）。南山當即柴達木河、柴達木盆地以南之山區，伏連籌誠當亦居伏羅川，即宋雲行紀之吐蕃城也。檢吳景敖西陲史地研究（頁五），以爲白蘭之舊境當在巴隆河（即柴達木河）流域。巴隆河中流現有蒙古包密集之地曰巴隆。按就今日巴隆在經濟交通上之地位言，此項擬定固有可能。且「伏」古當爲重唇音，讀如「不」，然則巴隆河即伏羅川之遺音歟？至於道宣所記之吐谷渾衙帳，亦誠有非伏俟城之可能，然道宣所記非一次行旅之記錄，乃唐初一般使臣行旅所經，故其所指之衙帳，當非臨時所設，而爲較經常建置之都城，然衙帳西南至白蘭，則當在宋雲所記吐渾城伏羅川之東，青海文委會以爲當在今茶卡湖⑮以南草原，容或近之。然亦不能完全排除即爲伏俟城之可能性，蓋隋及唐初，吐谷渾既都此城，行旅者固有稍稍繞道經過此城之可能，以便增補裝備也。

曼頭城　曼頭城當與曼頭山有關。前引魏書吐谷渾傳，已見曼頭山在伏羅川以東之大道上。其後曼頭之名，屢見史籍，次列如下：

隋書八三吐谷渾傳：「開皇初……元諧率步騎數萬擊之，賊悉發國中兵自曼頭至於樹敦，甲騎不絕。」

隋書六一宇文述傳：「吐谷渾……請降求救，帝令述以兵屯西平之臨羌城，撫納降附。吐谷渾見述擁强兵，懼不敢降，遂西遁，述……追之，至曼頭城，攻拔之，斬三千餘級，乘勝至赤水城，復拔之，……渾主南走雪山。」

隋書六三劉權傳：「大業五年，從征吐谷渾。權率衆出伊吾道，……逐北至青海，虜獲千餘口，乘勝至伏俟城。帝復令權過曼頭、赤水，置河源郡、積石鎮。」

隋書二九，地理志：「河源郡置在古赤水城，有曼頭城。積石山，河所出。」

新二二一上吐谷渾傳：「貞觀九年李靖等伐吐谷渾，分南北二道，靖從北道，部將薩孤吳仁以輕騎戰曼都山，斬名王。」通鑑一九四，亦作北道，惟將名薛孤兒，山名曼頭山。

據隋書吐渾傳，曼頭在樹敦之西；據宇文述傳，赤水城在曼頭之南（包括東南或西南）；據劉權傳，曼頭城當在伏俟、赤水之間；據隋地志，曼頭城在河源郡境。郡治赤水城，在今黃河岸興海縣地區（詳下文）。據貞觀九年事，曼頭城在西出之北道上，而舊六二李大亮傳，大亮「與大總管李靖等出北路，涉青海。」是北路即行青海南岸，即此城在海南不遠也。按隋得吐渾地，東西四千里，南北二千里，西境置鄯善、且末二郡，東境置西海、河源二郡。西海郡治伏俟城，在青海西岸十五里。郡名河源，必近黃河，而在青海湖之南。兩郡臨海沿岸之分界，不能西於海之西南，則曼頭城當在青海湖南岸之東西大道上，東沿海岸至樹敦，西北沿海岸至伏俟，直西行至伏羅川，向南行則至赤水城。紀要六四，云曼頭山在西寧西北，乃以意測之，大誤。

赤水城　上文論隋河源郡治所之赤水城當在曼頭城之南。復考貞觀九年李靖征吐谷渾，赤水為一重要戰地。舊紀，五月「薛萬均薛萬徹又破之於赤水源。」舊一九八吐谷渾傳，「靖等進至赤海，遇其天柱王三部落，大破之，遂歷于河源。」新二二一上吐谷渾傳：「諸將戰牛心堆，赤水源。……收雜畜數萬。」又云：「靖破天柱部落於赤海，收雜畜二十萬。」舊六九薛萬徹傳：「與萬均破吐谷渾天柱王於赤水源，獲其雜畜二十萬計，追至河源。」舊一〇九契苾何力傳，與李大亮、薛萬均「同征吐谷渾，軍次赤水川。」通鑑一九四，貞觀九年閏四月「癸巳，靖等敗吐谷渾於牛心堆，又敗諸赤水源。」五月「薛萬均薛萬徹又敗天柱王於赤海。」是其地，或作赤海，或作赤水川、赤水源；而新吐渾傳及通鑑，赤水源、赤海似為兩地兩次戰役。胡注：「赤海蓋即赤水深廣處。」岑仲勉通鑑隋唐紀質事比疑云，赤海赤水源當為一地，或相去不遠，觀舊吐谷渾傳及舊薛萬徹傳，無疑同是一事。按岑氏所見甚是。西陲史地研究（頁四），云赤水在今興海。又云：「赤水故地濱臨黃河。黃河上游水流大致平穩，由拉加寺（今同德）出大峽谷，波濤奔騰澎湃，挾上游黃土赤沙以俱來，悉為所冲激，水乃成赫色，赤水之名因此。赤水以下地多沃壤，隋唐間固曾以此為經營河源之基地。」岑仲勉曰，「如其說，則赤水祇黃河一段之別名，從何力傳作赤水川，更合。」今按就地望形勢言之，吳氏之說，誠有可能。蓋赤水城斷不出黃何九曲西岸之範圍也。然稱為赤水源，則又決非指黃河之一段。檢國防研究院地圖，興海有巴戛戛爾赤河，（申報館圖，此河地望較南。）發源於瓦洪山，流入黃河九曲處，為黃河之一支源，疑即古赤水歟？又此圖興海又名大河壩，在黃河西數十公里。申報館圖，無興海之名，而大河壩在黃河近岸；但西陲史地研究云，大河壩在興海西三十公里，興海則在黃河近岸，相當於申報圖大河壩之位置。（兼看吳著第二頁圖。）則兩圖蓋皆誤。蓋此水上源廣濶，故有海及大河之名歟？唐代洮水之戰，或曰赤海，或曰赤水源，蓋即此故歟？要之赤水故城當在大河壩迤東至黃河西岸間，吳景敖即置於黃河岸之興海(頁二)周振鶴青海云在大河壩東(頁六七)，蓋畧得之。此處黃河東西，土沃草肥，東接洮水上源通內地，西接柴達木河達西域，正堪屯軍爲經營吐渾西域之基地。故大業五年，「命劉權鎭河源郡積石鎭，大開屯田，捍禦吐谷渾，以通西域之路。」(通鑑一八一。)唐初李靖伐吐谷渾，赤水之戰收雜畜二十萬，(前引。)至麟德二年吐蕃「請復與吐谷渾和親，仍求赤水地畜牧。」(通鑑二〇一。)亦以其地豐水草也。

龍駒島、應龍城、神威軍　青海周圍近千里，海中小山宜馬，號青海驄，稱爲龍種，見隋書及兩唐書吐谷渾傳，故有龍駒島之名。舊一〇四哥舒翰傳：天寶七載爲隴右節度使，「明年，築神威軍於青海上，吐蕃至，攻破之。又築城於青海中龍駒島，有白龍見，遂名應龍城，吐蕃屛跡不敢近青海。」下述拔石堡城事。新一三五哥舒翰傳，畧同；惟於吐蕃攻破神威軍下云：「更築於龍駒島。」是謂先置軍於海岸，軍破更築於島上也。新傳，應龍城下又有「翰相其川原，宜畜牧，謫人二千戍之」一句。通鑑二一六天寶七載，「哥舒翰築神威軍於青海上，吐蕃至，翰擊破之。又築城於青海中龍駒島，謂之應龍城，吐蕃屛跡，不敢近青海。」八年，述石堡城事下又云：「以謫卒二千戍龍駒島，冬水合，吐蕃大集，戍者盡沒。」與兩傳稍異。又通鑑二一九，至德元年，書吐蕃陷隴右諸軍有神威之名，蓋不論此軍是否曾置在島上，但至安史之亂始陷殆可信。

懸水鎭　舊一九八吐谷渾傳，段志玄擊吐渾，「亞將李君羨率精騎別路及賊於青海之南懸水鎭，擊破之，虜牛羊二萬餘頭而還。」新傳作「率精騎尾襲懸水上。」此鎭當亦在樹敦西出道上。

又由吐谷渾西北出玉門、瓜、沙地區有一道，行程雖不詳，要當與此樹敦城通伏羅川道相聯絡。

隋書六三劉權傳：

「大業五年，從征吐谷渾，權率衆出伊吾道，……逐北至青海，虜獲千餘口，乘勝至伏俟城。帝令權過曼頭、赤水，置河源郡、積石鎭。」

同書八三吐谷渾傳：

「煬帝即位，伏允遣其子順來朝。時鐵勒犯塞，帝遣將軍馮孝慈出敦煌以禦之，……鐵勒遣使謝罪請降，帝……諷令擊吐谷渾以自効，鐵勒許諾，即勒兵襲吐谷渾，大敗之，伏允東走保西平境。帝復令觀王雄出澆河，許公宇文述出西平以掩之，大破其衆，……伏允懼南遁於山谷間，其故地皆空，……皆爲隋有。……帝立順爲主，送出玉門，令統餘衆，……至西平，……不果入而還。」

按通鑑一八一，大業五年書事，劉權行軍與順之入吐渾路線皆與此同。是自敦煌、玉門南至吐谷渾當已有通道。權及鐵勒蓋皆由敦煌地區南入；順西行計劃中之路線，由西平北經甘州至玉門，再折南入吐谷渾境也。復考通典一九〇邊防六吐蕃目，論欽陵謂唐郭元振曰：「陵若遣兵出張掖，或出玉門，使大國春不遑種，秋無所獲，……可斷漢右界矣。」按出張掖即由河源積石北出大斗拔谷道；出玉門，當自青海以西地區，北至玉門，此則與隋送順爲吐渾主之道相同矣。皆足證青海之西有道北通玉門也。

（B）西南道由赤嶺西南行，經尉遲川，苦拔海，王孝傑米柵，凡七十里至莫離驛（約今恰卜恰或稍西）。苦拔海周七十里，或云去赤嶺已百里，又經公主佛堂，大非川（今呼裕河，即惠渠，一作沙珠玉河），爲渾蕃重要屯駐地，中國用兵亦往往視爲前進基地，或回師聚會之所。蓋其地東至積石軍，西至伏羅川，東北至赤嶺，西北至伏俟城，南至烏海、河口，交通四達，而水草豐盛也。大非又西南至那錄驛（蓋今大河壩稍北），去莫離驛二百八十里，吐渾界也。又經暖泉（今大河壩東至興海間有著名温泉）、列謨海（蓋即今喀拉湖），凡四百四十里渡黃河（今黃河沿地區），西南至吐蕃。

新地志鄯州鄯城縣條記唐入吐蕃行程，其石堡城以下云：

「石堡城……又西二十里至赤嶺。其西吐蕃，有開元中分界碑。自振武（即石堡城）經尉遲川，苦拔海，王孝傑米柵，九十里至莫離驛。又經公主佛堂，大非川，二百八十里至那錄驛，吐渾界也。又經暖泉，烈謨海，四百四十里渡黃河。」（下至吐蕃牙帳，不錄。）

吳景敖西陲史地研究（頁一一）釋此段行程云：

「石堡城：故址，在……哈喇庫圖城附近之石城山。…所謂赤嶺，此固人所公認之日月山隘路。……莫離驛廢址，就其距石堡城之里程及方向言之，當在今恰卜恰附近。恰卜恰海拔三三五〇公尺，東至郭密、曲溝一帶，均爲今共和縣境，地盛產糧。過此西南即爲不適農耕之牧區，…王孝傑之軍糧倉儲，必就此一地帶設置之。恰卜恰西南爲沙珠玉流沙，…過沙珠玉流沙，即爲切吉曠原，海拔三四三

○公尺，極目平川，薛仁貴敗績之大非川古戰場當即係切吉曠原之通稱。…那錄驛廢址，就其距離莫離驛廢址之里程及方位言之，當不出今大河壩東北二十公里之石壘灘附近。所謂暖泉，應指今大河壩，蓋其東近興海處原有著名之温泉。烈謨海應指今喀喇淖。……由今石壘灘經大河壩、喀喇淖至黃河沿之里程，固與……那錄驛至河源(望按指「渡黃河」而言)之里程相符，……(此段說洪濟梁，全誤。)……其所渡河，亦即河源附近今黃河沿渡口。此段黃河之河幅寬不足二○○公尺，嚴冬封凍成冰橋，春融水淺，僅及馬腹，(劉元鼎)所謂『水益狹，春可涉，秋夏乃勝舟』，蓋係寫眞。」

按新志此段行程既渡黃河，則大體與今西寧通黃河沿(在扎陵湖之東)之汽車道必畧相當，就里距約畧言之，吳氏此段釋文當可信採；余未讀吳著之前，固亦畧如此推度也。即就大非川而言，吳釋當今切吉曠原，甚正確，茲釋證如次：

大非川　按此地屢見唐史，舊六七李靖傳，戰爭初期，吐谷渾「退保大非川」。又六九侯君集傳，戰爭末期，「乃旋師與李靖會於大非川」。又一九八吐谷渾傳，亦云「兩軍會於大非川，至破邏眞谷。」新二二一上吐谷渾傳，同。通鑑一九四，考異引實錄亦記兩軍會於大非川；顧不之信，何耶？蓋此間爲吐谷渾一根據地，亦爲一軍事交通之中心，故戰爭初期渾軍退屯於此，末期唐軍兩路廻師亦於此會合，實非不合理也。胡注引十道圖，「大非川在青海南。」復考舊一○三王君㚟傳，開元中，「吐蕃大將悉諾邏……冠大斗谷，又移攻甘州，焚燒市里而去……取積石軍西路而還。……君㚟先令人潛入賊境，於歸路燒草，悉諾邏還至大非川，將息甲牧馬，而野草皆盡，馬死過半，君㚟襲其後，入至青海之西，時海水冰合，……將士並乘冰而渡，會悉諾邏已度大非川，輜重及疲兵尚在青海之側，君奐縱兵盡俘獲之。」（兩書吐蕃傳畧同。）是大非川在積石軍之西、青海之南不遠也。則大非川當即今呼裕河（一名惠渠）無疑。河南即吳氏所指之切吉曠原矣。

李靖伐吐蕃，渾人先退屯大非川，後唐兵既大勝，兩路廻師亦會合於此；悉諾邏襲甘州，欲回師至大非川息牧，而唐人已先潛燒野草；此皆見大非川為重要交通屯畜地區。又舊八三薛仁貴傳，與郭待封伐吐蕃，「軍至大非川，將發赴烏海。仁貴謂待封曰，烏海險遠，車行艱澀，若引輜重，將失事機。……大非嶺上足堪置柵，可留二萬人作兩柵，輜重等並留柵內，吾等輕銳倍道掩其未整，即撲滅之矣。」是以大非川為前進基地也，亦見此地之重要性。⑯。

苦拔海　前引新志，苦拔海去赤嶺不到七十里。然通典一九〇吐蕃目云：「有可跋海，去赤嶺百里，方圓七十里，東南流入蠻與蠻西二河合流而東，號為漾濞水，又東南出會川為瀘水焉。」（會要九七，同；惟「西二」作「西洱」。）按東南流為漾濞水、瀘水，自屬誤記。然可知此當即新志之苦拔海，則去赤嶺已百里也，未知孰是。

唐初李靖侯君集伐吐谷渾，即由鄯城西南經牛心堆，蓋亦經承風戍、赤嶺，分南北兩路進兵。北路蓋畧循前考之赤嶺西行經樹敦城、曼頭城至伏羅川一道；南路蓋畧循前考之赤嶺西南行，經大非川一道，中經烏海（蓋今托索湖）至河口，又歷星宿海、栢海（當指今札陵湖、鄂陵湖），至河源。其後文成公主入吐蕃，道經栢海；薛仁貴伐吐蕃，由大非川趨烏海至河口；李敬玄出師，作戰計劃亦由赤水經栢海至白蘭；大畧皆為一道也。但不知新地志所記入吐蕃道，渡黃河以後所行是否即星宿海、栢海至河源一道耳。貞觀九年李靖統諸將征吐谷渾，行軍規模極大，所至極遠，而各處所記史料則頗相歧異，玆先錄列如次，再爲詮證。

（A）冊府元龜九八五，貞觀九年「閏四月，任城王道宗擊吐谷渾於庫山破之，俘四百餘人。……李靖部將薛孤兒以輕銳破之於曼頭山，……大獲六畜以充軍糧。李靖、侯君集、任城王道宗等又破於牛心堆，又破於赤水源，獲雜畜數萬計。五月乙未，侯君集、任城王道宗追吐谷渾主，及於烏海，大敗之。薛萬均又破天柱王於赤海，獲其雜畜三十萬計，追至河源。李大亮俘其名王二十人，雜畜五萬計。是月，李靖平吐谷渾國于西海之上。初王師以三月次于鄯州，……侯君集曰，大軍已至，賊徒尚未走險，宜簡精銳長驅疾進，掩其不虞，可有大利。……靖從之。乃簡傳士馬，輕齎深入。及庫山之捷，可汗謀將入磧，以避官軍，道宗復曰，栢海近河源，古來罕有至者，賊既西走，未知的處……今馬疲糧少，遠入爲難，未若且向鄯州，待馬肥之後，更圖進趣。君集曰，不然。……今者，一敗以後，……君臣相失，父子攜離，……栢海雖遙，便可鼓行而至也。靖又然之。（自「庫山之捷」至此，通鑑一九四考異引實錄，與此全同。蓋冊府此條全據實錄也。）於是衆分士馬爲兩道，靖與薛萬均李大亮等趣北路，出曼頭山，逾赤水，涉青海，歷河源、且末，窮其西境。君集與道宗趣南路，經途二千餘里，行空虛之地，盛夏降霜，多積雪，山中有瘴氣，歷破邏眞谷，其地無水，將士食冰，馬皆飲雪，又行月餘日，至星宿川，達于栢海。兩軍所至皆大尅，將軍執失思力又馳數百里，別破虜于車茹川，旋與靖會於大非川。可汗長子大寧王順……斬其國相天柱王，舉國來降。可汗……與千餘騎遁于磧中……爲其左右所殺。」

（B）會要九四吐谷渾目：「貞觀九年，李靖……從之，（從侯君集深入之計。）分軍爲兩道，敗吐谷渾於牛心堆，又敗諸赤水源。君集追伏允於烏海，與戰大破之。靖襲破伏允牙帳，伏允子順斬天柱王來降，伏允爲左右所殺。」

（C）舊三太宗紀下，貞觀九年閏四月「癸巳，大總管李靖、侯君集、李大亮、任城王道宗破吐谷渾於牛心堆。五月乙未，又破之於烏海，追奔至烏海〔柏海？〕」，……薛萬均薛萬徹又破之於赤水源。……壬子，李靖平吐谷渾於西海之上。」

（D）新二二一上吐谷渾傳：「夏四月，道宗破伏允于庫山，俘斬四百，伏允謀入磧，疲唐兵，燒野草，故靖馬多飢。」下即李道宗、侯君集議戰畧事，與冊府同。接云：「分二軍，靖與大亮、薛萬均以一軍趣北，出其右；君集、道宗以一軍趣南，出其左。靖將薩孤吳仁以輕騎戰曼都山……諸將戰牛心堆、赤水源。……君集、道宗登漢哭山，戰烏海……靖破天柱部落於赤海，收雜畜二十萬。（舊傳以上甚畧，惟此處多「遂至於河源」一句。）大亮……次且末之西。伏允走圖倫磧，（舊傳作「或傳伏允西走渡圖倫磧」。）將託于闐，萬均督銳騎，追亡數百里，又破之。……君集、道宗（舊傳「趣南路登漢哭山飲馬烏海」，在此處。）行空荒二千里，盛夏降霜，乏水草，……閱月次星宿川，達柏海上，望積石山，（舊傳作「達于柏梁，北望積石山」。）覽觀河源。……兩軍會於大非山破邏眞谷。（舊傳作「兩軍會於大非川，至破邏眞谷。）（伏允太子）順……斬天柱王，舉國降，……伏允……自縊死。」（舊一九八吐谷渾傳畧同。）

（E）通鑑一九四，貞觀九年，「夏閏四月癸酉，任城王道宗敗吐谷渾於庫山。吐谷渾可汗伏允悉燒野草，輕兵走入磧，……（此間，諸將與侯君集論戰畧，係採實錄，與冊府同。）……李靖……中分其軍爲兩道；靖與薛萬均、李大亮由北道，君集與任城王道宗由南道。戊子，靖部將薛孤兒敗吐谷渾於曼頭山，斬其名王，大獲雜畜，以充軍食。癸巳，靖等敗吐谷渾於牛心堆，又敗諸赤水源。（考異引實錄：「癸巳，李靖、侯君集、任城王道宗等破吐谷渾於赤水源。」） 侯君集、任城王道宗引兵行無人之境二千餘里，盛夏降霜，經破邏眞谷，其地無水，人齕冰，馬噉雪。五月追及伏允於烏海，與戰，大破之，獲其名王。薛萬均、薛萬徹又敗天柱王於赤海。（胡注：赤海蓋即赤水深廣處。考異曰，薛萬徹傳作赤水源，契苾何力傳作赤水川，今從實錄。）……李大亮敗吐谷渾於蜀渾山，（胡注，山在赤海西。）獲其名王二十人。將軍執失思力敗吐谷渾於居茹川。李靖督諸軍經積石山（冊府無積石山），河源，至且末，窮其西境。聞伏允在突倫川，將奔于闐，契苾何力……選驍騎千餘，直趣突倫川。……磧中乏水，將士刺馬血飲之，襲破伏允牙帳，……獲雜畜二十餘萬，伏允脫身走，俘其妻子。侯君集等等進逾星宿川，至柏海，還與李靖軍合。（下文大寧王順降及伏允死，與冊府同。）」

（F）舊六七李靖傳：「（貞觀）九年，軍次伏俟城，吐谷渾燒去野草，以餧我師，退保大非川，……靖決計而進，深入敵境，遂逾積石山……」新九三，同。

（G）舊六二李大亮傳：「與大總管李靖等出北路，涉青海，歷河源，遇賊於蜀渾山，接戰破之，俘其名王，虜雜畜五萬計。」新九九，同。

（H）舊六九薛萬徹傳：「又與萬均破吐谷渾天柱王於赤水源，獲其雜畜二十萬計，追至河源。」新九四薛萬均傳：「從李靖討吐谷渾，軍次青海，追奔至積石山……（虜）衆遂潰，追至圖倫磧乃還，與靖會青海。」

（I）舊一〇九契苾何力傳：「軍次赤水川」，勇救薛氏兄弟。「時吐谷渾主在突倫川。何力……直入突倫川，襲破吐谷渾牙帳。……獲馳馬牛羊二十餘萬頭，渾主脫身以免，俘其妻子而還。」新一一〇，同。

（J）舊六九侯君集傳：「九年三月師次鄯州。君集言於靖曰……（策謀與冊府同）……靖然其計，乃簡精銳，輕賫深入，道宗追及伏允之衆於庫山，破之，伏允輕兵入磧，以避官軍。靖乃中分士馬爲兩道並入，靖與薛萬均、李大亮趣北路，使侯君集道宗趣南路，歷破邏眞谷，踰漢哭山，經途二千餘里，行空虛之地……轉戰過星宿川，至於柏海，頻與虜遇，皆大尅獲，北望積石山，觀河源之所出焉。乃旋師，與李靖會於大非川，平吐谷渾而還。」新九四，極畧。

（K）舊六〇江夏王道宗傳：「賊聞兵至，走入嶂山，已行數千里，諸將議欲息兵，道宗固請追討，李靖然之，而君集不從。道宗遂率偏師幷行，倍道去大軍十日追及之，……襲其後，賊……奔潰。」新八七，同。

按李靖伐吐谷渾之戰，舊存史料畧盡於此。通鑑考異凡六引實錄，惟癸巳赤水源一役，冊府無日期，其餘五條，皆與冊府同，且「庫山之捷」至「鼓行而至也」一段凡一百三十餘字，與冊府一字不異，則冊府殆即抄錄實錄，而稍有刪節耳。然則上引冊府節爲最接近原始之基本史料。然僅據此一節仍不能瞭解當時用兵分兩路進軍之眞實情況，必待取（B）條以下諸史料爲之疏補與商榷。

第一，各書多云大軍分南北兩道，殆無可疑。但何時何處始分道，却爲一基本問題。冊府只云庫山之捷後分路，靖與李大亮、萬氏兄弟趨北道，侯君集、李道宗趨南道。但此後戰事先後並無詳細月日，故甚難定其正確次序。通鑑序日甚詳，閏四月癸酉，庫山之役，乃分道。戊子北路有曼頭之役，「癸巳，靖等敗吐谷渾於牛心堆，又敗諸赤水源。」舊紀亦云牛心堆之役在癸巳。是牛心堆之役在分道之後。然冊府、舊紀皆云李靖、侯君集、李大亮、李道宗皆參與此役，何也？且牛心堆在鄯城縣西南不過數十里至百里，約今湟中縣處，曼頭山在青海之南，當在牛心堆之西三百里之遙，何以先有曼頭之捷，後五日始有牛心之捷？且赤水去牛心堆更遠，何能一日兩役？明有問題。檢考異引實錄，「癸巳，李靖、侯君集、任城王道宗等破吐谷渾於赤水源。」則癸巳蓋爲赤水一役之日期，而牛心堆之役當遠在此日以前若干日。意者，先有牛心堆之役，其時尚未分道。分道後北路諸將乃有曼頭山、赤水源之役耳。且分道深入之前，李道宗主退兵，其議論大旨謂賊已遠走柏海，我軍馬乏草，多饑。按牛心堆在唐軍根據地鄯州之西不過二百里，此戰之前，庫山之役，敵軍損失不重，不可能即遠遁磧中，道宗亦不可能遽萌退志，此亦諸將議分軍深入當在牛心堆一役後之旁證。然則唐軍先由鄯州西至鄯城，折西南至牛心堆，與敵軍作一主力戰，乃分軍南北兩路，其分道地點當在承風戍或更西赤嶺地區，亦可能在更南之大非川、赤水地區。北路西經曼頭山西出或西南出，南路則西南經烏海而西出也。

第二，兩書李靖傳云，軍次伏俟城，賊退屯大非川，靖決計而進云云。似靖用兵，先至伏俟城者。按牛心堆之役，靖親與其事，其後靖部將有曼頭山、赤水源兩役，則初期戰事進行皆由青海之東折青海之南，何能分身到青海正西之伏俟城？此蓋誤書。或者靖由河源回師，先至伏俟城，乃與侯君集會師大非川歟？莫能詳矣。

第三，通鑑考異云，「實錄及吐谷渾傳皆云君集與李靖會于大非川。按十道圖，大非川在青海南，烏海、星宿海、柏海並在其西，且末又在其西極遠。據靖已至且末，又過烏海星宿川至柏海，豈得復會於大非川？於事可疑，故不敢著其地。吐谷渾傳又云，兩軍會於大非川，至破邏眞谷，大寧王順乃降。按實錄，歷破邏眞谷，又行月餘日，乃至星宿川。然則破邏眞谷在星宿川東甚遠矣，豈得返至其處邪！今從實錄。」按兩軍分道遠征，然後回師，會于大非川，固極有可能，此時又至破邏眞谷，亦非不可能也。温公於此太愼，未達一間也。

第四，冊府、通鑑，云靖軍至且末，按閏四月戊子曼頭之役，癸巳赤水之役，通鑑下文云「五月追及伏允於烏海。」後有突倫川之役，破其牙帳，伏允脫身走。「壬子，李靖奏平吐谷渾。乙卯，詔復其國。」五月壬子上距閏四月戊子曼頭之役才二十四日，上距癸巳赤水之役才十九日。曼頭赤水近青海，且末在其西極遠。宋雲云，赤嶺西至吐谷渾牙帳二十三日程，又西行三千五百里至鄯善城，又西一千六百四十里至左末城，即且末國。縱敘里過侈，但赤嶺至且末亦應五千里以上。今測地圖，自青海西岸至諾羌航空直綫亦一千一百公里以上，十餘日間何得西至且末又走突倫川，破其牙帳？況太寧王順之降，伏允之死，又似在回軍途中耶？蓋李大亮本由涼州都督出任且末道總管，即由西路入吐谷渾西境且末地區，兩書吐谷渾云，「李大亮俘其名王二十人，雜畜數萬，至且末西境。」最爲得之，他人未至且末也。

第五，兩書江夏王道宗傳所記獨與諸書異，考異摒而不取是也。傳謂道宗固請追討，而君集不從，此殆據家傳碑銘文字，爲道宗虛美，致全反事實耳，自不足信。

綜觀前列史料，參之以上五點分析，可就此次戰事行軍路綫作一綜合，即大軍由鄯州西至鄯城，折西南經牛心堆，承風戍，由此地或赤嶺、大非川地區，分爲南北兩路，李靖率薛萬均契苾何力等由北道經青海南，向西行，有曼頭山、赤水源諸役，又向西至河源之北，破吐渾牙帳於圖倫磧；李大亮雖屬北路，但實別道西入且末境，蓋又東從李靖回師也。侯君集、李道宗由南路歷破邏眞谷，踰漢哭山，戰烏海，行二千餘里，過星宿川至柏海，北望積石山，觀河源所出，然後回師與李靖會軍大非川。蓋伏允在圖倫磧欲西去于闐不果，軍破脫身東逃，糾合舊部，故唐軍回師合擊，破之於大非川地區，其子順殺國相天柱王降，伏允旋亦被殺也。

侯君集所行之南道，其後屢有經行者，試考如次：舊一九六上吐蕃傳：

「（弄讚）遣使謝罪，因復請婚，太宗許之。……貞觀十五年，太宗以文成公主妻之，令禮部尚書江夏王道宗主婚，持節送公主于吐蕃。弄讚率其部兵次柏海，親迎於河源，見道宗執子婿之禮甚恭。」

（新二一六上吐蕃傳畧同。）

是貞觀十五年文成公主下嫁吐蕃，亦取道柏海、河源也。

舊八三薛仁貴傳：

「軍至大非川，將發赴烏海。仁貴謂（郭）待封曰，烏海險遠，車行艱澀，若引輜重，將失事機，……彼多瘴氣，無宜久留。大非嶺上足堪置柵，可留二萬人作兩柵，輜重等並留柵內，吾等輕銳倍道，掩其未整，即撲滅之矣。仁貴遂率先行，至河口，遇賊，擊破之。……收其牛羊萬餘頭，廻至烏海城以待後援。待封不從仁貴之命，領輜重繼進，比至烏海，吐蕃二十餘萬，悉衆來救，……待封敗走，趨山，……仁貴遂退軍屯於大非川，……與吐蕃大將欽陵約和。」

按新一一一薛仁貴傳，畧同，惟「迴至烏海」之「迴」作「進」，通鑑二〇一咸亨元年條，亦作「進」，疑作「進」爲正，「迴」乃形譌。然則由大非川西南先至河口，再進至烏海也。

婁師德鎭軍大將軍涼國公契苾府君（明）碑（全唐文一八七）：

「從中書令李敬玄征吐蕃，公爲柏海道經畧使，……公俶裝遵遠，望赤水而前驅，勁騎騰空，指白蘭而長騖。」

按新一一〇契苾何力傳，「子明，……李敬玄征吐蕃，明爲柏海道經畧使。」此次征吐蕃，雖失敗，蓋作戰計劃，明爲柏海道經畧使，當道出赤水，至白蘭，故碑銘云然。前考白蘭即與吐谷渾故都伏羅川爲近。是明所擬行路綫，亦即侯君集所經，及薛仁貴所擬行者。

綜觀侯君集、文成公主、薛仁貴、契苾明所行經或擬行之路綫，大抵由大非川，經赤水，至河口，又經烏海，星宿川，至栢海、河源。按通鑑一九四，考異引十道圖：「大非川在青海南，烏海、星宿海、柏海並在其西。」星宿海殆即星宿川，至少爲相近之湖泊河流名。烏海史料最詳，如：

隋書地理志：「河源郡置在古赤水城，有曼頭城。積石山，河水所出。有七烏海。」

通典一九〇吐蕃傳：「其國，出鄯城五百里，過烏海入吐谷渾部落彌多彌、蘇毗及白蘭等國，至吐蕃界。」（會要九七吐蕃目，全同。）

又萬歲通天二年，吐蕃大論欽陵與郭元振會於野狐河，欽陵曰：「烏海、黃河關源隅深，風土疫癘，縱有謀夫猛將，亦不能爲蕃患矣。」（新二一六上吐蕃傳，同。）

按七烏海當即烏海，乃一湖泊羣，欽陵以與黃河並提爲險阻地，當爲大道上之要地。通典云在鄯城外五百里。按大非川在鄯城西南已三百餘里，薛仁貴在大非川時，云「烏海險遠」，則去大非川決不只百數十里。又其地在河口之西，前引新志，黃河渡口，已在鄯城西南一千里有餘，則烏海去鄯城至少一千里以上。既在黃河之外，又有七烏海之名，疑爲多湖泊地帶，或當即今黃河沿以西、黃河源以東之湖泊地區。烏海西爲柏海，前引史料，栢海近河源，又云行二千餘里乃至。頗疑烏海即今札陵湖，柏海即今鄂陵湖或星宿海也。通典一九〇白蘭傳，「東北接吐谷渾」。論其方位，正東接河源地區。故婁師德稱柏海道經畧使契苾明兵指白蘭也。

（七）結論

唐代河湟青海地區當唐與吐蕃之主要通道，亦爲唐通西域孔道之一，故地處要衝，成爲唐蕃交兵之主要戰畧地帶。蓋唐蕃境界綫長逾萬里，此最居中，又有大河及其支源湟水洮水南北並列自西東流，使此一地區成爲槽型地帶，地勢平坦，視唐蕃接境之其他地區易爲進出也。

此區東西通道，要可因河流分爲河湟洮三綫；而湟水綫最爲平易，且西接青海，故爲主道。主道由長安涼州間南綫驛道上之臨州臨洮軍（今臨洮縣）直西行，經大夏川（今三岔河）北岸之大夏縣（約今甯定縣）及東谷，至河州治所枹罕縣（今臨夏縣），在湟水（今大夏河）北岸，去臨州一百四十八里。又北經鳳林故縣至鳳林關（今永靖縣西），北臨黃河，東拒灕口，西瞻積石，形勢緊要，爲六典七下關之一。又北渡黃河鳳林津，蓋越曼天嶺至龍支縣（約今古鄯邑），又西北畧循湟水而上，至鄯州治所湟水縣（今樂都縣），東南去河州三百一二十里。又由河州西行一百八十里至鹽泉城（蓋今循化縣北），在黃河岸，開元二十六年置，兼置鎮西軍，統兵一萬三千人，爲河州之前衛。又北渡河蓋經白土嶺亦至鄯州，去河州約四百里。又由蘭州（今蘭州市）西循黃河南岸經廣武梁（湟口之東），赤岸橋（大夏口至湟口間），亦出鳳林關，經龍支至鄯州；而廣武梁西循湟水而上，蓋亦古道也。鄯蘭間相去約四百餘里。

鄯州南臨湟水，爲盛唐時代西疆軍事交通之中心，開元二年，置隴右節度使，以鄯州都督充使職，統軍常約七至十，守捉鎮戍若干，分佈鄯廓河洮諸州，以備吐蕃；並移臨洮軍於鄯州，統兵一萬五千人以鎮之。天寶末，哥舒翰收復黃河九曲地，分置兩郡，倍增軍戍，星羅奕布，視他道爲最密。

鄯州向北微東渡浩亹河（今大通河）經昌松縣（今古浪縣西），約六百里至涼州，唐初道宣稱爲通西域之中道；後蓋不甚用。

鄯州又西循湟水而上，一百二十里至鄯城縣（今西寧縣），北臨湟水，西枕土樓山，即古西平郡也。其地直西循湟水而上，經青海北岸，至吐谷渾都伏俟城（青海湖西北十五里，今鐵卜卡古城）。鄯城西北行至甘州（今張掖縣），接涼州通西域之驛道。鄯州西南行黃河、青海間，爲入吐谷渾及吐蕃之孔道，吐谷渾又西至且末、于闐，爲通西域之輔綫。故鄯城爲鄯州西出之交通樞紐，儀鳳二年置河源軍，統兵一萬四千人，爲鄯州之前衞。玆稍詳三道之行程：（A）鄯城西北通甘州道。由軍城西北循長寧川（今北川河）而上，一百二十里至安人軍（蓋今大通縣），開元七年置，統兵萬人。又西北入星宿川，渡浩亹川（今大通河）入大雪山脈，凡約三百九十里至大斗拔谷（今扁都口）；地高谷隘，形勢險峻，爲南北軍事交通之重地。開元十六年置大斗軍，統兵七千五百人以鎮之。又北二百里至刪丹縣（今山丹縣），接長安通西域之驛道。（B）鄯城西出青海北岸道。由軍城西循湟水河谷而上，經臨蕃城（約今鎮海堡），凡一百二十里至綏戎城（約今湟源縣），開元五年置白水軍，統兵四千人。又西六十里至臨羌新縣故城，南臨湟水，唐稱新城（今海宴縣或稍東），開元二十六年置威戎軍，統兵千人。由軍北行通大斗拔谷；由軍西行，經漢臨羌故城，凡三百一十里至漢龍夷故城（青海北，約今朵旦寺地區或其東剛察地區）。吐蕃魚海軍當在此城地區，杜翁詩云：「鳳林戈未息，魚海路常難。」殆指此也。又西南循海岸至伏俟。（C）鄯城西南道。由軍城向南微西循牛心川水（今南川水）而上，約百里至承風嶺戍（約今貴德峽稍南，或即千戶莊地），又西行約二百里至青海東南岸吐谷渾舊都樹敦城（約今察汗城至喀爾喀南右翼旗間），此爲隋及唐初鄯州西通吐渾、西域之主道，亦即道宣所記通西域之東道，故羌漢互市於承風。承風至樹敦蓋中經赤嶺，宋雲所行，蓋亦此道也。又由鄯城直西湟水道上之綏戎城、白水軍，離開湟水，折西南行，經定戎軍至石堡城（約今哈喇庫圖附近之石城山），三面險絕，一徑可上，開元十七年置振武軍，吐蕃攻取，曰鐵仞城，天寶八載克復，置神武軍，更名天威軍。又西二十里至赤嶺（今日月山隘道），去鄯城二百一十里上下。開元間立唐蕃分界碑，互市於此。盛唐、中唐時代唐蕃通使多取此道，故新志記之最詳。

河州西北行，蓋經鎭西軍三百九十里至廓州，鄯州西南行約二百里亦至廓州。州治化隆縣，更名廣威縣，南臨黃河（蓋東經一〇二度地區），置寧塞軍，統兵五百人。廓州西北行一百二十里至承風嶺，接鄯城通樹敦道。廓州西行蓋兩道，北道一百八十里，南道一百五六十里，皆至靜邊鎭（近今貴德縣治），本古澆河城也。其地北枕黃河，西臨大澗，形勢險阻，而交通四達，兼以土地肥美，麥產豐盛，蓋古大小榆谷之地，故久爲黃河上源軍事、交通、經濟之中心，又有七級浮屠，蓋亦一佛教中心也。儀鳳二年置積石軍，統兵七千人。天寶十三載復於城西黃河北岸置寗邊軍爲犄角，重其地也。積石又西八十里至澆河郡、宛秀軍（約今共和縣），天寶十三載哥舒翰收九曲地置，一名威勝軍。又西南六十里至洪濟橋，北周置洪濟鎭，天寶十三載置金天軍。又西南約一百五十里至黃河九曲最西處。

又由長安涼州驛道上之渭州（今隴西縣）西南行二百五十里至岷州（今岷縣），開元間置八驛。岷州西循洮水而上，經野狐峽（今縣西二十五公里有野狐橋），又西經美相縣（近今臨潭縣），安西府，至洮州治所臨潭縣（今洮州舊城之南），東去岷州一百八十里。州城北枕洮水，儀鳳二年置莫門軍，統兵五千五百人。又西循洮水二百里至磨禪川，天寶十三載收九曲地，於此置洮陽郡，在洮水北；置神策軍，在洮水南。又西亦至黃河九曲。

九曲之地爲河源唐土之最西疆，景雲間讓屬吐蕃，蕃人置獨山九曲兩軍及大莫門等城；又梁河爲駱駝橋，西通蕃境。天寶十二載收復故地，明年分置澆河、洮陽兩郡，增置八軍。八軍者，除前述寧邊、威勝、金天、神策外，又於河州西八十里索恭川置天成軍，又西百里雕窠城置振威軍（約今夏河、同仁地區），廓州南二百里黑峽川置曜武軍，洪濟橋東南八十里百谷城置武寧軍，以與河洮兩綫諸軍相接應。

以上河湟洮水三道，南北並列，隋唐時代中國用兵，渾、蕃入寇，即往往數道並進。又河湟上流接近青海、黃河九曲地區，黃河流向由南向北，而湟水上流南北支源繁出，南接黃河，北接浩亹，浩亹上源接山刪河源之谷地，爲大雪山之大缺口曰大斗拔谷，是以青海河曲間迤北至大斗拔谷、山刪河谷，成一大糟型地帶，吐蕃論欽陵云：「甘涼右地，既于積石，此道綿細，幾二千里，其廣者不過二三百里，狹者纔百里，陵若遣兵出張掖、玉門，可斷漢右界。」即此道也。吐蕃入寇誠亦取此道，中國用兵亦往往河西與隴右並出，河西之兵由大斗南抵湟源，與隴右軍合勢進擊。如天寶元年，隴右軍西擊吐蕃青海上，轉南克洪濟城，河西軍由大斗南至青海北，轉西擊吐蕃魚海軍，是其例也。

以上交通路綫及軍城建置，皆在河曲青海以東以北地區，大體皆唐置州縣領域也。其河曲以西，青海西南，西盡河源，乃吐谷渾故地，隋滅之置郡縣，唐征服吐渾爲屬國。茲續述其境之交通狀況以見通吐蕃、西域之形勢。

赤嶺向西南有「西」及「西南」兩道。西道經樹敦城，行青海南岸，經曼頭城至伏俟城。湖周七百里，海中龍駒島，哥舒翰取之置應龍城、神威軍。由伏俟城及曼頭城又西至吐渾故都伏羅川（今柴達木河流域蓋巴隆地區）。玉門有道南至吐谷渾城，不知至伏俟城抑至伏羅川也。伏羅川又西復分爲南北兩道：北道西取且末、于闐至西域，此宋雲所經行者；南道西南取吐蕃至印度，此道宣所記出使西域之東道也。赤嶺西南道即新志鄯州目所詳記者：由赤嶺西南行，經尉遲川、苦拔海、王孝傑米柵凡七十（？）里至莫離驛（約今恰卜恰或稍西），又經公主佛堂至大非川（今呼裕河，即惠渠）。其地交通四達，而水草豐盛，故爲渾蕃重要屯駐地，亦中國用兵進退會聚之所。又西南至那錄驛（蓋今大河壩稍北），去莫離驛二百八十里。又經暖泉（今大河壩東至興海間著名温泉），列謨海（蓋即今喀拉湖），凡四百四十里至黃河，（約今黃河沿地區），西南通吐蕃。呂温、劉元鼎西使吐蕃皆取此道。唐初李靖、侯君集伐吐谷渾，即由鄯城經牛心堆西南行，分南北兩路進兵。北路蓋畧循赤嶺西行經樹敦城、曼頭城至伏羅川一道。南路蓋畧循赤嶺西南大非川一道，經烏海（蓋今托索湖），至河口，又歷星宿海、栢海（當指今札陵湖、鄂陵湖），凡行空虛之地二千里至河源。後文成公主入蕃道經栢海；薛仁貴伐吐蕃，由大非川趨烏海至河口；李敬玄出師，作戰計劃亦由赤水經栢海至白蘭，而由承風嶺敗還；此皆大畧爲一道也，但不知河口以西是否即新志所記之驛道耳。

註：

①：吳景敖西陲史地研究頁一八：「河湟出青海一路原爲通吐谷渾幹線之一，沿途大致爲平坦之草原，無崇山峻嶺，惟夏多沮洳，冬雪封道，此爲其缺點。」

②：包遵彭紀念論文集所收蘇瑩輝試論張義潮收復河隴後遣使長安之年代所引。

③：新中國的考古收穫頁一〇二。

④：詳鄭振鐸炳靈寺石窟概述及文物一九六三年第一〇期調查炳靈寺石窟的新收穫。

⑤：武經總要一八下，「河州……自州北百里過鳳州〔林〕關渡黃河百四十里至鄯州龍支縣，又百六十里至鄯州鎮西軍。此鎮西軍似爲衍文。若非衍文，更足證決不在河州城內。

⑥：王民信隋唐對於吐谷渾之經營云：「大斗拔谷，余疑其爲山丹峽。謝彬著新疆遊記謂：山丹峽亂山環抱，頑石崢嶸，車甚顚播，盤旋曲折，比於函谷；南下西寧，東取涼川，西出玉關，此皆必經之途。」文刊大陸新誌第一八卷第六期。按此峽當在山丹河上，不知即扁都口、白崖口之一，抑較下游之另一峽，地圖未記。又按文已排好，檢得辛卯侍行記四，山丹縣南三十里新開墹，又五十里黑城營，又西南二十里馬營墩，又東南三十里扁都口。姑附於此。

⑦：寰宇記一五一作「西南至廓州廣威縣吐谷渾界一百九十五里。」縣下脫「故承風吐谷渾界三百一十三里，西北到木昆山舊」二十字，檢對通典可知。詳本節後文(E)條。

⑧：看補注引齊召南說及王莽傳，又看紀要六四西寧鎮西海條。

⑨：詳拙著唐代涼州西通安西道驛程考，史語所集刊第四十三本第三分册。

⑩：紀要六〇河州平彝城條：「漁海城亦在州境。郭子儀破枹罕十寨，取漁海等五縣，蓋吐蕃所置縣也。」檢唐書、通鑑，不見此事，不知何據。

⑪：詳拙著唐代岷山雪嶺地區交通圖考，香港中文大學中國文化研究所學報第二卷第一期。

⑫：通鑑二一二，書此事云：「張忠亮破吐蕃於渴波谷。忠亮追之，拔其大莫門城……焚其駱駝橋而還。」文省，頗病含糊，但

不爲誤。胡注：「大莫門城在九曲。」是也。而新二一六上吐蕃傳：「張志亮又戰青海西，破大莫門城，焚橐它橋。」西下無南字，又似大莫門城及橋皆在青海西者，此大誤矣。皆省文之過也。又舊五七劉師立傳，吐谷渾擊破黨項破刃氏於小莫門川。其地無考。

⑬：據西域南海史地考證譯叢六編馮承鈞譯注沙畹宋雲行紀箋注本。

⑭：續高僧傳二闍那崛多傳，「犍陀羅國人也。……經渴羅槃陀及于闐等國，……又達吐谷渾國便至鄯州，……屆長安。」時西魏末、後周初。即與宋雲所行爲一道。

⑮：國防研究院地圖作察喀湖，申報館地圖作達布遜湖。

⑯：舊一〇九，黑齒常之傳，爲河源軍大使，「開耀中，贊婆等屯於青海，常之率精兵一萬騎襲破之，燒其糧貯而還。」新一一〇，同。而通鑑二〇二，稱此戰在良非川，不知是否即大非川或其相近之一水，兩傳云贊婆屯於青海，固相近也。

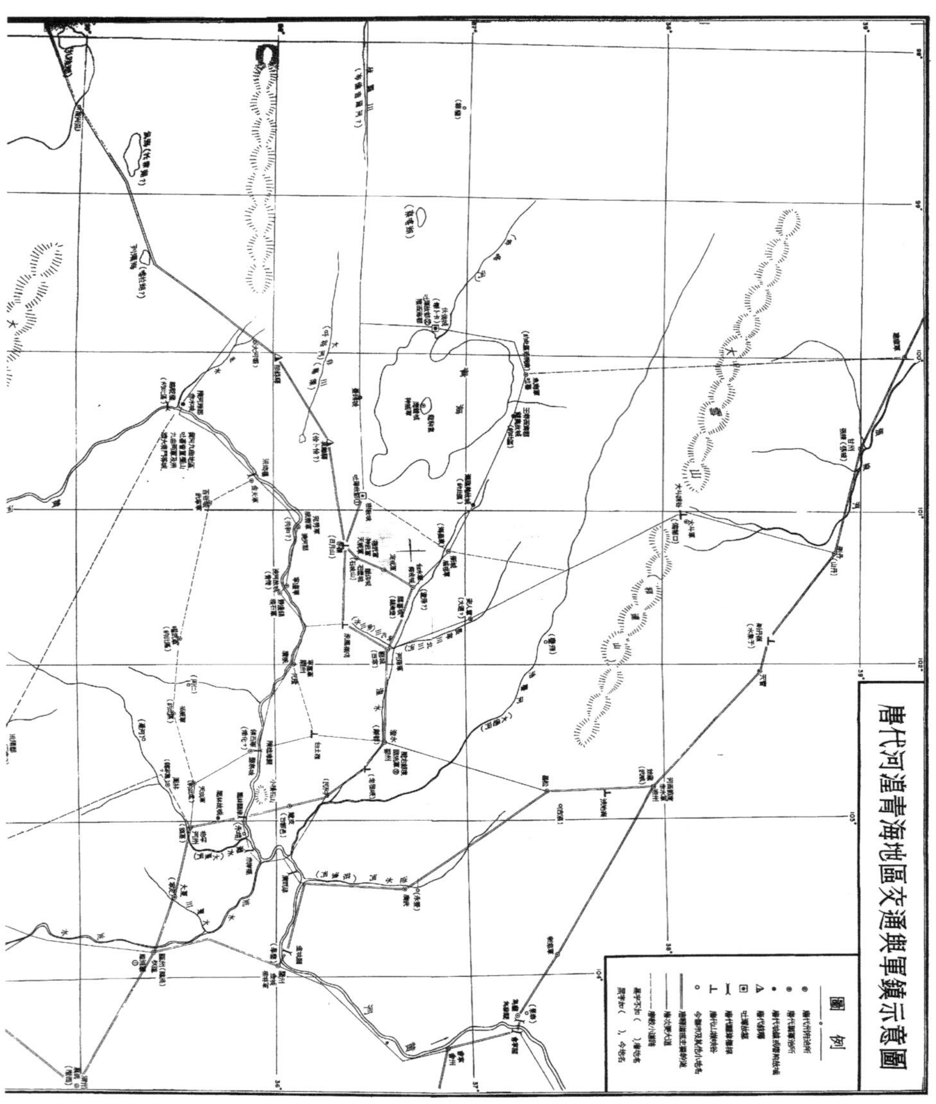
唐代河湟青海地區交通與軍鎮示意圖
圖例

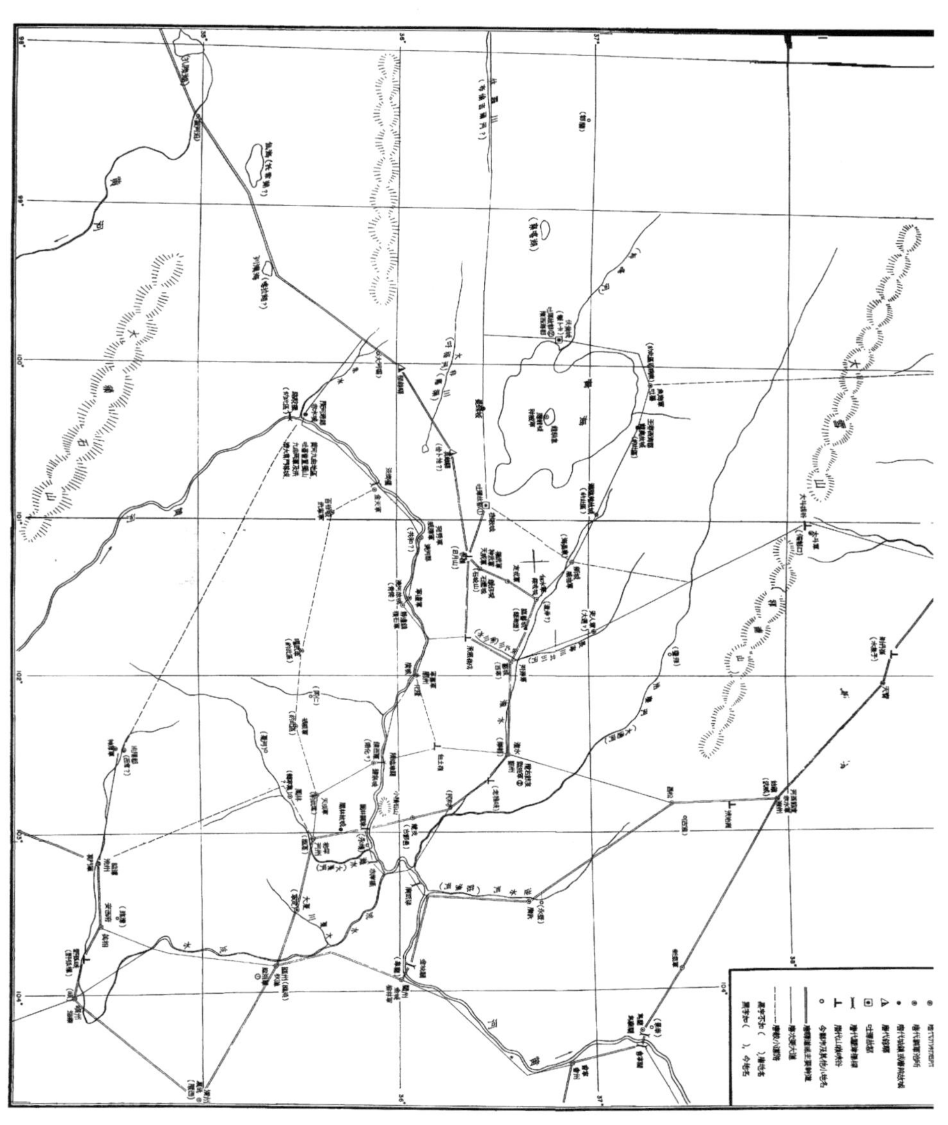

編按：原圖修復放大見圖錄冊，圖版十五

春秋列強兼幷考略

陳槃

襄二十五年左傳，子產對晉人說：『昔天子之地一圻（杜解：方千里），列國一同（解：方百里），自是以衰（解：衰，差降）。今大國多數圻矣。若無侵小，何以至焉！』又哀七年傳：『禹合諸侯於塗山，執玉帛者萬國；今其存者，無數十焉』。春秋時代兼幷的劇烈，這是兩個概括的說明。左氏會箋分別著說：

> 晉書地理志：春秋之初，尚有千二百國。迄獲麟之末，見於經傳者百有七十國。百三十九知其所居，三十一國盡亡其處。此（哀七年左傳）總論經傳中所載國名耳。今云存者無數十，以傳及地勢考之：秦穆之霸，一年而幷國二十；其前後兼幷，盡西方之國。晉則自獻公至此時（哀七年、敬王三十二年），兼幷盡北方之國。燕則盡東北之國。齊則盡海西之國。楚奄征南海，兼百越、百濮及南方諸國 。吳則北至善道，東盡東方之國。越盡東南之國。所爲僅存數十國（冊十五、哀上葉二八上）。

會箋這裏只舉出秦、晉、燕、齊、楚、吳、越七國爲代表，說明也太簡單、籠統，等于是一個粗畧的輪廓，有些地方也需要修正。春秋大事表四列國疆域表比它具體，但有時不免過于保守 ，把它們的實際的疆境都縮小了。例如秦，大事表說：

> 秦以西陲小國，乘衰周之亂，逐戎有岐山之地。……值平、桓懦弱，延及寧公、武公、德公 ，以次蠶

食，盡收虢、鄭遺地之在西畿者。垂及百年，至穆公，遂滅芮……由是據豐、鎬故都……其地有鳳翔府、延安府、平涼府、秦州、西安府、商州、同州府、乾州，不越陝西一省。（表四、葉二六下）。

案會箋說，秦『前後兼并，盡西方之國』。而大事表說，秦地『不越陝西一省』。這相差太遠了。然而我覺得會箋是不無理由的。文三年左傳說，秦穆公『遂霸西戎』；韓非子十過說：『兼國十二，開地千里』（史記秦本紀說同）；史記李斯傳說：『并國二十』（文選上始皇書『二十』作『三十』）；漢書韓安國傳說：『辟地千里，并國十四』（案韓說有根據。史記秦本紀，孝公下令國中，曰：『昔我繆公……西霸西戎，廣地千里』）。這些說的被兼并的數目字，不知道誰對，如今自然無從考定。但它的範圍則約畧可以推知。史記匈奴傳說：『秦穆公得由余，西戎八國服於秦，故自隴以西有緜諸、緄戎（犬戎）、翟獂之戎；岐、梁山、涇、漆之北有義渠、大荔、烏氏、朐衍之戎』（卷一百十、葉九上）。案史記，服于秦的西戎八國，其中緜諸戎在今甘肅天水縣東四十五里邽山下的古城遺址（史記匈奴傳索隱；又漢書地理志天水郡緜諸道補注）；緄戎在秦隴西郡以西（隴西郡地望詳後）；翟獂戎，在今甘肅隴西縣東南四十二里（水經注一七渭水注，參王氏合校本、史記匈奴傳正義）；一說縣東南二十五里（方輿紀要五九陝西八鞏昌府隴西縣條）；一說縣東北（漢書元帝紀初元二年補注獂道條）；義渠，在今甘肅寧縣有義渠城。而廣陽、寧、正寧、合水、環等縣，亦其地（竹書義證卷十四、葉九二下、國策地名考卷一六義渠）；烏氏戎，在今甘肅平涼縣西北（史記匈奴傳集解、正義；漢書地理志北地郡烏氏縣補注）；朐衍戎，在今寧夏鹽池縣北（前引傳集解、索隱、正義、前引志北地郡朐衍補注）。漢書韓安國傳：『昔秦穆公都雍，地方三百里。知時之宜，攻取西戎，辟地千里，并國十四，隴西北地是也』。案隴西、北地都是秦郡。全祖望說，北地是秦昭王所置（漢書地理志卷二八下、葉二二下補注引）。我的看法是，秦都雍，即今陝西鳳翔縣。秦昭王置北地郡，想即根據穆公攻西戎所闢的千里之地而加以新的組織與統治，也就是更進一步的對殖民地區的統治。秦原先都雍，已經地方三百里，再加上穆公復開地千里，今如果不向隴西、北地二郡推求它的踪跡，那這所謂千里之地，便無所著落了。

隴西郡，據漢書地理志所載，凡十有一縣。以今地釋之，在甘肅的有狄道（今臨洮縣西南）、上邽（今天水縣西南）、安故（今天水縣南）、氐道（今清水縣西南）、首陽（今渭源縣東北）、予道（未詳）、大夏（今臨夏縣東南）、襄武（今隴西縣東五里）、西（今天水縣西南百二十里）；在陝西的有羌道（城固縣西南）；在甘肅的有臨洮（今岷縣）（詳前引漢志二八下一、葉三下——六下）。北地郡則十有九縣。以今地釋之，在甘肅的有馬領（今環縣東南）、方渠（今環縣南七十里）、五街（未詳）、鶉孤（今靈臺縣東北）、歸德（今慶陽縣東北百里）、回獲（未詳）、略畔道（今合水縣西南）、泥陽（今寧縣東南五十里）、郁郅（今慶陽縣）、義渠道（今寧縣西北）、弋居（今寧縣東）、大要（今寧縣東南）；在陝西的有直路（今黃陵縣）、除道（今中部縣）；在寧夏的有富平（今靈武縣西南）、靈州（今靈武縣西）、朐衍（今靈武縣東南花馬池上）、廉（今寧夏縣）；在山西的有靈武（今寧武縣西北）。這千里之地的郡縣的一部分建制，雖是戰國以後，然而首先開闢的是穆公。穆公所開闢的地區，西向已達到了甘肅且至寧夏，北方也突入山西西北角的寧武。而顧表說：春秋時的秦疆，『不越陝西一省』。我看這是錯的。

其次如晉，表說：

晉所滅十八國；又衛滅之邢、秦滅之滑，皆歸于晉。景公時，翦滅衆狄，盡收其前日蹂躪中國之地；又東得衞之殷墟、鄭之虎牢。自西以東，延袤二千餘里。有山西全省；又有直隸大名府之元城　、爲沙鹿山，晉所取之五鹿地。廣平府邯鄲、成安、清河、永年四縣、順德府治與邢臺、任、唐山三縣，俱與衞接境。眞定府之晉州、趙州、冀州及藁城、欒城、柏鄉、臨城四縣；山東東昌府之恩縣、冠縣、曹州府之范縣，與齊、魯二國接境。又河南懷慶府濟源、修武、孟、温四縣、衞輝府之汲縣、淇縣、輝縣、濬縣、新鄉縣。南自解州平陸縣渡河，有河南府之陝州、閿鄉、靈寶，桃林之塞在焉。永寧、澠池、偃師三縣，後又得嵩縣陸渾地、與周接境。其西自蒲州永濟縣渡河，有陝西同州府之朝邑、韓城、澄城、白水四縣，及華州華陰縣。又延安府爲晉河西上郡。西安府之臨潼縣，爲所滅驪戎地。商州爲晉上洛及菟和、倉野之地，俱與秦接境。……跨五省，共二十二府、五州。

晉當春秋之初……沈、姒、蓐、黃處在太原，虞、虢、焦、滑、霍、楊、韓、魏列于四境。晉于其中，特彈丸黑子之地，勢微甚（表四、葉十一下——十三）。

案顧表說『晉所滅十八國』，大約指的是春秋前晉文侯滅韓；閔元年（晉獻公十六年）滅耿、霍、魏；閔二年（晉獻十七年）伐滅東山皐落氏（參原書表五列國爵姓及存滅表東山皐落氏條）；僖五年（晉獻二二年）滅西虢、虞。而荀、賈、楊、焦，表云滅年未詳（案汲郡古文，晉武公滅荀。賈，或說亦是武公所滅。焦，或說晉武公所滅，或說幽王七年已爲虢人所滅。以上說，並詳拙著專刊增訂本春秋大事表列國爵姓及存滅表譔異。以下簡稱春秋表譔異）；宣十五年（晉景公六年）滅赤狄潞氏；十六年（晉景公七年）滅甲氏、留吁、鐸辰；昭十二年（晉昭公二年）滅肥　；十七年（晉頃公元年）滅陸渾；二十二年（晉頃六年）滅鼓。但表所依據的是春秋經傳，而經傳所不載的，當然也還會有的。呂氏春秋直諫篇說，趙簡子謂燭過：『昔吾先君獻公即位五年，兼國十九』。案晉獻公元年、當魯莊公十八年（周惠王元年676B.C.），在位凡二十有六年。滅國霍、耿、魏，事在十六年；滅虞、虢，事在二十年，並見左傳。而現在呂氏春秋載趙簡子的話，以爲獻公即位五年即已幷國十九（韓非子難二，十九作十七），可見整個春秋時代晉所滅的國，必不如表所云，止于一十有八。又據國語，晉獻公十一、二年間（魯莊公二十八、九年間）亦嘗滅翟柤（詳拙不見於春秋大事表的春秋方國〔以下簡稱春秋方國〕拾貳翟柤）、滅蒲（前引書貳壹蒲）。然而滅翟柤，左傳不書。蒲之爲國、爲獻公所滅，內、外傳亦無明文，不過由鄭語和莊二八年左傳公子重耳居蒲城一事，可以推而知之。如此看來，止是晉獻公的兼幷，就很多無可稽考，其餘更不待論。梁啓超說：『晉自文公稱霸以後，未嘗一滅諸夏之國。然及春秋末年，晉之領土，佔當時所謂中國者之半。蓋因彼百餘年間，盡滅羣狄，凡狄地及狄人所掠諸夏之地，皆入於晉也』（中國歷史上民族之硏究葉二三）。這固然不失爲一個合理的解釋，然而其詳也就不可得而知了。

其次如齊，表說：

齊在春秋，兼幷十國之地。紀、郕、譚、遂、鄣、陽、萊七國之滅，見於經。如莒之故封，介根及牟、介二國，倶不詳其滅之何年。其疆域全有青州、濟南、武定、登州、萊州五府之地。獨青州府之安邱、諸城二縣，闌入莒地，後入魯。又東昌府之聊城爲聊聶，堂邑縣爲棠邑，茌平縣爲重邱。泰安府治與魯接境。又兼有東阿、肥城、平陰；及東平州斗入兖州府之陽穀一縣、沂州府之蒙陰一縣，與魯、衞錯壤。又曹州府之范縣，爲齊廩邱及顧地，則齊、晉、宋、魯、衞五國交錯處也。直隸天津府之慶雲縣，爲齊無棣地（春秋大事表四、葉八下）。

案齊滅紀在莊四年，當齊襄公八年。降郕在莊八年，當齊襄公十二年。滅譚在莊十年，當齊桓公二年。滅遂在莊十三年，當齊桓公五年。降鄣在莊三十年，當齊桓公二十二年。遷陽在閔二年，當齊桓公二六年。滅萊在襄六年，當齊靈公十五年。伐莒取介根在襄二四年，當齊莊公五年。滅介在僖二九年（齊昭公二年）後，滅牟在桓十五年（齊襄公元年）後，並不詳的在何年。又宿國雖然爲宋所遷，後入于齊爲邑，見定十年左傳。綜合經傳所記，則齊桓所滅，不過譚、遂、鄣、陽四國。而荀子仲尼篇說：齊桓公『幷國三十五』（卷三）。韓非子有度作『幷國三十，啓地三千』（卷二）。祇齊桓公所併已三十有餘國，則在整個春秋時代而說，齊所兼幷，當然不止于經、傳所載的十國之地。管子小匡：齊桓『北伐山戎、制泠支、斬孤竹，而九夷始聽』（卷八）。國語齊語：桓公『即位數年，東南多有淫亂者——萊、莒、徐夷、吳、越，一戰帥服三十一國。……遂北伐山戎、刜令支、斬孤竹而南歸，海濱諸侯，莫敢不來服』（韋解：海濱，海北涯也）。齊桓幷國三十餘、啓地三千里，我想從管子、國語這些地方，也頗暗示我們若干消息，不過我們也無由道其詳就是了。

其次如楚，表說：

楚在春秋，吞幷諸國，凡四十有二。其西北至武關，在今陝西商州東少習山下。文十年傳　，子西爲商公，即商州之雒南縣也，與秦分界。其東南至昭關，在今江南和州含山縣北二十里。昭十七年，吳、楚戰于長岸，即和州南七十里之東梁山，與太平府夾江相對，是也，與吳分界。其北至河南之汝寧府、南陽府、汝州，與周分界。其南不越洞庭湖。全有今湖北十府、八州、六十縣之地。惟隨州爲隨國，　僅存。又全有河南之汝寧、南陽二府，光州一州。又闌入汝州之陝縣、魯山縣、河南府之嵩縣、開封府之尉氏縣、許州府之郾城縣及禹州，與鄭接境。四川夔州府之奉節縣，與巴接境。江西之南昌、南康、九江、饒州，與吳、越錯境。又全有江南之廬州、鳳陽、潁州三府及壽州、和州之地。江寧府之六合、太平府之蕪湖、徐州府之碭山，則與吳日交兵處也。後廬、壽之地，多入于吳（春秋大事表四、葉十六）。

案楚所滅四十二國，其中權、邢、鄾、穀、鄀、羅、盧戎、鄀、鄖、貳、軫、絞、州、蓼（或作鄝），不知滅年。滅息在莊十四年，當楚文王十年。滅鄧在莊十六年，當楚文王十二年。滅申、呂不知何年。滅弦在僖五年，當楚成王十七年。滅黃在僖十二年，當楚成王二四年。滅夔在僖二六年，當楚成王三八年。滅江在文四年，當楚穆王三年。滅六、蓼在文五年，當楚穆王四年。滅麇在文十一年，當楚穆王十年。滅宗在文十二年，當楚穆王十一年。滅庸在文十六年，當楚莊王三年。道、栢、房、沈、蔣不知滅年。滅舒蓼在宣八年，當楚莊王十三年。滅舒庸在成十七年，當楚共王十七年。滅舒鳩在襄二五年，當楚康王十二年。滅賴（或作厲）在昭四年，當楚靈王三年。滅唐在定五年，當楚昭王十一年。滅頓在定十四年，當楚昭王二十年。滅胡在定十五年，當楚昭王二十一年。滅蠻氏（即戎蠻）在哀四年，當楚昭王二十五年。滅陳在哀十七年，當楚惠王十一年。——如春秋經傳此等處所顯示，是楚文王所滅，今可考知的，不過息、鄧兩國而已。然而據呂氏春秋直諫篇乃稱其『兼國三十九』，一說三十（集釋：渚宮舊事引同。畢沅曰：說苑正諫作三十。孫蜀丞曰：類聚引無九字）。楚莊王所滅，據經、傳，不過庸與舒蓼兩國而已。而韓非子有度篇說他『并國二十六，開地三千里』。案三十九（或三十）、二十六，均非虛約數。呂覽、韓非、必有實據而為此說，不過如今也無文可考就是了。

復次僖二八年左傳，晉欒貞子說：『漢陽諸姬，楚實盡之』。漢陽，謂漢水以北。案僖二八年，當楚成王四十年。楚成王四十年以前，楚所滅姬姓國，經、傳所載，只有貳，在今湖北應山縣，可說是漢水北，也可說是漢東。但她的姓，或說姬，或說偃（詳拙著春秋表譔異葉二三三上），現在無從考定。此外有鄖，姓，或說姬，或說曼，或說嬴，大約曼姓說是。其地，今湖北襄陽縣東北十二里（詳春秋表譔異葉二二四），是在漢水東。次穀，姓，或說嬴，或說姬，無從考定。其地，今湖北穀城縣西北七里（詳前引書葉二一〇下），是在漢水西。次鄀，姓，或說允，或說姬，無從考定。初居今河南內鄉縣西南百二十里，後遷今湖北宜城縣東南九十里（詳前引書三五一下——三五二）。是在漢水東。次息，姓，姬。今居河南息縣（詳前引書葉一九五）。是在漢水東。次郙，顧表說：『一名那處，文王子郙季載所封。或作那……。今安陸府荆門州東南有那口城，爲春秋時那處地』。案地在湖北當陽縣東南，是在漢水東。而且這那也不是文王子那季載所封。祖、姓並無可徵。顧表誤（詳前引書葉三二四——三二五）。照這樣看來，楚成王四十年以前盡滅漢北諸姬的史事，在經、傳中，止留得這麼兩句話，其它我們簡直就一無所知。

復次左氏會箋說『楚奄征南海、兼百越、百濮及南方諸國』，這話初聽，似不免使人迷惘。細想乃覺其理所當然。案楚『奄征南海』一辭，是楚子囊請謚楚子審爲共王的話，見襄十三年左傳。『奄』就是周頌執競『奄有四方』、魯頌閟宮『奄有下國』、『奄有龜蒙』的奄，同于掩蓋、掩護，是上國對屬土的語氣。國語楚語上作『撫征南海』，辭義畧同。『南海』，當指大江以南直至南海之濱。鄭襄公對楚莊王說：『其俘諸江南、以實海濱，亦唯命』。這所謂由江南以至海濱，就是南海。如此說來，楚共王『奄征南海』、『撫征南海』，就是說他綏靖、撫慰南海了。會箋說楚『兼百越、百濮及南方諸國』，知道楚已能奄征南海，則百越、百濮、南方諸國，自然也就不成問題了。楚世家：周天子賜胙楚成王說：『鎮爾南方，夷、越之亂，無侵中國』。南方夷、越之亂，楚成王可以鎮撫之，而且叫他們不要侵擾中國，則楚之奄有南海、兼百越、百濮及南方諸國，也就差不多了。閻若璩說：『南海，今廣州府治，爲當日百越地，雖未屬楚，要爲楚兵力之所及』（潛邱劄記，經解本卷二五、葉一〇上）。僅僅『兵力之所及』，這話也似乎不免畧爲保守。而顧棟高說『其南不越洞庭湖』，這就太失之于不攷了。

復次會箋說楚『兼百越』，百越一辭，出逸周書王會。所謂百越，言其族姓很複雜，多至于百，當然只是虛約，非實數。楚和越，在春秋以前就已發生關係。史記楚世家說：『熊渠生子三人。當周夷王之時，王室微，諸侯或不朝、相伐。熊渠甚得江、漢間民和，乃興兵伐庸、楊粵，至于鄂。熊渠曰：我，蠻夷也，不與中國之號謚。乃立其長子康爲句亶王，中子紅爲鄂王，少子執疵爲越章王，皆在江上楚蠻之地』；國語鄭語：『（祝）融之興者，其在芈（羋）姓乎？芈姓夔、越，不足命也』。至于春秋時代，則周惠王六年，賜胙楚成王說：『鎮爾南方夷、越之亂，無侵中國。於是楚地千里』。已見前引。

案楚熊渠伐庸、揚粵，揚粵即揚越。史記南越列傳尉佗傳：『秦時已幷天下，畧定揚越，置桂林、南海、象郡，以謫徙民，與越雜處』。索隱：『案戰國策云，吳起爲楚收揚越』。正義：『夏禹九州，本屬揚州，故云揚越』。桂林，今廣西；南海，今廣東；象郡，今廣東舊雷州、廉州、高州諸府、廣西舊慶遠道，太平及梧州府南境以至安南。是楚熊渠伐揚越，他的兵威到達了現在的廣西、廣東、乃至戰前的安南一部分。他的少子執疵爲越章王，『越』字，世本作『就』、帝繫作『戚』，這可以不必討論。單說他兵威所屆，這與前引楚共王『奄征南海』，楚成王鎮南方，『夷、越之亂』不侵中國的話，正可互相照應。熊渠少子爲越章王一事，舊籍雖有異文，今無從判定，然而越國君長中有和楚國同姓的人，却是史實，這就是鄭語說的『芊（同羋）姓䕫（同夔）、越』了（『羋姓夔，越』，梁玉繩史記志疑據韋昭吳語注『句踐，祝融之後』的話，因謂，會稽的越不是禹後，而是與楚同祖。案鄭語羋姓的越，我看不是指的句踐的越。漢書地理志注引臣瓚說：『自交阯至會稽，七八千里，百粵〔同越〕雜處，各有種姓，不得盡云少康之後』。這話極有見地。但百越不得盡云少康後，同時也不得盡云羋姓後，這是可想而知的。別詳春秋表譔異冊五、葉三九五——三九七）。

秦漢間有所謂東越、閩越，其地望就是現在的福建。古代所謂百越，這也是其中的一部分，史記南越列傳可證；說文蟲部也說：『閩，東南越』。國語鄭語有所謂『閩芊（同羋），蠻矣』（今本『閩羋並作『蠻芊』。汪遠孫國語發正葉十六據周禮職方氏鄭注引國語作『閩羋』，說『作「閩」是也』。案夏官職方氏正義也說：『彼〔鄭語〕不作「閩」者，彼蓋後人轉寫者誤』。案世本：『東越、閩君，亦皆羋姓』。鄭語原文本作『閩羋』不作『蠻羋』。毫無疑問。別詳春秋方國叁閩羋『國』），這芊姓的閩，應該也就是楚國的分封。王應麟王會篇補注引世本：『東越、閩君，亦皆芊姓』。這和鄭語的話，也可以互相印證。楚國的分封到達了東越、閩越，可見楚國至少自西周末期以後，勢力已經可以控制百越，前引左傳的記述並非夸張，而會箋說楚『兼百越』的話，也不爲過分的了。

楚與百濮，亦有其密切關係。史記楚世家：『熊霜元年，周宣王初立。熊霜六年卒，三弟爭立。仲雪死；叔堪亡，避難於濮。……武王……三十七年（魯桓公八年）……於是始開濮地而有之』（據國語鄭語，始啓濮的是武王時兄蚡冒，卽熊眴）。案熊霜子叔堪，因兄弟爭立而避難于濮，相信前此楚和百濮、已經有了交通關係，而且關系定不尋常。若說一個堂堂貴公子，貿貿然選擇到素不相往來的濮蠻爲託命的處所，這使人不敢相信。這濮，我看可能就是現在湖南南部、北部、或雲南、貴州等地區的濮，百濮分布至廣，十九年左傳（楚平王六年）：『楚子爲舟師以伐濮』。杜解：『濮，南夷也』。楚子伐濮而有賴于舟師，這濮也是湖南、雲、貴等地的濮，杜解是對的（濮類至繁，居處的地方也不同。春秋時，楚國以西也有濮，常爲楚患。文十六年左傳，『麇人率百濮聚於選，將伐楚』，便是。所以先秦舊籍之所謂濮，他的地區，要分別觀看，不可以一概論。別詳春秋表譔異葉五五二——五五四）。不過濮類甚衆，這濮未必就是叔堪避難的那個濮。楚子伐濮，也可使我們想像到楚和濮因壤土毗鄰，平日就有交通，也就免不了發生利害的衝突。楚世家說：秦昭王拘留楚懷王，『要以割巫、黔中之郡』。會注：『黔中，湖南常德以西及貴州』。這楚的黔中郡，自然也是佔百濮的一部分。大抵楚國經營百濮，至少在西周末年宣王時代就已經開始，歷經叔堪、平王，到懷王時，楚遂侵畧了百濮的大部分，因而設置了黔中郡。史記西南夷傳：『始楚威王時，使將軍莊蹻將兵、循江上畧巴、蜀、黔中以西。……蹻至滇池，地方三百里，旁平地肥饒數千里，以兵定屬楚。欲歸報，會秦擊奪巴、黔中郡，道塞不通，因還以其衆王滇，變服從其俗以長之』。莊蹻畧巴、蜀、黔中以西，以此王滇，這自然是楚置黔中郡以後經營百濮的更進一步的發展了。但他這種一步一步的進展，非由一朝一夕，當上溯至于西周末年，這是很顯然的。

百越、百濮和楚國的關係如上所述，所以我認爲會箋說『楚奄征南海，兼百越、百濮』的說法，是對的。

其次如吳，表說：

武王定天下，此時泰伯之子孫（？）已自立于句吳，武王因而封之。時大江以南，尚屬蠻夷之地，分茅胙土之所不及，非若中原齊、魯，星羅碁置也。故其地最廣遠。春秋初，尚服屬于楚。自後寖强，遂爲勍敵。而其所幷吞之國，亦歷歷可紀焉。大抵北出則擾廬、壽，東（？）出則向番陽。最後廬、鳳亦入于吳，而入郢之禍自此始。太平府則與楚之和州（爲昭關）對岸，江寧府則與楚之六合（爲棠邑）接境。其自浙之嘉興以及湖州、杭州，則與越日相角逐之區也。其自浙之嚴州以及江南之徽州、江西之饒州，則與楚日相窺伺之地也。方輿家以江西全省亦俱爲吳地，然于經傳無所見，第存其說如此云（春秋大事表四、葉二八——二九）。

案顧表說『而其（吳）所幷吞之國亦歷歷可紀』，指的是疆域表所謂昭二三年滅州來，二四年滅鍾離及巢，三十年滅鍾吾。至于伐國取邑，則昭四年伐楚取棘、櫟、麻，爲今江蘇碭山縣；定六年伐楚取番，爲今江西鄱陽湖東之鄱陽縣。

吳又嘗滅干，故吳亦或稱『干』，而經、傳不書。案墨子兼愛中：『以有荊楚、干、越與南夷之民』；莊子刻意：『夫有干、越之劍者』；荀子勸學：『干、越、夷、貉之子』。這『干』就是吳。說『干、越』，就是等于說『吳、越』。字又作『邗』。說文邑部：『邗，國也，今屬臨淮』。蓋本作『干』，或借作『邗』，哀九年左傳『吳城邗溝通江淮』，這就是邗國之溝。管子小問說：『昔者吳、干戰』。這干國也就是邗國。吳幷有干國而或稱干，在古代，這例不少。以上說，有劉寶楠愈愚錄卷四干越條可參考。拙春秋表譔異葉七二、七三亦有所論，今從略。

顧表又說：『方輿家以江西全省亦爲吳地，然于經、傳無所見，第存其說如此而已』。案顧頡剛師說：『西清續鑑甲編云，乾隆三十有六年，臨江民耕地，得古鐘十一，乃吳王皮難之子名者減者所作之器。臨江即今江西清江縣。一說，此指劉宋所置之臨江郡而言，地在今安徽和縣。按吳自江、漢東徙，必先至江西，次及蘇、皖』（周人的崛起及其克商註一九，文史雜誌一卷三期。郭某殷周青銅器研究者減鐘韵讀條亦主江西臨江；又說：『者減諸鐘，蓋作於魯莊公年代』；又說：『由此可知二千七百餘年前之江南，在當時所視爲化外者，却已有比較高度之文化』。）

顧師的意思是說，這吳器出土的臨江，當是江西的臨江縣，即今清江縣。考哀二十年左傳，吳公子慶忌『出居于艾』。杜解：『吳邑。豫章有艾縣』。地名補注：『方輿紀要，艾城在南昌府寧州西百里』（卷十二、葉九上）。案艾城東南與清江縣相去三百里，東與鄱陽湖相去五百里。從這一點看來，江西北境絕大部分都已爲吳所占有。江西的北境，即湖北，亦即楚國本土的東南境。江西北境如果已入吳人手中，則東南境自亦可能漸次爲吳所蠶食，楚雖欲加以援救，而地勢隔絕，有所不可。所以我覺得、方輿家以江西全省亦俱爲吳地的話，想必別有所依據。但依我個人看來，全省或未必。若說全省的大部分，則並非無此可能。

會箋說：吳『東盡東方之國』。案墨子卷五非攻中篇說：『及至夫差之身……九夷之國，莫不賓服』。孫氏閒詁說：『此九夷與吳、楚相近，蓋即淮夷，非海外東夷也。書敘云：成王伐淮夷，遂踐奄；韓非子說林上篇云：周公旦攻九夷，而商蓋服。商蓋即商奄，則九夷亦即淮夷。春秋以後，蓋臣屬楚、吳、越三國。……若然，九夷實在淮、泗之間，北與齊、魯接壤，故論語、子欲居九夷』。案東夷、九夷固然是東方之國。但東方之國必不限于東夷、九夷，這是一定的。

其次越，表說：

封疆極隘。國語與越絕書所載不同。其北向所至曰禦兒、曰平原，皆在嘉興一府之地。其西南至于姑蔑（越絕書作姑米），則在今衢州府龍游縣。然昔人稱餘汗爲越地。淮南王安謂，越人欲爲變，必先田餘汗界中；通典亦謂爲越之餘；則自江西廣信至饒州，皆越之西界。國語所云姑蔑，蓋未盡矣。余嘗歷淮、揚至餘杭，盡吳之境。又親至左蠡，而知越大夫胥犴勞王于豫章之汭，實在今鄱陽湖。蓋鄱陽爲楚，餘干爲越，分峙湖之兩岸。楚、越相結，歸王乘舟，應在于此。若北出，則千餘里皆吳地。越方仇吳，豈能以孤軍徑行其地而與楚會耶？其地，全有浙之紹興、寧波、金華、衢、温、台、處七府之地。其嘉、杭、湖三府，則與吳分界。由衢歷江西廣信府至饒之餘干縣，與楚分界（春秋大事表四葉三一）。

案會箋說『越盡東南之國』，此未見所據。說苑君道：『越王句踐與吳戰，大敗之，兼有九夷』；論衡恢國：『越在九夷，罽衣關頭』；哀十九年左傳：『春，越人侵楚。……夏，楚公子慶、公孫寬追越師，至冥，不及，乃還。秋，楚沈諸梁伐東夷（杜解：報越也），三夷男女及楚師盟于敖』（杜解：從越之夷三種）。與其說越盡兼東南諸國，似不如說盡兼九夷。九夷，或作三夷。三、九都是虛約數，這可不必計較。三夷也統稱東夷。春秋地理考實說：東夷『當是甌越之地，温、台海濱之處』；三夷『當是温、台、寧波三府地』（卷二五四、葉三九下）。案楚爲報復越國的侵畧，因伐服屬越的三夷而和他們訂盟，那這三夷，應該是越西境的夷。三國志吳志屢屢記載所謂『山越』爲患，此伏彼起，現在浙江的淳安、衢；安徽的南陵、涇以西六縣；江西鄱陽、吉安諸縣；以及閩北、閩中的山谷深險的地方，都是他們聚居的所在。這些所謂山越，殆亦即春秋時代的所謂東夷。而浙西、皖南、江西，比較和楚國鄰近。我想這和楚國訂盟的所謂三夷——本來服屬于越的三夷的地區，可能就是浙西、皖南、江西三國時所謂山越的地區。至若考實所謂甌越、所謂溫州、台州濱海的地帶，這裡雖然也有夷人部落，但和楚國本土相去太遠，以這裏為侵畧三夷所在，我想這不甚合理（別詳拙春秋方國伍柒東夷『都』）。

史記越世家：『楚威王……大敗越，殺王無彊，盡取故吳地至浙江。……而越以此散，諸族子爭立，或為王，或為君，濱於江南海上，服朝於楚。後七世閩君搖，佐諸侯平秦，漢高帝復以搖為越王，以奉越後；東越、閩君，皆其後也』。會注考證：『閩越傳亦云，無諸及搖，皆句踐後』；又東越傳：『閩越王無諸及越東海王搖者，其先，皆越王句踐之後也。……秦已幷天下，皆廢為君長，以其地為閩中郡。及諸侯畔秦，無諸、搖率越歸鄱陽令吳芮——所謂鄱君者也。……無諸、搖率越人佐漢，漢五年，復立無諸為閩越王，王閩中故地，都東冶。孝惠三年，舉高帝時越功，曰：閩君搖功多，其民便附。乃立搖為東海王，都東甌』。案東冶，今福建閩縣（參漢書地理志會稽郡治補注），民國，合閩、侯官二縣為閩侯縣。東甌，今浙江永嘉縣。越亡國後，他的族子濱于江南海上，這海上，世家正義說是『今台州臨海縣』；會注考證引黃以周，認為『蓋謂自此避居會稽，會稽本近海也』（會注引黃以周又說：『或者因此謂，是時會稽已失，濱地台州臨海地。攷之楚世家，頃襄王十八年，楚人有以弱弓說王者，曰：王北遊于燕之遼東，而南登於越之會稽。是越之會稽，至頃襄王時猶未失也。其失會稽，在秦幷楚之後，故秦紀云：定楚江南地，降越君，置會稽郡也。王無彊雖敗，而會稽為越故土仍未失。世家云：楚取故吳地至浙江，斯言本不誣也』）。槃案王無彊敗後，會稽亦不保，見楚世家威王條。秦幷天下，廢閩粵王無諸及粵東海王搖為君長，以其地為閩中郡，見漢書兩粵傳，幷已引見前正文。大約王無彊敗亡後，會稽雖仍保存，然而諸族子爭立，有的仍居會稽，有的則退處閩越間海濱稱爲君長。始皇已幷天下，降會稽越，則置會稽郡；降閩越海濱的無諸及搖，則爲閩中郡。兩事本不相涉。無諸和搖，對于閩越、閩中的關係，始終很密切，是必先前曾君臨其地。可想而知。會注引張照說：『按越爲楚滅，子孫分散，臣服於楚。越世家雖有或爲王，或爲君之言，其實自相稱署，而不得比於宋、衛、中山之數者也』。案張說當得實）。依我看，這所謂海上，應該就是浙江和福建間的濱海之地，所以七世以後，越王的族子，憑藉這裏的土地民人，又建立起兩個小的王國——閩越王國和東海王國。因此我想，這兩個地方，可能就是越王句踐的舊的部落，本來是屬越國統治。越王雖亡，統屬關係仍在，而越王族子退保到這裏以後，也能惠懷撫馭，『其民便附』，樂以聽從，所以七世之後，兩個新的小王國又出現了。

以上關于三夷和『江南海上』的我的說法、如果可以成立，那越的疆域，除顧表所說以外，還應該加上安徽南部和福建東北的沿海一帶。

會箋還論到燕，顧表闕。會箋說『燕盡北方之國』，這指的是北燕。案北燕在春秋是弱國，爲山戎所侵害，齊桓公會和魯謀伐山戎（莊二九年左傳），就是爲的保護北燕國。史記燕世家也說：『燕北迫蠻、貉，內措齊、晉，崎嶇彊國之閒，最爲弱小』（徐復觀先生說：『遼寧凌源縣〔槃案凌源于民國屬熱河〕馬廠溝發現了匽侯盂等一組銅器，知道遼寧〔？〕在西周初年，已屬於由周所封的燕國的疆域；由此可知周初封建所到達的區域，甚爲廣大』〔西周政治社會的結構性格問題。載東方雜誌復刊第二卷第六期，葉三四〕。槃案北燕初都的河北大興縣，東北至凌源縣，徑四百里，則其早期的疆域，可能相當大。然亦止是可能，並不一定，因爲彝器這一類的事物，容易易主，落到他人手裏。說詳拙春秋表譔異葉一一四。又山海經海內西經：『貊國在漢水東北，地近于燕，滅之』。此言北燕幷吞貊國，但它的時間，不知是在春秋？戰國？又毛詩大雅韓奕篇：『溥彼韓城，燕師所完。以先祖受命，因時百蠻』。此是追朔韓侯先祖的事功，與北燕無關）。現在會箋說他盡幷北方諸國，未詳所本。

又有魯、宋、衞、鄭四國，見于顧表，而會箋則闕。魯，表說：

魯在春秋，兼有九國之地：極、項、鄟、邿、根牟，魯所取也。向須句、鄅、鄫，則邾、莒滅之，而魯從而有之者也。其疆域，全有兗州府之曲阜、寧陽、泗水、金鄉、魚臺、汶上、濟寧州、嘉祥八州縣之地。後兼涉滕縣、鄒縣、嶧縣，與邾接境。又泰安府之泰安縣，與齊接境。兼有新泰縣、萊蕪縣、沂州府治及費縣、沂水縣、曹州府之鄆城縣，爲魯西鄆；鉅野縣爲獲麟處；城父縣、單縣爲高魚邑。涉范縣界，又兼涉青州府之安邱、諸城二縣，與莒接境。又河南陳州府項城縣，爲魯所滅項國地。又涉江南之海州。跨三省，共二十六州縣（表四、葉六）。

案表說魯滅項國，據的是僖十七年左傳。但據經，則滅項的是齊桓公。公羊、穀梁兩傳同；通志氏族畧二項氏條、路史國名紀五，並亦主此說。又項爲今河南項城縣，和魯國相去千里，中隔宋國，魯國也不可能有其地（龔景瀚說。別詳春秋表譔異冊四、葉三一四）。顧表並未確。魯所吞幷，除此以外，殆又有鄆。鄆，附庸國。它的舊居（今鄆城縣）爲魯所占，這就成了魯國的西鄆。鄆國因此遷沂水縣東北四十里，是爲東鄆。昭元年，魯伐莒，取鄆，自此以後，經、傳中不復有所謂鄆，大約魯國已經把它滅掉了（別詳春秋方國叅陸鄆）。

宋，表說：

宋在春秋，兼有六國之地：宿、偪陽、曹三國，其見于經者也。杞、戴及彭城，則經、傳俱不詳其入宋之年，而地實兼幷于宋。其封疆，全有河南歸德府一州八縣之地。開封府之杞縣、封邱縣，有宋之長邱，蘭陽縣有宋之戶牖，衞輝府之滑縣有宋之城鉏，陳州府治之睢寧縣有宋櫟地、西華縣有宋鬼閻地。又江南徐州府之銅山縣、沛縣、蕭縣，潁州府之太和縣，山東兗州府之金鄉縣、嶧縣，泰安府之東平州；後滅曹，又得曹州府之曹縣、荷澤縣、定陶縣。共跨三省九府二州二十三縣之地（表四、葉一九）。

案莊十年經，宋人遷宿。然其地後入于齊，爲邑，見定十年左傳（詳春秋表譔異冊二、葉一四七）。戴，隱十年經：『秋，宋人、衞人入鄭。宋人，蔡人、衞人伐戴，鄭伯伐取之』。左傳：『秋七月庚寅……宋人、衞人入鄭，蔡人從之伐戴。八月壬戌，鄭伯圍戴。癸亥，克之，取三師焉』。杜解：『三國之軍在戴，故鄭伯合圍之』。戴是不是滅在此時及爲誰氏所滅，疑未敢定。但漢書五行志下之下隱三年日食滅戴條顏注，却說滅戴的是鄭。我看，鄭滅說可從。

衞，表說：

衞之始封，兼三監之地，封域本大。後再遷至帝邱，而其舊封多入于晉，稍迫狹矣。春秋之初，霸令未興。諸侯多務兼幷以自益，而衞以介在齊、晉、宋、魯，四面皆大國，無所朘削。又屢經狄難，崎嶇遷徙。其地有今之直隸大名府，開州及府治元城縣、魏縣、長垣縣。廣平府之邯鄲縣爲邯鄲邑，旋入晉。河南衞輝府之淇縣，爲始封之朝歌，汲縣爲河內，輝縣爲百泉，後俱入晉。僅有滑縣之楚邱及漕地耳。又兼涉懷慶府修武縣界。有彰德府之安陽縣、內黃縣、林縣。歸德府之睢州，爲襄牛地。又錯入開封府之封邱縣。山東曹州府之濮州，爲城濮地；曹縣，爲南楚邱地。又接入兗州府之陽穀縣，泰安府之東阿縣。其地多奇零，與諸國交錯。共跨三省十府三州十二縣之地。其入晉地不在內（表四、葉二一）。

案僖二五年，衞滅邢。此時的邢，已由今河北邢臺縣遷居夷儀，在今山東聊城縣西南。一說，夷儀在邢臺西百餘里，誤（詳春秋表譔異冊二、葉一八四）。顧表據舊說，以爲此時邢在邢臺縣，地後入晉，也是錯了。

鄭，表說：

鄭桓公、武公，當幽、平之世，以詐取虢、檜之地。其地當中國要害，四面皆強國，故雖以鄭莊之奸雄，無能爲狡焉啓疆之計，終春秋二百四十年，僅再滅許，肆其吞噬而已。而虎牢入晉，犨、櫟、郟入楚，鄭之封疆亦蝕于晉、楚焉。其地有開封府之祥符、蘭陽、中牟、陽武、鄢陵、洧川、尉氏、鄭州、河陰、汜水、滎陽、滎澤，凡一州十一縣。亦兼涉杞縣，與楚接界；陳留，與陳接界；封邱，與衞接界。許州府，爲所奪許國之地。禹城，爲櫟都。汝州之魯山、郟縣，本楚以餌鄭，旋復爲楚奪。又闌入衞輝府之延津縣，河南府之登封縣、鞏縣、偃師縣，陳州府之扶溝縣，懷慶府之武涉縣，歸德府之睢州。其地俱在今河南一省。其闌入直隸大名府之長垣縣者，爲祭仲邑；東明縣有武父地，僅彈丸黑子而已（表四、葉二三——二四）。

案戴爲鄭滅，已見上宋國疆域條。當補。

列強兼幷的事例，大體如上，而其詳已無可攷。

鹽鐵論①中的政治社會文化問題

徐復觀

一、背景

漢書七昭帝紀，始元六年（西紀前八一年）二月「詔有司問郡國所舉賢良文學，民所疾苦，議罷鹽鐵榷酤。」又六十六車千秋傳，「訖昭帝世，國家少事，百姓稍益充實。始元六年，詔郡國舉賢良文學士，問以民所疾苦，於是鹽鐵之議起焉」。傳贊：

「所謂鹽鐵議者，起始元中，徵文學賢良，問以治亂，皆對願罷郡國鹽鐵酒榷均輸，務本抑末，勿與天下爭利，然後教化可興。御史大夫桑弘羊以爲此乃所以安邊竟，制四夷；國家大業，不可廢也。當時相詰難，頗有其議文。至宣帝時，汝南桓寬次公，治公羊春秋，舉爲郎，至廬江太守丞，博通，善屬文。推衍鹽鐵之議，增廣條目，極其論難，著數萬言。亦欲以究治亂，成一家之法焉。其辭曰……」

「其辭曰」以下，節錄鹽鐵論雜論第六十之言。雜論第六十，蓋即桓寬整理鹽鐵論的自序。

這裡我們應首先了解此一大爭論得以發生的背景。按漢武時代，國力最大的消耗爲北伐匈奴。自元光二年（前一三三）與匈奴絕和親，經元光六年（前一二九），元朔二年（前一二七）五年（前一二四）六年（前一二三）元狩二年（前一二一）四年（前一一九）各戰役，匈奴受創北徙，中國亦大爲虛耗。這本是對匈奴政策，應作一轉換的時機。但武帝仍窮兵不已：其中最無意義的，爲太初元年（前一〇四）到三年（前一〇二）遣李廣利伐大宛求善馬；使匈奴得到喘息機會，而中國的虛耗益甚。太初二年（前一〇三）遣趙破虜將二萬騎出朔方，敗沒不還。天漢二年（前九九）遣李廣利將三萬騎出酒泉擊匈奴，匈奴圍之，司馬趙充國潰圍得出，別將李陵終以敗降。四年（前九七）遣李廣利將六萬騎步兵七萬人出朔方，另有將軍公孫敖將萬騎步三萬人，韓說將步兵三萬，路博德將步兵萬餘人與李廣利會合，與單于戰吾余水上，不利引退。征和三年（前九〇）李廣利將七萬人出五原，另有御史大夫商丘成將二萬人出西河，重合侯馬通將四萬騎出酒泉，與李廣利呼應，廣利敗降匈奴。再過三年（後元二年前八七）。武帝便死了②。可以說，武帝前期對匈奴用兵，是有所得而實則不償所失③。後期對匈奴用兵，則幾乎可說是只有所失而並無所得。僅因中國土廣民衆，在相對消耗之下，匈奴終於不振。但由武帝後期對匈奴用兵的情形，已可反映出武帝之「武」，已成爲强弩之末。

與對外國力消耗並行的，是內部社會政治的惶惶不安。漢書六武帝紀天漢二年（前九九）「泰山、琅邪羣盜徐勃等阻山攻城，道路不通。遣直指使者暴勝之　衣繡衣杖斧，分部逐捕。刺史郡守以下皆伏誅。」史記卷一百二十二酷吏列傳，「自溫舒（王溫舒）等以惡爲治，而郡守都尉，諸侯二千石，欲爲治者大抵盡放溫舒，而吏民益輕犯法，盜賊滋起。南陽有梅免白政，楚有殷中杜少，齊有徐勃；燕趙之間有堅盧范生之屬，大羣至數千人，擅自號，攻城邑，取庫兵，釋死罪，縛辱郡太守都尉，殺二千石，爲檄告縣趣具食。小盜以百數，掠鹵鄉里者不可勝數也。於是天子……乃使光祿大夫范昆，諸輔都尉，及故九卿張德等，衣繡衣，持節，虎符發兵，以興擊。斬首，大部或至萬餘級；及以法誅通行領食，坐連諸郡，甚者數千人。數歲，乃復得其渠率；散卒失亡，復聚黨阻山川者，往往而羣居，無可奈何」。可以說，山東郡國的社會已經動搖了。

在以全力撲滅山東羣盜的天漢二年「冬十二月詔關都尉曰，今豪傑多遠交，依東方羣盜。其謹察出入者」。是由山東郡國的動搖，影響到了關中。天漢元年（前一〇〇）「秋閉城門大索」；征和元年（前九二）「冬十一月發三輔騎士大搜上林，閉長安城門索，十一月乃解。」是武帝當時對於肘腋之下的安全也發生了疑問。同年巫蠱事起。征和二年（前九一）閏四月「諸邑公主，陽石公主，皆坐巫蠱死。夏行幸甘泉。秋七月，按道侯韓說，使者江充等，掘蠱太子宮。壬午，太子與皇后謀斬充，以節發兵與丞相劉屈氂大戰長安，死者數萬人。」結果，皇后太子皆先後自殺。這一連串驚心動魄的事實，使耽於誇大侈泰的武帝，也不能不發生反省；對他搖搖欲墜的政權，作最後的挽救，因而在征和四年（前八九）作了政策的轉變。

漢書九六下匈奴傳：

「自武帝初通西域，置校尉屯田渠犂，是時軍旅連出，師行三十二年，海內虛耗。征和中，貳師將軍李廣利以軍降匈奴。上既悔遠征伐。而搜粟都尉桑弘羊與丞相御史④奏言『故輪臺以東，捷枝渠犂皆故國，地廣，饒水草，有溉田五千頃以上……臣愚以爲可遣屯田卒詣故輪臺以東，置校尉三人分護……」上迺下詔，深陳既往之悔曰，『前有司奏欲益民賦三十助邊用，是重困老弱孤獨也。而今又請遣卒田輪臺，輪臺西於車師千餘里……迺者貳師敗，軍士死畧離散，悲痛常在朕心。今請遠田輪臺，欲起亭隧，是擾勞天下，非所以優民也，今朕不忍聞……當今務在禁苛暴，止擅賦，力本農，脩馬復令，以補缺，毋乏武備而已……』由是不復出軍，而封丞相車千秋爲富民侯，以明休息，思富養民也。」田輪臺之議，實爲經營西域要著之一，所以昭帝元通四年「霍光用桑弘羊前議，以賴丹爲校尉將軍，田輪臺」⑤。而武帝卒不採用，由此可知當時國力的疲敝。再過年餘是後元二年二月，武帝便死於盩厔五柞宮。由此可知武帝已表現出政策轉換的開端。霍光在武帝左右幾十年，對這種情勢，及武帝死前的心境，會感受得很清楚。及領遺詔輔八歲的幼主——昭帝，首要之務，即在如何能穩定經長期軍事消耗以致動搖的社會。漢書六十杜延年傳，延年「見國家承武帝奢侈師旅之後，數爲大將軍光言，年歲比不登，流民未盡還，宜修孝文時政，示以儉約寬和，順天心，悅民意，年歲宜應。光納其言，舉賢良，議罷酒榷鹽鐵，皆自延年發之」。「宜修孝文時政」這句話的眞正意思，即是要修改武帝時的政策與作風。漢書七昭帝紀贊謂「承孝武奢侈餘敝，師旅之後，海內虛耗，戶口減半。光知時務之要，輕繇薄賦，與民休息。至始元元鳳之間，匈奴和親，百姓充實，舉賢良文學，問民所疾苦，議鹽鐵而罷榷酤。尊號曰昭，不亦宜乎？」正是具體地反映這種情勢。文帝與武帝不同的主要點之一，在於文帝以忍讓的態度，息事寧人。武帝則以誇侈的態度，開邊黷武。因黷武的關係，便逐漸實施戰時經濟政策。因實施戰時經濟政策，不能不使用殘酷的刑罰。三者互相因緣的情形，在史記平準書中，作了有機性的陳述。武帝的戰時經濟政策，以鹽鐵榷酤，爲最有經常性，而又影响社會的幅度最大。要修改財經政策，勢必討論到鹽鐵的問題。

內外朝之分，實始於霍光。霍光以大將軍居內朝主政，但朝廷的官僚結構及政令推行的機能，依然是在外朝而不是內朝。車千秋緣訟戾太子寃事受知於武帝，以高寢郞超升大鴻臚；不數月，遂於征和四年（前八九），取宰相封侯。他雖爲外朝的領袖，但資望旣淺，亦「無他材能學術」，乃是一位有名無實的宰相。桑弘羊「以心計，年十三，侍中」，約略爲武帝即位之年⑥。元鼎二年（前一一五）「爲大司農中丞，筦諸會計事，稍稍置均輸以通貨物」⑦，參與財經政策的製定與推行。元封元年（前一一〇）爲治粟都尉，領大農，盡代孔僅斡天下鹽鐵。至天漢元年（前一〇〇）爲大司農，天漢四年（前九七）爲搜粟都尉⑧，至後元二年（前八七）爲御史大夫，參預了受遺詔輔政。他的政治生涯，不僅由武帝即位之年一直到昭帝元鳳元年，約六十年之久；且由元鼎二年一直到他之死，掌握財經大權亦三十年。其資望遠出車千秋乃至霍光之上，爲事實上的外朝領袖人物。要修改桑弘羊三十餘年所掌握的財經政策，不是一件容易的事情。霍光便接受了杜延年的建議，於始元五年（前八八），令三輔太常，舉賢良各二人，郡國文學高第各一人。在六年二月，展開了前所未有的以鹽鐵爲中心的大辯論。這是霍光在政策上要假借此次辯論來壓倒桑弘羊，亦即是壓倒外朝所承襲的武帝的戰時財經政策，以便作若干修正轉換的一種手段。

其次，霍光爲了達到專政的目的，旣創出內外朝分權對峙之局，勢必進一步削弱外朝以伸張自己的權力。漢書六十六車千秋傳載「每公卿朝會，光謂千秋曰，始與君侯俱受先帝遺詔，今光治內，君侯治外，宜有以教督，使光毋負天下。千秋曰，唯將軍留意，即天下幸甚。終不肯有所言，光以此重之。」即是車千秋甘以傀儡宰相自居，故得勉强保全性命。形成政權骨幹的，一爲軍事，一爲財經。武帝建元二年（前一三九）省去掌軍權的太尉，於「元狩四年（前一一九），初置大司馬，「以冠將軍之號」⑨軍權遂直屬皇帝，不關丞相。霍光由侍中奉車都尉一躍而「爲大司馬大將軍，受遺詔輔少主」，軍權已經在握；但財經大權，雖不能收在內朝手上，他也不甘心繼續放任在資深望重的桑弘羊手上。要從桑弘羊手上奪取財經大權，必先打擊桑弘羊所憑藉的財經政策。由賢良文學在朝廷上公開反映出人民對鹽鐵政策的反對，即足以使桑弘羊失掉他所挾以自重的政治資本。所以在鹽鐵爭論之後，霍光即以「給事大將軍莫府」的楊敞爲大司農。楊敞遷御史大夫，霍光又以給事大將軍莫府的田延年爲大司農，把財經大權，緊緊地掌握在自己的僚屬手上，再進一步便是用自己的僚屬佔據外朝的高位，以完成由他在內朝專政的目的。霍光與上官桀的鬥爭，本是內朝的權利鬥爭，無是非可言。而桑弘羊之所以參與到裏面去，並不僅是「欲爲子弟得官，怨望霍光」⑩，而是怨望霍光奪取了他數十年手上的財經大權。鹽鐵之議，也成爲霍光奪權的一種手段。

不了解鹽鐵會議是霍光爲了轉換政策及奪取財經大權所運用的雙重手段⑪，便不能了解何以會出現此一大規模的辯論；及賢良文學，何以展開對桑弘羊的切直批評，桑弘羊及御史們雖一再加以威脅，却終未因此佔禍。至說霍光想因此而想與地方豪族層提携，已未免失之推論太過；更說賢良文學自身，也可能是這種地方豪族層的出身⑫，便更違反大夫御史們再三指謫賢良文學們出身貧寒的實情了。

但賢良文學也只是利用此一機會反映出社會多數人民的願望，及由儒家思想而來的政治主張。說到利用，也是互相利用。所以參與此次有聲有色的辯論的六十多個賢良文學中，若非寬桓在雜論中因汝南朱子伯的傳述而保留有賢良茂陵唐生、文學魯萬生、中山劉子雍、九江祝生等四人的姓氏，便將完全湮沒無聞。在皇權專制政治之下，知識分子只有在矛盾對立，相持不下的夾縫中，才有機會反映出一點政治的眞實，鹽鐵論的價值正在於此。至玩弄內廷專制，不學而有術的霍光，決不能容這一批謇諤之士。而辯論的結果，也只是暫時廢除了郡國的權酤及關內的鐵官；此外則一仍桑弘羊之舊。因爲霍光取得財經直接控制權後，對於政府收入所在，決不會輕輕放棄的。

二、辯論的歷程、態度及所反映出的社會地位

其次的問題是，現在可以看到的鹽鐵論，其性質，到底還是來自當時的紀錄，桓寬僅加以整理？抑係桓寬托事立言，「亦欲以究治亂，成一家之法」？班氏在車千秋傳贊中，說得不夠清楚。就鹽鐵論所記的辯論經過的情況，及各人立言的分寸來看，決不是未參與其事的人所能懸擬的。班氏說「當時相詰論，頗有其議文」，意者參與其事的賢良文學，退後有所紀錄，且紀錄者亦非一人。日人山田勝美氏在他所譯鹽鐵論的前面，有桓寬與鹽鐵論編著一文。其中指出「當此之時」與「方此之時」的意義完全相同的兩句話，但在書中各篇使用時，發現有秩序的不同。我的推測，這是反映出當時發言者的不同，因而紀錄也不相同的實況。但當時並未集結成一部完整之書。桓寬有感於汝南朱子伯之言，收集流傳的紀錄，序其次第，飾其語言，增其條目，遂成爲今日所看到的形式。所以它的性質是當時的集體意見，而不應視爲桓寬一家之言。由書中所述兩方辯論的過程，可以證明這一點。

從本議第一到刺權第九，都是大夫（桑弘羊）與文學間的詰難。刺復第十，大夫說「今賢良文學，臻者六十餘人……信往而乖於今，道古而不合於世務，意者不足以知士也。將多飾文誣能，以亂實邪？何賢士之難覩也」；文學反責以「蔽賢妬能，自高其智，訾人之才，足已而不問，卑士而不友，以位尚賢，以祿驕士，而求

士之用，亦難矣」；桑弘羊受此反責後，「大夫繆然不言，蓋賢良長嘆息焉」；於是「御史進曰」，代桑弘羊詰難。論儒第十一，係由御史發言。及文學提出「今民陷溝壑，雖欲無濡，豈得已哉」後，「御史默不對」。憂邊第十二，園池第十三，便又由大夫發言。但園池第十三以「大夫默然，視其丞相、御史」作結，故輕重第十四，未通第十五，又由御史發言。未通第十五以「御史有不答也」作結，於是由地廣第十六到訟賢第二十二，皆由大夫發言。遵道第二十三「大夫曰，御史，御史未應。謂丞相史曰」，這是桑弘羊要御史代爲發言；大概他又覺得不應放過丞相史，所以改呼丞相史而問之；於是由遵道第二十三到刺議第二十六，皆由丞相史發言。及刺議以「丞相史默然不對」作結時，於是利議第二十七又由大夫發言，責「諸生闒茸無行」「若穿踰之盜」；並以秦王的焚坑相威脅。在國疾第二十八文學反譏以「百姓貧陋困窮，而私家累萬金。」「今執政患儒貧賤而多言，儒亦憂執事富貴而多患也」。桑弘羊碰了這個釘子，「大夫視文學，悒悒而不言也」。於是丞相史出來打圓場說「大夫言過，而諸生亦如之。諸生不直謝大夫耳」、賢良文學聽了丞相史打圓場的話，「皆離席曰，鄙人固陋，希涉大庭，狂言多不稱，以逆執事。」桑弘羊「色少寬，面（背文學而蘇（向）賢良曰……文學皆出山東，希涉大論。子大夫（指賢良）論京師之日久，顧（願）分明政治得失之事，故所以然者也」。因賢良選自三輔及太常，而文學則選自郡國；漢都長安，故郡國皆可謂之山東。桑弘羊想拆散賢良文學的陣容，意思說文學是鄉下人，沒有見過識面；賢良則選自三輔及朝廷中的官吏⑬，應當可以了解他所掌握的朝廷的政策。這樣便由賢良担當起發言的責任。未想到賢良的發言更爲激切；所以在𢿱不足第二十九「大夫曰，吾以賢良爲稍愈，乃反其幽明……不顧其患，患至而後默，晚矣」，這是出之以威脅。及賢良以孔墨之道自任，不畏威脅，「大夫」只好「默然」。丞相車千秋，本是不願得罪霍光的，此時便說「願聞散不足」，這是要賢良提出具體辦法。賢良便提出政治社會上三十二種不合理的現象，總結之以「聚不足」；「聚」是指財富聚積於上，「不足」是指百姓不足於下。這便提到了根本的病根。「丞相曰，治聚不足奈何」，這是接受了賢良的陳述。救匱第三十賢良對丞相的答復，牽涉到公卿大夫子孫生活的奢侈及均輸鹽鐵專賣等基本問題，桑弘羊便責以「若疫歲之巫，徒能鼓口耳，何散不足之能治乎」？這裏便露出桑弘羊與車千秋之間，亦有相當距離。及賢良說出「不耻爲利者滿朝市，列田畜者彌郡國。橫暴掣頓，大第巨舍之旁，道路且不通，此固難醫而不可爲工」的話，「大夫勃然作色，默而不應」。箴石第三十一是丞相出來打圓場，勸賢良文學不要「被不遜之名」。從除狹第三十三到備胡第三十八，皆是大夫與賢良的相對詰難。但備胡第三十八以「大夫默然不對」作結，於是執務第三十九，成爲丞相與賢良的詰難。能言第四十，取下第四十一，又回到大夫與賢良的詰難。在取下第四十一中，賢良痛陳人民疾苦，遂使「公卿愀然，寂若無人，於是遂罷議止詞」。其結果是「奏曰，賢良文學，不明縣官事，猥以鹽鐵爲不便。且請罷郡國榷酤，關內鐵官。奏可。」此次的大辯論，至此告一段落。

從擊之第四十二起，到論菑第五十四，則是以邊政爲中心，大夫與文學間展開的第二次辯論。刑德五十五，則由邊政轉到刑罰問題，開始是由大夫與文學的對辯。中途「大夫俛仰未應對」，便由御史接着向文學提出辯論。申韓第五十六，周秦第五十七，都是御史與文學間的辯論。詔聖第五十八，開始還是由御史負責。中途「御史默然不對」，大夫便又接上去。大論第五十九，又是大夫與文學的辯論。結果是「大夫曰，諾，膠車倏逢雨，請與諸生解」。鹽鐵論的正文，以此收束。第二次辯論，車千秋沒有出場。

從他們紀錄的辯論過程看，是相當的曲折生動。而當車千秋出面時，口氣比較溫厚，意在調和，這與本傳所述他的性格及他對霍光的態度，甚相吻合。由此可以斷定，必先有此種紀錄，桓寬才再加以增删潤飾。不要誤解了班氏所說的「成一家之法」的話。

我們暫時把他們所討論的問題放在一邊，先看兩方對於對方「人身」所採的態度。在討論問題時，兩方不應牽涉到對方的人身問題，除非對方的人身與討論的問題有密切關係。但不幸，由「大夫」方面，首先失掉了感情控制而牽涉到人身上面去了。

鼂錯第八，大夫引「春秋之法，君親無將，將而誅」的話，接着暗中以霍光比淮南，衡山；以四方遊士，儒墨，及鼂錯，比賢良文學，在辯論中已經是磨刀霍霍了。

邊憂第十二「大夫曰：諸生……發於畎畝，出於窮巷，不知冰山之寒，若醉而新寤，殊不足與言也」。論誹第二十四「丞相史曰……此（言）人本枉，以己爲拭，此顏異所以誅黜，而狄山死於匈奴也。處其位而非其朝，生乎世而訕其上，終以被戮而喪其軀，此獨誰爲負其累而蒙其殃也」？孝養第二十五「丞相史曰，……往者陳餘背漢，斬於泜水；伍被邪逆，而夷三族。近世主父偃，行不軌而誅滅。呂步舒弄口而見戮，……全身在於謹愼，不在於馳語也」。利議第二十七「大夫曰……吳鐸以其舌自破，主父偃以其舌自殺……」散不足第二十九「大夫曰……不顧其患，患至而後默，晚矣」。上面這些話，直欲誣賢良文學爲叛逆，對其人身要加以毁滅的威脅。

其次，則大夫這一集團，從富貴貧賤階級的立場，對賢良文學，加以鄙薄非笑。並認爲貧賤者沒有資格談國家大事。

刺權第九「大夫曰……居編戶之列，而望卿相之子孫，是以跛夫之欲及樓季也。無錢而欲千金之寶，不亦虛望哉」。地廣第十六「大夫曰，……夫祿不過秉握者，不足以言治。家不過擔石者，不足以計事。儒皆貧羸，衣冠不完，安知國家之政，縣官⑭何斗辟造陽也」。貧富第十七「大夫曰，……小不能苞大，少不能贍多。未有不能自足而能足人者也……文學不能治內⑮，安能理外乎」?「……陶朱公以貨殖尊當世……原憲，孔伋，當世被飢寒之患。顏回屢空於窮巷。當此之時，近於窟穴，拘於縕袍。雖欲假財信奸佞，亦不能也」。毀學第十八「大夫曰……昔李斯與包丘子⑯俱事荀卿。既而李斯入秦，遂取三公……包丘子不免於甕牖蒿廬，如潦歲之鼃……今內無以養，外無以稱，貧賤而好義。雖言仁義，亦不足貴也。」「而拘儒布褐不完，糟糠不餉，非甘菽藿而卑廣夏，亦不能得已。雖欲嚇人，其何已（以）乎」?褒賢第十九「大夫曰，伯夷以廉飢，尾生以信死，由小器而虧大體……今舉亡而爲有，虛而爲盈。布衣穿履，深念徐行，若有遺亡;非立功名之士，而亦未免於世俗也」。論誹第二十四「丞相史曰，……故飯蔬（蔬）糲者不可以言孝，妻子飢寒者不可以言慈，緒業（事業）不修者不可以言理。居斯世，行斯身，而有此三累者，斯亦足以默矣」。孝養第二十五「丞相史曰……夫以家人言之，有賢子當路於世者，高堂邃宇，安車大馬……無者褐衣皮冠，窮居陋巷，有旦無暮，食蔬糲葷茹，膢臘而後見肉……夫蔬糲乞者所不取，而子以養親，雖欲以禮，非其貴也」。

綜上所述，認定賢良文學是貧窮的一批人，所以沒有資格談國家大事。因爲在當時重孝的風氣之下，孝是成爲賢良的條件之一；於是說貧窮的人，連孝的資格也沒有。其中還有值得注意的是，站在官僚豪富的階級立場，對賢良文學，加以威嚇、姍笑的，除了桑弘羊本人以外，最出力的不是御史而是丞相史；大概這批人看錯了政治行情，以爲車千秋不過是一個傀儡宰相；由御史大夫升宰相，是正規的前途，便先特別賣力以爲道地。

桑弘羊在辯論中，既在主題之外，指向對方的人身上面，然則賢良文學這批貧羸之徒，對這些官僚豪富集團的看法，又是怎樣呢？

地廣第十六「文學曰，夫賤不害智，貧不妨行……公卿積億萬，大夫積千金，士積百金，利己幷財以聚；百姓寒苦，流離於路。儒獨何以完其衣冠也」？上面所說的大夫士的財富，是指當時一般官僚而言。說「公卿億萬」，當然是指桑弘羊。在貧富第十七，一開始，桑弘羊便爲自己的財富作辯護說：「余結髮束修。年十三，幸得宿衞，給事輦轂之下，以至卿大夫之位，獲祿受賜，六十年矣。……節儉以居之，奉（俸）祿賞賜，一二籌策之，積浸以致富成業……運之方寸，轉之息耗，取之貴賤之間耳」。桑弘羊很坦率地承認他的財富，是靠放高利貸及屯積居奇而來。文學當下加以指謫說「因權勢以求利者，入不可勝數也。食湖池，管山河，芻蕘不能與之爭澤，商賈不能與之爭利。子貢以布衣致之，而孔子非之；況以勢位求之乎」？直指出桑弘羊的財富，主要是憑權勢以侵佔奪取而來。並表明「君子能修身以假道者，不能枉道而假財也」，以爲自己的貧羸作解釋。

毀學第十八「文學曰……今之在位者，見利不虞害，貪得不顧耻。以利易身，以財易死。無仁義之德，而有富貴之祿，若蹈坎穽，食於懸門之下，此李斯之所以伏五刑也」。「今之有司，盗主財而食之於刑法之旁，不知機之是發，又以嚇人，其患惡得若泰山之鴟乎」？褒賢第十九「文學曰……今有司盜秉國法，進不顧罪。卒然有急，然後車馳人趨，無益於死」。論誹第二十四，丞相史既以「生乎世而訕其上，終以被戮而喪其軀」，威脅文學；文學即答以「今子不聽正義以輔卿相，又從而順之。好須臾之說，不計其後，若子之爲人吏，宜受上戮；子姑默矣」。利議第二十七「文學曰……文學竊周公之位。文學桎梏於舊術，有司桎梏於財利。主父偃以舌自殺，有司以利自困」。

綜賢良文學的反論，不出二點，一則以貪權勢者亦多被顯戮，以答復桑弘羊們對他們的威脅。一則以桑弘羊官僚集團的財富，乃來自憑藉權勢的侵漁，以答復桑弘羊們對他們貧羸的譏諷。像這樣的詰難，對政策問題的本身而言，似乎是沒有意義的。但一則可由此了解在皇權專制下的政治辯論，常有刀光劍影隱藏在後面。所以辯論常決於勢而不是決於理。幸而此次辯論，內朝與外朝，在財經政策上的鬥爭，尚處於勢均力敵的地位；而此問題亦不是權力鬥爭的決定點；所以在劍拔弩張之餘，兩方依然暫時平安無事。二則此時的財富，主要集中在官僚集團手上，因而官僚集團的自身，即是豪富階級；賢良文學則顯然來自社會的平民，因而顯出豪富與平民兩階級在利害上的尖銳對立。由此種尖銳對立，必然影響到對財經政策所含的社會意義的歧見。

三、鹽鐵專賣政策的形成

政策爭論的基點是「與所舉賢良文學語，問民間所疾苦」的民間疾苦；是以「願罷鹽鐵、酒榷、均輸，所以進本（農）抑末（商），廣利農業」⑰爲主題而展開的。天漢三年（前八九）初榷酒酤，即是開始實行酒專賣制度。實行了十一年，即始元六年「秋七月，罷榷酤官，今民得以律占租⑱，賣酒升四錢」而告結束。文學說「蓋古之均輸，所以齊勞逸而便貢輸，非以爲利而賈萬物也」（本議第一）；是他們並不反對均輸制度的自身，而係反對與平準結合在一起的均輸。所以酒榷均輸，似乎都不是爭論的重點。爭論的重點，是鹽鐵專賣問題。下面將此政策形成的歷史，畧加叙述。

史記平準書：

「於是縣官大空，而富商大賈，或蹛（貯）財役貧，轉轂百數，廢（出賣）居（貯積）居邑（置之於邑），封君皆低首仰給。冶鑄煑鹽，則或累萬金，而不佐國家之急。」

按史記貨殖列傳中之富商大賈，皆戰國及秦漢間人物。其致富的原因，一爲獨佔鹽鐵之利，另一爲利用戰爭的特殊情勢，屯積居奇。所以平準書說「漢興，接秦之弊……約法省禁。而不軌逐利之民，蓄積餘業（資），以稽（屯積）市物，物踊騰……天下已平，高祖乃令賈人不得衣絲乘車，重租稅，以困辱之」。但大一統的天下，日用品的製造及貨物的流通，皆賴此輩，此輩的活動，成爲社會所不能缺少之機能。而貪利爲此輩活力的源泉，工於心計爲此輩貪利的本領，所以劉邦雖加以困辱，並未眞能影響到此一階層的發展。於是此一階層便一直成爲漢初政治、社會中的矛盾問題，至武帝開邊瀆武而現象更爲嚴重。漢書二十四食貨志上「賈誼說上（文帝）曰……今背本而趨末食者甚衆，是天下之大殘也。淫侈之俗，日日以長，是天下之大賊也」。這是文帝即位不久時的情形。「鼂錯便說上（文帝）曰……而商賈大者積貯倍息，小者坐列販賣……無農夫之苦，有仟佰之得；因其富厚，交通王侯，力過吏勢……此商人之所以兼幷農人，農人所以流亡者也」。按鼂錯對策爲文帝十五年；此時商賈的勢力，已更有發展。平準書又說：

「於是以東郭咸陽孔僅爲大司農丞，領鹽鐵事⑲。桑弘羊以計算用事，侍中。咸陽，齊之大煑鹽；孔僅，南陽大冶；皆致生（產）累千金，故鄭當時進言之。弘羊，洛陽賈人子，以心計年十三侍中。故三人言利，事析秋豪矣」。

「大農上鹽鐵丞孔僅咸陽言，山海，天地之藏也，皆宜屬少府。陛下不私，以屬大農佐賦。願募民自給費⑳，因官器作；煑鹽，官與牢盆。浮食奇民（不務正業之民），欲擅管山海之貨，以致富羨，役利細民；其沮事之議，不可勝聽。敢私鑄鐵器煑鹽者，釱左趾，沒入其器物。郡不出鐵者置小鐵官（集解，鄧虔曰，鑄故鐵），便屬所在縣。使孔僅東郭咸陽，乘傳舉行天下鹽鐵，作官府。除故鹽鐵家富者爲吏。吏道益雜不選，多賈人矣」。

「乃拜式（卜式）爲御史大夫。（元鼎六年，前一一一年）式既在位，見郡國多不便縣官作鹽鐵，鐵器苦惡，賈（價）貴，或彊令民買賣之。而船有算，商者少，物貴，乃因孔僅言船算事，上由是不悅卜式」。

「元封元年（前一一〇年）卜式貶秩爲太子太傅，而桑弘羊爲治粟都尉，盡代僅筦（管）天下鹽鐵。弘羊以諸官各自市，相與爭，物故騰躍。而天下賦輸，或不償其僦（運）費。乃請置大農部丞數十人，分部主郡國；各往往縣置均輸鹽鐵官，令遠方各以其物貴（漢書「貴」作「如異」者是）時商賈所轉販者爲賦，而相灌輸。置平準於京師，都受天下委輸。召工官治車諸器，皆仰給大農。大農之諸官，盡籠天下之貨物；貴即賣之，賤則買之。如此，富商大估，無所牟（取）大利，則反本（農耕），而萬物不得騰踊；故抑天下物，名曰平準。天子以為然，許之。於是天子北至朔方，東到太山，廵海上，並北邊以歸。所過賞賜，用帛百餘萬匹，錢金以巨萬計，皆取足大農」。㉑

上面叙述了桑弘羊經濟政策的大要。這裏有幾點須加以說明。

管仲相齊，「通貨積財，富國强兵」㉒，但管子海王篇所言對鹽鐵的計算，非常纖密，未必即當時施政之實；但其官山府海，發展魚、鹽、鐵的商業價值，殆無可疑。不過由後出之海王篇「謹正（征）鹽筴」來看，其重點在於鼓勵、流通、征稅，而未嘗由政府專賣。輕重第十四「御史進曰……今大夫各修太公桓管之術，統一鹽鐵，通山川之利而萬物殖」。這是援管仲以自重，實則兩者之間，恐有很大的差別。華陽國志三謂「成都縣，本治赤里街。若（張若）徙置少城內城，營廣府舍，置鹽、鐵市官並長丞，修整里䦛，市張列肆，與咸陽同制」。此乃在新闢城市中，置鹽官鐵官市官，以管理鹽鐵的稅收及一般市政，並非官府以鹽鐵自市㉓。史記自序謂司馬昌為秦主鐵官，恐亦止於征稅，而非專賣。因據史記貨殖列傳，卓氏被遷至臨邛，即鐵山鼓鑄。程鄭，山東遷虜，亦冶鑄，富將卓氏。孔氏（按即孔僅之先）由梁被遷南陽，大鼓鑄。此其落落大者。小手工業者當不止此數。則秦未嘗專賣，至為明顯。漢書食貨志㉔上，董仲舒謂商鞅治秦，「顓川澤之利，管山林之饒」，「田賦口賦鹽鐵之利，二十倍於古」。鹽鐵論非鞅第七，亦謂「商君相秦」「外設百倍之利，收山澤之稅，國富民强」。秦之稅及鹽鐵，是否始於商鞅，無他材料可資證明。即始於商鞅而為秦始皇所繼承，亦僅於收稅。並如後所述，商鞅是反對由政府專賣的。所以鹽鐵專賣，農器專賣，只是始於東郭咸陽孔僅，以適應戰時財政上的要求，與管、商並無關係。

其次，鹽及鐵器專賣，雖始於孔僅、咸陽，但約畧經過了十年，到了桑弘羊手上，有了進一步的發展。因孔僅、咸陽時，主管鹽鐵專賣的官府，是分屬於各郡縣，弘羊則使其直屬於大司農。且將其形成均輸、平準的骨幹。即是以鹽鐵爲壟斷全國商業活動的骨幹。換言之，弘羊把這些戰時的財經措施，推進爲一個由朝廷所統一的財經機構；而大司農的權力，更大爲增强了。

首先反對此一措施的當爲董仲舒。漢書食貨志記仲舒向武帝進言的主要內容是「限民名田以澹（贍）不足；塞并兼之路。鹽鐵皆歸於民，去奴婢，除專殺之威；薄賦歛，省繇役，以寬民力」。按楊樹達漢書窺管卷六，以「仲舒之卒，當在元狩五—六年及元鼎元年間（前一一八——一一六）也」。則實行不久，仲舒已提請廢除。其次當爲卜式。尤爲可異的是，孔僅爲創辦人之一，而卜式的反對意見，竟憑藉孔僅表達出來；卜式、孔僅，皆由此而失寵，則其農器專賣政策之推行並不順利，不難想見。

四、兩方的政治原則問題

所謂政治原則，是指對具體政策的形成與反對，必有其動機和所欲達成的目的。在鹽鐵爭論的後面，也必有這種政治原則的問題。本議第一：「文學對曰，竊聞治人之道，防淫佚之原，廣道德之端，抑末利而開仁義，毋示以利，然後敎化可興，而風俗可移也」。「孔子曰，有國有家者，不患寡，而患不均；不患貧，而患不安。故天子不言多少(不爲自己言多少。下同)，諸侯不言利害，大夫不言得喪。畜仁義以風之，廣德行而懷之，是以近者親附，而遠者悅服」。「夫導民以德，則民歸厚。示民以利，則民俗薄。俗薄則背義以趨利，趨利則百姓交於道而接於事。老子曰，『貧國若有餘』，非多財也，嗜欲衆而躁也。是以王者崇本退末，以禮義防民，欲實菽粟貨財。市、商不通無用之貨財，工不作無用之器。故商所以通鬱滯，工所以備器械，非治國之本務也」。「國有沃野之饒而民不足食者，工商盛而本業荒也。有山海之貨，而民不足於財者，不務民用而淫巧衆也……高帝禁商賈不得仕宦……排困市井，防塞利門，而民猶爲非也，況上之爲利乎？傳（公羊傳）曰，諸侯好利則大夫鄙，大夫鄙則士貪；士貪則庶人盜。是開利孔爲民罪梯也」。力耕第二「文學曰……是以古者尙力務本而種樹繁，躬耕趣時而衣食足……故衣食者民之本，稼穡者民之務也。」「理民之道，在於節用尙本，分土井田而已」。「故耕不强者無以充虛，織不强者無以掩形。雖有湊會之要，陶苑之術，無所施其巧。自古及今，不施而得報，不勞而有功者未之有也」。水旱第三十六「方今之務，在除饑寒之患。罷鹽鐵，退權利，分土地，趣本業，盡地力也。寡功節用，則民自富」。

鹽鐵論中在賢良文學這一方面，不斷提到政治原則問題，但都不出上面所引的範圍，玆畧條理於下：

一、興教化，在政治的功用上，主張要把政府成爲一大教育機構；政府的作用，即是教育作用。「移風俗」，要將社會不良的生活習慣，改變爲良好的社會生活習慣；使人民生活在良好社會生活習慣之中，收「徙惡遷善而不自知」的效果，亦即是成爲道德與自由，得到諧和統一的效果。這兩者是密切關連而不可分，應以此爲朝廷政治的大方向。這是自賈山、賈誼、劉安及其賓客以逮董仲舒們所極力標舉的政治原則，其爲賢良文學諸人所服膺，是不難理解的。

二、在經濟方面，主張「崇本退末」，亦即所謂重本（農）抑末（商），重視「强耕」「强織」。此一政策，實强調於法家，爲秦所實行。所以秦瑯邪刻石「皇帝之功，勤勞本事；上農除末，黔首是富」。從孟子的「不違農時，穀不可勝食也。數罟不入洿池，魚鼈不可勝食也。斧斤以時入山林，材木不可勝用也」（梁惠王），「耕者，皆欲耕於王之野，商賈皆欲藏於王之市」。（同上）「關市譏（考查）而不征，澤梁無禁」（同上）這些話來看，儒家在經濟上是重農而幷不抑末。但荀子開始表現了一點抑末的思想。漢初儒家，則完全接受了法家的主張，而目的不同。法家自商鞅以來，視商爲浮食之民，不易控制，而將生產與戰鬥連在一起，形成生產與戰鬥的統一體制。儒家承認工商的正常功用（「通鬱滯」，「備器械」，）。只是認爲工商業者賺錢較農民爲容易，對人民的吸引力大。工商業盛則從事農業的減少。不是「充實菽粟貨財」之道。且工商業者易流於淫巧，破壞了農村純樸的風俗和社會的安定。所以在政治上應重視農業（崇本），黜抑工商（退末）。而所引孔子「不患寡而患不均」的話，這是儒家以自耕農爲實體的原始地社會主義的基本構造、構想，只有在此種構造構想之上，才能出現以禮樂仁義爲教化的移風易俗的社會。這是把生產與教化連結在一起。在經濟政策的形成上，儒法有會合之點。在政策的目的上，儒家與道家有會同之處。其中所引「老子曰」，雖爲今本所無，但爲今本老子中的思想所應有，而係傳承中的缺失，可無疑義。

三、但賢良文學此處眞正所反對的，不是民間工商業，而是以鹽鐵均輸等重大措施，由朝廷直接經營的工商業；及在朝廷直接經營下與官府勾接的工商業者。「故天子不言多少」，「諸侯好利則大夫鄙」等，蓋指此而言。這裏面便含有儒家主張藏富於民，法家主張藏富於國之爭。這是原則性的爭論。在這一爭論的後面，更藏着到底國家是人民的工具，抑人民乃國家的工具的大原則性的爭論。許多爭論，都由此引伸出來的。

大夫方面所持的原則，據本議第一：大夫曰：「匈奴背叛不臣……先帝哀邊人之久患，苦爲虜所係獲也，故修障塞，飭烽燧，屯戍以備之。邊用度不足，故興鹽鐵，設酒榷，置均輸，蕃貨長財，以佐助邊費」。「古之立國家者，開本末之途，通有無之用。市朝以一其求，致士民，聚萬貨，農商工師，各得所欲，交易而退易曰，通其變，使民不倦。故工不出，則農用乖；商不出，則寶貨絕；農用乏，則穀不殖；寶貨絕，則財用匱㉕。故鹽鐵均輸，所以通委財而調緩急。罷之不便」。力耕第二「大夫曰……故乃商賈之富，或累萬金，追利乘羨之所致也。富國何必用本農，足民何必井田也」？通有第三「大夫曰……富在術數，不在勞身。利在勢居，不在力耕也」。復古第六「大夫曰……令意總一鹽鐵，非獨爲利入也。將建本抑末，離朋黨，禁淫侈，絕並兼之路也」。刺權第九「大夫曰，今夫越之具區，楚之雲夢，宋之鉅野，齊之孟諸，有國之富而霸王之資也，人君統而守之則强，不禁則亡。……今山川海澤之原，非獨雲夢、孟諸也。鼓金煑鹽，其勢必深居幽谷，而人民所罕至。奸猾交通山海之際，恐生大姦，乘利驕溢，散樸滋僞，則人之貴本者寡」。輕重第十四「御史曰……夫理國之道，除穢鋤豪，然後百姓均平……大夫各運籌策，建國用，籠天下鹽鐵諸利以排富商大賈；買官贖罪，損有餘，補不足，以齊黎民。」

桑弘羊主要是立足於現實的需要，不涉及政治理想。茲畧條理於下：

（一）爲應付武帝開邊的財政需要，亦即是應付戰時的財政需要。這有其堅强的立足點。但復古第六「文學曰……孝武皇帝攘九夷，平百越，師旅數起，糧食不足，故立田官，置錢，入穀射官，救急贍不給。今陛下

（昭帝）繼大功之勤，養勞倦之民……此用麋鬻之時。……六年於茲，公卿無請減除不急之官，省罷機利之人……今公卿辯議，未有所定，此所謂守小節而遺大體，抱小利而忘大利者也」。由此可知賢良文學，並沒有完全否定武帝戰時財經政策的意義。但在他們看來，戰時已過去，已轉入平時的修養生息的時期。此一戰時財經措施，與時代的要求不合，故加以反對。所以桑氏一方面繼續强調對外邊事的重要而引起邊疆政策的爭論；同時，他不能僅守住此一論點以維護他的財經政策。

（二）以農工商在經濟活動中是一種分工作用，而特引管子的話，以見工商更重於農；由此可以導出「富國何必用本農」，「富在術數，不在勞身」的結論，以反對文學崇本退末的主張。這裏應當指出，在思想上，桑弘羊實際反對了法家。在現實上，把自由的工商活動，與由中央政府直接經營的工商活動，故意加以混同。所以他引的易傳，史記貨殖列傳，及管子，皆與原意不符。並且鹽鐵均輸在財政上所發生的效果，是由政府取代了工商業者的利潤而來，這對工商業者是一種打擊。這是他論點中的巨大矛盾。更重要的是，管仲以鼓勵工商業致富强，乃是處於春秋各國並立，儼然成為一種國際貿易的局面。在大一統的局面之下，當時工業只成為商業的附庸，而商業乃「土著商業資本」性質，其「術數」必以農民為犧牲。況在國家統制之下，若憑「術數」以謀利，農民所受的打擊更大。這是根本問題之所在。文學謂「今天下合為一家，利末惡欲行，淫巧惡欲施」（輕重第十四），正反映出各國並立與天下一統的商業意義的變化。而在以農業為社會經濟基礎情形之下，「富在術數，不在勞身」的理論，既違反了法家思想，在事實上也不能成立。

（三）由經濟的控制，以達到加强對人民的控制，這是由以財政收入為目的，轉向兼以加强政治控制為目的，於是可把戰時措施，作爲平時的需要，而主張繼續存在的理由。此一理由，在復古第六說得更淸楚。

「大夫曰……鐵器兵刃，天下之大用也，非衆庶所宜事也。往者豪强大家，得管山海之利，采鐵石鼓鑄，煑海爲鹽，一家聚衆或至千餘人，大抵盡收流放人民也。遠去鄕里，棄墳墓，依倚大家，聚深山窮澤之中，成奸僞之業，遂朋黨之權，其輕爲非亦大矣……」

這站在統治者的立場上，是可以成立的。賢良文學指出的「此非明王所以君國子民之道也」，這便涉及兩方的基本政治原則問題。並且漢書十成帝紀，陽朔「三年夏六月潁川鐵官徒申徒聖等百八十人，殺長吏，盜庫兵，自稱將軍，經歷九郡」。永始三年「十二月山陽鐵官徒蘇令等二百二十八人攻殺長吏，盜庫兵自稱將軍，經歷郡國十九，殺東郡太守，汝南都尉」。則這類的預防，也未免過計了。

（四）鹽鐵均輸，由商人手上，收歸國家，桑弘羊認爲這不僅是爲了增加收入（「非獨爲利入也」），而是「將建本抑末，離朋黨，禁淫侈，絕並兼之路也」。此一理由，有更大的原則性、社會性的意義。這便與賢良文學的主張，同符合轍。但桑氏此一說法，與前面（三）的主張，有顯著的矛盾；或且近於遁辭。尤其是從實際的結果看，恰恰與之相反。

五、現實上的利害比較

賢良文學所抱的政治原則、理想，不論其得當與否，對現實的大一統的皇權專制政治而言，不會發生眞實的作用。所以漢代政治思想，在漢武以前，多偏在原則性建設性方面。昭、宣以後，則多偏在具體性補救性方面。因此，對鹽鐵爭論的了解，無寧應注重在現實利害的比較上。

鹽鐵政策之利，前引「大夫曰」的話，大概可以概括了。下面更作具體的比較。

(一)大夫：「往者郡國諸侯以其方物貢輸，往來煩雜，物多苦惡，或不償其費。故郡國置輸官以相給運，而便遠方之貢，故曰均輸。開委府於京師，以籠貨物；賤則買，貴則賣。是以縣官不失實，商賈無所冒利，故曰平準。平準則民不失職，均輸則民齊勞逸。故平準均輸，所以平萬物而便百姓，非開利孔爲民罪梯者也」。本議第一：

文學：「古者之賦稅於民也，因其所工，不求所拙。……今釋其所有，責其所無。百姓賤賣貨物以便上求。間者，郡國或令民作布絮；吏恣留難，與之爲市。吏之所入，非獨齊陶之縑，蜀漢之布也㉖，亦民間之所爲耳。行姦賣平㉗，農民重苦，女工再稅，未見輸之均也。縣官猥發，闔門擅市，則萬物並收。萬物並收，則物騰躍；騰躍則商賈侔(牟)利，自市則吏容奸。豪吏富商，積貨儲物以待其急。輕賈姦吏，收賤以取貴，未見準之平也」。(同上)

(二)大夫：「賢聖治家非一寶，富國非一道。……故善爲國者，天下之下，我高；天下之輕，我重；以末易其本，以虛蕩(易)其實。今山澤之財，均輸之藏，所以御輕重而役諸侯也。汝漢之金，纖微之貢，所以誘外國而釣胡羌之寶也。夫中國一端之縵，得匈奴累金之物，而損敵國之用。是以驘驢馲駝，銜尾入塞；驒騱騵馬，盡爲我畜。鼲鼦狐貉，采旃文罽，充於內府；而碧玉琉璃，咸爲國之寶。是則外國之物內流，而利不外泄也。異物內流則國用饒，利不外泄則民用給矣……」力耕第二。

文學：「……今贏驢之用，不中牛馬之功。鼲貂旃罽，不益錦綈之實。美玉珊瑚，出於昆山；珠璣犀象，出於桂林，此距漢萬有餘里。計耕桑之功，資材之費，是一物而售百倍其價也。一揖㉗而中萬鍾之粟也。夫上好珍怪，則淫服下流。貴遠方之物，則貨財外充」。（同上）

（三）文學：「三業之起㉘，貴人之家，雲行於途，轂擊於道；攘公法，申私利；跨山澤，擅官市。非特巨海魚鹽也。執國家之柄，以行海內……威重於六卿，富累於陶（陶朱公）衞（子貢）。輿服僭於王公，宮室溢於制度。幷兼列宅，隔絕閭巷。閣道錯連足以游觀，鑿池曲道足以騁騖……婦女被羅紈，婢妾曳絺紵，子孫連車列騎，田獵出入，畢弋捷健。是以耕者釋耒而不勤，百姓冰釋而懈怠。何者，已為之而彼取之，僭侈相效，上升而不息，此百姓所以滋僞而罕歸本也」。刺權第九。

大夫：「官尊者祿厚，本美者枝茂。……水廣者魚大，父尊者子貴……故夫貴於朝，妻貴於室。富曰苟美，古之道也。……居編戶之列，而望卿相之子孫……不亦虛望哉」。（同上）

（四）御史：「……夫理國之道，除穢鋤豪，然後百姓均平，各安其宇。張廷尉（張湯）論定律令，明法以繩天下，絕並兼之徒，而强不凌弱，衆不暴寡。大夫各運籌策，建國用，籠天下鹽鐵諸利，以排富商，買宦贖罪，損有餘，補不足，以齊黎民……」輕重第十四。

文學「今欲損有餘，補不足，富者愈富，貧者愈貧矣」。（同上）

（五）文學：「方今人主，轂之教令，張而不弛；食祿多非其人，以妨農；商工市井之利未歸於民，民望不塞也」相刺第二十。

（六）大夫：「今以近世觀之，自以目有所見，耳有所聞，世殊而事異。文景之際，建元之始，（武帝初卽位時），民樸而歸本，吏廉而自重，殷殷屯屯，人衍而家富。今政非改而教非易也，何世之彌薄而俗之滋衰也。吏卽少廉，民卽寡耻；刑非誅惡，而姦猶不止。」國疾第二十八。

賢良：「竊所以聞閭里長老之言，往者常民衣服温煖而不靡，器質朴牢而致用：用約而財饒，本修而民富……其後邪臣各以伎藝虧亂至治……殘吏萌（蘖）起，擾亂良民。當此之時，百姓不保其首領，豪富莫必其族姓。聖主（武帝）覺焉，乃刑戮充（江充）等，誅滅殘賊，以殺（減）死罪之怨，塞天下之責，然（然後）居民肆然復安。然其禍累世不復（除），瘡痍至今未息。故百官尙有殘賊之政，而强宰尙有强奪之心。大臣擅權而斷擊，豪猾多黨而侵陵。富貴奢侈，貧賤篡殺。女工難成而易弊，車器難就而易敗；車不累朞，器不終歲。一車千石，一衣十鍾。常民文杯畫案，機蓆緝蹈……秉耒抱插躬耕身織者寡，聚（束）要（腰）歛容傅白黛青者衆。無而爲有，貧而强夸。文表無裏，紈跨枲裝。生不養，死厚葬。葬死殫家，遣女滿車。富者欲遇，貧者欲及；富者空減，貧者稱貸。是以民年急而歲促，貧卽寡耻，乏卽少廉。此所以刑非誅惡，而姦猶不止也」。（同上）

（七）大夫：「……今縣官鑄農器，使民務本，不嘗於末，則無飢寒之利。鹽鐵何害而罷？」水旱第三十六

賢良：「農，天下之大業也。鐵器，民之大用也。器用便利，則用力少而得作多……器便與不便，其功相什而倍也。縣官鼓鑄鐵器，大抵多爲大器，務應員（形式）程（期限），不給民用；民用鈍弊，割草不痛。是以農夫作劇，得獲者少，百姓苦之矣」。（同上）

大夫：「卒徒工匠，以縣官日作公事，財用饒，器用備。家人（人民）合會，褊於日而勤於用：鐵力不銷鍊，堅柔不和。故有司請總鹽鐵，一其用，平其價，以便百姓公私……吏明其教，工致其事，則剛柔和，器用便，此則百姓何苦？而農夫何疾？」。（同上）

賢良：「卒徒工匠，故（舊日）民得占租鼓鑄煮鹽之時，鹽與五穀同價，器和利而中用。今縣官作鐵器，多苦惡，用費不省，卒徒煩而力作不盡。家人相一，父子戮力，各務爲善器，器不善者不集。農事急，輓運衍（散）之阡陌之間，民相與市買，得以財貨五穀新弊易貨：或時貰民，不棄作業，置田器各得所欲，更繇省約。縣官以徒復作，繕治道橋諸發，民便之。今總其原，壹其賈，器多堅䃘（不和而易折），善惡無所擇：吏數不在，器難得。家人不能多儲，多儲則鎮（銹）生。棄膏腴之日，遠市田器，則後田時。鹽鐵賈貴，百姓不便。貧民或木耕手耨，土耰淡食。鐵官賣器不售，或頗賦與（於）民。卒徒作不中呈，時命助之。發徵無限，更繇以均劇，故百姓疾苦之。古者千室之邑，百乘之家，陶冶工商，四民之欲，足以相更（互相滿足）：百姓各得其便，而上無事焉」。（同上）

關於（一）的均輸平準的利害爭論，在解決當時以實物納稅的困難情形之下，均輸自有其重大意義。「便遠方之貢」，「則民齊勞逸」，大夫也正就此點以立言。由貨殖列傳看，商人的最大利益，來自屯積居奇，賤買貴賣。此在戰時爲尤甚。「開委府於京師，以籠貨物」，接替了商人的機能與利益，以平定物價，增加國庫收入，這較之直接向生產者的農民增加賦稅，也較爲合理而有效。但桑弘羊進一步把均輸與平準結合在一起，於是均輸由解決遠方貢賦困難的功能，擴大而成爲平準令的全國商業網及經濟動脈的功能。這便成爲社會組織的大變革，政府權力的大擴充；雖然主管的不過是大農中一個平準令，實則可稱爲歷史上的一件突出大事。太史公敘述一代的經濟財政，即以平準名書，他是把握到了這種在歷史中突出的大事。於是對此種政策的是非得失，便不能不追究到此一政權結構的本質，與此一政策的目的。當時的政權結構，是以至高無上的皇權及以維護此一至高無上的皇權爲目的所組成的。實際担任行政責任的部門與人數，遠不及爲了維護皇權尊嚴神聖所設的部門與人數之多㉙。再加以諸侯王及列侯的特殊身份制度，由「恩澤侯」的出現，而大量推演，大量的公開剝削，更成爲此種政權中的毒瘤。現將這種龐大臃腫的政治結構的機能，一舉而伸入於大一統的社會經濟動脈之中，能長期正常地發揮均輸平準政策的功能嗎？尤其是武帝時，由吏道之雜而吏治萬分腐敗，這是桑弘羊所不能不承認的。以貪污之吏，握國家經濟活動生死之權，則文學所痛陳的假公濟私之毒，桑弘羊也無法加以否認。自對日抗戰軍興後，許多人有鑒於國民政府財經政策的失敗，便不顧歷史現實，轉而歌頌此一政策；在二十世紀各式社會主義政權所不能不遭遇之困難，却在兩千年前桑弘羊政策中發現了地上的天國，一若歷史的運行，可不受任何具體條件的限制，而可天馬行空；這眞是一種錯覺。我在抗戰時期，也抱有同樣的錯覺。

政策的目的，決定政策運行的方向。政策運行的方向，決定政策運行中所發生的偏差及補救的方式。假定桑弘羊的政策，是爲了多數人民的利益而改變社會的組織，則其運行的方向，必要求與大多數人民的利益相符；其偏差可能使國庫陷於貧血狀態，乃至權力的運轉不太靈活，有如今日若干民主社會主義國家的情形一樣。但桑弘羊的政策，是爲解決軍費及武帝奢侈費的浩大支出，以大量增加國庫收入爲目的，則其運行的方向必走向與增加國庫收入的目的相符；其偏差必至置人民疾苦於不顧。以戰時的財政措施，原封原樣地形成國家平時的體制，其引起人民反感，是可以想像得到的。

了解到上述的兩點，然後可以了解由賢良文學所反映的現實。而（一）的文學的批評，正是針到均輸擴大爲全國經濟網以後，由便遠方之貢，變爲滿足平準令的獨占商業要求以後，所必然產生的現象。商人由有限量的屯積居奇，尙可使物價騰踴；朝廷以政治權力作無限量的屯積居奇，以平物價爲名，以增加庫收爲實，其操縱物價的能力與壓力，必遠超過一切大商人。更糟的是，此一政策，可以打擊乃至消滅社會性地獨立活動的商人；但衙門執商估之業，在兩千年前，衙門的觸角，畢竟不能普及於社會，勢必產生以向衙門承銷爲業的商人。此種商人，若不與經手的官吏相勾結，便不能得到競爭中的地位；於是在亦官亦商的情勢之下，官商勾結分肥的寄生商人階級，代替了由社會分工所產生的獨立商人階級。文學所指的「豪吏富商」，正指此而言。大農爲了增加國庫收入，必須以屯積居奇操縱第一層級的物價。豪吏富商，爲了增加自己的豪富，又加上第二層級的屯積居奇，以操縱第二層級的物價。物價經過兩層級的操縱後，獨占性愈强，獨占利潤，實際是剝削，也因之愈大。被剝削的只是農民。

大夫在（二）所說的是對當時敵國的經濟戰畧，從理論上說，此一戰畧應當是有利的。但在大夫的話的後面，掩飾著「上好珍怪」的實質。此種好珍怪的實質，在大夫的話裡面，也透露了出來 。由此一好珍怪的實質，便把大夫所說的經濟戰的效果，完全倒轉過來了，而成爲文學口中所說的外國的「一物」，在中國「售百倍其價」；外人來降者（一揖），即費中國「萬鍾之粟」。並且由此而引起風俗的敗壞。這就與上面所說的當時政權的結構有不可分的關係。

文學在（三）所指出的是由鹽鐵酒三者專賣所暴起的以桑弘羊爲首的一批經濟官僚及其家族的豪富驕橫奢侈的情形；及對社會所發生的離本滋僞的嚴重後果。這是在當時政治結構下所必然發生的腐敗與破壞性的作用。由此也可以了解當時統治階級驕奢淫佚的實態。這幾乎可以說是把生產工具集中在統治者手上的必然結果。香港大公報一九七四年十月九日報導了美國呼聲月刊上一篇文章，指出了蘇聯「享有特權的官員和經理人員」在生活上可與美國大資本家相比擬的生活情形，和他們所代表的工人階級生活的困乏，形成了尖銳的對立。無產階級專政的情形是如此，何況兩千年前的皇權專政。因爲事實太彰明較著了，而且在只有統治者自身的利益，沒有人民大衆利害觀念的特權階級桑弘羊看來，以驕奢淫佚，連自己的家族也雞犬飛昇的情形，視爲理所當然。這是「爲統治者而統治」者的必然心態。在他們看來，這一切都是廉恥範圍之外的。這裏說明的是在以皇權爲中心的政治結構，對經濟的强力統制，除了在財政上可以收效一時外，必然成爲對人民殘酷剝削的工具。而由文學所說的「今則不然」的情形看，漢代的所謂鄉舉里選，在仕途上只居於點綴的性質。

御史在（五）中所說的「百姓均平」，「絕兼幷之徒」，「損有餘，補不足」等，與賢良文學的主張，並無二致。而均輸鹽鐵實行之初，本也有「排富商大賈」的用意與實效。文學此處的答復，不否定御史在此處所提出的目標，而只是指出事實與御史所說的相反。何以會如此，因爲如前所述，在此種政策實行之下，產生了豪富官僚集團，及官商互相勾結的新生的豪吏富商的原故。

文學在（五）中所說的，是在大夫罵賢良文學是「遭時蒙幸，備數適然耳；殆非明舉所謂，固未可與論治也」的。文學則以「文學不中聖王之明舉；今之執政，亦未能稱盛德也」還罵，而引起「大夫不說（悅），作色，不應也」的情形所說的。對「商工市井之利，未歸於民」的責難，不僅是由「藏富於民」的觀念而來；與前面的指摘參互的看，市井之利，雖然有的歸了國庫，但更多的歸了統治官僚及亦官亦商的豪吏富商。

大夫在（六）中承認了賢良文學所陳述的文、景及武帝初年，社會及吏治，遠較當前良好的事實，向賢良問其「所以然」。綜合賢良所答：（1）因殘酷之吏，擾亂良民，幸賴武帝晚年悔改；但嚴酷統治的本質，幷未改變。這與史記酷吏列傳所述的完全相合。（2）統治階層及其黨羽（豪猾），憑嚴酷的刑罰，以發揮「強奪」「侵陵」的剝削，加深了貧富的對立鬥爭。（3）因生產工具專賣，減低了器物的實用效率；因貨物的壟斷居奇，造成了物價的高漲。（4）因統治階層及其黨羽的驕奢淫佚，激成了社會浮靡虛僞的風氣。因爲賢良是舉自三輔及京師各機關中的僚屬，所以此處他們所反映出的社會，乃是以長安爲中心的都市社會，而不是農村社會。這裡特別值得一提的是，賢良很深刻的把握到當時「厚葬」的實質，與孝道無關，僅是由統治集團所倡導的淫侈之風的一部分，而加以嚴厲的譴責；這與散不足第二十九賢良所述當時社會現象之一的厚葬風氣加在一起來看，則由賢良文學所代表的儒家思想，與一般的說法相反，是非常反對厚葬的。

（七）中，大夫與賢良，正面展開了「縣官鑄農器」的利害之爭；這是事實問題，不是憑理論可以解答的。綜計大夫所說的利：（1）「使民務本，不營於末」；這不僅是空話；並且和他「富國何必本農，足民何必井田也」？（力耕第二）的主張是相矛盾；也與本議第一文學一開始所陳「是以百姓就本者寡，趨末者衆」的現象不符的。他所以要說這種自相矛盾而不實的話，乃證明他原來重末輕本的主張，已爲賢良文學所絀。（2）由縣官造農器，時間充裕，資本充足，器用完備，物美而價廉。若由人民自己合伙（「合會」）㉚去作則只能以耕作的空隙去作，故「徧於日」；資本缺乏，故「勤於用」。技術不精，故「堅柔不和」。站在一般大經營與小經營的得失立場而言，大夫的話，應當是合理的。但這裡所說的大小經營的得失比較，不是自由競爭中的經營比較；而是一方是獨佔性的官辦工業，一方是競爭性的民營工業；人民對民營的出品，可加以選擇；對官辦的連不買的自由也沒有。獨占性的官辦工業品，二千年以後的蘇聯，有無比的組織力及極高的技術性，又是無產階級專政下的社會主義體制，迄今尚不能好好解決人民的日用品的問題；幾乎可以說現世界上，一切國營的經濟機構，尤其是國營的工業，在效率上沒有不否定「能力解放」的預言；然則在二千年前的皇權專制的政治結構之下，「縣官鑄器」，除了由獨占了人民的日用品，而可暫時增加國庫收入以外，沒有方法可以肯定桑弘羊所構想的理論。

由賢良的答復中，可以了解：（1）在未實行鹽鐵專賣之時，鹽價賤而器具「和利」。更可了解，人民鼓鑄煑鹽，亦有「占租」的手續，政府並非完全放任或無收入。（2）因縣官鑄鐵器，多做兵器及車船等所用之大器㉛，努力做到上級所要求的數目規定㉜；以餘力再造農器，農器並不足用，所以人民只好用已經鈍弊的東西，連草也不易割動。(3)官作的鐵器多苦（粗）惡，製器的卒徒不賣力，所以用費並不減省。家庭工業，父子戮力，務求做得好好的以立信用。陳直居延漢簡概述一文中「七，守御器敗壞，烽火台守御用器大率殘破不全，……弩口有傷洞……釜口拆漏……」。這即是鐵官所鑄的大器的情形。大器如此，農器可知。(4)由家庭手工業所作出的農器，在農忙時可以直接到田間銷售，並且可用各種財貨五穀折價，並可以舊的（弊）換新的，有時還可賒欠，又可任意選擇，省時便用。縣官只要以徒刑人修治道路便好了。現時農器皆出於官，（「總其原」）價錢劃一，沒有好壞的選擇。遠道去買，主賣的官吏又常常不在，很難買到手。若一次多買存儲，鐵又會上銹。浪費農忙的時間，以貴價買壞貨；於是貧民有的只好不用鐵器而「木耕手耨」，不用鹽而淡食。還有鐵官作的賣不出去時，便硬配銷給百姓。卒徒趕不上期限（呈）時，又徵發百姓去為他們趕工，增加了百姓力役的負担，百姓當然深以為苦。所以希望恢復「陶冶工商，四民之求足以相更」的自由分工的社會機能。賢良所說的情形，一直在今天，還可提出相同的性質，相同的事例以相比證。以今日交通、技術、組織的進步，社會主義體制下所遇到的困難，推想二千年以前皇權政治結構下所行的目的不同㉝，而手段却大體一致的政策，則有什麼根據可以否定賢良文學，是為大多數人民的痛苦而呼籲呢？

六　邊疆政策的岐見

桑弘羊政策的根本出發點是在應付開邊用武的軍事需要；其他的理由，都是為了應付賢良文學的論難所緣飾上去的遁辭。所以這裡應切就邊疆政策來討論兩方的岐見。

劉邦即帝位後的第二年，即史記高祖本紀七年，被匈奴困於平城七日，幸以陳平計得脫後，中國即受到北方騎馬民族——匈奴的重大威脅。農耕民族對騎馬民族作戰，可說先天處於不利的地位。劉敬進和親之策，雖苟且於一時，但中國因此得休養生息，對劉氏政權的安定，有莫大意義。漢書匈奴傳，冒頓侮慢呂后，呂后因急於培植呂氏政權基礎，報書至謂「弊邑恐懼」，「弊邑無罪，宜在見赦」。狠於內而辱於外，固然是婦寺常態，然依然是守劉敬以安內為本的遺策。文帝即位後，匈奴侵盜日亟，和親之約，時斷時續。史記律書，文帝報將軍陳武書謂，「今匈奴內侵，軍吏無功；邊民父子，荷兵日久，朕常爲動心傷痛，無日忘之」，即可見一般。漢書匈奴傳，後元二年（前一二六），遺匈奴書求和親，謂「先帝制，長城以北，引弓之國，受命單于；長城之內，冠帶之室，朕亦制之」。「朕追念前事，薄物細故，謀臣計失，皆不足以離兄弟之驩」。在此書中兼得知漢室每年「詔吏遺單于秫蘖金帛綿絮它物，歲有數」。及匈奴答應繼續和親，遂於同年六月，詔告臣民，謂「間者累年匈奴並暴邊境，又殺吏民……故遣使者冠蓋相望，結轍於道，以諭朕志於單于。今單于……新與朕俱棄細過，偕之大道，結兄弟之義，以全天下元元之民。和親以定，始於今年（漢書文帝紀）」。並佈告天下，以爲「可以久親」（漢書匈奴傳）。由此可知後元二年和親之約，是經文帝長期努力所達成的；這實係他安定漢室政權的基本政策之一。

文帝當然知道，對付匈奴這種强隣，不是片面乞憐可以僥倖苟免的。所以他在整軍經武上，也著實用了一番力量。而從和親詔中「和親以定」的口氣看，當時的謀臣策士，也必有許多人不以和親爲得計。其中最突出的當數賈誼。他在文帝前六年（前一七四）陳政事疏中，以「漢歲致金絮采繒以奉之夷狄」，「是臣下之禮」而認爲「可流涕者此也」。他要求「爲屬國之官，以主匈奴；行臣之計，請必繫單于之頸而制其命」。他的三表五餌之計，未免過分天眞；但他這份激昂慷慨的感情，可以反映出當時中國所受匈奴壓力的嚴重。

晁錯在文帝時爲太子家令，上書言兵事，以「匈奴之長技三，中國之長技五。陛下又興數十萬之衆，以誅數萬之匈奴；衆寡之計，以一擊十之術也」，應有戰勝的把握。但「帝王之道，出於萬全」，只提出「安邊境，立功名良將，」和「以蠻夷攻蠻夷」的方法，並不主張直接用大兵征討。接着他又有言守邊備塞，務農力本當世急務二事，主張以優渥周到之條件，移民實邊。所以又「復言募民徙塞下」。晁氏料敵言兵，慮深務實，皆遠出賈誼上。

文帝後元二年與匈奴和親後，六年（前一五八）匈奴曾以三萬騎入上郡，三萬騎入雲中；文帝命六將，屯駐由飛狐口、句注（雁門關）一直到細柳（長安西北郊）覇上，形成强固的縱深防線。景帝在位共十六年，五年（前一五二年）遣公主嫁單于，繼承和親政策。十六年間，北方未見邊患。武帝建元六年（前一三五），匈奴遣使請和親，王恢主張擊之。御史大夫韓安國則以匈奴「遷徙鳥舉，難得而制也；得其地不足以爲廣，有其衆不足以爲彊：漢數千里爭利，則人馬罷（疲）；虜以全制其本」，有如「彊弩之極矢，不能穿魯縞」；主張「擊之不利，不如和親」（史記韓安國列傳）。當時接受了韓安國的意見。這年淮南王安上書諫用兵南越，言之詳明愷切。和親之得以繼續，可能與此有間接關係。對匈奴用兵，始於元光二年（前一三三）聽王恢之計，遣間誘單于入馬邑塞，匿三十萬大軍邀擊不獲，於是匈奴絕和親。與匈奴大規模的戰爭，始於元光六年（前一二九）。主父偃、嚴安、徐樂三人初上書言事，對用兵匈奴，皆表示了强烈地反對意見。匈奴受創益北徙，乃在元狩四年（前一一九）。自元光六年至此，大規模而帶有運續性的戰爭凡十一年。間歇性的戰爭，至征和三年（前九〇年）告一段落。在此期間的主要活動，轉向「斷匈奴右臂」的西域。自元光六年至此，對匈奴用兵前後凡三十九年。

漢書匈奴傳武帝擊匈奴詔：「高皇帝遺朕平城之憂，高后時單于書絕悖逆。昔齊襄公復九世之讎，春秋大之」。試把他擊匈奴的理由，與文帝和親及許多反對伐匈奴者的理由，畧加比較，即可發現主張和親者是在國家人民的利害比較上著想，而武帝則僅爲了劉氏的尊嚴而要出一口氣。前者是以現實的情勢爲出發點，後者是以歷史的恩怨爲出發點。當時反對伐匈奴的人，在軍事利害及國家得失和歷史教訓上，大體皆作過切實的比較。而贊成用兵的，自樊噲以逮王恢，多出於一時血氣之勇，司馬遷的匈奴列傳贊，描寫得很深刻。他說「世俗之言匈奴者，患其徼（求）一時之權（寵），而務諂納其說（逢迎皇帝的意志），以便偏指（片面的理由），不參彼已（不考查敵我兩方情況）；將率（帥）席（憑藉）國家廣大，氣奮（言非眞勇）；人主因以決策，是以建功不深。堯雖賢，興事業不成，得禹而九洲寧。且（將）欲興聖統，唯在擇任將相哉」。史公不是完全反對征伐匈奴；但認爲伐匈奴的結果是得不償失。其原因，在缺乏深遠周密的廟謀，沒有智深勇沉的將帥；而最根本的原因，則因武帝爲肆皇權專制之威，由制度與選任上破壞了宰相制度，並不斷加以誅戮；而衛青霍去病，皆以內寵佞倖之資，當國家干城之寄。由此所引起的當時人民的痛苦，社會的破壞，政治的危機，史記從平準書，酷吏列傳，匈奴列傳中都反映了出來。所以史記的列傳中很少記載當時奏議，惟凡諫伐匈奴這一類的，則都加以記載，以見他的微旨。宣帝實起自平民，因而要強調他是戾太子的孫，武帝的曾孫，所以特推重武帝，許多地方加以模仿。初即位，詔丞相御史，盛稱武帝「北伐匈奴」「百蠻率服」，要列侯二千石博士，議立廟樂。夏侯勝「獨曰，武帝雖有攘四夷，廣土斥境之功；然多殺士衆，竭民財力，奢泰無度，天下虛耗，百姓流離，物故者過半，蝗蟲大起，赤地數千里，或人民相食，畜積至今未復；亡德澤於民，不宜爲立廟樂」（漢書四十五夏侯勝傳）。此時上距武帝之死約十四、五年；夏侯勝在大廷廣衆之中，出此反抗詔書之言，卒未因此得禍；其爲反映當時事實，可以想見。

但北方乘馬民族自楚漢戰爭以來，形成對中國的巨患；而文景因顧慮內部諸侯王的問題，對此巨患只求勉强相安，未能作長久之計；至武帝國力充實，由守勢轉爲攻勢，也可說是理勢所必然。況且有許多重大事情，在當時的評價，及在歷史上的評價，常大有出入。因此，貢禹上書言得失疏中，對武帝的批評，似爲持平之論。

「武帝始臨天下，重賢用士，闢地廣境數千里。自見功大威行，遂從耆欲，用度不足。廼行一切（苟且）之變，使犯法者贖罪，入穀者補吏。是以天下奢侈，官亂民貧，盜賊並起，亡命者衆……姦軌不勝，則取勇猛能操切百姓，以苛暴威服下者，使居大位。故亡義而有財者顯於世，欺謾而善書者專於朝，誖逆而勇猛者貴於官……行雖犬彘，家富勢足，目指氣使，是爲賢耳。故謂居官而致富者爲雄傑；處姦而得利者爲壯士。兄勸其弟，父勉其子。俗之敗壞，廼至如此」。漢書七十二貢禹傳

漢武開邊之功，究不可沒；但他出之以泰侈之心，更由此而增加了他的泰侈的生活，以致大量浪費了國家的生命財產，漢代政治社會的敗壞，實由漢武所造成，這也是鐵的事實。開邊與浪費，二者之間，沒有必然的關係。但當時言利之臣，以逢迎鞏固權位，使二者勾連在一起，於是桑弘羊的財經政策，支持了漢武的開邊，也助長了漢武的靡侈之心，及成爲敗壞政治社會的一股鉅力。桑弘羊爲了保持他以鹽鐵專賣爲中心的財經政策，自然要在邊政上得到堅强的立足點。所以對邊政的辯難，是鹽鐵論中基本辯論之一。

（一）大夫：「匈奴背叛不臣，數爲寇暴於邊鄙…先帝哀邊人之久患…故修障塞，飭烽燧，屯戍以備之。邊用度不足，故興鹽鐵，設酒榷，置均輸，蕃貨長財，以佑助邊費。今議者欲罷之，內空府庫之藏，外乏執備之用，使備塞乘城之士，飢寒於邊，將何以贍之？罷之不便也」本議第一。

文學：「……故善克者不戰，善戰者不師，善師者不陣……王者行仁政，無敵於天下，惡用費哉」同上

大夫：「匈奴桀黠，擅恣入塞，犯厲中國……宜誅討之日久矣。陛下垂大惠，哀元元之未贍，不忍暴士大夫於原野。縱難被堅執銳，有北面復匈奴之志。又欲罷鹽鐵均輸，憂（擾）邊用，損武略，無憂邊之心，於其義未便也」。（同上）

文學：「古者貴以德而賤用兵。孔子曰，遠人不服，則修文德以來之。既來之，則安之。今廢道德而任兵革，興師而伐之，屯戍以備之，暴兵露師以支久長，轉輸糧食無已，使邊境之士飢寒於外，百姓勞苦於內，立鹽鐵，始張利官以給之，非長策也，故以罷之爲便也」。（同上）

（二）大夫「……先帝計外國之利，料胡越之兵兵敵㉞，弱而易制，用力少而功大；故因勢變以主四夷，地濱山海以屬長城；北略河外，開路匈奴之鄉，功未卒……有司思師望（太公）之計，遂先帝之業，志在絕胡貉，擒單于。故未遑扣扃之義，而錄拘儒之論」復古第六

文學「……聞文武受命，伏不義以安諸侯大夫，然未聞弊諸夏以役夷狄也……且數戰則民勞，久師則兵弊，此百姓所疾苦而拘儒之所憂也」。（同上）

（三）大夫：「……故王者之於天下，猶一室之中也，有一人不得其所，則謂之不樂……故少府丞令，請建酒權以贍邊，給戰士，拯救民於難也。內省衣食以邮在外者猶未足，今又欲罷諸用，減奉邊之費，未可爲慈父賢兄也」憂邊第十二。

文學：「周之季末，天子微弱，諸侯力政，故國君不安，謀臣奔馳。何者，敵國衆而社稷危也。今九州

同域，天下一統……夫蠻貉之人，不食之地，何足以煩慮而有戰國之憂哉……」。（同上）

（四）御史：「……上大夫君與（爲）治粟都尉管領大農事，灸刺稽滯，開利百脈；是以萬物流通，而縣官富實。當此之時，四方征暴亂，車甲之費，克獲之賞，以億萬計，皆贍大司農，此皆扁鵲之力，而鹽鐵之福也」輕重第十四

文學：「中國，天地之中，陰陽之際也……今去而侵邊，多斥不毛寒苦之地……轉倉庫之委，飛府庫之財，以給邊民，中國困於繇賦，邊民苦於戍禦；力耕不便種糴，無桑麻之利，仰中國絲絮而後衣之，皮裘蒙毛，曾不足蓋形。夏不失復（竇，人居之穴），冬不離窟。父子夫婦，內藏於專室土圜之中，中外空虛。扁鵲何力，而鹽鐵何福也？」。（同上）

（五）御史：「內郡人衆，水泉薦草不能相贍；地勢温濕，民飃耒而耕，負擔而行，勞疲而寡功，是以百姓貧苦而衣養不足，老弱負担於路，而列卿大夫或乘牛車。孝武皇帝平百越以爲園圃，却羌胡以爲苑囿，是以珍怪異物充於後宮，騊駼駃騠實於外廐；匹夫莫不乘堅良，而民間厭橘柚。由此觀之，邊郡之利亦饒矣。而曰何福之有？未通於計也」。（未通第十五）

文學「禹平水土，定九州，四方各以土地所生貢獻，足以充宮室，供人主之欲。膏壤萬里，山川之利，足以富百姓。不待蠻貊之地，遠方之物而用足。聞往者未伐胡越之時，繇賦省而民富足。温衣飽食，藏新食陳……其後師旅數發，戎馬不足，牸牝入陣，故駒犢生於戰地，六畜不育於家，五穀不殖於野，民不足於糟糠，何橘柚之所壓？方今郡國田野有壟而不墾，城廓有宇而不實，邊郡何饒之有乎」？同上

（六）大夫：「……緣邊之民，處寒苦之地，距强胡之難，烽燧一動，有沒身之累。故邊民百戰，而中國恬臥者，以邊郡爲蔽扞也……散中國肥饒之餘以調邊境，邊境强則中國安……」。（地廣第十六）

文學：「……今推胡越數千里，道路迴避，士卒勞罷，故邊民有刎頸之禍，而中國有死亡之患，此百姓所以囂囂而不默也。夫治國之道，由中及外，自近者始。……故羣臣論或欲田輪台，明主不許，以爲先救近，務及時本業也……今中國弊落不憂，務在邊境。意者……費力而無功……」。（同上）

（七）大夫：「飾几杖，脩樽俎，爲賓，非爲主也。炫耀奇怪，所以陳四夷，非爲民也……故列羽旄，陳戎馬以示威武。奇虫珍怪，所以示懷廣遠（遠家疑衍）明德，遠國莫不至也」。（崇禮第三十七）

賢良：「王者崇施德，上仁義，而賤怪力……今萬方絕國之君，奉贄獻者懷天子之盛德，而欲觀中國之禮儀。故設明堂辟雍以示之，楊干戚，昭雅頌以風之。今乃以玩好不用之器，奇虫不畜之獸，抵角諸戲，炫耀之物陳夸之，殊與周公之待遠方殊……中國所鮮，外國賤之……今貴人之所賤，珍人之所饒，非所以厚中國，明盛德也……」。（同上）

（八）大夫：「……今明天子在上，匈奴公爲寇，侵擾邊境，是仁義犯而藜藿不採。昔狄人侵太王，匡人畏孔子。故不仁者，仁之賊也。是以縣官厲武以討不義，設機械以備不仁」。（備胡第三十八）

賢良：「匈奴處沙漠之中……如中國之麋鹿耳。好事之臣求其義，責之禮，使中國干戈至今未息，萬里設備。此兎罝之所刺，故小人非公侯腹心干城也」。（同上）

大夫：「天子者天下之父母也。四方之衆，其義莫不願爲臣妾……今匈奴未臣，雖無事，欲釋備，如之

何？」。（同上）

賢良：「……夫用軍於外，政敗於內……故人主得其道，則遐邇潛行而歸之。不得其道，則臣妾為寇，秦王是也。夫文衰則武勝，德盛則備寡」。（同上）

大夫：「往者四夷俱強，並為寇……今三垂已平，唯北邊未定。夫一舉則匈奴震懼，中外釋備，而何寡也？」。（同上）

賢良「古者君子立仁修義以綏其民……所欲不求而自得。今百姓所以囂囂，中外不寧者，咎在匈奴。內無室宇之守，外無田疇之積，隨美草甘水而驅牧。匈奴不變業，而中國以騷動矣。風合而雲解，擊之則散，未可一世而舉也」。（同上）

大夫「……今不征伐，則暴害不息；不備，則是以黎民委敵也。春秋貶諸侯之後，刺不卒戍。行役戍備，自古有之，非獨今也」。（同上）

賢良：「匈奴之地廣大，而戎馬之足輕利……少發則不足以更適，多發則民不堪其役……古者天子封畿千里，繇役五百里……無過時之師，無踰時之役……今山東之戎馬甲士戍邊郡者，殊絕遼遠，身在胡越，心懷老母……春秋動眾則書，重民也……君子之用心必若是」。（同上）

（九）大夫：「……先帝絕三方之難，撫從（順）方國，以為蕃蔽，窮極郡國，以討匈奴；匈奴壤界獸圈，孤弱無與，此困亡之時也……終日逐禽，罷而釋之，則非計也……余欲以小舉擊之，何如？」擊之第四十二

文學：「異時縣官修輕賦，公用饒，人富給。其後保胡越，通四夷，於是興利害㉟，算車船，以訾助

邊，贖罪告緍，與人以病矣。甲士死於軍旅，中士疲於轉漕，仍之以科適（謫），吏徵發極矣。夫勞而息之，極而反本，古之道也……」。（同上）

大夫：「……語曰，見機不遂者隕功。一日違敵，累世爲患……功業有緒，畏勞而不卒，猶耕者疲休而困止也……」。（同上）

文學：「……虎兕相據，而螻蟻得志；兩敵相機（抗），而匹夫乘間。……方今爲縣官計者莫若偃兵休士，厚幣結和，親修文德而已。若不恤人之急，不計其難，弊所恃以窮無用之地，亡十獲一，非文學之所知也」。（同上）

（十）大夫：「漢興以來，修好結和親，所聘遺單于者甚厚。然……改節而暴害滋甚。先帝睹其可以武折而不可德懷，故擴將帥，招奮擊，以誅厥罪，功勳粲然……夫偷安者後危，慮近者憂邇……」結和第四十三

文學「往者匈奴結和親，諸夷納貢，而君臣外內相信，無胡越之患……自是之後，退文任武，苦師勞衆，以畧無用之地，立郡沙石之間，民不能自守……愚窃見其亡，不見其成」。（同上）

大夫：「匈奴以虛名市於漢，而實不從，數爲蠻貊所紿，不痛之（不以此痛心），何故也？……今有帝名而威不信（伸）長城，反賂遺而尙（長）踞傲，此五帝所不忍，三王所畢怒也」。（同上）

文學「……聖人不困其衆以兼國，良御不困其馬以兼道……夫兩主好合，內外交通，天下安寧，世世無患，士民何事，三王何怒焉」。（同上）

除上面所錄十項外，由誅秦第四十四，一直到論勇第五十一，都爭論到此一問題；但內容大體不超出上面所

錄的範圍。茲畧條理之於下。

在（一）項（二）項中，大夫所主張的，是維持由武帝以來所擴建的疆土及邊備的設施，其理由在（六）項中已說得很清楚，即是「故邊民百戰，而中國恬臥者，以邊郡爲屏蔽也」。這在現實上是堅强的論證。即宣、元時代，匈奴已衰弱屈伏，恢復和親；但元帝時，呼韓耶單于上書請罷邊備塞吏卒，元帝下其議，議者皆以爲便；獨郎中侯應上書提出愷切詳明的十大理由，加以反對；以元帝的優柔寡斷，尙詔「勿議罷邊塞事」㊱由此可知桑弘羊此處所說的是現實上的國家大計。文學們應說明罷鹽鐵專賣，並不等於是在鹽鐵上不課稅；及當時承武帝侈泰之後，可由節流以資挹注之途甚多㊲，應提倡在財政上作一重新之籌劃。不此之圖，却以空疏之論，迂腐之談，面對國家的邊疆大計；像（一）中的「故善克者不戰」，「修文德以來之」這類的廢話，隨處可見。照他們這套腐論，把武帝所開的邊，所設的邊備，也要廢掉。古人所說的話，都面對著某種具體問題，不可隨意作萬靈丹來引用。孔子面對季氏將伐「社稷之臣」的顓臾所說的話㊳，和他說管仲「九合諸侯，一匡天下，民到于今受其賜」㊴的話，是在兩種不同對象中，孔子採取兩種明顯不同的判斷。孔子斷乎不會面對由北方來的强大騎馬民族的威脅，而提出文學們的腐朽主張。名爲尊孔而實爲孔子盛德之累，此即其一例。在（二）中文學們提出「未聞弊諸夏以役夷狄」，「數戰則民勞」及（六）中所提「由中及外，由近者始」，都有堅强地理由；但這只能說明當時不應再用兵啓釁，不能以此支持撤廢邊備的理由，而（六）中所陳的「由中及外」的意見，與維持已設的邊備，並不是不能相容的。

（三）項大夫主張贍給邊卒邊民，這是合理的。但他說「內省衣食以卹在外者」，這便說的是假話。因爲在鹽鐵論中，賢良文學屢次主張行節約之政，而大夫公開加以反對，且爲其豪富集團之豪奢生活，作無理的辯護。文學在此處提出時代不同以立說，較前面所引的迂濶之論，頗爲實際；但依然不能構成撤廢邊備的理由。（四）項御史歌頌桑弘羊的財經政策，支持了武帝開邊的軍事行動；文學則歌頌中國之美盛，無取乎「侵邊」；而侵邊的結果，使中國及邊民都受到莫大痛苦；這當然都是事實。

御史在（五）的答復中，則節取史記平準書中稱高祖初定天下時，因久經戰亂的上下貧困的情形，認定文學所歌頌的中國，本來都是貧困的。因武帝開邊而上有「珍怪異物充於後宮」，下則「民間厭橘柚」。這當然是睁著眼說瞎話。文學則就未伐胡越以前及既伐胡越以後的情形，作比較而具體的陳述，這種水準極低的御史，自然辭窮理屈。

大夫在（七）中爲御史所提的「珍怪異物充於後宮」，作另一解釋，說「炫耀奇物」，是爲陳設給四夷看，以增加四夷對中國的驚異，因而增加他們畏威懷德之心。此一奇特心理，不僅流行於漢代統治者之間，並且以後的統治者，也依然保持此一心理而不變。其中最著莫如隋煬帝。賢良對此所作的批評，是非常中肯的。

（八）中大夫强調匈奴對中國的侵暴，及天子是天下父母的責任，因而主張伐胡備胡的重要性。賢良則强調軍事地理的艱阻，及乘馬民族的特性，所以伐胡未收其利而中國先受其害。兩方面的話，都有一部分的理由；但在現實上，兩方都把伐胡與備胡混在一起。就當時的實情講，在武帝長期伐胡之後，中國疲困已極，其不宜於繼續用兵，至爲明顯。但不繼續用兵，並不等於棄已收之地，撤徼塞之防，而一任和親爲得計。賢良反對繼續用兵，是應當的；但連設備也反對，便墮於書生的空論。

（九）（十）兩項，是在第一次大辯論後由大夫再引起的第二次辯論。此次辯論的主題，是大夫認爲當時四夷僅匈奴未服，主張「以小舉擊之」，以收武帝未竟之功。桑弘羊分明知道武帝臨死前深悔用兵之失策，而他却又想舉兵於天下亟待休息之際，我的推測，他是想由此而加重對他的財經政策的依賴，以鞏固他已感到岌岌可危的地位。文學懲武帝用兵對人民所加的痛苦而加以反對，這是事勢所當然。古鏡圖錄卷中頁四有漢鏡銘云：「秋風起，予志悲，久不見，侍前俙」。小校經閣金文卷十五頁九有漢鏡銘云「道路遠，侍前俙；昔同起，予志悲；」又一鏡銘云「君有行，妾有憂，行有日，死無期，願君強飯多勉之，仰天太息長相思」，陳直在西安又見一鏡銘云「君行卒，予志悲，久不見，侍前俙」㊵。思婦之情，至銘之於鏡，則當時社會所感受痛苦之廣泛深刻，可想而知。而清代中業，歸化城殺虎口地區，曾出單于和親大方磚十餘方，分陰陽二種文。文云「單于和親，千秋萬歲，安樂未央」，當爲西漢初中期物㊶。由此可知賢良文學對邊事的意見，實反映了當時大多數人民的願望與利益。但他們所說的「偃兵休士，厚幣結和，」及「修文德以來之」這一套，依然是不顧現實的空論。匈奴不敢起侵陵之心，和親然後有效。所以修邊備及在某限度內的整軍經武，是和親所必不可缺少的先行條件，文學們乃並此等條件也要放棄，只成其爲迂濶。事實上，霍光主政，既未聽桑弘羊攻胡的主張，也未接受文學們撤除邊備的謬見；大體上是守住武帝所得到的成果，備胡與和親幷用，終於得到匈奴屈服的效果。

七 辯論中所反映出的社會問題

在前面的叙述中，已經反映出很多的社會問題，這裡更將有關資料稍加條理。首先我們應當注意的：看古代的社會問題，與看近代西方的社會問題，有很大地區別。近代西方的社會，有許多壓力團體，不僅可以保有獨立性的活動，且可把自己的主張反而强加之於政府，成爲政治的基本動力。西方中世紀有强大的教會勢力，不僅可與政府抗衡，有時且可取得政治的支配權。但在中國古代，不僅沒有社會的壓力團體可以影響大一統的皇權專制，即連宗教活動，亦早由政治領導者所壟斷，構成統治者權力的一部分。因此，社會是完全在政治控制之下，隨政治活動而決定其命運與動向。所以在鹽鐵論中所反映出的社會問題，是與政治問題不可分的。鹽鐵論中所反映出的首先是農民生活問題。

（一）大夫：「智者有百人之功，愚者有不更本之事。人君不調，民有相妨之富也。此其所以或儲百年之餘，或不厭（足）糟糠也」。（錯幣第四）

文學：「故自食祿之君子，違於義而競於財，大小相吞，激轉相傾；此所以或儲百年之餘，或無以充虛蔽形也」。（同上）

（二）文學：「富者買爵販官，免刑除罪；公用彌多而爲者徇私，上下無（兼）求；百姓不堪抗弊而從（巧）法」。（刺復第十）

（三）文學：「今狗馬之養，虫獸之食，豈特腐肉秣馬之費哉。無用之官，不急之作，服淫侈之變，無功而衣食縣官者衆，是以上不足而下困乏也……夫男耕女織，天下之大業也……今縣官之多張苑囿，公田池澤，公家有鄣假之名，而利歸權家。三輔迫近於山河，地狹人衆，衆方並臻，粟米薪菜，不能相贍。公田轉假，桑榆蓄木不殖，地力不盡」。（園池第十三）

（三）御史「古者制田百步爲畝，民井田而耕，什而藉一……先帝哀憐百姓之愁苦，衣食不足，制田二百四十步而一畝，率三十而稅一。墮（惰）民不務田作，飢寒及已，固其理也」。（未通第十五）

文學：「……田雖三十而以頃畝出稅，……加之以口賦更繇之役，率一人之作，中分其功，農夫悉其所得，或假貸而益之，是以百姓疾耕力作，而飢寒遂及已也」。（同上）

御史：「今賴陛下神靈，甲兵不動久矣，然則（而）民不齊出於南畝，以口率被墾田而不足，空倉廩而賑貧乏，侵益日甚，是以愈惰而仰利縣官也。爲斯君者亦病矣」。（同上）

文學：「……民非利避上公之事而樂流亡也。往者軍陣數起，用度不足，以訾（貲）徵賦，常取給見民[42]，田家又被其勞，故不齊出於南畝也。大抵逋流皆在大家，吏正畏憚，不敢篤責[43]，刻急細民，細民不堪，流亡遠去。中家爲之色（繼）出，後亡者爲先亡者服事。錄民（與「見民」同義）數創於惡吏，故相倣傚，去尤甚而就稍愈者多」。（同上）

御史：「……今陛下哀憐百姓，寬力役之政，二十三始傅，五十六而免。所以輔耆壯而息老艾也，丁者治其田里，老者修其唐（池）園。儉力趨時，無飢寒之患。不治其家而訟縣官，亦悖矣」。（同上）

文學「……今五十已上至六十，與子孫服輓輸，並給縣役，非養老之意也，……今或僵尸，棄衰絰而從

戎事，非所以子百姓，順孝悌之心也」。（同上）

（四）文學：「……公卿積億萬，大夫積千金，士積百金，利己並財以聚，百姓寒苦，流離於路」。地廣第十六

（五）文學：「……食祿多非其人，以妨農，商工市井之利未歸於民，民望不塞也」。（相刺第二十）

（六）賢良：「……今吏道壅而不選，富者以財賈（買）官，勇者以死射功；戲事鼎躍（力能擧鼎者），咸出補吏。累功積日，或至卿相，垂青繩（純，綬也），擐銀龜，擅殺生之柄，專萬民之命。弱者使羊將狼也，其亂必矣。強者則是與狂夫利劍也，必妄殺生也。是以往者郡國黎民，相乘而不能理，或至鋸頸殺不辜而不能正。執綱紀非其道，蓋博亂愈甚。」。（除狹第三十二）

（七）大夫：「共其地，居是世也，非有災害疾疫，獨以貧窮，非惰則奢也。無奇業旁入，而猶以富給，非儉則力也。今曰施惠悅爾（邇），行刑不樂，則是閔無行之人，而養惰奢之民也」。（授時第三十五）

賢良：「三代之盛無亂萌（民），教也。夏商之季世無順民，俗也。是以王者設庠序，明教，以防道（導）其民。……人爭則亂，亂則天下不均。故或貧或富。富則仁生，贍則爭止」。（同上）

大夫：「縣官之於百姓，若慈父之於子也；忠焉能無誨乎？愛之而勿勞乎？故春親耕以勸農，賑貸以贍不足；通滀水，出輕繫，使民務時也。蒙恩被澤而至今，猶以貧困，其難與適道若是夫」！（同上）

賢良：「……今時雨澍澤，種懸而不得播；秋稼零落乎野而不得收。田疇赤地，而停（亭）落（被差役之處）成市。發春而後，懸青幡而策土牛，殆非明主勸耕稼之意，而春令（月令中之春令）之所謂也」。（同上）

（八）賢良：「……古者行役不踰時……夫婦不失時……上不苛擾，下不煩勞……賦斂省而農不失時，則百姓

足，而流人歸其田里。上淸靜而不欲，則下廉而不貪。若今則繇役極遠，盡寒苦之地，危難之處，涉胡越之域，今茲（年）往而來歲旋……故一人行而鄉曲恨，一人死而萬人悲……吏不奉法以存撫，倍公任私，各以其權充其嗜欲。」。（執務第三十九）

將上面的材料，稍加條理，首先應當肯定的是引起他們爭論的人民，乃是當時社會廣大存在的貧民問題及流民問題。而貧民流民，即是農村廣大的「貧農」。決不是如馮友蘭所說的「桑弘羊等人他們是代表商人利益」，而「賢良文學，他們是代表地主階級利益」㊹，因而他們是爲了商人利益或地主利益所發生的爭辯。馮友蘭連桑弘羊的財經政策，是在奪取商人利益，並志在以國營消滅社會商人階級的這一事實，也毫無所知。他把賢良文學所反覆呼號的「糟糠不厭」（足）之民，即認定是地主階級。更還有人說這是桑弘羊霍光兩方面「是堅持還是改變漢武帝鞏固國家統一，加强中央集權制的政治路線的問題」㊺的爭論。桑弘羊是站在當時的所謂外朝，而霍光是站在當時的所謂內朝。他們的鬥爭，是站在各人所站的政治地位，作私人權力的鬥爭。僅從政治制度說，桑弘羊所站的外朝，較霍光所站的內朝爲合理。因「內朝」即是醜惡到無以復加的宮廷政治。宮廷政治，乃是由中央集權墮落到皇權專制時所必然發生的變態。霍光站在內朝要吃掉外朝，這是要把權集中到宮庭中裏面，以便他自己實行皇權專制，是非常不合理的。但怎麼可以說這是反對中央集權制呢？霍光與桑弘羊們同受武帝的遺詔輔政，而桑弘羊與上官桀勾結燕王旦，要取他們所輔的幼主而代之，這是背叛了武帝，爲私人權利而鬧分裂。因此，霍光在元鳳元年（前八〇年）興起大獄，殺掉上官桀父子及桑弘羊，並迫令燕王旦與長公主自殺，站在他的立場，正是爲了鞏固武帝所留下的統一。當時中國人民疲困，匈奴亦已削弱北徙，所以他不主張繼續出兵伐匈奴；但在他當政時代，未曾讓出武帝時代所得的寸土。元鳳三年（前七八年）以范明仁爲渡遼將軍，平定遼東，烏桓。始元六年（前八七年）增設金城郡，以加强對西域的經營。傅介子持使節斬樓蘭王亦在此時。桑弘羊輪臺屯田之議，未實行於武帝之末年，却行於霍光當政之日。本始二年（前七三年），以五將軍將十五萬騎護烏孫兵，擊匈奴。漢代經營西域之功，實奠基於霍光當政時代，這可以說他反對國家的統一嗎？

廣大貧農流民的存在，是兩方所共同承認的。爭論的是政府對他們，有無盡到應盡的責任。桑弘羊認爲政府已經盡到責任；他們的窮苦，是他們所自取。（一）中是認爲人民的貧富乃由人民智愚所決定。（三）中是認爲朝廷對人民已夠寬大恩厚，但人民「不務田作」，應當飢寒及已。（七）中是認爲貧富決定於人民的惰奢或儉力。並認爲人民已「蒙恩」「被澤」而依然貧困，這是活該而不可救藥的。由此所推演的結論，政府對廣大的貧農流民問題並無責任，因而在行政中也不必多考慮這一問題。賢良文學對此問題的看法，恰恰相反。然則那一方面的看法對呢？下面應作具體的考查。

廣大貧農存在的原因，文學們在（一）中指出當時壟斷財富的集團，是卿大夫及其以下的官吏，憑藉政治權力，「大小相吞，激轉相傾」；眞正說起來，當時貧富的對立，實即由桑弘羊所代表的官吏豪富集團與平民的對立。在（四）中文學更指出財富分配的概畧；「大夫」也曾坦然加以承認。而此一官吏集團，是與社會的富有者，連在一起的。自晁錯建議民得入粟買爵（此乃二十等爵中之爵）；武帝時更增設武功爵的買賣。但此時買爵至五大夫，買武功爵至千夫，始得復除繇役，不能担任官職。及桑弘羊爲大司農丞時，「始令吏得入粟補官」。然則這種能入粟的吏是從什麼地方來的呢？只有兩個來源：一是「諸買武功爵官首（五級）者試補吏，先除。」後來已買爵至千夫五大夫的也被除爲吏，這批吏本是富有的人；而沒有錢的「故吏」，「皆適（謫）令伐棘上林，作昆明池」；此一人事上的新舊代謝，使富有者進入到政治的基層組織；要由此更爬上一層，還是由「輸粟」的途徑。另一是「除故鹽鐵家富者爲吏」；這種富有的吏，當然有資格「得入粟補官」。於是由楊可告緡以及鹽鐵專買等財經措施，受到打擊的富有商人，可搖身一變而進入政治組織之中，由先商而後官的地位，變爲外官而裏商的地位，形成以權力掠奪財富， 迫使自耕農淪爲貧農流民。 漢書七十二禹貢傳禹貢「奏言」中有「豪富吏民」一詞，與文學所說的「豪吏富民」同義，正指的是這新興起的集團。被逼走的流民的生活，大抵過的是雇農或奴隸的生活。（五）中所說的「食祿多非其人，以妨農」。（六）中所說的「今吏道壅而不選，富者以財賈官，勇者以死射功；戲車鼎躍，咸出補吏」；（八）中所說的「倍公任私，各以其權充其嗜欲」；都是就此等情形說的。官商合一的豪富集團與農民的對立，這是當時最嚴重的政治問題、社會問題。西漢吏道之污，到宣帝而稍有改善；然皇權專制下的統治集團與人民的對立，加深了社會中貧富的對立，也超過了純社會性的貧富對立；這是了解中國歷史的最大關鍵。而當時的桑弘羊，在「伐胡」的掩護之下，正是皇權專制下的豪富吏民的代言人，乃萬無可疑的。

（三）項所提出的是由統治集團的荒淫侈靡生活， 消耗了社會正常的生產力， 把由告緡所沒入的大量奴婢，「分諸苑養狗馬禽獸，及與諸官」；再加上以入粟出錢買來的「益雜」的官吏，養了過多的寄生階層。又因武帝大圈民地，擴充苑囿，加上由告緡所沒的土地，「水衡、少府、大農、太僕、各置農官，往往即郡縣比（就）沒入田田之」；或者臨時租與人民，但須由官吏經手，所以稱爲「轉假」。這批經手的官吏，爲了掏回他買官除吏時所費的本錢並收回利潤，必然會「利歸權家」。而人民租苑囿及政府的土地，沒有契約上的保障，只能算臨時性質，所以「地力不盡」。

（三）項中更提出了當時稅制及繇役制度所造成的農民的貧困與流亡。御史認爲古以百步爲畝，漢以二百四十步爲畝；古者什一而稅，漢對農作物三十而稅一，以此爲對人民的恩高德厚。但改二百四十步爲一畝，始於商鞅㊽，其目的爲盡地力，與稅之輕重無關。三十而稅一，土地愈多，受惠愈大，結果對地主是非常有利的。貧農完全受不到實惠。荀悅謂「官收百一之稅，民輸大半之賦（佃租）；官家之惠，優於三代；豪强之暴，酷於亡秦」㊾，正指此而言。但自高祖四年起，恢復秦的「頭會」（人頭稅）以爲算賦，據如淳引漢儀注「民年十五以上，至五十六，出賦錢，人百二十爲一算」。這是以人口計算，不論貧富都要出的。漢書貢禹傳，禹謂「古民亡賦算。口錢起武帝征伐四夷，重賦於民。民產子三歲則出口錢，故民重困，至於生子輒殺。宜令兒七歲去齒乃出口錢。」如淳引漢儀注「民年七歲至十四，出口賦錢，人二十三。」漢儀注謂民年七歲，乃元帝聽禹貢之言後所改。按漢代米價，通常爲一百錢一石；每畝收成，通常爲一石㊿；假定一家由三歲到十四歲者爲二人，一年共出口錢爲四十六錢；由十五到五十六者爲二人，一年爲二百四十；兩合爲二百八十六錢，約合三石米之價。再加上藁稅，再加上地方官吏在稅法以外所派的徵調(51)。上面的人頭稅和苛捐雜稅，加在自耕農身上，便不能不淪爲貧農；加在貧農身上，便不能不逃遁而爲流民。

另一是繇役的問題。賢良在(八)所提出的「今則繇役遼遠」，「今茲（年）往而來歲旋」的情形，只要承認有備邊的必要，人民便無法能避免這種痛苦。「古者行役不踰時」，與大一統下的要求，全不相適應。若因此而主張罷去邊備，這是賢良文學的迂腐，在前面已經指出。眞正的問題，是出自武帝時的財經措施，有錢人可以免去繇役，於是繇役完全落在窮苦人身上。平準書「乃募民能入奴婢，得以終身復(免除繇役)」。「兵革數動，民多買復(如上募奴婢之類)，及五大夫，徵發之士益鮮。」錢大昕謂「晁錯言爵五大夫(二十等爵中之第九級)以上，乃復卒一人。武帝置武功爵，爵千夫(第七級)如五大夫。故五大夫與千夫，皆不在徵召之列。」有錢的都免除了繇役，於是繇役都落在自耕農(中家)與貧農身上；貧農加上人頭稅等負担，而顧慮又較少，便首先逃亡。貧農流亡了，繇役便一起積集在自耕農身上；自耕農也忍受不了，只好繼續流亡。流亡出去後，只好投到「大家」裏去當雇農、奴隸，大家以財力勾結地方官吏，使他們不來追捕。藉此榨取這些流民的勞動力。而流亡的人數天天增加，流民中便自然形成許多鬆懈的流亡團體，由資深的流亡者來支配。這便是(三)中賢良所反映出的情形。可以說，社會的結構與秩序，給用兵、侈靡、財經政策、吏治墮廢等惡性循環作用完全被破壞了。徐樂便指出這種情形不僅是「瓦解」，而且是「土崩」[52]，而疾貪三十三中，賢良有更具體的陳述。他們說「今小吏祿薄，郡國繇役遠至三輔，粟米貴，不足相贍。常居則匱於衣食，有故則賣畜粥業。非徒是也。繇使(吏)相遣，官庭攝追。小計權吏，行施乞貸，長吏侵漁。上府下求之縣，縣求之鄉，鄉安取之哉。語曰，貨賂下流，由水之赴下，不竭不止」。

(五)中文學所說的「食祿多非其人」，在(六)中賢良有具體地陳述。因統治集團的荒淫無度，所以連「戲車鼎躍」之徒也可以補吏；此一資料，在這裏才透露出來。「而妨農」，賢良在(七)(八)中陳述了一端。「商人市井之利，未歸於民」，這是爲當時未能與官府勾搭上的貧困的市民所作的呼籲。(七)中大夫提出了漢代的「勸農」政策，而賢良指出其形式化。

× × × ×

像上面約畧所提出的廣大貧民問題，流民問題，當然是政治上的最嚴重、最根本地巨大問題，也即是政治上所應首先解決的問題。但當時的統治者，除了嚴刑峻罰，以鎮壓爲唯一統治手段以外，對上述問題，何以會熟視無睹？迨來自社會層面的賢良文學提出來以後，何以一再取抹煞躲閃的態度呢？在散下第四十一中，賢良深刻地指出，這完全是來自階級立場的不同。與廣大貧民流民相對立的壟斷國家財富的統治者集團，站在豪富吏民的立場，自然視這些廣大貧民與流民爲當然的現象。此篇從大夫口裏所說的話，成爲二千年皇權專制下剝削人民的總發言人。「大夫曰，不軌之民，困撓公利，而欲擅山澤。從文學賢良之意，則利歸於下，而縣官無可爲者。上之所行則非之，上之所言則譏之，專欲損上徇下，虧主而適臣，尙安得上下之義，君臣之禮？而何頌聲能作也」？假定政治是「一切爲人民」，則損上的特殊利益而徇下的飢寒的要求，是天經地義的。儒家心目中的「上下之義，君臣之禮」，是相互負責任，相對受限制的。在桑弘羊心目中，則變而爲壓榨與被壓榨的護符。賢良引孟子「未有仁而遺其親，義而後其君」的話，以說明只要人民能豐衣足食，豈有「縣官無可爲者」之理。統治者與被統治者，應當由「對搏」的關係變爲「共利」的關係，這種簡單道理，爲什麼桑弘羊這一集團全無所知？於是賢良在二千年前，進一步發現了階級性限制認識能力的事實。他們說：

「衞靈公當隆冬興衆穿池。海春諫曰，天寒百姓凍餒，願公之罷役也。公曰，天寒哉，我何不寒哉。人之言曰，安者不能恤危，飽者不能食饑。故餘梁肉者，難爲言隱約。處佚樂者，難爲言勤苦。夫高堂邃宇，廣厦洞房者，不知專屋狹廬，上漏下濕者之瘤也。繫馬百駟，貨財充內，儲陳納新者，不知有旦無暮，稱貸者之急也。廣第唐園，良田連比者，不知無運踵之業，竄頭宅者之役也。原馬被山，牛羊滿谷者，不知無孤豚瘠犢者之窶也。高枕談臥，無叫號者，不知憂私責（債），與吏正（征）戚（賦）者之愁也。被紈躡韋，搏粱齧肥者，不知短褐之寒，糠粘之苦也。從容房闈之間，垂拱持案食者，不知蹠耒躬耕者之勤也。乘堅驅良，列騎成行者，不知負担步行者之勞也。匡牀旃席，侍御滿側者，不知負輅輓船，登高絕流者之難也。衣輕暖，被英裘。處温室，載安車者，不知乘邊城，飄胡代，鄉清風者之危寒也。妻子好合，子孫保之，不知老母之顚頓，匹婦之悲恨也。耳聽五音，目視弄優者，不知蒙流矢，距敵方外之死者也。東嚮伏几，振筆如調文者，不知木索之急，箠楚之痛者也。坐旃茵之上，安圖籍之言，若易然，亦不知步涉者之難也。」

在上面這段話中，把統治者與被統治者在生活上的天壤懸隔，作了具體事實的顯明對比；連當時參與爭論的統治集團，也「公卿愀然，寂若無人」；而今日尚有人站在桑弘羊所代表的立場，對賢良文學所說的，大張撻伐，實際就是撻伐由賢良文學所代表的廣大貧民流民；我眞不了解，這種人到底是站在什麼階級來講話。

× × × ×

因爲先由社會豪富，繼由以皇權專制爲中心的貴族封建豪富，再加以由財經政策而來的豪富吏民，取得了絕對支配的地位，所以由豪富階級生活的侈靡荒淫，必然朽蠹整個社會的風俗。桑弘羊們生活於侈靡荒淫之中，須要以朽蠹的風俗作爲他們精神上的營養。但賢良文學，爲了廣大人民合理生活的要求，以及整個國家的健康前途，在散不足第二十九中對此不能不面向製造此種風俗的「務於權利，怠於禮義，故百姓倣傚」的「士大夫，」（散不足第二十九）提出深刻地批評，並要求加以改變。他們把所要求的由奢返儉的合理生活方式稱爲「古者」；把豪富集團的荒淫生活稱爲「豪富」； 次一級的稱爲「中者」； 而普及於社會各階層的則稱爲「民間」，或「世俗」；波及貧民的則稱爲「貧者」。 還有僅指朝廷而言的。 他們所提出的淫侈及迷信的社會生活，共三十一項，其中專指「富者」有八；僅有程度之差，而爲「富者」「中者」所共有的有八；爲富中貧所共有的有一；指社會普遍現象的有九；指工藝變調的有二；指朝廷所特有的有三。有許多是把豪富與貧苦者作對照性的陳述。例如「今富者連車列騎，驂貳輜軿……夫一馬伏櫪，當中家六口之食，亡丁男一人之事」[53]。「今猛獸奇蟲不可以耕耘，而令當耕耘者養之。百姓或短褐不完，而犬馬衣文繡。黎民或糠糟不接，而禽獸食梁肉。」「百姓或無斗筲之儲，官奴累百金。黎民昏晨不釋事，奴婢垂拱遨遊也」[54]。黎民連統治集團的奴隸也趕不上。這一段陳述，是了解漢代政治社會最完整的材料。這裏僅把賢良們對喪葬、婚姻、迷信三點的批評提出，以見今人對漢代儒家的謾罵，是如何的誕妄。關於喪葬問題：

「古者瓦棺容尸，木板堲周，足以收形骸，藏髮齒而已。及其後，桐棺不衣，采椁不斲。今富者繡牆題湊，中者梓棺楩椁，貧者畫荒衣袍，繒囊緹橐。」

「古者明器有形無實……今厚資多藏，器用如生人。郡國繇吏素桑楺偶車櫓輪，匹夫無貌（繞）領，桐人衣紈綈」。

「古者不封不樹……及其後，則封之，庶人之墳半仞，其高可隱。今富者積土成山，列樹成林，臺榭連閣，集觀增樓。中者祠堂屏閤，垣闕罘罳。」

「古者鄰有喪，舂不相杵……今俗因人之喪，以求酒肉，……連笑伎戲。」

「古者事生盡愛，送死盡哀；故聖人爲節制，非虛加之。今生不能盡其愛敬，死以奢侈相高。雖無哀戚之心，而厚葬重幣者則稱以爲孝，顯名立於世，光榮著於俗。故黎民相慕效，至於發屋賣業。」

所以我前面指出，漢代厚葬，决非出於儒家思家，而係豪富集團侈靡生活的一部份。關於婚姻問題：

「古者男女之際尚矣。嫁娶之服，未之以記。及虞夏之後，蓋表布內絲，骨笄象珥。封君夫人，加錦尚褧而已。今富者皮衣朱貉，繁路環珮。中者長裾交禕，璧瑞簪珥」。

「古者夫婦之好，一男一女而成家室之道。及後，士一妾，大夫二，諸侯有姪娣九女而已。今諸侯百數，卿大夫十數，中者侍御，富者盈室。是以女或曠怨失時，男或放死無匹」

秦始皇後宮數萬，死後且以爲殉。據漢書七十二禹貢傳，在禹奏言中謂高、文、景三世，「宮女不過十餘」。「武帝時，又多取好女至數千人，以填後宮」。武帝死後，「又皆以後宮女置於園陵」；「故使天下承化，取女皆大過度；諸侯妻妾，或至數百人。豪富吏民，畜歌者至數十人。是以內多怨女，外多曠夫」。上面賢良的話，未敢直指天子，但把史記平準書，鹽鐵論與貢禹傳三者互相參證，可以斷言漢代朝廷的荒淫，實始於武帝憑楊可告緡及桑弘羊的財經政策所搜括的大量財富；而社會的侈靡，雖不始於武帝之時；但由桑弘羊財經政策所引生的新興的「豪富吏民」集團出現而大爲泛濫，這是不爭的事實。廣大的婦女，遂成爲荒淫與侈靡風氣下的犧牲品。賢良文學，在這裏提出了「一男一女而成家室之道」的呼籲。

關於迷信的問題：

「古者德行求福，故祭祀而寬（寬弛，與疏同義）；仁義求吉，故卜筮而希（稀）。今世俗寬於行而求於鬼，怠於禮而篤於祭；嫚親而貴勢，至妄而信日，聽訑言（欺騙之言）而幸得，出實物而享虛福」。「古者君子夙夜孳孳，思其德；小人晨昏孜孜，思其力。故君子不素餐，小人不空養。世俗飾僞行詐，爲民巫祝，以取釐謝；堅額（厚顏）健舌，或以成業致富。故憚事之人，釋本（農）相學。是以街巷有巫，閭里有祝」。

按由西周初年開始的人文精神，將原始宗教中的迷信，逐漸澄汰；至孔子「務民之義，敬鬼神而遠之」，「未知生，焉知死」「未能事人，焉能事鬼」之教，而道德地理性主義，不斷發展，使迷信更無存在的餘地。但秦始皇由泰侈之心，「覽怪迂，信機祥，使盧生求羨門高，徐市等入海求不死之藥」（本篇賢良之言），而迷信大盛。漢武在這一點上，也繼承了始皇，其愚呆迷妄的心理與行爲，在史記封禪書中有詳細而生動的描寫。所以西漢自武帝中年以後，迷信特盛，此與董仲舒的學說或有關連；但最大的推動力，則是來自武帝由泰侈之心而來的迷妄。賢良文學特於此加以批評。凡是了解一點儒家原始精神的，即無不由迷信中突破出來，此亦其一證。

賢良在本篇收尾的地方，把當時政府、社會風俗敗壞的情形，加以總結的說：

「宮室奢侈，林木之蠹也。器械雕琢，財用之蠹也。衣服靡麗，布帛之蠹也。狗馬食人之食，五穀之蠹也。口腹從恣，魚肉之蠹也。用費不節，府庫之蠹也。漏積不禁，田野之蠹也。喪祭無度，傷生之蠹也。墮成變故傷功，工商上通傷農。故一杯棬用百人之力，一屛風就萬人之功，其爲害亦多矣。目修於五色，耳嘗於五音，體極輕薄，口極甘脆，功積於無用，財盡於不急，口腹不可爲多。故國病聚不足，即政怠。人病聚不足則身危。」

賢良所說的都是昭明較著的事實，聽者不能不承認。所以丞相便問「治聚不足奈何」？在救匱第三十，賢良答丞相的問是「蓋橈枉者過直，救文者以質……故民奢，示之以儉、民儉，示之以禮。方今公卿大夫子孫誠能節車輿，適衣服，躬親節儉，率以敦樸，罷園池，損田宅，內無事乎市列，外無事乎山澤；農夫有所施其功，女工有所粥其業，如是則血脈和平，無聚不足之病矣」。賢良的話，大體上應當是對的。但這觸犯到由桑弘羊所代表的基本生活形態；而弘羊的兒子們在當時又最爲豪侈，所以引起了他忿怒，由正面加以漫罵說「貧者語仁，賤者語治」，這是說賢良們所以主張節儉，乃因爲自己貧窮的關係；這便把賢良們所反映出的社會病態，完全加以抹煞了。又說「故公孫弘布被，倪寬練袍；衣若僕妾，食若庸夫。淮南逆於內，蠻吏暴於外，盜賊不爲禁，奢侈不爲節。」這是說節儉毫無用處。當政的人僅僅節儉，固然不能解決問題；但節儉勝於荒淫豪侈，故荒淫豪侈必反之節儉，這是可以爭辯的嗎？更說賢良們「若疫歲之巫，徒能鼓口耳，何散不足之能治乎？」這不僅以漫罵對付賢良文學，且侮辱當時的丞相車千秋，把車千秋從正面提出的問題，悍然加以拒絕。所以賢良便痛切指出桑弘羊這一醜惡形相。

「賢良曰……文景之際，建元之始（武帝初及位時代），大臣尚有爭引守正之義。自此之後，多承意從欲，少敢直言面議而正刺，因公而徇私。故武安丞相訟園田……本朝（朝廷，實指皇帝）一邪，伊、望不能復。故公孫丞相倪大夫側身行道……日力不足，無行人子產之繼。而葛繹（公孫賀）彭侯（劉屈氂）之等[55]，隳壞其緒，紕亂其紀，毀其客館講堂以爲馬廄婦舍，無養士之禮，而尚驕矜之道，廉恥陵遲而爭於利矣。故良田廣宅，民無所之。不恥爲利者滿朝市，列田畜者彌郡國。橫暴掣頓；大第巨宅之旁，道路且不通。此固難醫而不爲工。」。（救匱第三十）

經此截穿後，「大夫」只有「勃然作色，默而不應」了。

八、文化背景問題

最後要談到此一爭論的思想文化背景的問題。對這一問題首先應指出兩點。第一，此次的爭論，完全是以現實問題爲對象；他們立論的根據，是他們所掌握的現實，不是他們由典籍而來的思想文化。在蘇聯十月革命以前，歷史上的統治階級，有利用典籍上的思想文化以達到現實政治目的之事。一般知識份子，有以某家思想寄托政治的理論，作現實批評準據之事。即使是如此，最後的歸結還是現實。斷無以典籍上的思想文化爲最後根據，爲最後目的，而以現實問題作爲完成思想文化目的的一種工具之事。

在以鹽鐵專賣爲中心的爭論中，當然牽涉到思想文化的問題；但在爭論所涉及的思想文化，主要只是爲了加强自己的立場，及印證自己所把握的現實問題而發生作用。所以他們所運用的思想文化的範圍，相當廣泛而富有彈性；同一家的典籍思想，兩方都可任意引用。這樣一來，便減輕了在爭論中思想文化的重要性。此與第二國際第三國際這一傳統下來的思想鬥爭的性質截然不同。鹽鐵論中把爭論轉到思想文化上去，一是出於桑弘羊在現實問題上的詞窮理屈之後，乃轉而攻擊到賢良文學這一資格所由來的孔子。一是出於賢良文學追溯當時刑罰殘酷來源的商鞅、韓非。這只能算是此次大爭論中的副產品。

第二點是：我們從中國久遠的歷史看，在統治者與被統治者的語言中，同樣援引典籍以作論據時，統治者所援用的典籍，多是出於便宜性的；而被統治者所引用的則多近於原則性的。這一對照，在鹽鐵論中最爲明顯。御史攻擊儒家，始於論儒第十一；而桑弘羊開始破口大駡「孔丘」，始於利議第二十七。但在同一篇中，他便引用了論語的「色厲而內荏」、「言者不必有德」，以申張自己的論據。在這篇以前及其以後，我約略總計了一下，桑弘羊們大約十六次引用論語，七次引用孟子；十五次引用春秋。此外，詩、書、易、禮、孝經，他們都援引到，以支持他們的論點。但他們的引用，多出於方便性的。例如通有第三，桑弘羊爲了反對文學的「漏費（即浪費）節，則民用節」的觀點，便引「孔子曰不可，大儉極（逼）下」的話來作他反對的根據，毫不考慮到孔子「與其奢也寧儉」的基本主張，及他此處所引禮記雜記中孔子的話的眞正意義。他口裏的法家，同樣帶有便宜的性質（見後）。賢良文學，是比較原則性的大量引用了論語孟子及儒家有關典籍；但五引老子，四引管子，兩引文子，對墨子，孫子引用各一。對於史記淮南子，則被兩方所共同引用。

總結的說，若是以第三國際傳統下的思想鬥爭去看鹽鐵論中的思想問題，這只證明缺乏歷史演變的常識。

郭沫若常以自己創造小說的方法，來處理歷史上的問題。他在一九五六年鹽鐵論讀本的序中，一方面說「書中關於桑弘羊的言論，我們可以斷定必然是根據實錄，不會是由桓寬所推衍或增廣」㊺。並承認這是「當時的朝廷所召開的一次會議」。但却又斷定這「是一部處理歷史題材的對話體小說」，「在文體的創造性上也是值得重視的」。「特別値得注意是桓寬創造了人物的典型」，「這可以說是走向戲劇文學的發展」。他在這部「歷史小說」中，看出「賢良文學，以儒家思想爲武器，……桑弘羊和他的下屬們基本上是站在法家的立場，議論都從現實出發，有時也很尖銳地批評儒家和孔子。因此，這一次會議，事實上是一場思想上的大鬥爭」。今日衆口同聲的說鹽鐵論是一場儒法鬥爭，實由此而來。先秦思想，大致地說，儒、道、墨三家，都是站在人民的立場來談政治，要求人君爲達到人民所要求的目的，爲人民服務。在三家中，又以儒家中庸之道近於人情，故影響力特大。只有由商鞅所代表的法家，是站在統治者的立場來談政治，要求人民爲達到人君所要求的目的而犧牲。所以商君書都是以「使民之道」來貫穿全書的㊼。郭沫若說賢良文學是站在「民間的商人和地主階級的立場」，「是朝廷與民間的明爭」；若將「地主」兩字改爲「農民」，郭氏這一點說法是可以成立的。代表「民間」的被統治者的立場，其思想自然接近儒、道、墨三家；而站在朝廷的統治者的立場，也不知不覺地與法家有會心之處。

× × × ×

但法家在思想上能成爲一家，且在當時政治上發生了效果，當然有他們合理的一面。第一，他們抑壓了殘餘的由身份制而來的封建貴族。第二，他們强調了法的重要性，並要求法的客觀化穩定化平等化。這實際是論語「謹權量，審法度」思想的發展。第三，他們把政治的運行，歸於農戰的一孔，雖未免太偏，但重本抑末，一切以生產爲出發點，這可說是立國的大計。第四，他們特强調綜覈名實，去政治上虛僞之弊。這是孔子「正名」思想在發展中更落實的應用。漢初政治，由「恩澤侯」的大量出現，恢復了政治中由身份制而來的封建毒害。雖繼承了重本抑末的觀點，但在稅制上摧毁了自耕農；而封建之毒，及黃老之教，亦未能切實要求政治上有綜覈名實的實效。漢室所繼承的只是法家嚴酷的刑罰制度。但第一，法家的法，把賞也包括在裏面。它的運用，是指向以農戰爲依據的一個標準；在推進農戰以外，無所謂罰，更無所謂賞。此即商鞅之所謂「賞壹則爵尊」[58]。漢代賞賜之亂，刑罰之亂，名分之亂，至武帝而極。所以賞不足以勸善，罰不足以懲惡；與法家用法的目的及預期的效果，完全相反。第二，法家的法，離人主的意志，離執法的官吏而獨立；官吏只有在法的明白規定範圍之內，能行使自己的職權。一離開法的明白規定，或對法的文字稍有所屈伸，即同在誅戮之列。商君書定分第二十六「法令皆副置。一副天子之殿中……一副禁室中，封以禁印。有擅發禁室印，及入禁室視禁法令，及劉禁一字以上，罪皆死不赦。」但武帝時代執法的情形是怎樣呢？史記酷吏列傳記杜周爲廷尉，「其治大放張湯而善伺候。上所欲擠者因而陷之；上所欲釋者，久繫待問而微見其寃狀。客有讓（責）周曰，君爲天子決平，不循三尺法，專以人主意指爲獄，獄者固如是乎？周曰，三尺安出哉？前主所是著爲律，後主所是著爲令。當時爲是，何古之法」？把法的客觀性獨立性完全否定了，也即把法的平等性完全否定了。法家是有原則的嚴酷，桑弘羊所辯護的是無原則的嚴酷。此處不討論法家思想的是非得失，而只指出漢代的酷吏政治，是緣法家之名而去法家之實，走向與法家所要求的相反的政治。商君書去彊第六「以刑去刑，國治。以刑致刑，國亂。」「以刑致刑」，恰是漢武時代用刑的寫照。把史記的酷吏列傳與漢書的刑罰志合在一起看，可以了解，由漢武時代這批酷吏所奠定的支持皇權專制的一套刑法，不僅是儒、墨、道三家的罪人，也是法家的罪人，是人民的敵人，其禍延二千餘年之久。而這正是支持桑弘羊財經政策的唯一手段，所以他大力加以辯護。

說到桑弘羊個人，更沒有代表法家發言的資格。

漢初眞正代表法家思想的當首推晁錯。漢書四十九晁錯傳，「學申商刑名於軹張恢生所」。「爲太子舍人門大夫」時，上書欲太子（即後之景帝）「深知術數」。「術數」觀念即出於商君書。晁錯「欲民務農，在於貴粟。貴粟之道，在於使民以粟爲賞罰」(59)的主張，出於商君書去疆第四的「金生而粟死，粟死而金生」「按兵而農，粟爵粟任，則國富」；及說民第五「富者損之以賞（爵）則貧」；和靳令第十三「民有餘糧，使民以粟出（進）官爵，官爵必其力，則農不怠」。削除諸侯王，以完成中央集權的統一，此乃當時儒法兩家的共同主張，而晁錯主張得最爲堅決，卒以此受族誅之慘禍。假定桑弘羊眞正是法家，此時晁錯早死，與他無現實上的利害衝突，應對他表示最大的同情。在晁錯畧前的賈誼，是以儒用法的人物；在晁錯畧後的主父偃，是半法半縱橫的人物；但都是在促成漢室集權統一上有大貢獻的人物。鹽鐵論中，桑弘羊不僅鄙視了賈誼、主父偃，還特別攻擊了晁錯。晁錯第八對晁錯的批難是：

「晁錯變法易常，不用制度，迫蹙宗族，侵削諸侯，蕃臣不附，骨肉不親，吳楚積怨，斬錯東市，以慰三軍之士而謝諸侯。斯亦誰殺之乎？」

桑弘羊完全站在既得利益的特權階級者的立場，只以個人的成功失敗爲批評的標準；他所援引的法家語言，僅爲他所站的特權階級作辯護，根本沒有眞實的思想性在裡面。他以個人的成功失敗，作論人的標準，却沒有想到不出一年，而他也被族滅了；不知他臨死時作何解釋。

對用刑的態度，是當時近儒近法的分水嶺；漢書六十杜延年傳謂「光（霍光）持刑罰嚴，延年輔之以寬」，可知霍光也正是近於法家的人物，應與桑弘羊臭味相同，何以他們之間，又成爲生死寃家呢？

桑弘羊說他私人財富的來源是「一二籌策之，積浸以致富成業。」「運之方寸，轉之息耗，取之貴賤之間耳」（貧富第十七）。對文學批評他「執國家之柄以行海內……威重於六卿，富累於陶衛（子貢），輿服僭於三公，宮室溢於制度，並兼列宅，隔絕閭巷。……中山素女，撫流徵於堂上，鳴鼓巴渝作於堂下，婦女被羅紈，婢妾曳絺紵；子孫連車列騎，田獵出入，畢弋捷健，……已（人民）爲之而彼（官僚）取之，僭侈相效，上升而不息」的情形所作的辯解是「官尊者祿厚，本美者枝茂。故文王德而子孫封，周公相而伯禽富。水廣者魚大，父尊者子貴。傳曰（公羊），河海潤千里，盛德及四海，況之（其）妻子乎？故夫貴於朝，妻貴於室。富曰苟美，古之道也。孟子曰，王者與人同，而如彼者，居使然也。」（刺權第九）。這是公開爲自己由剝奪而來的荒淫生活作辯解，且不惜故意歪曲論語孟子公羊等的語意，爲自己荒淫生活作護符。利用權勢來經營私人工商業，在資本主義體制之下，亦不能爲法理所容，何況於法家。商君書墾令第二「無宿（停滯）治，則邪官不及爲私利於民。」「祿厚而稅多，食口者衆，敗農者也」；「無得取庸（傭），則大夫家長不建繕。大夫家長不建繕，則農事不傷」。「大臣不荒（荒淫），則國事不稽」。去彊第四「生蝨官者六，曰歲（朱師徹解詁「歲謂偷惰歲功」），曰食（暴棄食物」），曰美（「美衣食」），曰好（「重好玩」），曰志（「有暴慢之志」），曰行（「貪污之行」），六者有樸必削。」在法家的立場，桑弘羊正是所謂「邪臣」「官蝨」，在必誅之列。又去彊第四，「國富而貧（節儉）治，曰重富，重富者強。國貧而富（奢靡）治，曰重貧，重貧者弱。」從史記平準書看桑弘羊掌握財經大權以後，助長武帝荒淫浪費的情形來看，正是商鞅所說的「國貧而富治」。賢良文學所反復要求的以質救文，以儉救奢之弊，這是西漢所有思想家的共同要求。此一要求不出於法家，但眞正的法家必有同樣的要求，而桑弘羊因豪奢的生活形態，却始終加以反對。以桑弘羊爲法家思想的發言人，這是今日思想界的澈底墮落。

但他們既發生了儒法的爭論，我們也應加以檢討。首先是關於商鞅的部分：

（一）大夫：「昔商君相秦也，內立法度，嚴峻罰，飭政教，姦僞無所容。外設百倍之利，收山澤之稅，國富民强，器械完飾，蓄積有餘，是以征敵伐國，攘地斥境，不賦百姓而師以贍，故利用不竭而民不知，地盡西河而民不苦。鹽鐵之利，所以佑百姓之急，足軍旅之費……百姓何苦爾，而文學何憂也？」。（非鞅第七）

文學：「商鞅峭法長利，秦人不聊生……故利蓄而怨積，地廣而禍構……今商鞅之冊（策）任於內，吳起之兵用於外，行者勤於路，居者匱於室，老母號泣，怨女嘆息，文學雖欲無憂，其可得也？」。（同上）

（二）大夫：「秦任商君，國以富强；其後卒幷六國而成帝業……今以趙高之亡秦而非商鞅，猶以崇虎亂殷而非伊尹也」。（同上）

文學：「……伊尹以堯舜之道爲殷國基，子孫紹位，百代不絕。商鞅以重刑峭法爲秦國基，故二世而奪。刑既嚴峻矣，又作爲相坐之法，造誹謗，增肉刑，百姓齋栗，不知所措手足中。賦斂既煩數矣，又外禁山澤之原，內設百倍之利，民無所開說容言，崇利而簡義，高力而尙功。非不廣壤進地也。然猶人之病水，益水而疾深。知其爲秦開帝業，不知其爲秦致亡道也……」。（同上）

（三）大夫：「……夫商君起布衣，自魏入秦，期年而相之，革德明教，而秦人大治……世人不能爲，是以相與嫉其能而疵其功也」。（同上）

文學：「今商鞅棄道而用權，廢德而任力，峭法盛刑，以虐戾爲俗，欺舊交以爲功，刑公族以立威，……人與之爲怨，家與之爲讐……」。（同上）

此外論儒第十一，遵道第二十三，取下第四十一，刑德第五十五，申韓第五十六，周秦第五十七，大論第五十九，都爭論到商鞅的問題，但內容要不出於上面所說的範圍。下面再看爭論到申韓的問題：

（四）御史：「……韓子曰，疾有固（國）者不能明其法勢，御其臣下，富國强兵，以制敵禦難。惑於愚儒之文詞，以疑賢士之謀；謀浮淫之蠹，加之功實之上，而欲國之治，猶釋階而欲登高，無銜橛而禦捍（悍）馬也。今刑法設備，而民猶犯之，況無法乎？其亂必也」。（刑德第五十五）

文學：「……法勢者治之具也，得賢人而化……今廢仁義之術，而任刑名之徒，則吳（太宰嚭主政下之吳）秦（趙高主政下之秦）之事也。夫爲君者法三王，爲相者法周公，爲術者法孔子，此百世不易之道也。韓非非先生而不遵，舍正令而不從，舉陷阱，身幽囚，客死於秦……斯足以害其身而已」。（同上）

（五）御史：「待周公而爲相，則世無列國。待孔子而後學，則世無儒墨……善爲政者弊則補之，決則塞之。故吳子以法治楚魏，申商以法彊秦韓也」。（申韓第五十六）

文學：「有國者選衆而任賢，學者博覽而就善，何必是周公孔子，故曰法之而已。今商鞅變亂秦俗，其後，政耗亂而不能理，流失而不可復……煩而止之，燥而靜之。上下勞擾而亂益滋……」。（同上）

（六）御史：「……大河之始決於瓠子也涓涓爾。及其卒，氾濫爲中國害……故先帝閔悼其菑，親省河堤，舉禹之功，河流以復，曹衛以寧……如何勿小補哉」。（同上）

文學：「河決若甕口而破千里，況禮決乎……今斷獄歲以萬計，犯法茲（滋）多，其爲菑豈特曹衞哉。夫知塞宣房而福來，不知塞亂原而天下治也……誠信禮義如宣房，功業已立，垂拱無爲。有司何補？法令何塞也？」。（同上）

（七）御史：「犀銚利鉏，五穀之利而閉草之害也。明理正法，姦邪之所惡而良民之福也……是以聖人審於是非，察於治亂，故設明法，陳嚴刑，防非矯邪……法者止姦之禁也。無法勢，雖賢人不能以爲治……」。（同上）

文學：「法能刑人不能使人廉，能殺人不能使人仁……所貴良吏者，貴其絕惡於未萌，使之不爲非，非貴其拘之囹圄而刑殺之也。今之所謂良吏者，文察（文指律令而言）則以禍其民，強力（法家貴力）則以厲（害）其下。不本法之所由生，而專己之殘心（殘賊之心）。文誅假法，以陷不辜，累無罪。以子及父，以弟及兄。一人有罪，州里驚駭，十家奔亡……詩云『舍彼有罪，既伏（隱蔽）其辜。若此無罪，淪胥以鋪』，痛傷無罪而累也。非患銚耨之不利，患其舍草而芸苗也。非患無準平，患其合枉而繩直也。故親近爲過不必誅，是鋤不用也。疏遠有功不必賞，是苗不養也。故世不患無法，而患無必行之法也」。（同上）

上面可分三點來加以討論。

第一點，（一）項中桑弘羊以商鞅外設百倍之利，收山澤之稅」，作他的鹽鐵專賣政策的證明，不僅不能成立，而且足以證明他的政策正與商鞅相反。商君書說民第五「器成於家，而行於官，則事斷於家。故王者刑賞斷於民心，器用斷於家。治明則同，治闇則異。同則行，異則止（阻滯）。行則治，止則亂。治則家斷，亂則君斷。治國者貴下斷。故以十里斷者弱，以五里斷者彊。家斷則有餘，故曰，日治者王。官斷則不足，故曰，夜治（日力不足，故夜治）者彊（按彊乃弱字之誤）。君斷則亂，故曰宿治者削。故有道之國，治不聽君，民不從官」。由此可知，商鞅主張人民的生產工具乃至一切器用，僅由人君明定法令規格，聽由人民自己製造。他何以作此主張？是爲了提高生產的效率。這是手工業從統治者壟斷手上的大解放。此處之所謂「斷」，指的是解決實際問題。人民的生產工具問題，在五里以內之家[60]得到解決，則切合實際要求，而在時間的運用上亦極經濟。由官由君去解決，則難切合實際要求，且曠時費日，無效率可言。人臣根據法而活動，法是客觀的，是至高無上的，所以「治不聽君」。人民也是根據法的規定而生活，又都是自己解決自己的問題，所以「民不從官」。蘇聯這些年來爲了解決生產效率問題，而縮減統一設計控制的機能，加强各地各廠的職責，由此可見商鞅的智慧。在這種地方，賢良文學的主張，到與商鞅相接近。而桑弘羊的鹽鐵專賣政策，把人民生產的工具，完全控制在朝廷的大司農手上；工具的窳劣，人民時間的浪費，是必然的結果。這是爲了財政收入而犧牲生產的政策。是名符其實的殺鷄取卵的政策。商鞅治一隅之秦，尚主張「斷於家」；假定他治大一統的帝國，必採用與桑弘羊相反的路線，是可以斷言的。並且在商鞅的法治之下，不實行鹽鐵專賣，一樣可以解決武帝時代由邊疆所引起的財政問題，也是可以斷言的，因爲那是一個上下一體，既勤且儉而決無浪費的政治。

第二點，桑弘羊以秦成帝業爲商鞅之功；文學以趙高亡秦爲商鞅之罪的爭論。我以爲在政治的基本目的上，在人生存在的意義上，在人類進步的大方向上，我們可以否定商鞅的思想與政策。但針對戰國時期的政治社會，正由破落的封建結構以追向一種新的大一統的局面而言，則商鞅迅速壓制了殘餘的封建貴族，建立一種以自耕農手工業爲基幹的生產與戰鬥合一的體制，在歷史上依然有他的進步的意義；而秦的大一統的功業，是由他奠定其基礎，自無可疑的。他的死於殘存貴族手上，不應像賢良文學樣，在一旁拍手稱快。但他以嚴刑峻罰爲政治的唯一手段，其必然發生秦代「赭衣半道」的惡果，這從人類進化的大軌迹看，與法西斯納粹的結果沒有兩樣，也是不能加以否認的。趙高是眞正法家的信徒，並以法家思想教胡亥（二世）。他的亡秦，來自他個人過分的政治野心，先害死扶蘇蒙恬，繼而族誅李斯，以欺蒙胡亥的方式，奪取實際的統治權。他的行爲，正是商鞅韓非們所要防治的「邪臣」「虎臣」；所以把他的亡秦寫在法家身上，是不公平的。但深一層去了解，由商鞅澈底否定禮、樂、詩、書、善、修、孝、弟、廉、辯，這一線索下來，以至韓非的五蠹顯學，把人文對人格修養的意義，完全否定掉了，以期達到「民愚」「民弱」，令下而民無不從的目的；則趙高這種人物的出現，可以說是法家思想的必然結果。實際上，沒有上述十項的修養，人民並不一定因此而愚而弱，而係向黑格爾所說的「動物的狡獪」方向去發展。同時，縱使人臣能由人君的權術與威嚇，成爲「機械人」的存在；但人君的權術與威嚇，必須建立在商鞅所要求的「立法明分，而不以私害法」（修權第十四）的前提之上，才可使權術與威嚇，在法的軌跡上運行而始能有效果。「不以私害法」，進一步有如韓非所要求的人君的無爲，都須要高度的人文修養。法家是在性惡的認定上談政治，並否定了一切人文修養及人生價值，全靠法術與刑罰的威嚇與箝制，以作爲達到政治目的的唯一手段，則運用法術與刑罰的無私無爲的前提條件，建立不起來，使性惡之惡，憑藉法術與刑罰而如虎添翼。君臣上下之間，成爲互相窺伺，互相吞噬，以各求得到最原始地權力欲乃至生存欲的世界。法家最大的罪惡與愚蠢，乃在毀壞一切人的人格以用法，而不知有效運用法的前提條件是來自人文修養的人格。近代法西斯納粹的悲劇，也由此而來。晁錯是法家，但看他賢良文學的對策，並沒有否定術數後面的人文教養的重大意義。但景帝一面受他的術數之教，同時即含有對他不可信任之心，故用其策而藉口滅其族。中國歷史上，接受法家思想而保有實質意義，必係有某種人文修養之人，有如諸葛亮、張居正。

第三點，是法家嚴刑峻罰的問題。這不是理論上的問題，而是一個現實的問題。前面已經說到，在皇權專制下的嚴刑峻罰，已不是原始法家的嚴刑峻罰。而張湯以下的酷吏，都是沒有法家所設的前提條件下的酷吏。因武帝的將相既不得其人，用兵用財又沒有節制，便只好倚賴桑弘羊們的竭澤而漁的財經政策。因此而動搖了社會的結構、基礎，便只好尊寵酷吏的殘酷鎮壓的手段，並且恰如商鞅所預料，成「以刑致刑」之局。

文學們並沒有否定法的功用。（二）（三）項中文學說「法勢者治之具也」。論災第五十四文學說「故法令者治惡之具也」。並且刑德第五十五中文學說，「道德衆，人不知所由。法令衆，民不知所避。故王者之制法，昭乎如日月，故民不迷。曠乎若大路，故民不惑。」對法的規定，與商鞅在商君書中的規定，完全相同的。但文學們主張在刑罰的後面，更應當有以仁義、禮義為內容的教化，亦即教育，而在上者的立身行己，應首先以仁義、禮義為天下倡。文學所罵的商鞅及秦始皇的情形，都是指武帝時代的實情而言。所以（五）項中文學說「今商鞅」如何如何，（六）中御史便拿武帝修復黃河瓠子決口的事來加以荅復。文學們對當時法令之失，及由刑罰嚴酷而來的慘象，到處提到，這是漢代政治上的大問題。刑德第五十五「方今律令百有餘篇，文章繁，罪名重，郡國用之疑惑；或淺或深，自吏明習者，不知所處，而況愚民乎？律令塵蠹於棧閣，吏不能徧睹，而況於愚民乎？此斷獄所以滋衆，而民犯禁滋多也」。這與商鞅的「法詳則刑繁，法繁（當作簡）則刑省」（說民第五）；「故天下之吏民，無不知法者」。「故聖人爲法，必使明白易知」（定分第二十六）的要求，完全相反。漢書二十三刑法志，宣帝時太守鄭宣，上疏主張「刪定律令」。元帝初立，以「今律令煩多」，下詔「議律可蠲除輕減者」。成帝河平中下詔謂「今大辟之刑千有餘條，律令繁多，百有餘萬言」，「議減死刑及可蠲除約省者，令較然可知」。但皆未能作到。這可說是張湯們所遺留下來的癌毒。文學的反對，應當是切合當時的急務。上篇中文學們對當時酷吏們用刑的情形說「深之可以死，輕之可以免，非法禁之意也。法者緣人情而制，非設羅以陷人也」。「今殺人者生，剽攻盜竊者富，故良民內解（懈）怠，輟耕而隕心。」(周秦第五十七)。御史堅持連坐之法，文學謂這是使「父子相背，兄弟相慢，至於骨肉相殘，上下相殺。」（同上）這種最野蠻的連坐法，誅三族，誅九族，一直延續至今，眞可謂中國歷史中最大的恥辱。文學們在武帝的酷刑亂刑之後，提出「煩而止之，燥而靜之」的合理要求，桑弘羊集團也加以澈底反對，由此可知皇權中的特權階級的殘忍成性；不知他在被族誅之際，會不會想到文學們對刑罰的意見。附帶說一句，西漢儒家無不反秦，賢良文學當然也是反秦。但漢書六十鼂錯傳在他的對策中，既承認始皇因「地形便，山川利，財用足，民利戰。」「故秦能兼併六國，立爲天子。當此之時，三王之功不能進焉。」這是站在法家思想的立場所說的話。接着又說「及其末塗之衰也，任不肖而信讒賊；宮室過度，耆欲無罔，民力罷盡，賦歛不節，矜奮自賢，羣臣恐諛。驕溢縱恣，不顧患禍。妄賞以隨善意，妄誅以快怒心；法令煩憯，刑罰暴酷，輕絕人命，身自射殺……奸邪之吏，乘其亂法以成其威。獄官主斷，生殺自恣……」鼂錯的話，應當算是客觀的批評。而不知不覺之中，與武帝中期以後的情形，完全同符合轍。其原因，正因秦否定了人文的人格教養。假定晁錯與昭帝時的賢良文學同時，他以法家思想的立場，不推尊儒術；但對賢良文學所陳述的現實，也必慘怛呼號，以期當時的人民能吐一口氣。

×　×　×　×

現在看兩方對孔子、儒家的爭論。桑弘羊喜歡把他對人物的好惡，表現在稱呼上。為了支持他繼續對匈奴用兵的主張，便把蒙恬拉在一起，而尊之為「蒙公」[61]。這是歷史上很特出的稱呼。自先秦以來，「孔子」「仲尼」，是對這位聖人的通稱，桑弘羊自己也是如此。但他恨極了的時候，便直斥之為「孔丘」[62]；這固然表示了他個人的幼稚，同時也是表示在武帝的政治內層中，根本沒有尊孔這一回事。孔子的地位，是從社會上建立起來，統治者再加以利用的。但在前已經指出過，桑弘羊的眞正立場是政治上的特權利益，對思想只不過採取便宜主義。所以辯論中也不斷援孔子以自重。他們對孔子的批評，約畧可分為兩端，一是說孔子不能通時代之變，因而自己窮困，在政治上沒有實效。二是說孔子言行不孚，不值得尊敬。對一般儒家的批評，是一不事生產，一是學問有害無益。茲將有關材料畧錄如下：

（一）御史：「文學祖述仲尼，稱誦其德，以為自古及今，未之有也。然孔子脩道魯衞之間，教化洙泗之上，弟子不為變，當世不為治，魯國之削滋甚。齊宣王褒儒尊學，孟軻淳于髡之徒，受上大夫之祿，不任職而論國事，……弱燕攻齊，長驅至臨淄，湣王逃遁，死於莒而不能救……若此，儒者之安國尊君，未始有效也」。（論儒第十一）

（二）御史：「……故商君以王道說孝公，不用，即以彊國之道，卒以就功。鄒子以儒術干世主不用，即以變化始終之論，卒以顯名……孟軻守舊術，不知世務，卒困於梁宋。孔子能方不能圓，故飢於衆丘……」。

（同上）

（三）大夫：「……善言而不知變，未可謂能說也……堅據古文以應當世，猶辰參之錯，膠柱而調瑟，固而難合矣。孔子所以不用於世，而孟軻見賤於諸侯也」。（相刺第二十）

（四）大夫「……昔魯穆公之時，公儀爲相，子思子原爲之卿，然北削於齊，以泗爲境，南畏楚人，西賓秦國。孟軻居梁，兵折於齊，上將軍死而太子虜；西敗於秦，地奪壤削，亡河內河外。夫仲尼之門，七十子之徒，去父母，捐室家，負荷而隨孔子，不耕而學，亂乃愈滋。」。（同上）

（五）大夫：「七十子躬受聖人之術，有名列於孔子之門……宰我秉事，有寵於齊。田常作亂，道不行，身死庭中。……子路仕衛，孔悝作亂，不能救君出亡，身菹於衛。子貢子皐遁逃，不能死其難……何其厚於己而薄於君哉！」。（殊路第二十一）

（六）大夫：「昔徐偃王行義而滅，魯哀公好儒而削。」。（和親第四十八）

（七）大夫：「往者應少伯正之屬潰梁楚，昆盧徐穀之徒亂齊趙山東；關內暴徒，保人險阻。當此之時，不任斤斧……有似……孔丘以禮說跖也。」。（大論第五十九）

（八）大夫：「文學所稱聖知者孔子也。治魯不遂，見逐於齊，不用於衛，遇圍於匡，困於陳蔡。夫知時不用猶說，强也。知困而不能已，貪也。不知見欺而往，愚也。困辱不能死，耻也。若此四者，庸民之所不爲也，何況君子乎」。（同上）

若承認歷史中最偉大的思想，是在改變一個時代，使人民能得到進一步的解放，人生能得到更充實的意義，其不能期效於一時，並堅持自己的理想而不為一時利害所屈，則孔孟所以被稱為聖人亞聖，正在桑弘羊們所攻擊的這些地方。何況他們的攻擊，出之以隱蔽歪曲歷史眞實的下流方式。在遵道第二十三丞相史引「孔子曰，可以共學，未可與權」，以責文學們的「扶繩循刻」。未能如孔子的通權達變；孟子則稱孔子為「聖之時」，又批評「執一」(63)，而桑弘羊們都批評孔孟不通權變；這和孔子分明以因革損益，為歷史演進的法則(64)，但許多人說他是復古主義，同樣是意存誣衊。（七）項桑弘羊所說，若站在現在的觀點來看，他是以殘殺起義的農民來作為自己的勳業。（八）則對孔子全出以誣詆詆毀之辭。文學的答復是「孔子生於亂世，思堯舜之道(65)，東西南北，灼頭濡足，庶幾世主之悟。悠悠者皆是，君闇，大夫妬……非不知窮厄而不見用；痛悼天下之禍，猶慈母之伏死子也。知其不可如何，然惡已。故適齊，景公欺之；適衞，靈公圍，陽虎謗之，桓魋害之。夫欺害聖人者愚惑也；傷毀聖人者狂狡也。惑（衍文）之人，非人也，夫何耻之有」。由此可見這些文學之士，的確接觸到孔子救世的精神；他們的尊孔，是眞正尊孔，所以敢罵桑弘羊們為「非人」，為無耻。經過文學們的痛罵後，「大夫憮然內慚，四據（疑當作「顧」）而不言。當此之時，順風承意之士，如編口張而不歙，舉舌而不下，闇然而（如）懷重負而見責。大夫曰，諾…膠車倏逢雨，請與諸生解」第二次的大辯論，以桑弘羊認輸和解而作結束。

論儒第十一，御史責孔子政教皆無實效（畧見前）外，更謂「論語『親於其身為不善者，君子不入也；』有是言而行不足從也」；接著舉冉求、仲由臣季氏，孔子見南子，以作「行不足從也」之證。利議第二十七，因文學罵桑弘羊「有司桎梏於財利」，「今舉異材而使臧騶御之，是猶柂驥鹽車而責之使疾。」，桑弘羊便還罵文學「嘻！諸生闒茸無行，多言而不用，情貌不副，若穿踰（窬）之盜，自古而患之。是孔丘斥逐於魯君，曾不用於世也。何者，以其首攝（鼠）兩端，迂時而不要也。故秦王燔去其術而不行，坑之渭中而不用，乃安得鼓口舌，申顏眉，預前論議是非國家之事也？……」這種威嚇的方式，乃來自文學們打到他的痛脚，是由自己行爲的罪惡性而來的自卑的反應。

相刺第二十桑弘羊責文學們「今儒者釋耒耜而學不驗之語，曠日彌久而無益於理，往來浮游，不耕而食，不蠶而衣；巧僞良民，以奪農妨政」。這裡不管此壓榨人民的豪富集團的代言人，有無說這種話的資格；但這的確是從孔子生時的荷蓧丈人起，社會上出現了不工不農的知識分子以後的重大問題。但這是世界性的歷史問題，是在歷史進步中知識分子所扮演的角式問題；再進一步，是人生存在的究竟意義問題。其中所含的矛盾，要到近代知識內容的變化，社會生活結構的變化，而始能獲得解決的問題 。 我們不能僅從中國長期皇權專制下，利用吸科舉制度之毒的知識分子的情形，來否定世界歷史演進中知識分子在文化上的功用。

殊路第二十一桑弘羊以「至賢保眞，僞文莫能增也」。「性有剛柔，形有好惡，聖人能因而不能改」，「良師不能飾戚施」來反對學問。訟賢第二十二以「剛者折，柔者卷（捲）。故季由以强梁死，宰我以柔弱殺。使二子不學，未必不得其死」來反對學問，這到是承繼了法家的愚民思想。但焚書抗儒的秦 ， 依然有博士之官，秩止六百石，却可以參預朝庭大議。而漢代從文帝時候起，已召賢良文學之士，對策朝庭。當時社會上的學術風氣，由堅苦而光昌，在中國文化史上，應佔有偉大的地位。桑弘羊不過要藉此以取消此次賢良文學發言的地位與力量，以保護自己的特殊利益。尤其是他爲什麼過去不向武帝正式提出這種意見？

×　×　×　×

此外，在思想史上特別值得一提的，是賢良文學大約五次，次引用老子，而桑弘羊方面一次也未嘗引用過；這是非常值得思考的一點。兩方多次孔孟並稱，說明漢初荀子的地位，已由孟子取而代之。在文獻的觀點上特別值得一提的，是書中兩方多次引用到王制、坊記、雜記，文學引用到中庸（繇役第四十九），兩方都引用到「月令」，並已出現「月令」之名（論菑第五十四）。是此時禮記的基本形態已經存在。又兩方皆多次引用史記。若史公死於武帝後元甲午㊻，則距始元六年僅六年，而其書已大行；漢書司馬遷傳贊謂「遷旣死後，其書稍出。宣帝時，遷外孫楊惲祖述其書，遂宣布焉」的話，還未能完全符合史記流傳的眞像。

附　註：

①：本文採用世界書局王利器鹽鐵論校注本爲底本，再參以諸家校注。

②：參閱漢書六武帝紀。

③：參閱史記平準書及匈奴列傳。

④：補注引徐松曰，通鑑繫此事征和四年。

⑤：資治通鑑卷二十三。

⑥：據馬元材著桑弘羊年譜。

⑦：史記平準書。

⑧：以上皆據馬著桑弘羊年譜。

⑨：漢書十九百官公卿表七上。

⑩：漢書六十六車千秋傳。

⑪：日本講談社「中國歷史」之西嶋定生教授所著的「秦漢帝國」頁二六五——二七一，特別談到「論爭的政治背景」問題。他似乎太偏重在內外朝的鬥爭的一面，忽視了政策需要修正的一面。西嶋氏是日本治漢代史極有成就的學者，故特別值得提出。

⑫：同上頁二七一。

⑬：按漢書四九晁錯傳記文帝十五年「詔有司舉賢良文學士」，晁錯對策稱「平陽侯臣窋，汝陰侯臣竈，潁陰侯臣何，廷尉臣宜昌，隴西太守臣昆邪，所選賢良太子家令臣錯。」而董仲舒「以賢良對策」時已爲博士；公孫弘對賢良策時亦曾爲博士；所以在「制曰」中稱「子大夫」，是賢良多選自朝廷中的官吏。

⑭：鹽鐵論中之縣官，有的指朝廷、天子，有的卽指郡縣之縣令。

⑮：漢代人在與我對言時，常以我爲內，人爲外。

⑯：王佩諍鹽鐵論札記引「徐曰，包丘子卽浮丘子或作浮丘伯……」論證頗詳。

⑰：鹽鐵論本議第一。

⑱：按「以律占租」者，當爲根據律令所規定以自報（占）其所應納之租。律令所規定者，卽爲下文賣酒升四錢」也。師古注恐不確。

⑲：年譜繫元狩三年（前一二〇）下。

⑳：按李劍農先秦兩漢經濟史稿頁二四九引此項材料時，在此句下加註謂「官自給費也」。

㉑：漢書食貨志下自「武帝因文景之畜，忿胡越之害，卽位數年」以下至「烹弘羊，天乃雨」；皆取自平準書。

㉒：史記管晏列傳。

㉓：孫楷秦會要過錄此一材料時，因太簡，易引起誤會。

㉔：校注引楊樹達以爲此數語出於史記貨殖列傳引周書，今周書無此文。

㉕：按「齊陶」依洪頤煊改爲「齊阿」。陳直依居延漢簡知有濟陶郡，當爲濟陶。見陳著鹽鐵論存在問題的新解。又此兩句所指之「縑」「布」，乃由朝廷直接設廠所生產，故與民間生產者有別。可參閱漢書四九頁禹傳。

㉖：法言學行篇「一鬨之市，必立之平」。按指官吏評定價格，使得其平。「賣平」者，指收賄賂以評價之高下而言。此爲漢時市井流行之術語。故潛夫論巫列篇「以猶人之有姦言賣平以求干者也」。王注欠明白。

㉗：盧文弨謂「揖挹通」，以揖當作挹。但意義仍不顯。按揖或指來降者而言。平準書「其（元狩二年）秋率數萬人之衆來降，

於是漢發車二萬乘迎之；既至，賞賜甚厚。」即其證。

㉘：此指鹽、鐵、魚三者專賣之業而言。

㉙：請參閱拙著周秦漢政治社會結構之研究中漢代一人專制下的官制演變。

㉚：據文物一九七四年6期黃盛璋「江陵鳳凰山漢墓（一九七三年九月中旬到十一月中旬所發掘發現）簡牘及其在歷史地理研究上的價值」一文，十號墓木牘中2號木牘，「是秦仲等十人合股做商販的契約，每人販錢二百」，眞可說是合夥小本經營。蓋藉此以補農業收入之不足。此一發現，對當時社會平民經濟活動情況的了解，至有意義。既有合伙經營商業之事，亦必有合伙經營鐵器手工業之事。「家人」係漢代常詞，指平民而言。家人合會，應指平民合伙而言。

㉛：「大抵多爲大器」之「大器」，諸家無注。「大器當指煑鹽之牢盆及兵器而言」。

㉜：「務應員程」，王注引淮南說山訓「春至旦，不中員程」高誘注「呈作不中科員」作解，意義不明。陳直引漢書尹翁歸傳「豪強有罪，輸掌畜官使斫莝，責以員程」顏注「員數也。計其人及日數爲功程」，是爲得之。但陳直僅謂「可證員程二字，爲西漢人公牘中之習俗語」，則意義猶未明，故此處以「數目的規定」釋之。

㉝：今日社會主義體制，乃懲資本主義下財富集中於少數人手上的流弊，遂收生產手段爲國有，以謀求一般人民的福利，亦可謂目的是在「均富於民」。桑弘羊的目的，只在增加國庫收入。故從理論上說，兩者的目的並不相同。

㉞：王注「兵當作以」。若如此，則與上文不相承接。按此兵字作動詞用，「兵敵」屬上句讀，意謂「料胡越之兵，以加兵於敵，則敵弱而易制。」「弱」字上似漏「則敵」二字。

㉟：王注引王先謙「害亦當爲周之譌」。郭樂山改害爲官。按均輸平準，以計較貨物出入之利害爲事，利害猶今日之所謂贏虧，「利與害」，指設均輸平準而言，不必改字。

㊱：見漢書匈奴傳下。

㊲：此畧見於漢書貢禹傳貢禹所陳述。

㊳：見論語季氏。

㊴：見論語憲問。

㊵：此據陳直「鹽鐵論存在問題的新解」備胡篇轉引。

㊶：仝上結和篇。

㊷：王注本楊樹達之說，以「現在之民」釋「見民」，這是不錯的，但其義未顯。「見民」者，乃對隱匿流亡之民而言。

㊸：按「不敢篤責」乃不敢深責之意，不必改「篤」爲「督」。

㊹：見馮友蘭中國哲學史新編第二冊頁一八七。

㊺：見上海人民出版社所印行的鹽鐵論前面梁放讀鹽鐵論頁一。

㊻：以上皆見史記平準書。

㊼：同上。

㊽：玉海一百七十六引唐突厥傳中杜佑語。又見御覽七百五十引。

㊾：前漢紀卷八文帝十三年六月「詔除民租」下荀氏的「論曰。」

㊿：見陳直鹽鐵論存在問題的新解散不足條下。

51：漢書六十一左雄傳，左雄謂「鄉官部吏，職斯祿薄，車馬衣服，一出於民。特選橫調，紛紛不絕」。

52：見漢書徐樂傳。

(53)..陳直鹽鐵論存在問題的新解，根據居延漢簡證明「漢代人民食糧，普通者每月爲大斗一石五斗，或一石八斗。馬每月食大斗六石，抵普通者中家四人之月糧。再加以芻茭等等，是一馬匹每月之用費，恰相當於中家六口之食糧。」

(54)..陳直上文又「按辛延年羽林郎詩，敘述霍光家奴馮子都之仗勢豪華，熟在人口，不須縷述。黃縣丁氏藏漢孫成買地券略云，『左駿廐官大奴孫成，從洛陽男子張伯始，買所名有廣德亭部羅伯田一町，賈錢萬五千』云云。官奴用於買地一部份資錢，即有十五千，總起來說，家產積累，至少百金，與本文均合。

(55)..按公孫賀劉屈氂當丞相時，已徒具丞相之名，實權皆在桑弘羊手，此處實指桑弘羊，故用「之等」兩字。

(56)..「漢書六十六車千秋傳贊說桓寬「推衍鹽鐵之議，增廣條目」，這是指增加了五十九個標題而言。但郭氏爲了自己立說的方便，只引「增廣」兩字，而將「條目」兩字略去，意義因之大不相同。」

(57)..如何教民養民，是儒家論政的主要內容。商君書更法第一一開始是「孝公平（評議）畫（計畫），孫鞅甘龍杜摯，三大夫御於君，慮世事之變，討正法之本，求使民之還」；全書所言者皆爲如何使用人民的方法。說民第五「使民必先行其所惡」。錯法第九「是以明君之使其民也」。戰法第十「故將使民，若乘良馬」；畫策第十八「能使民樂戰者王，」「故其制民也，如以高下制水」，弱民第二十「人主使其民」，外內第二十二「故輕法不可以使之」，「故輕治不可以使之」；禁使第二十四「人主之所以禁（禁非）使（使民）者賞罰也」；這都是直接說到「使民」的。由此而要求「民愚」「民弱」，「政勝其民」。「罰九而賞一」「刼以刑而毆以賞」等。

(58)..商君書立本第十一。

(59)..漢書二十四食貨志。

(60)..商君以「家」與「五里」互用，蓋五里左右，有農工之分工故也。

61：伐功第四十五「蒙公爲秦擊走匈奴」。「及其後蒙公死」。險固第五十「蒙公築長城之固」。

62：利議第二七「是孔丘斥逐於魯君」。大論第五十九「孔丘以禮說蹻也」。

63：孟子盡心上「子莫執中，執中爲近之。執中無權，猶執一也。所惡執一者，爲其賊道也，舉一而廢百也」。

64：論語爲政「子張問十世，可知也？子曰，殷因於夏禮，所損益，可知也。周因於殷禮，所損益，可知也。其或繼周者，雖百世可知也」。意思是說歷史的演進，是在繼承中必將過時者損去，將新出現的增益。這是進化史觀概括性的說法。但朱子集注引「馬氏曰，所因謂三綱五常；所損益謂文質三統」；根本不了解「馬氏」所說，乃孔子以後約三、四百年才出現的一些觀念。將有意義的話，變成極無意義的話，此乃注釋家以自己主觀去代替古人原意之惡例。

65：從論語泰伯章看，孔子以堯舜爲政治最高的理想人物，一在其由野蠻進入文明（「煥乎其有文章」），一由其天下爲公（：「舜禹之有天下也而不與焉」），一由其對人民全無壓迫（「蕩蕩乎，民無能名焉」）此與「帝力何有於我哉」同義）。

66：王國維太史公年譜。

唐代的黃河與汴河

陳正祥

黃河的中游和下游，是中華民族的發祥地，也是中國古代政治、經濟和文化的核心地帶。中國早期的幾個帝國首都，包括長安（先後共九四九年）、洛陽（八六三年）和開封（三四八年），都座落在黃河的中、下游。從歷史地理圖上，可看出在漢代的黃河中下游流域，不論經濟或文化，都遠比長江流域重要。其後淮河和長江中下游流域迅速開發，全國的經濟和文化中心移向東南，江淮地區的重要性日見增高。

黃河和長江的性質很不相同，從上古以來，黃河下游的河道就遊移不定，南北擺動。它的河口有時在山東丘陵以南，有時在山東丘陵以北，相去甚遠。黃河的中游，流過黃土高原，河床雖大致固定，但河水挾帶大量泥沙。下游則不但河水混濁，而且河道多變，歷代流向很不相同。變動的地區，主限於孟津、天津和淮陰三點之間，也就是華北大平原。明代末年的顧一柔，在其所著的山居贅論裏，就曾說到：「大河之流，自漢至今，遷移變異，不可勝紀。至孟津以西則禹跡具存，以海爲壑則千古不易也。自孟津而東，由北道以趨於海，則澶、滑其必出之途；由南道以趨於海，則曹、單其必經之地。……要以北不出漳、衞，南不出長、淮，中間數百千里，皆其縱橫糜爛之區矣。」清代的陳潢曾沿黃河作過實地調查，直到寧夏平原考察水利，對黃河中上游水土流失的嚴重性有所了解。他在河防述言一書中，便指出：「西北土性鬆浮，湍急之水即隨波而行，於是河水遂黃也。」

華北平原主要由黃河冲積而成，面積達數十萬方公里，西起太行山和伏牛山，東到黃海、渤海和山東丘陵；北起燕山，西南到桐柏山、大別山；東南到江蘇和安徽兩省的北部，和長江下游的平原相接。地勢低平，大部分海拔都不出五十公尺；只有邊緣山前地帶的成列冲積扇，地勢稍高。歷史上許多重要的城市，如開封、商丘、鄭州、安陽、邯鄲、石家莊、保定、北京等，都分佈在此一系列的冲積扇上。這些成列的冲積扇，和中國古代文化的發展有極密切的關係。①

華北平原本來是一個大海灣，山東丘陵是這個海灣中的一羣島嶼。最初，黃河古冲積扇向東發展，把這個海灣分成南北兩部分。同時從山西高原流出的永定河、滹沱河和漳河等許多河流，也分別在出山口形成較小的冲積扇。黃河出山之後，最初可能沿太行山脚向東北流，由於上列較小冲積扇的產生，使得地勢逐漸淤高，迫使黃河改道。當黃河改道向東南流入黃海時，黃河三角洲便迅速向東南伸展，漸次和山東丘陵及較南的淮陽丘陵相連接。於是形成了淮河水系，淮河北岸的支流，皆源出黃河古冲積扇的南側，作東南流向。同時山東丘陵的西側，出現了廣大的湖沼地帶。古代著名的大野澤②，便在這個湖沼地帶的北部，包括日後的梁山泊等。現存的東平湖、南陽湖、獨山湖、昭陽湖及微山湖等，就是此一大湖沼地帶的殘留部分。

當黃河再次改道向東北流入渤海時，黃河三角洲又迅速向東北伸展，與漳河、滹沱河、永定河等冲積扇相連接，形成了海河水系。這樣，黃河冲積扇的脊部就成爲淮河和海河的分水嶺；整個華北平原的地勢以黃河冲積扇的背脊爲分界，向南、向北、向東緩緩傾斜③。向北傾斜到大清河和天津一帶，那裏地勢最低，海河的許多支流都在這一帶窪地滙合，然後通過海河流入渤海，黃河的主流曾在天津附近出口。從黃河冲積扇向南傾斜，到達大別山麓，也形成連串的低窪地；淮河主流及其下游的洪澤湖等，就分佈在此一低窪地帶。後來人們利用此項自然傾斜，比較容易地在黃河古冲積扇上開挖運河，包括著名的汴河。

北宋沈括在其所著的夢溪筆談卷二十四中，便指出華北大平原是由黃河等河流淤積而成：「予奉使河北，遵太行而北，山崖之間，往往銜螺蚌殼及石子如鳥卵者，橫亘石壁如帶。此乃昔之海濱，今東距海已近千里。所謂大陸者，皆濁泥所湮耳。堯殛鯀於羽山，舊說在東海中，今乃在平陸。凡大河、漳水、滹沱、涿水、桑乾之類，悉是濁流。今關陝以西，水行地中，不減百餘尺，其泥歲東流，皆爲大陸之土，此理必然。」清嘉慶九年吳璥的一個奏疏，也曾說過：「黃河挾沙而行，趨向莫測。東坍則西漲，此淺則彼深；水性使然，變遷靡定。」

所以黃河下游河道的擺動性，原是按照自然規律而發展的自然趨勢，很少受人類活動的影響。人爲的決堤，使河流改道，是不正常的現象，爲時皆較短暫。建炎以來繫年要錄卷十八，記建炎二年（一一二八）十一月乙未（十五日）：「東京留守杜充聞有金師，乃決黃河入清河以沮寇，自是河流不復矣。」漢書卷二十九溝洫志：「又秦攻魏，決河灌其都，決處遂大，不可復補。」

黃河出山之後，水流頓見和緩，而黃河流域大部分時間乾旱，這就導致農民引水灌溉。又爲保障生命財產及農作物的安全，很早便開始築堤。荀子王制篇：「修隄梁，通溝澮，行水潦，安水藏，以時決塞，歲雖凶敗水旱，使民有所耕耘，司空之事也。」

黃河下游在春秋時代已出現堤防，鄭國的子產便說過：「大決所犯，傷人必多」（左傳襄公三十一年）。大決就是指堤防決口。後來到戰國時代，黃河堤防的建築比以前更普遍，規模也較大。漢書卷二十九溝洫志：「蓋隄防之作，近起戰國，雍防百川，各以自利，齊與趙魏，以河爲竟。趙魏瀕山，齊地卑下，作隄去河二十五里。河水東抵齊堤，則西泛趙魏；趙魏亦爲隄，去河二十五里。……又內黃界中有澤，方數十里，環之有隄，……。東郡白馬故大隄亦復數重，民皆居其間。從黎陽北盡魏界，故大隄去河遠者數十里，內亦數重，此皆前世所排也。」

漢書中所屢見的金隄，大部分都是黃河的河堤。漢書卷二十九溝洫志：「漢興三十有九年，孝文時河決酸棗，東潰金隄，於是東郡大興卒塞之。」既然築起了堤防，而黃河的河水挾帶着大量泥沙，這會使堤內的河床淤高。早在漢武帝時，關中民謠便有：「涇水一石，其泥數斗；且溉且糞，長我禾黍。」王莽時大司馬張戎，也曾說過：「河水重濁，號爲一石水而六斗泥。」所以漢代的黃河下游在許多地方，河床已經高出地面。哀帝初年的待詔賈讓奏道：「若乃多穿漕渠於冀州地，使民得以溉田，分殺水怒，雖非聖人法，然亦救敗術也。難者將曰：『河水高於平地，歲增隄防，猶尚決溢，不可以開渠。』臣竊按視遮害亭西十八里，至淇水口，乃有金隄，高一丈。自是東，地稍下，隄稍高；至遮害亭，高四五丈。往六七歲，河水大盛，增丈七尺，壞黎陽南郭門，入至隄下，水未踰隄二尺所。從隄上北望，河高出民屋，百姓皆走上山。水留十三日，隄潰，吏民塞之。臣循隄上，行視水勢，南七十餘里，至淇口，水適至隄半，計出地上五尺所。今可從淇口以東爲石隄，多張水門。」

歷代負責的統治者，都很重視整治黃河。史記河渠書說漢武帝親臨瓠子決口：「令羣臣從官自將軍已下，皆負薪寘決河」；康熙東華錄說康熙皇帝巡視黃河：「步行閱視十餘里，泥濘沒膝。」北宋王安石執政時，特別成立了專管治理黃河的中央機構「疏浚黃河司」。

中國歷史上最早有記錄的黃河改道，發生在東周定王時代④。當時黃河在滎澤北岸衝開一條新道，折向東北流，也就是回到了所謂「禹河隨西山下東北去」的故道，流到天津附近出海。水經注卷五：「周定王五年河徙故瀆。」便指此而言。漢武帝元光三年（公元前一三二年），黃河雖曾在頓丘決口改道，但河道的改變不多。此後直到王莽始建國三年（公元十一年），才又改道東流，在現在的黃河口附近注入渤海。漢書卷九九王莽傳：「莽恐河決爲元城冢墓害，及決東去，元城不憂水，故遂不隄塞。」

北宋仁宗慶曆八年（一〇四八），黃河在商胡埽決口，又改向北流⑤。其前一千多年，包括唐代，黃河皆由山東入海。但河道的局部改變，仍所不免。山東省北部、河北省南部、河南省東部，古河道縱橫，分佈的情形特別複雜。河北省的黑龍港地區，是黃河、漳河、滹沱河等河流長期多次決口、改道、泛濫冲積而成的平原，存在着縱橫交錯的古河道。僅地表有明顯痕跡可辨的古河道就有近三百條，其中較大的有二十五條。當地人民稱之爲水綫或水溜子，是採取淺層淡水的源泉，可用於農田灌漑。據河北省地理研究所的調查研究，這個地區古河道的面積，合計達一萬二千方公里；在五十至六十公尺深度內，砂層累計厚度爲十至三十公尺。棗强縣東部西漢時代的黃河古道，當時稱爲張甲河的，已經埋藏地下十至二十公尺。

金世宗大定二十年（一一八〇），黃河改道向東南流，經過徐州、淮陰，到江蘇省北部入海，劫奪了淮河的下游，成爲南宋和金的界河，也是有史以來黃河最偏南的河道⑥。淮繫年表水道編：「金大定二十年……河決衛州延津，漲漫至於歸德府，……大河遂由今商丘縣東出徐、邳，合泗入淮，濬、滑流空。」此一流向，保持了約六百七十五年。直到咸豐五年（一八五五），黃河在蘭陽銅瓦廂決口，才又回到山東省注入渤海。

從西漢末年到唐代末年，前後九百年間，是黃河比較安定的時期。唐代的黃河，係經山東流入渤海，下游流向和今天的黃河相似，但在今河道以北。（參閱附圖）經作者的考證，唐代黃河共流過鄭州、懷州、滑州、衛州、相州、濮州、澶州、魏州、博州、濟州、齊州、德州、棣州、淄州等十四州，以及滎澤、獲嘉、原武、陽武、酸棗、胙城、新鄉、汲縣、靈昌、白馬、臨河、濮陽、清豐、頓邱、觀城、臨黃、鄄城、范縣、朝城、莘縣、武水、陽穀、聊城、平陰、盧縣、長清、高唐、禹城、平原、安德、臨邑、滴河、臨濟、鄒平、厭次、陽信、蒲台、渤海等三十八個縣。

在新唐書卷一到卷十的本紀裏，只有十二次提到「河溢」或「河決」，而且都很簡畧。例如代宗大曆十二年（七七七）的：「是秋，河溢」。僅太宗貞觀十一年（六三七）的第一條記錄寫得比較詳細：「九月丁亥，河溢，壞陝州河北縣，毀河陽中潬，幸白司馬坂觀之，賜瀕河遭水家粟帛。」全部十二次出事地點，三次在河陽，三次在棣州；另三次沒有指明地點，三次沒有指明發生的月日。例如文宗大和二年（八二八）的最後一條記錄是：「是夏，河溢，壞棣州城。」此外憲宗元和七年（八一二）的「正月癸酉，振武河溢，毀東受降城。」如記載沒有錯誤，應是河道受冰凌壅塞而引起的水災。

唐以後黃河改道和泛濫的頻率增大，這和自然植被的破壞，水利工事的失修以及沿岸湖泊支流的淤塞有關。據水經注記載，黃河中游各大支流原有不少湖泊，汾、沁各有五六個；渭、洛各有十多個。下游從鴻溝故汴(河)以東，泗水、濟水以西，長江、淮河以北，黃河以南，共有較大的湖泊一百四十個。但現在這些湖泊絕大多數不見了。

由於近世黃河災難的嚴重，沖淡了古代黃河的經濟價值。黃河沖積扇順坡而下的大量河川，水源多直接或間接來自黃河；黃河的灌溉和航運之利，被分散而顯得式微。其實在漢唐時代，黃河頗有航行價值。漢武帝初年，在番係任河東太守之前，黃河的漕運每年約達一百多萬石。史記卷二九河渠書：「其後河東守番係言：漕從山東西，歲百餘萬石；更砥柱之限，敗亡甚多，而亦煩費。」到武帝中期，在元鼎四年(公元前一一三年)，漕運數量已增加到四百萬石；元封時(公元前一一〇—一〇五年)最多每年曾達六百萬石。史記卷三〇平準書：「山東漕歲益六百萬石。」其後到宣帝時(公元前七三—四九年)，仍維持每年約四百萬石。漢書卷二四上食貨志：「五鳳中(公元前五七—五四年)，奏言：故事，歲漕關東穀四百萬斛，以給京師。」

當時的漕運，把黃河幹流及其兩側的人工運河連繫起來。黃河幹流改向北流，就用人工改造遺留下來的古河道作爲運河使用，例如古汴河；黃河幹流改回東流，遺下的河道也同樣被改造利用，例如永濟渠。接濟首都的關東糧食，大都由黃河溯流而上，再轉入渭河或渭河以南的運河，送到京城。唐代黃河的漕運也相類似。當時黃河可行較大的船，每天走三十里。唐會要八七漕運：「水行之程，舟之重者，泝河日三十里。」

新唐書五三食貨志：「初，江淮漕租米至東都輸含嘉倉，以車或馱陸運至陝。而水行來遠，多風波覆溺之患，其失嘗十七八，故其率一斛得八斗爲成勞。而陸運至陝，纔三百里，率兩斛計傭錢千。民送租者，皆有水陸之直，而河有三門底柱之險。顯慶元年(六五六)，苑西監褚朗議鑿三門山爲梁，可通陸運。乃發卒六千鑿之，功不成。其後，將作大匠楊務廉又鑿爲棧，以輓漕舟……開元十八年（七三〇），宣州刺史裴耀卿朝集京師，玄宗訪以漕事，耀卿條上便宜曰：『江南戶口多，而無征防之役。然送租、庸、調物，以歲二月至揚州入斗門，四月已後，始渡淮入汴，常苦水淺，六七月乃至河口，而河水方漲，須八九月水落始得上河入洛，而漕路多梗，船檣阻隘。江南之人，不習河事，轉雇河師水手，重爲勞費。其得行日少，阻滯日多。今漢、隋漕路，瀕河倉廩，遺迹可尋。可於河口置武牢倉，鞏縣置洛口倉，使江南之舟不入黃河，黃河之舟不入洛口。而河陽、柏崖、太原、永豐、渭南諸倉，節級轉運，水通則舟行，水淺則寓于倉以待，則舟無停留，而物不耗失，此甚利也。』玄宗初不省。二十一年（七三三），耀卿爲京兆尹，京師雨水，穀踊貴，玄宗將幸東都，復問耀卿漕事，耀卿因請『罷陝陸運，而置倉河口，使江南漕舟至河口者，輸粟于倉而去，縣官雇舟以分入河洛。置倉三門東西，漕舟輸其東倉，而陸運以輸西倉，復以舟漕，以避三門之水險。』玄宗以爲然。乃於河陰置河陰倉，河淸置柏崖倉，三門東置集津倉，西置鹽倉，鑿山十八里以陸運。」⑦

這說明唐代黃河的漕運問題，主要在三門峽上下的如何聯繫。同書：「（開元）二十九年（七四一），陝郡太守李齊物鑿砥柱爲門以通漕，開其山巓輓路，燒石沃醯而鑿之。然棄石入河，激水益湍怒，舟不能入新門，候其水漲，以人輓舟而上。……齊物入爲鴻臚卿，以長安令韋堅代之，兼水陸運使。堅治漢、隋運渠，起關門，抵長安，通山東租賦……是歲，漕山東粟四百萬石。」⑧

汴河分自黃河，是利用黃河冲積扇東南側的天然河道整治而成，工程簡易。既可引河水灌溉農田，又可分殺黃河洪水期的水勢⑨。汴河的前身，原爲黃河的分支，根本不必築引水口。可能早在先秦時代，就被利用於運送物資。但如果要保持終年航行，並且能有較大的運輸量，就得加以人工改造，包括安置水閘等。經過人工改造的河道，在多數場合被稱爲渠。較老的古汴河，向東一直流到徐州，西漢時稱爲鴻溝或狼湯渠⑩，亦作浪蕩水、莨宕渠、蒗蕩渠；東漢時稱爲汴渠。三國時的曹操，東晉的劉裕，皆曾利用汴渠運兵征討。直到隋代初年，古汴河還在使用。

因爲黃河和汴河關係的密切，後漢王景整治黃河，就連同汴河一起治理。後漢書列傳六十六王景傳：「平帝時河汴決壞，未及得修。……永平十二年（六九），議修汴渠，乃引見景，問以理水形便，景陳其利害，應對敏給，帝善之。……景乃商度地勢，鑿山阜，破砥績，直截溝澗，防遏衝要，疏決壅積，十里立一水門，令相洄注，無復潰漏之患。……明年夏，渠成。」明帝紀：「自汴渠決敗，六十餘歲，……今旣築隄理渠，絕水立門，河汴分流，復其舊跡。」

古汴河與水經注的汳水同流。胡渭禹貢錐指四二：「汳水，漢志作卞水，說文作汳，後人惡反字，因改爲汴。」蕭縣志卷四山川古跡考：「汴，左傳作邲，班志作卞，水經作汳，今通作汴。」銅山縣志十三山川考：「汴河，自蕭縣入境，至城北合故泗，古名獲水。」水經注疏：「水經之汳，後漢書明帝紀作汴。蓋後人避反字，變從卞，而至今相沿不改矣。」

古汴河的河道，直向東流，經過陳留、雍邱、襄邑、寧陵、考城、宋城、宋邱、虞城、碭山、蕭縣，到徐州東北滙入泗水。（參閱附圖）後來逐漸淤塞，運輸能力跟不上需要。隋煬帝在大業元年（六〇五），另外開挖了一條新河道，稱爲通濟渠。這就是唐代汴河的前身，新舊汴河的分义點在開封的西南。汴河一方面引用黃河水，另一方面因橫截黃河沖積扇南側許多較小的河流，包括睢水、渙水、蘄水、潼水等，也取得部分水源，並局部地利用了此等小河的河道，與之同流⑪，所以只化一百七十多天功夫便開成八百多里的汴河。

唐代的汴河，過開封後折向東南流，流程較古汴河為短。太平寰宇記卷一開封縣：「通濟渠在縣南二里，隋大業元年，以汴水迂曲，回復稍難，自大梁城西南鑿渠，引汴水入，號通濟渠。」隋書卷三煬帝紀：「大業元年三月辛亥，發河南諸郡男女百餘萬，開通濟渠，……自板渚引河，通於淮。」此後約五百年間，這條運河曾成為中國南北交通的最大動脈。

當時汴河的渠首（引水口）在板渚，位於今日汜水縣東北三十五里，在原河陰縣以西二十里的汴口堰⑫，簡稱汴口；亦作梁公堰或汴梁口。元和郡縣志卷五河南府河陰縣：「本漢滎陽縣地，開元二十二年（七三四），計地當汴河口，分汜水、滎澤、武陟三縣地，於輸場東置，以便漕運。」讀史方輿紀要卷四七開封府鄭州河陰縣：「在州西北五十里，西南至滎陽縣三十里。」從汴口到開封的一段，係利用古汴河的河道。

從附圖中，可知唐代的汴河流過河陰、滎澤、管城、原武、陽武、中牟、浚儀、開封、陳留、雍邱、襄邑、寧陵、宋城、穀熟、下邑、酇縣、永城、臨渙、符離、蘄縣、虹縣、南重岡城、吳城、徐城、臨淮、盱眙等地，到故泗州西北五十里的臨淮頭滙入淮水。

通鑑一八〇隋紀四：「大業元年，……又發淮南民十餘萬開邗溝，自山陽（淮安縣南一里）至揚子（儀徵東南十五里）入江。」這說明汴河（通濟渠）和山陽瀆（邗溝），已重新把黃河、淮河和長江溝通起來。唐李翺來南錄：「元和四年（八〇九），正月庚子（廿三日），出洛，下河，止汴梁口，遂泛汴流，通河於淮。辛丑（廿四日），及河陰。乙巳（廿八日），次汴州。……二月丁未（初一）朔，宿陳留。戊申（初二），宿雍丘，己酉（初三），次宋州，……壬子（初六），至永城。……丙辰（初十），次泗州，見刺史，假舟轉淮，上河如揚州。庚申（十四日），下汴渠入淮，風帆及盱眙，……壬戌（十六日），至楚州。丁卯（廿一日），至揚州。」從汴河口走到揚州，頭尾共計二十八天。

此外，隋煬帝在大業四年（六〇八），又利用黃河沖積扇東北側的舊河道，開挖了直通涿郡（今北京附近）的永濟渠。於是連接汴河、山陽瀆和江南河⑬，可從北京一直通到杭州。隋書卷三煬帝紀：「大業四年，春正月，乙己，詔發河北諸郡男女百餘萬，開永濟渠，引沁水南達於河，北通涿郡。」隋煬帝開永濟渠的目的，主要是準備征伐高麗。永濟渠開成後，煬帝在大業七年二月乙亥（陽曆四月七日）從江都（揚州）坐龍船一路遊到涿郡。接着在大業八、九、十年，連續三次大舉征伐高麗。

汴河開通之後，古汴河繼續存在，直到北宋中葉尙被使用。東坡全集徐州上皇帝書，曾經提到：「汴、泗滙於徐州東北。」欒城集卷七初發彭城有感寄子瞻：「秋晴卷流潦，古汴日向乾：扁舟久不解，畏此行路難。……」都可證明古汴河下游到北宋元祐（一〇八六—一〇九四）還能局部通航。只因路程比較迂遠，官船早已不再行走了。宋史卷九三河渠志汴河上：「秦漢故道，以官漕久不由此，故填塞不通。」

汴河因受坡度的限制，必須逐段用牐。因此河水深度不大，不能行走較大船隻。主要是藉河水浮力，用平底船把江淮的餘糧運濟西北的政治中樞。北宋張擇端所繪的清明上河圖中，可看到二三十艘這種矮而寬的漕運船隻。舊唐書一九〇齊瀚傳：「淮汴水運路，自虹縣至臨淮一百五十里，水流迅急。」關於汴河的深度，唐代雖找不到記載；但宋代汴口的調節量，則以「水深六尺，通行重載」爲準。宋史卷九三河渠志汴河上：「大中祥符八年（一〇一五）八月，太常少卿馬元方請浚汴河中流，濶五丈，深五尺，可省修堤之費。即詔遣使計度修浚。」可見汴河原不甚深濶。

汴河承受黃河的濁水，所以也很容易淤塞，必須時常疏浚。唐代一般是每年疏浚一次，北宋初年也是如此。但祥符中葉後改爲三年一浚，久之制度鬆弛，終於湮澱而高出堤外平地一丈多。沈括夢溪筆談卷二十五：「國朝汴渠，發京畿輔郡三十餘縣夫歲一浚。祥符中，閤門祇侯使臣謝德權領治京畿溝洫，權借浚汴夫，自爾後三歲一浚，始令京畿民官皆兼溝洫河道，以爲常職。久之，治溝洫之工漸弛，邑官徒帶空名，而汴渠有二十年不浚，歲歲湮澱。……自汴流湮澱，京城東水門下至雍丘、襄邑，河底皆高出堤外平地一丈二尺餘；自汴堤下瞰民居，如在深谷。」南宋樓鑰的北行日錄：「自離泗州，循汴而行；至此河益堙塞，幾與岸平；車馬皆由其中，亦有作屋其上。」

根據新、舊唐書韋堅傳及食貨志等的記載，唐代初年貞觀、永徽年間（六二七—六五五），汴河每年的轉運量不過二十萬石。但到了開元、天寶年間（七一三—七五五），已增加很多，每年都超過一百萬石⑭。玄宗時裴耀卿改用分段運輸的辦法，汴河的運輸量曾達到「三年運七百萬石」的記錄，也就是平均每年二三〇萬石。通典卷十漕運：「天寶中，每歲水陸運米二百五十萬石入關。」新唐書五三食貨志：「開元初，河南尹李傑爲水陸運使，運米歲二百五十萬石。」到韋堅時，進一步改革；並將關中運道，由華陰永豐倉到首都長安的一段，也改爲水運——疏浚隋代的廣通渠而成⑮，因此曾創下天寶三年（七四四）運糧四百萬石的最高記錄。

汴河的漕運刺激了江淮的經濟開發，人口大量增加，而江淮的開發又助長了汴河的運輸。試利用隋書地理志江南七郡和新唐書地理志江南九州的戶口比較，前者七郡（丹陽、宣城、毗陵、吳、會稽、餘杭、新安）共計爲一二一，六九五戶；後者九州（潤州、昇州、常州、蘇州、湖州、杭州、越州、宣州、歙州）共計爲七六四，四〇五戶；先後一百五十年間，戶數增加達六倍以上。隋書地理志無口數，根據新舊唐書的記載，唐代中葉江南九州的人口已約達五二〇萬。

經濟的繁榮使汴河與山陽瀆沿岸興起了大城市，包括揚州和楚州；揚州在山陽瀆的南端，楚州在山陽瀆的北端。宋史卷九三河渠志：「唯汴水橫亘中國，首承大河，漕引江湖，利盡南海，半天下之財賦，並山澤之百貨，悉由此路而進。」⑯

汴河水量的增減，直接受黃河流量的影響。夏秋水量最大，有時會泛濫；春冬水量較少，可能妨礙航行，故常利用枯水期進行疏浚。宋史卷九三、九四河渠志，有較多關於汴河漲潰和淺涸的記載，共計漲潰十三次，淺涸四次。「太宗太平興國二年（九七七）七月，汴水溢壞開封大寧堤，浸民田，害稼。同四年（九七九）八月，又決於宋城縣，以本州諸縣人夫三千五百人塞之。眞宗景德三年（一〇〇六）六月，京城汴水暴漲。大中祥符二年（一〇〇九）八月，汴水漲溢，自京至鄭州浸道路。神宗熙寧八年（一〇七五）七月，汴水大漲，至深一丈二尺，於是復請權閉汴口。徽宗宣和元年（一一一九）五月，都城無故大水，浸城外官寺民居，遂破汴堤。神宗天聖三年（一〇二五），汴流淺，特遣使疏（黃）河注（汴）口。嘉祐六年（一〇六一），汴水淺澀，常稽運漕」。

舊唐書四九食貨志，另有一段記載，頗足以說明汴河水量的季節變化：「開元十八年（七二八），宣州刺史裴耀卿上便宜事條曰……『每州所送租及庸調等，本州正、二月上道，至揚州入斗門，即逢水淺，已有阻礙，須留一月已上。至四月已後，始渡淮入汴，多屬汴河乾淺，又搬運停留至六七月，始至河口；即逢黃河水漲，不得入河，又須停一兩月；待河水小，始得上河入洛。』

修浚汴河，必選擇枯水期進行。因此時汴河水淺，甚至乾涸，便於興工。舊唐書四九食貨志下：「開元十五年（七二七）正月，令將作大將范安及……發河南府、懷、鄭、汴、滑三萬人疏決（梁公堰），兼舊（汴）河口，旬日而畢。」「廣德二年（七六四）正月，……（劉）晏以檢校戶部尚書爲河南及江淮已來轉運使，及與河南副元帥計會，開決汴河。」同書一二三劉晏傳：「河汴有初不修則毀澱，故每年正月，發近縣丁男塞長茭，決沮淤。清明桃花已後，遠水自然安流。」宋史卷九三河渠志汴河上：「太平興國三年五月，發軍士千人復汴口。」

安史亂後，汴河有頗長時期的阻塞。代宗時代的劉晏，曾努力使汴河恢復。通鑑二二三唐紀三九代宗廣德二年（七六四）：「自喪亂以來，汴水湮廢，……晏乃疏浚汴水。」這就是前引舊唐書食貨志劉晏開決汴河的事。從安史之亂使汴河淤塞，到劉晏修復，前後約有十八年之久。劉晏明白汴河和長江水文的不同，把東南的漕運以揚州爲中心劃分爲兩部分。由江南各地運來的物資，到達揚州後便可卸下，另行轉船循汴河運到河陰。所謂「江船不入汴，汴船不入河」，便指此而言。但此時唐皇朝的威勢已走下坡，經濟衰退，汴河每年最大的運輸量不過一百一十萬石，最少只有五十萬石，遠不及開元天寶盛世了。

到了唐代末年，江淮地區受到藩鎮割據，汴河又不能通航了。昭宗乾寧四年（八九七），因受戰爭的破壞，汴河下游在埇橋東南潰決，使附近淪爲沼澤，完全失掉漕運的機能⑰，後來到五代周顯德五年（九五八）才又修復⑱。由此可見汴河的漕運，實和唐代的國運息息相關。

附註：

①陳正祥：長江與黃河，香港中文大學地理研究中心研究報告第四十三號，一九七一。

②元和郡縣志卷十鉅野縣：「大野澤一名鉅野，在縣東五里；南北三百里，東西百餘里。爾雅十藪，魯有大野，西狩獲麟於此澤。」後來由於黃河的淤積，逐漸縮小。漢書卷二九溝洫志第九：「其後三十六歲，孝武元光中，河決于瓠子，東南注鉅野，通於淮、泗。」讀史方輿紀要兗州府濟寧州鉅野：「鉅野澤，縣東五里，……自隋以後，濟流枯竭，鉅野漸微。元末，爲河所決；河徙後，遂涸爲平陸。」

③此項坡度，在現代一百萬分一地形圖上測量，平均約爲五千到六千分之一。鄭州北邊的黃河，河岸海拔爲八四公尺。從此向東北到河北省武強縣南的滏陽河邊，二地相距三九三公里，海拔下降爲十九公尺，平均每公里下降〇・一六五公尺；坡度爲六〇四六分之一。向東到山東省齊河縣黃河邊，相距三四四公里，海拔下降爲二八公尺，平均每公里下降〇・一六三公尺；坡度爲六一四三分之一。向東南到江蘇省豐縣南黃河古道附近，相距二六〇公里，海拔下降爲三四公尺，平均每公里下降〇・一九二公尺；坡度爲五二〇〇分之一。沈括夢溪筆談卷二十五雜記：「熙寧中，議改疏洛水入汴。予嘗因出使，按行汴渠，自京師上善門量至泗州淮口，凡八百四十里一百三十步。地勢，京師之地比泗州凡高十九丈四尺八寸六分。於京城東數里白渠中穿井，至三丈方見舊底。」根據沈括的記錄，則每里平均下降二寸三分，坡度爲六四七〇分之一。古今數字甚相近似。

④據歷史學家考證，東周有兩個定王，前定王五年爲公元前六〇二年；後定王（貞定王）五年則爲公元前四六三年。

⑤宋史九三河渠志三，大觀二年吳玠奏稱：「自元豐間小吳口決，北流入御河（隋煬帝所開永濟渠），下合西山諸水，至清

州獨流砦三叉口入海。」據禹貢錐指四〇，獨流口在靜海縣北二十里，劈地口在縣東北，又東爲三叉口，蓋即天津衛東北之三岔河。見岑仲勉「黃河變遷史」，中華書局出版。

⑥這次改道拖延的時間頗長，最早一次在陽武的決口發生於大定六年（一一六六），但大定二十年在衛州延津的決口，經曹、單直下徐、邳，才起決定性的作用。其實在此以前五十多年，也就是南宋建炎二年（一一二八），杜充爲了阻擋金兵，曾決黃河，使之經過泗水入淮。淮河北側支流的源頭都接近黃河，黃河決口很容易漫入這些支流。明代初年黃河下游的水道，不斷地由淮河北岸支流輪換。洪武初年承賈魯河故道，到清河縣東北和淮河會合；二十四年忽改行潁水，到壽州正陽鎮會淮；永樂十四年又改走渦水，到懷遠會淮。

⑦三門峽的阻碍漕運，又可從如下的一段記載得到證明。新唐書卷五十三食貨志：「是時，汴宋節度使春夏遣官監汴水，察盜灌溉者。歲漕經底柱，覆者幾半。河中有山號米堆。運舟入三門，雇平陸人爲門匠，執標指麾，一舟百日乃能上。諺曰：古無門匠墓。謂皆溺死也。」

⑧新唐書卷五十三食貨志：「唐都長安，而關中號稱沃野，然其土地狹，所出不足以給京師，備水旱，故常轉漕東南之粟。」「及田悅、李惟岳、李納、梁崇義拒命，舉天下兵討之，諸軍仰給京師。而李納、田悅兵守渦口，梁崇義搤襄、鄧，南北漕引皆絕，京師大恐。」「貞元初，關輔宿兵，米斗千錢，太倉供天子六宮之膳不及十日，禁中不能醞酒，以飛龍駝負永豐倉米給禁軍，陸運牛死殆盡。」

⑨漢書卷二九溝洫志，曾指出在賈讓以前，成帝初清河郡的都尉馮逡，便提到了分水治河的辦法：「屯氏河不流行七十餘年，新絕未久，其處易浚。又其口所居高，於以分殺水力，道里便宜，可復浚以助大河泄暴水，備非常。」

⑩漢書卷二九溝洫志：「自是之後，滎陽下引河東南爲鴻溝，以通宋、鄭、陳、蔡、曹、衛，與濟、汝、淮、泗會。」

⑪例如從陳留東南到宋城一段和睢水同流，長約二一五里；從穀熟到臨渙一段和渙水同流，長約二〇五里；從臨渙縣東南到蘄縣北界一段，和蘄水同流；最後在虹縣以西一段，則又和潼水同流。

⑫河陰縣在清乾隆三十年（一七六五）併入了滎澤縣。

⑬通鑑一八一隋紀五：「大業六年十二月，敕穿江南河，自京口至餘杭，八百餘里。」這條江南河，大致利用了梁昭明太子中大通二年（五三〇）上疏所開的漕溝渠故道。

⑭舊唐書四九食貨志（裴）耀卿奏稿：「昔貞觀、永徽之際，每歲轉運不過二十萬石。」新唐書五三食貨志：「歲轉粟百一十萬石，無升斗溺者。」

⑮關於開鑿接通長安和黃河的廣通渠，隋書卷一文帝紀記載：「開皇四年（五八四）六月，開渠自渭達河，以通運漕。……九月……幸覇水觀漕渠，賜督役者帛各有差。……駕幸洛陽，關中饑也。」又隋書卷二四食貨志：「開皇四年，命宇文愷率水工鑿渠，引渭水，自大興城東至潼關，三百餘里，名曰廣通渠，漕運通利，關內賴之。」隋文帝開國之初，基於經濟、軍事上的需要，很重視漕運，曾於黃河沿岸建了四個米倉，並開浚了廣通渠和山陽瀆。隋書二四食貨志：「開皇三年（五八三），朝廷以京師倉廩尚虛，議爲水旱之備，于是詔於蒲、陝、虢、熊、河、洛、鄭、懷、邵、衛、汴、許、汝等水次十三州，募運米丁。又於衛州置黎陽倉，洛州置河陽倉，陝州置常平倉，華州置廣通倉，轉相灌注，漕關東及汾、晉之粟以給京師。」

⑯鄒逸麟「從含嘉倉的發掘談隋唐時代的漕運和糧倉」一文，載文物一九七四年第二期，曾說到：「據在敦煌發現的唐代水部式殘卷記載，桂、廣二府和嶺南諸州租庸調都先運至揚州。可知當時規定整個長江流域連同珠江流域的租米都先集中到揚州。

⑰通鑑二九二顯德二年（九五五）十一月乙未條：「汴水自唐末潰决，自埇橋（宿縣北二十里）東南，悉爲汚澤。」宋史二五二武行德傳：「先是唐末楊氏（楊行密）據淮甸，自埇橋東南决汴，匯爲汚澤。」

⑱通鑑二九四後周紀：「世宗顯德五年三月，浚汴口，導河流，達於淮，於是江淮舟檝始通。」

（本文係試作性質，多承友好歸田教授的鼓勵。所附地圖的繪製，有賴地理研究中心同人楊遠和杜士流兩位先生的協力合作，特致謝意。）

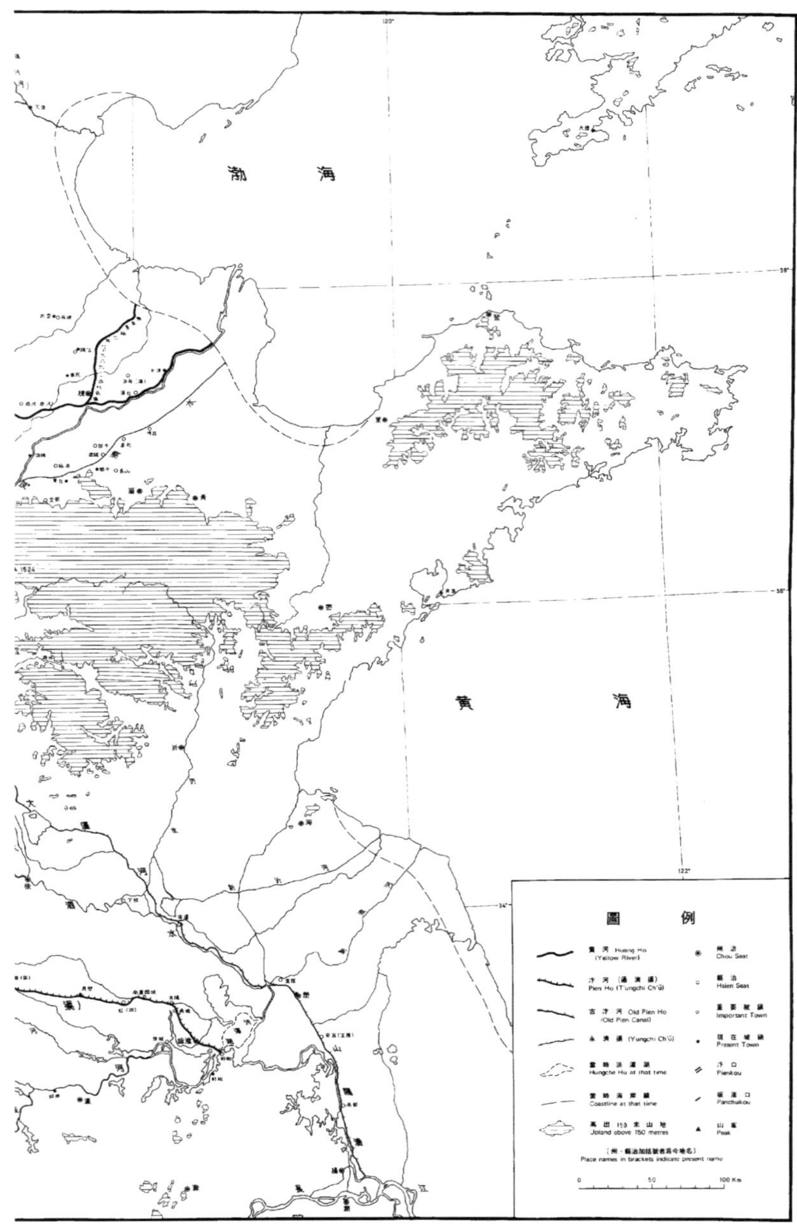

120°
渤
海
38°
36°
黃
海
122°
34°
圖例
黃河 Huang Ho (Yellow River)
汴河（通濟渠） Pien Ho (T'ungchi Ch'ü)
古汴河 Old Pien Ho (Old Pien Canal)
永濟渠 (Yungchi Ch'ü)
當時洪澤湖 Hungche Hu at that time
當時海岸線 Coastline at that time
高出150米山地 Upland above 150 metres
州治 Chou Seat
縣治 Hsien Seat
重要城鎮 Important Town
現在城鎮 Present Town
汴口 Pienkou
板渚口 Panchukou
山峯 Peak
（州、縣治加括號者爲今地名）
Place names in brackets indicate present name
0
50
100 Km

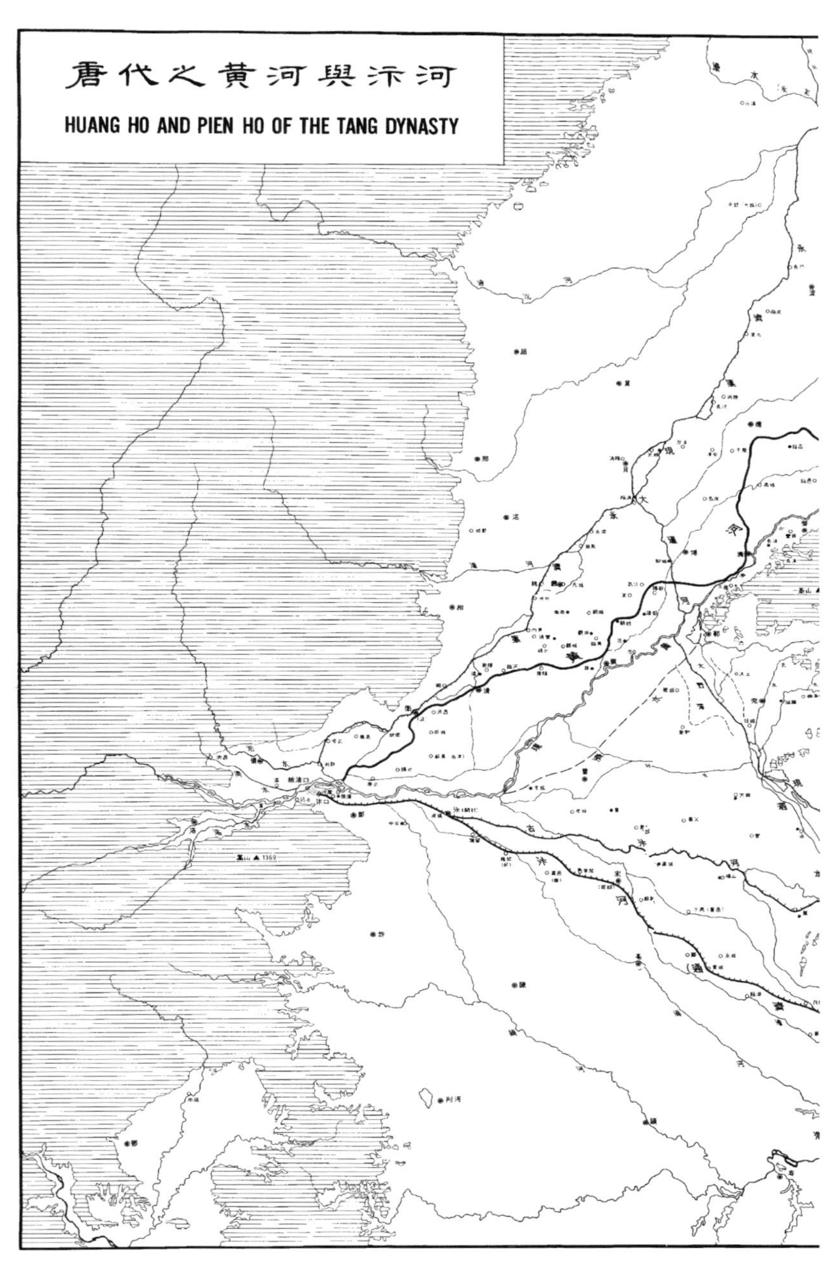

編按：原圖修復放大見圖錄冊，圖版十六

戴震與清代考證學風

余英時

一、「博雅」與「成家」

在「章學誠的六經皆史說與朱陸異同論」中①，我曾指出，章實齋撰「朱陸」與「浙東學術」兩文，其主旨即在說明：他和戴東原在學術上的分歧乃南宋時朱、陸對峙的重現。而朱、陸之所以為千古不可合之異同，在實齋看來，則是源於學人的性情有「沈潛」與「高明」的殊致。本乎性情以劃分朱、陸，此義為從來論朱陸異同者所未及。但實齋的性情論仍在儒家一貫之道的籠罩之下，所以他心目中的朱學是「求一貫於多學而識，寓約禮於博文」。多識而不求一貫，或博而不約，則均不足以言學問。根據此一分類的標準，實齋與東原恰好可以分別代表「高明」和「沈潛」之兩型：實齋是「由大畧而切求」；東原則是「循度數而徐達」。

實齋的朱陸異同論，如果祇應用在他和東原兩個人的身上，自是極為貼切。惟若推而廣之，遍及於乾嘉時代之學人，則其中不免有扞格難通之處。實齋屢說時人之學以「補苴襞績」見長，故只能識東原之名物考訂，而不識其義理。所以「書朱陸篇後」說：

凡戴君所學，深通訓詁，究於名物、制度，而得其所以然，將以明道也。時人方貴博雅考訂，見其訓詁名物有合時好，以謂戴之絕詣在此。及戴著論性，原善諸篇，於天人理氣，實有發前人所未發者，時人則謂空說義理，可以無作，是固不知戴學者矣②！

而「與史餘村」則云：

近三四十年，學者風氣，淺者勤學而闇於識，深者成家而不通方，皆深痼之病，不可救藥者也。有如戴東原氏，非古今無其偶者，而乾隆年間未嘗有其學識。是以三四十年中人，皆視以爲光怪陸離，而莫能名其爲何等學；譽者既非其眞，毀者亦失其實，强作解事而中斷之者，亦未有以定其是也。僕爲邵先生言：「戴氏學識雖未通方，而成家實出諸人之上，所可惜者，心術不正，學者要須愼別擇爾。」邵先生深以僕爲知言③。

但合此兩段評論文字觀之，其間又有甚可異者。第一段說「時人方貴雅博考訂」，因此僅能欣賞東原的訓詁名物，而「博雅」則是實齋所謂清代「浙西之學」的特徵。這就等於說，東原之學並非「博雅」所能盡，唯有當時一般的考證學者如錢大昕之流纔可以歸入「博雅」一類。第二段中有「淺者勤學而闇於識，深者成家而不通方」之語。前者亦指一般的考證學者，後者主要即指東原，故下文又說東原「成家實出諸人之上」④。此處最値得注意的是「成家」之說。我在「章學誠的六經皆史說與朱陸異同論」中已經證明，「成一家之言」即相當於實齋所謂「浙東貴專家」的「專家」，這與浙西的「博雅」恰是相對的。這樣一來，東原之學便轉而近於浙東而遠於浙西了。不但如此，實齋在「答邵二雲書」中曾說：

求能深識古人大體，進窺天地之純，惟戴氏可與幾此。⑤

但是他在「又與朱少白」書中，言及文史通義中「言公」、「說林」諸篇時竟也說：

學者……得吾說而通之，或有以……由坦易以進窺天地之純，古人之大體也。⑥

則實齋所自懸之最高學問鵠的亦與東原全相一致也。可見實齋於不經意時常引東原爲同調，而轉視東原與其他博雅的考證學家爲異類。這與他辨朱陸異同時的正面議論顯然大有出入。這些地方其實洩露了實齋內心的一大隱秘：儘管他在明處一直與東原爭衡，至以當代的陸象山自居，但在潛意識中他始終沒有擺脫掉東原的糾纏，以致言思之間時時似有一東原的影子在暗中作祟。這一點非本篇主旨所在，姑不置論。現在我們要根據實齋認同於東原這一有趣的綫索來澈底地對東原的學術性格加以分析。祇有在把握到東原的學術性格之後，我們纔能眞正瞭解這位經學考證的大師與當時考證學風之間的錯綜複雜的關係。

二、「狐狸」與「刺蝟」

英人柏林（Isaiah Berlin）之所以在思想史上分辨出「狐狸」和「刺蝟」兩型，主要是爲了分析托爾斯泰的性格。柏林提出了一個很有趣的說法：即托翁在性格上本屬於「狐狸」一型，但他本人却誤信自己是一個「刺蝟」。何以說托翁的本性是「狐狸」呢？因爲他最擅長的才能是對於個別人物的內心生活、體驗、關係等等方面的入微分析和細膩描寫。事實上讀者最崇拜和喜愛的也正是這些地方。這一點托翁也有自知之明。所以他在撰寫「戰爭與和平」時，曾寫信給友人說：讀者最欣賞於此書者將是其中一些社會和個人生活的實況，人物的有趣對話以及古怪的癖性等等。但是托翁自己卻並不特別看重他在這一方面的成就。在他看來，這一切都祇是人生中的微小「花朶」（flowers），而不是「根本」（roots）。而他寫「戰爭與和平」，最要緊的是要在發現最高的眞理，特別是人類歷史的本質。他企圖通過歷史去掌握一切人世流變的最後之因。「戰爭與和平」一書中充滿了歷史和哲學的議論，其故端在於是。托翁對自己在歷史哲學方面的見解極具信心，他非常嚴肅地要在千變萬化的歷史現象中求得一個「一貫之道」。從這裏可以看出，他的確深信自己所背負的是「刺蝟」的任務。他之所以以「刺蝟」自居也有其特殊的時代背景。托翁生在黑格爾哲學如日中天的十九世紀的歐洲，向歷史上尋求決定人類生活的最後法則是當時一種相當普遍的風氣。托翁雖未接受黑格爾本人的哲學系統，但受黑格爾思潮的影响則至爲明顯。他相信人類生活亦如自然界一樣，是受一種「自然法則」支配的。就此點言，他和馬克斯都是同一思想風氣下的產物。

但當時以及後世的文學與歷史評論家對「戰爭與和平」的評價與托翁本人截然相反：他們所看重的正是托翁所輕視的「花朶」，而他們所最不取者則恰是托翁所自負的「本根」。柏林因此以「戰爭與和平」爲中心，對托翁的著作作了全面的檢查，終於得到了托翁的本性是「狐狸」而誤信自己爲「刺蝟」的結論。「戰爭與和平」這部書便是作者的「狐狸」的本性和他的「刺蝟」的信仰兩者强烈衝突之下的作品。⑦

柏林關於托翁的分析對於我們瞭解戴東原的學術性格有很大的啓示作用。章實齋屢說並世通人皆不識東原爲何等學，又歷舉東原筆舌分用之例而致疑於其人之心術不正。實齋「心術」之說自是取自傳統的道德觀點，其是非今姑置不論。但實齋於東原之學確知之甚深，其所指出的東原的內在矛盾決不全屬子虛。我們不妨借用柏林的分類對東原其人其學重新加以研究。

東原一方面以考證爲當世所共推，另一方面則以義理獨見賞於章實齋。一身而兼擅考證與義理，在乾嘉學術史上爲僅有之例。考證必尙博雅與分析，這種工作比較合乎「狐狸」的性情，義理則重一貫與綜合，其事爲「刺蝟」所深好。世界上原少純「狐狸」或純「刺蝟」，因此一個人在某種程度上兼做這兩類工作並非不可能之事。但不幸在考證學風鼎盛的乾嘉時代，義理工作最得不到一般學者的同情。而且當時考證學家之鄙薄義理，並不完全因爲義理是宋學而然。他們是反對一切系統性的抽象思考。所以考證與義理之爭，基本上是源於兩種不同型態的認知活動的對立，所謂漢宋之爭不過是其中一個特殊的環節而已。東原的新義理顯然具有爲清代考證運動在理論戰場上「拔趙（宋）幟立漢幟」的重大意義，然而同時學人如朱筠、錢大昕輩竟譏原善、論性諸篇爲「空說義理，可以無作」，則當時學術界的一般風氣可想而知。托爾斯泰的本性是「狐狸」，但因生在十九世紀，深受黑格爾思潮的感染，遂至誤認自己作「刺蝟」。從章實齋的觀點來看，這正是讓風氣斲喪了性情。東原的情形和托翁恰好相反，而又有其相似。在思想史上，十八世紀的中國是一個「狐狸」得勢的時代，和歐洲十九世紀的「刺蝟」世界形成了鮮明的對照。而根據我們所能掌握的一切事實來判斷，東原的本性則具有濃厚的「刺蝟」傾向。東原似乎從來不甘心把自己認同於「狐狸」，然而長期處在「狐狸」的包圍之中却使他不能不稍稍隱藏一下本來的面目，有時甚至還不免要和「狐狸」敷衍一番。這樣一來，就更使同時的人捉摸不定戴東原其人其學的眞相了。祇有「刺蝟」才認得出「刺蝟」，所以章實齋說：「有如戴東原氏，非古今無其偶者，而乾隆年間未嘗有其學識。是以三四十年中人，皆視以爲光怪陸離，而莫能名其爲何等學；譽者旣非其眞，毀者亦失其實，强作解事而中斷之者，亦未有以定其是也。」下面我們將徵引有關資料來逐步揭開東原的學術性格之謎。

我們說東原的本性傾向於「刺蝟」，因爲他和章實齋一樣，論學必求「義意所歸」；他的一切考證工作最後都歸結到一個一貫而明確的系統之中。這個中心系統即他所謂之「道」。他在卒前之數月有信給段玉裁說：

僕自十七歲時，有志聞道，謂非求之六經、孔、孟不得，非從事於字義、制度、名物，無由以通其語言。爲之三十餘年，灼然知古今治亂之源在是。⑧

東原自謂自十七歲即有志於聞道，爲之三十餘年，决非一般門面語。他的文集中處處都足以證實這一點。一七四九左右他寫「爾雅文字考序」，說：

古故訓之書，其傳者莫先於爾雅。六經之賴是以明也，所以通古今之異言，然後能諷誦乎章句，以求適於至道。⑨

與此約同時，復有「與是仲明論學書」云：

經之至者道也，所以明道者其詞也，所以成詞者字也。由字以通其詞，由詞以通其道，必有漸。求所謂字，考諸篆書，得許氏說文解字，三年知其節目，漸覩古聖人制作本始。又疑許氏於故訓未能盡，從友人假十三經注疏讀之，則知一字之義，當貫羣經、本六書，然後爲定。⑩

一七六三年所撰「沈學子文集序」則云：

以今之去古既遠，聖人之道在六經也。當其時，不過援夫共聞習知，以闡幽而表微。然其名義、制度，自千百世下遙溯之，至於莫之能通。是以凡學始乎離詞，中乎辨言，終乎聞道。⑪

以上是東原從早年到中年主張訓詁考訂必歸宿於一貫之道的基本理論，近人治戴學者大體都已耳熟能詳。但東原的一貫系統，細察之，蓋有兩個不同的層次：一爲訓詁名物的一貫，一爲義理的一貫。前者即所謂「知一字之義，當貫羣經、本六書，然後爲定。」後者則原善自序所謂「比類合義，燦然端委畢著矣，天人之道，經之大訓萃焉。」就訓詁層次言，乾嘉學人的考證工作雖多分析入微，但鮮有能如東原之貫穿羣經以定一字之義者⑫。就義理層次言，東原之「原善」與「孟子字義疏證」諸作之自具一貫之系統，則更不待言。而尤須鄭重指出者，此兩層次之學問系統，在東原本人言，復具有內在的一貫性。因爲東原仍接受程、朱以來儒家的一項基本假定，即以道或理已備見於六經、孔、孟。他雖然反對用以「一」貫之來解釋論語中的「一貫」之義，並進一步肯定「一貫」即是「致其心之明」⑬，但是由於他相信「人心之所同然」的道或理已由聖賢先我們而發，所以後人自得之義理仍當與六經、孔、孟之言相闡證。否則祇是所謂「意見」，不得輒當「理」之名。故「孟子字義疏證」曰：

問：孟子云心之所同然者，謂理也，義也；聖人先得我心之所同然耳。是理又以心言，何也？曰：心之所同然始謂之理，謂之義；則未至於同然，存乎其人之意見，非理也，非義也。⑭

而「題惠定宇先生授經圖」言之尤扼要，其言曰：

故訓明則古經明，古經明則賢人聖人之理義明，而我心之所同然者，乃因之而明。⑮

可見東原是要用一套訓詁系統來支持他的義理系統。用柏林的話來說，他的一切工作都必須通過「聞道」這一「單一的、普遍的組織原則才發生意義」。這正是「祇知道一件大事」的「刺蝟」的精神！

東原也像實齋一樣，對同時一羣「狐狸」的博而寡要極為不滿。他在「答鄭丈用牧書」中說：

> 今之博雅能文章、善考覈者，皆未志乎聞道。徒株守先儒而信之篤，如南北朝人所譏：「寧言周、孔誤，莫道鄭、服非」，亦未志乎聞道者也。⑯

上一句即實齋質問邵二雲與孫淵如論學未歸宿於道之意，下一句則實齋「鄭學齋記書後」所論「墨守」之弊⑰。此等處不但可見戴、章學術精神之契合，且亦可見實齋受東原影响之深也。東原「與方希原書」則說：

> 夫以藝為末，以道為本，諸君子不願據其末，畢力以求據其本，本既得矣，然後曰：「是道也，非藝也。」循本末之說，有一末必有一本。譬諸草木，彼其所見之本與其末同，一株而根、枝殊爾，根固者枝茂。世人事其枝，得朝露而榮，失朝露而瘁，其為榮不久。……故文章有至有未至，至者得於聖人之道則榮，未至者不得於聖人之道則瘁。以聖人之道被乎文，猶造化之終始萬物也。……足下好道而肆力古文，必將求其本。求其本，更有所謂大本。大本既得矣，然後曰：「是道也，非藝也。」則彼諸君子之為道，固待斯道而榮瘁也者。⑱

東原平日論學分義理、考據、文章三門，而以文章居殿，此處亦然。但東原在此書中更進一步指出，不但文章自身有本末，而文章之道之上尚有一更高之道，即所謂「大本」。僅窮盡文章之本末，而不能向上再翻進一層探得「大本」，則仍是「藝」，而非「道」。東原此處所用根、枝之喻尤酷似托爾斯泰之分辨「根本」與「花朵」，而托翁當日所持者正是所謂「刺蝟」的觀點也。

章實齋以「博雅」與「專家」來區分淸代浙西與浙東之學統，並自稱其學主約而不尙博。東原產地不在浙西，實齋亦未明指東原定屬浙西學統。因此戴密微認爲十八世紀浙東與浙西兩派之最傑出的人物即是章學誠與錢大昕。他同時更指出，倘以博雅而論，則錢大昕的成就實在東原與實齋之上⑲。戴密微氏爲當今法國漢學泰斗，此一判斷，殊爲有見。近代學人之所以揚東原而抑曉徵者，主要是採取了義理的標準。如果我們對「刺蝟」與「狐狸」兩型人物不存任何軒輊之想，則實齋與曉徵適足以分當「專家」與「博雅」的典型代表而無愧。至於東原，以實齋的分類言，則與其歸之於「博雅」，不如歸之於「專家」之更爲恰當也。此層東原本人已自覺之。東原嘗語段茂堂曰：

> 學貴精不貴博，吾之學不務博也。⑳

「與是仲明論學書」曰：

> 僕聞事於經學，蓋有三難：淹博難，識斷難，精審難。三者，僕誠不足與於其間，其私自持，暨爲書之大概，端在乎是。前人之博聞强識，如鄭漁仲、楊用修諸君子，著書滿家，淹博有之，精審未也。㉑

又「序劍」云：

> 君子於書，懼其不博也；既博矣，懼其不審也；既博且審矣，懼其不聞道也。㉒

可見東原不但不以博自負，而且在他的價値系統中，「淹博」永遠在「精審」之下。這是東原的治學精神近乎浙東的「專家」，而遠於浙西的「博雅」的另一明徵。

但東原自一七五四年初至北京，與當時的學術界正式發生聯繫後，便開始以名物訓詁之學爲世所知，而且很快地就成爲經學考證方面的最高權威。至於東原在義理方面的工作，則頗不爲時人所許。前引章實齋「答邵二雲書」及「書朱陸篇後」都是最明顯的證據。錢賓四師對東原在當時學術界的處境曾有很扼要的分析。他說：

> 東原以乾隆甲戌（一七五四）入都。初見錢竹汀，竹汀歎其學精博，薦之秦蕙田，蕙田聞其善步算，即日命駕延主其邸，朝夕講論五禮通考中觀象授時一門，以為聞所未聞。翌年夏，紀曉嵐初識東原，見其考工記圖而奇之，因為付梓。是年，東原又成句股割圜記三篇，秦蕙田全載於通考。一時學者推服東原，本在名物度數。㉓

又說：

> 東原自癸巳（一七七三）被召入都充四庫纂修官，所校官書（原註：如水經註，九章算術，海島算經，周髀算經，孫子算經，張丘建算經，夏侯陽算經，五曹算經，儀禮識誤，儀禮釋宮，儀禮集釋，大戴禮，方言諸書）皆天文算法地理水經小學方言一類，即東原初入京時所由見知於時賢者，至是時賢仍以此推東原。所謂漢儒得其度數，宋儒得其義理，並世自以度數推東原，不以義理也。㉔

可見東原自入都以迄晚歲，二十餘年中，始終是以考證學家的面目與世相見的。

但是，另一方面，我們知道，在此二十餘年中，東原同時還在從事於義理的工作。他的原善初稿三篇成於癸未（一七六三）以前，緒言初創當在己丑（一七六九），而孟子字義疏證則遲至丁酉（一七七七）卒前數月始脫稿。所不同者，他在這一方面的工作是在十分冷清寂寞的情況下進行的。這和他在考證方面的熱鬧喧嘩恰成為強烈的對照。所以我們可以說，乾隆時代有兩個戴東原：一是領導當時學風的考證學家戴東原，另一個則是與當時學風相背的思想家戴東原。這兩個戴東原在學術界所得到毀譽恰好相反。但是我們禁不住要問：這兩個不同的戴東原之間會不會有一種緊張以至衝突的情況存在？東原雖同時在考證和義理兩個不同的學術領域內工作，但這兩種工作在他的內心深處究竟有沒有輕重之別、高下之分？讓我們先試着解答第二個問題。

三　義理的偏愛

根據現有的資料判斷，東原對義理的興趣遠比他對考證的興趣要濃厚而眞實得多。東原在考證方面曾有不少引起廣泛注意的發現，如乙亥（一七五六）與王鳴盛論尙書之「光被四表」當作「橫被四表」㉕；亦有自覺極爲愜心者，如「尙書今文古文考」及「春秋改元即位考」等篇。但是考證方面的成就，遠比不上像義理方面的創闢那樣能給予他高度的興奮和滿足。段玉裁告訴我們：

> 先生大制作，若原善上、中、下三篇，若尙書今文古文考，若春秋改元即位考三篇，皆癸未以前，癸酉、甲戌以後，十年內作也。玉裁於癸未皆嘗抄謄。記先生嘗言：「作原善首篇成，樂不可言，喫飯亦別有甘味。」又言：「作改元即位考三篇，倘能爲此文字做得數十篇，春秋全經之大義舉矣。」又言：「尙書今文古文考，此篇極認眞。」㉖

從這一段記載我們不難看出，東原在撰寫其義理文字時，全幅精神生命皆貫注其中，故能達到「樂不可言，喫飯亦別有甘味」的境界，而於考證諸作，即使是最得意的，也未嘗如此動情感，㉗東原情深於義理，證據尙不止此。據段玉裁答程瑤田書云：

今據先生札云，「壬辰師館京師朱文正家，自言曩在山西方伯署中僞病者十數日。起而語方伯，我非眞病，乃發狂打破宋儒家中太極圖耳。蓋其時著得孟子字義疏證。」玉裁於此乃覺了然僞病十餘日，此正是造緒言耳。㉘

據年譜，東原客朱珪山西布政司使署在乾隆三十四年己丑（一七六九），緒言之草創即在此時。㉙此處最值得注意的是「僞病十餘日」、「發狂打破宋儒家中太極圖」之說。這可以看出，東原在造作緒言時，確已進入了一種忘我的精神狀態。「僞病」與「發狂」都充份地顯示出他的精神凝斂的强度。

東原的最後一部義理著作是孟子字義疏證。疏證成書在丙申（一七七六）丁酉（一七七七）之間，下距東原之卒僅數月；其中最新的觀念即是理欲之分，所謂「理存乎欲」是也。丁酉四月二十四日東原與段茂堂書曰：

僕生平論述最大者爲孟子字義疏證一書，此正人心之要。今人無論正邪，盡以意見誤名之曰理，而禍斯民，故疏證不得不作。㉚

而同年正月十四日東原已先有一長信致茂堂，暢論其中「理」字之新解。凡此皆可以窺見他內心對疏證一書的鄭重之意，以及躊躇滿志之情。所以茂堂論四月一札云：

此札有鄭重相付之微意焉。而作札之日乃四月廿四日，距屬纊才六十餘日耳。㉛

茂堂又跋丁酉兩札云：

此二札者，聖人之道在是。殆以玉裁爲可語此而傳之也。㉜

又據錢賓四師考證，丁酉一年東原除與茂堂兩書外，可指數者尚有與彭允初書，與某書及與陸朗夫（燿）書，先後凡五通，皆論及理欲一辨。足徵東原自喜其說之深，所以在同一時期內屢屢致書友人，言之不已㉝。故東原雖未對疏證一書的創作過程留下任何像關於原善和緒言那樣的心理描寫，我們却有足夠的理由相信，疏證所給予他的興奮和激動祇有比原善和緒言更爲强烈。

我們瞭解了東原在撰述義理文字時的心理背景，就立刻可以承認，他雖然同時從事於義理和考證兩種性質不同的工作，但是他對前者的重視和偏愛則遠超過了後者。上述東原丁酉正月十四日與段玉裁論理欲書曾說：

> 僕自上年三月初獲足疾，至今不能出戶，又目力大損。今夏纂修事似可畢，定於七、八月間乞假南旋就醫，覓一書院餬口，不復出矣。竭數年之力，勒成一書，明孔孟之道。餘力整其從前所訂於字學、經學者。

所云「勒成一書，明孔孟之道」，決非指孟子字義疏證。可見他尚有志在義理方面有更弘大的述造。至於字學、經學，則他僅欲以餘力爲之。義理與考證兩者在東原晚年心中的輕重高下，此信可說已表露得極爲清楚㉞。我們要更進一步指出，東原對考證的興趣並非單純地起於考證本身的吸引力，下面兩種原因具有相當決定性的影響：第一、根據他的訓詁明而後義理明的論點，考證是義理的必要的基礎。因此他之從事於名物訓詁，主要是爲義理工作創造基本條件。第二、在十八世紀的中國，考證同時也是一種職業。這對於東原來說，尤其是如此。五禮通考的編輯、四庫館的纂修工作、揚州雅雨堂大戴禮記的校訂、直隸河渠書以至地方志的編修，都是最顯著的例證。因此我們在討論東原與考證學的關係時，不能不特別對純學術的興趣和職業的興趣加以分別。

四、考證的壓力

現在我們必須回到前面所提出的另一個問題，即思想家戴東原和考證家戴東原之間有沒有緊張以至衝突的情形存在？就東原所謂「故訓明則古經明，古經明則賢人聖人之理義明」的觀點來說，這兩者之間確有其內在的一致性，並無矛盾衝突可言。但是就十八世紀的學術風氣來說，東原之兼顧義理與考證却在他內心造成了高度的緊張。前面已經指出，十八世紀的中國學術界正是「狐狸」得勢的時代，而「狐狸」對「刺蝟」不但毫不同情，而且還十分敵視。在這種情形下，兩面討好是難以想像的。章實齋可以說是一個十分勇敢的「刺蝟」，從不掩飾他的本來面目。然而他的許多作品，生前仍不肯輕易示人。他也不能不稍避「狐狸」鋒鋭。東原的處境則更爲困難：他的本性雖是「刺蝟」，但自一七五四入都以後他却是以「狐狸」的姿態出現在學術界的。尤其尷尬的是，他一開始就被尊重爲羣「狐」之首。這使得他更無法不和「狐狸」敷衍；他不能像實齋那樣地截然和「狐狸」劃淸界綫。正因如此，他自始至終都承受着「狐狸」所加予他的沉重壓力。這種外在的壓力和東原的內在的「刺蝟」本性則不可避免地使他在心理上常常處於一種緊張的狀態。東原晚期不少招致時人非議的言論，大體上都可以從他的心理狀態去求得瞭解。現在讓我們先分析一下，他所承受的外在壓力。

前引章實齋「答邵二雲書」謂朱筠、錢大昕諸人之推重東原，「亦但云訓詁名物、六書九數，用功深細而已，及見原善諸篇，則羣惜其有用精神耗於無用之地」。這可以說是當時第一流的學人對東原的一種普遍的評價。翁方綱（一七三三——一八一八）說得尤爲明確：

近日休寧戴震一生畢力於名物象數之學，博且勤矣，實亦考訂之一端耳。乃其人不甘以考訂爲事，而欲談性道以立異於程、朱。㉟

大體言之，乾嘉學人之反對東原講義理者，可以分爲兩派。一派是從傳統的程、朱觀點攻擊東原的「異端」，如姚鼐（一七三二—一八一五）、彭紹升（一七四〇—一七九六），以至翁方綱諸人皆是。這一派人是用舊義理來對抗新義理。對於來自這一方面的挑戰，東原並不爲所動，不但不爲所動，而且他晚年還主動地要與程、朱義理劃清界綫。事實上，在東原生前程、朱派雖也有一二人和他持異，但在考證派反宋的風氣下，他們的力量非常微弱，故東原也無所顧忌。東原在「答彭進士允初書」中說道：

孔子曰：「道不同，不相爲謀。」言徒紛然辭費，不能奪其道之成者也。足下之道成矣，欲見僕所爲原善。僕聞足下之爲人，心敬之，願得交者十餘年於今。雖原善所指，加以孟子字義疏證，反覆辨論，咸與足下之道截然殊致，叩之則不敢不出。今賜書有引爲同，有別爲異；在僕乃謂盡異，無豪髮之同。㊱

這不啻是東原與當時的程、朱傳統公開決裂的宣戰書。

另一派對東原的義理之學的攻擊則從訓詁考證的立場出發，朱筠和錢大昕是其中的最重要的人物。朱、錢等人雖無正式文字論及東原的義理著述，但口頭批評之見於章實齋及其他時流所記錄者，已頗可觀。這一派人並不要維護任何傳統的義理，其中且不乏東原的反程朱的同志。他們之所以不滿意東原的義理之學，主要是由於對義理之學本身持否定的看法。一般地說，他們都嚴守着顧亭林「經學即理學」之教，因此認爲論學只要一涉及「性」與「天道」，便是空虛無用。章實齋謂時人見東原論性、原善諸篇便以爲「空說義理，可以無作。」的確把他們的偏激的考證觀點刻劃得十分生動。

東原對於來自舊義理派的攻擊公開地採取了一種堅定的抗拒態度，但他對於來自新興的考證派的批評則表現出一種完全不同的反應。前面已指出，考證學是當時學術的主流，而東原自己又是此一主流中的領導人物；這兩種原因都使得他不能不運用一種較爲迂迴而隱蔽的方式來化解考證派的壓力。朱筠和錢大昕諸人的微詞，東原自然不能毫無所聞，但是他從來沒有正面答覆過他們的責難。一七六九年他撰「古經解鈎沉序」，全文都在强調必先通訓詁始足以進而言古聖賢之義理。但結尾處筆鋒一轉，却說：

> 二三好古之儒，知此學之不僅在故訓，則以志乎聞道也，或庶幾焉。㊲

「此學之不僅在故訓」這句話斷然是針對着考證學家而發的。東原是在暗中點醒考證學家，他們的任務决不應限於「訓詁明」，他們的最終目的是在於求「義理明」，換句話說，是「志乎聞道」。東原對付考證派的批評一向都是採取這種側面應戰的方式。原善一書之改撰尤足以說明此點。

原善初稿三篇撰於一七六三年以前。與此約同時，東原又撰有法象論、讀易繫辭論性、讀孟子論性三文。這些便是章實齋所說的「論性、原善諸篇」，而爲朱筠、錢大昕輩斥之爲「空說義理」者。東原聽到了這種批評以後，並沒有公開地爲自己作任何辨解。相反地，他只是悄悄地在改寫這些文字，終於在一七六六年完成了原善的擴大本。他在自序中說道：

> 余始爲原善之書三章，懼學者蔽以異趣也，復援據經言疏通證明之，而以三章者分爲建首，次成上中下卷。比類合義，燦然端委畢著矣，天人之道，經之大訓萃焉。以今之去古聖哲既遠，治經之士，莫能綜

貫，習所見聞，積非成是，余言恐未足以振茲墜緒也。藏之家塾，以待能者發之。㊳

此序中藏有重要的消息，而為從來研究戴學的人所未察破。首先我們要問：東原為什麼要修改原善？序中第一句便解答了這個問題：他是怕「學者蔽以異趣」，因此「復援據經言，疏通而證明之。」然則「學者」指誰？「異趣」復是何義？我們知道，原善並沒有和程、朱為難，後來攻擊東原的人主要都集中在他對「理」字所提出的新解上面。章實齋也很尊重程、朱，但是他反而十分欣賞原善。所以序中所說的「學者」決非指所謂程、朱派而言。而另一方面，章實齋又告訴我們，當時對原善批評得最嚴厲的正是考證派的領袖人物如朱筠和錢大昕等人，他們最重要的論點祇有一句話，即「空說義理」。這是乾嘉考證風氣之下的一項普遍而牢不可破的觀念，正如翁方綱所說的，「考訂者，對空談義理之學而言之也」㊴。這種極端的考證觀點便正是東原序中所指的「異趣」。明白了「學者」和「異趣」的確指，我們才能體會到東原的修改何以要採取這樣一種特殊的方式：「援據經言，疏通證明」。原來他是要向考證派證明：他的義理完全建立在經典考證的基礎之上，決不可把它與宋儒的空言性道等量齊觀。其次我們要問：擴大修改後的結果如何？梁啓超對這個問題有一個極簡單而客觀的答案，他告訴我們：

「原善」文集（經韻樓本）與遺書兩收之，而其文不同。文集本即序所謂始為三章也。別有讀易繫辭論性、讀孟子論性兩篇，不入正文。遺書則修改之本，序所謂成上中下三卷者也。每卷各冠以文集本之三章，而雜引羣經之文為左證。上卷十一章，中卷五章，下卷十六章。其每卷之首章，雖即文集本，而語加詳。其以下各章所引經證，亦不限於繫辭、孟子。合兩本讀之，可以見先生著述之謹愼與進德之綿

密也。㊵

可以看出，原善初稿和改本的主要區別並不在義理方面。東原這一次的修改實祇限於加强經典根據這一方面。這樣的擴大修改豈不正是爲了答復「空說義理，可以無作」這一類的批評而來的嗎？東原在序中也明白地指出修改本的最大特色是「比類合義，天人之道，經之大訓萃焉。」「天人之道」是義理，「經之大訓」是訓詁考證。這兩方面的密切結合纔符合他自己求一貫之道的最高標準。

最後，序末有「治經之士，莫能綜貫」的話，則更顯然是針對着同時的考證學家而說的。東原雖然因爲受到考證派的批評而將原善三篇加以修改擴大，但他對考證家見樹不見林的心習却極爲不滿。序文的後半段便是對考證派的一種反批評。「莫能綜貫」云者，正謂考證家終日治經，而於經典中所包藏的義理則視若無覩。這與「古經解鈎沈序」中所謂「此學之不僅在故訓」用意是相通的，不過爲說有正反之異而已。所以細讀原善自序，我們可以斷定一七六六年東原擴大原善成書，確是由於感到了考證派所加予他的沉重的心理壓力。

東原撰孟子字義疏證，也具有同樣的心理背景。據江藩云：

「洪榜，一七四五—一七七九」生平學問之道，服膺戴氏。戴氏所作孟子字義疏證，當時讀者不能通其義，惟榜以爲功不在禹下。撰東原氏行狀，載與彭進士尺木書，笥河師見之，曰：可不必載，戴氏可傳者不在此。榜乃上書辨論。今行狀不載此書，乃東原子中立删之，非其意也。㊶

今按洪榜與朱筠原書畧云：

頃承面諭，以「狀中所載答彭進士書，可不必載。性與天道，不可得聞，何圖更於程、朱之外復有論說

> 乎？戴氏所可傳者不在此。」榜聞命唯唯，惕於尊重，不敢有辭。退念閣下今爲學者宗，非漫云爾者。其指大畧有三：其一謂程、朱大賢，立身制行卓絕，其所立說，不得復有異同。……其一謂經生貴有家法，漢學自漢，宋學自宋。今既詳度數、精訓詁，乃可不復涉及性命之旨。反述所短，以揜所長。其一或謂儒生可勉而爲，聖賢不可學而至。以彼矻矻稽古守殘，謂是淵淵聞道知德，曾無溢美，必有過辭。蓋閣下之旨，出是三者。㊷

此書先引朱氏反對之說，繼舉三層可能的反對理由。唯當注意者，此三層理由皆洪榜揣測之詞，未必盡符朱筠的本意。據我們所知，朱筠之所以反對行狀中載東原與彭紹升書，其眞正理由近乎洪氏所舉之第二項。但其中尚雜有袒漢蔑宋之見而爲洪榜所未明言者。總之，朱氏以爲答彭進士書可不必載者，仍是以前視原善、論性諸篇爲「空說義理，可以無作」之意也。洪榜亦未嘗不知朱筠向來之持論，故書末特爲東原辨護曰：

> 夫戴氏論性道莫備於其論孟子之書，而所以名其書者，曰：孟子字義疏證焉耳。然則非言性命之旨也，訓故而已矣！度數而已矣！㊸

換句話說，洪榜是要說明，孟子字義疏證並非「空言義理」，而正是訓詁考證。因爲祇有如此說，才能塞得住考證派之口。胡適曾討論過洪榜這封信。說道：

> 洪榜書中末段說戴氏自名其書爲「孟子字義疏證」，可見那不是「言性命」，還只是談「訓故、度數」。這確是戴震的一片苦心。戴氏作此書，初名爲「緒言」，大有老實不客氣要建立一種新哲學之意。至乾隆丙辰（按「辰」是「申」之誤，一七七六），此書仍名緒言。是年之冬至次年（一七七七）之春，他修改此

書，改名孟子字義疏證。那年他就死了。大概他知道程朱的權威不可輕犯，不得已而如此做。這是他「戴着紅頂子講革命」的苦心。不料當日擁護程朱的人的反對仍舊是免不了的。㊹

胡適之這段話中包含了兩層誤解，不能不加以澄清。第一、疏證初名「緒言」，並不表示東原要建立自己的新哲學。東原「與姚孝廉姬傳書」云：

凡僕所以尋求於遺經，懼聖人之緒言闇沒於後世也。㊺

緒言即「聖人之緒言」，亦即原善自序所謂「余言恐未足振兹墜緒」之意。夏曾佑贈梁任公詩云：「孤緒微茫接董生」。昔人此等處用「緒」字多取前代「遺緒」、「墜緒」之義，胡適之誤以現代「緒論」之義讀之，故誤會東原本旨是要建立自己的新哲學。其實東原自始便故意要給他這部義理作品以「述而不作」的考證外貌。

第二、胡適之認爲東原採用「孟子字義疏證」之名是因爲不敢輕犯程朱的權威，似亦於東原在當時學術界之處境，尙未能深知。前已指出，當時反對東原義理之學者本有舊義理（程朱）與新考證之兩派。東原對於少數維護程、朱義理的人並無所顧忌，所以由原善而緒言、而疏證，他對程朱的攻擊愈來愈趨明顯，也愈來愈趨激昂。這決不是簡單地改易書名所能掩藏得住的。胡適之大概因爲看到朱筠有「何圖更於程、朱之外復有論說」那句話，以致發生了錯覺。其實朱筠決不是一個有愛於程朱義理的人。據孫星衍所撰「笥河先生行狀」云：

先生以南宋已來，說經之士多蹈虛，或雜以釋氏宗旨。……先生以爲經學本於文字訓詁，又必由博反

約。㊻

章實齋「朱先生墓誌銘」也說：

先生於學無所不窺。……至於文字訓詁、象數名物、經傳義旨，並主漢人之學。㊼

朱筠在乾隆朝倡導漢學風氣最有勞績㊽，故持考證的觀點亦最力。他因碍於功令，未嘗明詆程朱，容屬事實。但是要說他爲了維護程朱的權威而反對東原的答彭紹升書，則似乎離題太遠。所以他所謂「何圖更於程朱之外復有論說」者，其意正是說程、朱論性與天道已屬空談，東原不必更蹈其覆轍也。朱筠說這番話其立足點在新起的考證學，而非傳統的理學，是十分明顯的。另一方面，東原晚期的義理著作之所以採用訓詁式的書名，誠如胡適之所疑，是有所避忌。不過東原所避忌者乃考證派如朱筠、錢大昕諸人，而不是舊義理派如姚鼐、程晉芳（一七一八——一七八四），彭紹升、翁方綱之輩耳。

五、緊張心情下的談論

從原善的修改到孟子字義疏證的命名，我們不難看出東原在義理方面的工作一直受到考證派的歧視。這種歧視，質言之，即以爲一切義理工作都流於空虛，因此都不值得做。朱筠說東原與彭紹升書「可不必載，戴氏可傳者不在此。」其實他的意思是說所有義理著作都沒有可傳的價值，清代考證學家對義理的偏見在此表露得最爲清楚。東原自己當然不同意這樣的看法，但是他始終不肯公開地與考證學派對抗。他只是婉轉地向考證派解釋，他的義理是與考證合而爲一的，是考證的一種伸延。原善擴大本之「援據經言」、「比類合義」，和緒言之變爲字義疏證，都是向考證派表示這個意思。從東原如此苦心地敷衍考證派，可見他內心所承受的壓力之大。他在這一方面所表現的委曲求全的精神和他對舊義理派（如彭紹升）的不妥協的態度，恰形成了一個强烈的對照。

東原對來自考證派方面的批評的過份敏感在他的心理上造成了高度的緊張。在方法論的層次上，他尊重考證，認定這是檢定經學知識的不二法門；但就學術性格言，他却深愛義理，時時有「超越的衝動」(transcendent Impulse），不甘以訓詁字義自限。東原此處所遭遇到的內在衝突也正是十五、六世紀時歐洲訓詁學者（philologist）所曾經歷過的痛苦，像伊拉斯瑪斯（Erasmus, 1466—1536），布德（Guillaume Bude,1468—1540），波丹（Jean Bodin, C. 1530—1596）諸大家皆是。其中尤以布德與東原的情況最爲近似。布德愛好當時新興的訓詁學過於比他年輕二十歲的妻子，至稱它爲「另一配偶」（altera conjux）；但另一方面，他又極重基督教神學，竟把神學叫做「大訓詁」(major philology)。因此，他與伊拉斯瑪斯一樣，不甘以俗世之學終老，而欲通過語言的研究以進而求「道」（logos）。當時訓詁學家，包括布德在內，都相信只有通過訓詁學始能恢復古代學說以及文化的純潔性，這與清代漢學的理論，特別是東原所謂「以六經、孔、孟還之六經、孔、孟」，在取徑上全相一致。布德與東原也有相異之處：東原的眞正興趣在義理，而布德的眞正興趣則在訓詁。但就義理與訓詁在心理上所造成的緊張與衝突而言，則他們兩人又可以說是殊途同歸了。㊾

布德的緊張表現在他對自己所酷愛的訓詁學竟時時抱着一股懷疑以至悔懼之情，東原的緊張則表現在他對自己所擅長的考證學流露着一種輕蔑之意。段玉裁一七九二年序東原集，嘗記東原之口語曰：

先生之言曰：六書九數等如轎夫然，所以舁轎中人也。以六書九數等事盡我，是猶誤認轎夫爲轎中人也。

一七八九年章實齋撰「書朱陸篇後」，在述及時人謂東原原善諸篇乃「空說義理，可以無作」之下，緊接着說道：

戴見時人之識如此，遂離奇其說曰：「余於訓詁、聲韻、天象、地理四者，如肩輿之隸也；余所明道，則乘輿之大人也；當世號爲通人，僅堪與余輿隸通寒温耳。」㊿

「轎中人」與「轎夫」之喻，東原大概時時言及，茂堂與實齋所聞似非出於同一來源，故同中又有異。兩說相較，茂堂所記者較爲含蓄，而實齋所記者則稍嫌失之輕薄。但我以爲實齋之言恐更近東原本意。何者？茂堂乃東原弟子，記錄其業師口語，不能不有所保留，此其一㊿。前已考出，實齋所謂「時人」或「通人」皆確有所指，即考證派領袖人物朱筠與錢大昕是也。所以從實齋「書朱陸篇後」的上下文中，我們可以知道東原這番牢騷不是憑空而發的，他的話正是對朱筠、錢大昕諸人的一種反擊，因爲他們始終看不出他由考證而明道的中心意義。而茂堂所記則似已故意隱去東原立說之具體對象，使人無從了解這句話背後所蘊藏的嚴肅性與重要性，此其二。就原來的比喻說，實齋所記訓詁、聲韻、天文、地理四個輿隸，亦較茂堂泛言六書九數爲更貼切，此其三。實齋著作中保存的東原口語最多，同時學人爲邵晋涵已不免致疑，然而由這個轎夫的例子來看，實齋的記載是相當可信的。朱筠、錢大昕輩平時都盛推東原的考證，而於其好言義理，則極不表同情。這種看法與東原本人的自我評價恰恰相反：東原所最愛重者正是他的義理，至於考證則在他的全部學術系統中僅佔據着從屬的地位。無怪乎他激憤之餘，情見乎詞，要說朱、錢諸人只配和他的轎夫們做朋友了。

江藩也記載了一條東原的口語。他說：

戴編修震嘗謂人曰：「當代學者，吾以曉徵爲第二人。」蓋東原毅然以第一人自居。52

東原憑什麼理由把錢大昕貶爲第二人，而又毅然自居第一呢？顯然東原在這裏是用義理作爲判斷的標準。因爲如果以考證範圍的廣博而論，錢大昕在乾嘉時代決無人可與之比肩。所以在東原這句話必須與上面所引轎夫之喻合起來看：蓋曉徵雖博雅，畢竟所爲者只是抬轎子的學問；他自己治學則貴精而不務博，以聞道爲歸宿，這才是坐轎子的學問。故質言之，東原以曉徵爲第二人，並不是故意貶抑錢大昕，而是繞着彎子來說明考證決非第一義的學問。第一義的學問，在東原的系統中只能是義理。

東原口語中這類暗地與考證學家針鋒相對的地方正是他內心緊張的證據。但東原畢竟是考證派的領袖人物，因此他與考證派之間有其暗爭的一面，也有其敷衍妥協的一面。章實齋曾對東原口談作過如下的分析：

大約戴氏生平口談，約有三種：與中朝顯官負重望者，則多依違其說，間出己意，必度其人所可解者，略見鋒穎，不肯竟其辭也；與及門之士，則授業解惑，實有資益；與欽風慕名而未能遽受教者，則多爲恍惚無據，玄之又玄，無可捉摸，而疑天疑命，終莫能定。53

實齋所分三類，都確有所指：中朝顯官負重望者是朱筠、紀昀、錢大昕、盧文弨、秦蕙田、王昶、王鳴盛等人；及門之士指段玉裁、王念孫輩；慕名者自然很多，但實齋心目中至少當有馮廷丞、吳穎芳兩人。最值得我們注意的是第一類人，因爲他們正是當時考證學風的主持者。東原對這些人是「依違其說，間出己意」而又「略見鋒穎，不肯竟其辭。」這十足地刻劃出東原的內心有所顧忌、有所保留；他和考證派之間未能水乳交融地打成一片，也由此可見。「依違其說」是對考證派的敷衍，「不肯竟其辭」是內心別有主見而自知不能為考證派所了解或同情。兩股不同的力量時常在彼此牽扯之中，這是東原內心緊張的根源。章實齋只看到了東原的口頭談論與筆下所寫不類出自同一人，而於東原的緊張之源尚未探得。「朱陸」篇最不諒解東原平時口舌之間對朱子「肆然排詆而無忌憚」，其實東原在這一方面的表現正可從實齋所謂「依違其說」的角度去求得瞭解。

東原著書明斥程、朱大概始於一七六九（乾隆己丑）在山西朱珪藩署中所草創的緒言一書。至於口頭上彈詆程、朱則或尚在其前，但決不會早過甲戌（一七五四）入都之年。在一七五四以前，東原不但不反對宋儒，而且有時還自動地為程、朱的「理精義明」之作辯護。他早年有「變亂大學」一條筆記，便完全站在程、朱立場上說話，和後來的觀點截然不同[54]。所以東原對宋儒的態度的轉變，在一定的程度上，是由於到北京以後受到考證運動中反宋風氣的感染。「不知其人視其友」，讓我們簡畧地看一看東原出遊以來過從較密的幾位友人的思想狀態。

當時北京提倡考證運動最有影响力的領袖是朱筠和紀昀（一七二四—一八〇五）。朱笥河在經學上反對宋儒的「蹈虛」和「雜以釋氏」，我們在前面已經指出來了。紀曉嵐則比朱笥河更為激烈，他可以說是乾嘉時代反程、朱的第一員猛將。曉嵐是四庫全書館的首席總纂官。通過這一組織，他廣泛而深入地把反宋思潮推向整個學術界。後來全書纂成，總目提要二百卷的編刻和頒行曾由曉嵐一手修改，所以其中充滿了反宋的觀點。誠如余嘉錫所指出的，曉嵐「自名漢學，深惡性理，遂峻詞醜詆，攻擊宋儒，而不肯細讀其書」[55]。曉嵐排程、朱，在提要中是用明槍，在閱微草堂筆記中則專施暗箭。筆記中許多譏罵「講學家」的故事都是他挖空心思編造出來的。東原入都之次年（一七五五）即館曉嵐家㊻，其考工記圖也是曉嵐爲他刻行的，而東原晚年入四庫館曉嵐亦與有力焉。故東原與曉嵐的交誼似較其他人更爲密切。如果說東原對程、朱態度的轉變與曉嵐的影響有關，當非過甚之詞。

其次在這一方面對東原可能有影響的是惠棟定宇（一六九七—一七五八）。定宇的反宋情緒最爲激昂，甚至說過「宋儒之禍甚於秦灰」㊼這樣的話，他在松崖筆記卷一「主一無適」條譏「宋儒不識字」㊽；卷三「道學傳」條說「濂溪之太極，朱子之先天，實皆道家之學。」㊾而九曜齋筆記卷中「道學錄」條也說：「仙家有道學傳，禪家有語錄。道學、語錄之名皆出自二氏，而宋人借以爲講學之名。㊿」這些都是定宇公開攻擊宋代理學的證據。一七五七年。東原遊揚州，識定宇於都轉運使盧雅雨見曾署中，論學極爲相得。這是乾嘉學術史上一件大事(61)。東原在一七五七年以前還承認宋儒的經學「得其義理」，而後來竟轉謂義理不在古經之外，顯然與定宇之論學「唯求其古」不無關係。此一轉變必須以排斥宋學爲其先決條件，則自不待言。所以，積極方面，定宇是否影响了東原此後在義理方面的發展，是別一問題。但消極方面，惠戴一七五七年揚州之會，彼此曾默默地訂下了反宋盟約大概是可以肯定的。

此外東原過從較密的考證學家還有王鳴盛（一七二二—一七九八）和錢大昕。王西莊經學得之定宇，嚴守漢學壁壘，故所撰尙書後案，以鄭玄、馬融爲主，唐宋諸儒之說，一概摒而不取。他最佩服定宇和東原，曾說：

方今學者斷推兩先生，惠君之治經求其古，戴君求其是，究之，舍古亦無以爲是㉒。

則他的立場可以想見。錢曉徵平時立言很謹飭，但不滿宋以來的理學傳統之情亦有不克自掩者。所以他論「婦人七出」而致疑於「餓死事小，失節事大」之說；論「性與天道」，則謂經典上所謂天道皆以吉兇禍福爲言，漢人猶知其義，魏晋以後始失傳，亦所以隱攻宋學㉓。其十駕齋養新錄有「清談」一條，推衍顧亭林之緒論，說「宋明人言心性，亦清談也。㉔」則已是對理學爲公開的排斥矣。東原甲戌初到北京，即走訪曉徵，談竟日。曉徵歎其學精博，遂爲延譽，自是知名海內；及東原卒，曉徵復爲之作傳。所以戴、錢兩人雖彼此仍不免偶有退後之語，而言思之間互相交涉甚深，則爲不可否認的事實。

從上面幾個考證學的領袖人物的反宋議論中，我們可以看到東原對宋儒態度前後大異的一部份淵源之所在。但東原晚年之公開著書批判程、朱弁不能單純地解釋爲依違漢學，隨人脚步。至少他的目的與其他漢學家不同。惠定宇、紀曉嵐諸人只是要從訓詁名方面摧毀宋儒立說的經典基礎，他們是有破而無立。而且他們的反宋言論之見諸文字者也夾雜着許多强烈的情緒字眼，以逞一時之快。東原則不然，他是有破有立的，且破即所以爲立。在緒言與孟子字義疏證中，東原在「破」的一方面，指出程、朱言「理」是取自釋、老兩家而又稍變其指，因而不合六經、孔、孟的原意。而在「立」的一方面，他則重據經傳古訓，賦予「理」字以新的涵義，建立自己的義理系統。他的最終目的是要用他自得之義理來取代程、朱理學在儒學中的正統地位。章實齋說：

戴君學術，實自朱子道問學而得之，故戒人以鑿空言理，其說深探本原，不可易矣。顧以訓詁名義，偶有出朱子所不及者，因而醜貶朱子，至斥以悖謬，詆以妄作，且云：「自戴氏出，而朱子徽倖爲世所宗已五百年，其運亦當漸替。」此則謬妄甚矣。戴君筆於書者，其於朱子間有微辭，亦未敢公然顯非之也，而口談之謬，乃至此極，害義傷教，豈淺鮮哉！㊿

實齋未見緒言，疏證諸書，因而以爲東原不敢公然顯非朱子。但即使在緒言與疏證中，東原批判程、朱雖極嚴厲，然仍未失學者論辯之雅度。所以一般地說實齋謂東原筆下不似口談之肆無忌憚，仍是一個有效的判斷㊿。這就引起了一個極耐人尋味的問題：東原何以會發展出一種近似人格分裂的傾向？章實齋曾因此而致疑於東原的「心術未醇」。但傳統的「心術」說最多祇能觸及問題的表象，而不能認眞的解答問題，因爲我們還要繼續追問：東原的「心術」爲什麼「未醇」？根據我們現在所能掌握的材料來判斷，東原的筆舌分施，其根源正在於考證派的壓力所造成的心理緊張。東原深悉考證派對他的義理工作的歧視，並且曾一再努力以求消除這種歧視。其見諸正式文字者如原善擴大本之「援據經言」和孟子字義疏證之最後定名，都是要委婉地說明：他的義理並非空言，而是與訓詁考證合一的。這一層前文已經指出了。東原的口談則似乎是在表達另一個意思，即他與考證派在反宋儒這一點上是志同道合的。

東原早期服膺程、朱，中歲以後漸轉爲批判程、朱，至晚年而益烈。這一轉變一方面因由於東原受到當時外面的反宋風氣的感染，但另一方面也有其自身思想發展的內在根源。東原治學自始即有由訓詁明義理，以進而聞道的傾向㊿。從古訓來探究「天道」、「道」、「理」、「性」諸名詞的原始意義，東原自可得到與宋儒完全不同、以至相反的結論。所以東原在義理上與程、朱立異，自有他的嚴肅立場，決不應全認作敷衍考證派而然。而東原的口語則不然。據章實齋所記，則其中頗多情緒語言，而與其哲學之理論建構並無邏輯上的關係。像「原善之書欲希兩廡牲牢」及「自戴氏出而朱子徼倖爲世所宗已五百年，其運亦當漸替」這一類的話，都與學術是非毫不相干。但東原說這些話一定有他的對象。那麼他的對象是誰呢？首先我們自然會想到所謂程、朱派。據我們所能掌握的資料來看，東原生前唯有姚姬傳曾持程朱的義理和他當面辯論過。不過姬傳最初嘗欲奉東原爲師，則他們之間的爭辯當不致過份地針鋒相對。翁覃谿與東原年輩稍隔，又無深交，雖嘗親聞東原縷縷駁程、朱「性即理也」之說，好像並不曾即席面駁㊽。至於正式見諸筆墨的討論，也祇有東原與彭紹升之間的一番往復，其事在東原卒前之一月。姚姬傳與友人的信札，程魚門的「正學論」、翁覃谿的「理說駁戴震作」都顯然撰於東原身後。東原的緒言和孟子字義疏證兩書，生前皆未刋布，稿本流傳極有限，所以姚姬傳遲至一七九三年還祇知道有原善㊾。從時間上推斷，東原的義理著作在生前還來不及引起所謂程、朱派的巨大反響。此外錢載（蘀石，一七〇八—一七九三）與東原的激烈衝突在當時也極有名，但蘀石攻擊的是東原的考訂，而不是義理，可以置之不論㊿。總之，在乾隆時代並沒有什麼程朱學派足以威脅東原，程朱勢力的復活是嘉慶以後的事(71)。

如果程、朱派並非東原發話的對象，則上引諸語祇能是說給考證派聽的。因爲當時對東原的義理工作了解得最多而且批評得也最嚴厲的，主要都是考證學家。東原此類口語的對象既確定，其涵義亦隨之而顯。他正是要通過這些訴諸情感的話來激起考證派的共鳴，使他們能認識他在這一方面的成就具有重大時代意義：即原善疏證諸書將澈底摧毀並取代程、朱理學在儒學史上的地位。章實齋「答邵二雲書」云：

戴氏筆之於書，惟闢宋儒踐履之言謬爾，其他說理之文，則多精深謹嚴，發前人所未發，何可誣也！至騰之於口，則醜詈程、朱，詆侮董、韓，自許孟子後之一人，可謂無忌憚矣。然而其身既死，書存而口已滅，君子存人之美，取其書而畧其口說可也；不知誦戴遺書而得其解者，尚未有人，聽戴口說而益其疾者，方興未已，故不得不辨也。以僕所聞，一時通人表表於人望者，有謂「異日戴氏學昌，斥朱子如拉朽」者矣。(72)

東原口語的對象爲誰及效果如何，實齋此書已有極明白的交代。所以我認爲東原平時昌言排斥程、朱而復詆彈逾量，並不反映程、朱思想的勢力如何浩大；相反地，這恰表示當時的學術界中正激盪着一股反宋的暗流，東原雖標榜「空所依傍」的精神，但也不能不依違其間，以爭取考證學家的同情與支持。

六　論學三階段

東原與考證派之敷衍妥協復可徵之於其前後論學見解之變遷。東原在入都之前，治學奉江永爲楷模，故極賞程、朱「理明義精之學」，絕未露出取而代之的野心。一七五五年東原在「與方希原書」中說：

> 古今學問之途，其大致有三：或事於理義，或事於制數，或事於文章。事於文章者，等而末者也。……足下好道而肆力古文，必將求其本。求其本，更有所謂大本。大本既得矣，然後曰：「是道也，非藝也。」(73)

此時東原初至北京，議論恐仍未大變，故可據此書以見其早期之學術觀。在乾隆時代，正式提出義理、考證、辭章之三分法，東原似爲最早，其後姚姬傳與章實齋皆各有發揮。但可注意者，東原顯分學問爲三途，却並不以此三者都具同等的價值。所以他說：「文章者，等而末者也。」若就其所列舉之先後觀之，則義理在學問全體中的地位又必高於考證。此由其力主文章之本以外，更有所謂大本一層，可以相見。因為東原所謂「大本」即指「道」而言，而最近「道」者，自非義理莫屬。東原「答鄭丈用牧書」曰：

今之博雅能文章、善考覈者，皆未志乎聞道。㊹

此書之末有「好友數人，思歸而共講明正道」之語，疑指乾隆十五年庚午（一七五零）東原與同志鄭牧、汪肇龍、程瑤田、方矩、金榜等六、七人，從江永、方楘如兩先生質疑問難之事。則此書也是早年之作。書中僅言治考證與辭章者未志乎聞道，顯見其心中固以為治義理者可以遲至乎道。無論東原對宋儒之義理是否贊許，而義理作為一門學問而言在東原早年的學術系統中佔據了最重要的地位，是不成問題的。東原一方面認為義理、考證、詞章在儒學中的價值層次不同，而另一方面則又强調此三者之間的互相依存關係。所以他在「與方希原書」中先說「文章有至有未至，至者得於聖人之道則榮，未至者不得於聖人之道則瘁。」繼又云：

聖人之道在六經：漢儒得其制數，失其義理；宋儒得其義理，失其制數。譬有人焉，履泰山之巔，可以言山；有人焉，跨北海之涯，可以言水。二人者不相謀，天地間之鉅觀，目不全收，其可哉？

可見東原此時並不認為義理、考證、辭章可以各分畛域，而互不相涉。

但東原中年時代既與考證派沆瀣一氣，他的論學觀點便逐漸發生了變化。段玉裁嘗記其言曰：

天下有義理之源，有考覈之源，有文章之源，吾三者皆庶得其源。㊺

茂堂始向東原請業在乾隆二十八年癸未（一七六三），已在東原入都九年之後。此處東原將義理、考覈、文章加以平列，並謂三者各有其源，顯然和他早期的見解有了分岐，而「題惠定宇先生授經圖」復云：

言者輒曰：「有漢儒之經學，有宋儒之經學，一主於故訓，一主於理義。」此誠震之大不解也者。夫所謂理義，苟可以舍經而空凭胸臆，將人人鑿空得之，奚有於經學之云乎哉？惟空凭胸臆之卒無當於賢人聖人之理義，然後求之古經，求之古經而遺文垂絕、古今縣隔也，然後求之故訓。故訓明則古經明，古經明則賢人聖人之理義明，而我心之所同然者，乃因之而明。賢人聖人之理義非它，存乎典章制度者是也。76

此文作於一七六五，正當東原中年，其中考證的地位顯得最爲突出。照他這種說法，好像故訓弄清楚了，聖賢的義理就立刻會層次分明地呈現在我們的眼前。義理之學在此已失去它的獨立地位，祇是依附於考證而存在。這全不似出諸一個深知義理工作本身的曲折困難者之口。我很懷疑東原自己是否篤信這一理論。很可能地，東原因爲其時正捲入了考證潮流的中心，一時之間脚步不免浮動，致有此偏頗之論。此事雖無法有確據，但證之以東原早期和晚期的持論皆與此有異，實使人不能不爲此推測。章實齋曾記載了當時流行於考證派之間的兩種論學觀點。他說：

近人所謂學問，則以爾雅名物、六書訓故，謂足盡經世之大業，雖以周、程義理，韓、歐文辭，不難一映置之。其稍通方者，則分考訂、義理、文辭爲三家，而謂各有其所長；不知此皆道中之一事耳。著述紛紛，出奴入主，正坐此也。77

實齋所記之第一說是最極端的訓詁觀點，東原雖未必激烈至此，但上引「題惠定宇先生授經圖」已與此相去不遠。第二說較温和，其中「稍通方者」似即指東原，至少「分考訂、義理、文辭爲三家，而謂各有其所長」這句話很像東原所謂的「天下有義理之源，有考覈之源，有文章之源。」可見東原中年的持論最與考證派的一般觀點相合。

但東原的學術性格畢竟屬於「刺蝟」型，縱能一時溷跡「狐狸」之間，而終不能長久地違逆其本性。故數年之後東原自悔其說，而語段玉裁曰：

義理即考覈、文章二者之源也，義理又何源哉？吾前言過矣。⑱

此語不易定其確在何年，但至早在一七六六，至遲在一七七二，要之不出此五、六年之內耳。⑲一七六六是東原擴大原善成書之年，這時他把義理系統和考證系統成功地配合了起來，因而在義理工作方面更具自信。所以我們倘以此語代表東原最後十年左右的學術見解，諒與事實相去不遠。東原晚年有「與某書」，可與此語相闡證。其言曰：

足下制義直造古人，冠絕一時。夫文無古今之異，聞道之君子其見於言也，皆足以羽翼經傳，此存乎識趣者也。……精心於制義一事，又不若精心於一經。其功力同也，未有能此而不能彼者。治經先考字義，次通文理，志存聞道，必空所依傍。漢儒故訓有師承，亦有時傅會；晋人傅會鑿空益多；宋人則恃胸臆爲斷，故其襲取者多謬，而不謬者在其所棄。我輩讀書，原非與後儒競立說，宜平心體會經文，有一字非其的解，則於所言之意必差，而道從此失。⑳

此書先言文章，次及經學考證，最後則謂「志存聞道，必空所依傍」，即指六經、孔、孟之義理而言，層次極爲分明。義理至此又在東原的系統中又恢復了它應有的地位。可見東原晚期之論學見解，轉與早期相近。所不同者東原此時仍持由字義以通經文之旨甚固，不似「與方希原書」中謂漢儒得其制數，宋儒得其義理之調停兩端矣。一七六九年東原撰「古經解鈎沉序」，中有「此學不僅在故訓」之語，亦與此書「空所依傍」之說義相足而互通，皆東原晚歲不復能自掩其「超越的衝動」之證。

惟東原所謂「義理即考覈、文章二者之源」，語過簡畧，兩百年來，解者不一。段玉裁一七九二年序經韻樓刋本戴東原集，發揮師說，最有深意。茲先節引其文於下，再加析論：

始玉裁聞先生之緒論矣，其言曰：「有義理之學，有文章之學，有考覈之學；義理者文章、考覈之源也。熟乎義理，而後能考覈、能文章。」玉裁竊以謂義理、文章未有不由考覈而得者。自古聖人制作之大，皆精審乎天地民物之理，得其情實，綜其始終，舉其綱以俟其目，與其利而防其弊，故能奠安萬世。雖有姦暴，不敢自外。中庸曰：「君子之道本諸身，徵諸庶民，考諸三五而不謬，建諸天地而不悖，質諸鬼神而無疑，百世以俟聖人而不惑。」此非考覈之極致乎？聖人心通義理，而必勞勞如是者，不如是不足以盡天地民物之理也。後之儒者畫分義理、考覈、文章爲三，區別不相通，其所爲細已甚焉。夫聖人之道在六經，不於六經求之則無以得聖人所求之義理，而行於家國天下，而文詞之不工又其末也。先生之治經凡故訓、音聲、算數、天文、地理、制度、名物、人事之善惡是非，以及陰陽氣化，道德性命，莫不究乎其實。蓋由考覈以通乎性與天道。既通乎性與天道矣，而考覈益精、文章益盛，用則施政利民，舍則垂世教而無弊。淺者乃求先生於一名一物一字一句之間，惑矣！先生之言曰：「六書

> 九數等事如轎夫然，所以舁轎中人也，以六書九數等事盡我，是猶認轎夫爲轎中人也。」又嘗與玉裁書曰：「僕生平著述之大，以孟子字義疏證爲第一，所以正人心也。」噫！是可以知先生矣。

細按茂堂此序，蓋有兩層用意：一在說明東原之學以義理爲主，決非名物訓詁可盡；一在解釋東原何以獨能洞徹義理之源。關於第一層，茂堂於一八一四年撰東原年譜時續論及之，曰：

> 先生於性與天道，了然貫徹，故吐辭爲經。如勾股割圜記三篇，原善三篇，釋天四篇，法象論一篇，皆經也。其他文字，皆厚積薄發，純朴高古，如造化之生物，官骸畢具，枝葉並茂。嘗言：「做文章極難，如閻百詩極能考核而不善做文章，顧寧人，汪鈍翁文章較好。吾如大鑪然，金、銀、銅、錫，入吾鑪一鑄而皆精良矣。」蓋先生合義理、考核、文章爲一事，知無所蔽，行無少私，浩氣同盛於孟子，精義上駕乎康成、程、朱，修辭俯視乎韓、歐焉。(81)

據此節所言及「序」中「既通乎性與天道」等語，則東原於義理深造有得之後，考據文章都隨之而大有進益。換句話說，茂堂認爲東原的考據與文章之所以能獨步當世，是因爲他別有一套系統的義理在後面。我們不必管茂堂此說的是非，但此說顯然代表茂堂對其師「義理爲考據、文章之源」一語的認識。不過茂堂因推尊東原，下語不免有過當之處，所以後來方東樹斥之爲「誕妄愚誣」。(82)

關於第二層，茂堂於「義理者，文章、考覈之源」後下轉語曰：「義理、文章未有不由考覈而得者」。此語更引起後世的批評。方東樹說：

> 按此宗旨，專重考證，硬坐中庸此節爲考證之學，謬而陋甚。……漢學諸人其蔽在立意蔑義理，所以千

條萬端，卒歸於謬妄不通，貽害人心學術也。㉝

按：茂堂序文本推崇東原義理之學，而方東樹謂茂堂專重考證而蔑視義理，似未爲公允。但此在方氏亦不足怪，因爲他以爲義理祇有一種，所以根本不承認東原考覈所得者足以當義理之名。胡適受方氏此評的暗示，也對茂堂序文表示不滿，他說：

戴震明說義理爲考覈、文章之源，段玉裁既親聞這話，却又以爲考覈是義理、文章之源，這可見得一解人眞非容易的事。㉞

胡氏最推重東原，與方樹本處於相反的立塲，然其誤會茂堂序文本旨，竟同於方氏，解人不易得，洵非虛語。茂堂所謂「義理、文章未有不由考覈而得者」，乃就東原獲得義理之過程而言。胡適之易其語作「考覈爲義理之源」，已與茂堂原意失之甚遠。其實就東原的思想系統言，其中既不能容納所謂「如有物焉，得於天而具於心」之「理」，則雖聖人制作所根據的義理不能也不由「考覈」天地民物而得。方東樹專以「文字訓詁」當茂堂所謂之「考覈」固是死在字下；而胡適之不識茂堂迴護東原義理之苦心，亦是誤認轎中人爲轎夫也。蓋茂堂此序全篇主旨厥在推尊東原之義理，序末特指出孟子字義疏證爲東原著述之最大者一節，尤屬畫龍點睛之筆。其所以必須委婉說明義理得自考覈者，正因其發言之對象乃是當時鄙棄義理的考證學家。東原生前身後在義理方面屢遭考證派的責難，其間如朱筠反對行狀載「答彭紹升書」之事，茂堂自皆知之甚悉。其餘自朱筠、錢大昕以下，隨聲附和之輩，尙不知有幾人。故茂堂晚年欲刻疏證、緒言，持贈同學，猶謂「雖下士必大笑之，無傷也㉟。」由是言之，茂堂此序所欲曲達之旨，不過謂東原疏證雖是義理之作，然其書正從考覈而來耳。洪榜嘗言東原「所以名其書者，曰孟子字義疏證。然則非言性命之旨也，訓故而已矣，度數而已矣。」茂堂序文之意與此正無殊。所以此序反映出，東原生前在義理方面所受的壓力遲至一七九二年尚由其弟子繼續承担在肩。考證學家戴東原與思想家戴東原之間始終存在看一種矛盾緊張的狀態，觀此益信。

根據以上的分析，我們大致可以將東原一生的思想發展分爲三個不同的階段。第一階段的下限在東原乾隆甲戌（一七五四）入都，而尤以丁丑（一七五七）游揚州晤惠定宇之年爲最具決定性的轉捩點[86]。在此一階段中，東原在理論上以義理爲第一義之學，考證次之，文章居末。在實踐上，東原則從事於考證之學，欲以之扶翼程、朱之義理，因爲此時他在義理方面尚無建樹，亦未顯責程、朱義理與六經、孔、孟之言有歧也。第二階段之下限較難確定，大約可以一七六六年爲分水嶺。此十年之間，東原受當時考證運動的激盪最甚，其觀點也最接近惠定宇一派，故於宋儒之義理爲一筆抹殺之詞。其義理、考覈、文章之分源論即代表此一階段之基本見解；而分源論無形中則將考證提高至與義理相等的地位。但另一方面，東原自己的義理工作亦正式刱始於此一階段，原善初稿三篇當成於丁丑（一七五七）至癸未（一七六三）之間，擴大之三卷本則成於一七六六[87]。故在第二階段之末，東原自家之義理已初步到手，宜其論學見解之復有轉變也。東原論學之歸宿期在其最後十年左右。此時東原一掃其中年依違調停之態，重新確定儒學的價值系統。所以他堅決地說：「義理即考覈、文章二者之源也，義理又何源哉？熟乎義理，而後能考覈、能文章。」這是當時漢學考證的人所決不能接受的一種觀點。但在方法論的層次上，晚期的東原祇有比早期更尊重考證。一方面，義理固然是考證之源，而另一方面，名物訓詁又是證定義理是非的唯一標準。而且更重要的是，東原晚歲已斷無「宋儒得其義理」的觀念，所以他所說的義理是指他自己由考覈而得的六經、孔、孟的義理。古希臘詩篇中的「刺蝟」祇知道一件大事，東原晚年的學術生命也歸宿於一大事因緣。東原卒於丁酉（一七七七）五月二十七日，而四月二十四日與段玉裁書曰：「僕生平論述最大者爲孟子字義疏證一書」，這是東原最確切的「晚年定論」。

七　最後的歸宿

焦循（一七六三—一八二〇）「申戴」篇云：

王惕甫未定稿，載上元戴衍善述戴東原臨終之言曰：「生平讀書，絕不復記，到此方知義理之學可以養心。」因引以爲排斥古學之證。江都焦循曰：非也。凡人嗜好所在，精氣注之，游魂雖變，而靈必屬此，況臨歿之際哉……東原生平所著書，惟孟子字義疏證三卷、原善三卷，最爲精善。知其講求於是者，必深有所得，故臨歿時往來於心。則其所謂義理之學可以養心者，即東原自得之義理，非講學家西銘、太極之義理也。余嘗究東原說經之書，如毛、鄭詩補注等篇，皆未卒業，則非精神之所專注，宜其不復記也。[88]

此事亦東原晚年生命中一重公案，茲畧加辨說，以結束本篇。先從事之眞僞辨起。焦里堂「申戴」篇顯然相信東原臨歿嘗作是語，故所辨僅在宋儒義理與東原自得之義理之間。稍後方東樹亦採此說，以爲是東原臨死悔悟的表示，因而駁里堂所謂戴氏自得之義理之說[89]。方氏的漢學商兌本在與考證學爲難，有此可乘之隙，自不肯輕易放過。其輕信傳說，固不足怪。下逮近代，胡適之極尊東原，復重考證，因轉以此說爲毫無根據。他說：

當時上元戴衍善說戴震臨死時道：「生平讀書，絕不復記。到此方知義理之學可以養心。」這話本是一種誣衊的傳說，最無價值。但當時竟有人相信這話，所以焦循做申戴篇替戴氏辨誣。[90]方、胡兩家皆本「申戴」篇發論，然以好惡有別，故或信或疑。其實僅就里堂所引者觀之，既不能斷其爲眞，亦未可遽言其僞。但余考所謂東原臨終之言，別有來歷，而爲焦、方、胡諸人所未及知。戴衍善者，江蘇上元戴祖啓字敬咸之子也。敬咸乾隆戊戌（一七七八）進士，著有師華山房集。其人與東原蓋同時而略後，衍善所傳東原臨終語，即本之父書。茲節錄敬咸「答衍善問經學書」於下，庶幾此一傳說之眞相可以大白於世。敬咸原書云：

> 汝欲知經學之說乎？今之經學非古之經學也。……今之經學……六經之本文不必上口，諸家之義訓無所動心。所習者爾雅說文之業，所證者山經、地志之書。相逐以名，相高以聲，相辨以無窮。……及其英華既竭，精力消耗，珠本無有，櫝亦見還，則茫茫與不學之人同耳。吾家東原蓋痛悔之，晚嬰末疾，自京師與余書曰：「生平所記，都茫如隔世，惟義理可以養心耳。」又云：「吾向所著書，強半爲人竊取，不知（英時按：當是「如」字之誤）學有心得者，公諸四達之衢，而人不能竊也。」……蓋今之所謂漢學，亦古三物教民之一，禮樂射御書數六藝之遺。雖不能備或亦庶幾，要在善學之而已。今海內之所羣推者，抱經盧學士、辛楣錢少詹事。此兩公者，能兼今人之所事，而亦不悖於古之正傳，故爲獨出。而辛楣於諸經、列史、古文、詞、詩賦、有韻、四六駢體皆精之，天文、地理、算術、國家之典、世務之宜，問焉而不窮，索也而皆獲，可謂當代鴻博大儒矣。汝既師之，但當一心委命，必有所開。……噫！

古無所謂理學也，經學而已矣。夫子雅言，詩書執禮，與立成於詩、於禮、於樂。文章在是，性與天道亦在是，即程子得不傳之學，亦祇於遺經之中。不能理於經素，不能經於理虛，於是乎兩無成焉。末學文離，禪言幻渺，汝小子其慎之哉！91

細究此書，則東原臨歿之言不但可信，且為瞭解東原晚年思想狀態之極重要的證據。書中推盧文弨與錢大昕為當今學者之冠，則其時兩人皆存。竹汀卒在一八〇四年，召弓卒在一七九五年，可知此書必作於一七九五之前，上距東原之卒最多不過十餘年。且戴衍善其時正遊於竹汀之門，敬咸書中，譽竹汀特甚，亦正欲衍善之轉示其師也92。以並世之人，談眼前之事，斷無不可信之理。此其一。此書為敬咸教子之書，非與友朋通函援引東原語為重者之比。且東原來書存家中，衍善終必見及，敬咸又何能妄語以紿其子？此其二。敬咸書中引顧亭林「經學即理學」之說，足見其人仍在經學考證之餘波盪漾中，與姚姬傳、程魚門、翁覃溪、以至後來方植之等持程、朱之正論向漢學作反撲者，迥乎不同。通觀全文，敬咸引東原語僅在指摘考證學之流弊，決無抬高宋儒義理以貶抑考證之意，則敬咸又何須揑造斯語而誣其死友乎？此其三。由此三層理由推之，東原原札雖不可見，而敬咸轉引之語則決不可能以偽造視之也。

但東原札中語經輾轉傳述，已貌似而神非。敬咸引語僅曰：「生平所記，都茫如隔世，惟義理可以養心耳。」至焦理堂轉引王惕甫未定稿則作：「生平讀書，絕不復記，到此方知義理之學，可以養心。」語氣輕重已大不相同。而尤重要者，此本東原病後與敬咸札中語，而王惕吾竟訛為「臨終之言」。頗似東原易簀時突為此懺悔之語，盡棄其平生之所學。出言之情境大異，弦外之音響全非，則宜乎胡適之斥之為最無價值的誣辭也。今若細察東原與戴敬咸書之心理背景，則「義理可以養心」一語之眞實涵義亦未始不可由晦轉明。

戴敬咸所謂東原「晚嬰末疾」者，自指丙申（一七七六）、丁酉（一七七七）間東原臥病事。但東原此一年餘之內實先後患兩種不同的病症。初爲足疾，始丙申三月初。此疾雖迄死未愈，然似非能致命。其致命之症起於丁酉四月之末。五月二十一日東原與段茂堂札，云：「前月二十六日至今，一病幾殆」，可證[93]。惟同札仍言南歸後非覓一書院不可，則東原卒前之六日尚不自知病危也。其病之最後惡化則在五月二十五日，越兩日（二十七日）而卒[94]。大抵丁酉四月二十六日以前，東原尚頗與友人書信往復，如丁酉春秒有書與吳江陸燿論理欲問題，四月有與彭紹升書，此外尚有與某書，大約亦作於同時[95]。但四月二十六日以後，作書已頗困難，故五月二十一日與茂堂書中云：「正臥牀榻，見來使强起作札」也。由此推之，東原與戴敬咸書必作於丙申三月以後，丁酉四月二十六日之前。在此期間，東原僅覺行動不便，決無將死之預感。焦里堂謂其臨歿精魄所屬唯在孟子字義疏證，已屬純出推想，而方植之謂東原「到此方知義理之學可以養心」乃迴光返照，更是癡人說夢。此皆由於未見敬咸原書，復未深考東原病情所致也。

然則東原致戴敬咸書究作於丙申乎？抑丁酉乎？此層與東原作書之動機有關，不能不一併討論之。東原原札雖已不存，但就敬咸轉引之語，參以東原病足後與其他友人之函札，仍可畧推測其作札之命意所在。敬咸引語僅有兩句：一則曰：「生平所記，都茫如隔世，惟義理可以養心耳。」再則曰「吾向所著書，强半爲人竊取，不如學有心得者，公諸四達之衢，而人不能竊也。」此兩語皆有其歷史背景。東原嘗語段茂堂曰：「余於疏不能盡記，經、注則無不能倍誦也。[96]」其自負記憶力之强可知。此時老病侵尋，記誦衰退，故有此感慨。

其實「茫如隔世」已可能有誇張，而後來訛爲「絕不復記」則與實際情形相去更遠了。第二句謂「吾向所著，强半爲人竊取」，亦與考證風氣之流弊有關。乾、嘉之世，剽竊之風甚盛。蓋一時學人競相眩奇誇博，好名而學無所得之徒往往出諸穿窬一途。一七九九章實齋嘗記其實况於「又與朱少白」書曰：

邵（晋涵）君雅疏（按：即爾雅正義）未出，即有竊其新解，冒爲己說，先刋以眩於人，邵君知之，轉改己之原稿以避剿嫌。又其平生應酬文稿，爲人連笥攫去。辛楣詹事嘗有緒言未竟，而黠者已演其意而先著爲篇。兒子常問古書疑義於陳立三，立三時爲剖辨。有鄉學究館於往來之衝，每過必索答問，竊爲己說，以眩學徒。君家宋鎸祕笈，李童山借本重刋，亦勝事也，其轉借之人冒爲己所篋藏，博人叙跋，譽其嗜奇好古，亦足下所知也。⑰

東原遭遇，類此者亦必不少，故爲此憤世之語也。⑱

合戴敬咸所引東原兩語觀之，顯見東原來書係討論考證與義理的高下得失問題。考證限於具體事實之研究，日久即易淡忘，且所徵引之典籍，人人得而見之，故又易爲人所剿襲。義理則爲一種抽象思考的活動，自具內在一貫之系統，及深造有得，乃如章實齋所云「成一家之言」，既非他人所得而假借，亦不致因記誦衰退而遂盡失其所有。東原之言，其主旨不過如此。但東原何緣而與戴敬咸論及此一問題？據我的判斷，東原原札是向敬咸報告其新成孟子字義疏證一書，遂牽連而談及義理與考證。我之所以如此判斷，是有根據的。據段玉裁「答程易田丈書」，孟子字義疏證乃東原據緒言悉心改定而成，其事在丙申（一七七六）之冬，丁酉（一七七七）之春夏。而丁酉一年，東原因自喜其在義理上的新創獲，屢屢與友人道及此書。前曾舉「與陸燿論理欲書」及

「答彭進士允初書」兩札，皆作於丁酉，此外復有丁酉正月十四日及四月二十四日與段茂堂兩札，亦特別鄭重論及疏證。義理與考證的問題在此類信札中有時也不免要提到，如正月十四日與茂堂一札云「竭數年之力，勒成一書，明孔、孟之道。餘力整其從前所訂於字學、經學者。」前一句指義理之學，後一句指考證之學，尤可見此二者在東原心中地位的高下。四月二十四日札則有「僕生平論述最大者爲孟子字義疏證一書」之語。凡此皆足與戴敬咸引東原來書中之言相發明。所謂「向所著書强半爲人竊取」，即指以前所爲之考證，足見其上下文之中必有「今著疏證乃一己之義理心得，不虞他人剿襲」一類語句，而敬咸未之引耳。且上句中「義理養心」語又可與下句之「學有心得」互證。焦里堂以爲義理養心云者，謂東原自得之義理，非宋儒之義理，確深得東原的本意，不媿爲戴學護法。東原與戴敬咸書之動機既明，則撰寫的時間亦當在丁酉，因爲它與前舉諸札正是同一心理背景下的產物。

東原平生學術兼跨義理與考證，然而細察他對於這兩門學問的不同態度，可知他內心始終偏向義理。這可以說是他的「刺蝟」本性所決定的。但是另一方面，考證爲淸代學術的主流，且與一部份學人之職業有關。東原自甲戌入都之後，即預於考證之流，一時相往復者幾全是此道中人。而東原既不得志於科第，衣食所仰亦在乎是。所以他中年時代，立論不免有依違流俗之處。及至晚期，他在思想方面卓然有以自立，乃絕彼紛華，還我故態，仍以義理爲其心靈的最後歸宿之地。「義理養心」之論由此而起。章實齋嘗轉述東原「兩廡牲牢」之語於邵二雲，二雲深疑之，以爲不似東原平日語。實齋則曰：「抑知戴氏之言，因人因地因時，各有變化，權欺術御，何必言之由中。⑲」實齋雖自詡最能切中東原隱情，但於東原內心的緊張狀態，似尙有一間未達。

「權欺術御」的譴責，不免惑於表象，殆非東原所能任受。胡適之不信戴衍善所記東原「臨終之言」，一方面固由於傳述之漸失其眞，而另一方面，則恐亦與邵二雲相同，認爲其說「不似東原平日語」耳。今以戴敬咸所引東原來書中之原文，證之孟子字義疏證脫稿後東原與友生諸札，則東原丁酉卒前數月之心理狀態猶宛然可見。「義理養心」之語正是其晚年思想中應有之義，而焦里堂「申戴」篇實早已得其確解也。

附　註：

①：見新亞書院學術年刊，第十六期，一九七四年九月。

②：文史通義，古籍出版社，一九五六，內篇二，頁五七。

③：見「章氏遺書逸篇」，四川省立圖書館編輯，圖書集刊，第二期（一九四二年六月），頁三八——三九。

④：至於「不通方」云者，卽「書朱陸篇」所云東原「自尊所業，以謂學者不究於此，無由聞道；不知訓詁名物，亦一端耳，古人學於文辭，求於義理，不由其說，如韓、歐、程、張諸儒，竟不許以聞道，則亦過矣。」（文史通義，內篇二，頁五七）

⑤：「章氏遺書逸篇」，圖書集刊，第二期，頁四〇。

⑥：同上，頁三八。

⑦：Isaiah Berlin, *The Hedgehog and the Fox, An Essay on Tolstoy's View of History*, Essandess Paperback edition 頁一——四二。

⑧：丁酉正月二十四日與段玉裁書，見戴東原手札眞蹟（不標頁數），中華叢書本，一九五六年。

⑨：戴震文集，中華書局，一九七四年，卷三，頁四四。此序撰成年代見段玉裁，戴東原先生年譜，戴震文集附錄，頁二一九。

⑩：戴震文集，卷九，頁一四〇。關於此書年代之考辨，見錢穆，中國近三百年學術史，上海，一九三七年，上冊，頁三一二——三一三。

⑪：戴震文集，卷十一，頁一六四——一六五，按序云：「彊梧赤奮若之歲，余始得交於華亭沈沃田先生。既而同處一室者更裘葛」。下文又云：「今隔別六載」。「彊梧赤奮若」即丁丑（一七五七），是年東原至揚州，見年譜（文集附錄，頁二一三）。「更裘葛」則兩人分手在次年（戊寅，一七五八）。「別六載」或係併一七五八年計，則序成於一七六三也。

⑫：清初萬斯大「以爲非通諸經，不能通一經，非悟傳注之失，則不能通經，非以經釋經，則亦無由悟傳注之失。」（見黃宗羲撰「萬充宗墓誌銘」，南雷文約卷一，頁四〇七。薛鳳昌編，梨洲遺著彙刊本，）東原則推此方法以治一字一義，而復能加以綜貫者也。

⑬：見孟子字義疏證，中華書局，一九六一，卷下「權」字條，頁五五——五六。按：東原的「道」與「理」是有分別的。緒言卷上云：「問：道之實體，一陰一陽，流行不已，生生不息，是矣。理即於道見之歟？曰：然。古人言道，恒該理氣，理乃專屬不易之則，不該道之實體。而道理二字對舉，或以道屬動，理屬靜，如大戴禮記孔子之言曰：「君子動必以道，靜必以理」是也。或道主統，理主分；或道該變，理主常。此皆虛以會之於事爲，而非言乎實體也。」（見孟子字義疏證，頁八三）故所謂「道在六經」者是指關於「道」的抽象觀念，不是指「道之實體」而言。讀者須注意此中的分別所在。參看周輔成，「戴震的哲學」，原載哲學研究月刊，一九五六年三月號，現收入中國近三年學術思想論集，四編，崇文書店，一九七三年，頁八六。

⑭：孟子字義疏證，卷上，頁三。按：東原並非不注重「道」或「理」的現實性，更不是要完全以古之道理來籠罩今人，所以他在疏證、緒言、原善三書中都尅就「人倫日用」四字來釋「道」或「理」。但是他的經學立場使得他不能不受「古訓」的限制，如原善卷下云：「是故一物有其條理，一行有其至當，徵之古訓，協於時中，充然明諸心而後得所止。」（孟子字義疏證，頁七三）胡適之說東原自託於說經，故往往受經文的束縛，把他自己的精義反蒙蔽了。（見戴東原的哲學，上海，一九二

七，頁六三。）這是不錯的，錢賓四師云：「主求道於人倫日用，乃兩氏（按：指東原與章實齋）之所同。惟東原謂歸於必然，適全其自然，必然乃自然之極致，而盡此必然者爲聖人，聖人之遺言存於經，故六經乃道之所寄。（中國近三百年學術史，上册，頁三八三）所論尤簡明扼要。

⑮：戴震文集，卷十一，頁一六八。

⑯：同上卷九，頁一四三。

⑰：實齋質問邵、孫兩氏之語，見余英時，「章學誠的六經皆史說與朱陸異同論」，頁一二九；「鄭學齋記書後」見文史通義外篇二，頁二六七——二六八。

⑱：戴震文集，頁一四三——一四四。

⑲：見 P. Demieville, *"Chang Hsüeh-ch'eng and His Historiography,"* in W. G. Beasley and E. G.Pulleyblank, eds., *Historians of China and Japan*, Oxford University Press, 1961, ，頁一七〇及註七。

⑳：戴東原先生年譜，戴震文集附錄，頁二四八。

㉑：戴震文集，卷九，頁一四一。

㉒：同上，卷十一，頁一六一。

㉓：錢穆，中國近三百年學術史，上册，頁三一六——三一七。

㉔：同上，頁三三二。

㉕：戴震文集，卷三，頁四六——四七。

㉖：東原年譜，見文集附錄，頁二二六。

㉗：楊向奎也說：「東原對於考據諸作未有如此重視者。」見中國古代社會與古代思想研究，上海，一九六四，下冊，頁九二九。

㉘：「答程易田丈書，」經韻樓文集，卷七，頁五四a——b。

㉙：見錢　穆，中國近三百年學術史，上冊，頁三二八——三二九。

㉚：見戴東原手札眞蹟。

㉛：「答程易田丈書」，頁五三。

㉜：「東原先生札冊跋」，經韻樓文集，卷七，頁四九b。

㉝：錢　穆，中國近三百年學術史，上冊，頁三三〇——三三一。

㉞：見戴東原手札眞蹟。按：傅斯年一九四二年二月致書胡適說：「近看段著戴東原年譜，頗疑東原之寫字義疏證，亦感於身體不妙而寫。假如他再活十年，一定是些禮樂兵刑之書，而非『抬轎子』之書矣。此事先生有考證否？」（見傅樂成，傅孟眞先生年譜，傳記文學出版社，一九六九年，頁五〇）傅孟眞以爲疏證係東原感於身體不妙而寫，或未必然。但說東原再活十年決不專寫「抬轎子」之書，則是對的，不過「坐轎子」的書恐亦非「禮樂兵刑」，而是「性與天道」耳。東原丁酉正月十四日的長信恰可以解答傅孟眞所提出的疑問。傅孟眞之所以提出「禮樂兵刑」，也自有他的根據，因年譜提到東原欲爲「七經小記」之事，並說：「治經必分數大端以從事，各究洞原委，始於六書九數，故有詁訓篇，有原象篇，繼以學禮篇，繼之水地篇，約之於原善篇，聖人之學，如是而已矣。」（戴震文集附錄，頁二四三）此說不知究出自東原之口抑茂堂揣測之詞？無論如何，東原晚年其實已只想做「約之於原善篇」一類的工作了。

㉟：「理說駁戴震作」，復初齋文集，卷七，文海出版社影印本，一九六六，第一冊，頁三二一。

㊱：收入孟子字義疏證，頁一六一。按：彭紹升又號知歸子，後來以佛學大師知名於世，龔定菴便是他的佛學再傳弟子。定菴有「知歸子贊」（龔自珍全集，第六輯，下冊，頁三九六——三九七），即爲紹升而作。但紹升與東原辯論時，年尚不足四十，似仍守儒家立場，未全爲釋氏扳去。他的「與戴東原書」是爲程、朱辨護的一篇文字，所以我在這裏把他算作「程、朱派」。這和東原答書中所謂「足下所主者，老、莊、佛、陸、王之道」的說法並不衝突。彭書現亦收入孟子字義疏證，頁一七〇——一七二。原文見彭氏的二林居集（一八八一刊本）卷三，頁一六b——一九a。

㊲：戴震文集，卷十，頁一四六。

㊳：孟子字義疏證，頁六一。

㊴：「考訂論上之一」，復初齋文集，卷七，第一冊，頁二九六——二九七。又「考訂論下之三」云：「考訂者，考據、考證之謂。」三一八頁）足見此三詞實爲同義語。

㊵：梁啓超「戴東原著述纂校書目考」，見近代中國學術論叢，香港崇文書店，一九七三，頁二三四。

㊶：漢學師承記，卷六，萬有文庫本，第二冊，頁二四。

㊷：同上，第二冊，頁二四——二五。按：梁啓超撰清代學術概論（台灣中華書局本，一九七〇，頁三一）誤憶朱筠爲其弟朱珪。Emmanuel C. Y. Hsü 英譯本（*Intellectual Trends in the Ch'ing Period*, Harvard University Press, 1959,P. 62.）亦沿而未改。

㊸：漢學師承記，第二冊，頁二七。

㊹：戴東原的哲學，頁八六——八七。

㊺：戴震文集，頁一四一。關於「緒言」一名之意義，見錢　穆，中國近三百年學術史，上冊，頁三三二。

㊻：笥河文集，畿輔叢書本，卷首，頁二一ｂ——二二ａ。

㊼：章氏遺書，一九三六年商務印書館排印本，卷十六，文集一，第三冊，頁二九。

㊽：參看姚名達，朱筠年譜，上海，一九三二，自序，頁二——四。

㊾：Donald R. Kelley, *Foundations of Modern Historical Scholarship, Language, Law, and History in the French Renaissance*, Columbia University Press, 1970,頁五三——八〇；「超越的衝突」一詞見頁一二——一三

㊿：文史通義內篇二，頁五七。

(51)：據東原年譜，韓錫胙介屏嘗語段玉裁曰：「闈中閱東原卷，文筆古奧，定爲讀書之士，榜發，竊喜藻鑑不謬云。」（文集附錄，頁二二五）按東原壬午（一七六二）舉於鄉，韓錫胙爲同考官，前二年庚辰（一七六〇）段玉裁中舉人，亦出介屏門下。此兩科連得段、戴二人，介屏極引爲榮，故屢言及之。（參看段玉裁「東原先生札冊跋」，經韻樓文集卷七，頁四八ａ）然據胡虔，柿葉軒筆記（峭帆樓本，頁四ａ——ｂ）介屏語人曰，闈中閱東原卷「詰屈幾不可句讀」。此卽年譜「古奧」兩字之確解也。可見茂堂爲其師諱，記載常不免有保留之處。又胡氏筆記同條又言，某次士大夫聚談，其中頗有顧戴出其門下者，而苦於東原試卷每皆如空疏不學者之所爲，衆咸以爲不可解。時錢大昕亦在座，曰：「此東原之所以爲東原也。」此亦可見曉徵對東原的側面評價之一端。

(52)：漢學師承記，卷三，「錢大昕傳」，第一冊，頁四九。

(53)：文史通義，內篇二，頁五九。

(54)：見經考附錄，戴東原先生全集本，安徽叢書第六期，一九三六，卷四，頁二二ｂ——二三ａ。參看余英時「戴震的經考與早

期學術路向」，錢　穆先生八十歲紀念論文集，香港，一九七四。

55：見余嘉錫，四庫提要辨證，中華書局，一九七四，序錄，頁五四。郭伯恭四庫全書纂修考，一九三八年再版，頁二二三，亦謂提要內容是「標榜漢學，排除宋學。」

56：恒慕義（Arthur W. Hummel）主編，清代名人傳略（*Eminent Chinese of the Ch'ing Period*,「紀昀傳」（房兆楹撰）謂曉嵐與東原交篤，一七六〇以後東原嘗客曉嵐家多年。（第一冊，頁一二二——一二三）此事爲東原年譜所未載，想係本諸王蘭蔭之「紀曉嵐先生年譜「（師大月刊，第一卷，第六期，一九三三年），王譜余尚未見，不知果何據也。東原年譜乾隆二十年乙亥（一七五五）條引程易田語曰：「是年假館紀尚書家」，則不始於一七六〇也。又東原癸巳（一七七三）十月三十日與段茂堂札之末云：「僕今暫寓紀公處，出月初五移寓洪素人兄處。」（戴東原手札眞蹟）此則在一七六〇之後，然爲時似極短暫。姑誌於此，以俟再考。

57：見李集，鶴徵錄，漾葭老屋本，卷三，頁一二b。

58：松崖筆記，雜著秘笈叢刊書，學生書局，一九七一，頁三七。

59：同上，頁一一七。

60：九曜齋筆記，同上本，頁一九二。

61：見錢　穆，中國近三百年學術史，上冊，頁三二二——三二四。又李斗，揚州畫舫錄，卷十，中華書局，一九六〇，頁二三〇亦特記東原見惠定宇於盧雅雨署中事，足見淸人對惠、戴會晤一事之重視。

62：洪榜「戴先生行狀」所引，見戴震文集附錄，頁二五五。

63：分見潛研堂答問，皇清經解（學海堂刊本）卷四四五，頁六七——八a及一六b——十七a。

64：十駕齋養新錄，國學基本叢書本，卷一八，頁四三四。又同卷尚有攻擊心性之說多條，亦可參。

65：文史通義，內篇二，頁五八。

66：李慈銘，越縵堂日記補，同治二年二月初三條曰：「若東原則惟爲程、朱拾遺補闕，未嘗肆言攻擊也。」（第十三冊，壬集，頁六八b。）蕁客博雅，嘗盡見戴氏遺書，又熟於清代學術流變，而所得之印象如此。可見東原緒言及孟子字義疏證兩書下語甚有分寸。又梁任公也同意洪榜所謂東原疏證一書「非故爲異同，非緣隙釁嘲」，而是出之以「學者的」態度。見「戴東原的哲學」，近代中國學術論叢，崇文書店，一九七三，頁一八九——一九〇。

67：余英時，「戴震的經考與早期學術路向」。

68：翁覃谿手批戴氏遺書語，見李慈銘，越縵堂日記補，同治二年正月二十四日條，第十三冊，壬集，頁五七b——五九a。李慈銘說：「蓋戴〔震〕氏師江〔永〕氏，而江氏之學由性理以通訓詁，戴氏之學則由訓詁以究性理。」（越縵堂日記補，壬集，第十三冊，頁五八b）至少蕁客對於東原學術途徑所知甚爲親切。

69：一七九七年章實齋自桐城作「又與朱少白」書，僅曰：「姚姬傳並不取原善，過矣。」（見章氏遺書、補遺，第八冊，頁二五。）時實齋與姬傳過從甚密，姬傳如知有緒言與疏證，不容不向實齋提及也。

70：翁方綱「與程魚門平錢、戴二君議論舊草」云：「昨撢石與東原議論相詆，皆未免於過激。戴東原新入詞館，斥詈前輩，亦撢石有以激成之，皆空言無實據耳。撢石謂東原破碎大道。撢石蓋不知考訂之學，此不能折服東原也。訓詁名物豈可目爲破碎？學者正宜細究考訂詁訓，然後能講義理也。宋儒恃其義理明白，遂輕忽爾雅說文，不幾漸流於空談耶！」（見復初齋文集卷七，頁三二三——三二四。）又「考訂論中之二」云：「秀水錢載，詩人也，不必善考訂也，而與戴震每相遇，輒持論齟齬，亦有時戴過於激之。」（同上，頁三一一）而王昶蒲褐山房詩話亦云：「朱竹君極推東原經學，而撢石頗有違言，每聚語及此，薴石輒面熱頸發赤，斷斷不休。」（引自李慈銘，越縵堂日記補，第十三冊，壬集，頁五九a）可見薴石攻東原始終皆在經學考證方面也。翁覃谿與程魚門書謂兩人爭辨在東原新入詞館之時。核之東原年譜，東原賜同進士出身，授翰林院庶吉士，事在乾隆四十年乙未（一七七五）。唯錢、戴交惡，事或尙在前。章實齋「上錢辛楣宮詹書」云：「戴東原嘗於筵間偶議秀水朱氏，籜石宗伯至終身切齒，可爲寒心。」（章氏遺書卷二十九，外集二，第五冊，頁一〇二）則其事起於東原批評薴石之同鄉先輩朱彝尊也。實齋此書胡適之繫之乾隆三十七年壬辰（一七七二）。（見章實齋年譜，頁二五——二六。），尙在覃谿與程魚門書之前三年。如實齋所言之錢、戴爭持與覃谿所指者爲同一事，則「上錢辛楣宮詹書」之年代卽成問題矣。因覃谿所記出自當時之筆，斷不容誤。錢賓四師嘗疑實齋上辛楣書曾經晚年點定（見中國近三百年學術史，頁四一八），事或然歟？

(71)：我願意在這裏提出幾條證據，對清中葉以來程、朱派的發展情況加以補充說明。姚姬傳「復蔣松如書」云：「鼐往昔在都中，與戴東原輩往復，嘗論此事。」可見姬傳確曾與東原對程、朱義理問題交換過意見，但不像是激烈的爭吵。（見惜抱軒全集，中華書局四部備要本，文集卷六，頁十b）翁覃谿僅識東原，並非論學之友，見於他在「考訂論中之二」中的自白。（復初齋文集卷七，第一冊，頁三一〇）程魚門曾否與東原當面討論過義理的見解，今不可知。魚門的「正學論」主要是攻擊東原以情釋理，這是東原在孟子字義疏證中的論點。是該文成於東原卒後。但東原在世之時，漢學家反宋之氣燄正高，守程、朱之義理者是處在被攻擊的地位。姬傳等一二人的議論絕不足對東原構成嚴重威脅。故姬傳「復蔣松如書」中尙以「自度其力小而孤」爲言。袁枚（一七一六——一七九八）在隨園詩話卷二中說道：「明季以來，宋學太盛。於是近今之士，競爭漢儒之學，排擊宋儒，幾乎南北皆是矣。豪健者尤爭先焉。」（人民文學出版社，北京，一九六〇，上冊，頁四九）子才親値乾隆漢學盛世，所言當時學風斷無不可信之理，則東原生前程、朱學派之衰微可知。今按：姬傳大張宋學之軍，其影响乃在身後。李蓴客記其友人張問月所爲「贈何願船刑部序」，畧云：「桐城姚鼐倡宋學以攻漢學，至以戴東原紹嗣爲攻擊朱子之報，自是人習空疏，眞學遂絕。」蓴客復極論之，謂「未及四十年而戶鄭家賈之天下遂變爲不識一字，橫流無極，鼐爲作俑。」（越縵堂日記補，咸豐十年十二月十五日條，庚集末，第十册，頁五二a）而姬傳攻漢學之所以能發揮功效，則又頗賴其弟子方植之漢學商兌一書。蓴客日記嘗言，植之「頗究心經注，以淹洽稱，而好與漢學爲難，著漢學商兌一書，多所彈駁，言僞而辯，一時漢學之燄，幾爲之熄。」（越縵堂日記補，同治二年正月十七日條，壬集，第十三册，頁四八a）日記此數條不免有誇張之處，但蓴客所透露的漢學、宋學消長的消息，大體上是可靠的。

72：「章氏遺逸篇」，圖書集刊，第二期，頁四一。

73：戴震文集，卷九，頁一四三——一四四。

74：同上，頁一四三。

75：戴東原先生年譜，文集附錄，頁二四六。

76：戴震文集，卷十一，頁一六八。

77：「與陳鑑亭論學」（一七八九），文史通義，外篇三，頁三一一。

78：戴東原先生年譜，文集附錄，頁二四六。

79：詳說見我的「戴震的經考與早期學術路向」。

80：此文現收入孟子字義疏證，頁一七三。

81：戴東原先生年譜，文集附錄，頁二四六。

82：漢學商兌，浙江書局刊本，一九〇〇，卷中之下，頁五〇a。

(83)：同上，頁四八b——四九a。

(84)：戴東原的哲學，頁九一。

(85)：「答程易田丈書」，經韻樓文集，卷七，頁五四b——五五a。

(86)：胡適誤繫東原游揚之年爲一七五六年。見戴東原的哲學，頁二六。

(87)：詳考見錢　穆，中國近三百年學術史，上册，頁三二四——三三七。

(88)：雕菰集卷七，國學基本叢書本，上册，頁九五。

(89)：漢學商兌，卷中之下，頁四九b——五〇a。

(90)：戴東原的哲學，頁一一七。

(91)：皇朝經世文編，卷二學術二「儒行」，台北國風出版社影印思補樓本，一九六三，第一册，頁七九——八〇。

(92)：據竹汀居士自訂年譜（香港崇文書店，一九七四），竹汀晚年任江甯鍾山書院院長凡四年（一七七八——一七八一），士子經指授成名者甚衆，自乾隆五十四年（一七八九）起，任蘇州紫陽書院院長，以迄於卒（一八〇四），先後凡十有六年。今不能定戴衍善從學於竹汀時究在江甯或蘇州也。

(93)：見戴東原手札眞蹟。

(94)：據孔繼涵丁酉五月三十日與段玉裁書，見東原先生年譜，文集附錄，頁二三九——二四〇。

(95)：胡適，戴東原的哲學，頁二五；錢　穆，中國近三百年學術史，上册，頁三三〇——三三一。

(96)：戴東原先生年譜，文集附錄，頁二一六。

(97)：「章氏遺書逸篇」，圖書集刊，第二期，頁三七。

⑱：東原「詩比義述序」云：「昔壬申、癸酉歲，震爲詩補傳未成，別錄書內辨證，成一秩，曾見有襲其說以自爲書刊行者。」（文集卷十，頁一四八）這是東原著作生前即爲人所竊取之一實例。至於王履泰擅竊東原直隸河渠書未竟之稿，易名曰畿輔安瀾志而刊行之，其事已在嘉慶十四年己巳（一八〇九）矣。見年譜，文集附錄，頁二二九——二三〇。

⑲：「章氏遺書逸篇」，同上，頁四〇。

論范仲淹的政治主張與政治思想

湯承業

政治主張與政治思想二者，可說大同中有其小異，而小異中仍有其大同；其所同者，兩者皆爲謀人民之幸福，求國家之安全；且兩者皆爲因時因地與宜時宜地而產生、而適用。其所異者，則政治主張乃純爲因當前政治問題之解決而提出之具體方案，問題因主張的指導而定時解決，則此主張之目的已達，作用自息，故其有時間性，且爲期較短。而政治思想乃於歷史背景之累積而演出之既定原則，原則既因歷史產生而復指導歷史，其如影隨形，永無止息，故其適用之時間性較長；且也，政治主張爲適用於某特定區域之特定計劃，甲地適用，乙地不一定適用，只能引爲借鑑以作參考，不可全盤抄襲運用。政治思想似可謂爲放之四海而皆準之有效方針，任何地區都可遵照適用，以達民富國强之治。所以，政治主張之時間空間的限制較大，政治思想之時間空間的限制較少。

有政治主張者，却不一定有政治思想，而有政治思想者，却往往並有政治主張；蓋前者只需積其思慮、銳其眼光，即可得之；而後者則必須有經學史學作基礎。所以有政治主張者爲政治評論家（親爲執行者爲政治家）；有政治思想者爲政治思想家（親爲執行者亦爲政治家）。范仲淹兩者兼而有之；故本文分作政治主張與政治思想兩節述之。（以上以仲淹之諡號「文正」稱之）。

壹、政治主張

（甲）營洛陽、實邊區

（一）

宋代建都於汴州，本來就有遷就與苟安之意①，蓋汴京無險可守，則唯依重兵立國②；而養重兵自必增加國家負担③，弄到最後，國家仍難脫離貧弱之命運。文正為憂生民憂國事之仁人志士，對此國家之根本大計，當然思之審詳；其認為王公固應「修德以服遠人」，尤應「設險以守其國」（范文正公集卷三，論西京事宜）。故於仁宗景祐三年（公元一〇三六）五月，建請遷都洛陽。如曰：

西洛帝王之宅，絕無儲備，乞聖慈以將有朝陵為名，使東道有餘，則運而西上，西道有餘，則運而東下；數年之間，庶幾有備。太平則居東京舟車輻湊之地，以便天下；急難則守西洛山河之宅，以保中原（范文正公集卷三、乞修京城劄子）。

這說明了洛陽地處心臟地區，可以呼應於東西之間；並且洛陽居地險固，「邊方不寧，則可退守」（同上論西京事宜），可策中樞之安全。又曰：

（洛陽）表裏山河，接應東京之事勢，連屬關陝之形勝。又河陽據大川之險，當河朔河東會要，為西洛之北門（同上、乞修京城）。

推文正之意，遷都並非旦夕之事，應該先作計劃，長期經營。因爲洛陽「空虛已久，絕無儲積」；如果驟行遷都，則「急難之時，將何以備」(同上)。所以主張「宜以將有朝陵爲名，漸營廩食」(范文正公年譜、四十八歲)；如此，既可不增國家負担，又可免除遼夏警備。故曰：

> 陛下內惟修德，使天下不聞其過；外亦設險，使四夷不敢生心；此長世之策也(范文正公集卷三、論西京事宜)

雖然經營洛陽，但非退縮之意，對汴京，不獨消極的注重其經濟價值，只是「太平則居東京通濟之地，以便天下」而已(范文正公年譜、四十八歲)。更依「王者法天設險以安萬國」之義，主張積極的對東都(汴京)更加修建，速爲防護。

> 臣請陛下速修東京，高城深池，軍民百萬，足以爲九重之備；乘輿不出，則聖人坐鎮四海，而無煩動之勞；鑾輿或出，則大臣居守九重，而無迴顧之憂矣(范文正公集卷三、乞修京城)。

加强洛陽與開封之建造以後，則犄角之勢已成，另外對長安與大名施以修建，加此則可措國家於磐石之安。

> 長安自古興王之都，天下勝地。皆願朝廷留意，常委才謀重臣，預爲大備，天下幸甚(同上)。

> 修建北京(大名)，以禦大敵，以臣料之，可張虛聲，未可爲倚。何哉？河朔地平，去邊千里，胡馬豪健，晝夜兼馳，不十數日，可及澶淵(同上)。

其對長安則主張「皆願留意」，對大名則主張「可張虛聲」，可知文正之意，乃爲以洛陽汴京爲主，以長安大名爲副。換言之，在「使四夷不敢生心」，俾達到「以守中原」的目的是已(同上論西京事宜)。如此言之，則文正之設意，仍屬消極的，是又不然，蓋文正之意，爲先立國家於不敗之地，而後乃可制敵而不爲所制。如曰：

彼請割地，我可弗許也；彼請決戰，我可勿出也。進不能爲患，退不能急歸，然後因而撓之，返則追之；縱有抄掠，可邀可奪；彼衰我振，未必不大勝也（同上、乞修京城）。

可知文正之設計，看似被動，實爲主動；蓋先求鞏固自我，始能以逸制勞。如此自可操縱敵人、主導戰局，又可輕易取勝，不傷國力；蓋如此則可機動運用國力，發揮高度功效，以免聚重兵於首都之積弊④。故曰：「此陛下保社稷安四海之全策矣」（范文正公集卷三、乞修京城）。

（二）

欲求固國防，安社稷，只重建設幾座都城，尙不足爲功，而宋代恰有重內輕外之積習；如文正曰：

臣之事君也，貴先勞而後祿；朝之命官也，患重內而輕外。重內輕外，何以收藩翰之功；先勞後祿，所以勵搢紳之志（范文正公集卷三、陳乞邠州狀）。

在此趨勢之下，自然形成「兵輕」與「邊虛」之流弊；

兵輕而有所未練，邊虛而有所未計；賞罰或有所未一，恩信或有所未充（同上卷九、上晏侍郎書）。

文正對於邊政，向爲重視，故曰：「伏望聖慈察臣等忠藎之懇，素有本末，實不以內外之職，輕重於心」（同上卷三、除樞密副使陳讓狀）。尤於外患交侵之際，則對邊事更爲愼重。

今西北二方，交困中原，驍盛如此，國家禦捍，實在三邊。不惟戰將乏人，其知州知軍，並駐泊都監，大寨寨主，常要有心力人勾當，方可主兵馬，安緝蕃部（同上卷二、奏令三班選人）。

對於選派邊區之官員，要求特定條件，至於對河北陝西河東三方面官員，尤應加强選拔，於「或曉習邊事，經歷艱苦」與「或鄉曲有譽，年未衰退」等條件之外，猶須「有心力行止，勾當得事之人」，方可「具保明申奏」（同上，奏策試緣邊差遣事）。甚至邊郡之下級吏員，都要特加精選（同上，奏乞揀有武勇心力人）。文正自己「躬親邊事，猶懼不濟」，所以「勤勤懇懇，且願竭力塞下」（同上，除樞密使陳讓狀）。甚至其本人曾陳請「罷參知政事並安撫使，只差於邠（今陝西邠縣）涇（今甘肅涇川縣）間知一州，帶沿邊按撫使」；俾可「就近處置邊事」（同上卷七，陳乞邠州狀）。至於沿邊之縣令長，「尤要得人」，即使「三千戶已上縣令員闕」，亦須「奏舉磨勘新轉京官人充填」（同上卷二，奏乞沿邊知縣事）。其主要用意是，一則「所貴邊遠之地，人受其賜；亦使才俊之流，諳練邊事，他日選用不乏人」（同上）；一則「使虜知我有備，無必勝之理，則亦可以遏其邀功求報之心，縱背盟好，亦有以待之，少減生靈之禍」（同上，奏為契丹請絕元昊進貢利害）。如此則既可「鎮撫邊界」，又可「存活生民」，國家自可長治久安⑤。

（三）

文正以為「邊廩或窘，民財未豐」之主要原因，乃是由於「郡縣至密，吏役至繁」；以致「奪其農時，遺彼地利」之故，因而提出「奏減郡邑，以平差役」之主張（范文正公集，補編一）。至其實施之區域，亦由西與北兩方面着手。

相度西京縣邑衆多，人口差役頻併。今來減縣邑為鎮，實亦利便。除山險空迥，地里濶遠，及陵寢所安，難爲廢罷外，乞併作十三縣，委得允當（同上卷三、論復幷縣）。

其河西縣宜併入河東；及大名府縣分極多，甚可省去（同上，補編一奏減郡邑）。

惟裁併縣邑，必使大批官僚變爲閑員，是以往往遭受阻力，不易推行。

今朝庭只併六縣，而號令已出，敢有沮言，是國家命令不行於外，恩澤不逮於民矣。國政如此，則天下無事可行，皆欲守因循之弊（同上卷三，論復幷縣）。

如此，則「上失其威，下受其弊」；因此主張「愼乃出令，令出惟行」（同上卷一，條陳十事）。蓋雖然裁併縣邑，縮減員吏，而實際上等於集中力量，加强邊郡。因爲「陝西河東邊計不足」（同上，奏乞沿邊行贖法），如此自可節省國帑，以充邊用。

伏望聖慈速降指揮，下陝西河北河東路轉運司，昨來經減廢公用錢處，並令依舊；庶協典禮，稍息物論（同上，奏請諸州公錢依舊）。

邊費充足之後，則易於制敵，而爭取勝利。故曰，由是邊臣率富於財，得以養士用間，洞見蕃夷情狀；每戎狄入寇，必能先知（同上卷三、答窃議）。

①讀史方輿紀要卷四七開封府載曰：「開寶九年太祖幸洛，欲留都之，羣臣及晉王光義力諫。太祖曰遷河南未已，終當居長安耳。光義問故，曰吾欲西遷，據山河之險，以去冗兵，循周漢故事，以安天下也。光義等復力請還汴，帝不得已從之，歎曰：「不出百年，天下民力殫矣。」

②宋史載：「國家都陳留，當四通五達之道，非若雍雒有山川足恃，特倚重兵以立國耳。」（卷三一八，張方平傳）。

③陳恕曰：「古者兵出於民，無寇則耕，寇至則戰。今之戎士則以募致，衣食仰給縣官」（宋史卷二六七，陳恕傳）。

④文正條陳十事曰：「我祖宗以來，罷諸侯權，聚兵京師，衣糧賞賜豐足，經八十年矣。雖已困生靈，虛府庫，而難於改者作者，所以重京師也」（范文正公集卷一）。

⑤案文正不但對陝西河北河東等地之邊政極為重視，即對西南東南等區亦重視，如：「至於川廣荆湖近蠻之處，亦乞重選知州軍都巡檢等，以鎮邊界，存活生民」（范文正公集卷二，奏乞令樞密院三班選人連呈）。

（乙）選將材、練士卒

（一）

孟子曰：「入則無法家拂士，出則無敵國外患者，國恒亡」（孟子、告子下篇）。反而言之，如果入則有法家拂士，出則有敵國外患者，應該國恒昌才是。而宋代雖然兩者皆有，但國家却仍處貧弱之中，主要原因是「人不知戰，國不慮危」（范文正公集卷七，上時務書）。固然「廟堂之上焦心勞思，忘寢廢食以憂之」（司馬溫公集卷三，進五規狀）。但仍然在因循與姑息之氣氛中，以維持現狀與裝飾和平；所以文正於仁宗天聖三年（公元一〇二五）慨然論之曰：

今天下休兵餘二十①。昔之戰者今已老矣，今之少者未知戰事；人不知戰，國不慮危（范文正公集卷七，上時務書）。

就當時之時局論之，可說「夙將死亡殆盡，廂禁之兵，僅存名籍」（王夫之：宋論卷四仁宗）。但仍然「將帥之不選，士卒之不練」；誠爲國家最大的「可憂之事」（司馬溫公集卷三，進五規狀）②。其時敵我雙方之國情民性不同，如此，絕非久安之策，如仁宗時，王沿曰：

宋興七十年，而契丹數侵趙貝魏之間③，先朝患征調之不已也，故屈己與之盟。然彼以戈矛爲耒耜，以剽虜爲商賈，而我壘不堅，兵不練，而規規於盟歃之間，豈久安之策哉（宋史卷三〇五，王沿傳）。

文正爲憂民憂君之人④，對於「將帥之不選，士卒之不練」的時弊與隱憂，當然思之最周，慮之最詳，故經常選拔軍官務求其閱歷豐富，「慣習邊事」，且以久任爲原則。

揀選少壯有精神者，並與三路邊上差遣，令慣習邊事；或年甲雖高，素有心力，未至衰老者，亦可充邊上知州軍駐泊都監勾當，頗濟事務（范文正公集卷二，奏令樞密院三班選人）。

更常切於武臣中選人，及令三班院亦常選人，逐月一度，具選到人姓名，聞奏引見，與沿邊次邊差遣。所貴邊上多得有精神心力之人，既久於其事，則漸增胆勇，緩急可用；此乃養育將材，禦備戎寇之要也（同上）。

文正既重視「軍功」，當然必重視「行伍」，所以常於行伍中選拔軍事人材，加以教導。

臣竊見邊上甚有弓馬精强，諳知邊事之人，則未曾學習兵書，不知爲將之體，所以未堪拔擢；欲乞指揮陝西路河東逐路經畧司，於將佐及使臣軍員中，揀選識文字的有機智武勇，久遠可以爲將者，取三五人，令經畧部署司參謀官員等，密與講說兵馬，討論勝策。所貴邊上武勇已著之人，更知將畧，或因而立功，則將來有人可任（同上卷一，奏乞令經畧部署司講說兵書）。

由其「講說兵馬」與「討論勝策」二語視之，則知文正之部隊頗具教育性與學術性；再就「武勇已著」與「因而立功」二語視之，則知文正將兵，頗重武勇與軍功。如此則戰爭與學術結合，部隊素質自必日爲提高，而武勇之士苟能立功，亦絕有升遷之機會，士氣又必因之高張與振奮。文正所以能夠制敵致勝、立功邊疆者，此爲其主要因素之一。

（二）

文正不獨重建軍政事功，尤重培育人材，儲爲國用；其駐節邊陲期間，對於將佐人材，尤特留意。蓋以宋代當時之國情與國勢論之，固需要文材，尤需要武材。文正對部屬瞭解至深，考核至切，每將培育之將材，分等呈報，並爲保舉，俾其錄用。

> 臣等在邊上，體量得材武可用將佐人數如後：第一等：涇原路部署狄青，有度量勇果，能識機變。鄜延部署王信，忠勇敢戰，身先士卒。環慶路權鈐轄知環州种世衡，足機畧、善撫馭，得蕃漢人情。環慶路鈐轄范全，武力過人，臨戰有勇。第二等：鄜延路都監周美，諳練邊情，及有武勇。知保安州軍劉拯，有機智胆勇， 性亦沉審。秦鳳路都監謝雲行，勇力有機，今之驍將。 延州西路巡檢使葛宗古，弓馬精强，復有胆勇。鄜延路都監譚嘉震、勇而有智，戰守可用。涇原路都監黃士寧，剛而有勇，可當一隊。鄜延路鈐轄任守信，能訓練，有機智。涇原路都監許遷，訓練嚴整，能得衆情。秦鳳路鈐轄安俊，勇而有辯，倉卒可使。 環慶路都監張建候，知書戢下，可當軍隊。鄜延路都監張宗武， 精於訓練，可備編裨。數內劉拯張建候張宗武，雖曾改轉一資，比諸將未至優異；臣等今同罪舉保此三人，乞各轉兩資，

及移易差遣（范文正公集卷二、奏邊上得力材武將佐等姓名事）。

由文正所呈報與擧保之將佐人材中之各項優異事蹟觀之，則知文正之治軍，頗重忠勇、胆識、機畧、機變，能訓練，性沉審，善撫馭，諳邊情；能得衆情，及能得蕃漢人情等。文正之部隊性能如此，而文正之所以能夠沈着致勝者，其原因亦正如此。

（三）

文正一向主張「長帥之才，不敢輕易選用」（范文正公集卷一、答手詔五事）。但對優秀將才，亦絕不輕易埋沒，除掉多加培養⑤，與集體呈報外（如前段所述），對建立戰功之個別案件，則必予單獨呈報，以求晉級重用。

竊見環慶敎押軍陣奉職張信，自殿侍在邊上，累次與西賊鬬敵。前在延州趙瑜等手下作前隊，殺退蕃賊，得趙瑜等銀盌衣服。後來趙瑜等並轉三資，張信即未酬奬。其人氣豪胆勇，武力過人，爲一時之猛士，在指使中，少見其比。欲乞朝廷特與改轉一侍禁，送种世衡手下，管押軍隊分撥，與禁軍一兩指揮，專切敎習，獨作一隊，爲奇兵使喚，必能身先士卒，以立勝功（范文正公集卷二，奏乞酬奬張信）。

案張信爲「氣豪胆勇，武力過人」，且「少見其比」的「一時猛士」。曾立軍功，但被漏奬，文正所以呈請補行叙奬，並將其由趙瑜部調遷种世衡部而令之「獨作一隊」，以「專切敎習」者，則或因趙部已訓練有素，而种部當時正需「氣豪胆勇」之猛士爲之訓練；此爲文正之忠心處，亦爲文正之細心處。蓋張信蒙文正特案報請調昇，則其「必能身先士卒，以立勝功」，自爲意中之事。所以，文正此擧固爲愛部屬，亦爲愛國家。

（四）

文正固注意培養軍官，選拔將佐，但爲振作軍心，與提高士氣，亦頗重精簡，時作淘汰。所有老年病患之人，即等第與剩員安排。其逐指揮人員年老疾患不得力者，亦便揀選別與安排（范文正公集卷二、奏乞揀選邊上屯駐兵士）。

此中所謂「安排」者，即爲妥善處置之意，此固文正之愛心，亦其忠心；蓋對退伍軍人善爲安排，固屬安定後方，尤可鼓舞士氣。文正之用心，亦確是爲此，不獨對退伍軍人善予安排，並對軍人眷屬亦優予照顧。

安邊御衆，須是得人心，優恤其家，厚其爵祿，多與公用錢，及屬州課利（同上卷三，答竊議）。

命將帥李漢起等十三人，分守西北諸州，家族在京者，撫之甚厚；凡軍中事，悉許便宜（同上）。

欲將士用命，除鼓舞士氣外，尤應推恩以結其心；文正雖然重命令⑦，尤能布恩澤。選拔將佐時，固能注意不因小疵而棄其武勇之長⑥，一旦選中任命，則保障其爵位，俾其安心樹威，爲國效命。

滕宗諒是都部署經畧使，一旦逐之如小吏，後來主帥豈敢便宜行事，亦無以立威；人皆知其自不可保。且將帥樹威者，是國家爪牙之威也，須假借勢力，方能集事（范文正公集卷二，奏雪滕宗諒）。

案文正之意，「雖國家威令不可不行」，但亦不可「使邊臣憂惕，不敢作事」（同上）。所以當國家急求軍功之際，即使將帥偶有過犯，亦需推諒之，曲全之。

非滕宗諒張亢勢力，能使臣如此竭力也，蓋爲國家邊上將帥中，未有曾立大功，可以威衆者。……若一旦以小過動搖，則諸軍皆知帥臣非朝廷腹心之人，不足可畏，則是國家失此機事，自去爪牙之威矣

（同上、再奏辯滕宗諒張亢）。

若士卒感到「朝廷待將帥少恩」時，則軍心立即瓦解，將如何禦侮殺敵，爲國建功！所以最愛部將而原諒之，亦即最愛國家而惜才也。

> 況劉滬是沿邊有名將佐，最有戰功，國家且須愛惜，不可輕棄。恐狄青因怒輒行軍法，則邊上將佐必皆銜怨，謂國家負此有勞之臣，人人解體，誰肯竭力邊事（同上，奏爲劉滬勘鞫）。

即使犯罪事實確鑿，亦應念其功而輕其罰；且應賜予寬貸，而減其刑責。

> 臣竊知延州西路都巡檢使葛宗古，爲侵用公使錢入己，奏案已上朝廷。臣昨奏陳邊上得力將佐，葛宗古實在其數。今恐審刑大理寺斷入極典，縱蒙朝廷寬貸，亦須降充近下，班行必然挫屈，更無勇戰之氣。……其葛宗古弓馬精強，復有胆勇，在鄜延路中，最爲驍果，今來朝廷選將之際，此人實恐難得。乞從正條定罪，然後議其末減（同上奏葛宗古）。

愛部將亦即愛國家，愛國家亦所以愛部將，文正之愛固基於仁，文正之愛亦屬於誠也。

（五）

「軍氣強弱」固然「繫於將校」，但若士卒素質太弱，亦難克奏軍功。文正對將佐固曾選精汰弱，對士卒亦如之。

> 計會逐處經畧部署司，勾集管下屯駐泊就糧諸軍人員，同共揀選，如內有年高脚手沉重，並疾患尫弱，不堪披帶，及愚戇全無精神，不能部轄者，並開坐申奏（范文正公集卷二，奏乞揀年高病患軍員）。

同時精爲校閱，分部敎練；先作禦賊之準備。

於是大閱州兵，得萬八千人，分爲六，各將三千人，分部敎之，量賊衆寡，使更出禦賊（范文正公集，補編二、范公傳）。

次則招募義勇鄉兵，模倣唐之府兵制，嚴加訓練，以作長期建軍計劃。

國家今於河北點得義勇鄉兵二十萬，亦如唐之有府兵也（同上卷二，奏乞選河北州縣官員）。

唯於初創之際，則選區辦理，以建示範，而「作諸郡之式」，始則用安京師，繼當推行全國。

倘聖慈念臣不避艱辛，尙留驅使，即於河東北陝西乞補一郡，臣得經畫邊事，一一奏論。或補二輔近州，臣得爲朝廷建置府兵，作諸郡之式，以輔安京師（同上，再奏辯滕宗諒張亢）。

請約唐之法，先於畿內並近輔州府，召募强壯之人，充京畿衞士，得五萬人以助正兵，足爲强盛。使三時務農，大省給贍之費；一時敎戰，自可防虞外患（同上卷一，條陳十事）。

文正治兵，頗重治本，蓋其既重訓練，又重補給，並且既備「牛酒以悅之」，又施「律罰以威之」，務期萬衆一心，有戰必强。

必須養育訓練，以期成功。在乎豐衣足食，使壯其力，積以金帛，示有厚賞；牛酒以悅之，律罰以威之。如此則兵有鬬志，將以增氣；雖二十萬衆，合爲一心，有守必堅，有戰必强（同上卷二，奏論陝西兵馬利害）

案文正之此一設施，不獨是長期計劃，亦爲整體計劃，實無異於全國動員。既需大批人力以配合，又需大量財力以接應。宋代之國勢是：「國家禦戎西北，而仰東南」（宋史卷四二六，陳靖傳）。因之特舉「才力精幹，達於時務」的許元充江淮制置發運判官，並舉「素有時材，不避艱苦」的張去遠充陝西轉運判官（范文正公集卷二、奏舉張去遠許元）。另設類似現在聯合勤務總司令部之機構，專責統籌購置「牛皮、筋角、弓弩材料、箭幹、鎗幹、膠鰾、翎毛、漆蠟等」一切軍需用品（同上卷一、置官專官軍須雜物）。唯欲期「三軍樂戰」，必使「百姓樂輸」⑧，這又須要全國地方官吏的有效配合，通力支持，故文正曰：「與陛下共理天下者，唯守宰最要耳」（范文正公集、補編一、論擇知州）。主張罷黜其不稱職者⑨，而選任其稱職者⑩，並且「須命一二才臣專往河北，與轉運使安撫使，令行按察逐處知州知縣令……仍授以訓兵之要」（范文正公集卷二、奏乞選河北州縣官員）。可知文正不僅以政治配合軍事，且直等於以後方參與前方；其以全民動員之方式以振作士氣，誠無異於今日總體戰也。

①此謂「休兵餘二十所載」者，即指宋眞宗景德元年（遼聖宗統和二二年，公元一〇〇四年）與契丹所訂之「澶淵三盟」以後之歲月而言（見宋史卷二八一、寇準傳）。

②其尤可憂者，且不止於「將帥之不選，士卒之不練」，尚有甚於此者，如司馬光曰：「幸而烽燧息……則明王舉萬壽之觴於上，郡公百官歌太平縱娛於下，晏然自以爲長無可憂之事矣」（司馬溫公集卷三、進五規狀、遠謀）。

③趙州（河北趙縣）、貝州（今河北清河縣）、魏州（今河北大名縣）。

④文正曰：「居廟堂之高，則憂其民，處江湖之遠，則憂其君；是進亦憂，退亦憂」（范文正公集卷八、岳陽樓話）。

⑤文正曰：「所貴邊上多得有精神心力之人，既久於其事，則漸增胆勇，緩急可用，此乃養育將材，禦備戎寇之要也」（范文

正公集卷二、奏乞令樞密三班選人進呈）。

⑥文正曰：「愼乃出令，令出惟行。準律文，諸被制書有所施行，而違者，徒二年，失錯者杖一百。又監臨主司受財而枉法者十五匹絞。蓋先王重其法令，使無敢動搖，將以行天下之政也」（范文正公集卷一、十事條陳）。

⑦文正曰：「……內曾有過犯人，如武勇出倫，亦別具姓名聞奏。本班人員，不得抑遏漏落，當行勘斷」（范文正公集卷二、奏乞揀有武勇心力人）。

⑧文正曰：「乞朝廷速爲大計，使百姓樂輸，三軍樂戰，則夷狄不利，中外無憂。山海之利，何足以吝」（范文正公集卷二、奏論陝西兵馬利害）。

⑨文正曰：「臣料按察使奏黜者，不過老昧貪猥之人，存留者不過勤謹畏懼之士。其馭衆防亂，恩威得所者，未必多也」（范文正公集卷二、奏乞選河北州縣官員）。又曰：「比年以來，不知選擇，非才貪濁老懦者，一切以例除之，以一縣觀一州，一州觀一路，一路觀天下，則率皆如此；其間縱有良吏，百無一二」（同上補編一、論轉運得人許自擇知州）。

⑩文正曰：「欲守宰得人，請詔二府通選轉運使，如不足，許權擢知州人，既得人，卽委逐路自擇知州不任事者罷之。仍令權擢幕職官，如是行之，必舉皆得人。凡權人者，必俟政績有聞，一二年方眞授之，雖以精擇，尙慮有不稱職者，必有降黜，直俟人稱職而後已。仍令久其官守，勿復數易；其有異政者，宜就與升擢之」（范文正公集、補編一、論轉運得人許自擇知州）。

（丙）首防遼、次制夏

（一）

陳寅恪先生之治唐代政治史，特注意「外族盛衰之連環性及外患與內政之關係」（陳著唐代政治史述論稿下篇）。依此觀點而視宋代，則宋之情况較唐嚴重；蓋唐之外患乃遞相迭興，而宋之外患乃同時並存。例如契丹所以欲求割地與增幣，乃趁西夏之叛，而宋之所以允增其幣，亦以西夏之叛；契丹得增歲幣而夏無所穫，則因之寇邊益急（見宋史卷三一三、富弼傳）。對這種「屢敗於西而元昊張，啓侮於北而歲幣增」的遭遇局面（宋論卷四，仁宗），王夫之謂之「起伏相代，得失相參」；故曰：「契丹脅之，而竭力以奉金繒，元昊乘之，而兵將血於原野」（同上）。當時宋遼夏三方，皆以攻心伐謀之術以相牽制①，而宋於積弱之後②，最怕二虜聯合，互爲犄角。如劉平曰：

萬一元昊潛結契丹，互爲犄角，則我一身二疾，不可復治（宋史卷三二五、劉平傳）。

雖然二虜尚未結成陣線，但爲謀宋却消息靈通，如：

若元昊使還，益有所許，契丹聞之，寧不生心！無厭之求，自此始矣（宋史卷三、二〇余靖傳）。

元昊屢戰屢勝，且倚北戎事勢，雖求通順，實欲息肩，亦如北戎大獲厚利，候其物力稍豐，可以舉衆，則必長驅深入，有吞並關輔之志（范文正公集卷二、奏陝西河北攻守策）。

朝廷也認爲遼夏是中國的兩大患，極爲重視，故於慶曆七年（公元一〇四七）五月詔：「西北二邊有大事，二府與兩制以上雜議之」（宋史卷十一、仁宗紀）。但在意識上似感覺夏禍較遼禍爲重，如余靖曰：「倘移西而備北，爲禍更深」（宋史卷、三二〇余靖傳）。所以慶曆三年（公元一〇四三）七月，命任中師宣撫河東，范仲淹宣撫陝西（宋史卷十一、仁宋紀）。案：時文正爲樞密副使，地位高於任中師。

（二）

文正雖亦以西夏「與契丹並立，夾困中國」（范文正公集、補編一、論元昊請和不可許）。但其終以北禍憂過西禍，故曰：「今西北二方，交困中原，驍盛如此，國家禦捍，實在三邊」（范文正公集卷二、奏令樞密院選人進呈）。而所謂「三邊」者，乃河北陝西河東，其兩面制遼，而一面制夏（同上，奏策試緣邊差遣事）。其所以云：「今西北聳動，在北爲大」者（同上卷九、又上呂相公書），乃有其前瞻後顧之理由的，如云：

唯石晉藉契丹援立之功，又中國逼小，纔數十州，偷生一時，無卜世卜年之意，故薦臨於彼，壞中國大法，而終不能厭其心，遂爲吞噬，遂成亡國。一代君臣，爲千古罪人。自契丹稱帝，滅晉之後，參用漢之禮樂，故事勢強盛，常有輕中國之心（同上，補編論元昊請和不可許）。

則北戎邀功，自爲主盟，下視中國，要求無厭，多方困我，而終於用兵矣(同上卷二、奏陝西河北攻守策)。

契丹不獨在歷史背景上因「邀功」而「常有輕中國之心」，並且時在備戰，俾其將施於石晉的故技而施於趙宋。文正以憂國之心，對此當然注意。如曰：

臣三四年來，聞人所傳，契丹造舟安輪，遇陸可載，遇川可濟。如南牧而來，於滄德之間③，先渡黃河，取鄆濮④，而襲我京城（范文正公集卷三、又乞修京城）。

> 故契丹之心于今驕慢，必謂邊城堅而難攻，京師坦而無備，一朝稱兵，必謀深入。我以京師無備，必促河朔重兵與之力戰，戰或不勝，則胡馬益驕，更無顧慮，直叩澶淵，張犯闕之勢，至時遣使邀我，欲以大河爲界（同上卷二、河北備策）。

基於此等觀察與認識，是以雖然富弼認爲契丹不會進犯，而文正則認定其必攻河東（同上、褒賢集五）。與韓琦皆主張西和元昊後，仍宜專備契丹（韓魏公集卷十三、家傳）。因爲「契丹元昊本來連謀」（范文正公集卷二、奏乞拒契丹所請元昊和約）。所以當西北二虜「交困中國」之際，而文正則主張「國家禦戎之計，在北大爲」（同上、河北備策），蓋元昊所以「凶驕」，正是「外倚北戎，內凌中國」（同上陝西和策）。果然不出文正所料，契丹竟藉口西征，而企圖挾於中國。

> 顯是契丹虛稱爲朝廷西征，駐重兵於雲朔⑤，如元昊以誓書未立，入寇河東，亦足相爲聲援，得至則享厚利；如元昊更不入寇，納誓書於朝廷，則契丹自爲因行討伐，使元昊進退有利，而俱爲我害也（同上卷二、奏爲契丹請絕元昊進貢利害）。

因文正早已認淸契丹之陰謀，故能預作預備，復因正對西夏用兵，當時的宋代，無論如何不能兩面迎敵；故文正的決策是：「以和好爲權宜，以戰守爲實事」（同上、奏陝西河北攻守策）。釋言之，文正之制遼，乃是不屈不戰之謀。如曰：

> 彼有割地之請，可拒而弗許矣；彼求決戰，可戒諸將持重而勿出矣（同上卷三、又乞修京城）。

先求穩住局面，安定士民，然後「大議備邊」，並「遣使往來」（同上卷二、奏爲契丹利害）。如此，則雖然「胡馬豪健，晝夜兼馳，不十數日，可及澶淵」（同上，乞修京城劄子）。然文正之「大議備邊」者，乃使虜「知我有備」；「遣使往來」者，乃使虜自知「無必勝之理」（卷二、奏爲契丹利害）。如此則虛中有實，實中有虛，自可不傷國力，而達到對契丹攻心伐謀之目的。如文曰：

彼知京師有備，大軍持重，則南牧之志，不得而縱。足以伐其謀矣（卷三、又請修京師劄子）。

如此膠住遼兵之後，則我方自可變被動爲主動，其戰畧是「因其隙而圖焉」（同上），而主要戰術則是：

銳則避之，困則擾之；夜則驚之，去則躡之（同上）。

如此，則契丹已被困沮，自然「不敢輕舉」，則我方便達到「盟約可久」之目的（卷二、奏陝西河北攻守策）。案宋代當時之國力，亦只能北和契丹，始可西戰元昊⑥。

（三）

文正雖然制勝西夏而立功邊疆，此功應屬顯功；而其所以能夠制勝西夏者，正是因爲制服契丹的成功，此功應屬隱功；蓋前者爲人注意，後者爲人忽畧也。其所以認爲「禦戎之計，在北爲大」者，就是因爲「北久戎强」；故文正曰：「敢不經心」（范文正公集卷二、河北備策）。而契丹所以敢於「驟變詭謀，稱兵燕薊，有背盟之變，割地之請」者（同上），就是因爲契丹在長期備戰中，國力已有長足發展。

契丹素善攻城，今探得點集床千弩並砲手，皆攻城之具，與昔時不同（卷二、奏定河東捍禦策）。

而宋代雖當「北戎久强」之前，却竟過着太平生活，以致「休兵三十年，廢武備也」（見註二）。是以雙方國力成爲顯著的對比，誠爲當時一大隱憂。

河東軍馬不多，名將極少，衆寡不敵，誰敢決戰，此大可憂也（范文正公集卷二、奏定河東捍禦策）。

案文正最憂「河東一傾，危逼宗社」（同上）。限於國力，一方面作禦敵安邦之準備，作長久相持之計劃；一方面使敵人「知我有謀有備，不敢輕舉」（同上、奏陝西河北攻守策）。其抱定之宗旨是：

國家用攻則宜取其近，而兵勢不危，用守則必圖其久，而民力不匱（同上卷三、議守）。

案契丹一面「遣使來朝廷」，一面「大發兵馬」（卷二、奏定河東捍禦策）；則其「豈肯虛舉而善退」（同上、奏爲契丹利害）！文正制敵之策，主要有二：一爲「急於教戰」，一爲「訓練義勇」。其具體措施是：

授以新議八陣之法，遣往河北閱習諸軍，使各知循環奇正之術，應敵無窮（卷二、河北備策）。

今河北所籍義勇⑦，約唐之府兵法制，三時務農，一時教戰（同上）。

並且除修建汴州外城，以防「契丹一舉直陷京師」外（同上），並經營洛陽以作長久之計，如文正論西京事宜箚子（卷三）曰：

數年之間，庶幾有備；太平則居東京通濟之地，以便天下；急難則居西洛險固之宅，以守中原（參閱本節甲項（一））。

由文正訓練河北義勇、精選河北官員、鞏固汴州、經營洛陽等諸措施看來，其確視契丹爲大敵，認爲其爲患較西夏嚴重。而文正之最終目的並非維持現狀爲滿足，乃是爲雪「中原千古之恥」，與收復燕雲十六州之失。故曰：「當訓兵養馬，密爲方畧，以待其變；未變則我不先舉，變則我有後圖；指彼數州，決其收復」（范文正公集卷二、河北備策）。王夫之曰：「宋於此時，急在北而不在西明矣」（宋論卷四、仁宗）。文正之謀國，可謂先得王氏之同。想靖康間之當國者，若能如文正之深謀遠籌，則何至於首都淪陷、二帝蒙塵！

①例如宋仁宗康定元年（公元一〇四〇），遣使以討元昊告契丹。慶曆四年（公元一〇四四），契丹遣使來告伐夏國。皇祐元年（公元一〇四九），契丹遣使來告伐夏國。至和元年（公元一〇五四），契丹遣使來告夏國平（宋史卷一〇——一二、仁宗紀）。

②歐陽修曰：「宋北和契丹，西和西夏，休兵三十餘年，廢武備也」（歐陽永叔集卷十八、言西邊事宜第一狀）。

③滄州（今河北滄縣）、德州（今山東德縣）。

④鄆州（今山東東平縣）、濮州（今山東濮縣）。

⑤雲州（今山西大同縣）、朔州（今山西朔縣）。

⑥北和契丹似爲宋之既定國策，在當時之國勢下，似乎亦必須如此，如史載：「元昊既臣而與契丹有隙，來請絕其使，議者不可，張方平曰：得新附之小羌，失久和之強敵，非計也」（宋史卷三一八、張方平傳）。

⑦至於河北所籍義勇之數目，文正曰：「國家今於河北點得義勇兵二十萬，亦如唐三有府兵也」（范文正公集卷二、奏乞宣河北州縣官員）。

貳、政治思想

（甲）尊君與愛民

（一）

中唐以後迄於五代之政局，所以終難步上正軌者，其癥結就在「君弱臣强，正統數易」（陳亮：龍川全集卷一，上皇帝第三書）。形成此一癥結之主要原因，則爲「朝廷之權，散之四方」（通鑑卷二六二、韓偓語）。而此一原因之造成，則由於唐代安史之亂以後所留下的藩鎮之禍，至其極，不但藩將抗上，並有驕兵作亂。唐之中葉既失其紀綱，而藩鎮橫，及其後也，藩鎮復不能自有其威令，而士卒驕。五代之亂，帝王屢易者非藩鎮也，士卒也；雖然藩鎮居士卒之上，而士卒依藩鎮以爲名，見者不察，而以其患專在於藩鎮（葉適：水心集卷五、紀綱二）。

所以宋自太祖禪代之後，其「立國定制」之主要措施，「皆以懲創五季，而矯唐末之失策而言」（同上卷三、法度總論二）。對此，陳亮所云較爲簡明精要。如：

藝祖皇帝一興，而四方次第平定，藩鎮拱手以趨約束，使列郡各得自達於京師，以京官權知，三年一易，財歸於漕司，而兵各歸於郡。朝廷以一紙下郡國，如臂之使指，無有留難；自筦庫微職必命於朝廷，而天下之勢一矣（龍川全集卷一、上皇帝第三書）①。

所以，宋代之撥亂返治，最主要之途徑，莫過於從事士民的心理建設，也就是提倡尊君運動。案以上所述者，乃皇家自作之治標措施，須士民內心都能警悟尊君的重要，才是治本的要務。文正對此不獨思之最詳，且論之至切。如曰：

恒陽動陰順，剛上柔下，上下各得其常之時也。天尊地卑，道之常矣。君處上，臣處下，理之常矣。男在外，女在內，義之常矣。天地君臣男女各得其正，常莫大焉（范文正公集卷八、易義）。

其認爲「三陽爲乾，君之象也」；「三陰爲坤，臣之象也」（同上）；上下相監臨，相維繫，乃是天經地義之勢，必如此天下始得而治。

萃澤處於地，其流集矣；上說下順，其義親矣。物情和聚之時也，上以說臨下，下以順奉上，上下莫不聚乎！天地亨而萬物以類聚，大人亨而天下以義聚（同上）。

所以臣民之對君主，則應該因竭誠擁戴而安其位與崇其德，惟有如此始能營造出中國傳統政治之極致表現——「以見大人之造，以見王化之基」。

保于域中，既永綏於南面，貴乎天下，自可象於北辰；當其穆穆承乾，巍巍立極，必先安之於位，然後崇之以德；闡茲神化，既天啓於一人，固此鴻基，方君臨於萬國。念茲在茲，高而不危；于以見大人之造，于以見王化之基；是謂國之寳也（范文正公集、同上）。

因此，文正對君主，極盡崇仰之眞忱，與極盡贊揚之能事。在其筆下，可說寫盡了君主之盛德盛象。

穆穆皇皇，爲天下王，宅六合而化何有外，育兆民而道本無疆。廣若乾坤，曷有能踰之者；明借日月，曾無不照之方。混同夷夏，運德車而無不至焉；闢義路而何其遠也。普天率土，盡關宵旰之憂；九夷八蠻，無非臣妾之者。其仁蕩蕩，其道平平，視之不見，尋之無邊；誠厚載之象地，亦洪覆之配天（同上卷五、王者無外賦）。

案文正此說不但精論了君主政治之眞義，亦肯定了君主政治之特質；蓋其「視之不見，尋之無邊」者，正是「君子之德風，小人之德章」（論語，顏淵篇）之另一說法；這雖是治象，亦爲化境；寓無爲於有爲，化有爲於無爲；故曰「其仁蕩蕩，其道平平」。對如此之君主，文正贊之曰：「言其實則非常之實，謂其大則强名之大」。又曰：「大哉君以守位，位以居君」（同上）。因爲這樣的君主，既能對人負責，又能對天負責；易言之，其既能對政事「遂通」，又能對人民「化變」，所以其爲民本主義的君主政治。

惟神也感而遂通，惟化也變在其中。究神明而未昧，知至化而無窮。通幽洞微，極萬物盛衰之變；鈎深致遠，明二儀生育之功（范文正公集卷五、窮神知化賦）。

由於其在無爲中表現了有爲，在有爲中又表現了無爲，所以其蒞百姓與臨百官之表現，是「不疾而速」與「不怒而威」（同上）。

不疾而速，思左旋右動之機；不怒而威，悟福善禍淫之道（同上）。

其所以爲能令民「自化」的聖君，就是因爲其「神而有要」與「智以無爲」。案：其所以「有要」乃以「神」，其所以「無爲」乃以「智」，而這「神」與「智」者，又非常人可及，可見儒家主張的君主必上智之士，頗異於法家所主張者——只要中智者，則單憑「抱法處勢」就可爲治②。

（二）

中國爲大國，治大國則必須强君，宋代爲弱國，振弱國尤須强君。此一政治原理，以「博通六經之旨」的文正當然深知而詳悉之，故在理論上極力崇揚君主的神聖偉大，「亦若大衍攸虛，爲四營之本也；太陽無二，作七政之首焉」（范文正公集卷五、聖人抱一爲天下式賦）。更說明在實際政治中，一位英明偉大領袖之重要性與需要性。

于以見上下交泰，于以見遠近咸和；九霄之皇澤下施，無遠弗屆，萬國之黔黎受賜，其樂如何？故知覃及鬼方，守在海外，書同文而車同軌，地爲輿而天爲蓋；如春之德，廣育而萬物咸亨，若海之容，處下而百川交會。大矣哉自南自北，覆之育之，見兆民咸賴，信一人不遺。五霸何知，據山河而一戰，三王有道，流聲教於四夷（同上、王者無外賦）。

尤其宋代當時的領袖，爲「天性仁孝寬裕」的仁宗（宋史卷九、仁宗紀），則天下士民更應向心擁戴，俾藉向心而集中意志，藉擁戴而產生力量；惟有如此始可「播皇風於無際，守鴻圖而可久」。其眞正穫益者固爲國家，亦爲人民。

今我后寅奉三無，光宅九有；播皇風於無際，守鴻圖而可久。夫如是四海九州，咸獻無疆之壽（同上）。

欲求君主能夠「抱一而萬機無事，爲式而庶彙有倫」（同上卷五、聖人抱一爲天下式賦）。而處於宋代之政治背景與政治現況，尤須倡導强君弱臣之說，其强弱之不可對比，正如海洋之與百川，太陽之與羣星。

是以君道宜强，臣道宜弱。四瀆雖大，不可受百川之歸；五星雖明，不可代太陽之照。臣按大易之義，坤者柔順之卦，臣之象也，而有履霜堅冰之防，以其陰不可長也。豐者光大之卦，君之象也，而有日中見斗之戒，以其明不可微也（范文正公集卷四、潤州謝上表）。

文正乃「爲子極於孝，爲臣極於忠」之人③，故其事君猶如事親，完全發乎至誠。

惟王孝於其親，可以訓天下之爲人之子者，忠於其君，可以訓天下之爲人臣者。惟忠孝之至誠，與天地而不泯（范文正公集卷五、祭英烈王文）。

此一至誠之赤心，久而彌篤，至老不變，所以遺表中猶曰：「生必盡忠，乃臣節之常守；沒猶有戀，蓋主恩之難忘」（范文正公集卷四）④。由於文正深信「朝廷惟一，宗廟乃長」（同上、潤州謝上表）。故主張對皇儲善加輔導，俾達到君明國强與長治久安的理想。

眷惟元子，萬邦重器，道心之微必究，王業之難必知，性習惟其初，左右惟其賢，爾周爾召，往師傅焉，講善體政，欲有觀焉（范文正公集卷五、皇儲資聖頌）。

爲了建立與增强君主之神明與威信，主張不應輕易進諫⑤；但爲了輔君以成堯舜之主，又不得不諫⑥。所以文正事君之心「雖知屢困」，亦唯有「日勉一日」（范文正集卷四、讓觀察使第一表）。但在君主至上與尊君爲要的前提下，亦唯有屈臣以伸君；文正所建之政治理論如是：

剛而上者宜乎主，柔而下者宜乎臣；愼時行時止之間，寧迷進退，察道長道消之際，自見屈伸（同上的五、易兼三材賦）。

因爲雖然「懷社稷之計，動發危言」；但應慮及「雖欲必盡其心，奚能久安於伍」（同上卷四、謝轉禮部侍郎表）所以文正所堅守的原則是：「思苦口以進言，勵淸心而守道」；唯求其「淸心」足以「上酬君父，旁質神明」

是已（同上、謝賜鳳茶表）。

（三）

就是因爲文正極重尊君，所以孫明復「著春秋尊王發微，得經之本義爲多」，是以擢拜爲國子監直講⑦。

亦正因文正之尊君思想有以使然，所以天聖七年（公一零二九）冬至，仁宗欲率百官爲章獻太后上壽，當時「詔下草儀注，搢紳失色相視，雖切切口語，而畏憚無一敢言者」。文正以爲雖然仁宗「專欲躬孝德以勵天下」，但終覺得「人主北面，是首居下」，且認爲以此或爲「后族强偪之階，不可以爲法」（范文正公集、褒賢一、富弼撰墓誌銘）。因此獨爲抗疏曰：

> 天子有事親之道，無爲臣之理，有南面之位，無北面之儀。若奉親於內以行家人禮可也，今顧與百官同列，虧君體，損主威，不可爲後世法（范文正公集、年譜、四十一歲）。

終因此奏「遂罷上壽儀，然后頗不懌」，致由秘閣校理出爲河中府通判（富撰墓銘誌）。文正此一當朝倡導尊君的義舉，對於當時及後世的影響，均爲重大；故富弼贊之曰：

> 獻后謏節，姦謀請皇，下率百羣，北面奉觴。公聞駭走，出疏於囊，雖示民孝，君入臣行。願得元宰，外行故常，帝首宗之，內宴是將。衆爲公慄，公胆益張，于時非公，大節幾忘（范文正集褒賢一、富弼撰祭文）。

文正嘗曰：「臣不興諫，則君道有虧；君不從諫，則臣心莫寫」（范文正公集卷五、從諫如流賦）。觀其爲尊君而忠君，爲報君而諫君，則深信其言曰：「此道日益大，行行思致君」也（同上卷六、送張太傅）。

在理論上，其倡導尊君，固爲「一者道之本，式者治之筌」之義（范文正公集卷五、聖人抱一爲天下式賦）。而文正之尊君，則理論之外，又重視實際，即欲提高君主之權威，必由遵從其命令作起；換言之，政府應該加强命令之執行。

（四）

臣聞書曰：愼乃出令，令出惟行。准律文，諸被制書有所施行而違者徒二年，失者杖一百。又監臨主司受財而枉法者十五匹絞。蓋先王重其法令，使無敢動搖，將以行天下之政也。今覩國家每降宣敕條貫，煩而無信，輕而弗禀；上失其威，下受其弊（范文正公集卷一、奏乞如可經久即令施行等事）。

尤其主張「謹聖帝明皇之法，峻亂臣賊子之防」（同上卷八、說春秋序）。認爲「如賞罰頻失，將何以保太平之業」！故曰「惟賞罰之柄，駕馭天下」（同上卷二、奏議許懷德差遣）。雖如此，然非專制獨裁，且應分層負責，逐級授權。

天生兆人，得主乃定，萬機百度，不可獨當；內立公卿大夫士，外設公侯伯子男。先擇材以處之，次推公以委之，然則委以人臣之職，不委以人君之權（同上卷三，推委臣上論）。

伊六官之設也，所以經綸庶政，輔弼大君，治四方而公共，宅百揆而職分。克勤于邦，同致皇王之道；各揚其職，以成社稷之勳。王者富有八紘，君臨萬國，何以致熙熙之化，何以崇巍巍之德！欲行其教，必舉賢而授能；將至其功，故列官而分職（同上卷五、六官賦）。

爲保持君主的神威，加强君主的德望，則最好只讓其掌權，不讓其負責。所以文正亟力革除「內降之弊」。

屢上疏言內降之弊，引韋后爲戒；章獻厭世，擢爲右司諫，言楊妃不當稱太后，郭后不當廢（宋、張唐英、名臣傳）。

至於君主應該獨操的大權，則絕對不可轉讓，以防旁落。

若乃區區邪正，進退左右，操榮辱之柄，制英雄之命；此人主之權也，不可盡委於下矣（范文正公集卷三、推委臣下論）。

此一認識至爲深刻，此一主張亦至爲堅定，所以在遺表裏猶一再反覆陳述其義。

伏望階下調和六氣，會聚百祥，上承天心，下狥人欲，明愼刑賞而使之必當，精審號令而使之必行；尊崇賢良，裁抑僥倖，制治於未亂，納民於大中（范文正公集卷四）。

案：「明乃誠之表，誠乃明之先」；觀乎文正尊君思想之誠，與愛君意識之明，則知其「存乎誠而正性既立，貫乎明而盛德廼宣」（同上卷五、省試自誠而明謂之性賦）。

（五）

以尊君輕民與從令重罰爲治者，乃法家思想之特徵⑧，文正雖以尊君重法爲倡，但其又極愛民，蓋文正爲「少乃從學，游心儒術」之人（范文立公集卷四、遺表），則是既憂其民，又憂其君⑨，故曰：「樂以天下，憂以天下，先生志也」（范文公集卷四、增修祠堂記）。認爲國家之要務，端在「兼濟」與「惠民」。

夫利者何也？道之用者也；於天爲膏雨，於地爲百川，於人爲兼濟，於國爲惠民（同上卷八、四德說）。

君主雖然至高無上，但却「不以己欲爲欲，而以衆心爲心」；換言之，所謂「仁政」者，其義就在「順民」。

> 至明在上，無遠弗賓，得天下爲心之要，示聖王克己之仁。政必順民，蕩蕩洽大同之化；禮皆從俗，熙熙無不獲之人（同上卷五、用天上心爲心賦）。

> 王者廣育黔首，誕布皇明：闡邦政而攸叙，順民心而和平。……以爲逆其民而理者，雖令不從；順於民而化者，其德乃普（同上，政在順民心賦）。

政治事業之起碼要求，就是盡早解除最苦難者之痛苦；釋言之，就是必求民瘼民隱而善爲解決之。

> 大哉一人養民，四海咸賓，求瘼而膏肓曷有，采善而股肱必臻。修兆人之紀綱，何如修己；觀萬民之風俗，豈異觀身（同上、君以民爲體賦）。

> 達彼羣情，侔天地之化育；洞夫民隱，配日月之照臨。方今穆穆虛懷，巍巍恭己，視以四目，而明乎中外；聽以四聰，而達乎遠邇（同上、用天下心爲心賦）。

所以文正之尊君，則是「堯舜則舍己從人，同底于道」者；非如「桀紂則以人從欲，自絕於天」者。其理想之政治景界，則是萬民「靡靡」，衆生「忻忻」；故曰：「通天下之志，靡靡而風從；盡萬物之情，忻忻而日用」（同上）。又曰：「長戴堯舜主，盡作羲黃民，耕田與鑿井，熙熙千萬春」（同上卷六、答張太傅）。

（六）

文正之尊君，不獨有其理論之建立，亦有其行爲之表現，其愛民者亦如之。雖然文正急於攘除外患，收復失地（見本文第壹節（丙）項、三），但其念及天下生靈，只求固守中原，觀釁而動，絕不主張大舉用兵。

> 止北伐之威，以助養於生生；養南風之和，以飾喜於元元（范文正公集卷五、明堂賦）。

兵者凶器，食惟民天，出劍戟而鑄矣，爲稼穡之用焉（同上、鑄劍戟爲農器賦）。

天下最痛苦的人，當屬失掉家庭倫樂，而被長期集中勞役者，文正特曾放眼於此，故爲奏請減放宮中勞役。

> 臣不知今來宮中人數幾多，或供使有餘，宜降詔旨，特令減放，以遂物性（同上卷一、奏災異後合行四事）。

並請「遣使四方，疎決刑獄，非害人者，悉從減降」。又請「詔天下州縣長吏，訪問民間孤獨不能存活者，特行賑卹」。更請「詔逐處籍出陣亡之家，察其寡弱，別加存養」。至於「邊陲之民，被戎狄驅虜者」，則請「量支官物，贖還本家」（同上、奏爲災異後合行六事）。尤其累世欠負的貧苦之戶，則奏請「並與除放」，以紓民困。

> 次臣舊與在三司定放欠負，見滑州酒務有少欠雜物，係專副四十餘界，計八十年來，登載少數，又不顯侵欺；其勾當人亡歿年深，只追貧弱子孫理納，並不知祖父如何少欠，似此刻剝傷民，豈陛下愛育生靈之德。臣欲特出聖意，應祖宗朝天下欠負，更不問侵欺盜用，並與除放（同上、奏爲赦後乞除放神宗朝欠負）。

以其爲民父母之心，能作未雨綢繆之想，恐因災荒，引起飢民流移；故能先作計劃，俾爲預防。

> 今夏災旱，得雨最晚，民間秋稼，甚無所望，官中倉廩，亦無積貼，若不作擘畫，即百姓大段流移，殍亡者衆。……仍速行相度沿路如何計綱，即不至艱阻（同上、奏乞救濟陝西飢民）。

百姓之中，以農民爲苦，所以文正一面倡導因貴農而重穀，一面呼籲因憫農而節約。

資時者稼穡，務本者惟王；顧民食而可貴，爲國寶而允臧。田疇播殖之時，豈慙種玉；食廩豐登之際，寧讓滿堂。稽彼前賢，垂諸大雅，謂養民而可取，必重穀而無捨；惟農是務，誠天下之本歟（范文正公集卷五、稼穡惟寶賦）。

傷哉田桑人，常悲大紘急，一夫畊幾壟，游墮如雲集；一蠶吐幾絲，羅綺如山入，太平不自存，凶荒亦何及！神農與后稷，有靈應爲泣（同上卷六、四民詩）。

爲維護百姓之安全，則奏請剷除民賊，不令蔓延（范文正公集卷二、奏請捉殺張海等賊）。爲促進百姓之健康，則奏請精選生徒，研究醫學（同上、奏乞在京并諸道醫學教授生徒）。並爲重視民生民命，除對州縣長吏特加甄選外（見本文第壹節（甲）項、二），尤詔諸路轉運提刑察舉守令治狀者，以憑叙獎，並籍資推廣天下（宋史卷十一仁宗紀、慶曆四年）。

①葉適亦有此類議論（水心集卷一，上孝宗皇帝劄子一）。

②韓非曰：「且夫堯舜桀紂千世而一出，非比肩隨踵而生也。世之治者不絕於中；吾所以言勢者中也；中者上不及堯舜，而下亦不爲桀紂。抱法處勢則治，背法處勢則亂」（韓非子第四十篇，難勢）。

③按此語雖爲文正所撰唐狄梁公（仁傑）碑銘，亦係法賢況己之自述也（見范文正公集五、唐狄梁公碑銘、叢書集成本）。

④文正感恩忠君之心至誠至篤，又有詩曰：「君恩泰山重，爾命鴻毛輕，一意懼千古，敢懷妻子榮」（范文正公集卷、桐廬道十絕）。又云：「千年風采逢明主，一寸襟靈慕前賢，待看朝廷興禮讓，天衢何敢鬬先鞭」（同上卷七、依韻答胡侍郎）。

⑤史載：「公爲參知政事日，歐陽修、余靖、蔡襄、王素爲諫官，時謂之四諫，四人力引石介，執政從之。公獨曰：『介剛

正天下所聞，然性亦好異，使爲諫官，必以難行之事，責人君必行，少咈其意，則引裾折檻，叩頭流血，無所不爲。主上富春秋，無失德，朝廷政事亦自修舉，安用如此諫官也』。諸公服其言而罷」（范文正全集卷七、言行拾遺事錄、叢書集成本）。

⑥茲舉文正之詩兩首，以明其此志。其一曰：「身戴堯舜主，盡作羲黃民，耕田與鑿井，熙熙千萬春」（范文正公集卷六、答張太傅）。其二曰：「隴上帶經人，金門齒諫臣，雷霆日有犯，始可報君親」（同上卷七、桐廬道中十絕）。

⑦范文正公集卷七、附錄（叢書集成本）載曰：「公以孫明復居泰山之陽，著春秋尊王發微，得經之本義爲多，學者皆以弟子事之，公言其道德經術，宜在朝廷，召拜國子監直講」（參見東都事畧）。

⑧商鞅曰：「君尊則令行，官修則有常事，法制明則民畏刑。法制不明，而求民之重令也，不可得也。民不從令，而求君人尊也，雖堯舜之知，不能以治」（商君書第二十三篇，君臣）。韓非曰：「民治之不可用，猶嬰兒之心也；夫嬰兒不剔首則腹痛，不揊痤則寖益。剔首揊痤，必一人抱之，慈母治之，然猶啼呼不止；嬰兒不知犯其所小苦，致其所大刑也」（輕非子第五十篇，顯學）。又曰：「重刑少賞，上愛民，民死賞。多賞輕刑，上不愛民，民不死賞。……行刑重其輕者，輕者不至，重者不來，此謂以刑去刑。罪重而刑輕，刑輕而事生；此謂以刑致刑，其國必削」（同上第五十三篇、飭令）。

⑨參見第一節（壹）第二項（乙）註四。

（乙）育材與舉士

（一）

宋承五代干戈擾攘之後，勳臣武將餘威仍在，太祖雖「奪武臣之權」（宋史卷四三六、文苑傳序），但「皆以散官就第」者，只是少數高級將領（宋史卷二五〇、石守信傳）①，此乃「太祖削諸侯跋扈之勢，太宗杜僭僞覬望之心」的主要措施之一（宋史卷二九三、王禹偁傳）。但由於只知偃武而未興文，而文官之中「多不曉政事」，以致「人受其弊」（宋史卷四四〇、柳開傳）；歸結其時的文官通病，可說是「撫民無術，御吏無方」（宋史卷二六二、邊光範傳）。此種情形延到仁宗時，則又演成「玩弛」「徼幸」之弊。（宋史卷二九五、尹洙等傳論）。由此徼幸之弊，以形成冗員充斥，濫進之極；於是仕途壅擠，政府癱瘓，簡直無復政治效率之可言，其嚴重之情形，正如文正所說。

自眞宗皇帝以太平之樂，與臣下共慶，恩意漸廣，大兩省至知雜御史以上，每遇南郊幷聖節，各奏子充京官；少卿監奏一子充試銜，其正郎帶職員外郎，並諸路提點刑獄以上差遣者，每遇南郊，奏一子充齋郎，其大兩省等官，既奏得子充京官，明異於庶僚，大示區別。復更每歲奏存，積成冗官，假有任學士以上，官經二十年者，則一家兄弟子孫，出京官二十人，仍接次陞朝，此濫進之極也（范文正公集卷一、條陳十事）。

如此，則當然庸材塞路，而賢材被沮，只有效率日減，而綱紀日壞。如蘇軾曰：

是故天下既平，則削去其具，抑遠剛健好名之士，而獎用柔懦謹畏之人：不過數十年，天下靡然無復往時之喜事也。於是能者不自激發而無以見其能，不能者益以弛廢而無用，當是之時，人君欲有所爲，而左右前後皆無足使者，是以紀綱日壞而不自知（東坡七集、東坡應詔集卷一、策畧第四）。

由於「子弟充塞銓曹，與孤寒爭路」（范文正公集卷一、條陳十事），以致形成國家官吏「皆無足使者」，且至於「紀綱日壞而不自知」，誠屬時代積弊，與國家隱憂。故文正曰：「今文庠不振，師道久缺，爲學者不根乎經籍，從政者罕議乎教化；故文章柔靡，風俗巧僞，選用之際，常患才難」（同上卷九、上時相議制舉書）。

（二）

文正不獨指出時代積弊，與國家隱憂，更深切體認政治爲風雲際會之人才事業，欲挽救國家命運於積弱之後，亦非人才共舉不爲功。故曰：「邦有道則智，邦無道則愚；智則可與治國家安天下，愚則可與避怨惡而全一身」（范文正公集卷八、選任賢能論）。又曰：「惟君子之是任，政教昭宣；致王業之不忝，庶績咸若」（同上卷五、任官惟賢材賦）。更以「天下治亂，擊之於人，得人則治，失人則亡」（同上卷二、奏杜杞等充舘職）爲政治極則。故曰：

王者得賢傑而天下治，失賢傑而天下亂；張良陳平之徒，秦失之亡，漢得之興。房杜魏褚之徒，隋失之亡，唐得之興。故曰得士者昌，失士者亡（同上卷八、選任賢能論）②。

文正深知治國之理爲：「綱紀或隳，雖治必亂；俊哲所聚，雖危必安」（同上卷二、奏杜杞充舘職）。故曰：「天下之政也，惟賢是經，天下之情也，得賢而寧」（同上卷五、賢不家食賦）。是以特主求賢③，更主張育材。

夫善國者莫先育材，育材之方莫先勸學，勸學之要莫尚宗經；宗經則道大，道大則才大，才大則功大（范文正公集卷九、上時相議制舉書）。

至於育材之道，則以六經爲主，而以子書與史書爲輔；蓋其旣爲文化復興，亦爲心理建設；主要目的，當然是造就通材，以儲爲國用。

蓋聖人法度之言存乎書，安危之幾存乎易，得失之鑒存乎詩，是非之辯存乎春秋，天下之制存乎禮，萬物之情存乎樂。故俊哲之人，入乎六經，則能服法度之言，察安危之幾，陳得失之鑒，析是非之辯，明天下之制，盡萬物之情。使斯人之徒，輔成王道，復何求哉！至於扣諸子，獵羣史，所以觀異同，質成敗，非求道於斯也（同上）。

惟國家爲恒久的生命，政治爲綿延的事業，需才無限多，所以必須大量培養人才，繼續造就；故文正曰：「勸天下之學，育天下之才」（同上）。而培養與造就的途徑，則爲興學校，辦教育。

國子監及諸道郡學，聚天下之士，講議詩書，服翫禮樂，長養賢俊，爲國器用（同上卷一、奏乞兩府兼判）。

致治天下，必先崇學校，立師資，聚羣材，陳正道；國家崇儒敦古，右文致化，三京五府，多建庠序（同上卷三、奏乞王洙充南京講書）。

至於造就更高之學術人材以資大用者，則爲健全中央館閣制度，及加强學士院的課程與試務。

今後館閣臣僚，供職經二年，不就諸司職任者，乞特與恩例差遣，庶令英俊之游，日玩典籍，不親米鹽之務，專修經緯之業。長育人材，無尙於此（同上卷二、奏杜杞等充館職）④。

仍乞指揮學士院，各試文論二首，足以觀其才識，不令更試詩賦，恐詞藝小巧，無補大猷（同上、再奏乞召試前所舉館職王益柔等）。

文正深信只要教之有方，待之以時，必然人材蔚起，可以儲爲國用。且認爲人口愈來愈多，只要下力栽培，人才亦必愈來愈多；如云：「國家奄有四海，未必乏才，豈天地生人，厚於古而薄於今」（同上、補編一、奏乞舉智勇之人）！故文正奏曰：「今諸道學校，如得明師，尙可教人六經，傳治國治人之道」。並謂若欲「天下講學必興，浮薄知勸」；則須「進士先策論而後詩賦，諸科墨義之外，更通經旨，使人不專辭藻，必明理道」（范文正公集卷一、條陳十事）。且爲鄭重其事，則更「請命輔臣兼判，以總天下郡學」（同上、奏乞兩府兼判）。如此倡導之，推行之，則必然「濟濟多士，咸有一德」（同上卷三、奏乞王洙講書）。於是人才已盛，則國家自必因之而興，因建國「亦如大廈搆興，惟美材而是取；良工制作，得利器而允臧」。故曰：「非賢不乂，得士則昌；度其才而後用，授其政而必當」（同上卷五、任官惟賢材賦）。以是知文正認爲欲除舊布新以徹底整治時政，最爲首要要者，即由養賢育才作起；如云：「革去故而鼎取新，聖人之新爲天下也！夫何盛焉？莫盛乎享上帝而養聖賢也；享上帝而天下順，養聖賢而天下治，不亦盛乎」（同上卷五、易義）。

（三）

既重育才，必須尤重舉才，育而不舉或舉而不育，都等於「王道不興，與無賢同」（范文正公集卷十二、太府少卿孫公墓表）。

臣聞臣之至忠，莫先於舉士；君之盛德，莫大於求賢（同上卷二、奏荐胡瑗充學官）。

臣聞國家求治，莫先於擢才；臣之納忠，無重於舉善（同上卷三、乞召還王洙就遷職任事）。

其認爲「選之未精，用之未至」，乃爲國家之極大損失（同同、上補卷一、奏乞督責舉智勇之人）；必求選舉務盡，「庶無遺才」（同上卷一、續奏舉京官知縣）。漢代察舉之制，寓義至爲美善，文正主張應師其義而行之。

或爲德行文學之士，鄉里所推重者，不以應舉不應舉，許郡學士衆，舉履行善狀，詣所屬荐舉。逐處官員，更體量名實相副，保明聞奏，當議別行敦遣，以勸天下之士（同上、奏乞兩府兼判）。

乞擇舉主，令逐人於通判中舉知州一員，於知縣中舉通判一員，於簿尉中舉職官知縣一員。官蒙降敕至密院入遞次，臣看詳敕頭名署臣等上言，於理未便，欲乞只作朝廷憂勞之意，特選臣僚舉官，其體甚重（同上、續奏乞舉充京官知縣）。

更爲慎重其事，特對舉主課其責任，即文正自己舉人，亦每曰：「若不如舉狀，臣等甘當同罪」（同上卷二、奏舉姚嗣宗充學官）（註五）。是以所舉不當則與之同罪，但若所舉稱善則與之同賞；如此，則自然人皆樂舉，而又不取輕舉。

若將來顯有善政，其舉主當議旌賞；若贓汙不理，苛刻害民，並與同罪（范文正公集卷一、奏舉知州通判）

如將來頗立戰功，則明賞舉主；或屢敗軍事，亦當連坐（同上、補編一、奏乞督責舉智勇之人）。

對於舉荐之務，文正主張「精選不貳，明揚勿休」；亦即必須「察其言之所謂，觀其行之所修」（同上卷五、任官惟賢材賦）。按其所學與特長，分別爲之任官。

令三司定奪在京百司高下等第，各合係何等官職，及合入何差遣人勾當。既定高下等第，則陳乞之人，不敢踰越；所貴百司有倫，不至輕授（同上卷一、奏乞定奪在京百官差遣等第）。

宋代官制雖依年資磨勘而升遷調補⑥，但文正主張「政能可旌者，擢以不次；無所稱者，至老不遷」；俾使「人人自勵，以求績效」（范文正集卷一、條陳十事）⑦。雖已任清望官，亦須「共五人同罪保舉，並三周年內無私罪者，方得磨勘」（同上、奏重定臣僚轉官）。爲求荐舉之公正起見，並「委中書樞密院臣僚，各於朝臣中荐堪充舉主者三人」，以司監督審察之責（同上、奏乞擇臣僚令舉差知州通判）。文正深信，若如此行之，則「數十年間，異人傑士，必穆穆於王庭矣」（同上卷九、上時相議制舉書）。案文正之各項主張，皆已次第施行，如仁宗天聖二年（公元一〇二三）詔：「舉官已遷改而貪污者，舉主以狀聞，聞而不實者坐之」。三年（公元一〇二四）七月，「詔諸路轉運使，察舉知州通判不任事者」。四年（公元一〇二五）二月，「詔吏犯贓至流，按察官失舉者，劾之」。六年（公元一〇二八）九月，「詔令京朝官任內五人同罪，奏舉者減一任」。慶曆五年（公元一〇四五）九月，「詔文武官舉官犯罪，連坐三」。皇祐五年（公元一〇五三）七月，「詔荐舉非其人者，令御史臺彈奏」。嘉祐四年（公元一〇五九）五月，「詔兩制臣僚，舊制不許謁執政私第，所舉荐不得用爲御史，今除其法」（宋史卷九至十二、仁宗紀）。故文正曰：「保任不明，豈逃累己之坐；彝典斯在，具寮式瞻」（范文正公集卷二、再奏辯滕宗諒張亢）

①參見宋史卷二五五、王彥超傳，卷二五〇、高懷德傳，及卷一六七、職官志七，府州軍監。

②文正最以人才爲治國之本，又曰：「然非得絕代能臣，持變通之術於天下，則孰與成當世之務哉？故夷吾作輕重之權以霸齊，桑羊行均輸之法以助漢，近則隋有高熲，唐有劉晏，皇朝有左丞陳公恕，是皆善天下之計者也」（范文正公集卷十一，宋故同州觀察使李公神道碑銘）。

③文正極主張求賢，故曰：「先王坐以待旦，旁求俊人」（范文正公集卷二，奏杜杞等充舘職）；例如「湯五聘伊尹，文王恭迎呂望；周公握髮吐哺，以待白屋之士；鄭武公好賢，而詩雅歌之；燕昭王築臺募士，而智者歸之；斯聖賢好尙如是之急也」（同上八，帝王好尙論）。

④文正認爲「舘殿爲育才之要府」，當然不忍見其「賢俊不充，至於衰索」。意欲模仿與恢復唐代貞觀年間之盛況；故曰：「唐太宗置文舘，延天下賢良文學之士，令更宿直，聽朝之暇，引入內殿，講論政事，至夜久方罷。今閣舘臣寮，率多淸貧，僑居桂玉之地，皆求省府諸司職位，或聞在舘供職者，惟三兩人，甚未稱陛下長養羣材之意」（范文正公集卷二，奏杜杞等充舘職）。

⑤參閱文正奏舉雷簡夫充邊上通判曰：「若不如所舉，臣等甘當同罪」（范文正公集卷二）。

⑥案宋代官制爲「文資三年一遷，武職五年一遷，謂之磨勘」（范文正公集卷一，條陳十事）。

⑦文正主張「今後文武臣僚，善政異績可爲衆範；或勸課農耕，厚獲美利，或差鞫獄，累雪寃枉；或在京監當庫務，能革大弊因省得錢物萬數多者。委所屬保明聞奏，量事跡大小，特與改官，不隔磨勘或陞陟差遣」（范文正公集卷一，奏重定臣僚轉官及差遣體例）。

（丙）名教與法治

（一）

東漢社會風氣之美，爲論史者所艷稱，質其原因，則由政府上層的察舉「孝廉」，而醞釀出社會下層的「名教」思想，不失爲主要因素之一。以論名教思想的集成，則首爲「以天下名故爲己任」的李膺①；次爲郭泰②，亦以天下名教爲己任。而所謂「名教」者，即爲重人品，重德行；藉以相敦勸，相影響，自易形成與維繫社會的善良風氣。宋承唐末五代之後，自無名教思想之沿襲，士大夫僅知以「沉默」爲德，所崇尚者亦只是「虛名」。

時天下久安，薦紳崇尚虛名，以寬厚沉默爲德，於事無所補（宋史卷二九九、張洞傳）。而仁宗雖爲「深仁厚澤，涵煦生民」之主（宋史卷一二三四、徐禧等傳論）；但却「頗以好名爲非，意在遵守故常」（宋史卷二九二、田況傳）。以是言之，則欲宋代之社會政治徹底步上軌道，則無形的「名教」力量自不可或缺。文正爲積憂之人③，對此當然察及，故特作近名論，用以爲天下倡。

我先王以名爲教，使天下自勸；湯解網、文王葬枯骨，天下諸侯聞而歸之；是三代人君已因名而重也。太公直釣以邀文王，夷齊餓死於西山，仲尼聘七十國以求行道；是聖人之流無不涉乎名也。孔子作春秋，即名教之書也；善者褒之，不善者貶之，使後世君臣，愛令名而勸，畏惡名而慎矣。夫子曰：疾沒世而名不稱。易曰：善不積不足以成名（范文正公卷集八、近名論）。

蓋名教之於社會政治，作用大矣，簡言之，其可使當政者「智以無爲」，則能收到「而民自化」的果效（同上卷五、窮神知化賦）。故可以說，以名教化天下，乃知治之本也。

夫善治者繩人以法，不若化人以道；喻人以言，不若感人以心，執樞要，揚芳風，因人心之自然而鼓舞之，不待戶說以眇論而天下化；此知治之本者也（同上補編四、文正書院記）。

因之文正以爲「教化之道，無先於名」。既曰「立身揚名」，又曰「榮名以爲寶」（范文正公集卷九、上晏侍郎書）。主張士民應該「飾身修名，邀其清擧」，不應「賢愚同等，淸濁一致」（同上、上執政書）。所以文正終生「以教化爲心，趨聖人之門」（同上、上時相議制擧書），可說「有功名教，啓宋道學之源」（同上、補編四、文正書院記）。

（二）

文正讀聖人之書，學聖人之心，深知「聖人崇名教，而天下始勸」（范文正公集卷九，上晏侍郎書）。所以對於無名爲教者，大加駁斥，並爲詰難之；用肅視聽，而正人心。

老子曰：名與身孰親。莊子曰：爲善無近名。此皆道家之訓，使人薄於名而保其眞；斯人之徒，非爵祿可加，賞罰可動，豈有國家之用哉（同上、近名論）！

如果無名教爲治，則既無所慕，又無所畏，自必形成善惡不分，以至於天下大亂。

名教不崇，則爲人君者，謂堯舜不足慕，桀紂不足畏；謂八元不足尙④，四凶不足耻⑤。天下豈復有善人乎？人不愛名，則聖人之權去矣（范文正公集卷九、上晏侍郎書）！

……至若簡賢附勢，反道敗德，弒父叛君，惟欲是從，不復愛其名者，下也。人不愛名，則雖有刑法干戈，不可止其惡也（同上卷八、近名論）。

因此，文正對於提倡天下名教，不遺餘力。例如胡瑗「志窮墳典，力行禮義」，在湖州（今浙江吳興縣）講學極具成績，且頗馳聲譽，乃荐之於朝廷，以爲法於天下。

（胡瑗）不惟講論經旨，著撰詞業；而常教以孝弟，習以禮法，人人向善，閭里歎伏。此實助陛下之聲教，爲一代美事；伏望聖慈特加恩獎，升之太學，可爲師法（同上卷二、奏爲荐胡瑗充學官）。

凡是有助於名教之倡導與推展，則無不盡力爲之，所以特以「森嚴」的筆法，而爲楷書韓愈所撰之伯夷頌，用爲崇仰與表彰，藉資起效與追法。

然（文正）公不他書而書韓子伯夷頌者，尤見公切切於綱常世教，未嘗一日而忘也。披玩再三，令人斂衽起敬（范文正公集、補編三、泰不華謹書）。

又以嚴光⑥之德行，「能使貪夫廉，懦夫立，則是大有功於名教也」。因之「思其人，詠其風，毅然知肥遯之可尚矣」（范文正公集卷十、與邵餗先生）。乃於桐廬郡（今浙江桐廬縣）「搆堂而祠之，又爲之記」。其詞畧曰：

蓋先生之心，出乎日月之上，光武之器，包乎天地之外；微先生不能成光武之大，微光武豈能遂先生之高哉（同上卷八、嚴先生祠堂記）。

又爲撰歌以頌之，其歌曰：

雲山蒼蒼，江水泱泱，先生之風，山高水長（同上）。

文正之爲此，曾曰：「聊以辨嚴子之心，決千古之疑」；但爲表彰賢人，用昌名教，則「又念非託之以奇人，則不足傳之後世」；乃特請名書法家邵鍊爲之篆書，並爲刻石。如文正與邵鍊書曰：

今先生篆高四海，或能枉神筆於片石，則嚴子之風，復千百年未泯，其高尚之爲敎也亦大矣哉（范文正公集卷十、與邵鍊先生）！

案文正爲倡導名教以救世救國，可稱煞費苦心；不但撰文以鼓動之，更多寫詩以風凴之，茲擇摘其數句於次：「勁草不隨風偃去，孤桐何意鳳飛來」。「早晚功名外，孤雲可得親」。「莫道隱君同德少，樽前長揖聖賢淸」。「片心高與月徘徊，豈爲千鍾下釣臺」。「平生仗忠信，盡室任風波」。「始見神龜樂，優優尾在泥」「使君無一事，心共白雲空」。「忘憂曾扣易，思古即援琴」。「千年風采逢明主，一寸襟靈慕昔賢」。「數仞堂高誰富貴，一枝巢隱自逍遙」。「至德本無名，宣尼此一評」。「惟有延陵逃遁去，淸名高節老乾坤」。「直氣海濤在，片心江月存」。「跡甘榮門外，情寄聖門傍」。「祖述賢人業，何因降互鄉」。「幾世傳淸白，滿鄉稱孝慈」。「莫將富貴移平昔，彼此淸心髮半凋」。「但得葵心長向日，何妨駑馬未離塵」。「高節直心時勿伐，千秋爲石硒知神」。「朝廷三老重，鄉黨二疏高」。「只應虛靜處，所得自蘭芬」。「世間榮辱何須道，塞上衰翁也自知」。「竭節事君三黜後，收心奉道五旬初」。「有爲須報國，無事即頤神」。「臥龍鄉曲多賢達，願預逍遙九老中」。「滿軒明月淸譚夜，共憶詩書萬卷人」。「坐致唐虞成大化，退居師傅養高年」。「松楸薙草思純孝，里巷揮金過昔賢」。「談文講道渾無倦，養浩存眞絕不衰」。「伍胥神不泯，憑此發威名」。「此日共君方偃息，是非榮辱任循環」。「三樂放懷千古重，萬鍾回首一毫輕」。「高尚繼先君，邑居與俗分」。「幽蘭在深處，終日自清芬」。「不似桐廬人事少，子陵臺畔樂無涯」。「天涯彼此勿沖沖，內樂何須位更崇」。「若得會稽藏拙去，白雲深處亦行春」（范文正公集卷七、詩）。

（三）

宋代以儒立國，雖重賞而不任刑，且對公卿百官過於優厚，蓋「藝祖有誓約，藏之太廟，不殺大臣及言事官，違者不祥」（宋史卷三七九、曹勛傳）。案爲政之道，不殺言事官固然可以，但應附以條件；至於不殺大臣，則直等於授其權力而不課其責任，實有違背政治原則。其所以「朝廷姑息牽制之意多，奮發剛斷之義少」者（宋史卷四一八、文天祥傳）。則正如孝宗所說：「國朝以來，過於忠厚，宰相而誤國，大將而敗軍，未嘗誅戮」（宋史卷三九六、史浩傳）。及仁宗在位，則是「仁文有餘，義武不足」（宋史卷三三四、徐禧等傳論）；王旦爲相，則「務行故事，愼所變改」（宋史卷二八二、王旦傳）；呂夷簡爲相，又「以始息爲安，以避謗爲智」（宋史卷二八八、孫沔傳）。所以「法制日益玩弛」（宋史卷二九五、尹洙等傳論），以至「綱紀日壞而不自知」（東坡七集、東坡應詔集卷一、策畧第四）。此即文正所謂「全乖律意，致壞大法」之際（范文正公集卷一、條陳十事）。所以文正一面提名教，促其自省與內發以導之；一面推行法治，俾得上臨與外制以齊之。推文正之意，似爲名教與法治同舉並用，兩者相兼以乘其效。案文正之治軍與爲政，一向採取「雙軌治術」；釋言之。即是「悅」與「威」並重，「賞」與「罰」交施。

牛酒以悅之，律罰以威之（范文正公集卷二、奏論陝西兵馬利害）。

惟賞罰之柄，馭駕天上（同上卷一、奏議許懷德差遣）。

因爲文正之治術，既寓「剛而上者」，又蓄「柔而下者」；以論其寬仁，則是「準天地而容日月」；以觀其强勁，則是「畜風雷而列山澤」（范文正公集卷五、易兼三材賦）。蓋爲政之道，就在通權達變，雖然「聖人之道也，無幽不通」；但却正如「神龍之舉也，其變無窮」同上（、老子猶龍賦）。故文正曰：

知雄守雌，宛訝存身之際；絕聖棄智，潛疑勿用之時（同上）。

可知時際不同，則運用遂異，是以致治之原理中，有其「大道卷舒」，正如文正曰：「言豹隱者胡能比矣，稱虎變者近可方諸」（同上）。案文正所以以「豹隱」與「虎變」爲喻者，在其意味中，似已認爲政治固爲一種善變的藝術，亦爲一種强大的力量。其爲消除「上失其威，下受其弊」的積弊，則倡行「慎乃出令，令出推行」的作風（范文文正公集卷一、進呈宰臣兼判事）。認爲國家政事「既昧經常，即時更改」則可，但却堅決反對「煩而無信，輕而弗稟」的舊習（同上、條陳十事）。故曰：

蓋先王重其法令，使無敢動搖，將以行天下之政也（同上。）

案文正「重其法令」的程度，以至於使人「無敢動搖」；這當然是百分之百的遵守法令與執行法令。因爲政治的本質就含有强制與服從的因素在，這就是　孫中山先生所謂「制服羣倫」與「行使命令」的力量（見民權主義第一講）。對此，文正認識極清，亦闡釋極明，如曰：

大壯剛以震而陰摧，君子威而小人黜，政令剛嚴之時也；陽於陰爲大也，陽進陰退，大者壯而小者喪矣；夫雷在天上，萬物以震，威行天下，萬邦以恐（范文正公集卷八、易義）。

案人類中以「不知不覺」者居最大多數，故孟子曰：「終身由之而不知其道者衆也」（孟子、盡心篇上）。而衆人之情則是「見利莫能勿就，見害莫能勿避」（管子、禁藏篇）。孟子雖主性善，但猶曰「然後驅而之善」（孟子、梁惠王上），或「强爲善而已矣」（孟子梁惠王下）。這「驅」字與「强」字，即爲一種强制力量。所以欲發動羣衆以開展政治事業，則必須如「雷在天上」以「震」之，且「威行天下」以「恐」之。換言之，這「震」與「恐」即政府的「號令」，而欲使「在天上」的號令能夠「行天下」，則必須憑藉兩股力量，即「斧鉞」與「祿賞」。此正如管子所云：

> 治國三器……三器者何也？曰號令也、斧鉞也、祿賞也。……三器之用何也？曰非號令無以使下，非斧鉞無以畏衆，非祿賞無以勸民（管子、版法解）。

文正雖爲「少乃後學，游心儒術」之士（范文正公集卷四、遺表），但其對被儒家贊美「如其仁、如其仁」的法家鼻祖管子（論語、憲問篇），想必贊同，故曰：

> 主憲綱而有典有則，勸農工而無怠無荒；御百姓於五刑，罔敢作亂；宅兆人於九土，孰不來王（范文正公集卷五、六官賦）。

且文正對於法家重罰與必罰之主張⑦，似亦接受之矣，例如其爲政力求「免致錯亂，誤有施行」者，故爲奏請「仍望別降敕命，今後逐處當職官吏」。並且詳爲規定：「敢故違者，不以海行；並從違制徒二年」。其「失於檢用，情非故違者；並從本條失錯科斷杖一百」（范文正公集卷一、條陳十事）。綜觀上述，則知文正之爲政，固主張以名教倡之於前，以治其本，乃爲事先的開導；復主張以法治施之於後，以治其標，乃爲事後的懲罰。其所以政治作風如此，正是由其政治思想有以使然。

①世說新語道行篇：「李元禮風格秀整，高自標持，欲以天下名教是非爲己任。後進之士有升其堂者，皆以爲登龍門。」元禮爲李膺之字，後漢書列傳五七有傳。

②郭泰，字林宗（後漢書列傳五八有傳）。

③參見第一節（壹）第二項（乙）註四。

④八元：古之才德之士，元，善也，言其善於事也。左傳文十八年：「高辛氏有才子八人，伯奮、仲堪、叔獻、季仲，伯虎、仲熊、叔豹、季狸，忠、肅、共、懿、宣、慈、惠、和，天下之民，謂之八元。」

⑤四凶：堯時之四凶人也，左傳文十八年：「流四凶族，渾敦、窮奇、檮杌、饕餮，投諸四裔，以禦魑魅」。按名義考：渾敦即驩兜、窮奇即共工、檮杌即鯀、饕餮即三苗，皆爲舜所流放。

⑥嚴光：東漢餘桃人，本姓莊，避明帝諱改。一名遵，字子陵，少與光武同遊學；及光武即位，光變姓名，隱居不見；帝思其賢，物色得之，除諫議大夫，不就，歸隱富春山，耕釣以終，後人名其釣處曰嚴陵瀨。

⑦韓非曰：「誠有過，則雖近愛必誅；近愛必誅，則疏賤者不怠，而近愛不驕者也」（韓非子，主道篇）。又曰：「行刑重其輕者，輕者不至，重者不來，此謂以刑去刑。罪重而刑輕，刑輕而事生，此謂以刑致刑，其國必削」（韓非子飭令篇）。

中古時代仇池山區交通網

——以杜工部秦州入蜀行程為考論中心——

嚴耕望

目次

引言

今甘肅南部嘉陵江上流山區，秦漢時代，爲氐人聚居之域，武帝開置武都郡。郡之西境有仇池山，山上有池故名。池當嘉陵江上源西南流折而東南流後之東北岸，約在北緯三三度五〇分，東經一〇五度一五分地區。（今圖誤植爲嶓冢山。）山畧呈方形，爲滄洛二谷水西東挾流衝激，故下石而上土，四面斗絕，壁立千仞，其高二十餘里，有南北兩主道可攀登，山上有小平原，周圍二十五里餘，面積百頃，平衍如砥，故又有百頃之名。平原土壤良沃，泉流交灌，可耕植，且產鹽，故地勢險阻，而物產豐饒。漢末大亂，氐人楊氏據之爲建立割據王國之中心根據地，而建城郭宮室於此山東偏之洛谷，濱臨洛谷水，有東西二門，羊腸盤道而上七里餘，史稱洛谷城，一作駱谷城。（今有洛谷鎮。）楊氏既據此形勢之地，於是虜掠近郡，招撫關中四方流民之避地者，土牆板屋，聚居數萬家。蓋地既豐實，且易守難攻，而四方多難，宜爲流民羣趨之所，成爲山區中之一特殊都會。魏晉南北朝時代，兵亂時起，塢堡城守，應運繁興，氐人據守仇池，實爲一極大而典型之塢堡也。此一塢堡式之政權，持續二百數十年之久，會北魏太武帝武功鼎盛，遂侵據仇池，置仇池鎮都大將，統治此一山川險阻地帶。魏書五一皮喜傳，詔曰：「仇池，南秦之根本，守禦資儲，特須豐積，險阻之要，尤宜守防。」極能見其形勢。

其地不但天險而豐實，且當秦、隴、巴、蜀之交，三國兩晉以來，南北爭戰，常視此一地區為用兵進退之域，氐人更利之首鼠南北，左右逢源。隋唐置成州，設治所於山北百里，北與關中西通河、隴、西域之大驛道相接近，東與關中南入劍南、南詔之大驛道相接近，西南亦鄰接劍南循羌水（白龍江）西北出河隴、西域之孔道。唐代前期極力經營西北，而恃劍南為內府，成州適當京師與河西、劍南三角交通之正中心，三面距離三道幹線皆不踰三百里，故京師出河隴，入劍南，皆以此為重要輔線，是以中古時代，此一地區在交通軍事上之價值甚大。杜翁踰隴坂赴秦州，本擬避地西北，而「西征問烽火，心折此淹留」，但「生事」困乏，乃「思南州」，遂「發秦州」至同谷縣，又迫「饑愚」不能「安宅」，不得不轉入蜀中。一路情悽景奇，發為詩篇，為千百年來紀行詩之絕唱。仇池山之地形風土特異，具有典型塢堡與避世勝地之條件，已詳中古時代之仇池山一文①。本篇則先論中古時代其地在交通軍事上之地位；次論杜翁由秦州至興州之行旅所經，亦即此一地區交通上最主要路線。此線末段，當秦隴兩道入蜀入楚之樞紐，然嘉陵江上流數源於此交會，山崖峻奇，河谷幽深，水陸交通最為艱阻，漢唐時代屢經鑿疏，工程艱巨，故殿述之。

（一）仇池山區對外交通路線

甲、魏晉南北朝時代仇池對外軍事交通路線

魏晉南北朝時代，氐人楊氏在此山區中，據形勝之地，擁有頗為龐大之武力，故能成為一頑强之地方勢力，雄視一方，而北接關隴，南連巴蜀，道路艱險，且遠距南北兩朝之國都，故得首鼠兩端，獲取政治經濟之

權益達二百數十年之久。方氏人楊氏割據稱王也，以楊難當時代爲最强，宋書九八氏胡傳，難當據仇池，而使子順爲鎭東將軍、秦州刺史，守上邽（今天水縣），後改雍州刺史，守下辨（今成縣西約二十里）；第二子虎爲鎭南將軍、益州刺史，守陰平（今文縣西北）。蓋上邽爲東北通秦隴入關中之重鎭，下辨爲東通漢中之重鎭，陰平爲西南通蜀中之重鎭，亦即此區對外交通之三條孔道也。下文畧考此諸道。

自仇池、洛谷城（今有洛谷鎭）北出百里至歷城，後改名建安城（今西和縣西北約三四十里），在建安水（今白水河）北。又北經祁山（今禮縣東南四十里，西和縣北七十里）達上邽（今天水縣）。是由西漢水上源度入渭水河谷，此仇池、秦隴間進出之孔道也。魏蜀交兵，蜀據建威（在歷城稍西），屢出祁山，即進出此道之先例矣。

宋書九八氏胡傳，苻堅敗亡，楊定「徙治歷城，城在西縣界，去仇池百二十里，置倉儲於百頃。自號（畧）仇池公，稱蕃於晉。……（太元）……十五年……進平天水、畧陽郡，遂有秦州之地。」通鑑一二三，宋元嘉十三年，楊難當據上邽，魏遣樂平王丕討之，軍至畧陽，難當懼，「攝上邽兵還仇池。」十六年難當又寇魏上邽不利，引還仇池。同書一二四，難當爲宋將裴方明所敗，奔上邽，遂降魏。魏遣古弼督隴右諸軍，自祁山入仇池。又魏書一〇一氐傳，楊保宗降於魏，世祖遣樂平王丕等「督河西、高平諸軍取上邽。……詔保宗鎭上邽，又詔鎭駱谷，復其本國。」同書五一皮豹子傳，爲仇池鎭將，請遣上邽、安定戍兵來援，並請遣秦州之民送軍祁山。附子喜傳，太和元年，宋遣楊鼠據仇池，喜統軍討鼠，「軍到建安，鼠棄城南走。」詔曰：「從前以來，駱谷置鎭，是以奸賊息闚闟之心。……近由徙就建安，致有往年之役。」遂復築駱谷城。按上邽在今天水縣，歷城後改爲名建安城，在唐上祿縣西十里，今西和縣西北約三四十里。祁山在今禮縣東南四十里，皆詳後文。此諸條史料，皆見其時爲一大通道也。

復考蜀志五諸葛亮傳，建興七年，「亮遣陳式攻武都、陰平，魏雍州刺史郭淮率衆欲攻式，亮自出至建威，淮退還，遂平二郡。」同書一四姜維傳，景耀元年，於北疆置諸圍守，建威爲其一。同書一五張翼傳，「延熙元年入爲尚書，稍遷督建威，假節進封都亭侯、征西大將軍。」亮自出屯建威，而郭淮退。翼位望已崇，而爲建威督將，亦證必當軍道之要。考水經注二〇漾水注：「漢水又西，建安川水入焉。其水導源建威西北山白石戍……東逕建威城南……又東逕蘭坑城北，建安城南，其地故西縣之歷城也。」則城當在歷城之西南。歷城在唐成州治所上祿縣西四十里，則建威故城亦當在今西和縣西數十里，約當今禮縣、西和縣間地區。諸葛亮傳又云，建興六年，亮出祁山，使馬謖督諸軍在前，與魏將張郃戰於街亭。又建興九年，裴注引漢晉春秋，亮圍祁山，司馬懿來救，亮留兵圍攻祁山，自率軍逆懿，遇於上邽之東。按街亭在今秦安縣東，與上邽在同一地區。則此道當魏蜀交兵時已爲軍家所重，所謂孔明六出祁山者即循此道也。

仇池東行八十里至濁水城（今成縣西不到百里），又東至下辨，又折東南至武興（今畧陽縣），此仇池、漢川間進出之孔道也。

宋書九八氐胡傳，楊難當稱武都王，傾國南寇。元嘉十九年，遣裴方明等討之，由漢中長驅而進，下武興、下辨諸城。閏五月，「方明至蘭皐」，擊斬難當將苻宏祖。難當奔魏，仇池平。以胡崇之爲秦州刺史，出守仇池。魏遣吐奚弼、拓跋齊邀崇之。二十年二月，「崇之至濁水，去仇池八十里。」爲魏將所敗，「奔還漢中」。通鑑一二四，元嘉十九年紀，方明破斬苻弘祖及崇之之敗，皆在濁水。又述魏進兵路線，云古弼督隴右諸軍「自祁山南入」，皮豹子督關中諸軍自「散關西入，俱會仇池。」豹子軍至下辨，遂爲仇池鎮將。又二十年十一月，將軍姜道盛與楊文德合兵攻魏濁水戍。胡注：「濁水城在上祿縣東南，武街城西北。」是濁水城當武興、下辨通仇池道，去仇池不過八十里。檢水經注二〇漾水注：「漢水又東南逕濁水城南，又東南會平樂水……謂之會口。……漢水又東南，於槃頭郡南，與濁水合。水出濁城北，東流……逕武街城南，故下辨縣治也。」是濁水戍在西漢水之北，平樂水入漢水會口之西。楊疏，在今成縣西南，是也。

魏書一九下拓跋英傳，高祖時，爲仇池鎮都大將，請討漢中，師次沮水，進圍南鄭。無功，復還仇池。南齊書五九氐傳述此事云，「建武二年，氐、虜寇漢中，梁州刺史蕭懿遣氐人楊元秀斷虜軍道，虜遣「仇池公楊靈珍據泥山，以相拒格。」泥山即泥功山，在成縣西二十里，杜甫有詩，詳後文。沮水在今畧陽縣東北。是亦即仇池東出下辨、武興至漢中之道也。

仇池向南渡西漢水至覆津，（今武都縣東北蓋約三十里福津溝中。）懸崖險絕，偏閣單行，爲軍道之要。又西南至武階郡（今武都縣治），在羌水（今白龍江）東北岸，唐置覆津縣。再沿羌水南下至葭蘆城，在羌水東岸，（今武都縣東南七十里，約三三度一五分地區。）唐置盤堤縣。又南至橋頭，當羌水與白水（今文縣河）合流處之稍西，接陰平道入蜀。此仇池、陰平（今文縣西）、晉壽（今昭化縣）南北進出之孔道也。

魏志二八鍾會傳：

「（景元）四年秋，詔使鄧艾、諸葛緒各統諸軍三萬餘人，艾趣甘松、沓中，連綴維；緒趣武街、橋頭，絕維歸路。會統十餘萬衆，分從斜谷、駱谷入，……至漢中。」

通鑑七八魏景元三年紀，書此事云，緒以雍州刺史「自祁山趣武街、橋頭，絕維歸路。」（按自祁山軍於武街，見晉書文帝紀。）下文又有「聞諸葛緒將向建威」（按此出姜維傳）之語。祁山在今禮縣東南、西和之北，建威在仇池之北，歷城稍西，約今西和縣西北。（見前考。）橋頭當白水（今文縣河）羌水（今白龍江）之會稍西地區，明見水經注二〇漾水注，約在今文縣東南六七十里至百里處，（詳陰平道辨。②）惟武街地望，尚待討論。考武街之名，漾水注凡兩見。其一，漾水支源之一平洛水，發源於武街東北四十五里，其地在今武都縣治左近，去白龍江東北岸不遠。（詳本文附考一武街與武階。）其一，漾水之另一支源濁水「東逕武街城南，故下辨縣治也。」下辨在今成縣西二十里。（詳下文。）此兩武街東西相去二百里以上，就鍾會傳及通鑑此條論之，所謂武街當指平洛水源頭之武街，非下辨之武街也③。是魏氏伐蜀，主力軍取長安南山諸谷道趣漢中，取金牛道入蜀。西側第一輔線，由上邽經祁山，建威，武街，南至橋頭；即由今天水縣南度入嘉陵江上流，經今禮縣、西和地區，掠仇池，又南度入白龍江流域，順流而下也。據蜀志一四姜維傳，魏出兵之前，維已表請漢主，增遣諸軍分護陽安關口，（即今陽平關，寧羌西北百里。）及陰平橋頭。漢主寢其事。是則姜維預籌防務，漢中之陽平與陰平之橋頭並重；其後魏人入侵，亦正由此兩道並入。蜀人預籌防禦，魏人遣軍進攻，線路相同，正見當時南北交通軍道，以此兩路爲最重要。

蓋漢中爲自古大道，蜀人防務中心在此一道，自不待言，故魏人主力亦由此入；而祁山南取仇池、橋頭，循白水南下之一線，即所謂陰平道，亦爲一重要道路也。（參看陰平道辨。）其證一④。

華陽國志二漢中志：武都郡，永嘉初，爲天水氐傁楊茂搜所據，傳子敵堅。「敵堅妻子，葬於陰平。」水經注二〇漾水注，述事同，名作難敵，是。陰平在今文縣西，楊氏都仇池，而葬妻陰平，必有大道可通也。其證二。

宋書九八氐胡傳，元嘉十八年，楊難當「頃國南寇，規有蜀土。……十一月，難當尅葭萌（今廣元縣西北）獲晉壽（今昭化縣東南）太守申坦，遂圍涪城（今三台縣西北）。」其時漢中、武興尚爲宋守，則難當進軍必由仇池南出，循白龍江而下。亦即三國時代之陰平道也。其證三。

魏書五一皮豹子傳，爲仇池鎮將。宋以楊文德爲武都王，守葭蘆，爲魏所敗，奔漢中。文德復圍武都，懼豹子斷其糧道。「回軍還入覆津，據險自固。（宋）義隆恐其輒回，又增兵益將，令晉壽（在今昭化縣）、白水（今昭化北白水街地區）送糧覆津，漢川（漢中）、武興（今畧陽縣）運粟甘泉，皆置倉儲。」同卷皮喜傳，「太和元年，（宋）劉準葭蘆戍主楊文度遣弟鼠竊據仇池。喜率衆四萬討鼠，軍到建安，鼠棄城南走。進次濁水，……遂軍於覆津。文度將强大黑固守津道，懸崖險絕，偏閣單行。喜部分將士，攀崖涉水，衝擊大黑；追奔西入，攻葭蘆城，拔之，斬文度。」（參看宋書氐胡傳。）其後宋齊仍封楊氏，鎮葭蘆。南齊書五九氐傳云：「茄蘆失守，華陽暫驚。」即葭蘆也。是則南北朝時代，北朝勢力伸張，控制仇池，南朝扶持楊氏，退據葭蘆；覆津絕險，在葭蘆之東北，當通仇池之津道也。按元和志三七，武州治將利縣；福津縣西至州六十六里；盤隄縣西北至州百五十里，「魏鄧艾與蜀將姜維相持，於此築城，置茄蘆戍，後於此置縣。」按唐福津縣在今武都縣治，而北魏之覆津津渡則在其東北約三十里處，當平樂水源頭，詳本文附考二唐代武州及福津縣治所今地辨。至於盤隄、茄蘆地望，考水經注三二羌水注，羌水又東南逕武街城西南，（朱趙作武階，是。）又東南逕葭蘆城西……又逕葭蘆城南，……又東南流至橋頭，合白水。」則葭蘆在羌水東北岸，而在羌白二水合流處橋頭之上流。檢一統志階州卷古蹟目，葭蘆故城在州東南七十里⑤。則葭蘆故城當在今武都縣東南七十里白龍江東岸，約當國防研究院地圖（甘肅寧夏東部人文圖）之臨江以北。一統志階州卷關隘目，「臨江關在文縣西北（當作東北）一百二十里，本臨江砦，其下即臨江渡也，為隴蜀通道。」形勢正合。而古茄蘆當在今武都、臨江之間矣。此時南北進出之道，北由建安、仇池，南至覆津、茄蘆，是與三國時代諸葛緒南下之道相仿佛矣。其證四。

周書二八陸騰傳，「拜龍州制史。太祖謂騰曰，今欲通江由路，直出南秦，卿宜善思經畧。」按龍州在今四川平武縣東南，江由又在其南。南秦即地形志之南秦州治駱谷城者，蓋宇文氏欲由仇池取鄧艾入蜀道也。此其五。

乙　唐代成州四達交通路線

仇池雖富，然局面究較狹小，且過份深險，故楊氏曾北移治所於歷城，而置倉儲於仇池，以利對北方秦隴之攻守兼顧退避之根據地。北魏侵據時代，鎮將亦曾退治建安，即故歷城，蓋亦為後方支援之較易耳。且歷城、建安東北鄰接祁山兩岍之千頃麥田與秦州、漢源地區之唯一大鹽井，經濟資源又遠勝仇池，殆亦遷移治所之一重要考慮也。

楊定徙治歷城，而置倉儲於仇池，見前引宋書九八氐胡傳。北魏軍鎮曾退駐建安城，見前引魏書五一皮喜傳。考三國志魏志二八鄧艾傳，姜維退駐鍾提，艾策其更出曰，「若趣祁山，熟麥千頃，爲之縣餌。」通鑑七七魏甘露元年紀作「爲之外倉」。又水經注二〇漾水注，「漢水又西南逕祁山軍南，……祁山在嶓冢之西七十許里。……又西南逕南岍、北岍中，上下有二城相對，左右墳壠低昂，亘山被阜。古諺云，南岍、北岍，萬有餘家。諸葛亮表言，祁山……有民萬戶。矚其邱墟，信爲殷矣。」則祁山兩岍地區，麥田千頃，居民殷盛。水經漾水注又云，「鹽官水……北有鹽官，在嶓冢西五十許里，相承營煑不輟，味與海鹽同。故地理志云西縣有鹽官，是也。」按此係井鹽，在祁山東十里，產量豐富，詳下文引元和志與杜翁詩。「味與海鹽同」，在西北地區，尤爲特出，其爲經濟重要資源，蓋可知矣。鹽井、祁山兩地在歷城東北不過五六十里，詳下文。

唐代之成州、同谷郡治上祿縣（今西和縣北偏西約二三十里），在故歷城、建安城東十里。肅宗至德初曾更名漢源縣。于邵漢源縣令廳壁記云，「南呀蜀門，東豁雍時，西走連磧，北踰大漠，四郊憧憧者，於是乎終，故有獄市之煩，供億之費。」蓋即承北朝以來之形勢耳。

成州，通典一七六、元和志二二及舊志，皆治上祿縣。新志，治同谷縣。元和志，「成州本屬隴右道，貞元五年節度使嚴震奏割屬山南道。今於同谷縣西界泥公山上權置行成州。」新志畧同，又云：「咸通七年復置，徙治寶井堡，後徙治同谷。」則本治上祿也。紀要五九，上祿廢縣在成縣西百二十里。一統志階州卷古蹟目，上祿在成縣西南。此皆指漢縣言，非唐之上祿也。按元和志，同谷縣在成州東南一百八十里。同谷即在今成縣治，無異說，則唐縣遠在漢縣之西北。檢元和志二二成州，北五十里有長道縣。欲考上祿縣今地，當先明長道縣今地。檢一統志秦州卷古蹟目，長道故城在禮縣東南。引舊志，長道鎮在今縣東南三十里。又按元和志二二，長道縣東十里有祁山，而一統志秦州卷山川目，祁山在今禮縣東四十里；關隘目，祁山堡，同。則長道鎮即唐長道縣故城也。成州治所上祿縣在長道縣南五十里，則當在今禮縣東南八九十里無疑。又據一統志鞏昌府卷山川目，祁山在西和縣西北；引府志，在縣北七十里⑥。則唐上祿縣故城對今西和縣言，當在今縣北或西北約二三十里。又元和志，長道縣東三十里有鹽井及鹽官城。檢一統志鞏昌府卷山川目鹽井條引西和縣志，在縣東北九十里。古蹟目鹽官城條，方向里距同。紀要五九西和縣，鹽井在縣東北八十里，煑水成鹽，民資其利。亦證上祿正當在今西和縣北或西北二三十里也。

又考舊唐志，成州領上祿、長道、同谷三縣，「理楊難當所築建安城。」寰宇記一五〇成州目，同。元和志，成州治上祿縣條亦云，「州城即楊難當所築也。」檢水經注二〇漾水注，「漢水又西南逕祁山軍南，……又西，建安川水入焉。其水導源建威西北山白石戍東南，……東逕建威城南，……又東逕蘭坑城北，建安城南。其地，故西縣之歷城也。楊定自隴右治歷城，即此處也，去仇池百二十里。後改為建安城。」建安水又東北，受五小水，「又東北逕塞峽……出峽，西北流注漢水。」則建安城在建安水北，塞峽之南。塞峽即寒峽，在建安水入漢水處之南不遠，而在祁山、長道縣之南，詳下文。建安城在寒峽之南甚明，楊氏水經注圖繪於西和縣之北，是也；上文論唐上祿地望在西和之北二三十里，正其地區矣，舊唐志之說殆不誤。惟通典一八九氐傳，苻堅之敗，楊定將家奔隴右，徙理歷城，置倉儲於百頃，……進平天水、略陽。」本注：「歷城在今同谷郡西四十里，去仇池九十里。」則故歷城後改為建安城者，在唐成州之西四十里，非即一地。當可信。然同在一地區，此類情形，史家固得往往視為一地也。關於成州之形勢，于邵廳壁記（全唐文四二九）論之最為醒豁。記以乾元三年孟夏之月作，云「皇帝觀兵朔方之歲始，上祿縣更名漢源。」則肅宗即位之初，縣曾更名；地書失載。新志，成州有上祿、漢源兩縣並置，皆「沒蕃後廢。」則誤矣。

杜翁送韋評事充同谷防禦判官云：「鑾輿駐鳳翔，同谷為咽喉，西扼弱水道，南鎮枹罕陬。」則就當時形勢言之，恢復兩京，有待安西、隴右邊防軍之入援也。

此詩見詳注卷五、鏡銓卷三。同谷謂同谷郡，即成州。通鑑二一七，天寶十四載十一月甲子，安祿山反於范陽。丙子「諸郡當賊衝者，始置防禦使。」其後凡當要衝之地，不置節度使則置防禦使。同谷置防禦使，亦正以其衝要也。此地區之形勢，前文論之已詳，于邵廳壁記能見梗概。而杜翁此詩則尤見當時之特殊形勢。蓋弱水，狹義言之，指今張掖河，謂通河西道也。枹罕指河州，在今臨夏縣，謂通隴右道也。兩道為精銳邊防軍所駐，東通鳳翔，實以秦州為咽喉；然成州亦為輔線，故得云然。考舊五九姜謩傳，謩與竇軌出散關，下河池、漢陽二郡，軍次長道，與薛舉相遇，……為舉所敗。」按成州於隋大業中爲漢陽郡，長道則成州屬縣，在州治北五十里。此即成州通隴右、河西之輔線之一證矣。

今論其交通四達之路線：北通秦州、天水郡（今天水縣）二百數十里，接河隴入長安大驛道，此即漢魏以來仇池北出之道也。

元和志二二成州「東北至秦州一百八十里。」秦州目，作二百里。而通典一七六，成州、秦州兩目，皆作三百里。寰宇記一五〇錄通典，同。是兩書有百里之差。檢一統志秦州卷沿革目，禮縣在州西南二百里，即隋唐長道縣。按清之秦州即唐故治；前考唐長道縣在成州北五十里，在今禮縣東約三十里，上祿縣在今禮縣東南約八九十里、西和之北約二三十里，則唐代秦成二州相距約二百里以上，當不至三百里也。然水經注二〇漾水注，祁山在上邽西南二百四十里。上邽於唐即爲秦州治所，則秦州至成州治所上祿縣誠當爲三百里。疑北朝末至唐代前期，道路有改變，而縮短其行程耶？

東南經同谷縣（今成縣）折東北至鳳州、河池郡（今鳳縣），四百五十里；東南經同谷縣，又東南至興州、順政郡（今畧陽縣），三百四十里；皆接散關入蜀大驛道。

通典一七六成州目，「東至河池郡四百五十里。」鳳州目，同。元和志二二成州目，全同。寰宇記一五〇成州目，亦同，惟有譌文⑦。按成州治所上祿縣東南至同谷縣一百八十里。寰宇記一三四，鳳州西至成州二百七十里，即鳳州西至同谷縣二百七十里也。加一百八十里，正爲四百五十里。故知唐人志書，成鳳間里距即取道同谷，非別有一道也。

通典，成州東南到順政郡三百四十里。順政郡目，同。順政即興州，在今畧陽縣。寰宇記成州目、興州目，皆作三百四十七里，是亦抄取隋唐舊籍也⑧。則同谷至興州治所順政縣，當爲一百六七十里。

西北至渭州、隴西郡（今隴西縣）三百八十里。此則三國以來由武都、仇池西北經石營，董亭（今隴西縣西南）至南安之道也。

通典一七六成州、同谷郡，「西北到隴西郡三百八十里。」寰宇記一五〇，作三百八十六里。通典一七四，渭州隴西郡作「南至同谷郡四百三十六里。」蓋有參差耳。考蜀志一四姜維傳，延熙十六年，「維率數萬人出石營，經董亭，圍南安。」通鑑七六魏嘉平五年、七七甘露元年，書事小異。胡注，維蓋自武都出石營也。董亭在南安郡西南，石營又在董亭西南。又宋書九八氏胡傳，元嘉十二年，楊難當以兄子保宗鎭童亭，保宗降魏。而魏書一〇一氐傳，作董亭。檢紀要五九，鞏昌府治隴西縣，有獂道城在府東南二十五里，漢靈帝時爲南安郡治，魏因之。董亭在府西南⑨。石營在西和縣西北二百里。通典所記成州西北至隴西郡之里程，當與三國以來石營、董亭、南安道爲近。

西南取良恭縣（今西固縣北，宕昌西北岷江上）路，至宕州懷道郡（今白龍江岸，西固、羅達間。）五百四十里。

此見元和志成州目，（原文譌作東南）。而三九宕州目，不記至成州路程。檢通典一七六，同谷郡作西至懷道郡五百八十里，而懷道郡目作東北到同谷郡上祿縣三百二十里。寰宇記一五〇，成州「西南至〔取〕良恭縣至宕州五百八十里。」同書一五五宕州，「東北至成州上祿縣界三百二十里。」通典脫界字。今據元和志書之。良恭縣在宕州東北一百一十里，州縣今地，皆詳岷山雪嶺地區交通圖考第三節松州北通洮水兩道⑩。

南至武州、武都郡（今武都縣西七八十里蓋柳樹城）三百五十里上下，大抵即承魏晉以來建安仇池南經覆津至武階郡（今武都縣）接陰平道之故道也。其行程蓋由成州南經寒峽、洛谷、龍門鎮等地，渡西漢水而南，接平洛水上源達羌水（即白江，今白龍江）東岸之覆津縣（即北魏武階郡），約三百里，又西循羌水河谷而上至武州也。北朝時代已云覆津閣道峻險，至宋有青閣、牛閣、赤閣、鵝鼻閣之名，稱爲往來險道。覆津南沿羌水河谷而下即陰平道矣。

通典一七六成州、同谷郡，南至武都郡三百三十里，西南到武都郡三百四十里。而武州、武都郡目作東至同谷郡三百三十里。蓋由武州，先東行，再折北行也。（又云北至同谷郡四百二十里，蓋另一道。）元和志二二成州目及三九武州目，皆作南北距三百八十里。雖記錄不同，要當在三百五十里上下。行程參考上文及下文考成州至同谷縣行程。惟唐人行旅成、武兩州之間者，尚未見其例。通鑑二八四後晉開運元年二月，「階（即武州）成（在同谷縣）義軍指揮使王君懷，叛降蜀，請爲鄉道以取階、成。甲子，蜀人攻階州。」「秦州兵救階州，出黃階嶺，敗蜀兵於西平。」由秦至階，當即此路也。又考范成大吳船錄上，峨眉牛心寺藏繼業由天竺携歸之涅盤經後分記西域行程，范氏錄之云：「繼業自階州出塞西行，由靈武、西涼、甘、肅、瓜、沙等州入伊吾。」是由階州至靈武也。按繼業出塞在宋初乾德初年，其時洮水流域未入版圖，中國所控西止秦州。蓋繼業即由階州北出經成州至秦州，更北至靈武，再折西至涼州耳。福津所有諸閣名，見方輿勝覽（一統志階州卷關隘目引）。

南及西南兩道所至之武州、宕州，皆在羌水之濱。羌水，唐世一名白江，即今白龍江，爲唐代隴右、劍南、山南西道三道接境地區之大水，亦為此區自古東西交通之孔道。由宕州循羌水支源（今岷江）西北上行，經良恭縣踰嶺至岷州（今岷縣）。宕州西循羌水河谷而上二百五十里至疊州（約今包座河入白龍江口地區）。宕州東南沿羌水河谷而下七十里至峯貼峽，又二百里至武州，又六十六里至覆津縣，又七十里至葭蘆故城，唐置盤堤縣，又南至羌水、白水（今文縣河）合流處之橋頭故地，又南入蜀。北宋張舜民記自岷州東南行經宕、階（宋治福津縣），至臨江寨，沿流行程險絕。此即中古時代蜀中與西北域外貿易之一主道；蜀漢姜維經營洮水沓中，蓋亦取此道，惟行程不詳耳。

武州在羌水北岸，疊州南枕羌水，皆見元和志三九。疊州今地，詳岷山雪嶺地區交通圖考⑩。元和志云，疊州「東南沿流至宕州二百五十里。」是宕州亦在羌水之濱。又寰宇記一五五疊州常芬縣，引貞元十道圖云：「成、疊、宕、武四州並置在白江之側。白江即古羌之水，其江南流至利州益昌縣（與）嘉陵江合。」此白江、羌水即今白龍江無疑。除成州因隣近致誤外，其疊、宕、武三州誠皆濱今白龍江。元和志，疊州東南沿流至宕州二百五十里。寰宇記，同。又通典一七六，宕州東至武州二百七十里。考武經總要前集一八上，階州西南行二百里至峯貼峽，又七十餘里至宕州。里數與通典合。又知中經之峽名。宕州西北經良恭縣至岷州，已詳岷山雪嶺地區交通圖考。蜀中廣記七名勝記威州目引張舜民畫墁錄云：「凡自岷州趨宕州，沿水而行，稍下行大山中，入棧路，或百十步復出，峉崖嶔崟，不可乘騎，必步至臨江寨⑪，得白江至階州，須七八日，其所經皆使傳所不可行。考之山水秀絕，天下無有也。」按畫墁錄所記乃由洮水流域東南度入白龍江流域，經宕、階至陰平入蜀之道也。宋人記其險絕如此，然爲自古洮蜀間重要商貿通道。一統志鞏昌府卷古蹟目宕昌故國條引明統志，「宕州城在岷州衞南一百二十里，宋時運蜀茶市馬於岷。及金人據洮州，遂置蕃市於此，歲市馬數千，因置宕昌驛，爲綱馬憩息之所。」宕昌而南當即循白龍江而下耳。此則宋代具體史事，可與畫墁錄相印證。又考太平廣記八一梁四公條引梁四公記云，「梁天監中……高昌國遣使貢鹽二顆……白麥麵，……帝命杰公迓之，謂其使曰，……白麥麵是宕昌者，非昌壘眞物，使者具陳實情，麵爲經年色敗，至宕昌貿易塡之。」此下又云道經北涼。按此故事雖未必眞實，然宕昌爲西域通商南朝之途徑殆不虛，是以有此故事耳。是南北朝時代，西域通南朝即取道今岷州地區，度入白龍江上流之宕昌，不始於宋矣。

此外所當附述者，通典又記武州至同谷及武州至興州兩道。其一，「武州東北至成州同谷縣三百四十里。」其道當東經覆津縣，又東北循平洛河谷而下，經甘泉戍（今甘泉驛北），平洛戍（今有平洛），又東北接仇池、同谷道耳，此則由松州（今松潘縣）東北行經扶州(今文縣西一百數十里)、文州（今文縣）、武州(今武都縣西約六十里)、同谷（今成縣）、河池（今徽縣西）、鳳州（今鳳縣）、散關至長安之大道之一段也。宋代嘗以鳳州長官領鳳、成（治同谷）、階（即唐武州）、文諸州駐軍，即以此爲一交通路線耳。

水經注二〇漾水注云：

「漢水又東南逕濁水城南，又東南會平樂水（樂一作洛），水出武街（一作武階）東北四十五里，經甘泉戍南，又東逕平樂戍南（樂一洛），又東入漢，謂之會口(熊疏，水道提綱謂之兩河口⑫)。漢水東南逕脩城道南（熊疏，當在今成縣南。），與脩水合，水總二源，東北合漢。漢水又東南，於槃頭郡南，與濁水合。……又東南逕武興城南。」

是平樂水乃西漢水南之較大支流，水經注圖擬爲今之譚家河，當不誤。武街一作武階。即隋唐時代之覆津縣，今武都縣治，詳附考兩文。甘泉戍則在覆津東北五六十里以上也。魏書五一皮豹子傳，宋使楊文德圍武都，退守覆津，宋人恐其輒回，「令晉壽、白水送糧覆津，漢川、武興運粟甘泉。」即此戍也。足爲通接覆津之明證。楊疏，今有甘泉驛在（平樂）水南。今圖仍有甘泉地名，殆即其地矣。平洛戍，合校引趙曰，漢志，武都郡有平樂道，即平洛戍也。孫曰，地形志，脩武郡有平洛縣，太和四年置。熊疏云，蓋楊氏置平洛戍。今按置縣、道戍當爲一地。階州續志一五，「平樂故城，在州北（東北）一百八十里，西漢武都郡之平樂道，後魏平洛縣也。隋廢。明置驛於此。（通志。）今仍名平樂。」檢今圖尚有平洛名，地在武興至甘泉戍之間，當爲通典此道所經無疑。宋書九八氐胡傳，楊難當傾國寇蜀，「慮漢中軍出，遣建忠將軍苻冲出東洛以防之，梁州刺史劉道眞擊斬冲。」當即平洛地區，蓋在仇池之東，故有東洛之名歟？通鑑一二三，胡注以爲在晉壽界，未必然。

按此即松州東北經扶、文、武、鳳至長安大道之一段，參詳岷山雪嶺地區交通圖考⑩。宋史三〇九程德玄傳，「知鳳州，領鳳、成（在同谷縣）、階（即唐武州）、文等州駐泊兵馬事。」即以此四州在一條交通幹線上。

其二，「興州西南到武州覆津縣界二百里。」蓋由覆津東北經甘泉至平洛，折向東南循西漢水而下達興州歟？此道行程，雖出憶測，然前引魏書皮豹子傳云，楊文德退守覆津，宋人恐其輒回，令「漢川、武興（唐興州）運粟甘泉。」可徵興州西至甘泉固有一道，甘泉即近覆津、武州矣。

（二）杜工部秦州入蜀行程

唐代成州承魏晉南北朝以來之形勢，交通四達，而北至秦州接長安通河西河湟之大驛道，東南至河池接長安通劍南之大驛道，故由秦州南經成州折東南至河池之交通道，尤屬重要，此即魏晉南北朝以來，仇池北通上邽，東南通下辨之故道也。杜翁由秦入蜀即取此道，茲據杜翁紀行詩及中古用兵史事考其行程如次：

秦州西南畧循籍水河谷上行約十里至赤谷亭（今天水縣西南約十里），杜翁有詩云始入山險。又約六十里至鐵堂峽（南宋天水縣東五里，今天水縣西南七十里鐵鑪坡）。杜翁有詩，有乘險絕、馬骨折之嘆。

杜集詳注八，乾元二年自秦州赴同谷縣紀行詩，第一首發秦州，次即赤谷。詩云「晨發赤谷亭，險艱方自茲。」檢水經注一七渭水注，「黃瓜水又東北歷赤谷，咸歸於藉。」籍水「又東逕上邽城南。」一統志秦州卷山川目，引通志，赤峪水在州西南五里，赤峪山在州西南十里，有水經其中；即此詩所詠者。蓋杜翁由秦州出發畧循籍水而西南上行也。宋史四〇寧宗紀，嘉定十一年三月，忠義人十萬餘出攻秦州，官軍繼進，至赤谷口，都統劉昌祖退師，焚西和州及成州遁歸。亦即此。

杜翁第三詩鐵堂峽。詳注引方輿勝覽，鐵堂山在天水縣東五里；引邵注：「在秦州東南七十里。」檢元一統志殘卷五八四成州古蹟目，「姜維鐵堂莊在天水縣東十里鐵堂峽，四山環抱，其對面有古塚，相傳云維之祖塋。」是皆謂在天水東，而里距有異。紀要五九云在天水廢縣東五里。蓋承勝覽之說也。檢一統志秦州卷山川目，鐵堂山「在州西七十里。……舊志有盤龍山在州西七十里，山有鐵鑪坡，即鐵堂峽也。其峽四山環抱，中有鐵堂莊。」甘肅通志六山川目秦州鐵堂山條，同。蓋即所謂舊志也。此似與勝覽以下諸書不同。然勝覽爲南宋人撰。檢一統志秦州卷古蹟目，南宋天水廢縣在州西南七十里，天水軍城在州西南九十里。紀要五九亦云宋天水故城在州西南七十里。則勝覽云峽在天水縣東五里者，正亦在淸代秦州今天水縣之西南七十里上下也。惟邵注云在秦州東南七十里，東乃西之誤耳。檢今圖，天水縣西南有鐵鑪坡，地望正合。杜翁由秦州西南行，經赤峪正至其地矣。

又西南度入西漢水（古漾水，今嘉陵江）上源，凡約百里至鹽井，在西漢水北，有鹽官故城（今禮縣東六十里，西和東北八九十里），此井產鹽，質優量盛，爲此一地區食鹽供應中心。杜翁有詩。

杜翁第四詩鹽井：「鹵中草木白，青者官鹽烟，官作既有程，煑鹽烟在川，汲井歲搰搰，出車日連連，自公斗三百，轉致斛六千。」此詠鹽井經營頗詳。考水經注二〇漾水注：「西漢水又西南逕宕備戍南，…右則鹽官水南入焉。水北有鹽官，在嶓冢西五十許里，相承營煑不輟，味與海鹽同。故地理志云，西縣有鹽官，是也。」檢漢志無此文，故王念孫云脫有鹽官三字。又元和志二二成州長道縣，「鹽井在縣東三十里，水與岸齊，鹽極甘美，食之破氣。鹽官故城在縣東三十里，在嶓冢西四十里，相承營煑，味與海鹽同。」同書三九渭州漳縣有鹽井。是以成州爲中心之方圓千里地區，僅此二鹽井。而新書五四食貨志，唐有鹽井六百四十，此一地區僅成州此井，蓋此井產鹽量豐質美，經營甚盛，故杜翁特詳及之。其地在今西和縣東北八九十里，禮縣東或東南六十里，已詳前考。

鐵堂峽西南十餘里有木門谷，漢魏時代當上邽通祁山軍道，當亦爲唐道所經。

通鑑七二，魏太和五年，諸葛亮由漢中「帥諸軍入寇，圍祁山，以木牛運。」「司馬懿留精兵四千守上邽，「餘衆悉出，西救祁山。」「亮分兵留攻祁山，自逆懿于上邽。……懿斂軍依險……亮引還。懿等尋亮後，至於鹵城……魏軍大敗。……六月亮以糧盡退軍，司馬懿遣張郃追之。郃至木門，與亮戰，蜀人乘高布伏，……飛矢中郃右膝而卒。」按水經注一七渭水注：「又南得藉水口，水出西山，……東南流，與竹嶺水合……又東北逕上邽縣，左佩四水，……咸自北山流注藉水。藉水右帶四水，竹嶺東得亂石溪水，次東得木門谷水……皆導源南山，此流入藉水。……藉水……又東逕上邽城南。」即此木門也。通鑑胡注：「木門去今天水軍天水縣十里。」按天水縣在今天水縣西南七十里，木門不知在南抑在北。檢一統志秦州卷山目川，木門山「在州西南九十里。」下引魏蜀戰爭事及通鑑胡注。又引鞏昌府志：「在州西南九十里，與西和縣接界。」又關隘目祁山堡條，「羅家堡，在（禮）縣東北八十里，即古木門，接本州界。」是此山谷在秦州至禮縣中途，爲秦州及禮縣、西和接境處，而在南宋天水縣南十里也，則在鐵堂峽之西南十餘里矣。唐代大道當亦經此谷歟？縱不經此谷，要亦相近也⑬。

鐵堂、木門以南至鹽井百里間，地勢雖高，但平衍無阻，故宋代曾於此區創設地網，以阻敵騎奔突。

雲麓漫鈔一云：

「仙人關外分左右二道。自城（成）州經天水縣，出皁郊堡，直抵秦州。頃年吳璘大軍嘗由此出西道，地皆平衍，即其地爲壕塹縱橫，引水縷行，名曰地網，以遏奔衝。此仙人關左出之道也。」

按紀要五九秦州，「天水城在州西南七十里。」皁郊堡「州西南三十里，宋置，有皁郊博馬務。嘉定十年，金人犯皁郊堡，破天水軍……（後）復攻皁郊堡，遂趨西和州。」一統志秦州卷，畧同。又引方輿勝覽，「皁郊堡在天水縣東北四十里，去秦州纔三十里。」引元統志，「皁郊堡，水榷塲也，下視秦州赤峪川。」是皁郊堡在杜翁所經之赤谷地區，天水城在鐵堂峽西五里，西和州即今西和縣，在唐上祿縣之南二三十里，皆詳上文。然則雲麓所記仙人左出道之北段及金人進兵路線，皆即唐代秦州至成州治所上祿縣之故道也。而上引宋史寧宗紀，嘉定十一年，宋軍攻秦州至赤谷，退經西和州至成州，亦即雲麓所記之道矣。日本栗棘庵所藏宋輿地圖，正有一道自天水軍西至長道、西和，折東南至仙人關。是矣。又一統志秦州卷古蹟目：「地網在州西南，故天水、長道二縣界。」下引方輿勝覽云：

「金陷陝西，天水、長道並當邊面，地勢平衍，敵騎四布，步兵不能捍禦。隆興中，宣撫吳璘乃剏設地網。其制，於平田間縱橫鑿爲渠，每渠濶八尺，深丈餘，連綿不斷，如布網然，敵騎始不得逞。天水元管三百六十條，後增爲五百五十條；近歲雨水湮塞，已損於舊。」

按鹽井西南二十里即祁山山險，宋設地網，當即在唐道鐵堂至鹽井間。此地區爲渭水與嘉陵江上源分水嶺，地當甚高，蓋高而平衍，如固原高平地區耳。

鹽井西南二十里至祁山，（今禮縣東四十里，西和縣北七十里。）在西漢水北，即諸葛六出祁山處。山上有故城，北朝置祁山軍。城南三里有諸葛亮壘。此山本奇峻，北朝以來，山險漸闢爲夷途。

元和志，長道縣有祁山，「在縣東十里，蜀後主建興六年，諸葛亮率軍攻祁山，即此。漢水經其南，有諸葛亮壘。」今地已詳前。按鹽井在縣東三十里，既爲大道所經，祁山在縣東十里，魏晉南北朝時代爲南北軍事要衝，唐世亦爲大道所經無疑。按水經注二〇漾水注云，漢水右受鹽官水，又西南，左受左谷水，右受蘭皐水。「蘭皐水出西北五交谷，東南歷祁山軍，東南入漢水。漢水又西南逕祁山軍南。」又西南，建安川水自南來會。「漢水北，連山秀舉，羅峯競峙，祁山在嶓冢之西七十許里，山上有城，極爲巖固，昔諸葛亮攻祁山，即斯城也。漢水逕其南。城南三里有亮故壘，壘之左右猶豐茂宿草，蓋亮所植也。在上邽西南二百四十里。開山圖曰，漢陽西南有祁山，蹊徑逶迤，山高巖險，九州之名阻，天下之奇峻。今此山於衆阜之中亦非爲傑矣。」蓋山險漸闢，故北朝末期，已非絕險矣。唐世祁山距秦州已不及二百里，亦開闢之一證。

祁山又西十里至長道縣（今禮縣東南三十里），似當建安水（國防研究地圖集作白水河）入西漢水處。又循建安水而南上，行五十里至成州治所上祿縣（今西和縣北或西北二三十里）。氐人楊定徙治歷城，後改名建安城者，即在州西十里建安水北。

成州治所上祿縣之今地及歷城、建安城事，已詳前考。關於長道縣，前考秦州西南至成州二百數十里。元和志，長道縣在成州北五十里，其東十里之祁山與四十里之鹽井皆當道，則縣城亦當道無疑。其今地亦見前文。據下引水經注述事，長道似當建安水入漢水處。

有寒峽者，建安水下游之峽谷也，蓋以阻深陰冷受名，杜翁有詩。其地在上祿之北，長道之南，建安水入漢水口之東南不遠處。胡三省云即鷲峽，爲南北用兵要道。

杜翁第五詩寒峽。考水經注二〇漾水注，漢水逕祁山軍南。又西，建安川水自南來會。「其水道源建威西北山白石戍東南」，東北受衆水，「又東北逕寒峽。元嘉十九年宋太祖遣龍驤將軍裴方明伐楊難當，難當將妻子北奔，安西參軍魯尚期追出寒峽，即是峽矣。…其水出峽西北流注漢水。」據此述事，唐長道縣殆在建安水入漢水處。而塞峽在縣南，爲建安水下游之峽谷，水出谷，西北流不遠即入漢水。然宋書九八氐胡傳，記裴方明擊楊難當事，作寒峽，與杜詩同。按杜詩云，「雲門轉絕岸，積阻霾天寒，寒峽不可度，我實衣裳單。」是唐世名寒峽無疑。蓋以阻深寒冷受名，塞乃形譌。一統志鞏昌府卷山川目，塞峽在西和縣東。然楊氏水經注圖繪於西和縣北，禮縣東南，建安水下游，是也；一統志誤。是當在唐上祿之北，長道之南矣。

又兩晉南北朝時代，此地區又有鷲峽之名，屢見史籍。如通鑑一〇三，晉咸安元年，秦秦州刺史西縣侯雅帥步騎七萬伐仇池公楊纂。夏四月戊午，「秦兵至鷲峽，楊纂師衆五萬拒之。……與秦兵戰於峽中，纂兵大敗，……收散兵遁還。西縣侯雅進攻仇池……纂……出降。」又一一六，晉義熙八年，「仇池公楊盛叛秦，侵擾祁山。秦王興遣……前將軍姚恢出鷲峽，秦州刺史姚嵩出羊頭峽，……以討盛，……爲盛所敗。」又一四一，齊建武四年，「魏以氐帥楊靈珍爲南梁州刺史，靈珍舉州來降⑭。……九月丁酉，魏主以河南尹李崇……將兵數萬討之。……李崇槎山分道，出氐不意，表裏襲之，……靈珍遣從弟建屯龍門，自帥精勇一萬屯鷲峽。龍門之北數十里中伐樹塞路，鷲峽之口，積大木，聚礌石，臨崖下之，以拒魏兵。崇命統軍慕容拒帥衆五千從他路入，夜襲龍門破之。崇自攻鷲峽，靈珍連戰敗走，……

遂克武興。……靈珍奔還漢中。」東晉南北朝時代鷲峽之名屢見如此，觀卷一〇三、一一六兩條，其在仇池以北、祁山之南無疑。卷一〇三胡注：「鷲峽在仇池北，亦謂之塞峽。」此說極有可能。

由成州南行，經青陽峽（今西和縣南），極險峻。杜翁有詩，云「突兀猶趁人」「南行道彌惡」也。

杜翁第六詩法鏡寺，地望無考，不知在成州之北抑南。第七詩青陽峽。一統志鞏昌府卷關隘目，「青陽峽隘，在西和縣南，與階州成縣接界。」而同書鳳翔府卷山川目，「青陽峽在隴州西北四十里，唐杜甫有詩。」按玩詩意，各家編次於秦州南行紀程詩中，不誤。杜翁所詠當即西和縣南者。非隴州西北也。

又南當經仇池山東側之洛谷故城。蓋去成州八十里。文宗大和初或曾移州治於此。

洛谷城既爲北朝以來此一地區之軍政交通中心，地在龍門北不遠，杜翁既過龍門，殆必先經洛谷城可知矣。紀要五九成縣，「唐太和初，以上祿沒於吐蕃，詔修築駱谷城爲縣治，咸通中廢。」此條當有所據，亦正見唐世此道仍存，故上祿撤退，遂至駱谷也。杜翁「讀記憶仇池」，頓興遯隱之念。故秦州雜詩二十首有仇池一章。然爲生計所迫，何可得耶？及其南行，旅途艱險勞頓，殆亦未及登臨，只從山之東麓擦過，而有龍門鎮、石龕諸詩耳。

又前引元和志，仇池山在成州上祿縣南八十里。水經注，建安城在仇池山北一百二十里。蓋一至山區北麓（也許指洛谷城），一指至百頃平原而言歟？又按紀要五九，漢上祿縣在今成縣西一百二十里。而仇池山又在漢上祿故城之西北不算太近，則自唐成州治所上祿縣南經仇池山折東至同谷縣，當在二百五十里以上，而元和志云同谷西北至成州一百八十里者，蓋成州東南直趨同谷之捷道也，詳下文。

又南，經龍門鎮，石龕，杜翁皆有詩，極見險峻。龍門當即龍門戍，在仇池山東南，洛谷之南不遠處，有棧道。龍門東南有漢上祿故城（今成縣西一百二十里），蓋亦為此道所經歟？

杜翁紀行第八詩為龍門鎮，次即石龕。龍門鎮詩云，「沮洳棧道溼。」是有棧道，想上文諸峽谷當亦有棧道，但無考耳。龍門地望，詳注及鏡銓皆引一統志，「在鞏昌府成縣東，後改府城鎮。」今檢嘉慶一統志無此條，且成縣不屬鞏昌府。蓋兩注所引為乾隆志歟？按紀要五九成縣龍門戍條亦云：「今縣東有龍門鎮。」然非此詩所詠者。

按水經注二〇漾水注，漢水「東南逕瞿堆西，又屈逕瞿堆南……又東合洛谷水。」「洛谷水……南逕仇池郡西，瞿堆東，西南入漢水。」又據三秦記（後漢書白馬氏傳李賢註引），瞿堆仇池山東面為洛谷水所衝激。漾水注下文云：

「漢水又東合洛溪水，水北發洛谷南，西南與龍門水合。水出西北龍門谷，東流……又南逕龍門戍東，又東南入洛溪水。（洛溪水）又東南逕上祿縣故城西，（按此為漢縣。）……單流納漢。」

則此龍門戍當在仇池山東南不遠處，在漢上祿縣之西北，參看水經注圖。一統志階州卷古蹟目亦云龍門戍在仇池東南，是也。則在洛谷城之南矣。前考寒峽引通鑑一四一，楊靈珍遣弟建屯龍門，當即此地。杜詩龍門鎮殆亦此地無疑。一統志階州卷山川目，仇池山，「方輿勝覽，在郡（成州）西百里。下有飛龍峽，以氐楊飛龍所據而名，其東乃杜甫天寶間避亂住此。」又古蹟目引元統志，杜甫宅在飛龍峽東。飛龍峽殆即龍門鎮地，杜翁所經，非住此也。漢上祿縣故城，當本為古代道路所經，故置縣，而在龍門鎮東南，方位正當龍門入同谷道，故疑亦在唐道中也。石龕地望雖無考，要在龍門東南地區無疑。

又折東行至積草嶺（今成縣西約百里），杜翁有詩。嶺有支路南通鳴水縣（今畧陽縣西蓋百餘里）。

杜翁第十詩積草嶺。詩云：「卜居尙百里，休駕投諸彥，邑有佳主人，情如已會面。」卜居者指同谷縣而言，是此嶺去同谷尙百里也。又云：「山分積草嶺，路異鳴水縣。」是此嶺有分道至鳴水。元和志二二興州有鳴水縣，在州西百一十里，則分道至鳴水，蓋南行也。而一統志秦州卷山川目，積草山「在徽縣北四十里，接成縣界。」下引杜翁詩。則在唐同谷之東，與「卜居尙百里」不合，且亦不能「路異鳴水縣」也，必誤無疑。次首泥功山，在同谷西，亦積草不在縣東之證。

積草又東蓋中經前代軍道要衝之濁水故城（在仇池東八十里）約八十里至泥功山（今成縣西約二十里），杜翁有詩。貞元中曾置行成州於此。相近有漢李翕西狹、天井兩治道石刻，其東即下辨故城，爲東漢武都郡治（今成縣西二十里天井山、魚竅峽、黃龍潭。）漢唐道，必不相遠。

濁水城在西漢水之北，當平樂水流入西漢水會口之西，南北朝時代，此城當下辨、仇池間軍道之要，已詳前考。度其地當亦在唐道上。

杜翁第十一詩泥功山。又唐末趙鴻亦有泥功山詩（全唐詩第五函八冊。）考南齊書五九氐楊氏傳，建武二年，「虜亦遣僞南梁州刺史仇池公楊靈珍據泥山，以相拒格。」南史七九西戎武興國傳：「齊永明中，魏南梁州刺史仇池公楊靈珍據泥功山歸齊。」當即此山。一統志階州卷山川目，「泥功山，在成縣西南。齊建武二年，魏遣南梁州刺史仇池公楊靈珍據泥功山；四年，靈珍以泥功山歸順，以爲北梁州刺史。周明帝初，趙昶破仇周貢等於泥功嶺。即此。元和志，貞元五年，於同谷西界泥功山權置行成州。方輿勝覽，郡西有舊城基，泥功廟，石像天成。」趙鴻泥功山詩云，「立石泥功狀，天然詭怪形，未嘗私禍福，終不費丹青。」即此。杜詩所詠亦此無疑。詳注引方輿勝覽，在同谷郡西二十里。是也。而一統志秦州卷山川目青泥嶺條引杜詩。蓋以詩有：「朝行青泥上，暮在青泥中，」云云。檢元和志二二興州長舉縣，「青泥嶺在縣西北五十三里，接溪山東，即今通路也，懸崖萬仞，上多雲雨，行者屢逢泥淖，故號爲青泥嶺。」就詩意言，甚有可能，但題曰泥功山，又編次秦州至同谷道上，故仍當是行至同谷以西之泥功山而作，非同谷以東百里之青泥嶺也。蓋兩處地貌相同，故詩句有「青泥」云云耳。

李翕西狹頌及天井道碑兩石刻在今成縣西二十里魚竅峽，詳後文。一統志階州卷古蹟目，下辨故城在今成縣西三十里。據西狹頌，西狹在郡城之西。續郡國志，武都治下辨。西狹既在今成縣西二十里，則郡城下辨當在峽東，東至今成縣當不滿二十里，非三十里也。

泥功又東二十里至同谷縣（今成縣治），當蜀口西北出秦隴要道。杜翁小駐，有詩多首。

杜翁有乾元中寓居同谷縣作歌七首及發同谷縣諸詩。又鳳凰臺、萬丈潭兩詩，亦翁寓同谷縣時遊覽之作，非征途所作也。

同谷與漢代下辨相近，東漢爲武都郡治所。下迄魏晉南北朝，見爲仇池東出之交通要道，已見前考。唐中葉以後，成州故治之上祿已陷屬吐蕃，州移同谷。權德輿山南西道節度使嚴公（震）墓誌云：「以同谷、陰平備邊要害，乃建堡壘，新廩庾，禦寇有金湯之固焉。」正足見其西北出秦隴通吐蕃之形勢也。

下文論交通建設工程亦可見。又下文引杜翁木皮嶺詩「首途栗亭西……辛苦赴蜀門。」此嶺只在同谷東行數十里。蓋同谷西北出秦隴，東南入蜀口，咽喉之地，形勢見重。紀要五九成縣目同谷廢縣條引王應麟曰：「成州內保蜀口，外接秦隴，山川險阻，嘗爲襟要。」是也。

同谷東南行十里至寶井堡，疑即唐初西康州故治，亦即此朝廣業郡故治，唐中葉末葉亦兩度徙成州治此。堡南對鳳凰臺，兩石雙高若闕，下臨鳳溪水。又有萬丈潭在台西北三里，即一風景區也。杜翁遊臺、潭，各有詩。

柳宗元興州江運記（全唐文五八〇）云：

「自長舉北至青泥山，又西抵於成州，過栗亭川，踰寶井堡，崖谷峻隘，十里百折。」

按青泥在河池南二十七里，與長舉皆當散關入蜀大驛道，已詳通典所記漢中通秦川驛道考⑮。此記述興州北行至青泥、河池，折西至成州之道也。此見成州東行過寶井堡，渡栗亭川而至青泥。考舊穆宗紀，長慶三年「五月，山南西道奏移成州於寶井堡。」新地志、成州，「咸通七年，復徙治寶井堡，後徙治同谷。」紀要五九成縣，寶井山在縣東南十里。引新志，又引宋石洵直城隍記，述唐長慶初遷郡治事。是唐世曾兩次徙治寶井堡，必爲當道一要地。

杜翁有鳳凰臺詩云，「亭亭鳳凰臺，北對西康州。」檢新志，成州同谷縣，「武德元年，以縣置西康州。貞觀元年，州廢來屬。」則州在同谷縣治之近處。杜詩詳注引方輿勝覽：「鳳凰臺在同谷東南十里，山腰有瀑布，名迸璣泉，天寶間哥舒翰有題刻。」又輿地碑記目四成州碑記（參輿地紀勝一九五成州）：「

鳳凰山，有唐天復七年天雄軍指揮使知成州李彥琛修經閣碑。」「大雲寺石碑在鳳凰山上，去州七里，創始莫考。殿後崖上有刻字，云漢永平十二年。又經閣崖上刻云，梁大同九年。」皆即一地。是成州東南近處之名勝區也。水經注二〇漾水注，「濁水南逕槃頭郡東，（孫校曰，元和志槃頭故城在長舉縣南三里。）而南合鳳溪水。（孫校曰，隋志順政郡有鳳谿水。）水上承濁水於廣業郡，南逕鳳溪中，有二石雙高，其形若闕。漢世有鳳凰止焉，故謂之鳳凰臺，北去郡三里，水出臺下東南流，左注濁水。濁水又南注漢水。」此其形勢矣。臺在同谷東南十里，而北對西康州，前考寶井堡即在縣東南十里之東行道上，疑西康州故治亦即在寶井堡耳。又酈注，臺北去廣業郡三里，疑郡亦在堡處。紀要寶井山條又云：「又東南為太祖山。宋李宜記云，巖巒聳秀，林壑深邃，下瞰數州，歷歷可辨。」所謂數州者即此諸州郡故治也。

杜集編次，此詩次積草嶺、泥功山之後，寓居同谷縣作歌七首之前，似當在成州東南至同谷道上作。然地在同谷東南十里，杜翁自成州南來之旅程似不應先繞經同谷東南。今檢各本標題下皆有原注：「山峻，人不至高頂」一句。按通道所行，例不經高頂。杜翁此段行程諸詩皆無此類原注，惟此題有之，似為杜翁寓居同谷時遊覽之作，作於七歌之前，故次成州東南來最後一詩泥功山之後，而實非旅程中所作也。惟其發同谷縣之次一詩木皮嶺云：「首路栗亭西，尚想鳳凰村。」鏡銓七引朱注，「鳳凰村當與鳳凰臺相近。」一統志階州卷山川目，鳳凰山即鳳凰臺。引方輿勝覽，「在縣東南七里，下有鳳村。」即此鳳凰村矣。按栗亭在同谷東不逾四五十里，詳下文。發栗亭西，而聯想到鳳凰村，正與臺之地望相當。朱說是也。就方位言，鳳凰台村當即近東南行之通道。此臺北對西康州治，州治必當道，尤台村近通道之明證。然詩云：「尚想鳳凰村」，似此行未經過臺村，只是回想前次登臨賦詩耳。大約杜翁發同谷縣，當日經寶井堡，宿栗亭之西，次日又首路至木皮嶺也。

杜集各本編次，同谷七歌之後，發同谷之前又有萬丈潭一詩。詳注：「原注，同谷縣作。方輿勝覽，萬丈潭在同谷縣東南七里，俗傳有龍自潭飛出，夢弼曰，同谷有鳳凰潭，一名萬丈潭，蓋兩山危立，其下泓澄萬丈。」是萬丈潭與鳳凰台爲同一地區，惟台又在潭東南三里耳。此詩亦遊覽時作，非行旅中作也。

寶井又東經栗亭約五十里登木皮嶺，杜翁皆有詩。嶺高峻，舊有閣道，乾元中已廢，地當蜀口、鳳、興通秦隴咽喉，唐末曾置關。

唐末趙鴻有栗亭詩(全唐詩九函八冊)云：「杜甫栗亭詩，詩人多在口。」注：「趙鴻刻石同谷曰，工部題栗亭十韻，不復見。」則杜翁於栗亭亦有詩，早佚。

杜詩詳注九第一首發同谷縣。次即木皮嶺云，「首路栗亭西，尚想鳳凰村，季冬攜童稚，辛苦赴蜀門。南登木皮嶺，艱險不易論。汗流被我體，祁寒爲之暄，遠岫爭輔佐，千巖自崩奔，始知五嶽外，別有他山尊！」此狀其高險。又云：「高有廢閣道，摧折如斷轅。」則舊閣更高，今已廢棄。新二二五下黃巢傳，王鐸爲都統，「置關於沮水、七盤、三溪、木皮嶺，以遮秦隴。」亦以此處爲鳳興入秦隴之咽喉也。宋史四四九忠義曹友聞傳，元兵破武休關，遂入金牛至大安，又分兵自嘉陵江、木皮口突出」云云，亦其地。詳注引方輿勝覽，「木皮嶺在同谷縣東二十里，河池縣西十里。杜甫發同谷取路栗亭，南入郡(興州)界，歷當房郵，度木皮嶺，由白水峽入蜀，即此。黃巢之亂，王鐸置關於此，以遮秦隴，路極險阻。」又引一統志，「木皮嶺在鞏昌府徽州西十里。」紀要五九徽州目，里距同。嘉慶一統志階州卷山川目、秦州卷山川目亦畧同。秦州卷引舊志「在州西十五里，又見成縣。」蓋謂徽州西十五里。按徽西十五里即唐河池縣矣，十里更在河池之東，皆與勝覽不合，必誤無疑。然照勝覽說，同谷至河池僅三十里，亦必有誤。檢九域志三鳳州目及成州目，述兩州界首至成州之里距有三，最小者爲五十五里。按河池屬鳳州。則河池至同谷絕不能少過六七十里。檢一統志秦州、階州卷沿革目，今成縣東至徽縣九十里。又階州卷關隘目，成縣在城驛東至徽縣九十里。則唐宋同谷至河池當約七十五里之譜，與九域志合。勝覽三十里之數必誤無疑。

據柳宗元記，栗亭在寶井之東。又據杜詩，栗亭當在木皮嶺之西。檢一統志秦州卷關隘目，「栗亭鎮在徽縣西二十里。以近栗亭故城而名，又西有泥陽鎮，接階州成縣界。」又山川目，「栗亭河在徽縣西三十里，與成縣橫川河合，流入大河，爲畧陽白水江。」是栗亭故城在木皮嶺之西，與詩合，然在徽縣西不過三十餘里，在唐河池西更不遠。勝覽云木皮嶺在河池西十里，或可信。又紀要五九成縣，「泥陽川在縣東五十里，祝穆云，水自天水谷發源，東南流至泥陽鎮，與栗亭水合，東南入徽州界注嘉陵江。」則栗亭當在成縣東五十里以上。同書同卷即云栗亭城在成縣東五十里。木皮巔既更在東。其地距河池近而距同谷遠，其距同谷當在五十里以上，譌爲二十里也。

又東蓋十里至河池縣（今徽縣西十五里），接散關通漢中、劍南之大驛道。其南二十七里青泥驛即南向入蜀之第一驛也。

方輿勝覽云，木皮嶺在河池西十里，前已引證。河池當散關南來之驛道，及青泥嶺置驛，在河池南之里程，皆詳通典所記漢中通秦川驛道考⑮，杜翁既登木皮嶺是必東至河池縣矣。

唐末五代有固鎭，當驛道，南入蜀口至成都，東北通散關至長安，西行經成州通秦州，地當三條重要幹道之樞紐，爲軍事之重鎭，故周顯德六年升置雄勝軍，即在河池附近。而雲麓漫鈔述南宋時代陝蜀形勢，仙人關控扼蜀口要害，左自成州（即唐同谷）趨秦州，右自兩當出散關，故稱此關爲蜀之咽喉。其地在河池、固鎭東南殆不逾五十里，與青泥嶺爲近而稍東南，而交通形勢則與唐、五代之河池、固鎭相同，蓋南宋內據山險爲關耳。

固鎭　在散關入蜀之大驛道上，爲軍事必爭之地，故屢見五代史及通鑑五代紀，前撰通典所記漢中通秦川驛道考，已引證。尤可注意者，通鑑二八六後漢天福十二年紀云：

「蜀翰林承旨李昊謂王處回曰，敵復據固鎭，則興州路絕，不復能救秦州矣。」

是則固鎭不但當蜀口、興州東北通散關之大道，亦當興州北通秦州之大道也。又宋會要方域一〇之三載神宗熙寧十年奏議云：

「如發川綱往秦州，只從舊路行至故驛，便可直入成州。如由新路，須過鳳州，五程至鳳翔府，亦有路去秦州。」

按舊路即唐代之興州北出青泥嶺河池經兩當趨鳳州之驛道。新路即唐代由褒城出武休關至鳳州之褒斜新道也。此故驛當即故鎭無疑，此亦蜀口北至故鎭，經同谷（宋成州）達秦州之明證。至其地望：九域志三，鳳州河池縣有固鎭。通鑑二六九胡注，「固鎭在青泥嶺東北，薛史地理志，鳳州固鎭之地，周顯德六年升為雄勝軍。（按此事亦見薛史周恭帝紀）」皆即此。又通鑑二七三同光三年胡注，「按今固鎮在鳳州西四程。」未詳里數。紀要五六鳳縣，「固鎮在縣西百二十里，當畧陽青泥嶺之東北，亦近鞏昌府徽州東界。」而一統志秦州府卷古蹟目，固鎮在今徽縣治。據元和志、寰宇記，河池東北至鳳州一百七十里，若如紀要，固鎮在鳳縣西一百二十里，則在河池之東五十里，通說河池在今徽縣西十五里，則固鎮在今徽縣東約三十五里也。是紀要與一統志兩說不合；而去青泥嶺亦稍遠，紀要本身亦有問題。且蜀口大道北上，至河池即分道，西至成州，東至鳳州，若固鎮在河池之東五十里，即非當三道交通樞紐矣。按紀要蓋據胡注「四程」之語，推謂一百二十里歟？古代每程標準雖為三十里，但宋代驛距通常較大，或四五十里為一驛。上引宋會要鳳州五程至鳳翔府，按鳳州至鳳翔二百八十里，是每程五十里以上，可證。故一百二十里之說不足據；一統志云在徽縣治，較為近是。復檢日本栗棘庵所藏宋輿地圖，固鎮繪於青泥嶺之北，河池縣西旁，是且在今徽縣之西，即唐代河池地區。以當時史證論之，固鎮當興州、青泥北行，東通鳳州、西通成州之樞紐，此圖所示最為準確矣。

仙人關　雲麓漫鈔卷一云：

「自講好，關中之地中分為界。如南關、大散、仙人、饒風、武休等皆為我有。仙人關外，分左右二道。自城州（成州，即同谷）經天水縣，出皁郊堡，直抵秦州。頃年吳璘大軍嘗由此以出西道。地皆平衍，即其地為壕塹縱橫，引水縷行，名曰地網，以遏奔衝。此仙人關左出之路也。自兩當縣趨鳳州，直出大散關，……此仙人關右出之路也。鳳州之東，興元之西，褒斜谷在焉。谷口三山翼然對峙，南曰褒，北曰斜，在唐爲驛路，所以通巴漢。旁連武休關，又極東爲饒風關，地斗入，糧運難致。異時，獨倚饒風以迫控商、虢，由武休以達長安，故當關（指仙人關）爲蜀之咽喉。」

此條述仙人關形勢極明豁，其爲宋世西北軍事交通重鎭無疑。紀要五六鳳縣，「仙人關在縣南百二十里，近畧陽縣界。」同卷畧陽縣，有殺金嶺「縣西北百二十里，其旁地曰殺金坪，與鳳縣仙人關相近。」一統志漢中府卷關隘目，「仙人關在鳳縣西南一百二十里，接甘肅秦州徽縣界。」又秦州卷關隘目，「仙人關在徽縣東南六十里，接（畧）鳳縣界。」又同卷山川目，「殺金坪，在徽縣東南六十里，上有仙人關。」兩書里距同，方位小異。就形勢言，當以在鳳縣西南，接徽縣界爲正。則當在今鳳縣西南一百二十里，徽縣東南六十里畧陽縣西北（當作北）約一百二十里也。若此里數不誤，則當在固鎭東南不踰五十里。又據元和志二二，青泥嶺在興州西北一百五十三里。興州即今畧陽縣，則仙人關且在青泥東南，日本栗棘庵藏宋輿地圖，仙人關繪於青泥嶺附近，是矣。然就雲麓所言，與上考固鎭形勢完全相同。蓋南宋於固鎭、青泥之東南就山險形勢，築關爲固守之基，出關即是固鎭地區矣。

又據此而言，由固鎭而南似先至青泥，再至仙人關者。然唐宋時代不同，殊難作如此論斷。宋會要方域一〇之一三驛傳雜錄條，「（眞宗）景德二年九月四日，詔興州青泥舊路，依舊置館驛，並驛馬遞鋪等。其新開白水路，亦任商旅往來。先是屢有言新路便近，亦有言青泥路雖遠一驛，然經久，難於改移者，故下詔俱存之。」是北宋時此處路程，除青泥嶺路外，又有新開白水一路，雲麓所記由興州出仙人關，不知取白水新路抑取青泥舊路也。

杜翁至河池未即南循驛道入蜀，而東北循驛道至兩當（今縣東三十五里。）蓋因事枉道也，有兩當縣吳侍御江上宅詩。杜集各本秦州諸詩最後一首爲兩當縣吳十侍御江上宅，此後即發秦州詩。如此編次，則以此詩爲杜翁在秦州時所作。故鏡銓云，「時將赴同谷。」詳註引鶴注：「殆是公自秦西至同谷時，道經兩當，故作此詩，蓋乾元二年十月也。」按兩當在今兩當縣東三十五里，西北至秦州數百里，自不當列入秦州詩無疑；然杜翁自秦州至同谷，取上祿道，已見前考，絕非經兩當，故鶴注亦非。蓋公至河池，未即時南行入蜀，而曾因事枉道先東至兩當耳。河池、兩當皆在散關入蜀驛道上，詳通典所記漢中通秦川驛道考⑮。故此詩當編次木皮嶺之後。

然後再西返河池，取大驛道南行，經青泥嶺，白沙渡，水會渡，至興州（今略陽縣治），又經飛龍閣，入蜀口也。兩渡一閣皆有詩。

河池南行大驛道之行程，已詳通典所記漢中通秦川驛道考及金牛成都道驛程考⑯。茲從畧。惟補論杜翁兩詩。杜集，同谷南行詩，首爲發同谷縣，木皮嶺次之，以次爲白沙渡，水會渡（會一作回）、飛仙閣、五盤、龍門閣諸詩。詳注引方輿勝覽，「白沙渡、水回渡俱屬劍州。」又引鶴注，「渡名水會，即前所謂合鳳溪也。」是仇氏未有定見。鏡銓引浦注以勝覽非是；白沙渡「當即成州渡嘉陵江處。」水會渡，當即嘉陵江會東谷等水處，在畧陽。按勝覽誤說，絕無可疑。飛仙閣在興州東南三十里，詳唐金牛成都道驛程考。若編次不誤，則此二渡當在河池與興州百數十里間無疑，鶴、浦兩說爲近。按此地區水流複雜。白沙渡云：「畏途隨長江，渡江下絕岸。」水會渡云，「大江動我前，洶若溟渤寬。」鏡銓謂皆指嘉陵江，當是。據水經漾水注，濁水、兩當水（故道水）會於河池縣南境，又南逕盤頭郡東，右有鳳溪水來會，又南注西漢水。「漢水又東南歷漢曲，逕挾崖，與挾崖水合。……又東逕武興城南。」武興即唐之興州，今之畧陽。白沙、水會，或當在今畧陽西北故漢曲、挾崖地區歟？

就上考行程言，自同谷東經河池，折南至興州，蓋凡二百五十里之譜；前據地書計之，同谷至興州約一百六十七里者，蓋同谷東南有捷徑取鳳溪水谷道而行歟？

前考同谷河池間約七十五里之譜；又河池南行二十七里至青泥嶺驛，又五十三里至長舉縣，又百里至興州，詳通典所記漢中通秦川驛道考；故此道合約二百五十里也。則一百六十七里之數當是捷道，非杜翁所行者。檢地典，鳳凰台在畧陽西北一百二十里。檢水經注圖，當是沿鳳溪水而行者歟？蓋同谷東行通道，自寶井堡分支沿鳳溪直至興州耳。

興州而南，杜翁行經飛仙閣（今畧陽東南三十里）取金牛、劍閣道至成都，另詳唐代金牛成都道驛程考。⑯

大抵秦州南行，自赤谷雖已入山險；然鐵堂峽以南至鹽井一段，行高原平坦地；祁山以南，則道里愈南，艱險益甚，杜翁青陽峽詩云「南行道彌惡」，「突兀猶趁人」，蓋紀實也。詩評家江盈科云，少陵秦州以後詩，突兀宏肆，迥異前作，非有意換格，乃蜀中山水挺特奇崛，獨能象景傳神，爲眞手筆耳。

此約青陽峽詩鏡銓引江氏語。

以上秦州西南經成州故治上祿縣及仇池地區，折東南至同谷，接河池、青泥嶺路也。此蓋自古大道，故杜翁取此道入蜀口。然此道頗迂，其自秦州至同谷（古下辨，今成縣）及上祿至同谷皆有捷道。上祿至同谷捷道一百八十里。秦州至同谷之捷道，至五代用兵已可證，行程不踰三百里。

通鑑二六九後梁貞明元年紀云：

「十一月……己巳，蜀王宗翰引兵出青泥嶺，克固鎮，（九域志，鳳州河池縣有固鎮。）與秦州將郭守謙戰於泥陽川，（九域志，成州栗亭縣有泥陽鎮。）蜀兵敗，退保鹿臺山（今成州東十里有鹿玉山。）辛未，王宗綰等敗秦州兵於金沙谷，擒其將李彥巢等，乘勝趣秦州。甲戌，王宗綰克成州，擒其刺史李彥德。蜀軍至上染坊，秦州節度使李繼崇遣其子彥秀奉牌印迎降，宗絳〔綰〕入秦州。」

按此條書事，蜀軍北入秦州之路線爲一道或兩道，不甚明顯。紀要五九秦州金沙谷條，以爲王宗綰由金沙谷經上染坊（引舊志，坊在州南三十二里。）至秦州，此雖有想像爲一條路線之嫌，然此時成州在同谷縣，進兵路線當由同谷北趣秦州，未繞經仇池、上祿，殆無可疑。九域志三　，成州「北至本州界七十里，自界首至秦州一百九十五里。」共二百六十五里，秦州目，同。此即同谷直北趣秦州之道矣。至於上祿至同谷捷徑：元和志記同谷西北至成州治所上祿縣一百八十里；但前考上祿南行經駱谷、龍門，折東至同谷，行程殆二百五十里以上，知此一百八十里當爲捷徑。前考鐵堂峽以南地平衍、宋置地網事，引雲麓漫鈔，仙人關左出之道「自成州經天水縣，出阜郊堡直抵秦州。」地平衍，置地網　。天水、阜郊、地網皆在唐長道縣以北之唐道上。又嘉定間，金人進兵由阜郊至西和州，宋兵攻秦州至赤谷，退由西和州至成州（即同谷），是宋代大道，由同谷西北至西和州，（今縣，在唐成州南二三十里。）再折東北至秦州。其西和、同谷間，即元和志所記一百八十里之故道矣。

（三）今成縣畧陽地區漢唐時代之水陸交通建設工程

今成縣、畧陽，唐爲同谷縣、順政縣，漢屬下辨、沮縣境。此一地區，轂綰東西南北交通樞紐，秦、隴、楚、蜀於此分途，然地當嘉陵江諸上源西漢水（漾水）、濁水（白水）、兩當水（散關水）及諸小谷水之會。山勢險阻，河谷複雜，湍急幽深，水陸交通皆稱艱困，時有顚覆實墜之禍，故自漢以下，地方長官屢加鑿治，或開通山隘建棧閣，或疏鑿河谷通水運。如東漢安帝元初間，武都太守虞詡開通沮縣（今畧陽縣東北一百十里）至郡治下辨（今成縣西不到二十里）之漕運。

後漢書五八虞詡傳：

「羌寇武都，鄧太后以詡有將帥之畧，遷武都太守。……先是運道艱險，舟車不通，驢馬負載，僦五致一。詡乃自將吏士，安行川谷，自沮至下辯〔辨〕數十里，皆燒石翦木，開漕船道，以人僦直，雇借人者，於是水運通利，歲省四千餘萬。」（李賢注：「沮今興州順政縣也；下辯，今成州同谷縣也。」）

水經注二〇漾水注：

「濁水又東逕白石縣南。續漢書曰，虞詡爲武都太守。下辨東三十餘里有峽，峽中白水生大石，障塞水流，春夏輒潰溢，敗壞城郭，詡使燒石，以醯灌之，石皆碎裂，因鐫去焉，遂無泛溢之害。……濁水又東南，兩當水注之。水出陳倉縣之大散嶺，西南流入故道川，謂之故道水。……故道水南入東益州之廣業郡界，與沮水枝津合，謂之兩當溪，水上承武都沮縣之沮水瀆，西南流注于兩當溪。虞詡爲郡漕穀布在沮，從沮縣至下辨，山道險絕，水中多石，舟車不通，驢牛負運，僦五致一，詡乃于沮受僦直約自致之，即將吏民按行，皆燒石㰘木，開漕船道，水運通利，歲省萬計，以其僦廩與吏士，年四十餘萬也。又西南注于濁水。濁水南逕槃頭郡東，而南合鳳溪水。」

按下辨城在今成縣西不到二十里，詳前文。檢元和志二二興州，沮水出順政縣（今畧陽縣）東北八十一里，槃頭故城在長舉縣（今畧陽縣北約八十里或一百里）南三里。一統志漢中府卷古蹟目引縣志，「沮縣故城基在畧陽縣東一百十里，沮水河側。」所謂東蓋東北也。則此項工程大約在今畧陽縣北七八十里處，西通成縣之水道中。紀要五九成縣目，指此工程在西漢水中，參之酈注次第，恐有未合。

靈帝建寧間，武都太守李翕於郡西狹中及天井山（皆今成縣西約二十里天井山魚、竅峽、黃龍潭地），緣壁立之山，臨不測之溪，鑿崖治路，又於沮縣西嘉陵江右岸郙閣崖險處（今畧陽縣西二十里），鑿壁架橋三百餘丈。此兩事皆爲漢世之有名工程。

隸釋四武都太守李翕西狹頌（參兩漢金石記一三）：

「郡西狹中，道危難阻峻，緣崖俾閣，兩山壁立，隆崇造雲，下有不測之谿，阨芒（窄）促迫，財容車騎，進不能濟，息不得駐，數有顚覆霣墜之害，過者創楚，惴惴其慄。君踐其險，若涉淵水（冰），嘆曰，……今不圖之，爲患無已。勑衡官有秩李瑾、掾仇審，因常繇道徒，鐉燒破析，刻臽（陷）確嵬，減高就埤，平夷正曲，柙致土石，堅固廣大，可以夜涉，四方無雍，行人懽悀（踊）」。

又李翕析里橋郙閣頌（同上）：

「惟斯析里，處漢之右，谿源漂疾，橫柱（注）于道，涉秋霖漉，盆（溢）溢□滿，濤波滂沛，激揚絕道，漢水逆讓（瀼），稽滯商旅，路當二州，經用衿沮。沮縣士民，或給州府，休謁往還，恆失日晷，行理咨嗟，郡縣所苦。斯谿既然，郙閣尤甚，緣崖鑿石，處隱定柱，臨深長淵，三百餘丈，接木相連，號爲萬柱，過者慄慄，載乘爲下，常車迎布，歲數千兩，遭遇隤納，人物俱隋，沈沒洪淵，酷烈爲禍，自古迄今，莫不創楚。於是太守（署）李君諱翕……聞此爲難，其日久矣，……乃俾衡官掾下辨仇審改解危殆，即便求隱，析里大橋於今乃造，校致攻堅，□□工巧，……醳（釋）散關之嶃潔，從朝陽之平熮（燥），減西□□高閣，就安寧之石道……。」

又隸續一一武都太守李翕天井道碑云：

「斯道狹阻，有阪危峻，天井臨深之阸，冬雪則凍渝，夏雨滑汰，頓躓傷害，民苦拘駕推排之役，勤勞無己，過者戰戰（戰）以爲大慼（感）。太守漢陽阿陽李君履之若辟風雨，部西部道橋掾李祗（闕）鏶鎚西坂天井山上（闕）人（入）丈四尺，堅無臽（陷）潰，安無傾覆，四方賴之。」

按李翕以靈帝建寧三年到武都太守任，明年治西狹，又明年建郙里橋，治天井道，皆刻石記事。洪氏西狹頌跋云：「李君治武都橋道，前後三處磨崖，棧險架橋則郙閣，鑿崖治路則西狹、天井。……南豐曾子固跋此碑云，翕與功曹史李旻定策，勑衡官掾仇審治東阪，有秩李瑾治西阪，鏶燒火（檢元豐題跋作大，是。）石，人得夷塗，作頌刻石。其文有二，所識一也。其一刻於四年六月十三日壬寅，其一是年六月三十日刻。今集古之家惟有壬寅一碑。李旻定策，碑中不見，天井屬吏却有李旻姓名，始知南豐非輕信異聞，必是西狹第一碑所載。」今按仇審治東阪、李瑾治西阪當亦狹西另刻所載者。

洪跋又云：西狹、天井兩摩崖在成州，郙閣摩崖在興州。按輿地碑記目四成州碑記（參輿地紀勝一九五成州）云：

「漢武都太守李翕磨崖頌……建寧四年造。今碑在魚竅峽。漢天井記，……建寧五年造。……同谷志云，後漢建寧四年，武都太守李翕修道記幷黃龍、白鹿、嘉禾、甘露、木連理石刻，建寧五年天井山修道記，喜平三年太守耿勳政績記幷題名記，並在封泉保魚竅峽。」

檢紀要五九，魚竅峽在成縣西二十里。又一統志階州卷山川目，天井山、魚竅峽皆在成縣西二十里。同卷目萬丈潭條，「黃龍潭在縣西二十里，其深莫測，有東漢武都太守李翕磨崖記。」則李翕之西狹、天井兩治道工程皆在成縣西二十里，魚竅峽又名黃龍潭，蓋更小地名也。不知唐代杜翁所行是否即漢代舊道，若爲舊道，當與泥功山相近矣。

又輿地碑記目四沔州碑記（參輿地紀勝一九三沔州）：「郙閣漢銘，文同題靈巖寺詩云　，南征曾讀悟溪誦（頌），西遡今觀郙閣銘。」檢一統志漢中府卷山川目云：

「郙閣在畧陽縣西，漢太守李翕建。……方輿勝覽，郙閣在靈巖寺。縣志，閣在縣西二十里，臨江崖高數十丈，俗名白崖，水溢則上下不通，故李翕鑿石架建閣以濟行人，廢址猶存。宋理宗時，太守田克仁以銘字昏訛，重刻於靈巖之絕壁，在今縣南。」

則郙閣在今畧陽西二十里嘉陵江之右岸，當南北大道，亦當沮縣西通武都之道。

稍後嘉平間，太守耿勳復於郡西狹中治道。

隸續一一武都太守耿勳碑云：

「脩治狹道，分子効力。」

末行云熹平三年四月二十日造。是耿勳亦曾治狹道。洪跋云，碑在成州同谷縣。輿地碑記目四成州碑記引同谷志，漢耿勳碑亦在魚竅峽。是所修治之狹道仍即在西狹天井地區也。

唐世此道仍極艱險難行。柳宗元興州江運記云：「自長舉北至於青泥山，又西抵於成州。過栗亭川 ，踰寶井堡，崖谷峻隘，十里百折，負重而上，若蹈利刃，盛秋水潦，窮冬雨雪，深泥積水，相輔爲害，顛踣騰藉，血流棧道，糗糧芻藁，塡谷委山，馬牛羣畜，相藉物故，……若是者綿三百里而餘。」此最具體狀之矣。故貞元末嚴礪爲山南西道節度使，大治同谷至興州之水道，以替陸運。

柳文見全唐文五八〇。記云：「興州之西爲戎居，歲備亭障，實以精卒，以道之險隘，兵困於食，守用不固。」下述道險狀況如上文所引。又云：

「自長舉之西，可以導江而下二百里而至，昔之人莫得知也。……乃出軍府之幣，以備器用，即山僦功，由是轉巨石，仆大木，焚以炎火，沃以食醯，摧其堅剛，化爲灰燼，……乃闢乃墾，乃宣乃理，隨山之曲直以休人力，順地之高下以殺湍悍，厥功既成，咸如其素，於是决去壅土，疏導江濤，……雷騰雲奔，百里一瞬，既會既遠，澹爲安流，烝徒謳歌，枕臥而至，戍人無虞，專力待寇。」

是此項工程，不但疏江流，蓋且鑿運河。按新志，興州長舉縣，「元和中 ，節度使嚴礪自縣而西，流

〔疏〕嘉陵江三百里，焚巨石沃醯以碎之，通漕以饋成州戍兵。」即指柳文所記者 。指爲元和中嚴礪事。按此記首云：「御史大夫嚴公牧於梁五年。」檢唐方鎮年表四，興元節度使，嚴震自建中三年至貞元十五年六月卒；嚴礪繼任，至元和元年遷東川。記又云，公曰吾嘗爲興州。據舊紀及兩書礪傳，礪由興州刺史遷節度，則此嚴公即礪無疑。牧梁五年，當在貞元十九年，非元和中；新志三百里，若非誤讀柳文，即傳刻之譌。

又長舉之西可導江而下二百里而至者，至興州也。其上流當在同谷縣東西地區。紀要五九成縣，「東河在縣治東，源出秦州，南入龍峽，又東南至畧陽縣境入嘉陵江，即唐元和中山南節度使嚴礪通運道餉成州戍卒處也。」未知確否？又按同書有「龍峽在縣南十里，峽南半山有洞曰雷洞，宋紹興初金人南侵，郭執中集鄉豪守此以拒之。」是果亦一通道也。

然行旅往返仍以木皮嶺爲要徑，故唐末置關以遮秦隴也。

一九七三年十二月六日，初稿完成；一九七四年一月十日，改訂畢功。

附考一：武街與武階

本考論曹魏伐蜀路線，引魏志鍾會傳及通鑑七八景元三年紀，述諸葛緒一軍由祁山經建威、武街至橋頭。祁山在今禮縣東南、西和之北，建威在今西和稍西北，橋頭在文縣河、白龍江會合處稍西地區；惟武街地望待考。今考武街之名，王氏合校水經注二〇漾水注凡數見。注云：

「漢水南入嘉陵道而爲嘉陵水。……又東南得北谷水，又東南得武街水。（官本曰，近刻訛作城階水。案朱同；趙改武階水。）又東南得倉谷水，……又東南逕瞿堆西。……又東合洛谷水，……又東合洛溪水……。漢水又東南逕濁水城南，又東南會平樂水（趙作洛），水出武街（朱趙作階。朱箋曰，宋本作源。𥕛按下文數舉武街，知階當作街，而宋本自誤耳。十六國春秋亦作武街。）東北四十五里，……逕甘泉戍南，又東逕平樂戍南，又東入漢，謂之會口。……漢水東南……與脩水合，水總二源，東北合漢。漢水又東南……與濁水合。水出濁城北，東流與丁令溪水會。其水北出丁令谷南。逕武街城西，東南入濁水。濁水又東逕武街城南，故下辨縣治也，今廣業郡治。」

按瞿堆即仇池、百頃山，在今成縣西、西和縣南，約東經一〇五度一五分、北緯三三度五〇分地區，下辨在今成縣西約二十里處，皆詳本考。則此四個武街之名，當在東西兩個地區。丁令溪水與濁水所逕之武街城爲一地無疑，在今成縣稍西者。平樂水發源之武街則與武街水在同一地區，武街當亦城名，殆因水受名者。楊氏水經注圖，以平洛水即今譚家河；國防研究院地圖，此段西漢水有一支源，發源於武都縣東北地區　，沿流尙有甘泉、平洛地名，當即古平洛水。則此武街城當在今武都縣以東地區；與成縣之武街故城，相去甚遠。又按合校水經注三二羌水注云：

「羌水……東南流逕宕昌城東，……又東南逕宕婆川城東，……又東南逕武街城西南，（官本曰街近刻作階。案朱趙作階。）又東南逕葭蘆城西。」

按葭蘆城在今武都縣東南七十里，白龍江之東岸，約今臨江關稍北地區，已詳本考。則此武街城，即漾水注所記平樂水源頭西南四十五里之武街無疑矣。而此武街城，即魏書地形志、隋書地理志之武階郡，隋唐置之覆津縣所在，其地在今武都縣治，另詳本文附考二唐代武州與覆津縣治所今地辨。此武都縣之武街故城東北至成縣之武街故城二百里以上。就魏志鍾會傳及通鑑景元三年紀書諸葛緒進軍路線而言，由祁山，經建威至橋頭。是由西漢水上源度入白龍江流域，其所經之武街，必即平洛水發源處之武街，非成縣之武街也。

或者曰，酈注，平洛水上源之武街，羌水東北之武街城，誠當爲一地無疑。然各本或作「武階」，楊注引地形志，南秦州有武階郡，謂作「階」爲正。然則作「街」者得非譌文歟？

按街階各有兩音，皆各相同，故自古常見混淆，此處魏書地形志作武階郡，隋書地理志武都郡覆津縣條及元和志三九武州福津縣條並同。而四庫善本叢書本通典一七六武州覆津縣「後魏置武衛郡」，「衛」明爲「街」之形譌，則作「街」也。是北魏時代，此一地名除水經注各本「街」「階」互異外，他處所見，亦然。

復考晉書地理志秦州目，惠帝分隴西郡之狄道、臨洮、河關三縣，別立武街等六縣，共九縣，置狄道郡。同書八六張駿傳，「因長安亂，復收河南地，至於狄道，置武衛（街）、石門、侯和、漒川、甘松五屯護軍。」通鑑九四晉咸和五年，述張駿收河南地，置五屯護軍。」胡注舉五護軍之名，作武街。同書九七晉永和二年，「趙將軍王擢擊張重華，襲武街，執護軍曹權、胡宣。」是晉世狄道左近有武街之名也。考水經注二河水注，「濫水又西北逕武街城南，又西北逕降狄道故城東。……漢隴西郡治。」通鑑永和二年紀及下文所引開元二年紀，胡注引此並作武街，即晉世之武街城矣。而酈注朱本、趙本皆又作武階。考唐世此地名固當作「階」。如舊九三薛納傳，及舊一九六上吐蕃傳，開元二年，吐蕃入寇，至渭州之渭源縣，詔納邀擊，破之於渭源之武階驛。新書列傳及冊府元龜九八六記此事皆同。舊九三王晙傳云「擊吐蕃至武階谷」，蓋驛因谷受命也。而通鑑二一一開元二年紀，述此事則作武街驛。……胡注：「水經注，武街城在漢狄道縣東，白石山西北，唐爲武街驛。……劉昫曰，武街驛在渭州西界。」皆作街，與兩唐書，冊府異。大抵狄道左近之此名，晉世本作「武街」，至唐已因音譌而正式作「武階」，至於漾水注上流之諸名，酈注既「街」「階」互見，而三國志作「街」，地形志作「階」，皆甚古，似未能定其本原矣。惟古代邊區地名，字音重於字形，要當考究地望之所在，正不必强辨字形之正誤矣。

附考二：唐代武州、覆津縣治所今地辨

通典一七六，武州又名武都郡，治將利縣，外領覆津、盤堤兩縣。元和志三九，同；惟覆津作福津。寰宇記一五四，本名覆津，後陷吐蕃，「唐景福元年再置縣，改爲福字。」新志，同。疑前已易嘉名，不始於唐末。

關於武州及覆津縣治所之今地，一統志階州卷古蹟目，將利故城在州西北。按明清之階州即今武都縣治。則唐之武州治所將利縣在今武都縣西北也；但里距不詳。紀要五九，將利城在階州北三百十里，顯誤。又紀要，福津廢縣在階州東八十里。一統志云在州東南；引通志，與紀要同。階州續志一五古蹟目，云福津故城在州東南八十里，「即今之福津溝也。」同書三一藝文上魏鯨福津縣廣嚴院記（淳熙十五年），「西距郡城六十里，並□東行兩山間曰福津谷。」是謂唐福津縣在今武都縣東南八十里或六十里福津谷溝中也。

然階州續志二，引通志，「平樂水在州東北四十五里，東北流入西漢水，謂之會口。」考水經注二〇漾水

注，「東南會平樂水，水出武街東北四十五里，更（楊疏疑當作東）馳，……逕甘泉戍南，又東逕平樂戍南，又東入漢，謂之會口。」武街，朱、趙本皆作武階，兩字通用，即魏書地形志南秦州之武階郡也。楊疏　，平樂水，今曰譚家河，出階州東北。與續志引通志說合。則北魏武階城當即在今武都縣治。考隋書地理志　，武都郡，「覆津，後魏初曰翫當，置武階郡，西魏又置覆津縣。」通典一七六，「覆津，後魏置武衞（街）郡，仍置覆津縣。」元和志，福津縣「本後魏之武階郡也。……文帝又置福津縣，屬武階郡。開皇三年罷郡，移福津縣於郡置焉，屬武州。皇朝因之。」則唐之福津縣與後魏武階郡同治。亦在今武都縣治也。是與上引通說在今武都縣東南八十里者大不相同。

今按上引漾水注，平樂水發源武階郡東北四十五里，東逕甘泉、平樂兩戍之南。檢國防研究院地圖（甘肅寧夏東部人文圖），武都東北不遠處（東經一〇五度線上）有甘泉地名，其處有一水東北流經平洛南，即酈注之平樂水無疑。武階在甘泉西南四十五里以上，非今武都縣莫屬矣。則續志引通志，是也。且元和志三九武州郭下縣將利，有「羌水，一名陵水，經州城南二里。」是州城即在羌水之北岸。考水經注三二羌水注，「羌水又東南逕武街城西南，又東南逕葭蘆城西。」武街即武階，即唐之福津縣治，已如上說。復檢元和志，武州盤堤縣，西北至州百五十里，（寰宇記一五四作一百四十二里。）本古茄蘆戍，後於此置縣。羌水即今白龍江，則唐之武州所屬三縣皆在今白龍江左岸，（就面向下游言。）其交通路線必略沿白龍江而行矣。檢一統志階州卷古蹟目，葭蘆故城在階州東南七十里。紀要五九引舊志，同。則唐代武州治所將利縣當在今武都縣西北約七八十里之白龍江北岸。至於福津縣，既在白龍江東北岸，元和志云，福津縣西至州（武州）六十六里，（此據官本，一統志所引，同；而一本作六十里。）則地望正與今武都縣治相當，或稍西；傳統舊說在今武都縣東南八十里者，殆必誤無疑矣。

復考新書地志，階州本名武州，景福元年更名，福津爲郭下縣。寰宇記一五四，階州，後唐長興三年，移州治於福津縣。九域志三，階州亦治福津縣。是唐末至宋，州已移在福津縣。檢元史六〇地理志，階州「唐初置武州，……更名階州，宋因之。今州治在柳樹城，距舊城東八十里。」按「距舊城東」意義含混，然舊城當指宋舊城而言，元時已移治柳樹城也。宋舊城在福津縣，傳統通說福津在階州東，即今武都縣東八十里。而上文考證，即在今武都縣治。檢國防研究院地圖（甘肅寧夏東部人文圖），今武都縣西白龍江北岸有柳樹城。則所謂「距舊城東八十里」者，謂東至舊城八十里也。檢階州續志五，西固城在州西一百六十里。觀今圖，柳樹城在武都、西固正中間，則其東至武都正約八十里之譜。是宋之階州即在今武都縣治，即唐宋福津縣在今武都縣治或其左近之又一旁證，不在其東八十里也。然則唐之武州舊治將利縣者，亦當在今柳樹城或稍東地區矣。蓋唐末移州治於福津，即今武都縣治；元又西移至隋唐故治耳。又考隋書地理志，武都郡治將利縣，「舊曰石門，……後周改曰將利，置武都郡。」則將利本名石門。石門之名極常見，本難確指，然檢國防研究院地圖，武都縣與柳樹城之間白龍江北岸有石門地名，與上考將利縣地望相當，殆即其遺蹟歟？要之，隋唐之武州治所將利縣若不在石門或柳樹城，當即在兩地之間，不能出此範圍也。

又按元和志，後魏平仇池，於仙陵山東置武都鎮，宣武帝於鎮城復置武都郡，廢帝改置武州。「仙陵山在（將利）縣西六里。」寰宇記一五四，同。前考隋唐福津縣在今武都縣治，即明清階州所治，隋唐武州、武都郡治所將利縣在福津西六十六里，山又在將利城西六里，則山在舊階州西，今武都縣西約七十里也。檢一統志階州卷山川目，仙陵山在州南，引舊志，仙靈山在今州南三里。此明爲後代傳會名之，決非元和志之仙陵山也。一統志又有武都山，「在州西境，山甚高大，爲一方巨瞻。」階州續志二引通志，「武都山在州西七十里，與西固所接界，州西南大山也。」紀要五九，同。此武都山當爲元和志所記之仙陵山，蓋因郡而易名耳。從另一方面說，此亦唐之武州舊治在今武都縣西約近七十里之一旁證也。

隋唐覆津在今武都縣治，武州治所在其西約七十里，今石門、柳樹城地區，已考明如上。然則何以覆津有在郡州東八十里之說？曰，此亦有故。蓋一則因郡州治所屢次沿白龍江上下移動，遂致福津地望易生誤會。再則覆津縣治亦曾東西移動也。如前引元和志，「福津本後魏之武階郡，文帝又置福津縣，屬武階郡，開皇三年罷郡，移福津縣於郡置焉，屬武州。」則福津縣初置爲覆津縣時，本不在武階郡治，即不在今武都縣治也。又考舊唐書地理志，武州覆津縣「後魏置武階郡，又於今縣東北三十里萬郡故城置覆津縣。」寰宇記一五四，亦云「大統五年，於今縣東北三十里故萬郡城置覆津縣。」則北魏始置覆津縣固在唐福津縣東北三十里，即在今武都縣東北三十里也。前引階州續志兩條所見，宋有福津谷，今曰福津溝，殆即其地矣。考魏書五一皮豹子傳，爲仇池鎮將，宋使楊文度爲武都王守葭蘆。進圍武都（此在仇池之東者），懼豹子斷其糧道，「回軍還入覆津，據險自固。（劉）義隆恐其輒回，又增兵益將，令晉壽（在今昭化縣）、白水（今昭化北白水街地區）送糧覆津，漢川（漢中）、武興（今畧陽縣）運粟甘泉（即上文所引酈注之甘泉戍），皆置倉儲。」同卷皮喜傳：「太和三年，（宋）劉準葭蘆戍主楊文度遣弟鼠竊據仇池。喜率衆四萬討鼠，軍到建安（今西和、禮縣間），鼠棄城南走；進次濁水，……遂軍於覆津。文度將强大黑固守津道，懸崖險絕，偏閣單行，喜部分將士，攀崖涉水，衝擊大黑，大黑潰走，追奔西入，攻葭蘆城，拔之。」按前引寰宇記，魏置覆津縣在西魏文帝大統五年（西元五三九），而皮豹子事在北魏太武帝眞君九年（西元四四八）或十年，皮喜事在孝文太和三年（西元四七九），則置縣前一個世紀，已有覆津之名，懸崖險絕，偏閣單行，而爲津渡要道，惟其時尚未置縣耳。此殆即宋代所謂福津谷、今人所謂福津溝歟？至少地相近也。其地在今武都縣東北地區，故皮喜軍攻克覆津後「追奔西入」，蓋由覆津西取今武都，再南下葭蘆城也。故此覆津故地當在平洛水之源頭。又皮喜軍次濁水，再至覆津，觀附圖形勢，蓋由濁水戍南渡西漢水，再循平洛水河谷而上，此亦覆津在平洛水源頭之一證。其後西魏大統中，於武階郡東北三十里之萬郡故城置覆津縣，蓋故城去覆津不遠，故取以名縣也。及隋文廢武階郡，而移覆津縣於郡治，非復覆津故地矣；而覆津故地，不害仍有覆津之名。後人不察，以隋唐覆津縣即在覆津之津渡故地，則非矣。

一九七三年十一月三十日畢稿

附註：

①：刊新亞學術年刊第十六期。

②：刊新亞學報第九卷二期。

③：三國志四陳留王紀集解，「蓋緒由祁山趣武都，又由武都至橋頭，武都今甘肅成縣，橋頭今文縣。」蓋不知今武都縣即古武街也。

④：通鑑七五，魏嘉平元年，蜀將姜維寇雍州，依麴山築二城，使句安守之，征西將軍郭淮使雍州刺史陳泰率南安太守鄧艾等兵圍麴城，斷其運道。維引兵救之，出自牛頭山，與泰相對，淮趣牛頭，截其還路，維懼遁走，淮留艾屯白水北，維遣其將廖化自白水南向艾結營，漢軍遂還。按此段採自魏志二二陳泰傳。胡注：「麴山蓋在羌中，魏雍州西南界。」「牛頭山蓋在洮水之南。魏收地形志，後魏眞君四年，置仇池郡，治階陵縣，縣有牛頭山。五代志，牛頭山在成州上祿縣界。」而紀要六〇岷州衞，麴城在衞東百里，牛頭山在衞東南。下亦引地形志、五代志。今按，據胡注所引兩書，則此牛頭山當在今考之仇池，成州地區。階州續志二引吳志，「牛頭山在州東北三百二十里。」即此。胡云洮水之南，紀要云岷州東南，則當在仇池西北百里以外。地形志、五代志時代較早，宜從之。然此事下文涉及洮城，何耶？豈古代此區之水亦有以洮名者歟？疑莫能明，姑不引作證。

⑤：紀要五九，階州，將利城在州北三百十里；又引舊志，葭蘆城在將利故城東南七十里。此未可據，詳本文附考二。

⑥：紀要五九西和縣目作七里，脫十字。

⑦：寰宇記一五〇成州目，「東至鳳翔府驛馬四百五十里。」按同書一三四鳳州目，西至成州二百七十里。時成州在同谷縣，里距極確。又鳳州東北至鳳翔府二百八十里。則宋之成州東北至鳳翔府五百五十里。且成州與鳳翔府中隔鳳州，記體例當記至鳳州距離，不當記至鳳翔里距。再詳觀寰宇記此目，全抄唐人志書所記成州在上祿時至四方之里距，非宋初成州在同谷時之里距，則鳳翔府乃鳳州之譌無疑。

⑧：寰宇記，成州治今成縣，南距畧陽絕無此里數。

⑨：一統志秦州卷，董亭在秦州東南。引州志，秦州東南五十里有秦亭，或曰即董亭也。顯誤。

⑩：刊香港中文大學中國文化研究所學報第二卷第一期。

⑪：據此文意，臨江寨當在今岷江、白龍江會合處，國防研究院地圖有地名兩江口，殆近其地。而階州續志一二關梁，臨江關在文縣北一百里，本臨江砦，下臨白龍江，臨江渡也，爲洮蜀孔道，有臨江橋，康熙二十三年重建。此則在武都縣下游，非畫墁錄所記之故地，蓋南宋以後，地名遷徙之一例也。

⑫：國防研究院地圖，兩河口當酈注西漢水與濁水之會，未知孰是。

⑬：紀要五九秦州目，「竹嶺在州西南二百里。水經注，竹嶺水出南山竹嶺東北入籍水。晉元興三年，西秦乾伏乾歸與仇池楊盛戰於竹嶺，爲盛所敗。義熙十二年楊盛逼後秦秦州，上邽守將姚嵩拒却之，追盛，戰於竹嶺，敗死。竹嶺之南蓋近仇池。」按此不知何道，姑存之。然據水經注，其去秦州似未有二百里之遙。

⑭：胡注：魏置梁州於仇池，置南梁州於武興。按靈珍實未至武興，魏遙授之耳。旋據泥功山降齊，齊授爲北梁州刺史仇池公武都王，魏蓋以此致討。

⑮：刊新亞學報第八卷第二期。

⑯：金牛成都道驛程考，刊史語所集刊第四十本。

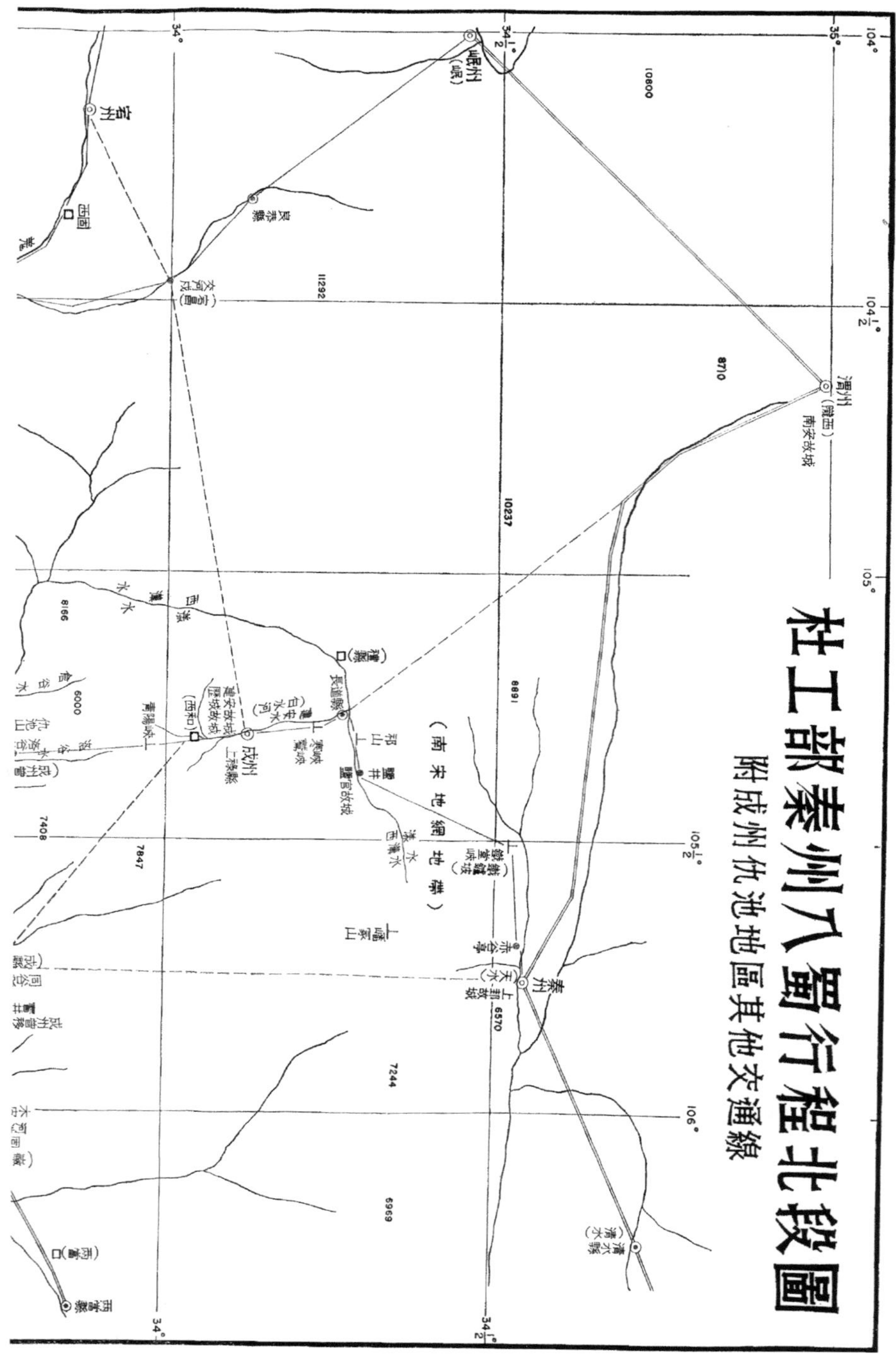
杜工部秦州入蜀行程北段圖
附成州仇池地區其他交通線

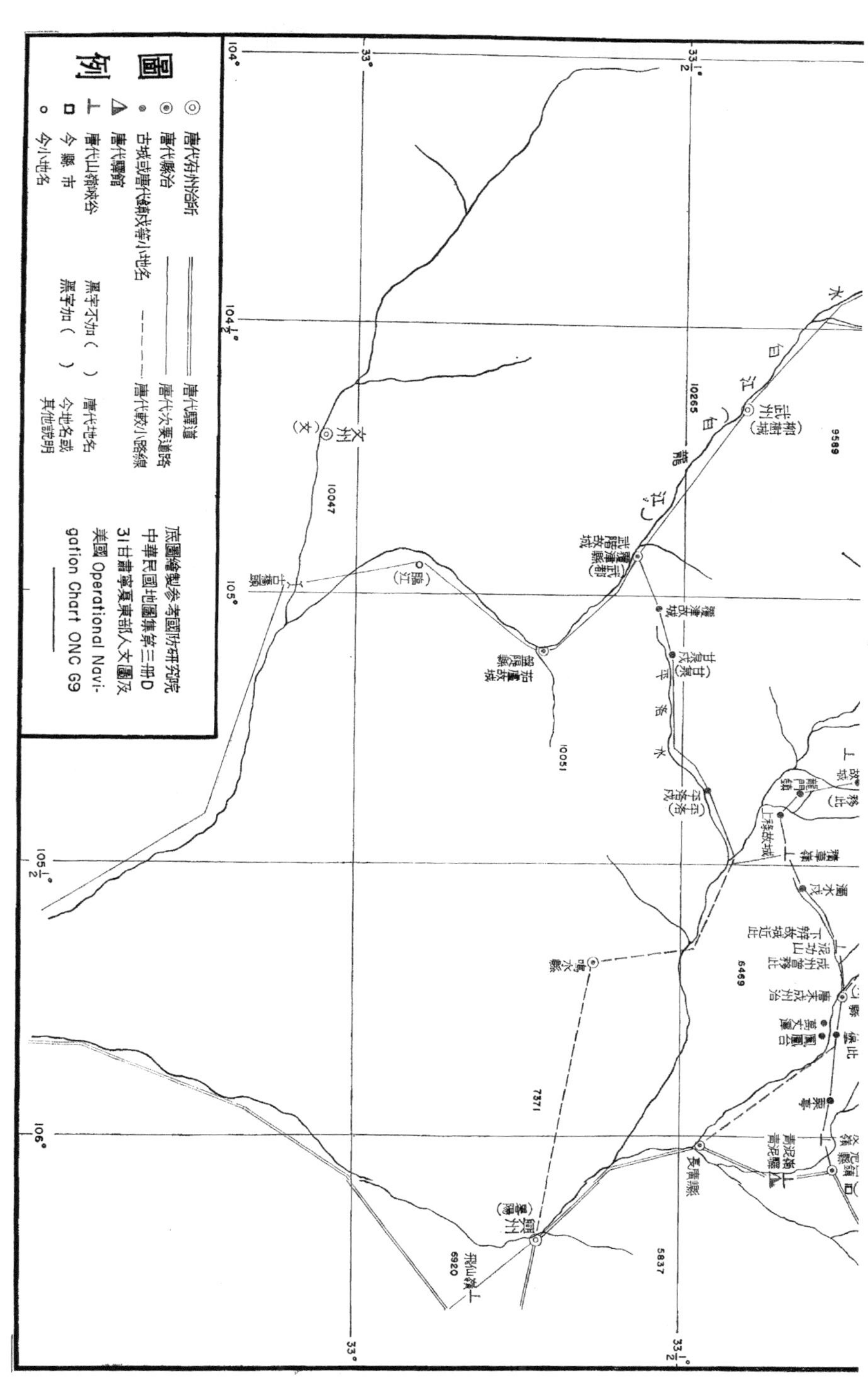

編按：原圖修復放大見圖錄冊，圖版十七

The Differences and Similarities between Satyssiddhi-Sastra and Madhyamaka-Sastra Thoughts on Nama, Reality, Void and Being.

成實論之辨「假」、「實」、「空」、「有」，與中論之異同

By T'ang Chun-i (唐君毅)

This is an essay on the differences and similarities between the Buddhistic philosophical thoughts of Satyasiddhi-Śāstra (成實論) and Madhyamaks-Śāstra (中論). This is divided into seven sections as follows:

(1) Satyssiddhi-Śāstra (成實論) thoughts on the appearance and Reality, and sunyata and Beings.

(2) Satyasiddhi-Śāstra (成實論) and three schools on Nama (假名).

(3) The differences and similarities of Satyasiddhi-Śāstra (成實論) and Madhyamaka-Śāstra (中論) on appearances.

(4) The philosophical significances of the distructive arguments in Madhyamaka-Śāstra (中論).

(5) The thoughts of Madhyamaka-Śāstras (中論) ideas "Relation and relata" as appearance in comparison with some Western philosophical thoughts.

(6) Seng-chao's (僧肇) thoughts and the comparison of Satya-siddhi-Śāstra (成實論) with Maddyamaka-Śāstra's (中論) thought.

(7) Theories on the classifications of Dhamma in Yogacara school of Buddhism.

Brief Notes on Pick-ups & Supplements to Unearthed Yin Ya Dung Wang Rhythmic Work Study Remains.

瀛涯敦煌韻輯拾補

By Pan Chung-kwei (潘重規)

I published in 1972 the revised edition of *Yin Ya Dung Wang Rhythmic Work Studies* and *Yin Ya Dung Wang Rhythmic Work Study Supplements,* and visited the Oriental Academy in Lenigrad during the summer vacation in the same year and handcopied two types of recovered scrolls remains on studies of rhythmic work. During that autumn, I gave lectures in the Third University in Paris. Apart from these activities, my spare time was spent in the Paris National Library in reviewing recovered scraps and scrolls on Dung Wang and succeeded in obtaining scrap 'Pak No. 3696', which might serve to fill up the missing gaps in the latest edition of *Yin Ya Dung Wang Unearthed Rhythmic Work Studies.* I, therefore, compiled this work titled *'Pick-ups and Supplements to Unearthed Yin Ya Dung Wang Rhythmic Work Studies.'*

Chang An Ch'ih, Shan Fa Tse and Others

長安詞、山花子及其他

By Jao Tsung-i（饒宗頤）

The volume by Stein No. 5540 in the British Museum consisted of three pages, with two of them wrongly stuck face to face together and totally smeared with mud making it quite impossible to unfold until Mr. Howard Nelson, Museum staff, succeeded in recent years in cleaning, unfolding and photographing the aforesaid item. These processes revealed four pieces of *'Chang An Ch'ih'* which rightly serve as supplements to the missing lines in Exhibit 1369 of the Dung Wang Remains category now held in Lenigrad. This article, while serving as references to the aforesaid exhibits, also provides the necessary explanations. The Stein volume also contains *Shan Fa Tse,* which may be used as explanatory devices to understand the intrinsic structure and sentence constructions of the aforesaid work while explaining the transitional relations and comparison in style between the former and the popular song style of the literary work *'Shan Fa Ti'* from the Pai Tribe in Yuan Nam Province.

The Silver Mining Tax and Silver Output in Yunnan During the Ming and Ch'ing Periods

明清時代雲南的銀課與銀產額

By Chuan Han-shing （全漢昇）

In 1375, the Ming government issued paper money and decreed that silver was not the medium of exchange. As the quantity of notes increased, the public lost confidence in their value; the velocity of note circulation also rose. As a result, the public insisted upon using silver, and the government finally allowed it to become a legal tender in 1436. For the next five centuries China used the silver standard; in 1935 the silver standard was replaced by a fiduciary money system.

Why did the silver standard work so well for five hundred years? Where did the supply of silver originate? Some years ago, I published an article citing that large quantities of American silver had been imported into China between the late 16th and 18th centuries. After occupying the Philippines the Spanish government sent galleons annually across the Pacific between Acapulco, Mexico and Manila, Philippines. The ships sailing to Manila carried enormous amounts of Mexican and Peruvian silver; those ships heading towards Acapulco contained cargoes of Chinese silk. Chinese traders shipped silk to Spanish America via Manila and imported large quantities of silver in return. This silver had been shipped to Manila from South America. Meanwhile the Portuguese had been actively engaging in the Macao-Nagasaki trade from their base in Macao. During the 16th and 17th centuries, the production of silver in Japan had increased. Each year Portuguese ships sailed from Macao to Nagasaki to exchange Chinese silk for Japanese silver. The bulk of this silver was imported into China via Macao. During the 18th century Western traders also brought silver to Canton to buy tea, silk, etc. These different silver flowing into China contributed greatly to increasing the supply of silver and made it possible for a silver standard to function during the Ming and Ch'ing periods. In addition to foreign silver imports, the domestic supply of silver, especially in Yunnan which contained rich silver de-

posits, also contributed to increasing China's silver supply over this period.

Yunnan province was politically independent during the T'ang and Sung periods. In 1253, Mongol military units annexed Yunnan. The province's silver mines gradually began producing silver. Yuan and Ming mining regulations dictated that entrepreneurs pay 30 per cent of their silver output to the government as a silver mining tax. The Yuan records show that in 1328 Yunnan's silver tax amounted to 47.4 per cent of the national total. During the Yuan period Yunnan's silver output probably accounted for half of the country's silver production.

During the Ming period rising demand for silver stimulated the opening of many new silver mines. Those mines in central and western Yunnan became especially important as a primary source of silver supply. Increased mining activity stimulated a great demand for labor, and mine operators recruited large numbers of soldiers and convicts. After the mid-Ming period Yunnan's annual silver mining tax amounted to over 50 per cent of total mining taxes. A 1637 record showed that the total silver output of eight provinces was less than half of that produced in Yunnan.

Certain silver mines in central and western Yunnan inevitably became exhausted during the early Ch'ing period. Extensive search for new silver reserves led to the discovery of new mines along the border of Vietnam and Burma. These new silver mines made it possible for Yunnan's annual silver output during the mid-Ch'ing period to exceed that of the Ming period. Moreover, Ch'ing mine owners did not confine their activities within Yunnan; they even opened silver mines in Vietnam and Burma during the Ch'ien-lung period (1736-95). As a result the amount of silver circulating in China became enormous.

A Brief Note on the Study of the Establishment and Disposal of the Co-existing Tri-ministries of the Sung Dynasty.

宋代三省長官置廢之研究

By Chin Chung-shu (金中樞)

The Tri-ministral system of government originated in T'ang with its three ministries, Mun Sha Tse Chung, Chung Shu Ling and Shang Shu Ling all mutually co-existent. The beginning of Sung saw the continuation of this old governmental system from the middle of T'ang with Tung Chung Shu Mun Sha and Ping Chang Shih as Premier and the practice of granting citations, declaring and grading honorary titles. The system underwent changes in Yuan Fung (1080-1082 B. C.) in that the posts in the Tri-ministral System existed only in name with the governing power in the hands of the Left and the Right Puk Shê's in the Shang Shu Ministry performing duties on behalf of the other ministries. The beginning of Ching Ho (1112 B. C.) again witnessed the transaction of Tse Chung and Chung Shu Ministries to Left Fu and Right Be, both sinecures, while the Left and the Right Puk Shê's were transformed into Tai Joi and Shau Joi, again performing duties of the other ministries. The disposal and reinstatement of the Shang Shu Ling was again marked with characteristic sinecure feature in the counterparts. Ching Hong (1126 B. C.) followed its predecessor Yuan Fung. Chien Yen (1129 B. C.) again reinstated the system of the dawns of Sung. These transformations were finalised in the 8th year of Chien Tao (1172 B. C.) with the transformation of the Left and the Right Puk Shê's in the Shang Shu Ministry and the post of Tung Ping Chang Shih in the Chung Shu Ministry to the permanent establishment of the Left and the Right Premiers, performing duties related to the three Ministries and thus cancelling ministral titles for Tse Chung, Chung Shu Ling and Shang Shu Ling for the rest of the Sung Dynasty.

A Study of *Shih-man-cheng-t'ung* — A Buddhist Sectarian History in Annal-Biography Style.

論釋門正統對紀傳體裁的運用

By Tso Sze-bong (曹仕邦)

In the 1969's issue of this journal I have written an article on the *Fo-tsu-t'ung-chi* (佛祖統紀) by Chih-p'an (志磐), a sectarian history of the T'ien-t'ai school (天台宗) or the 'Lotus School'. Chih-p'an's work is written in the form of Annal-Biography Style, the style normally appeared in the Chinese *Cheng-shih* (正史) or 'Standard History'. In that article I have mentioned that Chih-p'an's work imitated after the *Shih-man-cheng-t'ung* (釋門正統) or 'The Buddhist Orthodox', a sectarian history of the same Buddhist school by Tsung-chien (宗鑑).

These two monk-historians worked for the same goal, i.e., to elevate their own school as the only 'orthodox' among all the Buddhist schools. However, Tsung-chien's work when compared with Chih-p'an's is but a poor second from the Chinese historiographical point of view. For instance, in his work Chih-p'an had written on the lives of the Buddha and the twenty-nine Lotus-patriarchs under the title of *Pen-chi* (本紀) or 'Basic-Annals', patterning it after the secular history the rightful succession to the imperial throne, in order to give a strong impression that his own school had descended directly from the Buddha. But Tsung-chien put only the Buddha and Nagarjuna (龍樹), the two canonized founders of the Lotus School in *Pen-chi*, and place all the Chinese patriarchs, including Chi-i (智顗), the real founder of this school, under the title of *Shih-chia* (世家) or 'Hereditary House'. According to the principles of the history in Annal-Biography Style, *Shih-chia* is a technical term for biographies of the feudal lords and the uncrowned princes. Hence, Tsung-chien had not dared to claim the desired standing for his school, as Chih-p'an had done.

Did Tsung-chien fail to have a thorough grasp of the principles of the above-mentioned style and henceforth violated them? Having intensively investigated into the matter, I found that both Tsung-chien

and Chih-p'an understood that their own school is a completely Chinese-founded school without any direct linkage with the Indian Buddhist origin. Making Buddhist history a conspiracy against historical truth, Chih-p'an put the Buddha, Nagarjuna, the two canonized Western patriarchs, together with those real Chinese patriarchs of the lotus School in *Pen-chi* in order to acquire the desired religious standing. Tsung-chien, on the other hand, was so honest to the historical fact that he admitted that if Nagarjuna and the Buddha were 'Emperors', the Chinese patriarchs of his school could only be 'Uncrowned princes', as they were not the direct successors of those two great Buddhist sages. Tsung-chien's work revealed the historian's noble 'zeal for truth', while he had failed in achieving his original goal notwithstanding.

A Study on the Communication Routes and the Chün and Chên in the Ho, Huang and Ching Hai District during the T'ang Dynasty

（唐代河湟青海地區交通軍鎮圖考）

By Yeng Keng-wang（嚴耕望）

During the Middle Ages, the plains of the Huang Shui（湟水）and Ching Hai（青海）district in the Upper Yellow River was the important hinge of communication to Tu Ku Hu'n（吐谷渾）, Central Asia in the west and Tu Fan（吐蕃）, T'ien Chu（天竺）in the south-west. The most powerful and chronic enemy against the T'ang Dynasty was Tu Fan. Starting from the southern range of Yu' T'ien（于闐）in the west and ran to the east at the north western range of Chien Nan（劍南）in the south, the embowed line extended over ten thousand li between T'ang and Tu Fan. The middle part of this embowed line became an important strategic point both to Tu Fan and T'ang for three reasons:—first, this flat land was suitable for military movement; second, it was the shortest way to the T'ang capital Chang-an（長安）from Tu Fan; third, as it became easily to get into contact with Tu Fan, T'ang had settled a large number of garrisons and colonical militaris there. During the An Lu-shan rebellion, T'ang's border armies had all retreated to the east of the Lun Mountains（隴山）and the whole region was captured and controlled by Tu Fan. As a result, later historians could not find out the early development of T'ang's constructions in this district. This article is mainly based on the communication and foundation of Chün（軍）and Chên（鎮）in order to have a more detail study of the early T'ang's constructions and a much clearer view of the relation between T'ang and Tu Fan for the reader.

An Outline Study of Annexation By Powerful Staes In the Chun Chiu Period

(春秋列强兼并考畧)

By Ch'en P'an (陳 槃)

In the Chun Chiu Period, powerful states were numerous, resulting in frequent annexations of weaker states. However, historical records were scarce. There are two different schools specialising in the territorial study of this period. One school is lead by Ku Tung-kao and his work entitled "Territorial Chart of the Chun Chiu Powers" contained in Volume Four of his *Chronological Historical Chart of the Chun Chiu*. The other school is headed by Tu Ten Kwang Hung and his writings such as *Tso's Ch'un-ch'iu* and *Historical Record of the Seventh Year of Ai Kung*. The former school, though substantiated by solid research work, is rather conservative in approach. More broadly conceived, the latter works are inspiring and instructive though lacking convincing proofs.

By consulting various historical documents, past records and related research work by various schools, it is though to be historically sound to take Ch'in, Chin, Ch'i, Ch'u, Wu, Yueh, Yen, Lu, Sung, Wei and Cheng as representive powers. Among these states, research materials for Ch'in, Chin, Ch'u, Wei and Yueh were more easily accessible and their political and territorial positions were considered far more significant than the other smaller states.

It is the intention of the author in this article to gather and assimilate research materials with a view to exploring the events and heroic struggles in the course of consolidation by the peoples of the said period.

A Summary of "Political, Social and Cultural Problems In The Discourses On Salt And Iron."

(鹽鐵論中的政治社會文化問題)

By Hsu Fook Kuan (徐復觀)

The aim of this study is to analyse, based on the contents of the Discourses on Salt and Iron and related materials, the pros and cons of the two schools arguments on the effects of administering iron and salt in the Han Period, taking in to account the political (including economic), social and cultural background of the time. It further intends to reflect and clarify many biased assertions and wrong findings by recent historians who have unwillingly become politically reactionary. The present work is divided into eight sections.

The first paragraph illustrates the origin of the conflicting arguments on government policies regarding administering salt and iron as an outcome of the conspiring aims of Huo Kwang, who, being an inner cabinet minister, planned to change existing policies by laying hold of control over finance traditionally exercised by the outer cabinet. The necessity for a change of existing policies was initiated by Emperor Wu in the fourth year of Cheng Ho by his order cancelling the garrison at Lun Tai. This, however, should not be considered an example of personal exploitation for power, and the educated class and social dignitaries did not play into the hands of Huo Kwang in his struggle for power.

The second paragraph explains the conflict as an outcome of the threat put forth by the Sang Hung Yang clique and the responding opposition by the educated class and social dignitaries.

The former group accused the latter of their humble origin and unsuitability for participation in politics while the latter responded by pinpointing the excessive wealth, over-luxurious life and exploitatation of the nobility. These conflicting arguments obviously reflected an opposition between the ruling class and the ruled as well as the gap between the rich and the populace.

The third paragraph tells of the formation of the policies on the administration of iron and salt and their supply and demand as a solution to meet requirements imposed by wars and the luxurious life of Emperor Wu, and as an explanation for the degree of significance of Sang Hung Yang in the enforcement of the aforesaid policies.

The fourth paragraph sets forth the principle arguments of the two conflicting parties. The dignitaries and scholars advocated material wealth for the people as the basic approach, while the opposition party stressed war-time policies characterised by accumulation of national wealth for the state and continuation of wars. They further asserted that wealth did not result from labour but from efficient budgetary policies, and profitable returns did not come from labourious cultivation but from high ministerial positons.

The fifth paragraph analyses the effects of the conflicting policies. The Sang Hung Yang insisted on the good results of continuing war-time financial policies while the opposition indicated that nationalisation of labour and trade brought the following adverse effects: (1) Government further exploited the people by its control over commodity supplies and fixation of prices. (2) Sole control of trade by government officials led to malpractices

and corruption by their alignment with malacious merchants causing double exploitation on the populace and the formation of a newly created wealthy nobility and merchant class. (3) Farming utensils manufactured by government officials ware expensive in price but poor in quality. The difficulties involed in their purchase greatly hindered agricultural production.

The sixth paragraph narrates how frequent arguments over the policies against the Huns resulted from constant pressure from the bordering tribes since the establishment of the Han Dynasty. The foreign policy of Emperor Wu stressed conquering neighbouring tribes and thus enlarging territorial limits of the country, but this policy also brought great distress to the people. The dignitaries and intelligentzia on the other hand advocated abandonment of the government policy on the borders, leaving the people in peace, but also causing impractical gaps in the national defense. For strengthening his personal power and influence, Sang Hung-yang vaguely pursued an unrealistic continuation of the use of military tactics.

The seventh paragraph explains how these conflicts revealed other social problems characterized by a sharp confrontation between the populace and officialdom as well as the poor and the rich as a result of the latter's domination of national wealth and the unjust military recruitment system. The presence of unmerous vagabonds, common sight of the period, was taken by the dignitaries and intelligensia as the direct result of government policies and they therefore urged changes. The opposing party, however, disagreed, quoting this as a case of intellectual differences and diligence and surely not a government responsibility. The scholars

again held the view that the existing undesirable social traits were the direct result of the behavior of the clique headed by Sang Hung-yang, namely, their luxurious life, superstition, excessively expensive funerals and possesion of concubines. In its place, they advocated living on a moderate standard which was opposed again by the osher sioup. Last but not least, they accused Minister Sang Hung-yang, who belonged to the aristocracy and who naturally failed to see the need and distress of the populace, of failing to understand the situation of the times because of class origin.

The eighth paragraph discusses the cultural backgrounds of both sides. First the conflict was definitely not cultural but social and economic. Siding with the populace, the dignitaries and intelligentsia culturally based their views on Confucianism, Taoism, Moism and the School of Law. Economicall, they inclined to the last, though, at the same time, opposing its strict nature in the form of penalties and punishment thus hindering reformation by education. Sang Hung-yang, belonging to the ruling class, stuck strictly, to the legal approach although, in economic practice and in private life, his clique deviated from justice and equality which formed the essence of the law. He believed in strict control by punishments and penalties and praised the massacre of a number of rebellious peasants by Emperor Wu as an achievement. He also opposed genuine followers of the School of Law like Ch'au Ts'o took his own personal acts as the standard and guide in politics, opposed Confucian and Mencian ideas although he often quoted them to his own advantage and defense. This indicated charly that he often quoted partially from the classics to retain the benefits own privileged class even when if meant outright lying.

The Huang Ho And Pien Ho Of T'ang Dynasty
（唐 代 的 黃 河 與 汴 河）

By Chen Cheng-siang (陳正祥)

Since antiquity the channel of the Huang Ho (Yellow River) in its lower reaches has shifted unpredictably. Its outlet to the sea was sometimes to the north of the coast, sometimes in the middle, and sometimes to the south, and the northernmost and southernmost points were practically 600 kilometres apart. In A.D. 11-1048, the period including the T'ang dynasty, the Huang Ho generally emptied itself into the sea within the area administratively called Shantung or, in other words, by following what can be termed the middle route, the course of the river in approaching the sea was similar to the course of the same section of the river today, though, it was a little to the north of the present course. This section of the river flowed past a total of 14 *chou* and 38 *hsien* (see Map). During this period the Huang Ho was stable in its course and it was just because of this stability that the river was scarcely mentioned in the annals of the T'ang dynasty.

In the T'ang as in the preceding Han period, the Huang Ho was to some extent serviceable in both irrigation and navigation, especially in the transportation of foodstuffs. At that time, the foodstuffs produced in Kuanchung Area were far from sufficient to meet the demand at the capital city of Changan and the supply had to depend on eastern China, especially on the southeastern area drained by the Chang Chiang (Yangtze River) and the Huai Ho. The transportation of foodstuffs was made possible by connecting the main channel of the Huang Ho with the flanking canals, including the famous Pien Ho.

The Pien Ho, a long canal created simply by interconnecting the natural water courses on the southeast side of the old huge

alluvial fan of the Huang Ho, was the most important of all during the T'ang period. After flowing past Kaifeng, the Pien Ho swerved to flow southeast and passed a total of 26 cities, covering a distance of 800 *li* (or 380 kilometres) and it was shorter than the Old Pien Ho of the Sui period. The Old Pien Ho continued to exist after the New Pien Ho was open to traffic, and down to the middle years of the Northern Sung dynasty it was still partly navigable. Evidence of this is found in Sung poetry and prose. Though still partly navigable, the Old Pien Ho was long shunned by government boats because it was longer and circuitous.

The initial slope of the old alluvial fan of the Huang Ho was roughly 1:6,000, and a large number of sluices had to be built; consequently, the canal was not deep enough for large-sized vessels. It was mainly through the buoyancy of water that flat-bottomed boats could sail on the canal to carry "taxation rice" from the Chiang-Huai Area to meet the demand of the political centre in the northwest. In a precious painting named *Ch'ingmingshanghot'u* dating from Sung we can see dozens of such wide dwarfted canal boats.

Loaded with much of the muddy water of the Huang Ho, the Pien canal became easily silted and constant dredging was thus necessary. During the T'ang dynasty, it was customary to dredge the canal once a year and the practice was kept even in the early years of Northern Sung. Later, because of the negligence in attending to this important task, the bed of Pien Ho rose higher than the confining banks. In 713-755 when the T'ang Empire was in the apex of its glory, the foodstuffs carriedover the Pien Ho were in excess of a million *shih* every year, and in 744 the all-time high was four million *shih*.

The foodstuff traffic over the Pien Ho was an impetus to the economic development of the Chiang-Huai Area. As a result, population swelled, in one vast area embracing what is today's

Yangtze Delta, the population increased by six times in the span of 150 years. The economic boom of the Chiang-Huai Area also helped the growth of the transportation over the Pien canal. At the junctions of overland routes and waterways appeared several big cities, the best known of which were Yangchou (揚州) and Ch'uchou (楚州).

The water volume of the Pien Ho depended directly on the flow of the Huang Ho. In summer and autumn, as the Pien Ho carried the largest volume of water that it could carry, floods were not infrequent. In spring and winter, the canal flowed low and navigation was hazardous. It was therefore a custom to dredge the canal in the low-water season. After the revolt engineered by An Lu-shan and Shih Szu-ming, the Pien Ho was clogged for practically 18 years. Though at a later time the condition was improved, the T'ang Empire was already on the verge of decline; the largest quantity of foodstuffs ever transported was barely 1,100,000 *shih* and the lowest figure was only 500,000 *shih*, much less than the amount recorded in the best years of T'ang China.

Down to the last years of the T'ang Empire, the wealthy Chiang-Huai Area was actually controlled by the powerful warlords, and the Pien Ho was again closed to traffic. In 897, through the ravages of war, the lower reaches of the canal deteriorated and degenerated into marshes and its function as a foodstuffs-carrying waterway was totally lost. It seems that the rise and fall of the Pien canal is chronologically identical with that of the T'ang Empire.

Tai Chen And Ch'ing Philology

(戴震與清代考證學風)

By Yü Ying-shih (余英時)

During the last two decades of his scholarly life Tai Chen kept working in two different fields of study. On the one hand, he made valuable contributions to practically all the branches of what we call, in a broad sense, philology (考證). On the other hand, the same period also witnessed his remarkable progress in philosophical thinking which is clearly evidenced by such treatises as 原善, 緒言, 孟子私淑錄, and 孟子字義疏證. This raises the intriguing question of how Tai Chen the philologist was related to Tai Chen the philosopher. Based on both formal and informal biographical data, the author of this article tries to show that while there was definitely an inner unity between Tai's two types of scholarly pursuit, he was also under constant psychological pressure because speculative thinking was very much out of fashion in the intellectual world of 18th-century China. In the opinion of the present author, Tai was at heart a Confucian philosopher, although throughout his life he lived in the disguise of a professional philologist. His philology was by no means an end in itself but was only to serve the new Confucian philosohy which he espoused.

On Fan Chung-yen's Politics And Political Thought

(論范仲淹的政治主張與政治思想)

By Tang Cheng-Yeh (湯承業)

Fan Chung Yen was a typical loyal minister of the Sung Dynasty. Based on the international political situation of the period, he advocated policies for stabilising the state and bringing confidence to the people by militarily reinforcing Lo Yang, the capital, securing central China and filling out the borders. He also wished to reward military accomplishments, select good generals, improve moral, and train rank and file soldiers. At that time, the Liao state was more powerful than Hsia. Fan therefore inclined to the idea of stopping Liao politically and subduing. Hsia militarily thus placing as small as possible a burden on the resources of the country.

In view of a long-term policy for lasting stabilisation, in addition to the sensible and feasible application of the practical political measures above, it was of paramount importance to set forth certain political principles. After continuous exploitation by powerful lords since Tang and the Five Dynasties, the people in the Sung period were rather desperate to start with, as was the social order of the time. Fan, therefore, advocated doctrines like respect for the sovereign and love for the pelople by the ruling class. Long tumultous warfare also brought destruction to the culture, lowering social and moral standards. In this respect, Fan hoped to develop the educational system, devise selective examinations and establish rule by law.

In short, Fan's political ideas were that scholars should lead the populace, that education and culture should inform the whole political process. Only education could frame desirable social trends and only rule by law could upgrade politics.

The above ideas constitute Fan's main political thoughts and doctrines.

A Summary On The Communication Network In Chiu-ch'ih Shan District In The Middle Ages (中古時代仇池山區交通網)

By Yen Keng-wang (嚴耕望)

In China during the Middle Ages, in the basins of Kuan Chung and the River Wei, westward to the drainage areas of the Ho and the Hwang, and south-east to the plain of Ch'eng-tu (成都) there were three highways connecting one another. These three routes formed a triangle (▽). In the middle of the triangle was an important area............Ch'eng-chou (成州) (northwest of present-day Hsi-ho hsien). The basic core of Ch'eng-chou was the solid, fortified and rich Chiu-ch'ih Shan (about 50-60 miles the south of Hsi-ho hsien), which became a strategic and communication centre of the aforesaid area. There were also three main roads in Ch'eng-chou: one went northward to Ch'in-chou (present-day T'ien-shui hsien), connecting the great highway in Kuan Chung, Ho and Hwang; one, southeast to Ho Ch'ih hsien (the west of Fei hsien), connecting the route between Kuan Chung and Ch'eng-tu; one, southwest to Fu Tsin hsien (Wu-tu hsien nowadays), joining the route among Ho, Hwang and Ch'eng-tu. This thesis studies mainly the courses of the above-mentioned three routes in Ch'eng-chou and their functions in strategy and communication. Because the main materials for the study of the correct routes are the poems of Tu Fu, the great poet of the T'ang Dynasty, describing his travel from Ch'in-chou to the plain of Ch'eng-tu, there is a chapter to study the course of his journey. In the last part of the south-east route, the water of the mountain streams was deep and rapid, and it was often deepened in the Han and T'ang Periods, so there will be another chapter to deal with the water works in ancient days.

Aknowledgement

The Institute of Advanced Chinese Studies and Research of New Asia College, Hong Kong, wishes to acknowledge with gratitude the generous contribution of the Harvard-Yenching Institute towards the cost of publication of this Journal.

中華民國六十五年（一九七六）三月一日初版

新亞學報 第十一卷

定價：港幣六十元 美金十四元

出版者 新亞研究所 九龍農圃道六號

發行者 新亞研究所圖書館 九龍新亞研究所

承印者 人文印務公司 九龍城道十六A號九樓

THE NEW ASIA JOURNAL

Volume 11 **March 1976**

NEW ASIA INSTITUTE OF ADVANCED CHINESE STUDIES